UNDERSTANDING THE POLITICAL FUND LAW
THEORY, PRACTICE, AND OUTLOOK

정치자금법 이해

이론과 실제, 그리고 전망

이창술

박영사

"이 우주에 헌법이 있다면,
그건 아마 사랑일 것입니다.*
정치자금법도 그렇습니다."

---

* 함민복, 강화도 인삼가게 벽에 쓰인 시구

책을 내면서

　정치자금은 사회의 모습을 반영하는 거울이다. 한 시대의 정치자금은 그 시대를 살아가는 사람들의 정치적 활동과 상호작용을 비춘다. 정치공동체의 문법이며 자화상이다.

　과거의 정치자금은 종종 부패의 무게를 지탱하는 데 사용되어 왔다. 그러나 오늘날, 우리는 정치자금이 더 이상 부패의 중력이 아니라 민주주의의 발전을 촉진하는 동력임을 발견하고 있다. 정치자금이 밀실에 머무르면 부패의 원천이 되나, 투명한 광장으로 나오니 정치발전의 원동력이 되고 있다. 정치자금은 권력의 도구가 아니라 분배와 돌봄으로의 정치의 언어가 될 수 있다.

　정치자금의 모금과 사용은 정치의 기반이다. 이제 정치자금은 단순한 자금의 유입이 아니라, 다양한 의견과 관점을 품은 시민들의 참여와 목소리를 대변하는 도구로서 역할을 하고 있다. 더 공정하고 투명한 정치문화를 형성하는 데 기여한다.

　정치자금은 마치 눈처럼 보이지 않는 작은 입자들로 시작하여, 민주주의의 큰 눈 덩어리를 형성하는 과정과 유사하다. 일반적인 돈의 속성이다. 그러나 돈이 합법적인 정치자금으로 변모할 때 이 작은 입자들은 정치활동을 뒷받침하는 복리 이자이자 디딤돌이다. 시장통과 지하철 안의 평범한 시민들의 목소리를 듣고 실현시키는 핵심적인 원천이다. 이러한 소액다수의 정치자금 입자들은 마치 눈덩이처럼 더 커지고, 구슬 같은 다양한 이해관계자들의 지지와 협력으로 둘러싸여 점차 '스노우볼 효과'처럼 강력한 힘을 발휘한다. 정치자금은 생명과 온기가 없는 눈 덩어리를 기쁨과 공감의 눈사람으로 만든다. 민주주의의 진화와 성장을 나타내는 상징이 된다. 정치과정에 스며드는 정치자금은 민주주의의 원칙을 더욱 견고하게 하고 권력과 책임을 현명하게 분배하여 민주주의가 심화되는 밑알이다. 씨앗이 땅속에서 썩어야 꽃을 피우고 열매를 맺을 수 있는 것처럼 말이다.

　그동안 우리나라의 정치·사회의 변화와 발전에 따라 정치자금법은 변화하며 진화해왔다. 정치자금법이 제정되거나 개정될 때마다 그 내용과 이론을 소개한 논문은 많았으나, 실무적인 측면에서 현장에서 직접 적용할 수 있는 사례와 실제 지침을 체계적으로 정리한 책은 그 수가 드물다.

이 책은 정치자금법의 중요성과 실무적 적용 가능성을 강조하기 위하여 기획되었다. 정치자금법의 기본원리부터 자금조달과 사용, 모니터링과 제재 등 다양한 주제를 다루며, 실무적 관점에서 정치자금법을 이해하고 적용시키는 것을 돕고자 노력하였다.

〈정치자금법 이해: 이론과 실제, 그리고 전망〉이라는 제목에 걸맞게 「정치자금법」 각 조항을 순차적으로 해설하면서 법 이론과 함께 「공직선거법」 등 타 정치관계법과의 관계 등을 깊게 탐구하였다. 판례 및 중앙선거관리위원회 행정해석 등 구체적 타당성이 구현되는 실제를 탐색하고, 해외 정치자금 제도 소개를 통한 폭넓은 시야 확보와 더불어 품질 높은 정치자금 제도 개선 방안도 모색하였다.

치열한 선거현장에서 민주주의를 수호하기 위해 고군분투와 헌신하고 있는 각급 선거관리위원회 직원 동료들의 넉넉한 생각의 증류와 지혜 그리고 눈과 귀를 통해 수집된 이야기를 양피지로 삼았다. 공정과 정의라는 책임윤리와 신념윤리로 펜을 손에 쥐었다. 굽이치는 현실 정치의 강과 같이 속깊고 끊임없이 흐르는 정치자금의 속성과 강도, 굴곡, 은밀함에 숨겨진 민주주의의 파도를 잉크로 쓰고자 했다. 그러나 중과부적(衆寡不敵)이다.

정치자금법을 비롯하여 공직선거법, 정당법 등 정치관계법이 진정한 법치주의의 버팀목이 되었으면 한다. 정치관계법이 시민의 것이었으면 한다. 어느 법학자의 다음의 글처럼 정치관계법도 인권과 평화와 민주주의를 담아내는 마중물이었으면 한다.

"문제는 그 통치하는 사람과 법의 관계다. 통치자 위에 법이 자리하는 경우를 우리는 '법의 지배(Rule of Law)' 혹은 '법치주의'라 이름하고, 반대로 통치자 아래에 법이 자리하는 경우를 '법에 의한 지배(Rule by Law)'라 한다. 전자의 법은 국민의 자유와 권리를 보호하기 위하여 권력을 통제하고 억제하는 법이다. 후자의 법은 통치자가 권력을 행사하는 수단이자 폭력으로서의 법이다. 전자의 법은 인권과 평화와 민주주의를 담아내는 그릇이지만, 후자의 법은 국민을 정치로부터 소외시키고 타자화하는 통치전략이 흘러가는 통로를 이룰 뿐이다. 그래서 법이 정치를 규율하는 민주사회와 달리 권위주의 사회는 법이 아닌, 법의 외관을 띤 폭력을 정치의 수단으로 삼는다. 법으로써 국가의 폭력을 은폐하고 또 엄폐하고자 하는 것이다."*

이 책을 쓸 수 있게 직접적인 동기와 영감을 준 수원에서 양주까지 출퇴근 지하철에서 마주친 모든 분들께, 칼 세이건의 아름다운 헌사를 빌려 그들의 삶이 더 밝고 풍요로워지길 기원한다.

"헤아릴 수 없이 넓은 공간과 셀 수 없이 긴 시간 속에서 지구라는 작은 행성과 찰나의 순간을 그대와 함께 보낼 수 있음을 나에게 큰 기쁨이었습니다(코스모스)"

---

* 한상희, 오마이뉴스. 2023. 9. 7. '법치'가 대통령의 전유물?… 헌법 무시하는 '폭력 정치'

　　마지막으로 이 책의 완성에 따뜻한 응원과 무한한 이해를 보내준 너무나도 아름다운 아내 명미와 사랑하는 딸 서현, 아들 서준에게 감사의 뜻을 전하고 싶다. 그들과 함께하는 모든 순간이 저에게 큰 힘이 되었고, 이 책은 그 감사와 사랑의 표현이기도 하다.

　　"풍파는 전진하는 자의 벗이다(니체)"에서 용기를,

　　"너의 행위의 결과가 인간적 불행을 가능하면 가장 많이 회피하거나 혹은 줄일 수 있는 것과 부합하도록 행동하라(아르투어 카우프만)"에서 관용을,

　　서현, 서준이가 성장과 성숙의 길에서 기억했으면 하는 소박한 바람이다.

차례

제1장 / 총론

제2장 / 「정치자금법」과 타법과의 관계

제3장 / 정치자금 부정수수

제도 개선 소셜미디어 후원서비스를 통한 후원금 모금 허용과 출판기념회를
통한 음성적인 정치자금 모금 차단

119

제4장 / 정치활동 경비외 지출

제5장 / 비실명방법 등 정치자금 기부·지출

제6장 / 타인 명의 정치자금 기부

제7장 / 단체 등의 정치자금 기부·수수

제8장 / 특정행위 관련 기부·수수

제9장 / 의사 억압 기부 알선

제33조(기부의 알선에 관한 제한)

제10장 / 정치자금의 회계 및 보고·공개

제34조(회계책임자의 선임신고 등)

제도 개선　허위 선거비용 보전청구 제제 방안 등　　　　　333

제12장 / 당비

제4조(당비), 제5조(당비영수증)

제13장 / 후원회와 후원금

제6조(후원회지정권자)

> **제도 개선**　지역정당(Local Party) 설립 또는 지구당 부활과
> 그 후원회 설치 허용
> 367

제7조(후원회의 등록신청 등)

제14장 / 기탁금

제22조(기탁금의 기탁)

제23조(기탁금의 배분과 지급)

제24조(기탁금의 국고귀속 등)

제도 개선　법인·단체의 선거관리위원회 정치자금 기탁 허용　495

제15장 / 국고보조금

제16장 / 양벌규정과 과태료

제17장 / 정치자금범죄 조사

 제18장 / 정치자금범죄 신고자의 보호 및 포상금 지급

제도 개선　정치자금법 위반행위 자수자특례 규정 신설　　　578

제54조(정치자금범죄 신고자에 대한 포상금 지급)

제19장 / 정치자금범죄로 인한 공무담임 등의 제한

제57조(정치자금범죄로 인한 공무담임 등의 제한)

제20장 / 후보자의 반환기탁금 및 보전비용의 처리

제58조(후보의 반환기탁금 및 보전비용의 처리)

제도 개선 반환기탁금 및 보전비용 정치자금 조건부 사용 허용 `593`

제21장 / 조세 감면

제59조(조세의 감면)

제22장 / 피고인의 출정 및 기소·판결 통지 등

일러두기

1. 2024. 1. 1. 현재 공포된 법규의 내용을 기준으로 하였다.
2. 「정치자금법」은 '법'으로 표기하였다.
3. 「정치자금사무관리 규칙」은 '규칙'으로 표기하였다.
4. 다만, 법 또는 규칙의 명칭을 전부 기재하지 아니하면 쉽게 의미가 이해되기 어렵다고 보이는 경우에는 법 또는 규칙의 명칭을 전부 기재하였다.
5. 기타 법과 시행령을 기재할 때에는 「 」안에 기재하였다. 다만, 판례 원문은 그대로 표기하였다.
6. 각주의 참고문헌 중 책과 논문은 「 」, 논문 등의 제목은 " "로 제목을 인용한다.
7. 중앙선거관리위원회 질의회답은 (중앙선거관리위원회 ○○○○.○○.○○. 회답)으로 약칭한다. 다만 기관의 행정해석은 기관이 표시한 대로 인용한다.

제1장

총론

정치자금법 이해

제1장

총론

1. 정치자금의 중요성

정치자금은 자본주의를 경제적 토대로 하고 있는 현대의 대의민주주의에서는 필요악 (necessary evil)이라고 할 수 있다. 현대의 대의민주주의는 자유롭고 공정한 경쟁적 선거에 의한 정치적 행위자의 교체의 가능성을 핵심적인 조건으로 한다. 대의민주주의가 주인인 시민의 지배가 성공적으로 작동하기 위해서는 대리인이 되고자 하는 정치행위자들의 과거, 현재, 그리고 미래의 행적과 정책 등에 대한 정보 등이 충분히 제공되고 정확하게 탐색되어야 할 것이다.

이 과정에 돈, 즉 정치자금은 필수적인 요소이다. 그래서 정치자금은 '정치의 젖줄'[1]이라는 비유로 표현된다. 이처럼 정치자금은 민주주의의 정상적인 운영을 위하여 반드시 필요한 요소이지만, 현대 민주주의가 자본주의라는 토대 위에서 작동되는 점을 고려할 때 정치자금이 정치공동체의 사회·경제적 불평등을 정치적 불평등으로 확대·심화하게 하는 순환고리로 작용할 수 있다.

돈이 없어 사회의 발전에 필요한 대안을 가지고 있는 집단과 사람들이 시민의 선택을 받기 위한 경쟁에 참여하는 것을 포기하게 된다면, 결국 선거는 돈을 동원할 수 있는 집단과 사람들만의 경쟁으로 전락하게 될 것이고, 이런 과정을 거쳐 선출된 대표자는 결국 돈의 이해를 대표할 수밖에 없게 된다. 이렇게 돈이 선거를 지배하게 된다면, 사회·경제적 지위에 상관없이 모두가 동등한 한 표를 행사한다는 민주주의의 정치적 평등의 원칙은 심각한 훼손을 경험하게 된다. 이런 관계가 지속된다면 돈에 의해 자신의 이해가 대표되지 않는 시민들은 정치적 소외감을 느끼게 될 것이며, 이런 소외감은 시민들의 정치 불신으로 이어져 민주주의 정치의 근간은 심각한 위협에 처하게 될 수밖에 없다.[2]

---

1) 대한민국 국회. "국회 정치개혁특별위원회 회의록". 제333호(2015.6.4.), 6면.
2) 강신구. "정치자금제도의 문제점과 개선방안: 제19대 대선 선거비용 분석을 중심으로". 지역과 세계 제43집 제1호(2019),

2. 정치자금의 정의

'정치자금'이라 함은 당비, 후원금, 기탁금, 보조금과 정당의 당헌·당규 등에서 정한 부대수입 그 밖에 정치활동을 위하여 정당(중앙당창당준비위원회 포함), 공직선거[3]에 의하여 당선된 자, 공직선거의 후보자 또는 후보자가 되고자 하는 자,[4] 후원회·정당의 간부 또는 유급사무직원 그 밖에 정치활동을 하는 자에게 제공되는 금전이나 유가증권 그 밖의 물건과 그 자의 정치활동에 소요되는 비용을 말한다.

「정치자금법」 제3조 제1호에서 열거한 당비, 후원금, 기탁금, 보조금, 부대수입은 예시적인 것으로 보아야 한다.[5] 실질적인 정치자금의 의미는 '정치활동을 위하여 정당(중앙당창당준비위원회를 포함한다), 「공직선거법」에 따른 후보자가 되려는 사람, 후보자 또는 당선된 사람, 후원회·정당의 간부 또는 유급사무직원, 그 밖에 정치활동을 하는 사람에게 제공되는 금전이나 유가증권 또는 그 밖의 물건'으로 정의할 수 있다.

'정치활동'의 개념에 대해 「정치자금법」에서는 직접 정하지 않고 있으나, 헌법재판소는 정치활동이라 함은 '권력의 획득과 유지를 둘러싼 투쟁과 권력을 행사하는 활동'[6]이라고 정의하고 있다. '정치활동을 하는 자'에 대해서는 「정치자금법」 제3조에서 정당(중앙당창준비위 포함), 공직선거에 의해 당선된 자, 공직선거의 후보자 또는 후보자가 되고자 하는 자, 후원회·정당의 간부 또는 유급사무직원을 예시로 들고 있다.

대법원과 헌법재판소 등은 '정치활동' 또는 '정치활동을 하는 자'의 개념을 다음과 같이 판

144면.

3) 「정치자금법」 제3조(정의) 제8호 가목에서 "공직선거"라 함은 「공직선거법」 제2조(적용범위)의 규정에 의한 선거를 말한다라고 규정하고 있으므로, 대통령선거·국회의원선거·지방의회의원 및 지방자치단체의 장의 선거를 의미한다. 「공공단체등 위탁선거에 관한 법률」의 적용을 받는 「농업협동조합법」, 「수산업협동조합법」 및 「산림조합법」에 따른 조합 및 중앙회장선거 등 위탁선거는 해당되지 아니한다.

　한편, 「주민소환에 관한 법률」에 따른 지방자치단체의 장 및 지방의회의원(비례대표선거구시·도의회의원 및 비례대표선거구 자치구·시·군의회의원은 제외하며, 이하 "선출직 지방공직자"라 한다)에 대한 주민소환투표의 경우 중앙선거관리위원회는 '개인 또는 단체가 청구인대표자 또는 소환투표대상자에게 주민소환투표운동에 소요되는 비용을 충당할 수 있도록 후원금을 제공하거나 모금하여 기부할 수 있는지 여부와 개인 또는 단체가 그가 소유하고 있는 건물(사무실) 기타 자동차 등을 주민소환투표운동에 사용할 수 있도록 청구인대표자 또는 소환투표대상자에게 무상 또는 통상적인 가격보다 현저히 적은 금액으로 대여해 줄 수 있는지 여부에 대하여 주민소환투표운동에 소요되는 금전이나 물건을 「민법」 제777조의 규정에 의한 친족 외의 자로부터 기부받는 것은 「정치자금법」 제2조 및 제45조에 위반될 것이라고 하여(중앙선거관리위원회 2007. 8. 30. 회답)' 정치자금법 적용대상이 된다고 유권해석하고 있다.

4) '후보자가 되고자 하는 자'는 선거에 출마할 예정인 사람으로서 정당에 공천신청을 하거나 일반 선거권자로부터 후보자추천을 받기 위한 활동을 벌이는 등 입후보의사가 확정적으로 외부에 표출된 사람뿐만 아니라 그 신분·접촉대상·언행 등에 비추어 선거에 입후보할 의사를 가진 것을 객관적으로 인식할 수 있을 정도에 이른 사람을 의미한다(대법원 2005. 1. 13. 선고 2004도7360 판결 참조).

5) 대검찰청. 정치자금법 벌칙해설(제2개정판). 대검찰청, 2022, 41~42면.

6) 헌법재판소 2004. 6. 24. 자 2004헌바16 결정.

시하고 있다.

'정치활동'과 '정치활동을 하는 자'의 개념

- '정치활동'이라 함은 권력의 획득과 유지를 둘러싼 투쟁 및 권력을 행사하는 활동임. 근대국가를 거쳐서 현대국가에 이르러 정치활동이 고도로 조직화되어 감에 따라 불가피하게 정치활동에 필요한 비용도 크게 증가함(헌법재판소 2004. 6. 24. 자 2004헌바16 결정, 대법원 2006. 12. 22. 선고 2006도1623 판결 참조).
- 정치활동은 권력의 '획득' 및 '유지'를 의미하는바, 출마포기 자체는 그와 반대되는 의사에 기한 것으로, 권력의 '획득'이나 '유지'가 의미하는 범위에 포함되지 않음이 명백함. 정치자금법에서 금지하는 행위는 정치활동을 '위하여' 금원을 수수하는 행위이지, 정치활동의 '대가'로 금원을 수수하는 행위가 아님. 따라서 어떠한 금원이 그 대가와 무관하게 정치활동이 아닌 다른 용도로 교부되었다면 이는 정치활동을 '위하여' 교부된 것이라 할 수 없음(서울북부지방법원 2020. 2. 14. 선고 2019노1545 판결).
- 정치자금법은 우리 헌법의 '대의민주주의 실현을 위한 정치활동'을 하는 자에게 정치자금의 적정한 공급을 보장하고 수입과 지출의 투명성을 확보하여 정치자금과 관련한 부정을 방지하기 위한 목적으로 제정된 것임. 그러므로 정치자금법은 일반적·사전적 의미의 정치활동을 하는 자 모두를 그 규율대상으로 하는 것이 아니라, 정당 또는 대의제 민주주의 실현을 위한 공직선거와 관련하여 활동하는 자를 규율대상으로 하고, 그 가운데에서도 그 활동을 위하여 적정한 자금을 공급할 공익상의 필요가 있는 자로 제한한다고 할 것임(헌법재판소 2014. 7. 24. 자 2013헌바169 결정).
- '정치활동을 하는 자'는 "정당이나 공직선거와 직접 관련된 활동을 주로 하는 사람 또는 단체"를 의미함. 정당제 민주주의 현실하에서 권력의 획득과 유지, 행사에 있어서 정당이나 선거 중 어느 하나에도 관여하지 않는 형태를 상정하는 것은 사실상 불가능에 가까움(서울고등법원 2010.1.8. 선고 2009노2434 판결).
- '그 밖에 정치활동을 하는 자'에 해당하려면 같은 호에서 구체적으로 열거한 사람 또는 단체에 준하여 '정당, 공직선거, 후원회와 직접 관련된 활동을 주로 하는 사람이나 단체'로 볼 수 있을 정도에 이르러야 함(대법원 2017. 11. 14. 선고 2017도3449 판결).

정치활동을 하는 자인지 여부는 '문제되는 해당 자금수수 행위 당시'를 기준으로 '객관적 징표'에 의하여 인정되어야 하며, 정치활동을 하는 자에게 제공된 금전 등이라도 그 자의 정치활동을 위하여 제공된 것이 아닌 경우에는 이를 정치자금으로 볼 수 없다. 따라서 정당이나 선거와 직접적 관계없이 정치적 영역의 활동을 전개하는 모든 개인이나 단체에 제공되는 일체의 자금을 정치자금으로 규제하는 것은 아니다.

한편, 정치적 중립이 요구되고 정당가입 등 정치활동을 제한받는 교육감 및 교육감선거의

(예비)후보자는 정치활동을 하는 사람으로 볼 수 없으나[7], 교육감선거과정에서의 후원회를 통한 선거비용 조달, 선거비용의 처분 등은 「정치자금법」의 준용을 받는다.[8]

정치자금은 '정치활동을 위하여 정치인 등에게 제공되는 금전이나 유가증권 그 밖의 물건'인 수입과 '정치인 등이 정치활동을 위하여 사용하는 비용'이라는 지출의 2가지 측면에서 설명할 수 있다. 「정치자금법」 체계도 정치자금 부정수수(「정치자금법」 제2조 제1항, 제45조)와 정치자금의 정치활동경비 용도외 지출 제한(「정치자금법」 제2조 제3항)으로 나눌 수 있다.

정치자금 개념 등과 관련하여 구체적인 설명은 제3장 정치자금부정수수에서 다룬다.

3. 각국의 정치자금 정의[9]

국가명	내용	근거규정
독일	• 정당의 수입이란 금전 또는 금전적 가치가 있는 일체의 급부를 말함. 관례적으로 발생하는 채무의 변제 및 정당을 위해 행해진 행사 또는 조치를 다른 사람이 인수하는 것도 수입으로 간주함. – 수입회계는 당비, 합법적 기여금, 개인·법인의 기부금, 기업 활동과 배당으로 인한 수입, 기타 자산으로 인한 수입, 행사, 유인물 또는 간행물의 판매, 그 밖의 수입과 관련된 활동으로 인한 수입, 국고보조금, 기타 수입, 당원의 보조금을 포함.	정당법 제24조 제4항, 제26조
스페인	• 정당의 정치자금은 공적자금과 사적자금으로 구성됨. – 공적자금은 선거비용 명목으로 지원되는 공공보조금, 정당의 운영비용 지원을 위한 국가보조금, 자치주정부가 지급하는 자치주보조금, 특별선거보조금, 상·하원의회·자치주의회·바스크지방의회의 교섭단체 및 각 기초자치단체의 대표기관이 정당에게 기부하는 기부금을 포함. – 사적자금은 당비와 출자금, 정당의 활동 및 고유자산 운용으로 인한 수익, 홍보활동을 통한 수익, 특정 용역을 제공하고 얻는 기타 수익과 이 법에서 정한 조건에 따라 얻는 현금 또는 현물 기부, 대출이나 융자를 통한 자산, 유산 또는 유증에 의한 자산을 포함.	정당자금법 제2조

※ 영국, 미국, 프랑스, 일본, 스위스, 스웨덴, 캐나다, 호주, 오스트리아, 벨기에, 덴마크, 아일랜드, 아이슬란드, 이탈리아, 룩셈부르크, 멕시코, 네덜란드, 뉴질랜드, 노르웨이는 정치자금에 대해 별도로 정의하고 있지 않음.

---

7)　헌법재판소 2014. 7. 24. 자 2013헌바169 결정.
8)　대법원 2017. 12. 7. 선고 2017도13012 판결.
9)　중앙선거관리위원회. 각국의 정당·정치자금제도 비교연구(2021), 270~272면.

4. 정치자금의 구분

'정치자금'은 선거비용인 정치자금과 선거비용이 아닌 정치자금으로 구분할 수 있다.

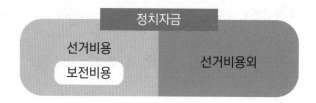

가. 선거비용

"선거비용"이라 함은 「공직선거법」 제119조(선거비용 등의 정의)의 규정에 의한 선거비용을 말한다(「정치자금법」 제3조 제8호 아목). 「공직선거법」 제119조 제1항에서 '선거비용'이란 해당 선거에서 선거운동을 위하여 소요되는 금전·물품 및 채무 그 밖의 모든 재산상의 가치가 있는 것으로서 해당 후보자(후보자가 되려는 사람 및 후보자를 추천한 정당을 포함)가 부담하는 비용을 말하며, 위법한 선거운동에 지출한 비용도 선거비용에 포함된다.

선거비용인 정치자금

❶ 후보자가 적법한 선거운동을 위하여 지출한 비용

- 선거사무소나 선거연락소에 설치·게시하는 간판·현판 또는 현수막의 제작 및 설치·철거에 소요되는 비용
- 선거사무장 등 선거사무관계자에게 지급한 수당·실비
- 선거벽보·선거공보·후보자 사진의 작성비용과 선거벽보의 보완 첩부 비용
- 거리게시용 현수막의 제작 및 설치·철거에 소요되는 비용
- 공개장소에서의 연설·대담에 소요되는 비용
- 예비후보자의 선거운동에 소요된 비용
- 그 밖에 「공직선거법」에 위반되지 않는 선거운동을 위하여 지출한 비용

❷ 위법한 선거운동을 위하여 또는 기부행위제한규정을 위반하여 지출한 비용

- 후보자가 「공직선거법」에 위반되는 선거운동을 위하여 지출한 비용과 기부행위제한규정을 위반하여 지출한 비용

- 정당, 정당선거사무소의 소장, 후보자의 배우자 및 직계존비속, 선거사무장·선거연락소장·회계책임자가 해당 후보자의 선거운동(위법선거운동 포함)을 위하여 지출한 비용과 기부행위제한규정을 위반하여 지출한 비용
- 선거사무장·선거연락소장·회계책임자로 선임된 사람이 선임·신고되기 전까지 해당 후보자의 선거운동(위법선거운동 포함)을 위하여 지출한 비용과 기부행위제한규정을 위반하여 지출한 비용
- 누구든지 후보자, 정당, 정당선거사무소의 소장, 후보자의 배우자 및 직계존비속, 선거사무장·선거연락소장·회계책임자(선임·신고되기 전의 경우도 포함)와 통모하여 해당 후보자의 선거운동(위법선거운동 포함)을 위하여 지출한 비용과 기부행위제한규정을 위반하여 지출한 비용

"선거비용"은 「공직선거법」 제121조에 따라 산정하여 관할 선거구 선거관리위원회가 공고한 '선거비용제한액'[10] 범위 안에서 지출하여야 하고, 그 지출범위 중 후보자가 「공직선거법」에 규정한 선거운동을 위해 지출한 비용은 국가 또는 지방자치단체가 선거일 후 보전하며, 이를 '선거비용의 보전'이라고 한다.

우리나라의 선거법제는 선거비용을 국가가 선거일 이후 보전해주는 방식과 함께 일정한 경비를 국가가 직접 부담하는 제도를 마련하고 있어 후보자의 선거비용에 대한 부담을 경감시켜주고 있다(「공직선거법」 제122조의2 제3항). 또한 선거비용제한액을 설정하여 선거운동이 과열되어 재력의 대결로 비화되는 것을 방지하고, 후보자들이 선거운동을 효율적으로 할 수 있도록 유도하고 있다. 나아가 앞에서 살펴본 바와 같이 예비후보자 단계에서부터 후원회를 둘 수 있도록 하여 선거비용을 공적으로 부담할 수 있는 제도도 마련되어 있다.[11]

그런데 정당·후보자가 선거비용 보전대상인 경우에도 후보자·예비후보자·선거사무장·회계책임자 등과 같이 선거운동에서 중요한 역할을 담당하는 자의 위법행위가 있거나 선거비용 제한액을 초과하여 지출한 경우에는 그 보전을 제한·유예하거나 보전된 비용을 반환하고 있고, 선거범죄로 당선무효에 해당하는 형이 확정된 자는 반환·보전받은 기탁금과 선거비용 보전금액을 반환하도록 하고 있다.

1) 선거공영제

「헌법」 제116조 제2항은 "선거에 관한 경비는 법률이 정하는 경우를 제외하고는 정당 또는 후보자에게 부담시킬 수 없다"라고 규정하여 선거공영제를 채택하고 있다. 선거공영제는

---

10) "선거비용제한액"이라 함은 「공직선거법」 제122조(선거비용제한액의 공고)의 규정에 의하여 관할 선거구선거관리위원회가 공고한 당해 선거(선거구가 있는 때에는 그 선거구)의 선거비용제한액을 말한다(「정치자금법」 제3조 제8호 자목).
11) 헌법재판소 2018. 7. 26. 자 2016헌마524·537 결정.

선거 자체가 국가의 공적 업무를 수행할 국민의 대표자를 선출하는 행위이므로, 이에 소요되는 비용은 원칙적으로 국가가 부담하는 것이 바람직하다는 점과 선거경비를 개인에게 모두 부담시키는 것은 경제적으로 넉넉하지 못한 자의 입후보를 어렵거나 불가능하게 하여 국민의 공무담임권을 부당하게 제한하는 결과를 초래할 수 있다는 점을 고려하여, 선거의 관리·운영에 필요한 비용을 후보자 개인에게 부담시키지 않고 국민 모두의 공평부담으로 하고자 하는 원칙이다. 이러한 선거공영제의 내용은 우리의 선거문화와 풍토, 정치문화 및 국가의 재정상황과 국민의 법감정 등 여러 가지 요소를 종합적으로 고려하여 입법자가 정책적으로 결정할 사항으로서 넓은 입법형성권이 인정되는 영역이라고 할 것이다.[12]

「헌법」제116조 제2항에서 '선거에 관한 경비는 법률이 정하는 경우를 제외하고는 정당 또는 후보자에게 부담시킬 수 없다'는 규정은 단지 선거공영제도를 천명하고 있는 것이므로, 위 규정이 있다고 하여 각종 선거의 선거비용 부담 주체가 정당이나 후보자 이외에는 반드시 국가여야 한다는 것은 아니며, 선거의 성격이 무엇이냐에 그 경비 부담 주체도 달라질 수 있다.[13]

선거공영제 아래에서 공직선거를 치를 때에는 기본적으로 국가 예산을 투입하게 되므로, 국민의 부담인 세금을 합리적이고 효율적으로 집행할 필요가 있다. 따라서 입법자가 어떠한 선거비용을 보전 대상에 포함시킬지 여부를 결정할 경우, 우리의 선거문화와 정치문화, 국가의 재정상황 등을 종합적으로 고려하여 국가가 부담하는 비용이 무분별하게 사용되지 않도록 하여야 한다. 그리고 「헌법」제116조 제2항이 규정하고 있는 바와 같이, 입법자는 필요한 경우 법률로써 일정한 선거비용을 후보자에게 부담시킬 수 있다.[14]

선거운동에는 선거비용이 필수적으로 수반되므로, 선거비용의 사용을 제한하는 것은 선거운동을 제한하는 결과로 된다. 선거공영제는 선거운동의 자유와 선거비용의 관계를 헌법적으로 선언한 것으로서 매우 중요한 의미를 갖는다. 헌법과 법률에 따라 일정한 선거운동의 자유가 보장된다고 하더라도, 그에 수반되는 선거비용을 공적으로 부담하도록 하지 않고 공직선거의 후보자가 사적으로 부담하도록 한다면, 이는 후보자의 선거운동의 자유를 제한하는 것이다.

그러므로 「헌법」제116조 제2항에 따라 입법자가 후보자에게 선거비용을 부담시키는 법률을 제정할 수 있다고 하더라도, 그 정도가 지나칠 경우 그 법률은 후보자의 선거운동의 자유를 침해할 수 있다.[15]

---

12)　헌법재판소 2012. 2. 23. 자 2010헌바485 결정.
13)　헌법재판소 2008. 6. 26. 자 2005헌라7 결정.
14)　헌법재판소 2010. 5. 27. 자 2008헌마491 결정.
15)　헌법재판소 2018. 7. 26. 자 2016헌마524·537 결정.

2) 선거비용제한액

선거의 공정과 선거운동의 기회균등을 보장하기 위하여 선거비용액을 제한하고 있다. 이는 금권선거 및 후보자 간의 경제력의 차이에 따른 불공평을 방지함과 아울러 막대한 선거비용을 마련할 수 없는 유능하고 참신한 후보자의 입후보를 보장하기 위한 목적이다.[16]

"선거비용제한액"은 선거종류마다 인구수, 읍·면·동 수를 고려하고(「공직선거법」 제121조 제1항), 당해 선거의 직전 임기만료에 의한 선거의 선거일이 속하는 달의 말일부터 제122조 (선거비용제한액의 공고)의 규정에 의한 공고일이 속하는 달의 전전달 말일까지의 전국소비자물가변동률(「통계법」 제3조의 규정에 의하여 통계청장이 매년 고시하는 전국소비자물가변동률을 말한다)을 감안하여 정한 비율(이하 "제한액산정비율"이라 한다)을 적용하여 증감하며(「공직선거법」 제121조 제2항), 선거사무장등에게 지급할 수 있는 수당의 금액이 인상된 경우 총 수당 인상액과 선거사무장등의 「산업재해보상보험법」에 따른 산재보험 가입에 소요되는 총 산재보험료를 산정한 선거비용제한액에 각각 가산하여야 한다(「공직선거법」 제121조 제3항). 관할선거구위원회는 선거별로 예비후보자등록신청개시일 전 10일까지(예비후보자등록신청개시일 전 10일 후에 실시사유가 확정된 보궐선거 등에 있어서는 그 선거의 실시사유가 확정된 때부터 10일까지) 선거비용제한액을 공고하여야 한다(「공직선거관리규칙」 제51조 제1항).

3) 선거비용의 보전

"선거비용보전"이란 선거공영제의 일환으로서, 후보자 또는 정당이 「공직선거법」에 의한 적법한 선거운동을 위하여 지출한 선거비용의 전부 또는 일부를 국가 또는 지방자치단체의 부담으로 「공직선거법」 제122조에 의하여 공고한 선거비용제한액 범위 「공직선거법」 제122조의2(선거비용의 보전 등)에서 국가 또는 지방자치단체가 정당·후보자가 지출한 선거비용을 일정한 조건에 따라 보전하도록 하여 선거공영제를 구체화하였다.

4) 선거비용보전의 제한

① 선거사무소의 회계책임자가 정당한 사유 없이 「정치자금법」 제40조의 규정에 따른 회계보고서를 그 제출마감일까지 제출하지 아니한 때는 '전액 미보전', ② (예비)후보자·선거사무장·선거사무소의 회계책임자가 당해 선거와 관련하여 「공직선거법」 또는 「정치자금법」 제49조(선거비용관련 위반행위에 관한 벌칙)에 규정된 죄를 범함으로 인하여 유죄의 판결이 확정되거나 선거비용제한액을 초과 지출한 경우는 '그 위법행위에 소요된 비용 또는 선거비용제

---

16)　대구고등법원 1997. 8. 12. 선고 97초12 판결.

한액을 초과하여 지출한 비용의 2배에 해당하는 금액', ③ 정당·(예비)후보자 및 그 가족, 선거사무장, 선거연락소장, 선거사무원, 회계책임자 또는 연설원으로부터 기부를 받은 자가 「공직선거법」 제261조 제9항에 따른 과태료를 부과받은 경우는 '그 기부행위에 사용된 비용의 5배에 해당하는 금액', ④ (예비)후보자·선거사무장·선거사무소의 회계책임자가 당해 선거와 관련하여 「공직선거법」 또는 「정치자금법」 제49조(선거비용관련 위반행위에 관한 벌칙)에 규정된 죄를 범함으로 인하여 기소되거나 선거관리위원회에 의하여 고발된 때는 그 판결이 확정될 때까지 '그 위법행위에 소요된 비용의 2배에 해당하는 금액'을 보전유예한다.

5) 당선무효된 자 등의 비용반환

한편, 공직선거에서 「공직선거법」 제263조 내지 제265조에 따라 당선무효된 자, 당선되지 아니한 자로서 같은 법 제263조 내지 제265조까지 규정된 자신 또는 선거사무장 등의 선거범죄로 당선무효에 해당하는 형이 확정된 자는 반환·보전받은 기탁금과 선거비용 보전금액을 반환해야 한다.

기탁금 등 반환조항은 그동안 우리 선거사에서 지적되어 오던 선거의 과열과 타락, 불법으로 인한 선거풍토를 일신하고 공정한 선거문화를 정착시키기 위해서는 선거부정과 부패에 대한 제재를 강화할 필요가 있다는 판단에 근거하여 그 기준을 설정한 것이다.[17]

나. 선거비용외 정치자금

선거와 관련하여 지출한 비용이라 하더라도 선거운동과 직접적으로 관련이 없는 비용은 선거비용으로 보지 않으며, 이를 '선거비용외 정치자금'이라고 한다.

「공직선거법」 제120조에서 선거비용으로 보지 아니한 경우를 예시하여 다음과 같이 열거하고 있다.

'선거비용'으로 보지 아니한 경우

1. 선거권자의 추천을 받는데 소요된 비용 등 선거운동을 위한 준비행위에 소요되는 비용

2. 정당의 후보자선출대회비용 기타 선거와 관련한 정당활동에 소요되는 정당비용

3. 선거에 관하여 국가·지방자치단체 또는 선거관리위원회에 납부하거나 지급하는 기탁금과 모든 납부금 및 수수료

---

17) 헌법재판소 2018. 1. 25. 자 2015헌마821 결정.

4. 선거사무소와 선거연락소의 전화료·전기료 및 수도료 기타의 유지비로서 선거기간전부터 정당 또는 후보자가 지출하여 온 경비

5. 선거사무소와 선거연락소의 설치 및 유지비용

6. 정당, 후보자, 선거사무장, 선거연락소장, 선거사무원, 회계책임자, 연설원 및 대담·토론자가 승용하는 자동차[제91조(擴聲裝置와 自動車 등의 사용제한) 제4항의 규정에 의한 자동차와 선박을 포함한다]의 운영비용

7. 제삼자가 정당·후보자·선거사무장·선거연락소장 또는 회계책임자와 통모함이 없이 특정 후보자의 선거운동을 위하여 지출한 전신료 등의 비용

8. 제112조 제2항에 따라 기부행위로 보지 아니하는 행위에 소요되는 비용. 다만, 같은 항 제1호 마목(정당의 사무소를 방문하는 사람에게 제공하는 경우는 제외한다) 및 제2호 사목(후보자·예비후보자가 아닌 국회의원이 제공하는 경우는 제외한다)의 행위에 소요되는 비용은 선거비용으로 본다.

9. 선거일 후에 지출원인이 발생한 잔무정리비용

10. 후보자(후보자가 되려는 사람을 포함한다)가 선거에 관한 여론조사의 실시를 위하여 지출한 비용. 다만, 제60조의2 제1항에 따른 예비후보자등록신청개시일부터 선거일까지의 기간 동안 4회를 초과하여 실시하는 선거에 관한 여론조사비용은 선거비용으로 본다.

「공직선거법」 제120조에 예시된 경우 이외에도 선거활동 과정에서 다양한 방법의 정치활동이 이루어지므로 그 활동에 소요되는 비용이 선거비용과 선거비용외 정치자금에 해당하는지 여부는 공직선거시마다 중앙선거관리위원회가 배부하는 「선거비용 보전 안내서」 선거비용 구분 및 보전항목 일람표에 예시되어 있다.

이와 함께 정치자금법이 규율대상으로 삼고 있는 정치자금은 앞에서 살펴본 공직선거와 관련된 비용뿐만 아니라 '정치활동을 위하여 정치활동을 하는 사람 또는 단체에 제공되는 금전 등 재산적 이익 일체'로 정의할 수 있고,[18] 여기에서 '정치활동'은 일반적으로 '권력의 획득과 유지를 둘러싼 투쟁 및 권력을 행사하는 활동' 정도로 해석되므로,[19] 정당과 선출직 국회의원·지방의회의원의 정치활동뿐만 아니라 당대표경선, 당내경선과 관련된 정치활동에 소요되는 경비도도 정치자금에 해당한다.

---

18) 대법원 2014. 6. 26. 선고 2013도9866 판결 등.
19) 대법원 2006. 12. 22. 선고 2006도1623 판결 등.

5. 정치자금의 규제 필요성

가. 규제의 필요성

근대국가를 거쳐서 현대국가에 이르러 정치활동이 고도로 조직화되어 감에 따라 불가피하게 정치활동에 필요한 비용도 크게 증가하였다. 헌법 제8조 제3항에서 국가는 법률이 정하는 바에 의하여 정당운영에 필요한 자금을 보조할 수 있다고 규정하고 있으나, 재정적 제약 아래에서 충분한 자금을 보조하기는 어렵다. 선거에 있어서는 헌법 제116조 제1항에서 선거운동 법정주의와 기회균등원칙을 천명하고, 같은 조 제2항에서 법률이 정하는 경우를 제외하고는 선거에 관한 경비는 정당 또는 후보자에게 부담시킬 수 없다고 규정하고 있기는 하나, 그 밖에 정치인 개인의 정치활동에 필요한 비용을 보조하는 규정은 없다.

그렇다면 정당 또는 정치인은 정치자금 조달도 중요한 정치활동의 하나가 될 수밖에 없다. 그런데 정치자금의 조달을 정당 또는 정치인에게 맡겨 두고 아무런 규제를 하지 않는다면 정치권력과 금력의 결탁이 만연해지고, 필연적으로 기부자의 정치적 영향력이 증대될 것이다. 금력을 가진 소수 기득권자에게 유리한 정치적 결정이 이루어진다면 민주주의의 기초라 할 수 있는 1인 1표의 기회균등원리가 심각하게 훼손될 수 있다. 그러므로 구체적인 내용은 별론으로 하더라도, 정치자금에 대한 규제는 대의제 민주주의의 필연적 귀결이다.[20]

나. 정치자금 규제에 대한 세계 동향[21]

세계의 많은 나라들은 정치자금의 투명성을 강화하기 위해서 정치자금을 다양한 방법으로 규제하고 있다. 스웨덴에 본부를 둔 "민주주의와 선거지원을 위한 국제 연구소(International Institute for Democracy and Electoral Assistance: IDEA)"가 전 세계 180개국에서 적용 중인 정치자금 규제들을 조사하여 2012년에 발표한 "세계 정치자금 규제(Political Finance Regulations Around the World)"는 정치자금 규제에 대한 세계 동향을 가장 잘 보여주고 있다(Ohman 2012). 이하에서는 IDEA 보고서 내용을 바탕으로 정치자금 규제에 대한 세계 동향을 정리하고자 한다.

IDEA가 2012년 발표한 "세계 정치자금 규제 보고서"는 〈표 1〉과 같이 정치자금 규제를 7가지 범주로 나누고 있다.

---

20) 헌법재판소 2004. 6. 24. 자 2004헌바16 결정, 헌법재판소 2017. 8. 31. 자 2016헌바45 결정.

21) 이 부분은 가상준·유성진·박진수·조희정. "2018년도 중앙선거관리위원회 연구용역보고서: 정치자금 실시간 공개제도의 실효성 확보 방안에 대한 연구". 중앙선거관리위원회, 17~21면 참조.

| 표 1 정치자금 규제 범주와 내용

범주	내용
기부 허용 대상	정당과 후보자에게 기부가 허용된 대상
기부 허용 금액	기부 허용 금액
공적자금 지원	정당과 후보들에게 제공되는 직·간접적인 정부 지원
지출 금지 조항	매표행위 금지와 정당 혹은 후보들을 위하여(반대하여) 정부 자금을 사용하는 것을 금지하는 조항
지출 제한	정당과 후보들의 정치자금 지출 제한
자금 공개	정당과 후보들에게 요구되는 자금 보고서 제출 조건들
집행과 제재	정치자금 감시에 관련된 기관들과 제재들에 대한 조건들

출처: Ohman(2012, 7) 참조.

① 정치자금 기부 허용 대상과 관련하여 국가 자금, 해외 자금, 익명 자금에 대하여 기부를 제한하는 규제가 보편적으로 나타난다. 규제된 공적자금 이외의 국가 재원을 정당이나 후보들에게 제공하는 것을 금지하는 것이 가장 보편적인 현상으로 나타난다. 한편 기업이나 노조의 정치자금 기부를 제한하고 있는 국가는 상대적으로 많지 않았다.

② 정치자금 기부 허용 금액과 관련하여 정당이나 후보에게 기부하는 금액에 제한을 두지 않는 것이 보편적인 현상으로 나타났다.

③ 정치자금 기부 허용 금액과 관련한 규제 현황을 살펴보면, 정당이나 후보에게 기부하는 금액에 제한을 두지 않는 것이 보편적인 현상으로 나타났다.

아프리카와 오세아니아 국가들의 경우 정치자금 기부 허용 금액에 대한 제한을 거의 두고 있지 않은 반면, 유럽 국가들은 다른 지역보다 정치자금 기부 허용 금액에 대하여 높은 규제를 시행하고 있는 것으로 나타났다.

④ 많은 나라에서 정당이나 후보자들에게 직·간접적으로 공적자금을 지원하고 있다.

공적자금은 후보나 정당에게 정치자금을 지원하는 직접적인 공적자금 지원과 정당이나 정당에 기부하는 단체와 사람에게 세금을 공제해주거나, 우편이나 교통 요금에 대한 보조를 제공해주는 등 간접적인 형태로 지원되는 간접 공적자금 지원으로 구분될 수 있다. 공적자금을 정당에게 직접 제공하는 것은 유럽이 가장 많은데, 약 86%의 국가들이 직접적으로 공적자금을 제공한다. 반면 오세아니아의 경우 27%의 국가들만이 공적자금을 직접 제공한다.

⑤ 많은 국가들이 정치자금의 기부 혹은 정치자금의 조달과 관련하여 규제를 시행하고 있

는 반면, 조달된 정치자금의 지출과 관련하여 규제를 시행하고 있는 경우는 상대적으로 빈도수가 낮았다.

지역별로는 유럽과 아시아가 다른 지역에 비하여 정치자금 지출 금액에 대하여 높은 수준의 규제를 가하고 있는 것으로 나타났다. 유럽 국가들은 정당 지출(48%)과 후보자 지출(57%) 모두에 높은 규제를 가하고 있는 반면, 아시아 국가들은 정당 지출(32%)에 규제를 가하는 경우보다 후보자 지출(62%)을 제한하는 경우가 상대적으로 많았다.

⑥ 세계의 많은 국가들이 정당이나 후보자들에게 그들의 재정 현황에 대한 공식적인 보고서를 제출하도록 하고 있다. IDEA에 따르면, 조사에 응답한 국가들 중 88%에 해당하는 143개 국가들이 정당 혹은 후보자들에게 정치자금 보고서를 제출하도록 요구하고 있다. 정당 혹은 후보자에게 정치자금 보고서 제출을 요구하고 있는 비율이 88%에 다다르고 있기는 하지만, 정당과 후보자 보고서 제출을 의무화하고 있는 국가의 비율은 53%에 불과하다.

⑦ 정당이나 후보자가 재정 보고서를 제출할 때 기부자의 신원을 공개하도록 한 국가는 조사 대상의 51%였으며, 조사 대상 국가 중 72%에 해당하는 국가들이 정당이나 후보자로부터 제출받은 재정 보고서의 정보를 일반 대중에게 공개하도록 하고 있다. 조사 대상 중 25%에 불과한 40개 국가들이 정당이나 후보자가 제출한 재정 보고서를 조사하고, 잠재적 정치자금 위반행위들을 조사할 공적 기관을 두고 있지 않았다. 즉 규제의 집행과 제재에 대한 준비가 미흡한 국가들이 상대적으로 많았다.

다. 규제의 방향

한국의 경우, 과거 불법 정치자금 수수라는 역사적 경험인 정경유착과 정치 부패를 막고 고비용저효율의 정치구조 변화를 목적으로 정치자금 조달과 지출을 규제하는 방향으로 정치자금 제도를 발전시켜 왔다.

정치자금의 문제는 정치영역의 문제이고 정치적 공동체 내에서 주권자인 국민의 정치적 자유권과 밀접한 관계를 갖는다. 국민은 정치자금 기부행위에 의해서 자신이 지지하는 정당이나 후보자를 지원해 줄 정치활동의 자유를 원칙적으로 자유롭게 향유할 수 있어야 한다.[22] 오늘날 정치적 기본권은 선거권, 공무담임권, 국민투표권 등 이른바 '참정권'뿐만 아니라, 국민이 정치적 의사를 자유롭게 표현하고, 국가의 정치적 의사형성에 참여하는 정치적 활동을 총칭하는 것으로 인식되고 있다. 그중 정치적 자유권이라 함은 국가권력의 간섭이나 통제를

---

22) 조소영. "기업의 정치자금기부 규제에 관한 헌법적 검토". 공법연구 제7권 제4호(2016. 11.), 152면.

받지 아니하고 자유롭게 정치적 의사를 형성·발표할 수 있는 자유를 말한다. 이러한 정치적 자유권은 정치적 의사를 자유롭게 표현하고, 자발적으로 정당에 가입하고 활동하며, 자유롭게 선거운동을 할 수 있는 것을 주된 내용으로 하는 것이다.[23]

정당과 국회의원 등 정치행위자들에 대한 정치자금 기부는 국민이 자신의 정치적 견해를 표명하는 매우 효과적인 수단일 뿐만 아니라, 그들에 대하여 영향력을 행사하는 중요한 방법이다. 일반 국민들로부터 정치자금을 조달하는 것을 과도하게 규제하는 것은 청년 등 신인 정치인이나 군소정당이나 신생정당에게 지나치게 가혹할 뿐만 아니라, 결과적으로 다양한 신진 정치세력의 진입을 막고 정치행위자간 자유로운 경쟁을 막아 민주정치 발전을 가로막게 될 우려가 있다.

따라서 일반 국민들의 정당에 대한 소액다수의 기부를 장려·권장함으로써 국민과 정당 등 정치행위자 간의 연대를 강화하고, 이들을 통한 국민의 정치참여 기회를 확대하며, 정치행위자 간의 건전한 경쟁을 유도하는 방향으로 정치자금 제도 개선이 필요하다. 적정한 정치자금 조달창구 확대와 정치자금 정보에 대한 접근성과 투명성 강화 그리고 부정수수 금지가 균형있게 구현되는 정치자금 제도를 자리매김하여야 한다. 그것이 진정 민주정치의 발전 토대를 구축하는 데에 기여하는 것이고, 민주주의를 국민 속에 뿌리내리게 하는 것이 될 것이다.

6. 입법연혁

우리나라에 1965. 2. 9. '정치자금에 관한 법률'이 처음으로 제정된 이후 2023. 8. 8. 일부개정까지 총 33차례 개정되었다.[24] 초기에는 정치자금의 기부주체와 모금주체의 변경이 주된 내용을 이루다가 점차 정치자금의 투명성과 책임성을 확보하는 방향으로 개정되었다.

1965. 2. 9. 법률 1685호로 제정된 '정치자금에 관한 법률'은 정당에 대한 정치자금 후원제도를 도입하여 누구든지 기명 또는 익명으로 중앙선거관리위원회를 통하여 특정 정당에 정치자금을 기부할 수 있고, 2 이상의 정당을 지정하여 기부할 경우에는 배분비율을 정할 수 있도록 하였다(지정기탁금제). 기부의 주체와 기부금액의 한도에 제한을 두지 않아 개인은 물론 단체도 자유롭게 정당에 정치자금을 기부할 수 있었으나, 정치인 개인에 대한 후원제도를 규정하지 않아 정치자금의 조달은 정당 중심으로 이루어졌다.

---

23) 헌법재판소 2004. 3. 25. 자 2001헌마710 결정.
24) 정치자금법은 1965. 2. 9. 제정된 이후 총 3차례 전문개정(1973. 6. 14., 1980. 12. 31., 2005. 8. 4.)과 29차례 일부개정이 있었고, 제16차 전면개정(2005. 8. 4.)에 「정치자금법」으로 법명이 변경되었다.

1980. 12. 31. 법률 제3302호로 전부개정된 「정치자금에 관한 법률」은 정당 후원회 제도를 도입하여 국민들이 중앙선거관리위원회에 기탁하지 않고 후원회를 통하여 직접 정당에 후원금을 기부할 수 있도록 하고, 국고보조금 제도를 신설하였다. 당시 정당 후원회는 원내교섭단체를 구성할 수 있는 정당의 중앙당에 한하여 1개의 후원회를 지정할 수 있도록 하고, 시·도지부나 지구당은 후원회를 둘 수 없었다.

1989. 12. 30. 법률 제4186호로 개정된 「정치자금에 관한 법률」은 국회의원 후원회 제도를 신설하여 개인후원회 제도를 처음으로 도입하고, 중앙당 외에 시·도지부 및 지구당도 독자적으로 후원회를 둘 수 있도록 하였으며, 1994. 3. 16. 법률 제4740호로 개정된 '정치자금에 관한 법률'은 원내 교섭단체의 구성여부에 관계없이 모든 정당의 지구당에 후원회의 결성을 허용하는 등 정치자금의 조달이 정당 후원회 중심으로 점차 확대되었다.

2004. 3. 12. 법률 제7191호로 개정된 「정치자금에 관한 법률」 제5조(후원회) 제1항 제1호는 후원회지정권자로 '정당의 중앙당[정당법 제8조(신고)의 규정에 의한 중앙당창당준비위원회를 포함한다], 정당의 시·도당'을 규정하고 있었으나, 2002년 불법 대선자금 사건의 여파로 정경유착을 유발하는 불법 정치자금의 수수를 막기 위해 부칙 제5조에서 "이 법에 의한 정당의 중앙당 및 시·도당 후원회는 이 법 시행 후 2년 후에 이를 폐지하고, 정당의 중앙당 및 시·도당의 후원회와 관련된 규정은 모두 폐지한다"라고 규정하고, 단체의 정치자금 기부도 일절 금지하였다.

위 「정치자금에 관한 법률」은 2005. 8. 4. 법률 제7682호로 「정치자금법」으로 전부개정되었고, 위와 같이 개정된 법률 부칙 제2조에서 "이 법에 의한 중앙당 및 시·도당의 후원회는 2006년 3월 13일에 이를 폐지하고, 중앙당 및 시·도당의 후원회와 관련된 규정은 모두 폐지한다"라고 규정함에 따라 2006. 3. 13.부터는 정당 후원회 제도가 전면적으로 폐지되었다[다만 위와 같이 개정된 「정치자금법」 제6조(후원회지정권자) 제1호는 여전히 후원회지정권자로 정당을 규정하고 있다가, 2008. 2. 29. 법률 제8880호로 개정되면서 삭제되었다]. 한편 대통령선거경선후보자, 시·도지사선거후보자 등도 후원회를 둘 수 있도록 하여 개인 후원회 제도를 더욱 확대하였다.[25]

2008. 2. 29. 법률 제8880호로 개정된 「정치자금법」은 대통령선거 후보자 및 예비후보자에 대해 후원회 설치를 허용하여 정치활동에 소요되는 비용을 적법하게 조달할 수 있도록 하고, 정당의 운영과 활동의 효율적 지원을 위하여 국고보조금 계상 시 그 단가는 소비자물가변동율을 감안하여 산정하도록 하며, 후원회의 기부내역 수시보고제를 폐지하는 등 현행 제도의 운용상 나타난 일부 미비점을 개선·보완하였다.

---

25) 헌법재판소 2015. 12. 23. 자 2013헌바168 결정.

2010. 1. 25. 법률 제9975호로 개정된 「정치자금법」은 2004년 법 개정(법률 제7191호, 2004. 3. 12. 공포·시행) 이후 후원회를 통한 정치자금 모금 및 소액다수 기부문화의 조성 노력 등을 통하여 우리 사회에서 정치자금의 투명성이 크게 향상되었다는 평가를 받고 있으나, 후원회 지정권자의 범위가 시·도지사까지로 한정되어 있어 후원회를 통한 정치자금 기부문화의 정착이 어려운 한계가 있고, 대표적인 사회적 약자라 할 수 있는 장애인의 정치적 진출을 지원하는 제도가 미약한 것이 현실이므로, 후원회 지정권자를 기초 지방자치단체장에까지 확대하고, 장애인추천보조금제도를 신설함으로써 정치자금 조달의 투명성과 사회적 약자의 정치진출을 지원하고자 하였다. 또한, 후원회 및 정당의 정치자금 및 당비 영수증발행, 회계보고기한 등 집행상 불합리한 규정을 일부 정비함으로써 정치자금의 투명성과 운영의 효율성을 제고하였다.

2010. 7. 23. 법률 제10395호로 개정된 「정치자금법」은 국회의원예비후보자가 당내경선에 참여하지 않고 정식 후보자 등록을 하지 않음으로써 후원회를 둘 수 있는 자격을 상실한 경우 잔여재산이 아니라 후원금 전액을 국고에 귀속하도록 하고 있는 규정은 헌법에 위반된다는 헌법재판소의 결정취지(2008헌마141)에 따라 관련 규정을 정비하고, 후원금의 모금에 있어 후원회지정권자가 직접 후원금을 기부받은 경우 30일 이내에 후원금과 기부자의 인적사항을 회계책임자에게 전달하면 후원회가 기부받은 것으로 보도록 하였다.

2012. 2. 29. 법률 제11376호로 개정된 「정치자금법」은 정치자금의 투명성을 강화하기 위하여 당비 및 후원금의 영수증 교부기한을 단축하고, 선거비용의 수입과 지출에 관한 자료를 허위로 제출하는 경우에는 2년 이하의 징역 또는 400만원 이하의 벌금에 처하도록 하며, 대통령선거경선후보자가 경선이 종료되어 그 신분이 상실됨으로 인하여 후원회가 해산하는 경우 등을 후원회의 해산신고 대상에서 제외하고, 반환받은 기탁금과 보전받은 선거비용을 정당 또는 공익법인에 인계하는 기한을 통일하는 한편, 일부 불명확한 규정을 명확하게 하기 위하여 연간 모금·기부한도액의 특례 규정 및 정당과 후원회의 회계보고 시 첨부서류 제출 규정을 정비하는 등 현행 제도의 운영상 나타난 미비점을 개선·보완하였다.

2016. 1. 15. 법률 제13758호로 개정된 「정치자금법」은 정치자금 모금의 투명성을 제고하기 위하여 후원회가 부득이하게 연간 모금한도액을 초과하여 모금한 경우에도 연간 모금한도액의 20퍼센트를 넘을 수 없도록 초과 모금한도액을 명확히 규정하고, 이를 다음 연도의 연간 모금한도액에 포함하도록 하고, 중앙당의 대표자뿐만 아니라, 각 정당의 조직형태와 관계없이 당헌으로 정하는 중앙당의 최고 집행기관에 대한 당내경선후보자도 후원회를 통해 선거경비를 조달할 수 있도록 하며, 여성·장애인 추천 선거보조금의 배분에 있어서 보조금제도의 도입취지를 보다 더 잘 구현할 수 있도록 그 배분기준을 조정하여 현행의 정당

별 국회의석수 비율, 국회의원선거 득표수 비율과 함께 여성·장애인 추천비율도 반영하도록 하고, 그 밖에 이미 「조세특례제한법」과 「지방세특례제한법」에 따라 세액공제 체제로 개편된 10만원 초과 개인 기부 정치자금에 대한 소득공제 규정을 관련법 간의 불일치를 해소하기 위하여 세액공제 규정으로 변경하였다.

2016. 3. 3. 법률 제14074호로 개정된 「정치자금법」은 정치자금에 관한 정의규정이 다소 명확하지 않아 법에서 제시된 정치자금의 종류를 각 목에 열거하는 등 규정 형식을 변경하여 그 의미를 보다 쉽게 이해할 수 있도록 하고, 제20대 국회의원선거를 앞두고 지역구국회의원예비후보자 후원회의 등록과 예비후보자 및 그 후원회의 회계책임자의 신고가 이루어졌으나, 헌법재판소의 헌법불합치 결정(2012헌마190) 및 법률개정시한의 경과로 인하여 현행 국회의원지역선거구가 무효가 되는 입법공백 상태가 발생하여, 이에 「공직선거법」이 개정되어 국회의원지역선거구가 새로이 획정되는 경우 기존의 등록 및 신고에 대한 경과조치를 두는 등의 입법적 보완조치를 함으로써 법 적용의 혼란을 방지하고자 하였다.

2017. 6. 30. 법률 제14838호로 개정된 「정치자금법」은 2004년 정치개혁의 일환으로 정당후원회가 폐지되어 정치자금에 대한 통제가 강화됨으로써 회계투명성이 어느 정도 제고되었으나, 개인의 정치적 표현의 자유를 제한하고 정치자금 기부를 위축시켜 정당의 국고 의존도를 심화시키는 등 부작용이 야기된 점과 헌법재판소가 "정당후원회를 금지한 입법목적의 정당성은 인정되나, 정당에 대한 정치자금 기부를 원천적으로 봉쇄할 필요는 없고, 기부·모금한도액의 제한, 기부 내역 공개 등의 방법으로 정치자금의 투명성을 충분히 확보할 수 있다"고 보아 2017년 6월 30일을 개정시한으로 헌법불합치 결정(2013헌바168)을 내린 상황을 반영하여 정당 운영에 필요한 정치자금의 원활한 조달을 도모하고, 국민의 정치적 의사표현의 자유를 보장하기 위하여 정당후원회를 허용하되, 2004년 정당후원회를 폐지한 정치개혁의 취지를 고려하여 정당의 중앙당에만 후원회를 설치하도록 하고(제6조, 제9조), 후원회의 모금·기부한도액과 후원인의 연간 기부한도액을 정당후원회 폐지 전보다 낮추어 규정하였다(제11조 제2항, 제12조 제1항, 제13조 제1항).

2021. 1. 5. 법률 제17885호로 개정된 「정치자금법」은 후원회지정권자에 지역구지방의회의원선거의 후보자 및 예비후보자와 지방자치단체의 장선거의 예비후보자를 추가하고(제6조), 지방의회의원후보자등후원회와 지방자치단체장후보자등후원회의 연간 정치자금 모금한도를 선거비용제한액의 100분의 50에 해당하는 금액으로 하였다(제12조 제1항).

지방자치단체장 선거의 예비후보자, 지방의회의원선거의 후보자 및 예비후보자의 경우 후원회 개설이 불가한 상황으로, 자산이 제한적인 개인 또는 규모가 상대적으로 약소한 군소정당 등 신진 세력의 피선거권 행사를 실질적으로 제한하고 있다는 점과 헌법재판소가 광역자치단체장 선거 예비후보자에 대한 후원회 개설을 제한하는 조항에 대해서 헌법불합치 결정(2018헌마301)을 내린 것을 반영하였다.

2022. 2. 22. 법률 제18838호로 개정된 「정치자금법」은 임기만료에 의한 지역구국회의 원선거, 지역구시·도의회의원선거 및 지역구자치구·시·군의회의원선거에서 청년후보자를 추천한 정당에 지급하기 위한 청년추천보조금의 법적 근거를 마련하고, 청년추천보조금은 청년후보자의 선거경비로 사용하도록 하고(제26조의3 신설 및 제28조 제3항), 정당에 지급되는 경상보조금의 100분의 5 이상을 청년정치발전을 위하여 사용하도록 하였다(제28조 제2항).

제21대 국회의원선거에서 전체 유권자의 50퍼센트 이상이 40세 미만의 청년 유권자였으나, 제21대 국회의원 중 40세 미만은 전체의 4.3퍼센트에 불과하여 청년층이 과소대표되고 있다. 오늘날 청년의 취업 및 주거 안정 등과 관련된 사회 문제가 점차 심화되고 있어 이를 해결하기 위해서는 보다 많은 청년들의 의견이 법과 제도에 반영될 필요가 있기 때문에 공직선거에서 39세 이하의 청년후보자를 추천하는 정당에 보조금을 지급하여 청년정치의 활성화를 도모하려는 취지이다.

2022. 4. 20. 법률 제18842호로 개정된 「정치자금법」은 여성 및 장애인 추천 보조금 배분 대상 정당의 범위를 확대하고 배분방식을 합리적으로 개선함으로써 여성 및 장애인의 정치참여 확대를 도모하는 한편, 2022년 6월 1일 실시되는 제8회 전국동시지방선거를 앞두고 지역구지방의회의원 예비후보자후원회의 등록과 예비후보자 및 그 후원회의 회계책임자의 신고가 이루어진 후에 지방의회의원 지역선거구가 변경된 경우 후원회와 회계책임자의 원활한 업무수행에 필요한 경과조치를 규정함으로써, 예비후보자 등의 편의를 도모하고 행정의 효율성을 제고하였다.

2023. 8. 8. 법률 제19624호로 개정된 「정치자금법」은 '형의 집행유예'가 '금고 이상의 형의 집행유예'에 해당함을 명확하게 규정하는 등 현행 제도의 운영상 나타난 일부 미비점을 개선·보완하기 위해서 제57조(정치자금범죄로 인한 공무담임 등의 제한)의 "형의 집행유예"를 "금고 이상의 형의 집행유예"로, "벌금형"을 "벌금형(집행유예를 포함한다)"으로 개정하였다.[26]

2023. 12. 20. 국회 본회의 의결을 통해 2022. 6. 1. 제8회 전국동시지방선거 결과 정당 간의 여성후보 추천 비율의 차이가 상당히 크게 났음에도 불구하고 실제로 지급한 여성추천보조금의 차이는 예상보다 적어, 보다 합리적으로 지급 구간을 정할 필요가 있다는 의견이 제시되어 여성추천보조금의 추천 기준의 구간을 40% 이상, 30~40%, 20~30%, 10~20%의 4개로 하여 배분·지급하게 하였다. 그리고 경상보조금의 여성정치발전을 위한 구체적인 사용 용도를 명시하였다.

---

26) 국가법령정보센터, https://law.go.kr.

7. 정치자금법의 목적

제1조(목적) 이 법은 정치자금의 적정한 제공을 보장하고 그 수입과 지출내역을 공개하여 투명성을 확보하며 정치자금과 관련한 부정을 방지함으로써 민주정치의 건전한 발전에 기여함을 목적으로 한다. 누구든지 이 법에 의하지 아니하고는 정치자금을 기부하거나 받을 수 없다.

정치자금법은 목적을 명시하고 있는데, 그 목적은 정치자금법을 해석·운용하는 데 있어서 기본지침이 된다.

가. 정치자금의 적정한 제공 보장

정치자금의 적정한 제공을 보장하도록 한 것은 어떠한 정치체제이든 정치자금은 필요한 것이며, 이러한 자금이 어느 정도 확보되지 아니하면 민주정치의 건전한 발전이 곤란하다는 것을 전제로 하고 있다.[27]

나. 정치자금의 수입과 지출내역 공개

정치자금의 수입과 지출내역을 공개하도록 한 것은 정치자금의 수입과 지출에 있어 부패의 가능성이 상존하기 때문에 그 흐름을 밝혀 회계처리의 진실성과 투명성을 확보하고자 하는 것이다. 헌법재판소는 "사인이 정당에 정치자금을 기부하는 것 그 자체를 막을 필요는 없으나, 누가 정당에 대하여 영향력을 행사하려고 하는지, 즉 정치적 이익과 경제적 이익의 연계는 원칙적으로 공개되어야 하고 유권자는 정당의 정책을 결정하는 세력에 관하여 알아야 하며, 정치자금의 제공을 통하여 정당에 영향력을 행사하려는 사회적 세력의 실체가 정당의 방향이나 정책과 일치하는가를 스스로 판단할 수 있는 기회를 가져야 한다"고 판시하여,[28] 정치자금의 공개원칙이 정치자금법의 기본원칙임을 확인하고 있다.

다. 정치자금과 관련한 부정 방지

정치자금과 관련한 부정 방지를 목적 규정에 명시한 것은 그동안 있어 왔던 불법정치자금

---

27) 임재주. 「정치관계법」. 박영사, 2008, 535면.
28) 헌법재판소 2004. 6. 24. 자 2004헌바16 결정.

수수행위의 근절과 정치자금법의 실효성을 확보하겠다는 입법자의 강력한 의지의 표현이라고 할 수 있다.[29]

라. 민주정치의 건전한 발전

「정치자금법」은 정치자금의 적정한 제공보장과 투명성 확보를 법의 원칙으로 하여 정치자금과 관련한 부정을 방지함으로써 궁극적으로 민주정치의 건전한 발전을 이룩하고자 하는 목적으로 하고 있다.

「정당법」 제1조 역시 "민주정치의 건전한 발전에 기여"함을 목적으로 하고 있는데, 민주주의는 국민(民)이 주인(主)이 되는 민주(民主)의 정치질서이며, '국민(demos)'의 '지배(cratia)'에 기초하여 자유를 실현하는 헌법원리라는 점에 기초해 볼 때 정당법과 정치자금법은 모두 국민의 지배에 의한 자유 실현의 헌법질서를 구체화하는 입법목적을 갖는다고 볼 수 있다.[30]

8. 「정치자금법」의 기본원칙

제2조(기본원칙) ① 누구든지 이 법에 의하지 아니하고는 정치자금을 기부하거나 받을 수 없다.

② 정치자금은 국민의 의혹을 사는 일이 없도록 공명정대하게 운용되어야 하고, 그 회계는 공개되어야 한다.

③ 정치자금은 정치활동을 위하여 소요되는 경비로만 지출하여야 하며, 사적 경비로 지출하거나 부정한 용도로 지출하여서는 아니된다. 이 경우 "사적 경비"라 함은 다음 각 호의 어느 하나의 용도로 사용하는 경비를 말한다.

  1. 가계의 지원·보조

  2. 개인적인 채무의 변제 또는 대여

  3. 향우회·동창회·종친회, 산악회 등 동호인회, 계모임 등 개인간의 사적 모임의 회비 그 밖의 지원경비

  4. 개인적인 여가 또는 취미활동에 소요되는 비용

④ 이 법에 의하여 1회 120만원을 초과하여 정치자금을 기부하는 자와 다음 각 호에 해당하는 금액을 초과하여 정치자금을 지출하는 자는 수표나 신용카드·예금계좌입금 그 밖에 실명이 확인되는 방법으로 기부 또는 지출하여야 한다. 다만, 현금으로 연간 지출할 수 있는 정치자금은 연간 지출총액의 100분의 20(선거비용은 선거비용제한액의 100분의 10)을 초과할 수 없다.

---

29) 중앙선거관리위원회. 정당법·정치자금법 축조해설(2016), 313면.
30) 중앙선거관리위원회. 앞의 책, 313면.

> 1. 선거비용 외의 정치자금 : 50만원. 다만, 공직선거의 후보자·예비후보자의 정치자금은 20만원
>
> 2. 선거비용 : 20만원
>
> ⑤ 누구든지 타인의 명의나 가명으로 정치자금을 기부할 수 없다.

정치자금에 관한 기본원칙으로서 정치자금의 포괄적 규제원칙(제1항), 정치자금의 공개원칙(제2항), 정치자금의 사적 경비 및 부정한 용도로의 사용금지원칙(제3항), 정치자금의 실명확인방법에 의한 기부·지출 원칙(제4항), 정치자금기부의 실명제 원칙(제5항)을 규정하고 있다. 기본원칙은 「정치자금법」 제1조의 목적규정과 함께 정치자금법의 해석·운용의 일반적 기준 내지 지침의 역할을 하고 있다.[31] 기본원칙에 대한 구체적인 설명은 후술한다.

---

31) 중앙선거관리위원회. 앞의 책, 314면.

제2장

「정치자금법」과 타법과의
관계

정치자금법 이해

제2장
「정치자금법」과 타법과의 관계

1. 「정치자금법」과 헌법

헌법 제8조에 "정당은 법률이 정하는 바에 의하여 국가의 보호를 받으며, 국가는 법률이 정하는 바에 의하여 정당운영에 필요한 자금을 보조할 수 있다"고 규정되어 있어 정치자금법은 헌법에 근거하여 제정된 법이고, 헌법의 규정에 기속되고 헌법정신에 의하여 해석·운용되어야 한다. 정당이 당원 내지 후원자들로부터 정당의 목적에 따른 활동에 필요한 정치자금을 모금하는 것은 정당의 조직과 기능을 원활하게 수행하는 필수적인 요소이자 정당활동의 자유를 보장하기 위한 필수불가결한 전제로서, 정당활동의 자유의 내용에 당연히 포함된다고 할 수 있고, 정당 스스로 재정충당을 위하여 국민들로부터 모금 활동을 하는 것은 단지 '돈을 모으는 것'에 불과한 것이 아니라 궁극적으로 자신의 정강과 정책을 토대로 국민의 동의와 지지를 얻기 위한 활동의 일환이며, 이는 정당의 헌법적 과제 수행에 있어 본질적인 부분의 하나인 것이다.[1]

2. 각국의 정치자금 관련 헌법규정 비교

독일, 그리스, 멕시코, 폴란드, 포르투칼, 터키는 헌법에서 규정하고 있으나, 미국, 영국, 프랑스, 일본, 스페인, 스웨덴, 스위스, 캐나다, 호주, 오스트리아, 벨기에, 체코, 덴마크, 에스토니아, 핀란드, 헝가리, 아이슬란드, 아일랜드, 이스라엘, 이탈리아, 라트비아, 리투아니아, 룩셈부르크, 네덜란드, 뉴질랜드, 노르웨이, 슬로바키아, 슬로베니아는 정치자금에 대해 헌

---

1) 헌법재판소 2015. 12. 23. 자 2013헌바168 결정.

법에서 별도로 규정하고 있지 않다.[2]

국가명	내용	근거규정
독 일	• 정당은 자금의 수입·지출내역 및 회계에 대해 공개해야 함. • 정당의 목적과 당원의 행위가 자유민주의 기본질서를 침해 또는 위배하거나 독일 연방공화국의 존립을 위태롭게 하는 경우 국고보조금을 받지 못하며, 세금 혜택 및 기부금도 받을 수 없음. • 제2항에 따른 위헌여부나 제3항의 국고보조금에 관해서는 연방헌법재판소가 결정함.	기본법 제21조 제1,3,4항
그리스	• 정당은 법에 따라 국가로부터 선거 및 운영경비와 관련한 재정 지원을 받을 권리가 있음. • 선거비용과 정당, 대표자들, 후보자들 및 모든 지방자치정부의 후보자들의 전반적인 재정 관리에 대한 투명성 보장을 법으로 규정함.	헌법 제29조 제2항

3. 「정치자금법」과 「공직선거법」

가. 선거운동과 정치활동

　「공직선거법」상 선거운동에 해당하지 않더라도 인지도와 지지도 향상 등 각종 정치활동에 소요되는 금품은 정치자금에 해당할 수 있다.

　선거운동 판단기준을 변경한 대법원 2016. 8. 26. 선고 2015도11812 전원합의체 판결 이후 판례는 규제 대상인 '선거운동'의 의미와 범위를 축소해석함으로써 선거의 자유를 확대하면서도 정치자금을 기부받은 '정치활동'에 대하여는 엄격한 잣대를 적용하여 처벌함으로써 선거의 공정성을 담보하고 있다. 이른바 규제 일변도의 공직선거법체계하에서 '입은 풀고, 돈은 묶는다'는 선거관리 원칙을 실현하기 방편으로 해석된다.

　선거운동은 권력의 획득과 유지를 둘러싼 투쟁이나 권력을 행사를 의미하는 정치활동의 대표적인 활동에 해당한다. 선거운동과 정치활동의 구분 실익은 선거사건에서 금전과 관련하여 문제된 행위가 비록 선거운동 범위에는 포섭되지 않더라도 정치활동에는 해당할 경우 정치자금법의 적용을 받는다. 그 행위가 '선거운동'에까지는 이르지 못했지만 '정치활동'에는 해당하고, 이와 관련하여 재산상 이익을 제공·수수하였다면 「정치자금법」위반죄가 성립한다.

---

2)　중앙선거관리위원회. 각국의 정당·정치자금제도 비교연구(2021), 268~269면.

국회의원선거에 예비후보자로 등록한 피고인 甲과 그의 회계책임자인 피고인 乙이 공모하여, 예비후보자 등록 약 1개월 전부터 선거일 약 2개월 전까지 자동 동보통신의 방법으로 선거구민들을 상대로 횟수를 초과하여 문자메시지를 전송하고, 이에 소요된 경비를 피고인 乙이 운영하는 회사 명의의 계좌를 통해 가상계좌를 충전하여 지출하였다고 하여 자동 동보통신에 의한 문자메시지 전송방법 위반, 탈법방법에 의한 문서배부, 사전선거운동으로 인한 「공직선거법」위반 및 정치자금 부정수수로 인한 정치자금법위반으로 기소된 사안에서,

법원은 "문자메시지의 문구 중에 피고인 甲을 국회의원선거에서 지지해 달라는 직접적인 표현이 포함되어 있다고 보기는 어려우나, 문자메시지 전송행위의 시점과 방법, 경위, 상대방 등을 종합할 때 적어도 피고인 甲이 예비후보자 등록을 마친 이후의 문자메시지 전송행위 부분은 선거인의 관점에서 국회의원선거에서 피고인 甲의 당선을 도모하는 목적의사에 따라 한 것이라고 객관적으로 인정할 수 있어 공직선거법 제256조 제3항 제1호, 제254조 제2항에서 말하는 선거운동에 해당하고, '선거운동'에 이르지 않는 행위가 일부 포함되어 있더라도 문자메시지의 전송시기, 횟수, 내용과 상대방 등을 종합하면 문자메시지의 전송행위는 선거에 간접적으로 영향을 미쳐 선거의 공정을 침해함으로써 선거에 영향을 미칠 우려가 있는 행위로서 '선거에 영향을 미치게 하기 위한 행위'로 보기에 충분하며, 나아가 문자메시지 전송행위 중 일부를 선거운동으로 볼 수 없더라도 그 경비로 사용하기 위해 가상계좌에 충전한 금전은 정치활동을 위한 자금에 해당할 수 있고, 문자메시지 전송행위가 선거운동에까지 이르지 않더라도 국회의원선거에서 피고인 甲의 당선을 도모하는 데 필요하거나 유리한 행위로서 시기, 방법, 목적 등에 비추어 정치활동으로 인정할 여지가 있는데도, 이와 달리 문자메시지 전송행위가 선거인의 관점에서 피고인 甲의 국회의원선거에서의 당선을 도모하는 행위임을 명백히 인식할 만한 정도라고 보기 어렵다는 등의 이유만으로 공소사실을 무죄로 판단한 원심판결에 필요한 심리를 다하지 않은 채 논리와 경험의 법칙에 반하여 자유심증주의의 한계를 벗어나거나 공직선거법에서 정한 '선거운동'에 관한 법리를 오해한 잘못이 있다"라고 판시하였다.[3]

나. 「정치자금법」과 「공직선거법」의 연관

「정치자금법」 제45조(정치자금부정수수죄), 제49조(선거비용관련 위반행위에 관한 벌칙)를 위반할 경우 공직선거의 선거권, 피선거권, 당선무효, 공무담임 등의 제한에 큰 영향을 미친다.

---

3)　대법원 2017. 10. 31. 선고 2016도19447 판결, 대법원 2018. 7. 20. 선고 2018도6604 판결.

1) 선거권과 피선거권 제한

「정치자금법」 제45조(정치자금부정수수죄), 제49조(선거비용관련 위반행위에 관한 벌칙)를 위반하는 경우 「공직선거법」 제18조(선거권이 없는 자), 제19조(피선거권이 없는 자)에 따라 선거권과 피선거권의 제한을 받는다.

선거일 현재 「정치자금법」 제45조(정치자금부정수수죄), 제49조(선거비용관련 위반행위에 관한 벌칙)에 규정된 죄를 범한 자로서, 100만원 이상의 벌금형의 선고를 받고 그 형이 확정된 후 5년 또는 형의 집행유예의 선고를 받고 그 형이 확정된 후 10년을 경과하지 아니하거나 징역형의 선고를 받고 그 집행을 받지 아니하기로 확정된 후 또는 그 형의 집행이 종료되거나 면제된 후 10년을 경과하지 아니한 자(刑이 失效된 者도 포함한다)는 선거권과 피선거권이 없다.

선거권

「공직선거법」 제18조(선거권이 없는 자) ① 선거일 현재 다음 각 호의 어느 하나에 해당하는 사람은 선거권이 없다.

  3. 선거범, 「정치자금법」 제45조(정치자금부정수수죄) 및 제49조(선거비용관련 위반행위에 관한 벌칙)에 규정된 죄를 범한 자 또는 (중략), 100만원이상의 벌금형의 선고를 받고 그 형이 확정된 후 5년 또는는 형의 집행유예의 선고를 받고 그 형이 확정된 후 10년을 경과하지 아니하거나 징역형의 선고를 받고 그 집행을 받지 아니하기로 확정된 후 또는 그 형의 집행이 종료되거나 면제된 후 10년을 경과하지 아니한 자(刑이 失效된 者도 포함한다)

피선거권

「공직선거법」 제19조(피선거권이 없는 자) 선거일 현재 다음 각 호의 어느 하나에 해당하는 자는 피선거권이 없다.

  1. 제18조(選擧權이 없는 者) 제1항 제1호·제3호 또는 제4호에 해당하는 자

---

2) 당선무효

「공직선거법」은 선거범죄를 사전에 억제하기 위해 형벌 외에도 후보자 또는 그와 관련된 자가 선거범죄나 정치자금범죄로 형사책임을 지는 경우 후보자의 당선을 법률상 당연무효로 하는 규정(「공직선거법」 제263조 내지 제265조)을 두고 있다. 선거비용제한액을 초과하여 선거비용을 지출하거나 선거비용 회계처리와 관련한 위반행위로 선거사무장 등이 징역형 또는 벌금 300만원 이상의 처벌을 받는 경우 후보자의 당선을 무효로 하고 있다.

(1) 선거비용의 초과지출로 인한 당선무효

「공직선거법」 제122조(선거비용제한액의 공고)의 규정에 의하여 공고된 선거비용제한액의 200분의 1 이상을 초과지출한 이유로 선거사무장, 선거사무소의 회계책임자가 징역형 또는 300만원 이상의 벌금형의 선고를 받은 때에는 그 후보자의 당선은 무효로 한다. 다만, 다른 사람의 유도 또는 도발에 의하여 당해 후보자의 당선을 무효로 되게 하기 위하여 지출한 때에는 그러하지 아니한다.

「정치자금법」 제49조(선거비용관련 위반행위에 관한 벌칙) 제1항 또는 제2항 제6호의 죄를 범함으로 인하여 선거사무소의 회계책임자가 징역형 또는 300만원 이상의 벌금형의 선고를 받은 때에는 그 후보자(대통령후보자, 비례대표국회의원후보자 및 비례대표지방의회의원후보자를 제외한다)의 당선은 무효로 한다. 다만, 다른 사람의 유도 또는 도발에 의하여 당해 후보자의 당선을 무효로 되게 하기 위하여 지출한 때에는 그러하지 아니한다.

「공직선거법」 제263조(선거비용의 초과지출로 인한 당선무효) ① 제122조(선거비용제한액의 공고)의 규정에 의하여 공고된 선거비용제한액의 200분의 1이상을 초과지출한 이유로 선거사무장, 선거사무소의 회계책임자가 징역형 또는 300만원 이상의 벌금형의 선고를 받은 때에는 그 후보자의 당선은 무효로 한다. 다만, 다른 사람의 유도 또는 도발에 의하여 당해 후보자의 당선을 무효로 되게 하기 위하여 지출한 때에는 그러하지 아니한다.
② 「정치자금법」 제49조(선거비용관련 위반행위에 관한 벌칙) 제1항 또는 제2항 제6호의 죄를 범함으로 인하여 선거사무소의 회계책임자가 징역형 또는 300만원 이상의 벌금형의 선고를 받은 때에는 그 후보자(대통령후보자, 비례대표국회의원후보자 및 비례대표지방의회의원후보자를 제외한다)의 당선은 무효로 한다. 이 경우 제1항 단서의 규정을 준용한다.

---

(2) 당선인의 선거범죄로 인한 당선무효

당선인이 당해 선거에 있어 「공직선거법」에 규정된 죄 또는 「정치자금법」 제49조(선거비용관련 위반행위에 관한 벌칙)의 죄를 범함으로 인하여 징역 또는 100만원 이상의 벌금형의 선고를 받은 때에는 그 당선은 무효로 한다.

이는 당선인이 선거에 있어서 「공직선거법」을 위반하거나 「정치자금법」 제49조(선거비용관련 위반행위에 관한 벌칙)의 선거비용 관련 위반행위를 한 경우 그 당선을 무효로 함으로써 헌법과 지방자치법에 의한 선거가 국민의 자유로운 의사와 민주적인 절차에 의하여 공정히 행하여지도록 하고, 선거와 관련한 부정을 방지하여 민주행정의 발전에 기여하기 위한 취지이다. 따라서 본 조 위반에 관한 재판의 결과에 따라 벌금 액수의 사소한 차이로 인하여 당선의 유·무효가 결정되는 결과를 초래하더라도 이는 당선인이 공직선거법을 위반함에 따른 당연한 불이익이므로 「헌법」 제11조(평등권), 제25조(공무담임권)에 위반되지 아니한다.[4]

> **「공직선거법」 제264조(당선인의 선거범죄로 인한 당선무효)** 당선인이 당해 선거에 있어 이 법에 규정된 죄 또는 「정치자금법」 제49조의 죄를 범함으로 인하여 징역 또는 100만원이상의 벌금형의 선고를 받은 때에는 그 당선은 무효로 한다.

(3) 선거사무장 등의 선거범죄로 인한 당선무효

선거사무장·선거사무소의 회계책임자(선거사무소의 회계책임자로 선임·신고되지 아니한 자로서 후보자와 통모하여 당해 후보자의 선거비용으로 지출한 금액이 선거비용제한액의 3분의 1 이상에 해당되는 자를 포함한다) 또는 후보자(후보자가 되려는 사람을 포함한다)의 직계존비속 및 배우자가 해당 선거에 있어서 「공직선거법」 제230조부터 제234조까지, 제257조 제1항 중 기부행위를 한 죄 또는 「정치자금법」 제45조(정치자금부정수수죄) 제1항의 정치자금 부정수수죄를 범함으로 인하여 징역형 또는 300만원 이상의 벌금형의 선고를 받은 때(선거사무장, 선거사무소의 회계책임자에 대하여는 선임·신고되기 전의 행위로 인한 경우를 포함한다)에는 그 선거구 후보자(大統領候補者, 比例代表國會議員候補者 및 비례대표지방의회의원후보자를 제외한다)의 당선은 무효로 한다. 다만, 다른 사람의 유도 또는 도발에 의하여 당해 후보자의 당선을 무효로 되게 하기 위하여 죄를 범한 때에는 그러하지 아니하다.

선거사무소의 회계책임자, 후보자의 직계존·비속 및 배우자가 저지른 매수 및 이해유도, 기부행위, 정치자금 부정수수 등은 선거에 있어서 전적으로 후보자의 당선을 위하여 한 행위로서 총체적으로는 후보자의 의사지배하에 이루어진 행위로서 후보자 자신의 행위와 다를 바 없다고 보아 후보자를 공범으로 인정하지 못하여 형사처벌은 못하더라도 그러한 불법행위에 따른 이익을 박탈하는 것이 정당하다는 취지이다.[5]

---

4) 대법원 1996. 6. 28. 선고 96초111 판결.
5) 배우자가 죄를 저질렀다는 이유만으로 후보자에게 불이익을 주는 것이 아니라, 후보자와 불가분의 선거운명공동체를 형성하여 활동한 배우자의 실질적 지위와 역할을 근거로 후보자에게 연대책임을 부여한 것이다(헌법재판소 2005. 12. 22. 자 2005헌마19 결정).

> **「공직선거법」제265조(선거사무장등의 선거범죄로 인한 당선무효)** 선거사무장·선거사무소의 회계책임자(선거사무소의 회계책임자로 선임·신고되지 아니한 자로서 후보자와 통모하여 당해 후보자의 선거비용으로 지출한 금액이 선거비용제한액의 3분의 1 이상에 해당되는 자를 포함한다) 또는 후보자(후보자가 되려는 사람을 포함한다)의 직계존비속 및 배우자가 해당 선거에 있어서 제230조부터 제234조까지, 제257조 제1항 중 기부행위를 한 죄 또는 「정치자금법」 제45조 제1항의 정치자금 부정수수죄를 범함으로 인하여 징역형 또는 300만원 이상의 벌금형의 선고를 받은 때(선거사무장, 선거사무소의 회계책임자에 대하여는 선임·신고되기 전의 행위로 인한 경우를 포함한다)에는 그 선거구 후보자(大統領候補者, 比例代表國會議員候補者 및 비례대표지방의회의원후보자를 제외한다)의 당선은 무효로 한다. 다만, 다른 사람의 유도 또는 도발에 의하여 당해 후보자의 당선을 무효로 되게 하기 위하여 죄를 범한 때에는 그러하지 아니하다.

「정치자금법」 제45조(정치자금부정수수죄) 제1항을 위반한 경우에는 「공직선거법」 제265조(선거사무장등의 선거범죄로 인한 당선무효)에 따라 당선무효가 될 수 있으나, 제45조(정치자금부정수수죄) 제2항 위반죄는 해당되지 않는다.

3) 공무담임 등의 제한 등

일정한 선거범죄로 인하여 벌금형 이상의 선고를 받은 자에 대하여 일정 공직 취임을 제한하는 신분상 불이익을 줌으로써 선거의 공정성을 확보하기 위한 규정이다. 종래 당선인 본인이 아닌 선거사무장 등의 선거범죄로 인하여 당선무효가 된 경우 그 당선인이 당해 재선거 등에 다시 입후보할 수 있는지 여부가 문제되었는바, 2000. 2. 16. 「공직선거법」 개정 시 제2항을 신설하여 「공직선거법」 제263조 또는 제265조에 따라 당선이 무효로 된 자도 재선거의 후보자가 될 수 없도록 입법적으로 해결하였고, 2004. 3. 12. 「공직선거법」 개정 시 그 기소 후 확정판결 전에 사직한 자도 해당 보궐선거에 입후보할 수 없도록 하였으며, 2010. 1. 25. 「공직선거법」 개정 시 제2항의 입후보 금지 대상자에 당선되지 아니한 사람(후보자가 되려는 사람을 포함한다)으로 「공직선거법」 제263조 또는 제265조에 규정된 선거사무장 등의 죄로 당선무효에 해당하는 형이 확정된 사람을 추가하였다.

「정치자금법」 제49조(선거비용관련 위반행위에 관한 벌칙)의 죄를 범함으로 인하여 징역형의 선고를 받은 자는 그 집행을 받지 아니하기로 확정된 후 또는 그 형의 집행이 종료되거나 면제된 후 10년간, 형의 집행유예의 선고를 받은 자는 그 형이 확정된 후 10년간, 100만원 이상의 벌금형의 선고를 받은 자는 그 형이 확정된 후 5년간, ① 「공직선거법」 제53조 제1항 각 호의 1에 해당하는 직(이 경우 제53조 제1항 제1호의 경우 고등교육법 제14조 제1항, 제2항에 따른 교원을, 같은 항 제5호의 경우 각 조합의 조합장 및 상근직원을 포함한다), ② 「공직선거법」 제60조 제1항 제6호부터 제8호까지에 해당하는 직, ③ 공직자윤리법 제3조 제1항 제12호 또는 제13호에 해당하는 기관·단체의 임·직원,[6] ④ 사립학교법 제53조 또는 같은 법 제53조의2에 의한 교원,[7] ⑤ 방송통신심의위원회의 위원직에 취임하거나 임용될 수 없으며, 이미 취임 또는 임용된 자의 경우에는 그 직에서 퇴직된다.

「공직선거법」 제263조(선거비용의 초과지출로 인한 당선무효) 또는 제265조(선거사무장등의 선거범죄로 인한 당선무효)에 따라 당선이 무효로 된 사람(그 기소 후 확정판결 전에 사직한 사람을 포함한다)과 당선되지 아니한 사람(후보자가 되려던 사람을 포함한다)으로서 제263조 또는 제265조에 규정된 선거사무장 등의 죄로 당선무효에 해당하는 형이 확정된 사람은 당선인의 당선무효로 실시사유가 확정된 재선거(당선인이 그 기소 후 확정판결 전에 사직함으로 인하여 실시사유가 확정된 보궐선거를 포함한다)의 후보자가 될 수 없다. 그러나 당선이 무효로 된 자가 다른 선거 또는 선거구를 달리하는 다른 재·보궐선거에 입후보하는 것은 제한되지 아니한다.[8]

> **「공직선거법」 제266조(선거범죄로 인한 공무담임 등의 제한)** ① 다른 법률의 규정에도 불구하고 제230조부터 제234조까지, 제237조부터 제255조까지, 제256조제1항부터 제3항까지, 제257조부터 제259조까지의 죄(당내경선과 관련한 죄는 제외한다) 또는 「정치자금법」 제49조의 죄를 범함으로 인하여 징역형의 선고를 받은 자는 그 집행을 받지 아니하기로 확정된 후 또는 그 형의 집행이 종료되거나 면제된 후 10년간, 형의 집행유예의 선고를 받은 자는 그 형이 확정된 후 10년간, 100만원이상의 벌금형의 선고를 받은 자는 그 형이 확정된 후 5년간 다음 각 호의 어느 하나에 해당하는 직에 취임하거나 임용될 수 없으며, 이미 취임 또는 임용된 자의 경우에는 그 직에서 퇴직된다.
>
> 1. 제53조 제1항 각 호의 어느 하나에 해당하는 직(제53조 제1항 제1호의 경우 「고등교육법」 제14조 제1항·제2항에 따른 교원을, 같은 항 제5호의 경우 각 조합의 조합장 및 상근직원을 포함한다)
> 2. 제60조(選擧運動을 할 수 없는 者) 제1항 제6호 내지 제8호에 해당하는 직
> 3. 「공직자윤리법」 제3조 제1항 제12호 또는 제13호에 해당하는 기관·단체의 임·직원
> 4. 「사립학교법」 제53조(學校의 長의 任免) 또는 같은 법 제53조의2(學校의 長이 아닌 敎員의 任免)의 규정에 의한 교원

---

6) 법 제266조 제1항 제3호에 따라 공무담임이 제한되는 임원은 공직자윤리법 및 동 시행령 제3조 제3항에 따른 상근임원으로 보아야 할 것이므로 비상근 임원인 대한체육회장은 공무담임이 제한되는 직에 해당되지 아니한다(중앙선거관리위원회 2020. 12. 1. 회답).

7) 본 조항은 선거의 공정성을 해친 자에게 일정한 불이익을 줌으로써 선거의 공정을 확보하고 교원직무의 윤리성·사회적 책임성을 유지하기 위한 중대한 공익을 추구하기 위한 법적 조치로서 사립학교 교원 취임 및 임용제한이 직업선택의 자유 및 사립대학의 자율성을 침해하거나 교수의 자유를 침해하는 것이 아니다(헌법재판소 2008. 4. 24. 자 2005헌마857 결정).

8) 법 제266조 제2항은 법 제263조 또는 제265조의 규정에 의하여 당선이 무효로 된 자의 경우에만 당해 보궐선거등의 후보자가 될 수 없도록 규정하고 있다(중앙선거관리위원회 2001. 6. 14. 회답 참조).

> 5. 방송통신심의위원회의 위원
>
> ② 다음 각 호의 어느 하나에 해당하는 사람은 당선인의 당선무효로 실시사유가 확정된 재선거(당선인이 그 기소 후 확정판결 전에 사직함으로 인하여 실시사유가 확정된 보궐선거를 포함한다)의 후보자가 될 수 없다.
>
> 1. 제263조 또는 제265조에 따라 당선이 무효로 된 사람(그 기소 후 확정판결 전에 사직한 사람을 포함한다)
> 2. 당선되지 아니한 사람(후보자가 되려던 사람을 포함한다)으로서 제263조 또는 제265조에 규정된 선거사무장 등의 죄로 당선무효에 해당하는 형이 확정된 사람

한편 「정치자금법」 제45조를 위반한 경우 공무담임 제한은 「정치자금법」 제57조(정치자금범죄로 인한 공무담임 등의 제한)에서 규정하고 있다.

> **제57조(정치자금범죄로 인한 공무담임 등의 제한)** 제45조(정치자금부정수수죄)에 해당하는 범죄로 인하여 징역형의 선고를 받은 자는 그 집행을 받지 아니하기로 확정된 후 또는 그 형의 집행이 종료되거나 면제된 후 10년간, 금고 이상의 형의 집행유예의 선고를 받은 자는 그 형이 확정된 후 10년간, 100만원 이상의 벌금형(집행유예를 포함한다)의 선고를 받은 자는 그 형이 확정된 후 5년간 「공직선거법」 제266조(선거범죄로 인한 공무담임 등의 제한) 제1항 각 호의 어느 하나에 해당하는 직에 취임하거나 임용될 수 없으며, 이미 취임 또는 임용된 자의 경우에는 그 직에서 퇴직된다. 〈개정 2023. 8. 8.〉[9]

▎정치자금법(제45조, 제49조)과 공직선거법의 관계

정치자금법 제45조	정치자금법 제49조	공직선거법	비고
제1항, 제2항	제1항, 제2항	선거권(제18조)	
제1항, 제2항	제1항, 제2항	피선거권(제19조)	

---

9) 개정전 법에 따르면 정치자금부정수수죄로 100만원 이상의 벌금형의 선고를 받고 그 형이 확정된 사람은 5년간, 형의 집행유예 선고를 받고 그 형이 확정된 사람은 10년간 공무담임이 제한된다. 집행유예는 피고인에게 형의 집행을 받지 않으면서 스스로 사회에 복귀할 수 있는 길을 열어주는 제도이다. 과거에는 징역형이나 금고형에 대해서만 집행유예제도를 인정해왔으나, 상대적으로 가벼운 벌금형에는 집행유예를 인정하지 않는 것은 비합리적이라는 비판에 따라 2016. 1. 6. 형법이 개정되면서 500만원 이하의 벌금형에 대하여 집행유예제도가 도입되었으며, 2018. 1. 7.부터 본격적으로 시행되었다. 정치자금부정수수죄를 저질러 100만원의 벌금형을 선고받은 경우에는 5년간 공무담임권이 제한될 것이나, 100만원의 벌금형에 대한 집행유예 선고가 이루어질 경우 10년간 공무담임권이 제한되는 모순적인 상황이 발생하는 것이다. 개정안은 이러한 벌금형 집행유예제도 도입에 관한 개정 형법의 시행에 따라 현행법의 적용상 발생하고 있는 불합리를 제거하기 위하여 '형의 집행유예'가 '금고 이상의 형의 집행유예'에 해당함을 명확하게 규정하려는 것이다(행정안전위원회 전문위원 장지원. 정치자금법 일부개정법률안 검토보고(2021. 11.), 20~21면).

X	제1항, 제2항	선거비용보전의 제한 (제135조의2)	후보자, 예비후보자, 선거사무장, 선거사무소의 회계책임자 (정치자금법 제40조 회계보고서 미제출시 전액미보전)
X	제1항(회계보고 미실시 죄, 허위 회계보고죄) 제2항 제6호(증빙서류 허위기재 죄)	선거비용의 초과 지출로 인한 당선무효 (제263조)	선거사무소 회계책임자
X	제1항, 제2항	당선인의 선거범죄로 인한 당선무효 (제264조)	당선인
제1항 (정치자금부정수수죄)	X	선거사무장등의 선거 범죄로 인한 당선 무효(제265조)	선거사무장 등, 후보자의 직계존 비속 및 배우자
		당선무효된 자 등의 비용반환 (제265조의 2)	공직선거법 제263조, 제264조, 제265조에 따라 당선이 무효된 사람이나 당선무효에 해당하는 형이 확정된 사람
X	제1항, 제2항	공무담임등의 제한 (제266조)	정치자금법 제45조 제1항, 제2항의 범죄는 제57조에 따라 공무담임 등의 제한

4) 분리 선고

「**공직선거법**」**제18조(선거권이 없는 자)** ① 선거일 현재 다음 각 호의 어느 하나에 해당하는 사람은 선거권이 없다

　3. 선거범, 「정치자금법」제45조(정치자금부정수수죄) 및 제49조(선거비용관련 위반행위에 관한 벌칙)에 규정된 죄를 범한 자 또는 대통령·국회의원·지방의회의원·지방자치단체의 장으로서 그 재임중의 직무와 관련하여 「형법」(「특정범죄가중처벌 등에 관한 법률」 제2조에 의하여 가중처벌되는 경우를 포함한다) 제129조(수뢰, 사전수뢰) 내지 제132조(알선수뢰)·「특정범죄가중처벌 등에 관한 법률」 제3조(알선수재)에 규정된 죄를 범한 자로서, 100만원이상의 벌금형의 선고를 받고 그 형이 확정된 후 5년 또는 형의 집행유예의 선고를 받고 그 형이 확정된 후 10년을 경과하지 아니하거나 징역형의 선고를 받고 그 집행을 받지 아니하기로 확정된 후 또는 그 형의 집행이 종료되거나 면제된 후 10년을 경과하지 아니한 자(刑이 失效된 者도 포함한다)

② 제1항 제3호에서 "선거범"이라 함은 제16장 벌칙에 규정된 죄와 「국민투표법」 위반의 죄를 범한 자를 말한다.

③ 「형법」 제38조에도 불구하고 제1항 제3호에 규정된 죄와 다른 죄의 경합범에 대하여는 이를 분리 선고하고, 선거사무장·선거사무소의 회계책임자(선거사무소의 회계책임자로 선임·신고되지 아니한 사람으로서 후보자와 통모(通謀)하여 해당 후보자의 선거비용으로 지출한 금액이 선거비용제한액의 3분의 1 이상에 해당하는 사람을 포함한다) 또는 후보자(후보자가 되려는 사람을 포함한다)의 직계존비속 및 배우자에게 제263조 및 제265조에 규정된 죄와 이 조 제1항 제3호에 규정된 죄의 경합범으로 징역형 또는 300만원 이상의 벌금형을 선고하는 때(선거사무장, 선거사무소의 회계책임자에 대하여는 선임·신고되기 전의 행위로 인한 경우를 포함한다)에는 이를 분리 선고하여야 한다.

(1) 입법연혁

1994. 3. 16. 제정된 공직선거법(법률 제4739호)에서 "선거범과 다른 죄의 경합범은 선거범으로 본다"라고 규정하였다(제18조 제3항). 공직선거법 제정 이전에 있었던 대통령선거법·국회의원선거법 등에는 각 선거법 위반죄와 선거범 아닌 죄의 경합범을 선거범으로 의제하는 규정이 없었으나, 선거의 과열과 불법으로 얼룩진 선거풍토를 일신하여 공정한 선거문화를 정착시킬 목적으로 각종 선거법을 통합한 공직선거법을 제정할 때에, 선거범의 형량을 강화하고 선거범으로 형을 받은 자의 선거권·피선거권의 제한기간을 늘리는 한편, 선거범과 다른 죄와의 경합범을 선거범으로 의제하는 규정을 신설하였다.

그런데 선거범과 다른 죄의 경합범을 선거범으로 의제하게 된 결과, 선거와 관련 없는 다른 죄가 우연히 선거범과 병합심리되어 후보자에게 벌금 100만원 이상의 형이 선고되는 경우, 관련조항에 따라 선거권·피선거권의 제한, 당선무효, 공무담임 제한 등 불합리한 불이익이 발생하게 되었다. 이에 입법자는 1997. 11. 14. 개정된 공직선거법(법률 제5412호)에서 "선거범과 다른 죄의 경합범에 대하여는 형법 제38조(경합범과 처벌례)의 규정에 불구하고 이를 분리 심리하여 따로 선고하여야 한다"라고 규정함으로써 위와 같은 불합리성을 입법적으로 보완하였다(제18조 제3항). 이후 입법자는 2004. 3. 12. 개정된 공직선거법(법률 제7189호)에서 '선거범죄, 정치자금부정수수죄(정치자금에관한법률 제30조), 대통령·국회의원·지방의회의원·지방자치단체장의 재임 중 직무 관련 뇌물죄(형법 제129조 내지 제132조) 및 알선수재죄(특정범죄 가중처벌 등에 관한 법률 제3조)'와 '다른 죄'의 경합범에 대하여 분리 선고하도록 정하였고(제18조 제1항 제3호, 제3항), 2005. 8. 4. 개정된 공직선거법(법률 제7681호)에서는 '선거범죄, 정치자금부정수수죄(「정치자금법」 제45조), 선거비용관련 위반행위에 관한 벌칙(「정치자금법」 제49조), 대통령·국회의원·지방의회의원·지방자치단체장의 재임 중 직무 관련 뇌물죄(형법 제129조 내지 제132조) 및 알선수재죄(특정범죄 가중처벌 등에 관한 법률 제3조)'와 '다른 죄'의 경합범에 대하여 분리 선고하도록 정함으로써, 오늘날에 이르게 되었다.

결국 현행 분리 선고 조항은, '선거범죄 등'이 '다른 죄'와 경합범으로 동시에 재판을 받게 되었다는 우연한 사정에 의하여 형법 제38조에 따라 경합범 가중을 받아 100만원 이상의 벌금형 등을 선고받게 됨으로써 선거권 및 공무담임권이 제한되는 불합리한 상황을 극복하기 위하여, '선거범죄 등'과 '다른 죄'를 분리 선고하도록 규정하게 되었다.[10]

공직선거법 제18조 제3항 위헌여부

입법연혁과 함께, ① 판결이 확정되지 아니한 수개의 죄를 동시에 판결할 때에 이를 단일한 형으로 처벌할 것인지 아니면 수개의 형으로 처벌할 것인지 여부는 원칙적으로 입법형성의 재량에 맡겨진 사항인 점, ② 공직선거법은 '대한민국헌법과 지방자치법에 의한 선거가 국민의 자유로운 의사와 민주적인 절차에 의하여 공정히 행하여지도록 하고, 선거와 관련한 부정을 방지함으로써 민주정치의 발전에 기여함'을 목적으로 하고(제1조), 정치자금법은 '정치자금의 적정한 제공을 보장하고 그 수입과 지출내역을 공개하여 투명성을 확보하며 정치자금과 관련한 부정을 방지함으로써 민주정치의 건전한 발전에 기여함'을 목적으로 하므로(제1조), 양자는 공직선거·정치자금과 관련된 부정을 방지함으로써 민주정치의 건전한 발전에 기여한다는 공통된 목적으로 제정된 것임을 알 수 있는 점, ③ 선거로 당선된 대통령, 국회의원, 지방의회의원, 지방자치단체의 장이 그 재임 중 직무와 관련하여 뇌물에 관한 죄를 저지르는 것은 민주정치의 건전한 발전에 장애를 초래할 수 있으므로 이를 규제할 필요성은 공직선거법 및 정치자금법과 궤를 같이 하는 점, ④ 이에 입법자는 분리 선고 조항을 규정하면서 그 성격이 유사한 '선거범죄, 정치자금법 제45조, 제49조에 규정된 죄, 대통령·국회의원·지방의회의원·지방자치단체장의 재임 중 직무 관련 뇌물죄 및 알선수재죄'는 경합범으로 형을 선고하도록 하되, 그 '선거범죄 등'을 그 성격이 유사하지 않은 '다른 죄'와 분리하여 형을 선고하도록 규정한 것으로 이해되는 점, ⑤ 입법자로부터 폭넓은 양형재량을 부여받은 법원으로서는 청구인의 경우와 같이 '당선무효범죄(공직선거법 제264조)와 정치자금법 제45조 위반죄가 경합범이 되는 경우' 또는 '공무담임제한범죄(공직선거법 제266조 제1항, 정치자금법 제57조)와 당내경선과 관련된 죄가 경합범이 되는 경우'로 인해 공무담임권이 제한되는 사정을 종합적으로 고려하여 구체적 타당성에 부합하는 선고형을 정할 수 있는 점 등을 고려하면, 입법자가 '선거범죄, 정치자금법 제45조, 제49조에 규정된 죄, 대통령·국회의원·지방의회의원·지방자치단체장의 재임 중 직무에 관한 뇌물죄 및 알선수재죄'와 '다른 죄'를 분리 선고하도록 규정하면서 그 '선거범죄 등'에 해당하는 범죄들의 경합범에 대하여는 분리 선고를 정하지 않은 것에 합리적 이유가 있다(헌법재판소 2021. 8. 31. 자 2018헌바149 결정).

---

10) 헌법재판소 2021. 8. 31. 자 2018헌바149 결정.

(2) 상상적 경합 관계

법원은 "선거범과 상상적 경합관계에 있는 다른 범죄에 대하여는 여전히 형법 제40조에 의하여 그 중 가장 중한 죄에 정한 형으로 처벌해야 하고, 이때 공직선거및선거부정방지법에서 선거범을 달리 취급하는 입법 취지와 그 조항의 개정 연혁에 비추어 볼 때 그 처벌받는 가장 중한 죄가 선거범인지 여부를 묻지 않고 선거범과 상상적 경합관계에 있는 모든 죄는 통틀어 선거범으로 취급하여야 할 것이다"라고 판시하였다.[11] 따라서 선거범과 정치자금범죄가 상상적 경합관계에 있는 경우에는 분리 선고할 필요가 없다.

회계책임자에 의하지 않은 정치자금 지출로 인한 정치자금법위반의 점(「정치자금법」 제47조 제1항 제8호 위반), 신고된 예금계좌를 통하지 않은 정치자금 지출로 인한 정치자금법위반의 점(「정치자금법」 제47조 제1항 제9호) 위반 및 신고된 예금계좌를 통하지 않은 선거비용 지출로 인한 정치자금법위반의 점을 공소사실로 각 기소된 사안에서, 법원은 "정치자금법위반죄가 나머지 다른 선거범죄(신고된 예금계좌를 통하지 않은 선거비용 지출로 인한 정치자금법위반죄)와 상상적 경합관계 있는 경우 형법 제40조에 의하여 그 중 법정형이 가장 무거운 신고된 예금계좌를 통하지 않은 선거비용 지출의 점에 관한 정치자금법위반죄에 정한 형으로 처벌하면서 하나의 형을 선고한 것은 법리에 따른 것으로 정당하다"고 판시하였다.[12]

따라서 법을 위반하는 모든 위반죄와 선거범이 상상적 경합관계일 경우에는 분리 선고하지 않는다.

(3) 실체적 경합관계

(가) 「공직선거법」 제18조 제1항 제3호의 규정된 죄와 다른 죄의 경합범

헌법재판소는 '선거범, 정치자금법 제45조 및 제49조에 규정된 죄, 대통령·국회의원·지방의회의원·지방자치단체의 장으로서 그 재임 중의 직무와 관련하여 형법 제129조 내지 제132조, 특정범죄가중처벌 등에 관한 법률 제3조에 규정된 죄'와 '다른 죄'의 경합범에 대하여 분리 선고하도록 규정한 「공직선거법」 제18조 제3항 중 '「형법」 제38조에도 불구하고 제1항 제3호에 규정된 죄와 다른 죄의 경합범에 대하여는 이를 분리 선고하고' 부분이 명확성원칙과 평등원칙에 위반되지 않는다고 결정하였다.[13]

「공직선거법」 제18조 제1항 제3호에 해당하는 정치자금법 제45조 및 제49조의 죄를 다른 죄와 분리 선고하여야 한다. 법원은 "연간 500만원 초과 기부부분은 정치자금법 제45조 제2항 제2호를 위반한 범죄로 공직선거법 제18조 제1항 제3호에 규정된 죄이고, 타인 명의

11) 대법원 1999. 4. 23. 선고 99도636 판결, 대법원 2011. 11. 24. 선고 2011도9865 판결.
12) 대전고등법원 2019. 3. 28. 선고 (청주)2019노41 판결.
13) 헌법재판소 2021. 8. 31. 자 2018헌바149 결정.

정치자금 기부와 1회 120만원 초과 현금 기부부분은 그렇지 않은 범죄로서 각 죄가 상상적 경합관계에 있는 죄가 아니므로, 공직선거법 제18조 제3항에 의하여 형을 분리하여 선고하여야 한다"라고 판시하였다.[14)

(나) 「공직선거법」 제18조 제1항 제3호의 규정된 죄 상호간의 경합범

「공직선거법」 제18조 제1항 제3호에 규정된 죄 상호간의 경합범에 대하여는 따로 형을 선고하도록 규정하고 있지 않고 달리 그와 같은 규정을 두고 있지도 아니하여 다른 경합범과 마찬가지로 「형법」 제38조가 정하는 처벌례에 따라 형을 선고하여야 한다.[15)

「공직선거법」 제18조 제1항 제3호에 해당하는 선거범이 「정치자금법」 제45조와 제49조와 경합범인 경우와 「정치자금법」 제45조와 제49조가 경합범인 경우에는 분리선고하지 않는다.

(다) 「공직선거법」 제1항 제3호에 규정된 죄와 당선무효에 해당하는 죄의 경합범

「공직선거법」 제18조 제3항은 선거사무소의 회계책임자 등에게 "「공직선거법」 제263조 및 제265조에 규정된 죄와 「공직선거법」 제18조 제1항 제3호에 규정된 죄의 경합범으로 징역형 또는 300만원 이상의 벌금형을 선고하는 때"에는 이를 분리 선고하여야 한다고 정하고 있다. 따라서 회계책임자 등이 「공직선거법」 제265조에 규정된 범죄(「정치자금법」 제45조 제1항)와 그렇지 않은 범죄로서 「공직선거법」 제18조 제1항 제3호(「정치자금법」 제49조 제2항 제3호)에 규정된 범죄를 위반할 경우에는 분리 선고하여야 한다.

법원은 "피고인 A는 정치자금법 제45조 제1항 및 같은 법 제49조 제2항 제3호를 위반하였는데, 전자는 공직선거법 제265조에 규정된 범죄이고, 후자는 그렇지 않은 범죄로서 공직선거법 제18조 제1항 제3호에 규정된 범죄이므로 공직선거법 제18조 제3항에 의하여 형을 분리 선고하여야 한다"고 판시하였다.[16)

(라) 당선무효에 해당하는 죄 상호간의 경합범

경합범으로 공소 제기된 수개의 죄에 대하여는 형법 제38조의 적용을 배제하고 따로 형을 선고하려면 예외를 인정하는 명문의 규정이 있어야 한다.[17) 그런데 구 공직선거법 제18조 제3항은 선거범이 아닌 다른 죄와 선거범 사이에 따로 형을 선고하도록 규정하고 있을 뿐, 당선무효사유에 해당하는 선거범과 그 밖의 선거범을 분리하여 형을 선고하도록 규정하고 있지 않아 다른 선거범죄 등의 양형이 당선무효대상의 양형에 영향을 미쳐 후보자의 당

---

14) 대구지방법원 2022. 3. 18. 선고 2021노1205 판결.
15) 대법원 2009. 4. 23. 선고 2009도832 판결, 대법원 2011. 11. 24. 선고 2011도9865 판결.
16) 서울고등법원 2014. 5. 23. 선고 2014노777 판결.
17) 대법원 2004. 4. 9. 선고 2004도606 판결.

선이 무효로 되는 문제점이 있었다.

이를 해결하기 위해 2010. 1. 25. 법을 개정하여 선거사무장·선거사무소의 회계책임자(선거사무소의 회계책임자로 선임·신고되지 아니한 사람으로서 후보자와 통모하여 해당 후보자의 선거비용으로 지출한 금액이 선거비용제한액의 3분의 1 이상에 해당하는 사람 포함) 또는 후보자(후보자가 되려는 사람 포함)의 직계존비속 및 배우자에게 「공직선거법」 제263조, 제265조에 규정된 죄와 본조 제1항 제3호에 규정된 죄의 경합범으로 징역형 또는 300만원 이상의 벌금형을 선고하는 때(선거사무장, 선거사무소의 회계책임자에 대하여는 선임·신고되기 전의 행위로 인한 경우 포함)에는 형을 분리 선고하도록 명문화하였다.[18]

그러나 회계책임자 등에게 「공직선거법」 제263조에 규정된 죄와 제265조에 규정된 죄의 경합범으로 징역형 또는 300만원 이상의 벌금형을 선고하는 경우 이를 분리하여 선고하도록 정하고 있지 아니하므로 선거사무소 회계책임자 등에게 「공직선거법」 제263조에 규정된 죄와 제265조에 규정된 죄의 경합범으로 징역형 또는 300만원 이상의 벌금형을 선고하는 경우에는 이를 분리하여 형을 선고할 수 없고, 다른 경합범과 마찬가지로 형법 제38조가 정하는 처벌례에 따라 형을 선고하여야 한다.[19]

5) 공소시효

「공직선거법」상 선거범죄에 대해서 '당해 선거일 후 6개월'의 단기 공소시효의 특칙을 규정하고 있는 반면(「공직선거법」 제268조 제1항),[20] 「정치자금법」에서는 정치자금법위반행위에 대해 「공직선거법」과 같은 단기 공소시효의 특칙을 두고 있지 않다.[21]

헌법재판소는 '당해 선거일 후 6개월'의 단기 공소시효 특칙을 규정하지 아니한 「정치자금법」 제49조가 청구인의 평등권과 공무담임권을 침해하는지 여부에 대하여 헌법재판소는 "입법자가 심판대상조항에 대하여 다른 정치자금과 동일하게 일반 공소시효를 적용하도록 한 것이 다른 선거범죄를 저지른 자들과 비교하여 합리적 이유 없이 자의적으로 차별하였다고 보기는 어렵다"고 결정하였다.[22]

대법원은 정치자금법위반죄가 기부행위제한 위반 내지 선거인 매수로 인한 공직선거법위

---

18) 대법원 2015. 6. 5. 선고 2015도5717 판결(후보자의 배우자가 법 제93조에 규정된 죄와 법 제230조에 규정된 죄의 경합범으로 징역형 또는 300만원 이상의 벌금형을 선고하는 때에는 분리 선고하여야 한다).
19) 대법원 2011. 8. 18. 선고 2011도6311 판결.
20) 「공직선거법」 제268조(공소시효) ① 이 법에 규정한 죄의 공소시효는 당해 선거일후 6개월(선거일후에 행하여진 범죄는 그 행위가 있는 날부터 6개월)을 경과함으로써 완성한다. 다만, 범인이 도피한 때나 범인이 공범 또는 범죄의 증명에 필요한 참고인을 도피시킨 때에는 그 기간은 3년으로 한다.
21) 헌법재판소 2021. 5. 27. 자 2018헌마1168 결정.
22) 헌법재판소 2015. 2. 26. 자 2013헌바176 결정.

반죄와 상상적 경합관계에 있고 형이 더 중한 위 공직선거위반죄에 대하여 공소시효가 완성되었다 하더라도 정치자금법위반죄로 처벌할 수 있다고 판시하였다.[23]

그 하급심에서 "① 공직선거법은 선거 관련 부정의 방지 및 공정한 선거의 시행을 그 보호법익으로 하는 반면, 정치자금법은 정치자금의 투명성을 확보하고 정치자금 관련 부정의 방지로 민주정치의 발전을 목적으로 하고 있어, 그 보호법익이 같다고 할 수 없고, 기부행위 제한위반 내지 선거인 매수로 인한 공직선거법위반죄는 정치자금부정수수 내지 회계책임자에 의하지 않은 정치자금 지출로 인한 정치자금법위반죄와 그 구성요건을 서로 달리하여 어느 한쪽이 다른 한쪽을 전부 포함한다고 할 수 없으므로, 위 두 죄는 보호법익 및 구성요건의 내용이 서로 다른 별개의 범죄로서, 법조경합이 아닌 상상적 경합의 관계에 있다고 봄이 타당한 점(대법원 2009. 5. 14. 선고 2008도11040 판결 등 참조), ② 상상적 경합관계에 있는 범죄 중 중한 죄의 공소시효가 완성되었다고 하더라도 경한 죄의 처벌을 면할 수는 없으므로(대법원 1983. 4. 26. 선고 83도323 판결 등 참조), 피고인 A의 이 사건 범행이 공직선거법위반죄와 상상적 경합관계에 있고, 형이 더 중한 공직선거법위반죄에 대하여 공소시효가 완성되었다 하더라도, 피고인을 정치자금법위반죄로 처벌하는 데에는 아무런 영향을 미치지 않는 점(대법원 2004. 11. 25. 선고 2004도3668 판결 등 참조) 등을 종합하면, 공직선거법위반죄의 6개월 공소시효 완성에도 불구하고 본건을 정치자금법위반죄로 처벌할 수 있다고 봄이 타당하다"라고 판시하였다.[24]

6) 「정치자금법」과 「공직선거법」의 '보칙' 규정 비교

보칙에는 정치자금범죄의 조사(「정치자금법」 제52조), 신고자의 보호(「정치자금법」 제53조) 및 포상금지급(「정치자금법」 제54조), 궐석재판(「정치자금법」 제55조), 기소·판결에 관한 통지(「정치자금법」 제56조), 정치자금범죄로 인한 공무담임의 제한(「정치자금법」 제57조), 후보자의 반환기탁금 및 보전비용의 처리(「정치자금법」 제58조), 면세(「정치자금법」 제59조), 정치자금의 기부촉진(「정치자금법」 제60조), 정치자금 모금을 위한 방송광고(「정치자금법」 제61조), 비밀엄수 의무(「정치자금법」 제63조) 등에 관하여 규정하고 있다. 보칙 규정에 관한 구체적인 설명은 후술한다.

그러나 「공직선거법」의 자수자 특례(「공직선거법」 제262조), 공소시효(「공직선거법」 제268조), 재판의 관할(「공직선거법」 제269조), 선거범의 재판기간에 관한 강행규정(「공직선거법」 제270조), 통신관련 선거범죄의 조사(「공직선거법」 제272조의3), 재정신청(「공직선거법」 제273조)에 관한 규정은 「정치자금법」에는 없다.

---

23) 대법원 2019. 6. 13. 선고 2019도4044 판결.
24) 대구지방법원 2019. 2. 19. 선고 2018노1903 판결.

따라서 「정치자금법」상 특칙 규정이 없는 경우 일반법인 「형법」총칙과 「형사소송법」을 적용하여야 한다.

> **「형법」 제8조(총칙의 적용)** 본법 총칙은 타법령에 정한 죄에 적용한다. 단, 그 법령에 특별한 규정이 있는 때에는 예외로 한다.

┃ 정치자금법과 공직선거법 보칙 규정 비교

	정치자금법	공직선거법
신고자의 보호	제53조	제262조의2
포상금 지급	제54조	제262조의3
궐석재판	제55조	제270조의2
기소·판결에 관한 통지	제56조	제267조
공무담임 등의 제한	제57조	제266조
자수자 특례	규정 없음	제262조
공소시효	규정 없음	제268조
재판의 관할	규정 없음	제269조
재판기간에 관한 강행규정	규정 없음	제270조
통신관련 선거범죄의 조사	규정 없음	제272조의3
재정신청	규정 없음	제273조

4. 「정치자금법」과 「정당법」

「정치자금법」은 「정당법」 제34조에 따라 정당의 재산 및 수입·지출 등 재정에 관한 사항은 규정한 법률이다.

> **「정당법」 제34조(정당의 재정)** 정당의 재산 및 수입·지출 등 재정에 관한 사항은 따로 법률로 정한다.

5. 「정치자금법」상 현행 제도

우리 정치자금법에서는 기부방법으로 직접기부제(당비)와 간접기부제(후원금, 기탁금)를 병행하고 있으며, 기부주체 면에서는 법인과 단체의 기부를 금지하고 개인기부제만 허용하고 있다.

구체적으로 정치자금 수입·지출 실명확인제도(「정치자금법」 제2조 제4항), 후원회 회원 기부하한제도(「정치자금법」 제11조 제5항), 후원인의 기부한도 제도(「정치자금법」 제11조), 일정금액 이상 후원금 기부자 명단 공개제도(「정치자금법」 제42조 제4항), 후원금 기부액 상한제도(「정치자금법」 제12조, 제13조), 후원회 영수증 관급용지제도(「정치자금법」 제17조 제2항), 일반기탁금제도(비지정기탁제도, 「정치자금법」 제22조), 정당보조금 지급채권 양도금지제도(「정치자금법」 제27조의2), 선거비용의 보고 및 공개제도(「정치자금법」 제42조 제2항)를 채택하고 있다.

그러나 당비납부액 상한제도, 당비 명단 공개 제도, 후원회의 회원 수 제한제도, 복수 후원회 가입 금지 제도, 후원회 비회원 기부 하한제도는 채택하고 있지 않다.

제3장

정치자금 부정수수

정치자금법 이해

제3장

정치자금 부정수수

제2조(기본원칙) ① 누구든지 이 법에 의하지 아니하고는 정치자금을 기부하거나 받을 수 없다.

제45조(정치자금부정수수죄) ① 이 법에 정하지 아니한 방법으로 정치자금을 기부하거나 기부받은 자(정당·후원회·법인 그 밖에 단체에 있어서는 그 구성원으로서 당해 위반행위를 한 자를 말한다. 이하 같다)는 5년 이하의 징역 또는 1천만원 이하의 벌금에 처한다. 다만, 정치자금을 기부하거나 기부받은 자의 관계가 「민법」 제777조(친족의 범위)의 규정에 의한 친족인 경우에는 그러하지 아니하다.

제3조(정의) 이 법에서 사용하는 용어의 정의는 다음과 같다.

1. 정치자금의 종류는 다음 각 목과 같다.

    가. 당비

    나. 후원금

    다. 기탁금

    라. 보조금

    마. 정당의 당헌·당규 등에서 정한 부대수입

    바. 정치활동을 위하여 정당(중앙당창당준비위원회를 포함한다), 「공직선거법」에 따른 후보자가 되려는 사람, 후보자 또는 당선된 사람, 후원회·정당의 간부 또는 유급사무직원, 그 밖에 정치활동을 하는 사람에게 제공되는 금전이나 유가증권 또는 그 밖의 물건

    사. 바목에 열거된 사람(정당 및 중앙당창당준비위원회를 포함한다)의 정치활동에 소요되는 비용

2. "기부"라 함은 정치활동을 위하여 개인 또는 후원회 그 밖의 자가 정치자금을 제공하는 일체의 행위를 말한다. 이 경우 제3자가 정치활동을 하는 자의 정치활동에 소요되는 비용을 부담하거나 지출하는 경우와 금품이나 시설의 무상대여, 채무의 면제·경감 그 밖의 이익을 제공하는 행위 등은 이를 기부로 본다.

3. "당비"라 함은 명목여하에 불구하고 정당의 당헌·당규 등에 의하여 정당의 당원이 부담하는 금전이나 유가증권 그 밖의 물건을 말한다.

4. "후원금"이라 함은 이 법의 규정에 의하여 후원회에 기부하는 금전이나 유가증권 그 밖의 물건을 말한다.

5. "기탁금"이라 함은 정치자금을 정당에 기부하고자 하는 개인이 이 법의 규정에 의하여 선거관리위원회에 기탁하는 금전이나 유가증권 그 밖의 물건을 말한다.

6. "보조금"이라 함은 정당의 보호·육성을 위하여 국가가 정당에 지급하는 금전이나 유가증권을 말한다.

1. 의의

가. 「정치자금법」 제2조와 제3조 정치자금의 정의

정치자금의 정의 규정은 정치자금법에 정하지 아니한 방법으로 정치자금을 기부하거나 기부받은 자를 처벌하도록 하는 벌칙(「정치자금법」 제45조) 등의 적용에 있어서 규제대상이 되는 정치자금 여부를 판단하는 해석기준이 된다.[1]

「정치자금법」 제3조 제1호는 '정치자금'을 "당비, 후원금, 기탁금, 보조금과 정당의 당헌·당규 등에서 정한 부대수입, 그 밖에 정치활동을 위하여 정당(중앙당창준위 포함), 공직선거에 의하여 당선된 자, 공직선거의 후보자 또는 후보자가 되고자 하는 자, 후원회·정당의 간부 또는 유급사무직원, 그 밖에 정치활동을 하는 자에게 제공되는 금전이나 유가증권, 그 밖의 물건과 그 자의 정치활동에 소요되는 비용"이라고 규정하고 있다. 즉, 법에 의하여 규제대상이 되는 정치자금은 정치활동을 위하여 정치활동을 하는 자에게 제공되는 금전 등을 의미하며, 이는 정치활동을 하는 자의 정치활동에 소요되는 비용도 포함됨을 명확히 하고 있다.

정치자금은 "정치활동을 하는 자"에게 제공되는 "정치활동을 위한 자금"이라는 요소로 구성되어 있으므로 정치자금법이 처벌하는 수수 대상이 되는 '정치자금'에 해당하기 위해서는 두 요소가 반드시 충족되어야 한다.[2] 실제로 두 요소의 비중이 동등한 수준일 필요는 없고, 구체적 사안에 따라 두 요소의 상호작용에 의하여 어느 한 요소가 두드러지고 다른 요소는 상대적으로 뚜렷한 독자적 의미를 갖지 않는 경우도 있을 수 있다.[3]

정치자금법에 의하여 수수가 금지되는 정치자금은 정치활동을 위하여 정치활동을 하는

---

1) 　중앙선거관리위원회. 정당법·정치자금법 축조해설(2016), 327~328면.

2) 　대법원 1999. 3. 23. 선고 99도404 판결.

3) 　서울고등법원 2015. 9. 23. 선고 2015노266 판결.

자에게 제공되는 금전 등 일체를 의미하고 정치활동을 위한 경비로 지출될 것임이 객관적으로 명확히 예상되어야 한다.[4]

그리고 「정치자금법」 제45조 제1항과 종합하여 보면 정치자금이란 '정치활동을 위하여 정치활동을 하는 사람 또는 단체에 제공되는 금전 등 재산적 이익 일체'로 정의될 수 있다.[5]

나. 「정치자금법」 제45조 제1항 개요

「정치자금법」 제45조 제1항 본문에서 '정치자금을 기부받은 자'라 함은 '본인 또는 본인이 속한 단체의 정치활동을 위해 금품 등을 받은 사람'을 의미하므로,[6] 정치활동을 하는 사람이 금품 등을 받더라도 본인 또는 본인이 속한 단체의 정치활동을 위하여 금품 등을 받은 경우여야 처벌할 수 있다. 그 주체에 아무런 제한이 없어 누구든지 본죄의 주체가 될 수 있다.[7]

정당·후원회·법인 그 밖에 단체가 위 법이 정하지 아니한 방법으로 정치자금을 기부받은 경우에는 그 실제 행위를 한 구성원이 위반행위를 한 자로서 처벌받게 되는바, 이는 실질적으로 관여한 행위자를 처벌함으로써 정치자금과 관련한 부정을 방지하여 민주정치의 건전한 발전에 기여한다는 「정치자금법」의 입법목적을 달성하기 위한 취지일 뿐,[8] 범죄의 주체를 정당·후원회·법인 그 밖에 단체의 구성원으로 제한하는 취지는 아니다.[9]

「정치자금법」 제45조 제1항의 '이 법에 정하지 아니한 방법의 의미는 '정치자금법의 각 개별조항에서 구체적으로 정한 방법 이외의 모든 방법'을 의미한다.[10] 따라서 정치자금법에 의하지 아니한 모든 정치자금 수수를 포괄적으로 금지한다.

정치자금법의 각 개별조항에서 구체적으로 정한 방법은 ① 정당의 당헌·당규 등에서 의하여 정당의 당원이 부담하는 당비, ② 후원회 지정권자에 대한 정치자금의 기부를 목적으로 설립·운영되는 단체인 후원회에 기부하는 후원금, ③ 개인이 선거관리위원회에 기탁하는 기탁금, ④ 국가가 정당에 지급하는 보조금, ⑤ 후원인이 후원회 지정권자에게 직접 후원금을 기부하고 해당 후원회지정권자가 30일(기부받은 날로부터 30일이 경과하기 전에 후원회를 둘 수 있는 자격을 상실하는 경우에는 그 자격을 상실한 날) 이내에 후원금과 기부자의 인적사항을 후원회 회계책임자에게 전달하는 경우이다.

---

4) 대법원 2006. 12. 22. 선고 2006도1623 판결, 대법원 2017. 10. 31. 선고 2016도19447 판결.
5) 대법원 2014. 6. 26. 선고 2013도9866 판결.
6) 대법원 2015. 4. 23. 선고 2014도17497 판결.
7) 서울고등법원 2021. 1. 21. 선고 2020노197 판결.
8) 대법원 2004. 12. 10. 선고 2004도5652 판결.
9) 서울고등법원 2021. 1. 21. 선고 2020노197 판결.
10) 대법원 2010. 12. 9. 선고 2010도8460 판결.

다. 「정치자금법」 제45조 제1항 위반죄와 당선무효 등 제재

「정치자금법」 제45조 제1항 위반으로 100만원 이상의 벌금형 선고시 선거범과 동일하게 선거권, 피선거권, 공무담임권이 제한되며, 대통령선거와 비례대표선거를 제외한 선거에서 선거사무장, 선거사무소의 회계책임자, 사실상의 회계책임자 및 후보자의 직계존·비속 및 배우자가 300만원 이상의 벌금형 선고받는 경우에는 그 후보자의 당선이 무효가 된다.

2. '정치활동을 하는 자'

가. 의미

「정치자금법」은 일반적·사전적 의미의 정치활동을 하는 자 모두를 그 규율대상으로 하는 것이 아니라, 정당 또는 대의제 민주주의 실현을 위한 공직선거와 관련하여 활동하는 자를 규율대상으로 하고, 그 가운데에서도 그 활동을 위하여 적정한 자금을 공급할 공익상의 필요가 있는 자로 제한되므로, '그 밖에 정치활동을 하는 자'란 '정당, 공직선거, 후원회와 직접 관련된 활동을 직업적으로 하는 사람이나 정당, 공직선거, 후원회를 위하여 설립된 단체'로 볼 수 있을 정도에 이른 경우를 뜻한다.[11]

「정치자금법」상 정치활동은 권력의 획득과 유지를 둘러싼 투쟁이나 권력을 행사하는 활동이며, '그 밖에 정치활동을 하는 자'에 해당하려면 같은 호에서 구체적으로 열거한 사람 또는 단체에 준하여 '정당, 공직선거, 후원회와 직접 관련된 활동을 주로 하는 사람이나 단체'로 볼 수 있을 정도에 이르러야 한다.[12]

"정당, 정당의 간부 또는 유급사무직원"은 '정당 관련 사례'이고, "공직선거에 의하여 당선된 자, 공직선거의 후보자 또는 후보자가 되고자 하는 자, 후원회의 간부 또는 유급사무직원"은 '선거 관련 사례'이므로, 이러한 구체적 예시들에 의하여 추론할 수 있는 공통적 판단지침은 '정당'과 '선거' 관련성이라고 할 수 있고, 나아가 정당과 선거에 관련된 경우에도 구체적 예시들에 준하여 "정당이나 공직선거와 직접 관련된 활동을 주로 하는 사람 또는 단체"로 볼 수 있는 정도에 이르러야 비로소 '그 밖에 정치활동을 하는 자'에 해당한다.[13]

정치자금 수수의 주체가 되는 「정치자금법」 제3조에서 정한 '그 밖에 정치활동을 하는 자'에 해당하려면 같은 호에서 구체적으로 열거한 사람 또는 단체로 볼 수 있을 정도에 이르

---

11) 헌법재판소 2014. 7. 24. 자 2013헌바169 결정.
12) 대법원 2017. 11. 14. 선고 2017도3449 판결.
13) 서울고등법원 2010. 1. 8. 선고 2009노2434 판결, 대법원 2010. 10. 14. 선고 2010도1380 판결.

러야 한다.[14] 그와 같은 '정치활동을 하는 자'에 해당하는지는 당해 자금수수행위 당시를 기준으로 하여(정치자금법의 문언상 장래에 '정치활동을 할 것을 계획하는 자'를 포함하지 않음이 분명함) 객관적 징표에 의하여 결정한다.[15] 한편, 판례의 판시 문언만 보면 정치자금의 수수자를 '정치활동을 하는 사람'으로 한정하는 것으로 해석될 여지가 있다.

그러나 당해 금전 등이 정치활동을 하는 사람에게 제공되는 것으로 '정치자금(「정치자금법」 제3조 제1호 바목)'에 해당하는지 여부의 문제(구성요건 중 '객체' 관련성)와 이미 「정치자금법」 제3조 제1호 각목 소정의 '정치자금'으로 인정된 금전 등의 수수자에 해당하는지 여부의 문제(구성요건 중 '주체' 관련성)는 논의의 평면을 달리하는 문제이다. 따라서 정치자금의 수수자를 '정치활동을 하는 자'로 한정된다고 해석할 수는 없고, 누구든지 「정치자금법」 제3조 제1호 각목 소정의 정치자금에 해당한다는 사실을 알면서 이를 수수한 이상 수수자가 될 수 있다고 보아야 한다.[16]

나. '정치활동을 하는 사람'에 해당하는 사례

① 대선후보자 선출·당대표 선출 당내경선 후보자

수수한 금품이 '정치자금'에 해당하는지 여부는 그 금품이 '정치활동'을 위해서 제공되었는지 여부에 달려 있는 것인데, 정치활동은 권력의 획득과 유지를 둘러싼 투쟁 및 권력을 행사하는 활동이라는 점 등에 비추어 볼 때, 대통령선거에 출마할 정당의 후보자를 선출하거나 정당 대표를 선출하는 당내 경선은 그 성격상 정치활동에 해당한다고 봄이 상당하므로, 정당의 당내 경선에 관한 선거운동을 위하여 후보자에게 제공된 금품은 정치자금이라고 보아야 하고, 위 후보자가 정당의 대표로 선출된 이후에 사용한 대외활동비도 정치활동을 위한 정치자금에 해당한다고 할 것이다(대법원 2006. 12. 22. 선고 2006도1623 판결).

② 구청장선거 예비후보자

피고인이 ○○○에게 지급한 합계 1,400만원은 위 선거와 피고인이 희망하던 한나라당의 서울 송파구청장 후보 공천과 관련하여 정치컨설팅 등을 받은 대가로 지급한 돈으로서 설령 선거비용에 해당하지는 않는다고 하더라도 예비후보자이던 피고인의 정치활동을 위하여 소요된 비용에 해당하여 정치자금법에서 정한 정치자금이라고 할 것이다(서울중앙지방법원 2007. 5. 30. 선고 2007노841 판결, 대법원 2007. 11. 15. 선

---

14) 헌법재판소 2014. 7. 24. 자 2013헌바169 전원재판부 결정, 대법원 2017. 11. 14. 선고 2017도3449 판결.
15) 대법원 1999. 3. 23. 선고 99도404 판결.
16) 대검찰청. 정치자금법 벌칙해설(제2개정판). 대검찰청, 2022, 149~150면. 판례도 무직인 국회의원의 동생 A가 국회의원인 형 B에게 전달하고자 제공된 금전을 수령한 사안에서, A는 국회의원의 동생으로서 정치활동을 하는 자에 해당하지 않으나 당해 금전이 정치활동을 하는 자임이 분명한 국회의원인 형 B에게 전달하고자 한 금전으로서 정치자금에 해당하는 이상 A는 정치자금 부정수수죄의 책임을 진다고 판단한 바 있다[서울동부지방법원 2012. 8. 17. 선고 2012고합123, 326(병합) 판결(대법원 2013. 1. 16. 선고 2012도13707 판결로 확정)].

고 2007도4721 판결).

③ 특정 정당 대통령후보자의 개인적 특보 또는 법률고문

선거후보자를 위하여 특보 또는 법률고문으로서 정치활동을 수행하면서 선거자금으로 제공되는 금전을 받은 경우, 실제로 자금을 수령한 자가 정당의 간부 등 보직을 보유하거나 선거 관련 조직의 공식적 직책을 보유하는 등으로 지속적으로 정치활동을 하는 자에 해당하지 않더라도 동인은 "그 밖에 정치활동을 하는 자"로서, 자금의 배분 등에 관한 어느 정도의 권한 내지 재량이 인정되는 때에는 그 자의 정치활동을 위한 자금으로 볼 수 있다(대법원 2004. 12. 10. 선고 2004도5652 판결).

④ 도지사후보자의 선거대책본부장

정치자금법은 정치자금을 받는 당사자를 정당이나 선거에 입후보한 후보자 등으로 한정하지 아니하고, 누구라도 정치활동을 하는 자에게 이 법에 정하지 아니한 방법으로 정치자금이 제공된 경우에는 처벌의 대상으로 삼고 있으므로, 원심이 인정한 바와 같이 피고인으로부터 이 사건 금원을 수수한 공소외 2가 당시 도지사 후보로 출마한 공소외 1의 선거대책본부장으로서, 그의 당선을 위하여 선거운동을 실질적으로 수행하면서 이 사건 금원을 위 선거자금으로 수수하고, 그중 일부를 실제로 선거운동 경비에 소비하기도 한 공소외 2에게 위 금원을 제공한 피고인의 행위는 이 법에 정하지 아니한 방법으로 정치자금을 기부한 정치자금법 위반죄에 해당한다 할 것이다(대법원 2009. 2. 26. 선고 2008도10422 판결).

⑤ 도지사 비서실장

지방공무원법 제2조 제3항 제2호에 따르면 지방 별정직공무원은 비서관·비서 등 보좌업무 등을 수행하거나 특정한 업무 수행을 위하여 법령에서 별정직으로 지정하는 공무원으로서 같은 법 제3조 제1항, 제57조에 따라 정치운동이 금지되는 것은 사실이다. 그러나 도지사 비서실장은 지방공무원법 제2조 제3항 제1호 가목의 특수경력직공무원 중 정무직공무원으로서 같은 법 제3조 제2항, 구 지방공무원 복무규정(2018. 12. 18. 대통령령 제29376호로 개정되기 전의 것) 제8조 제2호에 의하여 정치운동이 허용되는 도지사를 지근거리에서 보좌하는 지위에 있는 이상 그 임면 및 활동 내용이 다분히 정치적인 성격을 가질 수밖에 없다. (중략) 피고인의 이력, 경력, 제6회 전국동시지방선거 당시 원○○ 도지사 후보 선거사무소에서의 피고인의 역할 및 그 이후의 활동 내역, 도지사 비서실장의 지위 및 권한 범위 그리고 그 이면과정에 나타난 정황 등을 종합하여 보면, 피고인은 원○○의 정치활동을 보좌하는 역할을 수행하는 사람으로서 구 정치자금법 제3조 제1호에서 정한 '그 밖에 정치활동을 하는 자'에 해당한다고 봄이 상당하다[광주고등법원 2019. 5. 8. 선고 (제주)2019노4 판결, 대법원 2019. 9. 25. 선고 2019도7177 판결].

⑥ 국회의원 보좌관

① R은 수사기관에서 금원교부 명목에 관하여 "피고인이 국회의원 보좌관으로서 활동하는 데 쓰이는 경비에 사용하라고 금원을 주었다", "국회의원 보좌관인 피고인에게 일종의 정치활동 후원금을 준 것이다"라는 등으로 피고인의 정치활동을 위하여 금원을 교부하였다는 취지로 진술한 바 있는 점, ② 피고인은 금원 수수 당시 국회의원의 보좌관으로서 지역구의 민원 업무를 처리하는 등의 업무를 수행하고 있었는바, 민원처리 등 피고인의 업무를 수행하기 위해서 민원 관계자 혹은 기자 등을 만나는 데 드는 비용은 정치활동을 위하여 소요되는 비용이라고 봄이 상당한 점, ③ 위와 같은 피고인의 지위 및 업무 내용을 고려할 때, 피고인의 대외 활동 중 정치활동 부분과 사회활동 부분을 쉽사리 구분하기 어려울 뿐만 아니라 구분할 수 있다고 하더라도 정치활동 부분이 사회활동 부분보다 주된 부분을 차지할 것으로 보이는 점, ④ 피고인은 R로부터 AT 명의의 통장과 현금카드를 교부받은 후 R이 위 계좌에 입금한 금원을 인출하는 방식으로 R로부터 금원을 수수하였는바, 피고인과 R 사이의 금전거래가 개인적인 차원에서 이루어진 합법적인 것이었다면 위와 같은 음성적인 거래 방법을 선택할 이유가 없는 점 등을 모두 종합해 보면, 피고인은 소속 국회의원의 의정활동과 관련한 정치활동을 하는 자로서 법에 정하지 아니한 방법으로 R로부터 1억 1,700만원의 정치자금을 수수하였음을 인정할 수 있다[서울중앙지방법원 2012. 8. 17. 선고 2011고합1621,2012고합702(병합) 판결, 대법원 2013. 7. 12. 선고 2013도3940 판결].

⑦ 국회의원선거에 출마하고자 하는 후보자의 선거 조직과 일정 등을 총괄하는 조직실장

피고인은 이미 제21대 국회의원선거에 출마하고자 하는 국회의원선거 후보자의 공직선거 출마와 직접 관련된 활동을 한 주요 직책을 수행하는 간부였던 사람이고, 이는 정치자금법 제3조 제1호 바목에 규정된 '정치활동을 하는 사람'에 해당한다(서울중앙지방법원 2021. 9. 3. 선고 2021고단2438 판결).

⑧ 당원협의회 운영위원장

피고인이 공소외 1 주식회사(이하 '공소외 1 회사'라 한다)로부터 급여 명목으로 돈을 지급받는 동안 인천 계양 갑 선거구의 한나라당 당원협의회 운영위원장 등의 지위에서 지역구 관리를 위해 행사에 참여하는 등 그 판시와 같은 활동을 한 것은 정치자금법 소정의 정치활동에 해당하고, 피고인이 공소외 1 회사로부터 계속적으로 지급받은 돈은 급여 지급의 형식을 이용하였을 뿐 그 실질은 피고인의 정치활동을 위하여 지급된 정치자금이라고 봄이 상당하다(대법원 2014. 10. 30. 선고 2012도12394 판결).

⑨ 공직선거에 출마하려는 정치인의 정치적 기반을 다지기 위하여 설립·활동한 포럼

피고인 갑, 을, 병이 공모하여, 피고인 갑의 시장 선거 당선을 목적으로 정 포럼을 설립하여 피고인 갑의 인지도 제고 및 이미지 향상을 위한 활동을 한 후 이에 소요되는 비용을 마련하고자 불특정 다수의 사람들로

부터 정 포럼의 특별회비 등 명목으로 돈을 기부받아 정치자금을 수수하였다고 하여 정치자금법 위반으로 기소된 사안에서, 정 포럼의 인적·물적 조직이 피고인 갑의 인지도와 긍정적 이미지를 높여 시장 선거에서 피고인 갑의 당선에 필요하거나 유리한 활동을 하는 데 실질적으로 이용되었으므로 정 포럼은 시장 선거를 대비해 피고인 갑의 정치적 기반을 다지기 위한 목적으로 설립되어 활동한 단체로 평가되고, 공직선거에 입후보하려는 특정 정치인의 정치적 기반을 다지기 위한 정 포럼의 각종 행사는 위 단체의 정치활동으로 볼 수 있어, 결국 정 포럼은 구 정치자금법(2016. 3. 3. 법률 제14074호로 개정되기 전의 것) 제3조 제1호에서 열거된 사람 또는 단체에 준하여 '그 밖에 정치활동을 하는 자'에 해당한다(대법원 2017. 11. 14. 선고 2017도3449 판결).

⑩ 당내경선운동을 위한 조직 및 선거운동을 위하여 설립된 사조직

– 'P'는 선거운동을 위하여 설립된 조직임이 분명하다. 한편 피고인 A는 'P'가 경선운동을 목적으로 한 조직이라는 점은 인정하고 있는데, 정당 내에서 특정 후보자의 당선을 목적으로 하는 경선운동이 성질상 '정치활동'에 포함된다는 점은 어느 모로 보나 명백하다. 즉 'P' 회비는 경선운동 및 선거운동이라는 정치활동에 의하여 선거운동조직인 'P'에게 제공된 금전으로서 정치자금법상 정치자금에 해당한다(서울고등법원 2019. 1. 17. 선고 2018노2067 판결, 대법원 2019. 7. 4. 선고 2019도1441 판결).

– 피고인들과 김●● 등은 선거인의 관점에서 선거운동에 해당되는 행위를 하지 않았고 선거운동을 위한 유사기관을 설치하지는 않았지만, 피고인 설○○ 등은 내부적으로 선거운동을 염두에 두고 피고인 설○○의 인지도와 긍정적 이미지 제고 등을 도모할 목적으로 H지회를 설립하고, 피고인들 및 김●● 등은 그 목적 달성을 위한 활동을 하였음이 명백하고, 피고인 설○○과 김●●이 피고인 구●● 등에게 제공한 금품은 비록 선거운동의 대가라고 볼 수는 없지만, 피고인 설○○의 공직선거 출마와 당선과 관련된 정치활동과 관련하여 선거운동에 즈음하여 또는 선거운동에 관한사항을 동기로 하여 제공한 금품이고, 김●●이 H지회 사무실을 운영하면서 지출한 돈은 피고인 설○○의 선거 당선 및 정치인으로서의 인지도와 지지도 향상 등 각종 정치활동을 지원하기 위한 돈으로 보는 것이 타당하다(부산고등법원 2018. 4. 18. 선고 2017도623 판결, 대법원 2018. 7. 20. 선고 2018도6604 판결).

⑪ 지방의원 임기를 마친 후에도 공직선거에 입후보할 의사를 타인이 객관적으로 인식할 수 있을 정도로 표명한 사람

피고인 A는 구의원 임기를 마친 후에도 공직선거에 입후보할 의사를 타인이 객관적으로 인식할 수 있을 정도로 표명하였으므로 정치자금법상 '공직선거법에 따른 후보자가 되려는 사람'에 해당된다. 피고인이 제6회 지방선거에서 낙선한 후 ■정당에 복당하여 지역에서 활동하며 자신이 지지하는 국회의원 출마자의 선거운동에 참여한 것 등은 모두 권력의 획득을 둘러싼 투쟁의 일환으로서 '정치활동'이라 할 것이므로, 피고인이 이에 필요한 차량과 자금, 선거현수막, 위 국회의원선거사무소에서 사용할 가구 등을 지원받은 것은 모두

정치자금을 기부받는 것으로 보기에 충분하다(서울중앙지방법원 2018. 10. 12. 선고 2018고합532 판결, 대법원 2019. 10. 31. 선고 2019도12196 판결).

다. '정치활동을 하는 사람'에 해당하지 않는 사례

① 단순히 당원·후원회의 회원으로서 활동하거나 선거 등에서 자원봉사나 무급사무직원으로 활동하는 사람

'정치활동을 하는 자' 중에서도 주요 직책을 수행하는 간부나 최소한 직업적으로 활동하는 유급사무직원과 같은 정도의 위치에 있는 사람으로 한정된다. 따라서 단순한 정당의 당원 또는 후원회의 회원으로 활동하거나, 선거 등에서 자원봉사나 무급사무직원으로 활동하는 자 등은 이에 해당한다고 볼 수 없다(헌법재판소 2014. 7. 24. 자 2013헌바169 결정).

② 정계은퇴 선언 후 정당이나 선거조직과 직접적 인적·물적 유대관계와 당적(黨籍)·공직 없이 시국선언 동참·입법청원·정치관련 연구기관 이사장 재임 등의 활동을 한 경우

정당에 복당하여 상임고문과 경선관리위원장을 역임한 시기에 수수한 정치자금은 상임고문은 정당의 주요 의사결정에 관여할 수 있는 정당의 공식기관으로서 정치자금법 제3조 제1호에 규정된 '정당의 간부'에 해당한다(대법원 2010. 10. 14. 선고 2010도1380 판결).

③ 일반당원으로서 외부적으로 지지층 유지 기여 및 정당 내부의 선거운동 지원

피고인은 정치자금법 제3조 제1호에서 정한 구체적 예시들에 해당하지 않음은 분명하고, 이 사건 증거들에 의하면 피고인은 ♥♥당 당원으로서 외부적으로 지지층 유지에 기여하고 정당 내부의 선거운동을 지원한 사실이 인정될 뿐인바, 이와 같은 사정만으로는 피고인이 이들 예시에 준하여 '정당이나 공직선거와 직접 관련된 활동을 주로 하는 사람'에는 해당한다고 인정하기에 부족하고 달리 이를 인정할 증거가 없다(서울고등법원 2013. 6. 14. 선고 2013노964 판결, 대법원 2013. 9. 26. 선고 2013도7876 판결).

④ (일반인으로서의 활동인) 청와대 국정상황실장, 국회의원, 도지사 등을 역임한 사람이 후보자사무실 방문, 정당행사 참석 및 발언, 선거와 직접 관련 없는 주제로 정당·타 기관에서의 강연, 정치인인 지인들의 출판기념회 참석

정치자금법위반의 확정판결에 따라 공직선거법 제18조 제1항 제3호와 제19조 제1호에 의하여 수수 당시 선거권과 피선거권이 상실하였으며, 「정치자금법」 제60조 제1항 제3호가 규정한 선거운동을 할 수 없는 자

이며, 정당법 제22조 제1항에 의하여 같은 기간 동안 정당의 당원이 될 수 없는 사람이다(대법원 2015. 4. 23. 선고 2013도3790 판결).

⑤ 단순보관자이거나 사자에 불과한 경우

- 정치자금법 제45조 제1항의 '정치자금을 기부받은 자'라 함은 '본인 또는 본인이 속한 단체의 정치활동을 위해 금품 등을 받은 사람'을 의미한다고 할 것이고, 정치자금을 받은 사람이 정치활동을 하는 다른 사람에게 전달하라는 명목으로 금품 등을 받았고 그에게 금품 등의 배분대상이나 방법, 배분액수 등에 대하여 재량의 여지가 주어지지 아니하였다면, 그는 단순한 보관자이거나 정치활동을 하는 다른 사람에게 특정 금품 등을 전달하기 위한 사자에 불과하여 그 금품 등에 관하여는 정치자금을 받은 자라고 할 수 없다(대법원 2015. 8. 27. 선고 2015도9229 판결).

- 사실관계에서 나타난 교부의 목적, 경위 및 교부 이후의 정황을 앞서 본 법리에 비추어 살펴보면, 피고인 B가 피고인 A에게 1억4,000만원을 교부할 당시 그중 7,000만원은 ◉◉구 지역구인 피고인 A에게 기부하는 의사였음이 분명하지만, 나머지 7,000만원은 ◉◉구 허☆☆에게 기부하는 의사에 기하여 단지 피고인 A로 하여금 허☆☆ 전달해달라는 취지로 교부하고 피고인 A도 같은 취지로 이해하여 이를 수령한 것으로 보이므로, 피고인 A의 이 부분 자금의 단순한 전달자에 불과하고 자신의 정치활동을 위해 정치자금을 기부받은 자로 볼 수는 없다(서울고등법원 2015. 5. 29. 선고 2015노1224 판결, 대법원 2015. 4. 23. 선고 2014도17497 판결).

⑥ 후보자의 선거를 도왔다는 이유만으로 '그 밖에 정치활동을 하는 자'에 해당하지 않음

F가 H의 선거를 도왔다는 이유만으로 '그 밖에 정치활동을 하는 사람'에 해당한다는 점이 합리적 의심을 배제할 정도로 증명되었다고 보기 어렵다.

- F는 평소에 건강원을 운영하고 휴대전화 고객을 모집하는 일을 하며 생업에 종사해왔고, H의 1998년 ☆☆군수 선거, 2014년 ☆☆군수 경선, 2016년 甲당 국회의원 경선 등 세 차례 선거활동만 무급으로 도왔던 것으로 보인다.

- F 본인 스스로가 공직선거에 출마하거나 장래 정치활동을 하려는 계획을 가졌다고 볼 만한 사정도 없고, 2016년 국회의원 경선에서도 선거운동원을 동원하고 상대 후보에 대한 부정적인 언론 보도를 전파하며 유권자들의 연락처를 수집하는 일을 하였을 뿐 경선캠프에서 공식적인 직책을 맡거나 활동한 대가로 보수를 받았다거나 선거기간 이외에도 정당이나 후원회에서 주요 직책을 가지고 직업적으로 활동하였다고 볼 만한 증거가 없다.

- F의 위와 같은 활동만으로 정치자금법이 정한 '그 밖에 정치활동을 하는 사람'에 해당한다고 본다면 선거기간에 선거운동원이나 자원봉사 등으로 정치활동에 일시적으로 참여하는 자도 정치자금법의 규율대상이 될 수 있어 그 범위가 지나치게 확대될 우려가 있다.

- G 후보 선거캠프에서 자원봉사 활동을 하였던 K가 당심 법정에서 'F가 H 후보 측 핵심인물이라고 들었다.'고 진술하고, 피고인 D, C 또한 검찰 조사에서 F가 H 예비후보 20대 총선의 총괄이었다고 진술한 사실은 있으나, 당시 F가 선거운동원을 동원하는 핵심적인 역할을 했기 때문에 그렇게 인식된 것으로 보이고 L은 원심 법정에서 자신이 H 경선 캠프의 총괄책임자이고 F는 자신의 일을 도왔다고 하여 위 진술과 배치되는 진술을 하였다.

- 세 차례 선거운동 때만 H를 도운 것에 불과한 F에게 캠프총괄직을 맡긴다는 것은 경험칙상 선뜻 받아들이기 어렵다.

- H의 경선 선거기간은 3일에 불과하여 그 선거조직이 갖추어졌었다고 보이지도 않는다(전주지방법원 2021. 2. 16. 선고 2020노1193 판결, 대법원 2021. 6. 24. 선고 2021도3624 판결).

라. 정치자금과 교육감선거

교육감선거의 후보자 또는 후보자가 되고자 하는 자와 교육감이 「정치자금법」 제3조의 정의조항의 "그 밖에 정치활동을 하는 자"에 포함되는지에 대하여 대법원과 헌법재판소는 '그 밖에 정치활동을 하는 자'에 포함된다고 볼 수는 없다고 보았다.[17]

다만, 「지방교육자치법」 제50조는 "교육감선거에 관하여는 「정치자금법」의 시·도지사선거에 적용되는 규정을 준용한다"고 규정하여 교육감선거의 후보자 또는 후보자가 되려고 하는 자를 시·도지사선거의 후보자 내지 후보자가 되려고 하는 자에 준하여 정치자금법을 적용하도록 하고 있어 교육감선거를 위하여 정치자금을 기부받는 경우에는 '교육감선거에 관한 것'으로서 교육감선거 과정에서 선거를 위하여 기부받은 정치자금에 해당한다고 보았다.[18]

이러한 판례들을 고려할 때, 교육감이나 교육감선거 후보자 또는 후보자가 되려고 하는 사람을 '정치활동을 하는 자'로 볼 수 없어 일반적으로 「정치자금법」이 적용되지 않고, 다만 선거일 이전에 선거와 관련하여 금품을 수수한 경우에는 「정치자금법」의 시·도지사선거 규정이 모두 적용된다는 의미로 해석된다.

그러나 이러한 판례의 해석에 의하면 부당한 사례가 발생할 수 있다. 즉 교육감 당선 이후에는 금품을 수수하더라도 뇌물이 아니면 처벌받지 않는다는 결론이 된다. 교육감은 차기 교육감선거를 위한 정치활동을 할 수 있고, 다른 선거에도 얼마든지 출마할 수 있는 현실을 간과했다는 지적이 가능하다. 또한, 선거에 의하여 획득한 권력을 유지하면서 행사하는 것 역시 정치활동에 해당한다고 볼 수 있고, 금품수수 시기, 금품수수의 동기나 사용처 등에 비

---

17) 헌법재판소 2014. 7. 24. 자 2013헌바169 결정, 대법원 2016. 1. 14. 선고 2014도3112 판결.
18) 대법원 2017. 12. 7. 선고 2017도13012 판결.

추어 정치활동으로 충분히 포섭할 수 있는 경우도 어렵지 않게 예상할 수 있다. 향후 판례의 변경이나 입법을 통해 해결해야 할 것으로 보인다.[19]

> ### 교육감 내지 교육감선거 후보자가 '정치활동을 하는 자'에 포함되는지 여부
>
> 교육감은 시·도의 교육과 학예에 관한 사무를 통할하는 자로 주민의 직접선거에 의하여 선출되고 그 선거 또한 공직선거법이 준용되는 등 정치자금법 제3조 제1호의 '정치활동'의 핵심 징표 가운데 하나인 대의제 민주주의 실현과 관련한 '선거'에 의하여 당선된 자라는 점에서 '그 밖에 정치활동을 하는 자'로 볼 여지도 있다. 그러나 우리 헌법은 "교육의 정치적 중립성은 법률이 정하는 바에 의하여 보장된다"고 천명하고 있고(제31조 제4항), 이에 따라 교육기본법은 교육의 정치적 중립성을 선언하고 있으며(제6조 제1항), 지방교육자치법은 교육감선거의 후보자가 되려고 하는 사람은 과거 1년 동안 정당의 당원이 아니어야 하며(제24조 제1항), 교육감이 정당의 당원이 된 때에는 당연 퇴직하도록 하고(제24조의3 제3호), 교육감선거에 정당의 후보자 추천 등을 포함한 정당의 개입 내지 관여행위를 일체 금지하고 있다(제46조).
>
> 한편, 지방공무원법도 교육감(교육감은 특수경력직 지방공무원이다)에 대하여 정당 내지 정치단체의 결성에 관여하거나 가입하는 것을 금지하는 것은 물론 특정 정당의 지지 또는 반대 등 일체의 정치적 행위를 금지하고 이를 위반한 경우 형사처벌의 대상으로 삼고 있다(제3조 제1항, 제57조, 제82조). 이와 같이 철저하게 정치적 중립이 요구되고 정당가입 등 정치활동이 절대적으로 금지되는 교육감의 지위에 있는 자를 합법적으로 정치자금을 모금할 수 있는 주체인 이 사건 정의조항의 "그 밖에 정치활동을 하는 자"에 해당한다고 볼 수는 없다. 마찬가지 이유에서 교육감선거의 후보자 또는 후보자가 되려고 하는 자도 이 사건 정의조항의 '그 밖에 정치활동을 하는 자'에 포함된다고 볼 수는 없다.
>
> 그런데 지방교육자치법 제50조는 "교육감선거에 관하여는 「정치자금법」의 시·도지사선거에 적용되는 규정을 준용한다"고 규정하여 교육감선거의 후보자 또는 후보자가 되려고 하는 자(이하, '교육감선거후보자'라고 한다)를 시·도지사선거의 후보자 내지 후보자가 되려고 하는 자(이하, '시·도지사선거후보자'라고 한다)에 준하여 정치자금법을 적용하도록 하고 있다. 이는 종래 간선제로 실시되던 교육감선거가 2007년 직선제로 전환되면서 실질적으로 시·도지사 선거와 유사하게 되었고(지방교육자치법 제22조), 이에 따라 교육감선거후보자에게 후원회를 통하여 선거비용을 조달할 수 있도록 하고 이를 투명하게 관리하도록 하며, 선거가 끝난 후 남은 후원금의 처분 및 반환·보전된 후 남은 선거비용의 처분 등에 관한 절차를 규율할 필요에서 2010년 입법자가 특별히 지방교육자치법에 그 근거를 신설한 것이다. 즉, 교육감선거후보자는 이 사건 정의조항의 예시적 입법형식의 대전제인 '정치활동을 하는 자'의 핵심 징표에 의하여 '정치활동을 하는 자'에 포함되는 것이 아니라 순전히 교육감선거의 선거비용의 조달과 투명한 관리, 국고보전이라는 입법의 효율성 내지 경제성이라는 입법기술적인 필요에 의하여 신설된 이 사건 준용규정에 의하여 비로소 정치자금법의 적용을 받는 것에 불과하다.

---

19) 대검찰청. 정치자금법 벌칙해설(제2개정판). 대검찰청, 2022. 186~187면.

이처럼 이 사건 정의조항의 '그 밖에 정치활동을 하는 자'에 교육감 및 교육감선거후보자는 해당되지 않음이 명백하므로, 교육감이 이에 포함되는 것으로 해석하는 한 위헌이라는 청구인의 주장은 나아가 살펴볼 필요 없이 이유 없다(헌법재판소 2014. 7. 24. 자 2013헌바169 결정).

교육감선거 과정이 종료된 이후 선거에서 당선된 교육감이 금품을 수수한 경우, 정치자금법이 준용되는지 여부

교육의 정치적 중립성에 관한 헌법 제31조 제4항, 교육감, 교육감선거 후보자 또는 후보자가 되려고 하는 사람의 정당가입 금지 또는 정치적 행위 금지에 관한 교육기본법 제6조 제1항, 지방교육자치에 관한 법률 제24조 제1항, 제24조의3 제3호, 제46조, 지방공무원법 제3조 제1항, 교육감선거를 공직선거의 범위에 포함하지 아니한 공직선거법 제2조 등의 규정을 종합하면, 교육감, 교육감선거 후보자 또는 후보자가 되려고 하는 사람은 정치자금법 제3조 제1호가 정한 공직선거에 의하여 당선된 자, 공직선거의 후보자 또는 후보자가 되고자 하는 자 또는 그 밖의 정치활동을 하는 자에 해당한다고 볼 수 없다. 다만 지방교육자치에 관한 법률 제50조는 "교육감선거에 관하여는 정치자금법의 시·도지사선거에 적용되는 규정을 준용한다"라고 규정하고 있으나, 이는 종래 간선제로 실시되던 교육감선거가 2007년 직선제로 전환되면서 실질적으로 시·도지사선거와 유사하게 됨에 따라 교육감선거의 후보자 등에게 후원회를 통하여 선거비용 등의 정치자금을 조달할 수 있도록 하고 이를 투명하게 관리하도록 하며 선거 종료 후 남은 후원금이나 선거비용의 처분 또한 정치자금법에 규정된 절차에 의하도록 하기 위하여 그 범위에서 한정하여 정치자금법 중 시·도지사선거에 적용되는 규정을 준용하는 것일 뿐, 교육감선거의 성격이나 교육감, 교육감선거 후보자 또는 후보자가 되려고 하는 사람의 지위에 관하여서까지 정치자금법을 준용하는 것은 아니다.

따라서 교육감선거 과정이 종료된 이후 선거에서 당선된 교육감이 금품을 수수한 경우, 이는 지방교육자치에 관한 법률 제50조가 정한 '교육감선거에 관한 것'에 해당한다고 볼 수 없으므로, 위 금품 수수에 관하여는 정치자금법이 준용되지 아니한다(대법원 2016. 1. 14. 선고 2014도3112 판결).

※ 「지방교육자치에 관한 법률」 제50조가 정한 '교육감선거에 관한 것'에 해당되지 아니하여 정치자금법이 준용되지 않는다는 전제에서, 교육감 당선후 교육감으로서 활동비가 필요하여 학교 동창인 치과의사로부터 신용카드를 받은 다음 공식 업무추진비로 사용하기 어려운 골프장, 식당 등에서 2,900여만원을 사용한 행위는 정치자금법위반에 해당하지 않음.

(범죄사실-교육감 재직시)

[1] 피고인 A는 중학교, 고등학교, 대학교 동창이자 치과의원을 운영하는 ○○○에게 교육감으로서 활동비가 필요하여 어려움이 많다는 취지의 말을 하였고, ○○○은 2010. 7. 초순경 피고인 A에게 자신이 운영하는 주식회사 명의의 신용카드를 건네주면서 매달 150만원 정도를 활동비로 사용하면 결제하여 주겠다는 취지로 말하였다. 이후 피고인 A는 자신의 정치활동 계획에 따라 외연을 넓히기 위해 많은 사람을 접촉하면서 교육감의 정식 업무추진비로 사용하기 어려운 골프장, 식당 등에서 2010. 7. 8.경부터

2012. 3. 20.경까지 총 55회에 걸쳐 합계 29,892,520원을 ○○○으로부터 제공받은 위 신용카드로 사용하였다.

[2] 피고인 A는 고등학교 동창이자 산부인과의원을 운영하는 ○○○에게 ○○대학교 총장으로서 활동비가 부족하여 어려움이 많다는 취지로 말을 하였고, ○○○은 2008. 1. 초순경 피고인 A에게 자신의 산부인과의원 명의의 신용카드를 건네주면서 매달 100만원 정도를 활동비로 사용하면 결제하여 주겠다는 취지로 말하였다. 이후 피고인 A는 총장의 정식 업무추진비로 사용하기 어려운 골프장, 음식점 등에서 사용하다가 총장직을 중도사퇴하고 교육감선거에 출마한 이후 그 사용을 중단하였다. 피고인 A는 교육감에 당선된 이후 ○○○이 '이제 교육감도 되었고 도와줄 사람이 많을 테니 신용카드를 돌려 달라'고 하였으나, 피고인 A는 '교육감으로 활동하는 데도 돈이 많이 드니 계속해서 사용하자'고 말하여 ○○○는 피고인 A에게 위 신용카드를 계속 사용하도록 하였다. 이후 피고인은 자신의 정치활동 계획에 따라 외연을 넓히기 위해 많은 사람을 접촉하면서 골프장과 식당 등에서 교육감 재직기간 중인 2010. 7. 24.경부터 2012. 2. 28.경까지 총 47회에 걸쳐 합계 30,635,245원을 위 신용카드로 사용하였다.

⇨ 피고인 A의 교육감 재직 중에는 정치활동의 두 가지 핵심징표인 '정당 관련성'이나 '선거 관련성'이 인정되지 아니하므로 피고인 A를 정치자금법상 '정치활동을 하는 자'로 볼 수 없어 무죄

교육감선거 후보자가 '정치활동을 하는 자' 여부

교육감선거 후보자는 정치자금법 제3조 제1호의 '공직선거의 후보자'에 해당하지는 않으나, 정치자금법 제3조 제1호의 '그 밖에 정치활동을 하는 자'에 해당하므로, 교육감선거의 후보자 또는 후보자가 되고자 하는 자의 선거와 관련하여 소요되는 비용은 정치자금법 제3조 제1호 소정의 정치자금에 해당한다.

한편, 정치자금법 제3조 제2호는 '제3자가 정치활동을 하는 자의 정치활동에 소요되는 비용을 부담하거나 지출하는 경우와 금품이나 시설의 무상대여를 기부로 본다'고 규정하고 있으므로, 피고인이 교육감선거와 관련하여 선거비용으로 공소외 3으로부터 1억 984만원을 무상으로 대여받은 행위는 정치자금법 제45조 제1항에 위반된다(서울중앙지방법원 2009. 3. 10. 선고 2009고합29 판결, 대법원 2009. 10. 29. 선고 2009도5945 판결로 확정).

교육감선거 예비후보자의 선거자금 조달

교육감선거 예비후보자가 선거자금 조달할 능력이 없어 선거홍보물 제작업체로부터 계약체결 대가로 리베이트를 받아 부족한 선거자금을 조달한 경우에는 '교육감선거에 관한 것'으로서 교육감선거 과정에서 선거를 위하여 기부받은 정치자금에 해당한다(대법원 2017. 12. 7. 선고 2017도13012 판결)

> **교육감선거 종료 후 교육감 낙선자 '정치활동을 하는 자' 여부**
>
> 정치자금법 제3조 제1호 바목도 교육감선거에 관하여 준용되는 조항임은 지방교육자치에 관한 법률 제50조의 문언상 명백하나 교육감 낙선자가 차기 교육감선거나 다른 공직선거에 출마할 예정이었음을 인정할 만한 증거가 없으므로 피고인이 위 선거운동 대가를 대신 지급할 당시(즉 교육감선거 종료 이후 시점) 교육감 낙선자는 교육감선거 또는 공직선거의 '후보자가 되려는 사람', '후보자 또는 당선된 사람' 중 어느 하나에 해당되지 않고 '그 밖의 정치활동을 하는 사람'이라고 볼만한 증거가 없다(광주고등법원 2019. 8. 29. 선고 2019노196 판결, 대법원 2019. 11. 28. 선고 2019도13418 판결로 확정).

3. '정치활동을 위한 자금'

가. 의의 및 판단기준

정치활동이라 함은 권력의 획득과 유지를 둘러싼 투쟁 및 권력을 행사하는 활동이다. '정치활동을 하는 자'에게 제공된 금전 등이라도 그 자의 "정치활동을 위하여" 제공된 것이 아닌 경우에는 이를 정치자금으로 볼 수 없는데, 당해 자금이 "정치활동을 위하여 제공되었는지 여부"를 판단함에 있어서는 다음과 같은 기준이 제시될 수 있다.[20]

1) 정당, 공직선거 당선자, 후보자, 후원회·정당의 간부 등

정치자금법 제3조 제1호에 열거된 정치자금의 수령주체 중 "정당, 공직선거에 의하여 당선된 자, 공직선거의 후보자, 후원회·정당의 간부 등"은 이미 정치활동을 위한 경비의 지출이 객관적으로 예상되는 명확한 위치에 있는 개인이나 단체로 볼 수 있고, 이들의 사회적 활동은 직·간접적으로 자신들의 정치활동과 관련된 사항이 대부분이고 그 활동을 정치활동과 구별하는 것도 현실적으로 어렵다고 평가되므로, 이들에게 제공되는 자금은 특별한 사정이 없는 한 그 명목여하에 불구하고 "정치활동을 위하여" 제공된 것으로 봄이 상당하고, 다만 정치활동과 관련 없는 일상적인 직업상의 거래자금 등으로 인정되는 때에는 이를 정치자금으로 볼 수는 없을 것이다.[21]

2) 그 밖에 정치활동을 하는 자

"공직선거의 후보자가 되고자 하는 자 그 밖에 정치활동을 하는 자"의 경우에는 일상적인

---

20) 서울고등법원 2015. 9. 23. 선고 2015노266 판결.
21) 서울고등법원 2015. 9. 23. 선고 2015노266 판결.

사회활동과 정치활동을 어느 정도 구별하는 것이 가능하고 그가 지출하는 경비 등이 반드시 정치활동과 직결된다고 인정할 만한 객관적 위치에 있다고 볼 수도 없으므로, 이들에게 제공되는 자금에 대해서는 그 자금의 수수 당시 이를 특정한 정치활동을 위한 용도로 제공하고 제공받는다는 인식이 있는 때에 비로소 정치자금에 해당하고, 나아가 그와 같은 인식 여부에 대하여 당사자가 부인하는 경우에는 자금 수수 당사자의 의사, 당사자 사이의 관계, 자금 수수 경위 및 그 명목, 그 자금의 실제 사용처 등을 종합하여 판단할 수밖에 없다.[22]

나. '정치활동을 위한 자금'에 해당되는 사례

① 지역구 지역위원장으로 활동 중인 전 국회의원의 사무실 운영비 수수

> 지역위원장으로서의 활동은 명백히 정치활동이고, 이 사건 사무실 운영비는 지역위원장으로서 정치활동을 위해 수수한 금원으로서 정치자금에 해당한다(대법원 2011. 9. 29. 선고 2011도8240 판결).

② 지역위원회 역임하고 있는 전 국회의원의 시도당 하부조직 운영경비 등 수수

> 피고인은 2012. 4. 11. 제19대 국회의원선거에서 낙선하여 합법적인 후원금을 받을 수 없고 국회의원 사무실을 더 이상 운영할 수 없게 되자 보좌관인 이○○과 공모하여 2012. 5.경 홍▼▼으로부터 약 13평의 사무실을 2014. 2.경까지 무상으로 제공받아 액수미상 임대료 상당의 정치자금을 기부받고, 위 사무실을 ○○당 C지역위원회 사무소로 이용하면서 2012. 6. 25.경 C지역위원회 당원 민○○으로부터 사무실 경비 명목으로 50만 원을 사무실 운영비 입출금 계좌로 사용하는 사무원 이●●의 명의 농협계좌로 송금받은 외, 2012. 6. 1.경부터 2014. 2. 27.경까지 일반인, 당원, 시·도의원 등으로부터 총 113회에 걸쳐 사무실 경비 및 사무원 이●●의 급여 명목으로 총 3,319만원을 송금 받았다(대법원 2018. 4. 26. 선고 2017도20198 판결).

③ 당원협의회 운영위원장 등의 지위에서 지역구 관리 활동 등 정치활동을 하면서 특정 회사로부터 급여 명목으로 금품 수수

> 피고인이 '○○회사'로부터 급여 명목으로 돈을 지급받는 동안 ☼☼☼선거구의 ◎◎당 당원협의회 운영위원장 등의 지위에서 지역구 관리를 위해 행사에 참여하는 등 그 판시와 같은 활동을 한 것은 정치자금법 소정의 정치활동에 해당하고, 피고인이 ○○회사로부터 계속적으로 지급받은 돈은 급여 지급의 형식을 이용하였을 뿐 그 실질은 피고인의 정치활동을 위하여 지급된 정치자금이라고 봄이 상당하다(대법원 2014. 10. 30. 선고 2012도12394 판결).

---

22) 대전고등법원 2011. 9. 16. 선고 2011노288 판결.

④ 당협위원장이 해당 당원협의회의 조직과 구성원을 통해 소속 후보자의 선거운동을 지
  원하는 행위

- 피고인 A, B는 이 사건 각 금원이 피고인 B(시장후보)의 선거운동의 경비에 사용할 명목으로 교부된 것
  이므로 피고인 A(당원협위원장)의 정치활동을 위해 제공된 정치자금으로 볼 수 없다고 주장하나, 이 사
  건 각 금원은 피고인 B의 선거에 관한 것임과 동시에 피고인 A의 정치활동을 위한 성격도 있는 것으로
  판단된다.
- 당원협의회는 2004. 3. 12. 법률 제7190호로 정당법을 개정하여 지구당제도를 폐지한 후 정당에서 지
  역 수준에서의 의견 수렴 및 주민 참여를 위한 통로를 마련하기 위한 방안으로 2005. 8. 4. 법률 제7683
  호 정당법 제37조 제3항으로 도입된 것으로서 정당의 공식적인 하부조직이다. 이러한 당원협의회는 당
  원들의 자발적인 지역조직을 이용하여 국민의 정치적 의사형성에 참여하기 위한 목적으로 운영된다(헌
  법재판소 2016. 3. 31. 자 2013헌가22 전원재판부 결정 참조). 정당은 국민의 이익을 위하여 책임 있
  는 정치적 주장이나 정책을 추진하고 공직선거의 후보자를 추천 또는 지지함으로써 국민의 정치적 의
  사형성에 참여함을 목적으로 하는 바(정당법 제2조), 정당의 하부조직인 당원협의회 역시 선거기간에는
  소속 정당의 후보자의 당선을 지원하는 역할을 수행하는 것이 당연하다. 또한 소속 후보자의 공직선거
  당선이 선행되어야 국민의 정치적 의사형성 과정에 직접적·효과적으로 참여할 수 있는 점까지 보태어
  본다면 정당과 당원협의회가 선거기간 동안 소속 후보자의 선거운동을 지원하는 것은 매우 중요한 정치
  적 활동이다. 그렇다면 국회의원 지역구 당협위원장이 해당 당원협의회의 조직과 구성원들을 운용하여
  소속 후보자들의 선거운동 지원하는 것 또한 그의 고유한 정치적 활동이고, 국회의원 지역구 당협위원
  장은 정당의 간부이자 당원협의회 책임자로서 위와 같은 정치활동을 위한 권한과 책임을 가진다(대구고
  등법원 2021. 10. 28. 선고 2021노122 판결).

⑤ 국회의원 자신이 비상근고문으로 있는 회사로부터 수수한 의원실 운영경비

고문으로서 적극적인 활동을 한 흔적이 없고, 고문급여와 별도로 지급된 이 사건 의원실 운영 경비는 회사
로 직접 찾아온 피고인의 보좌관에게 현금으로 지급된 비정상적인 지급방식, ○○회사의 비정상적인 회
계처리 등에 비추어 볼 때 이 사건 의원실 운영경비가 순수히 피고인의 고문의 지위에 따른 대가나 그 고
문활동에 따른 실비 변상적 비용보전이 아니라 피고인의 정치활동을 위하여 지급된 정치자금이다(대법원
2014. 6. 26. 선고 2013도9866 판결).

⑥ 의원실의 중국 워크숍 비용을 제공

워크숍의 목적 중에 관광 목적이 포함되어 있다고 하더라도, 피고인 B와 의원실 직원들의 해외견문을 넓히
고, 의원실 직원들의 사기를 진작하며, 피고인 B와 의원실 직원들 사이의 단합을 공고히 하고자 하는 목적

역시 포함되어 있었던 것으로서, 피고인 B의 정치활동의 일환으로 위 워크숍이 기획되고 실행된 것임을 인정할 수 있다. 따라서 피고인 A가 C로부터 받은 600만원은 피고인 B의 정치활동과 관련된 정치자금에 해당한다(대법원 2011. 6. 11. 선고 2010도18054 판결).

⑦ 형사사건 변호사 선임비용 수수

정치활동을 하는 자가 형사재판에서 소요될 변호사 선임비용을 제공받았다고 하더라도 원칙적으로 이를 정치자금 수수라고 볼 수는 없다. 다만 형사재판에서 소요될 변호사 선임비용 명목으로 자금이 수수된 경우라도, 당해 형사재판이 그의 정치활동과 관련된 범죄로 인한 것으로서 자금 수수가 그의 정치활동의 유지를 위한 목적에서 이루어진 것이라면 변호사 선임비용을 정치자금으로 볼 수 있다(대법원 2014. 3. 13. 선고 2011도8330 판결).

⑧ 대통령선거 후보자 및 당대표 경선자금 명목으로 금품 수수

대통령선거에 출마할 정당의 후보자를 선출하거나 정당 대표를 선출하는 당내 경선은 그 성격상 정치활동에 해당한다고 봄이 상당하므로, 정당의 당내 경선에 관한 선거운동을 위하여 후보자에게 제공된 금품은 정치자금이라고 보아야 하고, 위 후보자가 정당의 대표로 선출된 이후에 사용한 대외활동비도 정치활동을 위한 정치자금에 해당한다고 할 것이다(대법원 2006. 12. 22. 선고 2006도1623 판결).

⑨ 선거과정에서 부담하게 된 채무의 변제를 위해 수수한 금원

일반적으로 채무변제를 위하여 차용한 금원을 정치활동을 위한 정치자금이라고 할 수는 없지만 이 사건 선거과정에서 체납세금을 납부하고, 선거비용 등을 지출함으로써 부담하게 된 채무를 변제할 목적으로 수수한 경우 선거비용 등과 무관하다고 할 수 없고, 피고인들 모두 이러한 사정을 인식한 상태에서 자금을 수수하였으며, 그중 일부는 실제로 선거과정에서 발생한 채무변제에 사용되기도 하였으므로 위 피고인들 사이에 수수된 위 각 금원은 정치자금법 제3조 제1호 소정의 '정치자금'에 해당한다(만약, 피고인의 주장을 받아들여 선거종료 후에 선거과정에서 부담하게 된 채무변제를 위하여 수수한 금원을 일률적으로 정치자금에 해당하지 않는다고 해석한다면, 정치자금과 관련한 부정을 방지하기 위한 정치자금법의 입법취지를 몰각시키는 결과를 초래함)(서울고등법원 2014. 5. 23. 선고 2014노777 판결, 대법원 2016. 4. 28. 선고 2014도6904 판결).

⑩ 당원 단합대회를 위해 당원으로부터 모금한 금품이 정치자금인지 여부

당원 간의 모임인 당원 단합대회라고 할지라도 그 성격이 정치활동에 해당하는 이상, 그 개최를 위해 모금된 금원은 정치자금으로 보아야 할 것이다(광주고등법원 2013. 10. 31. 선고 2013노271 판결).

⑪ 예비후보자 등록 전후에 선거운동에 이르지 않은 일상적·의례적·사교적 문자메시지 발송 비용

> 예비후보자 등록 전후에 선거운동에 이르지 않은 일상적·의례적·사교적 문자메시지를 발송하였더라도, 후보자가 되려는 사람의 인지도를 제고하는 등 당선을 도모하는 데 유리한 행위를 하였다면 그 문자메시지 발송 비용은 정치자금에 해당한다(대법원 2017. 10. 31. 선고 2016도19447 판결).

⑫ 도지사 후보자의 선거대책본부장의 방송인수 로비 대가

> 도지사 후보자의 선거대책본부장이 선거자금 마련하기 위하여 기자로부터 케이블 TV를 인수하는 데 도움을 주는 조건으로 금품 수수한 사건에서, 도지사 선거라고 하는 정치활동을 위하여 소요되는 경비로 지출된 것을 예상하여 제공된 정치자금 기부의 실체를 지닌 것으로 인정되는 이상, 비록 이 사건 금원의 수수가 방송인수를 위한 로비의 대가를 겸하여 이루어졌다 해도 그 정치자금으로서의 성격을 인정함에 지장이 되지 아니한다(대법원 2009. 2. 26. 선고 2008도10422 판결).

⑬ 정치컨설팅 대가 수수

> 구청장 당선과 정당의 구청장 후보 공천과 관련하여 정치컨설팅 등을 받은 대가로 지급한 돈은 설령 선거비용에 해당하지 않는다 하더라도 예비후보자의 정치활동을 위하여 소요된 비용으로 정치자금에 해당한다(대법원 2007. 11. 15. 선고 2007도4721 판결).

⑭ 정당의 기관지 구독료 입금 계좌에 입금된 돈

> 정당의 기관지 구독료가 입금되는 계좌에 대하여, 피고인은 '정당 회계와 기관지 회계가 독립채산제로 운영되어 왔으므로 선관위에 신고해야 할 계좌에 해당되지 않는다'고 주장한 사건에서, 위 계좌에 입금된 돈이 '그 밖의 정치활동을 위하여 정당 등에 제공되는 금전'에 해당하여 정치자금이므로 위 계좌는 선관위에 신고해야 한다(대법원 2014. 6. 12. 선고 2014도1894 판결).

⑮ 포럼 등 정치적 기반 조성 활동 관련 정치자금 수수

> - 공직선거에 출마하려는 정치인의 정치적 기반을 다지기 위한 목적으로 설립되어 활동한 포럼은 구 정치자금법 제3조 제1호에서 열거된 사람 단체에 준하여 '그 밖에 정치활동을 하는 자'에 해당하고, 이러한 포럼활동을 위해 불특정 다수로부터 받은 특별회비 명목의 금품은 정치자금에 해당한다(대법원 2017. 11. 14. 선고 2017도3449 판결).
> - 피고인 B(제20대 국회의원선거 후보자)는 2015. 8. 13.부터 2015. 9. 21.까지 피고인 C 등으로부터 정

책세미나 개최비용에 충당하기 위하여 ☆☆포럼 회비 계좌로 합계 700만원을 송금받고, 피고인 C, D, F, G, H, I는 그중 합계 390만원을 입금함으로써 각 정치자금법에서 정하지 아니한 방법으로 정치자금을 기부받거나 기부하였다(대법원 2018. 6. 11. 선고 2017도10724 판결).

※ 이 사건 정책세미나 개최비용 명목으로 이 사건 포럼 회비 계좌에 입금된 돈은 실질적으로 피고인 B에게 귀속되었다고 볼 것임. 즉, ① 이 사건 포럼 회원들 중 극히 소수 위원들만이 이 사건 정책세미나 개최비용 명목의 돈을 입금하였고, 위와 같이 입금된 돈은 이 사건 포럼 회비 계좌의 다른 회비와 혼합되지 않고 모두 위 정책세미나 개최비용으로만 사용된 것으로 보임. ② 이 사건 포럼 회원이 아님에도 피고인 B와의 친분으로 돈을 입금한 사람도 있다는 점에 비추어 보면, 이 사건 정책세미나 개최비용이 이 사건 포럼 회비 계좌로 입금되었다는 형식만을 이유로 이를 다른 회비처럼 이 사건 포럼에 귀속되었다고 보기는 어려움.

- 피고인들과 김●● 등은 선거인의 관점에서 선거운동에 해당되는 행위를 하지 않았고 선거운동을 위한 유사기관을 설치하지는 않았지만, 피고인 설○○ 등은 내부적으로 선거운동을 염두에 두고 피고인 설○○의 인지도와 긍정적 이미지 제고 등을 도모할 목적으로 H지회를 설립하고, 피고인들 및 김●● 등은 그 목적 달성을 위한 활동을 하였음이 명백하고, 피고인 설○○과 김●●이 피고인 구◐◐ 등에게 제공한 금품은 비록 선거운동의 대가라고 볼 수는 없지만, 피고인 설○○의 공직선거 출마와 당선과 관련된 정치활동과 관련하여 선거운동에 즈음하여 또는 선거운동에 관한사항을 동기로 하여 제공한 금품이고, 김●●이 H지회 사무실을 운영하면서 지출한 돈은 피고인 설○○의 선거 당선 및 정치인으로서의 인지도와 지지도 향상 등 각종 정치활동을 지원하기 위한 돈으로 보는 것이 타당하다(대법원 2018. 7. 20. 선고 2018도6604 판결).
- 제19대 대통령선거에서 □□당 경선 후보인 ○○○을 지지하고 이후 계속적인 활동을 통해 대선 승리를 목적으로 활동하기로 결의하여 결성한 사조직은 정치자금법 제3조 제1호 바목의 "그 밖에 정치활동을 하는 사람"에 해당하고, 그 사조직이 받은 회비는 같은 호 사목의 정치활동에 소요되는 비용에 해당한다(서울고등법원 2019. 1. 17. 선고 2018노2067 판결, 대법원 2019. 7. 4. 선고 2019도1441 판결).

⑯ 지방선거 낙선 후 정당 복당하여 자신이 지지하는 국회의원 출마자를 위한 선거운동

지방선거에서 무소속 후보자로 낙선한 후 정당에 복당하여 지역에서 활동하며 자신이 지지하는 국회의원 출마자의 선거운동에 참여하는 것은 모두 권력획득을 둘러싼 투쟁의 일환으로서 '정치활동'에 해당한다(대법원 2019. 10. 31. 선고 2019도12196 판결).

⑰ 선거사무소 개소 축하 명목으로 현금 수수

- B1, B2가 피고인 A에게 돈을 교부하게 된 경위, 돈이 교부된 시기와 장소, 교부받은 돈의 사용처 등에 비추어 볼 때 b1, b2는 피고인 A의 정치활동을 응원하면서 피고인 A가 선거사무소를 운영하는 과정에서 발생하는 경비에 충당될 것을 당연히 예상하고 위 돈을 교부한 것으로 보이고, 피고인 A 역시 이를 정치

활동을 하는 데 필요한 비용에 충당한 것으로 보인다는 이유로, 피고인 A가 수수한 300,000원이 정치자금에 해당한다고 판단하였다. 원심 판결과 이유를 기록과 대조하여 살펴보면 원심의 판단은 정당하므로, 피고인 A의 이 부분 주장도 이유 없다.

- 화환이나 화분은 의례적인 축하의 수단으로 널리 활용되고 그 용도가 고정되어 있다. 반면에 축하의 수단으로 지급받은 현금은 당초 현금을 지급하는 사람이 축하의 목적으로 교부하는 측면이 있다고 하더라도 정치활동을 위하여 현금을 지급받는 사람의 입장에서는 정치자금이라고 보아야 한다.

- 현금을 지급하는 사람이 축하의 목적으로 교부하는 측면이 있다고 하더라도, 현금을 지급하는 사람의 의사와 그 금액이 소액이라는 등의 이유로, 본인의 정치활동을 위하여 현금을 지급받는 것을 사회상규에 반하지 않는다고 볼 경우, 이는 정치자금의 적정한 제공을 보장하고 그 수입과 지출내역을 공개하여 투명성을 확보하며 정치자금과 관련한 부정을 방지함으로써 민주정치의 건전한 발전에 기여한다는 정치자금법의 입법목적에 반하고, 지방자치단체장 선거의 후보자, 예비후보자 등이 후원회를 통하여만 정치자금을 지급받을 수 있도록 하고 있는 정치자금법의 관련 규정(정치자금법 제2조 제1항, 제3조 제4호, 제7호, 제6조, 제10조 제1항, 제2항 참조)을 잠탈할 수 있다(부산고등법원 2021. 4. 14. 선고 2020노609 판결, 대법원 2021. 8. 19. 선고 2021도5008 판결 시 2심 판결유지).

⑱ 지방의원이 부담해야 할 의회공통운영비 명목의 돈을 의회사무처 시간선택제임기제공무원으로 하여금 대납

피고인은 2018. 6. 13. 실시된 제7회 전국동시지방선거에서 甲당 소속 비례대표□□□□ 시의회의원에 당선된 사람이고, B는 2018. 11. 16.부터 2019. 11. 15.까지 □□□□ 시의회사무처 소속 시간선택제 임기제공무원으로 임용되어 피고인의 의정활동 등의 업무를 보조하는 사람이다.

□□□□ 시의회의원들은 2018. 9.경 □□□□ 시의회사무처 소속 시간선택제 임기제공무원 14명을 시의원 14명에게 배정하여 의정활동 등을 보조하도록 하고, 임기제공무원을 배정받지 못한 의원 5명에 대하여는 개인적으로 보좌관을 고용하되 임기제공무원을 배정받은 시의원들이 의회공통운영비 명목으로 매월 80만원을 갹출하여 임기제공무원을 배정받지 못한 의원들의 보좌관에 대한 급여를 지급해주기로 합의하였고, 그에 따라 피고인은 위 B를 배정받았으므로 □□□□ 시의회의원으로서 정치활동에 소요되는 의회공통운영비 80만원을 매월 부담해야 했다.

피고인은 자신이 C의원에게 지급하여야 할 의회공통운영비 명목의 돈을 B로 하여금 대납하게 하였는바, 위와 같은 행위의 실질은 피고인이 B로부터 급여 중 80만원을 기부받아 C의원에게 의회공통운영비 명목으로 지급한 것으로서, 피고인과 B 사이의 관계, 대납을 하게 된 경위, 대납된 돈이 의회공통운영비 명목인 점 등에 비추어 보면, 피고인이 B로부터 기부받은 돈은 피고인의 정치활동을 위하여 제공된 금전, 즉 정치자금으로 보는 것이 타당하다(광주지방법원 2022. 2. 15. 선고 2020노3309 판결).

⑲ 후보자가 되려는 사람의 정치활동을 위해 차량 및 운전노무 제공한 것은 공직선거법에서 허용하는 '자원봉사' 또는 공직선거법 제58조 제2항에 정해진 '선거운동의 자유'로 볼 수 없고, 불법정치자금 기부에 해당

피고인은 2019. 6.경 김○○으로부터 선거운동을 하기 위한 운전 수행을 제공해달라는 부탁을 받고 이를 수락하여, 2019. 7. 16.경 피고인 소유의 승용차를 운전하여 김○○을 태우고 경주시 □□에 있는 김○○의 주거지에서부터 서울 영등포구 ◇◇에 있는 丙당 중앙당 당사까지 이동하도록 한 것을 비롯하여 그 무렵부터 2020. 1. 8.경까지의 기간 동안 별지 범죄일람표 기재와 같이 총 42회에 걸쳐 김○○의 정치활동을 위해 이동하면서 김○○에게 운전노무 및 위 승용차의 이용을 제공하였다.

이로써 피고인은 정치자금법에 정하지 아니한 방법으로 금액 불상 교통비 상당의 정치자금을 기부하였다(대구지방법원 경주지원 2021. 11. 4. 선고 2020고합52-2 판결, 대구고등법원 2022. 2. 10. 선고 2021노492 판결, 대법원 2022. 6. 30. 선고 2021도13981 판결).

- 이 사건 기록에 의하면, 김○○이 제21대 국회의원선거에서 후보자가 되려는 사람으로서 '정치활동을 하는 사람'에 해당하는 사실, 피고인이 김○○에게 제공한 차량 및 운전노무는 '물건이나 비용' 또는 '그 밖의 이익'으로서 정치자금법에서 정한 기부의 대상이 되기에 충분한 사실, 나아가 위 차량 및 운전노무가 김○○의 인지도 향상 등 당선에 필요하거나 유리한 활동에 사용되었으므로 '정치활동을 위하여' 제공·사용된 사실이 인정된다.

- 피고인은 위 차량 및 운전노무는 선거운동 자원봉사자로서 제공한 자원봉사활동의 결과에 불과하여 정치자금으로 볼 수 없다고 다투고 있다. 그러나 다음과 같은 사정을 종합하면, 위 차량 및 운전노무는 공직선거법에서 허용하는 자원봉사 등에 해당한다고 볼 수 없으므로, 피고인의 위 주장은 받아들일 수 없다.

■ 공직선거법은 자원봉사의 의미나 조건, 범위나 효과에 관하여 별도의 규정을 두고 있지 않다. 다만 공직선거법 제58조 제1항은, 선거운동이란 각 호의 예외사유를 제외하고 당선되거나 되게 하거나 되지 못하게 하기 위한 모든 행위를 말한다고 하고, 제2항은 그 법 또는 다른 법률의 규정에 의하여 금지 또는 제한된 경우가 아닌 한 누구든지 자유롭게 선거운동을 할 수 있다고 규정하여 선거운동의 자유를 용인하고 있을 뿐이다.

이러한 관계 법규의 취지에 의하면, 일정한 대가의 지급이 허용되는 '선거사무관계자(공직선거법 제62조 참조)'와 구별하여 아무런 대가 없이 특정 후보자에게 유리하도록 선거운동을 하는 사람을 일반적으로 '선거운동 자원봉사자'라고 호칭하고 있으나, 이러한 '선거운동 자원봉사자'는 어디까지나 공직선거법에 정해진 '선거운동'을 하는 사람을 의미할 뿐이고, 선거운동과 직접적인 관련 없이 오로지 후보자의 당선을 돕기 위한 방편으로 선거에 필요한 금품이나 비용을 제공·지원하는 사람은 여기에 해당한다고 볼 수 없다.

■ 대법원 역시, 선거운동 자원봉사자란 대가 없이 자발적으로 '선거운동'을 하는 사람을 말한다고 해석하고 있다(대법원 1996. 11. 29. 선고 96도500 판결). 이에 따라 공개장소 연설·대담 장소에서 자원봉사자가 자발적으로 로고송을 함께 부르거나 단체율동을 하는 것은 불법선거운동에 해당하지 않는다고 판시한 적

이 있을 뿐, 선거운동에 필요한 금품이나 노무·시설을 대상으로 하는 선거운동 자원봉사를 인정한 사례는 쉽게 찾아볼 수 없다.

■ 정치자금법의 목적이 '정치자금의 적정한 제공을 보장하고 그 수입과 지출내역을 공개하여 투명성을 확보하며 정치자금과 관련한 부정을 방지'하는 데 있으므로(정치자금법 제1조), 선거운동에 소요되는 물품이나 시설은 물론이고, 청소·운전·손님접대·수행 등 선거사무 보조업무나 그 비용 역시 정치자금법에 의하여 규율됨이 마땅하다. 그런데도 앞서 본 물품이나 노무를 '자원봉사' 또는 공직선거법 제58조 제2항에 정해진 '선거운동의 자유'에 포함시킴으로써 정치자금법의 규율대상에서 제외시킨다면, 이는 명확한 근거 없이 정치자금법의 회피를 허용하여 법률의 존재를 무색하게 만드는 결과로 된다.

■ 차량의 종류나 사용기간·사용횟수, 운행시간과 거리 등에 비추어, 피고인이 제공한 차량 및 운전노무는 통상적인 임차비용 및 가사노임으로 환산할 경우 그 가치가 상당한 수준에 이를 것으로 보이고, 여기에 그 제공된 시기적·장소적 특성, 피고인과 김○○의 관계, 피고인이 입은 실질적인 불이익 등의 사정까지 더해보면, 위와 같은 수수행위가 정상적인 생활행태 또는 역사적으로 생성된 사회질서의 범위에 속하는 것으로서 '사회상규에 위배되지 않는 행위(형법 제20조)'에 해당한다고 보기도 어렵다.

다. '정치활동을 위한 자금'에 해당되지 않는 사례

① 제3자의 정치활동을 위하여 제공된 금품 수수

제4회 지방선거에서 군수로 당선된 피고인 A와 B가 국회의원선거에 출마한 이○○ 국회의원의 아들 C로부터 이○○ 국회의원 후보자의 당선을 위해 도와달라는 부탁과 함께 교부받은 금전에 대하여 돈을 받은 피고인 A, B 본인의 정치활동을 위하여 소요되는 경비로 지출될 것임이 객관적으로 명확히 예상되는 것이라고 볼 수 없으므로 A, B의 정치자금으로 받은 것으로 볼 수 없다(대법원 2011. 11. 24. 선고 2011도12716 판결).

② 국회의원 동생의 부채변제 경비 명목으로 금품 제공

수수된 금품이 정치활동을 위하여 제공되는 것으로서 정치자금에 해당하기 위하여는 이를 제공받은 국회의원 등이 정당운영비, 선거관계비용 등 정치활동을 위한 경비로 지출할 것임이 객관적으로 명확히 예상할 수 있는 것만으로 보아야 하고, 당초부터 그 금품이 뇌물로 수수되거나 사적 경비 또는 위 법률에서 규정하고 있는 용도 이외로 사용될 것이 예상되는 경우는 정치자금이라고 볼 수 없다(광주고등법원 2000. 3. 22. 선고 99노3 판결).

③ 채무변제 행위

채무변제 행위는 원칙적으로 정치활동이라고 볼 수 없고, 비록 정치활동을 하는 자가 기존에 차용한 정치자금 변제를 위한 자금을 타인으로부터 제공받았다고 하더라도, 그 채무변제 행위를 정치권력의 획득·유지를 위한 직접적인 활동이라고 할 수 없으므로, 그 제공받은 돈을 정치자금이라 할 수 없다(광주지방법원 2019. 7. 25. 선고 2019노438 판결, 대법원 2019. 10. 31. 선고 2019도11887 판결 시 확정.

 ※ '피고인 고○○가 2014. 6. 4. ○○군수에 당선된 후 양○○을 통하여 선거자금을 제공받은 것이 지역사회에 소문나자 문제될 것임을 염려하여 박○○으로부터 1억원을 무상 기부받아 양○○으로 하여금 A에게 변제하게 하였다'는 내용으로 기소된 사안에서, 피고인 고○○가 양○○을 통하여 정치자금을 조달한 것이 지역사회에 소문이 났다 하더라도 그와 같은 소문이 피고인 고○○에게 다소간 불명예스러운 결과를 초래할 뿐 이로 인하여 피고인 고○○가 군수직을 상실한다거나 군수로서의 정치권력 유지에 지장을 초래하는 것은 아니라고 볼 것이므로 따라서 그와 같은 소문에 따른 문제를 방지하기 위해 이미 차용했던 정치자금을 변제하는 것이 피고인 고○○의 정치권력 유지에 영향을 미쳤다고 보기 어렵고, 설사 정치권력 유지에 간접적인 영향을 미쳤다고 하더라도 정치자금법 제3조 1호 소정의 '정치자금'의 의미를 위와 같은 경우에까지 확대 해석할 것은 아님. 이러한 측면에서도 공소사실 기재 1억원을 정치자금이라고 볼 수는 없다 하여 무죄 확정됨.

 ※ 피고인 고○○가 '최□□으로부터 차용금에 대한 담보' 및 '근저당권 채무명의와 각서'를 무상으로 받은 것으로 정치자금으로 보아 유죄로 인정함.

④ 국회의원선거 출마 전부터 정기적으로 지급받은 고문료

피고인에 대한 고문료 지급은 고문으로서의 역할 등에 따라 이루어진 것이라고 할 수 있고, 고문료를 수수하는 과정에서 피고인의 정치활동과 관련된 것이라는 내용을 언급하거나 그러한 인식을 암묵적으로 공유하였던 것으로 보이지 않고, 이는 피고인이 국회의원선거 출마와 당선 후에도 마찬가지였던 것으로 보이므로, 피고인의 국회의원선거 출마와 당선이라는 우연한 사정으로 인하여 전후 지급된 금원의 성격이 서로 달라진다고 할 수 없다(대법원 2015. 12. 24. 선고 2015도15250 판결).

⑤ 구청장이 국회의원에게 사적 여행경비 제공

친목도모를 위하여 부부 동반으로 진행되었고 구체적인 방문 일정도 관광과 관람 등으로 구성되어 있을 뿐 통일정책개발이나 통일정책연구 등 위 연구회 본연의 정치적 목적을 위한 일정은 포함되어 있지 아니하므로 다른 국회의원들과 함께 갔다는 사실만으로 위 금강산 방문이 정치활동에 해당한다고 보기 어렵고 위 금강산 방문의 경비 명목으로 받은 돈을 정치자금으로 볼 수 없다(대법원 2007. 5. 31. 선고 2007도1720 판결).

⑥ 공무상 출장시 여행경비 수수

시의원들이 공무상 해외 출장에 시의회 부의장으로부터 여행경비 명목으로 각각 20만원씩 수수한 사건에서, 위 출장이 공무상 출장 성격 이외에 정치활동으로서의 성격이 없고 관례에 따라 격려금 성격으로 제공하였다면 정치활동을 위한 것으로 볼 수 없다(대법원 2013. 11. 14. 선고 2013도10867 판결).

⑦ 국회의원이 분양대행업체 대표로부터 기부받은 안마의자와 시계

고가의 시계를 착용하여 정치인으로서의 긍정적인 이미지를 형성하거나 안마의자를 사용하여 피로를 풀고 건강을 회복하는 것까지 '정치활동'에 해당한다고 보기 어렵다는 점에서 이 사건 안마의자 1개와 시계 2개는 정치활동에 사용될 것이 객관적으로 명확히 예상된다고 볼 수 없으므로, 안마의자 1개와 시계 2개에 관한 각 정치자금법위반의 점은 모두 무죄이다(대법원 2016. 7. 29. 선고 2016도5596 판결).

※ 국회의원 등 전업정치인의 경우 그 사회적 활동이 직·간접적으로 정치활동과 관련될 개연성이 상대적으로 높기는 하나, 그의 모든 사회적 활동을 정치활동과 당연히 결부시킬 수는 없고, 순수한 사적인 영역에 해당하는 활동도 엄연히 존재할 것이므로, 전업정치인이 정치자금법위반의 공소사실로 기소된 사안에서 피고인에게 사적인 생활 영역이 전혀 존재하지 않음을 전제로 하여 판단하여야 할 합리적인 이유도 없음. 그러므로 국회의원 등 전업정치인이 상당한 정도의 환가성이 있는 물건을 제공받았다는 사정만으로 곧바로 해당 정치인이 정치자금을 제공받았다고 단정할 수는 없다.

※ 한편, 추석 명절인사 명목으로 화장품 파우치, 쇼핑백, 대봉투로 재포장된 현금 수수와 자녀 결혼식 축의금 명목으로 현금 1억원을 제공받아 구체적 사용처가 확인 불가능한 방법으로 다른 정치자금과 함께 사용하였더라도 정치자금으로 인정되어 유죄됨.

⑧ 단체 구성원 처우 개선에 대한 감사 기념품

단체 구성원의 처우 개선을 위해 노력한 것에 대한 감사의 마음을 전하기 위해 교부된 시가 200만원 상당의 행운의 열쇠를 국회의원이 수령하였다면 그 행운의 열쇠는 기념품에 불과할 뿐 정치자금으로 볼 수 없다(서울고등법원 2013. 11. 7. 선고 2011노2907 판결).

⑨ 출마포기 대가

- 정치활동은 권력의 '획득' 및 '유지'를 의미하는바, 출마포기 자체는 그와 반대되는 의사에 기한 것으로, 권력의 '획득'이나 '유지'가 의미하는 범위에 포함되지 않음이 명백하다.

- 정치자금법에서 금지하는 행위는 정치활동을 '위하여' 금원을 수수하는 행위이지, 정치활동의 '대가'로 금원을 수수하는 행위가 아니다. 따라서 어떠한 금원이 그 대가와 무관하게 정치활동이 아닌 다른 용도로 교부되었다면 이는 정치활동을 '위하여' 교부된 것이라 할 수 없다. 예를 들어, 선거운동이 정치활동에 해

당함은 명백하다고 할 것인데, 선거운동을 돕는 직원 등을 대상으로 지급되는 보수는 결국 선거운동에 대한 대가이므로 정치활동에 대한 대가라 할 수 있다. 검사가 주장하는 바와 같이 '정치활동의 대가'로 지급되는 금원을 '정치활동을 위하여' 지급되는 금원에 해당한다고 해석하는 경우, 위와 같은 보수도 정치자금에 해당한다는 결론에 이르러 부당하다(정치자금법 제3조 제1호는 정치자금의 수수 대상에 유급사무직원 등을 포함하고 있음).

- 일반적으로 출마포기는 다른 후보의 당선이나 지지를 의미하거나 자신의 정책을 반영해 달라는 의사를 포함하고, 이는 정치활동에 해당할 여지가 있다. 그러나 앞서 본 바와 같이 정치자금은 그러한 정치활동을 위하여 제공되는 금원이어야 한다. 출마를 포기하는 대가로 지급받은 금원이 타 후보의 당선이나 자신의 정책 반영을 위하여 제공된 것이 아니라면, 설령 그러한 의사로 금원을 제공받았다 하더라도 이는 정치자금이라 할 수 없다.

- 출마포기를 대가로 지급된 금원이 선거비용 보전 명목을 포함하고 있다 하더라도, 해당 금원은 출마를 포기한 측의 선거비용에 사용되는 것이 아니므로 이를 정치활동에 제공되는 것이라 할 수 없다. 또한 이미 지출한 선거비용을 보전해 주는 행위 자체는 경제적 지원에 다름 아니어서, 해당 금원은 사적 경비의 범위를 벗어나지 않는다(서울북부지방법원 2020. 2. 14. 선고 2019노1545 판결).

⑩ 후보자의 친형이 후보자의 선거비용을 위해 마련한 돈을 선거운동경비로 사용한 행위

원심 및 당심에서 적법하게 채택하여 조사한 증거들에 의하여 알 수 있는 다음과 같은 사정들을 종합하면, F가 받은 1억 3,000만원이 '본인 또는 본인이 속한 단체의 정치활동을 위해 받은 자금'에 해당한다고 보기 어렵다. 한편 1억 3,000만원은 G의 친형인 피고인 A가 G의 선거비용을 위해 마련한 돈으로 정치자금법 제45조 제1항 후문의 취지에 따르면 G가 직접 선거비용을 마련한 경우와 달리 볼 이유가 없는데, G 선거캠프에서 F에게 선거운동을 요청하며 그 비용을 사용하게 하는 것까지 정치자금을 기부하는 것으로 본다면 선거비용을 사용하는 행위조차 정치자금법위반으로 처벌받는 부당한 결론에 이르게 되고, '기부'의 통상적인 의미와도 맞지 않다.

- 위 피고인들과 M 등은 F에게 1억 3,000만원을 줄 당시 그 제공 목적이 G의 선거운동을 위해 동원되는 사람들의 교통비와 식비, 활동비 등을 위해 사용하려는 것이었다고 일치되는 진술을 한 점, H는 검찰 조사에서 '당시 자신은 G의 선거운동을 도왔는데, F도 이를 도왔으며 F가 마을을 돌며 G 지지를 호소할 때 소요된 비용 부분에 관하여는 누가 부담했는지 모르겠다'고 진술한 점 등에 비추어 볼 때 F가 받은 1억 3,000만원은 G의 선거운동 등을 하는 데 경비로 사용하라는 명목이었고, 실제로 선거운동 비용으로 사용된 것으로 보인다.

- G의 선거운동을 돕는 것이 F 자신의 정치활동인지 보건대, F가 선거에 출마하려고 했다거나 정당, 공직선거, 후원회와 직접 관련된 활동을 주로 하는 사람이 아님은 앞서 본 바와 같고, G의 선거운동을 도와 자신의 정치적 영향력을 확대하려고 했다거나 장래에 선거에 출마했을 때 도움이 될 것이라는 구체적인 계

획을 가지고 G를 도왔다고 볼 만한 증거도 발견되지 않는다.

- G의 선거운동을 돕는 것이 F가 지원했던 H의 정치활동을 위한 것인지 따져보더라도, H는 당시 당내경선에서 패하고 해단식까지 한 상태여서 더 이상 H를 위해 할 수 있는 정치활동이 없었고, H는 정계은퇴를 선언하여 현재까지도 아무런 정치활동을 하지 않고 있다. F가 받은 1억 3,000만원이 H의 경선자금을 보전해주는 대가로 전해졌다고 볼 만한 증거도 없다.

- H가 G의 선거캠프 고문을 맡거나 지지발언을 한 사실은 있으나 이미 H가 정계은퇴를 공식적으로 선언한 이후이고 정치경력을 토대로 한 사실상의 영향력을 발휘할 수 있었다고 할지라도 이를 H의 정치활동으로 보기도 어렵다.

- 이 사건 공소사실 자체도 피고인 A 등 G 선거캠프 측이 H측 조직에 'G에 대한 지지 대가 및 G의 선거운동을 위한 조직활동비 등 명목으로' 불법 정치자금을 제공하기로 공모하였다고 하여 위 1억 3,000만원이 G에 대한 지지 대가 및 G의 선거운동을 위한 조직활동비에 해당한다고 보고 있다. 따라서 F가 1억 3,000만원을 받은 것을 정치자금을 기부받은 것으로 볼 수 없고, 이 부분을 지적하는 피고인 A, B, C의 주장은 이유 있다.

이 부분 공소사실의 요지는 범죄사실의 증명이 없는 때에 해당하여 형사소송법 제325조 후단에 따라 무죄를 선고한 원심의 판결은 정당하다(전주지방법원 2021. 2. 16. 선고 2020노1193 판결, 대법원 2021. 6. 24. 선고 2021도3624 판결).

4. 금전 등 일체

정치자금에 해당하기 위해서는 금전이나 유가증권 그 밖의 물건이어야 한다.

'금전'이라 함은 재화 교환의 매개물로서 국가에 의하여 강제통용력을 가지는 화폐를 의미하는바, 정치자금과 관련한 부정을 방지하고 이를 포괄적으로 규제하기 위한 정치자금법의 취지에 비추어 이때의 화폐에는 국내에서 일반적으로 환전가능한 외국의 통화도 포함된다고 볼 것이다.[23]

'유가증권'이라 함은 재산적 가치가 있는 사권을 표창(表彰)하는 증권으로 증권상의 권리의 행사와 처분에 그 증권의 점유를 필요로 하는 것을 총칭하는 것을 말하고(대법원 1998. 2. 27. 선고 97도2483 판결 참조). 상품증권·신용증권·자본증권으로 분류될 수 있다. 상품증권은 운송 중이거나 창고에 보관 중인 화물의 청구를 표시하는 화물 대표 증권으로 증권의 소유와 양도는 상품 그 자체의 소유 또는 양도와 같은 효력을 가진다. 창고증권(倉庫證券)·선하증권

---

23) 서울고등법원 2010. 1. 8. 선고 2009노2434 판결과 대법원 2010. 10. 14. 선고 2010도1380 판결은 미국 달러화(복당하여 상임고문으로 취임한 후 수수한 금원)를 수수한 행위에 대하여 정치자금법 위반으로 처벌하고 있다.

(船荷證券)·화물인환증(貨物引換證) 등이 있다. 신용증권은 거래의 유통수단으로 사용함으로써 화폐를 대용할 수 있는 증권으로 약속어음·환어음·수표 등이 이에 해당된다. 이들은 모두 일정한 기한에 화폐를 청구할 수 있는 증서로 주로 지급결제의 수단으로 이용된다. 자본증권은 이자 또는 이윤을 목적으로 투자한 금액을 표시한 유가증권으로 상품증권보다 환금성이 높아 거래가 활발하고 배당이나 이자를 청구할 수 있는 수익증권이다. 주권·공채증서·사채권·금융채권 등이 이에 해당된다.[24]

'그 밖의 물건'이라 함은 금전, 유가증권과의 관계상 재산적 가치가 있어야 하는 것은 명백하나, '물건'과 관련하여 유체물에 제한되고 재산상 이익은 포함되지 아니하는지가 문제된다. 생각건대 일반적으로 물건이라 함은 유체물에 제한되고 권리의 취득과 같은 재산상 이익 등의 무체물은 포함되지 않을 것이나, 제2호에서 기부행위의 목적물에 채무의 면제·경감 그 밖의 이익을 포함하고 있는 점에 비추어 본 호의 '물건'은 사회통념상 정치활동에 소요되는 비용을 충당할 수 있을 것으로 인정되는 '재산상 이익'이라고 보아야 할 것이다. 그러나 이러한 해석은 '물건'의 어의적 한계를 벗어난다는 비판이 있을 수 있다. 정치자금법에서 정의하는 정치자금에는 정치활동을 하는 자의 정치활동에 소요되는 비용이 포함되므로 기부의 대상이 되는 객체가 본 호의 물건에 해당하는지 분명하지 않는 경우에는 그 기부의 대상이 되는 객체가 정치자금에 포함된다는 근거를 보충적으로 '정치활동에 소요되는 비용'이라는 측면에서 구할 수 있을 것이다. 즉 '비용'의 사전적 의미에 따르면 정치활동에 쓰인 '돈'을 의미한다고 할 것이나, 본 호에서 별도로 금전을 명시하고 있고 제2호 기부의 정의에서 채무의 면제·경감 그 밖의 이익을 제공하는 행위를 포함하고 있는 점에 비추어, 사회통념상 정치활동에 소요되는 비용을 충당할 수 있을 것으로 인정되는 '재산상 이익'도 기부의 대상이 되는 정치자금에 해당하는 것으로 볼 수 있을 것이다.[25]

가상자산은 '그 밖의 물건'에 포함될 수 있다.

가상자산은 국가에 의해 통제받지 않고 블록체인 등 암호화된 분산원장에 의하여 부여된 경제적인 가치가 디지털로 표상된 정보로서 재산상 이익에 해당한다.[26] 「가상자산 이용자 보호 등에 관한 법률」[27] 제2조에서 가상자산을 '경제적 가치를 지닌 것으로서 전자적으

---

24) 한국민족문화대백과사전, https://encykorea.aks.ac.kr/Article/.
25) 중앙선거관리위원회. 정당법·정치자금법 축조해설(2016), 333면.
26) 가상자산은 보관되었던 전자지갑의 주소만을 확인할 수 있을 뿐 그 주소를 사용하는 사람의 인적사항을 알 수 없고, 거래 내역이 분산 기록되어 있어 다른 계좌로 보낼 때 당사자 이외의 다른 사람이 참여해야 하는 등 일반적인 자산과는 구별되는 특징이 있다(대법원 2021. 11. 11. 선고 2021도9855 판결).
   이와 같은 가상자산에 대해서는 현재까지 관련 법률에 따라 법정화폐에 준하는 규제가 이루어지지 않는 등 법정화폐와 동일하게 취급되고 있지 않고 그 거래에 위험이 수반되므로, 형법을 적용하면서 법정화폐와 동일하게 보호해야 하는 것은 아니다(대법원 2021. 12. 16. 선고 2020도9789 판결).
27) 법률 제19563호, 2023. 7. 18. 제정되었고, 시행일은 2024. 7. 19.이다.

로 거래 또는 이전될 수 있는 전자적 증표'로 정의하고 하면서 가상자산에 포함되지 아니하는 예외 사항들을 규정하고 있다. 가상자산에 대한 정의 규정은 「특정 금융거래정보의 보고 및 이용 등에 관한 법률」과 동일하지만, '한국은행이 발행하는 전자적 형태의 화폐 및 그와 관련된 서비스'를 가상자산에서 추가적으로 제외하고 있다.

비트코인과 같은 가상화폐도 사회통념상 경제적 가치가 인정되는 이익 일반을 의미하고 '자연인 또는 법인이 교환수단으로 사용하는 경제적인 가치의 디지털표상으로 그 경제적인 가치가 전자적으로 이전, 저장 또는 거래될 수 있는 것'으로 이해되고, 가상화폐는 "범죄수익은닉의 규제 및 처벌 등에 관한 법률"에서 규정하고 있는 "재산"에 해당한다.[28]

한편, 2023. 6. 13. 「공직자윤리법」을 개정하여 가상자산을 등록대상재산에 추가하고, 재산공개대상자는 재산변동 신고 시 가상자산의 거래 내역을 신고하도록 하며, 가상자산 관련 업무 수행자의 가상자산 보유를 각 기관별로 제한할 수 있는 근거규정을 두었다. 공직선거에서 후보자등록시 등록대상재산에 관한 신고서에 가상자산 포함하여 신고를 하여야 한다.

선임권자의 재산은 선임권자 본인의 소유 재산이므로, 이를 회계책임자를 통해 정치자금으로 수입처리하여 사용하더라도 선임권자 본인이 사용하는 것이므로 기부행위는 성립되지 않는다. '차입금'은 정치활동을 하는 자의 소극재산(채무)이므로 선임권자 본인의 재산과 같은 취지에서 당연히 허용되나,[29] 금전의 무상대여는 제3조 제2호의 기부행위로 간주되므로

---

28) 비트코인의 경우, ① 예정된 발행량이 정해져 있고 P2P 네트워크 및 블록체인 기술에 의하여 그 생성, 보관, 거래가 공인되는 가상화폐로서, 무한정 생성·복제·거래될 수 있는 디지털 데이터와는 차별화되는 점, ② 온라인 게임업체가 발급하는 것으로 온라인 게임상에서 게임 아이템을 거래하는 데 사용하는 '게임머니'도 '재산적 가치가 있는 모든 유체물과 무체물'을 의미하는 구 부가가치세법상의 '재화'에 해당한다고 할 것이므로(대법원 2012. 4. 13. 선고 2011두30281 판결 참조), 물리적 실체가 없이 전자화된 파일의 형태로 되어 있다는 사정만으로 재산적 가치가 인정되지 않는다고 단정할 수 없는 점, ③ 수사기관은 피고인이 진술한 전자지갑의 주소 및 '비밀키'를 근거로 피고인이 보유하고 있던 비트코인을 특정한 다음, 위 비트코인을 수사기관이 생성한 전자지갑에 이체하여 보관하는 방법으로 압수하였고, 위와 같은 이체기록이 블록체인을 통해 공시되어 있으므로, 비트코인의 블록체인 정보가 10분마다 갱신된다는 점만으로는 압수된 비트코인의 동일성이 상실되었다고 보기 어려운 점, ④ 현재 비트코인은 거래소를 통해 일정한 교환비율에 따라 법정화폐로 환전하는 것이 가능하고, 법정화폐 대신 비트코인을 지급수단으로 인정하는 비트코인 가맹점이 존재하는 등 현실적으로 비트코인에 일정한 경제적 가치를 부여하는 것을 전제로 하는 다양한 경제활동이 이루어지고 있는 점, ⑤ 미국 뉴욕지방법원이 2014년경 마약 밀거래 사이트인 '실크로드'의 서버에서 위 사이트의 운영을 통해 취득한 것으로 확인된 144,000비트코인을 몰수하여 경매를 통해 환가 처분한 다음 국고로 귀속하였던 사례가 있고, 그 밖에 독일, 호주, 프랑스 등 여러 나라에서 비트코인을 몰수한 사례가 보고되고 있는 점, ⑥ 피고인도 이 사건 음란사이트를 운영하면서 회원들부터 비트코인을 지급받는 대신 회원들에게 해당 비트코인의 가치에 상응하는 포인트를 지급함으로써 이 사건 음란사 이트를 이용할 수 있도록 하고, 회원들로부터 취득한 비트코인 중 일부를 현금으로 환전하여 상당한 수익을 얻었던 점, ⑦ 압수된 비트코인을 몰수하지 않은 채 피고인에게 환부하는 것은, 사실상 피고인으로 하여금 이 사건 음란사이트 운영을 통해 얻은 이익을 그대로 보유하게 하는 것인바, 이는 앞서 살펴본 범죄수익은닉의 규제 및 처벌 등에 관한 법률의 제정취지에 비추어 보더라도 매우 불합리한 점 등을 종합하면, 이 사건에서 압수된 비트코인은 '범죄수익은닉의 규제 및 처벌 등에 관한 법률'에서 규정하고 있는 '재산'에 해당하여 몰수의 대상이 된다고 봄이 상당하다(수원지방법원 2018. 1. 30. 선고 2017노7120 판결).

29) 선임권자가 차입한 금원은 선임권자의 재산에 포함되어 정치자금의 수입으로 되는 것이다(대법원 2007. 11. 15. 선고 2007도3383 판결).

정치자금법에서 정하고 있는 기부방법을 따라야 한다.[30)]

공개 차입 관련 중앙선거관리위원회 행정해석

- 공직선거예비후보자의 홈페이지에서 정치자금을 공개적으로 차입하는 것은 무방함. 다만, 금융기관의 대출금리 또는 법정 이자율 등 통상적인 이자율과 비교하여 현저히 낮은 이자율로 차입하는 것은 「정치자금법」 제45조 제1항에 위반됨(중앙선거관리위원회 2010. 4. 5. 회답).
- 공무원이 직무와 관련 또는 지위를 이용함이 없이 금융기관의 대출금리 또는 법정이자율 등 통상적인 이자율에 따라 선거에 필요한 자금을 후보자에게 대여하는 것은 가능함(중앙선거관리위원회 2014. 5. 7. 회답).

정치인 펀드처럼 금융기관의 대출금리 또는 법정이자율 등 통상적인 이자율에 따라 공개 차입하는 것은 「정치자금법」상 가능하다.[31)]

이는 정치자금 조달 행위를 업으로 하는 유사수신행위에도 해당하지 않을 것이다. 자금조달 행위를 '업'으로 하기 위해서는 '영리를 목적으로 지속적으로 자금을 조달하는 행위'이어야 하는데,[32)] 2010년 지방선거에 처음 시도된 이후 일부 정치인들이 활용하고 있는 각종 선거마다 등장한 정치인 펀드는 이에 해당하는 것으로 볼 수 없다.[33)34)]

판례는 정치자금법에 의하여 수수가 금지되는 정치자금은 정치활동을 위하여 정치활동을 하는 자에게 제공되는 '금전 등 일체'를 의미하고,[35)] 금융기회라는 재산상 이익이 기부의 대상이 되는 정치자금에 해당하는 것으로 보고 있다.[36)]

① 현금카드 비밀번호와 함께 전달된 현금카드

현금카드를 비밀번호와 함께 기부받는 자에게 전달될 경우 사실상 그 계좌에 입금되어 있는 현금을 넘겨주

---

30) 헌법재판소 2017. 8. 31. 자 2016헌바45 결정, 대법원 2007. 10. 25. 선고 2007도3533 판결.
31) 중앙선거관리위원회 2012. 2. 13. 회답.
32) 대법원 2008. 10. 23. 선고 2008도7277 판결.
33) 개인이 불특정다수인으로부터 1회성으로 자금을 조달하는 행위가 「유사수신행위의 규제에 관한 법률」 제2조에 따른 "업(業)"에 해당하는지 여부는 단순히 사용목적의 동일성뿐만 아니라 자금조달행위의 기간 및 연속성 등 사실관계를 종합적으로 고려하여 판단하여야 하는 바, 계속성, 영업성이 없는 경우에 해당한다면 유사수신행위로 보기는 어렵다고 판단된다(2008. 11. 6. 금융위원회 유권해석).
34) 유사수신행위법 제3조는 '누구든지 유사수신행위를 하여서는 아니 된다'고 규정하고 있고, 제2조 제1호는 다른 법령에 따른 인허가 등을 받지 않고 불특정 다수인으로부터 자금을 조달하는 것을 업으로 하는 행위로서 '장래에 출자금의 전액 또는 이를 초과하는 금액을 지급할 것을 약정하고 출자금을 받는 행위'를 유사수신행위의 하나로 규정하고 있다.
35) 대법원 2009. 2. 26. 선고 2008도10422 판결.
36) 서울고등법원 2008. 11. 12. 선고 2008노2194 판결.

는 것과 동일한 효과가 있는 바, 그렇다면 현금카드 그 자체가 아니라 현금카드와 연결된 계좌에 입금된 돈이 정치자금에 해당되는 것이라고 봄이 상당하다(대법원 2011. 6. 9. 선고 2010도17886 판결).

② 선거운동용 홍보동영상

후보자가 홍보동영상 제작업체로부터 피고인의 선거운동에 사용하라는 명목으로 후보자를 홍보하는 내용의 '후보 소개 동영상 초안(46초)' 150만원 상당을 무상으로 제공받았는바, 선거운동용 동영상도 정치자금법에 따라 수수가 금지되는 정치자금에 해당한다(광주지방법원 2014. 11. 25. 선고 2014고약15150 판결).

③ 선거운동용 문자메시지 발송비용

예비후보자가 지급해야 할 선거운동용 문자메시지 발송비용을 대신 부담하였다[대전지방법원 2015. 2. 3. 선고 2014고합441, 455(병합) 판결].

④ 후보자가 되고자 하는 사람의 인지도 제고 목적의 문자메시지 발송비용

국회의원선거에 예비후보자로 등록한 피고인 갑과 그의 회계책임자인 피고인 을이 공모하여, 예비후보자 등록 약 1개월 전부터 선거일 약 2개월 전까지 자동 동보통신의 방법으로 선거구민들을 상대로 횟수를 초과하여 문자메시지를 전송하고, 이에 소요된 경비를 피고인 을이 운영하는 회사 명의의 계좌를 통해 가상계좌를 충전하여 지출하였다고 하여 자동 동보통신에 의한 문자메시지 전송방법 위반, 탈법방법에 의한 문서배부, 사전선거운동으로 인한 공직선거법 위반 및 정치자금 부정수수로 인한 정치자금법 위반으로 기소된 사안에서, (중략) 문자메시지 전송행위 중 일부를 선거운동으로 볼 수 없더라도 그 경비로 사용하기 위해 가상계좌에 충전한 금전은 정치활동을 위한 자금에 해당할 수 있다(대법원 2017. 10. 31. 선고 2016도19447 판결).

⑤ 연하장 발송 비용

국회의원 출마 예정자를 위하여 선거구 주민들에게 출마 예정자 명의로 연하장 11,977통을 제작하여 배포하고 그 대금 900만원을 제작업체에서 지급하였다(서울중앙지방법원 2015. 12. 10. 선고 2015고합933 판결).

⑥ 채무 면제·부담

- ○○시장이 선거컨설팅 업체와 선거용역비 금액을 놓고 협상하다가 확정하여 회계보고를 마친 다음, 확정된 선거용역비 중 일부만 지급하고 나머지는 면제받아 면제받은 액수만큼 정치자금 부정수수죄 인정된

다(대법원 2017. 11. 9. 선고 2017도6552 판결).

- 피고인 안●●은 피고인 차○○의 정치활동에 소요되는 비용을 자신의 채무로 부담함으로써 정치자금법에서 정하지 아니한 방법으로 차○○에게 1억원의 정치자금을 기부하였고, 차○○은 피고인 안●●이 선거자금으로 1억원을 부담하는 사실을 알면서 이를 승낙하여 정치자금법에서 정하지 아니한 방법으로 1억원의 정치자금을 기부받은 것으로 판단된다(대법원 2018. 6. 28. 선고 2018도5441 판결).

⑦ '정치자금'으로 빌린 것인지 '생활비'로 빌린 것인지 여부

금품을 수수한 자가 돈을 받은 사실은 시인하면서도 그 돈을 정치자금으로 받은 것이 아니라 빌린 것이라고 주장하는 경우, 금품 수수자가 그 돈을 정치자금으로 빌린 것인지 아니면 생활비로 빌린 것인지 여부를 판단함에 있어서는 돈을 수수한 동기, 전달 경위 및 방법, 수수자와 금품 공여자 사이의 관계, 양자의 직책이나 직업 및 경력, 수수자의 차용 필요성 및 공여자 외의 자로부터 차용 가능성, 차용금 액수 및 용처, 공여자의 경제적 상황 및 금품 제공과 관련한 경제적 예상 이익의 규모, 담보 제공 여부, 변제기 및 이자 약정 여부, 수수자의 원리금 변제 여부, 채무 불이행시 공여자의 독촉 및 강제집행 가능성 등 증거에 의하여 나타나는 객관적인 사정을 모두 종합하여 판단하여야 하고(직무에 관하여 금품 등을 취득하는 것을 성립요건으로 하는 형법상 뇌물죄에 관한 대법원 2007. 9. 7. 선고 2007도3943 판결, 대법원 2011. 11. 10. 선고 2011도7261 판결 등 참조), 수수된 돈의 성격이 정치자금이라는 사실이 합리적인 의심을 할 여지가 없을 정도로 진실한 것이라는 확신을 가지게 하는 증명력을 가진 증거가 없다면 설령 피고인에게 유죄의 의심이 간다 하더라도 피고인의 이익으로 판단할 수밖에 없다(대법원 2011. 11. 10. 선고 2011도7261 판결, 청주지방법원 2019. 2. 21. 선고 2018노564 판결, 대법원 2019. 6. 13. 선고 2019도3814 판결).

⑧ 돈을 주고받은 당사자 중 일방은 정치자금이라고 주장하고 다른 일방은 정치자금 명목으로 받은 것이 아니라고 주장하는 경우, '정치자금' 판단 기준

이 부분 공소사실은, 피고인 C가 '정치활동을 하는 자'인 피고인 B에게 '정치활동을 위한 자금(A의 선거자금)'을 정치자금법이 정하지 아니하는 방법으로 기부하였다는 것이다. 그런데 피고인 B는 A의 선거운동 등을 돕는 정치활동을 한 적이 없고, 특히 피고인 C로부터 받은 돈은 사업자금 등 개인적인 용도로 받았을 뿐 선거자금으로 사용하지 아니하였다는 취지로 주장하였다. 그렇다면 검사는, 피고인 B와 피고인 C가 'A를 위한 선거자금이라고 상호 양해하고 금원을 수수하였음'을 증명하여야 한다. 이에 직접적으로 부합하는 증거로는 피고인 C의 진술, N의 진술 등이 있고, 간접적으로 부합하는 증거로는 계좌이체내역 등이 있다. 그런데 B의 계좌이체내역 등에 의하여 B가 C로부터 송금받은 돈을 현금으로 출금하였던 사정들이 확인되지만, 위와 같은 사정만으로 C가 B에게 이 부분 공소사실 기재와 같이 대여한 금원이 A를 위한 선거자금이라고 상호 양해하고 금원을 수수한 것이라고 증명되지 않는다. (중략)
C의 진술은 C와 B 사이에 정치자금이 오고 갔다는 공소사실을 뒷받침하는 핵심적인 진술이다. 그런데 앞

서 살펴본 바와 같이 C의 진술은 그대로 믿을 수 없거나 이 부분 공소사실을 인정하기 부족하다. 또한 이 부분 공소사실을 뒷받침할 수 있는 N의 진술과 N의 작성 수첩 역시 그대로 믿기 어렵거나 이 부분 공소사실을 인정하기 부족하다. 결국 B가 C로부터 받은 돈 중 상당한 금액을 현금으로 인출하였다는 객관적 증거들과 신빙성이 인정되는 S, X의 진술에 B의 변소가 쉽게 납득하기 어렵다는 사정을 더하여 보더라도 'B가 C로부터 받은 돈 중 상당 금액이 현금으로 인출되었고, 그 돈이 사용된 용도가 불분명하다'는 사실이 증명되었을 뿐이고, 객관적으로 A의 선거자금 명목으로 금원이 수수되었다는 이 부분 공소사실이 증명되었다고 보기에는 여전히 부족하다. 또한 이 부분 공소사실은 B가 C로부터 2013년 보궐선거를 위하여 2013. 4. 10. 5,000만원을, 2014년 지방선거를 위하여 2014. 4. 25. 5,000만원을, 2014. 5. 2. 2억 5,000만원을, 2014. 5. 8. 1억원을, 2014. 5. 29. 1억원을, 2014. 5. 하순경 5,000만원을 정치자금으로 차용한 것을 전제로 하는데, 검사는 위와 같은 C가 B에게 대여한 각 금원이 모두 정치자금으로 제공된 것이라 주장한다. 그러나 앞서 본 바와 같이 '정치자금 명목의 금원 수수'에 대한 양해가 당사자 사이에 있었음이 명백히 인정되지 않는 이 사건에 있어서 위와 같이 수차례에 걸쳐 대여한 금원이 정치활동을 위한 경비 등으로 지출될 것이라 객관적으로 명확히 예상되기 위해서는, C의 각 대여금이 구체적으로 어떤 흐름으로 현금으로 인출되었고, 그 인출된 금원이 종국적으로 A의 선거자금으로 사용되었다는 연결 관계가 증명되어야 한다. 그러나 검사가 제출한 증거들을 모두 살펴보더라도 특정 일시에 대여된 각 금원이 어떠한 형태의 선거자금으로 사용되었는지를 확인하기 부족하다. 앞서 S와 X가 진술한 선거자금의 경우에도 C가 어느 시점에 제공한 돈이 현금으로 인출되어 S와 X에게 전달된 것인지 명확하게 특정되지 않는다(서울고등법원 2020. 8. 21. 선고 2019노2002 판결, 대법원 2021. 1. 14. 선고 2020도12100 판결).

⑨ 선물세트 비용 대납

피고인 이○○의 명절 선물 배송비용 관련 불법 정치자금 수수 피고인은 2005. 9. 추석 직전 무렵 조○○에게 평소 관리하고 있던 피고인의 지인 151명에게 선물세트를 배송해달라고 부탁하여, 조○○으로 하여금 동인이 운영하는 ○○축산에서 직접 포장한 선물세트(1세트당 20만원) 151개 대금 3,020만원 상당을 피고인을 대신하여 배송하도록 하였다.

피고인은 2006. 1. 구정 직전 조○○에게 같은 방법으로 피고인의 지인 52명에게 선물세트를 배송해 달라고 부탁하여 조○○으로 하여금 ○○축산에서 직접 포장한 선물세트(1세트당 30만원) 52개 대금 1,560만원 상당을 피고인을 대신하여 배송하도록 하였다.

피고인은 2006. 9. 추석 직전 조○○에게 같은 방법으로 피고인의 지인 33명에게 선물세트를 배송해 달라고 부탁하여 조○○으로 하여금 ○○축산에서 직접 포장한 선물세트(1세트당 30만원) 46개 대금 1,380만원 상당을 피고인을 대신하여 배송하도록 하였다.

피고인은 위와 같이 조○○으로 하여금 피고인이 정치활동을 위해 평소 관리하던 지인들에게 피고인을 대신하여 합계 5,960만원 상당의 선물을 교부하도록 하고 그 비용을 지급하지 아니하여, 정치자금법이 정하지 아니한 방법으로 정치자금을 기부받았다[서울중앙지방법원 2009. 7. 23. 선고 2008고합1306, 2009고합289(병합) 판결].

⑩ 사무실 운영경비 수수 등

- 피고인(포럼○○비전 상임고문)은 제18대 국회의원선거 직전 무렵인 2008. 3.경 ○○ ○○○구 ○동 소재 오션타워 3층 ㈜□□□ 화장실에서, B(㈜□□□ 회장)에게 'A(2014. 6. 4. 실시 제6회 전국동시지방선거의 ◎◎광역시장선거 당선자)의 캠프사무실을 운영하는 데에 돈이 필요하니 월 200만원 정도를 지원해 달라, 엘시티사업 인·허가 등과 관련하여 도와드릴 일이 있으면 말씀하시라, 제가 A에게 말씀드려서 도울 수 있도록 심부름하겠다'는 취지로 말하여 이를 승낙한 B로부터 그 무렵 현금 200만원을 교부받은 것을 비롯하여, 2008. 4. 2.경부터 2016. 8. 9.경까지 총 101회에 걸쳐 매월 200만원씩 현금 합계 2억 200만원을 A를 위한 선거캠프 및 비선조직 사무실 운영비 명목으로 수수하였다.

  피고인은 2014년 지방선거 직후 무렵인 2014. 8.경 위 ㈜□□□ 화장실에서 B에게 '○○시장 선거가 끝나서 캠프를 해운대로 옮겨야 하겠으니 오션타워에 사무실이 있으면 하나 내달라, 엘시티사업 인·허가 등과 관련하여 도와드릴 일이 있으면 말씀하시라, 제가 A에게 말씀드려서 도울 수 있도록 심부름하겠다'는 취지로 말하여, B는 이를 승낙하였다. 이에 피고인은 2014. 8. 하순경부터 B가 청안건설㈜ 명의로 임차한 오션타워 △△호를 A를 위한 비선조직 사무실로 사용하면서 월 임차료 70만원을 B로 하여금 대납케 한 것을 비롯하여, 2014. 8. 25.경부터 2016. 11. 30.경까지 B로 하여금 위 사무실 임차료 및 관리비 합계 2,579만 1,090원을 대납케 함으로써 A를 위한 비선조직 사무실의 임차료 및 관리비 명목으로 동액 상당의 이익을 수수하였다(대법원 2017. 10. 26. 선고 2017도12838 판결).

- 지방의원인 피고인은 2012. 4.경부터 같은 해 5월경까지 사이에 전○○, 김○○으로부터 ○○시 완산구 삼천동 1가 665-6 소재 건물의 2층을 피고인의 사무실로 받기로 하였고, 이에 전○○, 김○○은 2012. 5. 14. 위 사무실을 보증금 1,500만원, 월 임대료 37만원에 임차하였다. 계속해서 전○○, 김○○은 위 사무실의 인테리어비용 15,995,000원 및 집기구매비용 14,150,000원을 지출하여 '삼천 1·2·3동 시의원 장○○'이라고 표기된 간판을 설치하는 등 피고인의 사무실을 만들어 2012. 6.경 피고인에게 제공하였고, 이후 피고인은 위 사무실의 임대료 및 공과금을 내지 아니하여 전○○, 김○○에게 위 사무실에 대한 2012. 6. 10.부터 2013. 4. 16.까지의 인터넷·TV 요금 387,640원, 2012. 5. 24.부터 2013. 2. 12.까지의 전화 요금 310,110원, 2012. 8. 31.부터 같은 해 12. 26.까지의 정수기 임대료 205,200원, 2012. 6.부터 같은 해 8월까지의 임대료 111만원을 각각 내게 하였다. 이로써 피고인은 정치자금법에 정하지 아니한 방법으로 총 18,007,950원 및 보증금 15,000,000원에 대한 금융이익 상당액과 구매비용 14,150,000원의 사무실 집기에 대한 사용이익 상당액의 정치자금을 기부받았다(대법원 2017. 2. 24. 선고 2017도353 판결).

- 선거운동의 목적으로 사무실과 승용차를 무상대여받아 사용하였다(서울동부지방법원 2010. 11. 12. 선고 2010고합338 판결).

⑪ 당원협의회 사무실 운영비 수수

- 피고인(○○당 ◇◇갑 당원협의회 위원장)은 2013. 12.경 ◇◇당협 사무실에서 홍보위원장 A에게 '포럼을 설립하여 회원들로부터 회비를 걷어 ◇◇당협 사무실을 운영비로 사용하자'라고 지시하여 A로 하여금 '◎◎미래발전연구회'란 포럼을 설립하게 하였다. 이에 피고인은 2014. 1.경 ◇◇당협 운영위원 등을 위 포럼의 회원으로 가입시킨 후 위 사무실 운영비용으로 사용하기 위하여 위 일시경부터 위 포럼 회원들로부터 매월 각 10만원 내지 20만원씩을 간사인 B의 통장으로 송금받았다. 이와 같이 피고인은 2014. 1. 8.경 A로부터 200,000원의 정치자금을 기부받은 것을 비롯하여 2014. 4. 5.경까지 총 18회에 걸쳐 포럼 회원 10명으로부터 합계 2,350,000원의 정치자금을 수수하였다(대법원 2017. 9. 15. 선고 2017도 12549 판결).
- 지역위원장이 지방선거 출마예정자들로 하여금 지역위원회 사무실 운영비를 매월 납부하게 하였다(청주지방법원 2017. 11. 16. 선고 2017노266 판결).

⑫ 국회의원 보좌관 등 국회사무처공무원들 급여로 사무실 운영경비 사용

- 국회의원이 보좌관으로부터 급여를 상납받아 사무실 운영비로 사용하였다(대법원 2017. 7. 11. 선고 2017도5346 판결, 대법원 2017. 8. 23. 선고 2017도7354 판결).
- 국회의원(17~20대 국회의원)이 회계책임자와 공모하여 지역구 사무실 운영 등 정치활동에 필요한 자금을 마련하기 위하여 국회의원 보좌직원으로 임용된 국회사무처 공무원들로부터 2011. 7.경부터 2015. 12. 31.까지 국회사무처로부터 입금된 월 급여 및 연가보상비 등에서 이들에게 실제 지급하기로 한 급여 등을 제외한 나머지 부분을 총 101회에 걸쳐 선거관리위원회에 신고되지 않는 회계책임자 명의의 4개 예금계좌로 이체하는 방법으로 합계 246,373,280원을 수수하였다(대법원 2018. 12. 27. 선고 2018도 11455 판결).
- 국회의원이 자신의 보좌관, 비서관 등의 급여를 모아 다른 직원의 급여를 지급하거나 국회의원을 위한 경조사비, 화환비용 등 지역구 사무실 운영비로 사용하였다(대법원 2019. 10. 31. 선고 2019도3598 판결).

⑬ 낙선한 국회의원의 사무소 운영경비

국회의원이 국회의원선거에서 낙선하여 합법적인 후원금을 받을 수 없고 국회의원 사무실을 더 이상 운영할 수 없게 되자 보좌관 D와 공모하여, 2012. 5.경 B로부터 약 13평의 사무실을 2014. 2.경까지 무상으로 제공받아 액수미상 임대료 상당의 정치자금을 기부받고, 위 사무실을 □□당 지역위원회 사무소로 이용하면서 2012. 6. 25.경 ○○지역위원회 당원 F로부터 사무실 경비 등 명목으로 50만원을 위 사무실 운영비 입출금 계좌로 사용하는 사무원 E 명의의 농협계좌로 송금받은 것을 비롯하여 2012. 6. 1.경부터 2014. 2. 27.경까지 일반인, 당원, 시·도의원 등으로부터 총 113회에 걸쳐 사무실 경비 및 사무원 E의 급여 등 명목

으로 합계 3,319만원을 송금받았다(청주지방법원 2017. 11. 16. 선고 2017노266 판결, 대법원 2018. 4. 26. 선고 2017도20198 판결).

⑭ 정책지원비, 직원격려금 반환

- 정책지원비 반환을 통한 불법 정치자금 수수

피고인 BA 등은 2011. 12.부터 2012. 5.까지 ▧▧▧당 당사 사무실 등에서 5회에 걸쳐 국회로부터 정책지원비 명목으로 지급받은 355,332,000원 중 209,039,000원을 용역연구원 문◉◉ 등에게 송금 후 그들로부터 신고된 예금계좌를 통하지 아니하고 되돌려 받는 방법으로 정치자금을 수수하였고, 이를 당 운영비 등으로 지출하였다.

- 직원격려금 반환을 통한 불법 정치자금 수수

피고인 CA 등은 2012. 2.부터 2012. 3.까지 ▧▧▧당 직원 CB에게 격려금 3백만원을 송금 후 그로부터 그 돈을 현금으로 되돌려 받는 등 총 6회에 걸쳐 2천만원을 신고된 예금계좌를 통하지 아니하고 되돌려 받는 방법으로 정치자금을 수수하였고, 이를 당 운영비 등으로 지출하였다(서울고등법원 2013. 7. 25. 선고 2013노936 판결).

⑮ 렌트 차량 이용

성남시장으로 출마하여 당선된 피고인이 2016. 6. 15.부터 2017. 6. 15.까지 정치적인 주제의 방송 출연 등 정치활동을 위하여 이동할 때 특정회사가 비용을 부담한 렌트 차량을 이용하였다(대법원 2020. 7. 9. 선고 2020도2795 판결).

⑯ 차량 및 운전노무 제공

- 피고인은 2019. 6.경 김○○으로부터 선거운동을 하기 위한 운전 수행을 제공해달라는 부탁을 받고 이를 수락하여, 2019. 7. 16.경 피고인 소유의 승용차를 운전하여 김○○를 태우고 경주시 □□에 있는 김○○의 주거지에서부터 서울 영등포구 ◇◇에 있는 丙당 중앙당 당사까지 이동하도록 한 것을 비롯하여 그 무렵부터 2020. 1. 8.경까지의 기간 동안 별지 범죄일람표 기재와 같이 총 42회에 걸쳐 김○○의 정치활동을 위해 이동하면서 김○○에게 운전노무 및 위 승용차의 이용을 제공하였다.
- 김○○이 제21대 국회의원선거에서 후보자가 되려는 사람으로서 '정치활동을 하는 사람'에 해당하는 사실, 피고인이 김○○에게 제공한 차량 및 운전노무는 '물건이나 비용' 또는 '그 밖의 이익'으로서 정치자금법에서 정한 기부의 대상이 되기에 충분한 사실, 나아가 위 차량 및 운전노무가 김○○의 인지도 향상 등 당선에 필요하거나 유리한 활동에 사용되었으므로 '정치활동을 위하여' 제공·사용된 사실이 인정된다(대구지방법원 경주지원 2021. 11. 4. 선고 2020고합52-2 판결, 대구고등법원 2022. 2. 10. 선고 2021노492 판결, 대법원 2022. 6. 30. 선고 2021도13981 판결).

5. 무상대여

가. 의미 및 판단방법

'무상대여'란 금품 등의 사용에 대한 대가의 출연 없이 대여가 이루어지는 것을 말하는바, 금품 등의 대여가 무상인지 여부는 그 대여 당시를 기준으로 그 대가의 출연의무가 있는지 여부에 의하여 판단하여야 할 것이다. 따라서 무상대여가 이루어진 후 고소 이후 합의를 하는 과정에서 이자를 포함하여 합의가 이루어져 이자가 지급된 것은 범행 후의 사정에 불과하여 유무죄 판단에 영향을 미치지 못한다.[37]

금품 등을 대여받는 자가 대가의 출연에 관한 상대방과의 약정이 없이 대가의 출연을 하겠다는 일방적인 내심의 의사만을 가지고 있는 경우에는 이로 인하여 대가의 출연의무가 발생한다고 볼 수 없으므로 정치자금법 등이 정하는 금품 등의 무상대여에 해당한다고 보아야 한다.[38]

대여의 외형을 갖추기는 하였으나 그 실질에 있어서 대여자가 대여금을 반환받을 의사가 없었거나 반환받을 의사를 일부 가지고 있었다고 하더라도 반환받지 못할 수도 있다는 점을 인식하였다면, 이는 결국 금품을 무상으로 제공하거나 기부한 경우에 해당된다.[39]

다만, 금품 등의 사용에 대하여 대가를 출연하기로 하는 당사자 사이의 약정은 묵시적으로도 이루어질 수 있으므로, 당사자 사이에 명시적인 대가지급에 관한 약정이 없었다고 하더라도, 금품 등을 대여받는 자가 상대방과 사이에 대가의 출연에 관한 묵시적인 약정이 있어 그 대가를 출연할 의무가 있다고 믿고 그 금품 등을 대여받은 경우라면 그 당시 그 금품 등을 대여받은 자에게 정치자금법 등이 정하지 아니하는 방법으로 정치자금을 기부받는다는 점에 대한 범의가 있었다고 보기는 어렵다.[40]

> ### '무상대여'의 의미 및 금품 등의 대여가 무상인지 여부의 판단 방법
>
> – 무상대여란 금품 등의 사용에 대한 대가의 출연 없이 대여가 이루어지는 것을 말하므로 금품 등의 대여가 무상인지 여부는 그 대여 당시를 기준으로 그 대가의 출연의무가 있는지 여부에 의하여 판단하여야 할 것이다. 따라서 금품 등을 대여받는 자가 대가의 출연에 관한 상대방과의 약정이 없이 대가의 출연을 하겠다는 일방적인 내심의 의사만을 가지고 있는 경우에는 이로 인하여 대가의 출연의무가 발생한다고 볼 수 없으므로 정치자금법 등이 정하는 금품 등의 무상대여에 해당한다고 보아야 한다. 다만, 금품 등의 사용에 대

---

37) 대법원 2015. 12. 10. 선고 2015도15726 판결.
38) 대법원 2007. 11. 15. 선고 2007도3383 판결.
39) 대법원 2004. 3. 11. 선고 2003도6650 판결.
40) 대법원 2007. 11. 15. 선고 2007도3383 판결.

하여 대가를 출연하기로 하는 당사자 사이의 약정은 묵시적으로도 이루어질 수 있으므로, 당사자 사이에 명시적인 대가지급에 관한 약정이 없었다고 하더라도, 금품 등을 대여받은 자가 상대방과 사이에 대가의 출연에 관한 묵시적인 약정이 있어 그 대가를 출연할 의무가 있다고 믿고 그 금품 등을 대여받은 경우라면 그 당시 그 금품 등을 대여받은 자에게 정치자금법 등이 정하지 아니하는 방법으로 정치자금을 기부받는다는 점에 대한 범의가 있었다고 보기는 어렵다고 할 것이다(대법원 2007. 11. 15. 선고 2007도3383 판결).

– 대여의 외형을 갖추기는 하였으나 그 실질에 있어서 대여자가 대여금을 반환받을 의사가 없었거나 반환받을 의사를 일부 가지고 있었다고 하더라도 반환받지 못할 수도 있다는 점을 인식하였다는 것은 결국 금품을 무상으로 제공하거나 기부한 경우에 해당한다(대법원 2004. 3. 11. 선고 2003도6650 판결, 서울고등법원 2013. 2. 15. 선고 2011누42637 판결 등).

「정치자금법」은 "제3자가 정치활동을 하는 자의 정치활동에 소요되는 비용을 부담하거나 지출하는 경우와 금품이나 시설의 무상대여, 채무의 면제·경감 그 밖의 이익을 제공하는 행위 등은 이를 기부로 본다"라고 하여 기부 의제 규정을 두고 있다(정치자금법 제3조 제2호 후문). 이와 같이 제3자가 정치인 등에게 정치자금을 무상대여하면 이를 기부로 간주하는바(기부간주조항), 이는 금품의 무상대여가 편법적·음성적인 정치자금 제공의 수단으로 악용되는 것을 막아 법의 실효성을 확보하려는 취지로 보이고, 정치자금을 무상대여하면 이를 기부로 본다고만 하고 그 외 무상대여의 절차나 방법을 별도로 규율하지 않고 있으므로, 결국 정치자금 무상대여는 정치자금 기부에 관한 규정에 따라야 한다. 그러므로 정치인에게 직접 정치자금을 무상대여하려면, 정치인에게 직접 정치자금을 기부할 때의 형식과 절차상 제한을 준수하여야 한다. 그런데 정치자금법은 특정 정치인에게 정치자금을 기부하려고 하는 경우 원칙적으로 후원회에 후원금을 내는 방법만 허용하고 그 정치인에게 직접 기부할 수 없도록 하고 있으므로, 정치자금을 무상대여하는 경우에도 원칙적으로 정치인에 대해서 직접 할 수는 없다.[41]

「정치자금법」은 원칙적으로 정치인이 후원회를 거치지 않고 직접 기부금을 받지 못하도록 하면서도 제10조 제3항에서 후원인이 후원회지정권자에게 직접 후원금을 기부한 경우 해당 후원회지정권자가 기부받은 날부터 30일(기부받은 날부터 30일이 경과하기 전에 후원회를 둘 수 있는 자격을 상실하는 경우에는 그 자격을 상실한 날) 이내에 기부받은 후원금과 기부자의 인적사항을 자신이 지정한 후원회의 회계책임자에게 전달한 경우에는 해당 후원회가 기부받은 것으로 보면서 명시적으로 금품·시설의 무상대여 방법으로 기부하는 경우는 제외하고 있어, 후원회지정권자 등 정치인에게 직접 정치자금을 무상대여하는 것은 정치자금법에 의하여 허용되지 않는다고 보아야 하며, 정치인에 대하여 직접 정치자금을 무상대여하면 '이 법에 정하지 아니한 방법으로 정치자금을 기부한 자'에 해당되어 처벌될 것이다.

---

41) 헌법재판소 2017. 8. 31. 자 2016헌바45 결정.

> 무상대여의 방법으로 기부한 경우는 제외하도록 한 정치자금법 제10조 제3항 중 금전의 무상대여에 관한 부분 및 정치인에게 직접 정치자금을 무상대여한 경우 처벌하는 정치자금법 제45조 제1항 본문 중 이 법에 정하지 아니한 방법으로 정치자금을 기부한 자 가운데 금전의 무상대여에 관한 부분이 청구인의 정치활동 내지 정치적 의사표현의 자유를 침해하는지 여부
>
> 정치자금법은 원칙적으로 정치인이 직접 후원금을 받지 못하도록 하면서도, 정치인이 직접 후원금을 받아 30일 이내에 기부받은 후원금과 기부자의 인적사항을 후원회 회계책임자에게 전달하면 후원회가 기부받은 것으로 의제함으로써 예외적으로 합법화하고 있으나, 심판대상조항은 금전을 무상대여하는 방법으로 기부한 경우는 여기서 제외하고 이를 위반하면 처벌한다. 심판대상조항은 후원금에 대한 엄격한 법적 규제를 부당하게 회피하지 못하도록 하고, 정치자금 적정 제공을 보장함으로써 대의민주주의가 제대로 기능하도록 하려는 것으로서, 목적의 정당성 및 수단의 적합성이 인정된다.
>
> 정치인에게 직접 정치자금을 무상대여하는 경우, 유상대여와 달리 이자 지급 약정이나 이자 지급 사실이 존재하지 않으므로 외관상 기부와 구별하기 어렵고, 후원회에 대한 무상대여와 달리 대여원금을 정치인이 직접 사용할 수 있으므로, 후원금에 대한 각종 법적 규제를 우회·잠탈할 가능성이 높아 이를 금지하는 것보다 덜 침해적인 수단을 찾기 어렵다. 정치자금법은 적정한 이자약정을 부가하여 정치자금을 대여하는 것을 금지하지 않고, 정치자금을 기부·수수한 사람이 민법상 친족관계에 있는 경우 처벌하지 않는 예외를 두어 처벌의 범위를 합리적으로 조정하고 있다.
>
> 따라서 심판대상조항은 청구인의 정치활동 내지 정치적 의사표현의 자유를 침해하지 않는다(헌법재판소 2017. 8. 31. 자 2016헌바45 결정).

나. 유상대여와 차이

　　정치인에 대하여 직접 정치자금을 무상대여하는 것은 금지되지만, 유상대여는 일반적으로 허용된다. 후원회를 거치지 않고 정치인에게 직접 정치자금을 유상대여하면 그 자금은 후보자 고유의 재산이 되는데, 이를 정치자금으로 사용하려면 정치자금법이 정하는 바에 따라 이를 후보자의 '자산' 항목으로 수입하여 회계책임자를 통하여 지출하여야 하고(정치자금법 제36조 제3항 참조), 임의로 '후원회 기부금' 항목으로 수입하는 등 혼용할 수 없다.[42]

　　금품이 정치자금으로 제공된 사실은 시인하면서도 이를 빌린 것이라고 주장하는 경우, 그것이 실제로 빌린 것인지 여부는 제공받은 자가 제공한 자로부터 돈을 수수한 동기, 전달 경위 및 방법, 제공받은 자와 제공한 자 사이의 관계, 양자의 직책이나 직업 및 경력, 제공받은 자의 차용 필요성 및 제공한 자 외의 자로부터의 차용 가능성, 차용금의 액수 및 용처, 제공한 자의 경제적 상황 및 제공과 관련된 이익의 규모, 담보 제공 여부, 변제기 및 이자 약정 여부, 제공받은 자의 원리금 변제 여부, 채무불이행시 제공한 자의 독촉 및 강제집행의 가능

---

42) 헌법재판소 2017. 8. 31. 자 2016헌바45 결정.

성 등 증거에 의하여 나타나는 객관적인 사정을 모두 종합하여 판단하여야 할 것이다.[43]

가사 금품의 성격이 진정한 차용금에 해당한다고 보더라도, 금품수수의 경위와 시기, 이 자율과 변제기 등의 변제조건, 대여금의 회수가능성, 인적·물적 담보의 확보 여부, 당사자들의 지위·관계·신용상태, 차용금의 사용처 등을 종합하여 당시 차용자가 위와 같은 조건으로 다른 곳에서 금품을 차용하는 것이 사실상 불가능하였을 것으로 보이는 경우에는 유상으로 대여하는 행위를 통해 금융기회라는 재산상의 이익을 정치자금으로 불법 수수한 것으로 볼 수 있다.[44]

또한, 당사자 사이에 돈을 빌려달라고 하고 빌려주기로 하여 이를 받은 것이라고 하더라도 돈을 받을 당시 차용증 등 차용사실을 객관적으로 확인할 수 있는 증빙자료를 남기지 않고, 돈을 현금으로 교부하거나 이른바 돈세탁을 시도하는 등 차용사실을 숨기려는 정황이 있고, 돈의 반환시기에 관하여 별도의 약정이나 양해가 없었으며, 돈을 받은 이후에 상당한 기간이 경과하였는데도 납득할 만한 사정이 없이 이를 반환하거나 이자를 지급한 사실이 전혀 없다면, 이러한 금전수수는 차용이기보다는 무상교부로 봄이 상당하다.[45]

① 이자 약정 없이 무상으로 정치자금 대여

피고인 甲(제6회 전국동시지방선거에서 도의회의원선거 예비후보자)은 자신의 선거사무소에서 피고인 乙 (프렌차이즈 사업장 운영자)에게 '당내경선 비용이 필요하니 5,000만원만 빌려 달라'고 요구하여 乙로부터 그 자리에서 이자나 변제기일 등의 약정 없이 현금 5,000만원을 교부받아 이를 무상으로 차용하였다.

피고인들은 단순한 사적관계에서 돈을 빌리고 받은 것일 뿐 정치자금법위반죄의 고의가 없었다고 주장하나, ① 乙이 甲에게 5,000만원을 빌려줄 당시 위 돈을 어떻게 변제할 것인지, 이자는 얼마인지 등에 관하여 아무런 약정을 하지 않았던 점, ② 이에 대한 담보나 차용증도 없는 점, ③ 돈을 빌릴 당시인 2014. 4. 26. 경은 甲이 도의회의원선거 예비후보자로 등록하고, 당내경선을 앞둔 시기였던 점, ④ 乙이 당시 ○○시장선 거 후보 선거캠프에서 연설 원고 수정 등의 선거운동을 하였으며, 甲이 도의원 경선준비를 하고 있다는 것을 알고 있었던 점, ⑤ 乙의 진술에 의하더라도 甲이 돈을 빌려가면서 경선 준비하기 위해 돈이 필요하다고 하기에 빌려준 것이라고 하는 점, ⑥ 차용해준 장소가 甲의 선거사무소인 점 등을 종합해 보면, 5,000만원의 금전차용은 단순히 사적관계에서의 금전차용이 아니라 乙이 甲의 선거를 위하여 무상으로 대여한 것이라고 봄이 타당하며 피고인들은 적어도 이를 미필적으로 인식하였다고 볼 수 있으므로 정치자금법위반죄의 고의가 인정되고 피고인 甲·乙은 정치자금법 제45조 제1항을 위반한 것이다(광주지방법원 2017. 8. 31. 선고 2016노4543 판결).

---

43) 대법원 2007. 9. 7. 선고 2007도3943 판결, 서울고등법원 2008. 11. 12. 선고 2008노2194 판결.
44) 앞의 판결.
45) 서울중앙지방법원 2009. 7. 23. 선고 2008고합1286 판결.

② 오피스텔 사무실 및 승용차를 무상으로 대여받은 사례

현물을 무상으로 제공받은 경우 해당 물건의 사용으로 얻은 이익이 기부의 목적물이므로, 이 사건에서 오피스텔 사무실을 무상으로 제공받은 부분에 대한 기부의 목적물은 오피스텔 사무실의 임차료 및 관리비이고 승용차를 무상으로 제공받은 부분에 대한 기부의 목적물은 승용차의 임차료(렌트비)이다(서울동부지방법원 2010. 11. 12. 선고 2010고합338 판결).

③ 지인의 토지를 담보로 정치자금 무상 차용

정치자금법에 정하지 아니한 방법으로 근저당권 채무명의 및 각서를 무상으로 받아 그 밖의 이익을 제공받고, 1억원을 무상 기부받았다[광주지방법원 목포지원 2019. 2. 8. 선고 2018고단889, 2018고단69(병합) 판결]

④ 차량 렌트비, 선거현수막, 선거사무소에서 사용할 가구(탁자와 의자 등 구입비용)를 지원받는 행위

피고인 A[제4·5회(2006~2014)구의원으로 제6회 지방선거 무소속 후보]가
- B로부터 렌트카를 제공받아 무상 사용함으로써 얻은 이익 상당 부정수수
　피고인은 B로부터 렌트카를 제공받아 2014. 12.경까지 약 15개월, 2015. 3.경부터 2016. 11.경까지 약 20개월 동안 사용하였다. 이로써 피고인은 정치자금법에 정하지 아니한 방법으로 B로부터 28,677,600원 상당의 정치자금을 기부받았다.
- C로부터 현수막 제작비용 부정수수
　피고인은 2014. 5. 초순경 C에게 선거현수막의 제작·설치를 부탁하고 그 비용도 부담해 줄 것을 요청하였다. C는 ⑩시에서 간판 등을 제작하는 '◆'의 D에게 연락하여 피고인을 위한 선거현수막의 제작·설치를 의뢰하여 피고인 A의 현수막 설치대금 4,000,000원을 지급하였다. 이로써 피고인은 정치자금법에 정하지 아니한 방법으로 C로부터 4,000,000원 상당의 정치자금을 기부받았다.
- B로부터 선거사무실 임대료 부정수수
　피고인은 지방선거에서 낙선한 이후인 2015. 5.경 B에게 사무실을 내는 데 도와달라고 부탁하여 2015. 11.경부터 7회에 걸쳐 사무실 임대료 8,050,000원을 기부받았다.
- C로부터 사무실 가구비용 등 부정수수
　피고인은 2015. 10.경 그 다음 해에 실시되는 국회의원선거에 출마 예정인 ◎을 위해 서울 U건물 AI호를 선거사무실 용도로 임차한 다음, C에게 전화하여, 사무실을 마련하였으니 사무실에 비치할 회의용 탁자와 의자 등을 구입하여 달라고 요청하였고, C로부터 회의용 탁자와 의자 등 구입비용 748,000원 상당의 정치자금을 기부받았다(서울고등법원 2019. 8. 9. 선고 2019노3026 판결, 대법원 2019. 10. 31. 선고 2019도12196 판결).

⑤ 국내법인 자금 등으로 국회의원 후보자 선거사무소에 합계 1,698,120원 상당의 복합
    기 임차료 지급

- I빌딩 사무실 임차보증금 및 가구 등 사무기기 제공

피고인 A는 2020. 1. 초경부터 망 J(이하 '망인'이라고 한다)로부터 '조직을 꾸리고 정책을 만드는 정책포럼 사무실을 하나 만들려고 한다'라는 취지의 말을 듣고, 2020. 1. 14.경 서울 K에서 부동산을 운영하는 공인중개사 L을 통해 망인이 원하는 적당한 사무실을 물색하였다.

이후 망인은 위 L을 통해 서울 영등포구 I빌딩 3층에 있는 사무실(이하 'I빌딩 사무실'이라 한다)을 C 명의로 임차보증금 2,744만원에 임차하기로 하여, 피고인 A에게 I빌딩 사무실 임차보증금 1,700만원 중 약 1,000만원 및 가구 등 사무기기를 지원해 줄 것을 요청하였다.

피고인 A는 2020. 1. 중순경 I빌딩 사무실에 피고인 B를 데려가 망인의 연락처를 알려주며 'M 후보님을 모시는 분으로 N에 사무실이 하나 필요하다고 하니, 연락해서 사무실 세팅에 필요한 물품을 구입해주라'는 취지로 지시하고, 2020. 1. 16.경 I빌딩 인근 커피숍에서 망인에게 현금 1,000만원을 건네주며 사무실 임차보증금으로 사용하도록 하였다.

피고인 B는 피고인 A의 지시에 따라, 망인과 연락한 후, 2020. 1. 16.경부터 1. 31.경까지 G의 법인자금을 이용하여, I빌딩 사무실에 합계 11,628,000원 상당의 블라인드, 파티션, 책상, 의자, 탁자, 텔레비전 등 사무기기를 구입하여 설치해 주었다. 이와 같이 피고인 A는 단독으로 I빌딩 사무실 임차보증금 명목으로 1,000만원을 망인에게 교부하고, 피고인 A와 피고인 B는 공모하여 국내법인인 G 자금으로 11,628,000원 상당의 사무기기를 구입하여 I빌딩 사무실에 설치하여 줌으로써, 정치활동을 하는 망인에게 정치자금법에 의하지 아니한 방법으로 정치자금을 기부하였다.

- R사무실 복합기 제공

망인은 2020. 2. 초경 서울 S빌딩 3층에서 서울 R구 국회의원에 출마하려는 M 후보자의 21대 총선 조직실장으로 선거운동을 하면서 선거사무실에 복합기가 필요하자, 피고인 B에게 '급히 사용해야 하니 복합기 1대를 임차하여 R 선거사무실로 보내 달라'는 취지의 요청을 하였다.

피고인 B는 피고인 A의 지시에 따라 망인의 요청대로 복합기를 추가 임차하고자 하였으나 즉시 설치가 어려워지자, 망인에게 'I빌딩 사무실에 설치해 둔 복합기를 R 선거사무실로 옮겨 사용하는 것이 어떻겠느냐'라는 취지로 제안하였고, 망인의 동의를 받아 2020. 2. 7. E 대표인 F가 설립한 SPC인 ㈜T 명의로 임차회사인 U와 복합기 임대차계약서를 다시 작성한 후 위 복합기를 R 선거사무실에 이전하여 설치하였다.

이후 피고인 B는 ㈜T 계좌에서 2020. 2. 1.부터 같은 해 5. 20.까지 복합기 임차료 명목으로 1,035,670원을 위 U에 지급하도록 하고, 자신의 자금으로 2020. 5. 21.부터 같은 해 9. 20.까지 복합기 임차료 662,450원을 위 U에 지급하였다.

이와 같이 피고인들은 공모하여 국내법인인 ㈜T 자금 등으로 합계 1,698,120원 상당의 복합기 임차료를 지급함으로써, 정치활동을 하는 망인에게 정치자금법에 의하지 아니한 방법으로 정치자금을 기부하였다

(서울중앙지방법원 2021. 9. 3. 선고 2021고단2438 판결, 서울중앙지방법원 2022. 7. 13. 선고 2021노 2315 판결).

다. 무상대여의 목적물

금전의 무상대여에 있어서 기부의 목적물은 그 차용금 자체가 아니라 통상적으로 유상대 여가 이루어졌을 경우와 비교한 그 이자 상당의 재산상 이익이다.[46]

금전을 통상적인 경우에 비하여 현저히 낮은 이율로 대여받은 경우에도 마찬가지로 이때 에는 금융기관의 대출금리 또는 법정이율 등과 실제 이율의 차이 상당의 재산상 이익을 기 부받은 것으로 보아야 한다.[47] 금품의 무상대여를 통하여 위법한 정치자금을 기부받은 경우 몰수 또는 추징의 대상도 범인이 받은 부정한 이익은 무상 대여금에 대한 금융이익 상당액 이라 할 것이므로, 무상으로 대여받은 금품 그 자체가 아니라 위 금융이익 상당액이다.[48]

■ 차입 및 무상대여 중앙선거관리위원회 행정해석 ■

- 정당이 다른 정당으로부터 금융기관의 대출금리 또는 법정이자율 등 통상적인 이자율에 따라 당비(국고 보조금 제외)을 차입하는 것은 가능함(중앙선거관리위원회 2020. 3. 23. 회답).

- 국회의원후원회에서는 후원회사무소 개설을 위한 임차비용조달을 위해 지정권자인 국회의원으로부터 임 차보증금을 차입이 가능함(중앙선거관리위원회 2011. 1. 20. 회답).

- 후원회를 둔 국회의원의 회계책임자가 자신의 차입금을 선거 관련 비용으로 지출한 후 그 상세내역을 「정 치자금법」 제37조 제1항 제3호 가목에 따라 회계장부에 기재하지 않은 경우에는 후원금으로 공제할 수 없음(중앙선거관리위원회 2016. 10. 28. 회답).

- 국회의원후원회가 지정권자에게 기부하기 위하여 금융기관 등으로부터 금전을 차입하는 것은 불가함(중 앙선거관리위원회 2005. 6. 16. 회답).

- 정당이 받은 국고보조금은 「정치자금법」 제28조 제1항에 따라 당해 정당의 운영에 소요되는 경비 외에 는 사용할 수 없으므로 이를 무소속 후보자에게 대여하거나 지원할 수 없을 것임(중앙선거관리위원회 2007. 12. 6. 회답).

- 정당이 당비를 무소속 후보자에게 대여하는 것에 관하여는 「정치자금법」상 제한하고 있지 아니하나, 무 소속 후보자에게 이를 지원하는 것은 정치자금을 「정치자금법」에 의하지 아니하고 수입·지출하는 것이 므로 같은 법 제2조 및 제45조에 위반될 것임(중앙선거관리위원회 2007. 12. 6. 회답).

---

46) 대법원 2007. 3. 29. 선고 2006도9392 판결, 대법원 2009. 10. 22. 선고 2009도7436 전원합의체 판결.
47) 대법원 2007. 3. 30. 선고 2006도7241 판결.
48) 앞의 판결.

6. 채무의 면제·경감 그 밖의 이익

'채무의 면제'라 함은 채권자가 채무자에 대한 일방적 의사표시에 의하여 채권을 무상으로 소멸시키는 단독행위를 의미하는바, 보증채무의 면제와 같은 종된 채무의 면제도 포함한다. '채무의 경감'이란 채무의 일부 면제와 같은 원본채권에 대한 것은 물론이거니와 이자채무의 면제나 이율의 인하와 같은 이자채권에 대한 것도 포함된다.

'그 밖의 이익'이라 함은 채무의 면제·경감 이외의 일체의 이익이라 할 것이나, 사회통념상 재산상 이익이 있는 것으로 제한되어야 할 것이다. 판례도 통상적인 경우에 비하여 현저히 낮은 이율로 금전을 대여받은 경우에는 금융기관의 대출금리 또는 법정이율 등과 실제 이율과의 차이 상당의 재산상 이익을 기부받은 것으로 보아야 한다고 하여,[49] 기부의 대상이 되는 이익을 재산상 이익으로 보고 있다.[50]

7. 기부

'기부'라 함은 정치활동을 위하여 개인 또는 후원회 그 밖의 자가 정치자금을 제공하는 일체의 행위를 말한다. '기부'는 원칙적으로 당사자의 일방이 상대방에게 무상으로 제공하는 것이 개념요소이므로, 정치활동을 하는 자에게 제공된 금전이라 하더라도 변제 등 채무의 이행으로 정당하게 금전이 수수된 경우에는 정치자금법에서 금지하는 '기부행위'로 볼 수 없다.[51] 다만 일부 대가관계가 있더라도 급부와 반대급부 간의 현저한 불균형이 있는 경우에는 정당한 반대급부로 볼 수 없는 부분은 기부행위가 된다.[52]

이와 같이 정치자금을 제공하는 일체의 행위를 기부에 해당한다고 하고 심지어는 그 밖의 이익제공행위도 기부의 개념으로 포섭하고 있는 정치자금법의 입법취지상, 기부자가 직접적으로 돈을 전달하는 행위뿐만 아니라 예금계좌에 돈을 입금한 후 이를 언제든지 인출할 수 있는 현금카드를 발급받아 비밀번호와 함께 기부받는 자에게 교부하는 행위도 위와 같은 정치자금법상의 정치자금 기부의 개념에 포함된다고 할 것이다.[53]

제3자가 정치활동을 하는 자의 정치활동에 소요되는 비용을 부담하거나 지출하는 경우와

---

49) 대법원 2009. 10. 22. 선고 2009도7436 전원합의체 판결.
50) 중앙선거관리위원회. 정당법·정치자금법 축조해설(2016), 338면.
51) 대법원 2005. 9. 29. 선고 2005도2554 판결, 서울고등법원 2013. 4. 19. 선고 2013노421 판결.
52) 대법원 2007. 3. 29. 선고 2006도9392 판결.
53) 서울고등법원 2010. 12. 20. 선고 2010노1706 판결.

금품이나 시설의 무상대여, 채무의 면제·경감 그 밖의 이익을 제공하는 행위 등은 이를 기부로 본다. 제3자가 일정한 비용을 부담하거나 지출한 것이 정치자금법상의 '기부'에 해당하기 위하여는 그와 같이 부담하거나 지출한 비용이 '정치활동을 하는 자의 정치활동에 소요되는' 것이어야 한다. 제3자가 정치활동을 하는 자와 공모하였다고 볼 증거가 없고, 오히려 제3자가 정치활동을 하는 자의 지시 내지 의사 연락 없이 정치활동을 하는 자를 위한다는 명목으로 선거운동을 등을 하면서 일정한 비용을 부담하거나 지출한 것으로 보이는 경우에는 그러한 선거운동 등에 소요되는 비용은 '정치활동을 하는 자의 정치활동에 소요'되는 것이라고 볼 수 없다.[54]

또한, 정치활동을 하는 자가 당연히 부담하여야 할 비용을 제3자가 대신 부담하였거나 지출한 행위에 해당하여야 '제3자가 정치활동을 하는 자의 정치활동에 소요되는 비용을 부담하거나 지출하는 경우'에 해당할 것이다. 후보자가 자원봉사자에 대하여는 금품 기타 이익을 제공할 수 없는 바, 후보자가 자원봉사자들의 활동비를 당연히 부담한다고 할 수 없으므로 이를 후보자의 선거사무실 운영에 필수적으로 드는 비용 혹은 사무실 운영에 당연히 수반되는 비용이라고 볼 수 없고, 후보자와 무관하게 A가 자발적으로 지출한 비용에 불과하다.[55]

① 현금카드를 발급받아 비밀번호와 함께 기부받는 자에게 교부하는 행위

> 기부자가 현금카드를 비밀번호와 함께 교부하게 되면 그 현금카드의 소지자로서는 위 카드에 연결된 계좌 내의 돈을 언제든지 전액 인출 혹은 이체하여 사용할 수 있는 상태가 되므로, 현금카드 수령 즉시 위 계좌 내의 돈에 대한 처분가능성 내지 지배가능성을 획득하게 된다(대법원 2011. 6. 9. 선고 2010도17886 판결).

② 로비가 실패하면 반환받기로 약속하였다가 실제로 이를 반환받은 경우

> 로비가 성공하지 못하면 금원을 반환받기로 약속하였다가 실제 이를 반환받는 등 일정한 경우 금원의 반환이 예정되어 있더라도 당초 정치자금 명목으로 금원이 수수된 이상 정치자금법상의 '기부'에 해당한다(대법원 2009. 2. 26. 선고 2008도10422 판결).

③ 후원회에 대한 정치자금 기부와 후원회지정권자 본인의 관련성

> 국회의원이 지정한 후원회는 정치자금을 모아 국회의원에게 전달하는 데 그 존립 목적이 있어 정치자금의 최종 귀속자 내지 독립된 제3자라기보다는 국회의원에 대한 정치자금을 관리하고 전달하는 역할을 하는 것

---

54) 서울고등법원 2018. 8. 10. 선고 2018노1374 판결, 대법원 2019. 9. 26. 선고 2018도13375 판결.
55) 대법원 2009. 1. 30. 선고 2008도8138 판결.

에 불과하므로, 후원회가 위「정치자금법」이 정한 단체의 실질을 갖추었을 뿐 아니라 독자적인 회계처리 등 정상적인 활동을 하고 있는 경우에도, 원래 기부자의 후원회에 대한 후원금 기부사실을 알지 못하였다는 등의 특별한 사정이 없는 한, 국회의원이 후원회로부터 기부받은 후원금액은 원래의 기부자로부터 직접 기부받은 것과 동일하게 보아야 한다(대법원 2008. 9. 11. 선고 2007도7204 판결).

④ 후원회 회계책임자의 급여를 대납받는 사례

- 후원회는 기본적으로 그 지정권자인 국회의원과는 구분되는 별개의 단체 내지 조직이고, 후원회 회계책임자에게 반드시 급여 등을 지급하여야 하는 것은 아니지만, 급여 등을 지급하기로 하는 경우에는 유급사무직원으로서 후원회의 자금(정치자금)으로 지급하여야 하고, 후원회 이외의 타인이 후원회 회계책임자에게 급여 등을 지급하게 되면, 이는 정치자금법이 정하지 아니한 방법으로 정치자금을 수수한 경우에 해당한다.
- 국회의원이 사실상 지배·관리하고 있는 후원회의 회계책임자의 실질적인 급여 등을 후원회가 아닌 타인이 지급하는 경우, 이는 그 타인이 국회의원에 대하여 직접 정치자금을 기부한 것과 동일하게 볼 수 있으므로 국회의원에게 정치자금으로 기부한 것에 해당한다(대법원 2015. 12. 24. 선고 2015도15250 판결).

⑤ 공무원이 되기 전 지급해야 할 당비를 공무원 신분에서 지급한 경우

공무원은 어떠한 명목이든 상관없이 금전이나 물질로 특정 정당이나 정치단체를 지지, 반대할 수 없으므로 (국가공무원법 제65조 제4항, 지방공무원법 제57조 제4항, 국가공무원 복무규정 제27조 제1항 5호), 공무원 등 당원이 될 수 없는 사람은 정당에 당비 명목의 정치자금을 기부할 수 없다. 다만, 공무원(지방공무원) 신분을 취득한 상태에서 공무원 신분을 취득하기 이전에 지급하였어야 할 당비를 납부한 것은 지방공무원법 제82조, 제57조 위반죄로 처벌할 수 없다. 즉, 위와 같은 금원은 정치자금으로서의 성격이 없다 할 것이다(광주고등법원 2013. 8. 22. 선고 2012노395 판결, 대법원 2014. 6. 26. 선고 2013도10945 판결).

※ 피고인이 납부한 위 40만원의 직책당비 중 2010. 10.부터 2010. 12.분까지의 직책당비 15만원(월 5만원 × 3개월)은 피고인이 지방공무원으로 임용되기 이전에 납부의무가 발생한 정치자금으로, 비록 피고인이 지방공무원으로 임용된 이후에 그 납부의무를 이행하였다 하더라도 이는 이미 지급의무가 발생한 당비를 사후에 변제한 것이며, 정치자금법이 정하지 아니한 방법으로 정치자금을 기부한 것으로 볼 수 없음.

8. 범의 등

「정치자금법」제45조 제1항 위반죄의 범의는 정치자금의 기부방법이 정치자금법에서 정하고 있는 방법에 해당하지 아니한다는 인식만으로 충분하므로, 정치자금법이 규정한 것과 다른 방법으로 정치자금을 받은 이상 후원인의 의사와 달리 국회의원 스스로는 기부받은 금품을 후원회에 전달할 내심의 의사를 가졌었다거나 후에 실제로 후원회에 전달하였다는 사정만으로 정치자금법 제45조 제1항 위반죄의 책임을 면할 수 없다.[56]

현금카드의 교부행위로써 정치자금법상 정치자금의 기부는 완성되고, 이미 현금카드가 비밀번호와 함께 기부받는 자 측에게 보관되어 있는 상태에서 기부자가 그 현금카드와 연결된 계좌에 정치자금을 추가로 입금하는 경우, 그 입금과 동시에 정치자금의 기부가 완성된다.[57]

정치자금부정수수죄가 기수에 이른 이후에 정치자금을 기부받은 사람이 실제 그 자금을 정치활동을 위하여 사용하였는지 여부는 범죄의 성립에 영향을 미치지 아니한다.[58]

그러나 정치자금법 제45조 제1항 위반죄에 대한 미수범을 처벌하는 규정이 없으므로, 정치자금부정수수죄로 처벌하기 위해서는 당해 정치자금에 대한 점유가 기부하는 자로부터 기부받는 자에게 확정적으로 이전되어야 하고, 기부받는 자가 이를 반환할 의사로 일시 점유하였다는 사실만으로는 위 조항에 의하여 처벌할 수 없다.[59]

금품수수 여부가 쟁점이 된 사건에서, 금품수수자로 지목된 피고인이 수수사실을 부인하고 있고 이를 뒷받침할 금융자료 등 객관적 물증이 없는 경우, 금품을 제공하였다는 사람의 진술만으로 유죄를 인정하기 위해서는 그 진술이 증거능력이 있어야 하는 것은 물론 합리적인 의심을 배제할 만한 신빙성이 있어야 한다. 그리고 그 신빙성이 있는지 여부를 판단할 때에는 진술 내용 자체의 합리성, 객관적 상당성, 전후의 일관성뿐만 아니라 그의 인간됨, 그 진술로 얻게 되는 이해관계 유무, 특히 그에게 어떤 범죄의 혐의가 있고 그 혐의에 대하여 수사가 개시될 가능성이 있거나 수사가 진행 중인 경우에는 이를 이용한 협박이나 회유 등의 의심이 있어 그 진술의 증거능력이 부정되는 정도에까지 이르지 않는 경우에도 그로 인한 궁박한 처지에서 벗어나려는 노력이 진술에 영향을 미칠 수 있는지 여부 등도 아울러 살펴보아야 한다.[60]

기부자의 진술이 유일한 증거일 때의 판단방법

금품 수수 여부가 쟁점이 된 사건에서 금품을 제공하였다는 사람의 진술에 대하여 제1심이 증인신문 절차 등을 거친 후에 합리적인 의심을 배제할 만한 신빙성이 없다고 보아 공소사실을 무죄로 판단한 경우에, 항소심이 제1심 증인 등을 다시 신문하는 등의 추가 증거조사를 거쳐 신빙성을 심사하여 본 결과 제1심이 들

---

56)　대법원 2009. 3. 12. 선고 2006도2612 판결, 대법원 2011. 6. 9. 선고 2010도17886 판결.
57)　대법원 2011. 6. 9. 선고 2010도17886 판결.
58)　대법원 2009. 2. 26. 선고 2008도10422 판결.
59)　청주지방법원 2006. 12. 28. 선고 2006고단973 판결.
60)　대법원 2011. 4. 28. 선고 2010도14487 판결.

고 있는 의심과 일부 어긋날 수 있는 사실의 개연성이 드러남으로써 제1심의 판단에 의문이 생기더라도, 제1심이 제기한 의심이 금품 제공과 양립할 수 없거나 진술의 신빙성 인정에 장애가 되는 사실의 개연성에 대한 합리성 있는 근거에 기초하고 있고 제1심의 증거조사 결과와 항소심의 추가 증거조사 결과에 의하여도 제1심이 일으킨 합리적인 의심을 충분히 해소할 수 있을 정도에까지 이르지 아니한다면, 일부 반대되는 사실에 관한 개연성 또는 의문만으로 진술의 신빙성 및 범죄의 증명이 부족하다는 제1심의 판단에 사실오인의 위법이 있다고 단정하여 공소사실을 유죄로 인정하여서는 아니 된다. 특히 항소심에서도 진술 중의 일부에 대하여 신빙성을 부정함으로써 그에 관한 제1심의 판단을 수긍하는 경우라면, 나머지 진술 부분에 대하여 신빙성을 부정한 제1심의 판단이 위법하다고 인정하기 위해서는 그 부분 진술만은 신뢰할 수 있는 확실한 근거가 제시되는 등의 특별한 사정이 있는지에 관하여 더욱 신중히 판단하여야 한다.

공소사실을 유죄로 인정할 수 있는지 여부는 스스로 금품 제공자라고 주장하는 공소외 1의 진술을 믿을 수 있는지 여부에 달려 있다.

그런데 ① 금품 제공 일시에 관하여 공소외 1이 정확하게 기억을 못하는 것에 의문이 들고, ② 금품을 제공한 구체적인 장소를 제대로 기억하지 못하고 있고 원심에 이르러서는 종전과 전혀 다른 장소일 가능성을 제시하는 등 진술이 오락가락하여 공소외 1의 진술을 그대로 믿기 어려우며, ③ 공소외 1의 진술을 뒷받침한다는 공소외 3의 수사기관에서의 진술도 원심에서의 진술에 의하면 믿기 어렵고, ④ 금품 제공 당시의 상황에 대하여 공소외 1의 진술과 공소외 3의 진술에 서로 다른 부분이 있으며, ⑤ 공소외 1이 33분 안에 목△▽×이트에서 △△△아◇◆호텔을 거쳐 □□산단 주유소로 이동하여 주유하고 결제하는 것이 시간상 불가능하다고 인정한 제1심의 전제는 원심에서 실시한 현장검증 결과와 부합하지 아니하나, 이 부분 공소사실 기재 일자와 위 현증검증 일자 사이에 6년 이상의 시간이 흐르고 목포대교의 개통이나 교통신호체계의 개선 등 교통여건이 달라졌으며, 위와 같이 공소외 1의 진술을 그대로 믿기 어려운 여러 사정 등을 더하여 보면, 위 현장검증 결과만으로는 위와 같은 합리적 의심을 배제하기 어려우며, ⑥ 설령 공소외 1이 공소외 2에게 돈을 교부하였다 하더라도 이를 공소외 2가 피고인에게 전달하였다는 사실을 인정할 충분한 증거가 없고, ⑦ 그 밖에 검사가 항소이유로 주장하는 사정들만으로는 공소외 1진술의 신빙성을 부정하는 위와 같은 의혹을 해소하기에 부족하다(대법원 2016. 2. 18. 선고 2015도11428 판결).

돈을 주고받은 당사자 중 일방은 정치자금이라고 주장하고 다른 일방은 정치자금 명목으로 받은 것이 아니라고 주장하는 경우에 기부된 돈 중 상당한 금액이 실제로 정치활동을 위하여 사용되었다면, 이를 정치자금이라고 인정할 수 있는 유력한 증거가 된다. 기부자는 정치자금으로 돈을 주었다고 주장하고, 수수자는 정치자금 명목이 아닌 개인적인 용도로 받은 것이라고 주장하고 있는 경우에는 실제 기부된 돈이 정치자금으로 사용되었는지에 관하여 객관적으로 선거자금 명목으로 금원이 수수되었다는 사실이 증명되어야 한다.[61]

---

61) 서울고등법원 2020. 8. 21. 선고 2019노2002 판결, 대법원 2021. 1. 14. 선고 2020도12100 판결.

9. '대향범' 문제[62)]

「정치자금법」제45조 제1항으로 처벌되려면 기부와 기부받는 사람 사이에 의사의 합치 및 대항적 협력관계가 있어 한 명의 죄가 성립되지 않는다면 상대방도 당연히 죄가 성립할 수 없는지 여부가 문제가 될 수 있다. 그런데 불법정치자금을 기부한 자나 기부받은 자의 범의 등 주관적 구성요건은 기부한 자와 기부받은 자가 다를 가능성이 있으므로 일률적으로 어느 일방의 죄가 성립하지 않는다고 하여 다른 일방도 당연히 죄가 성립하지 않는 것은 아니라고 할 것이다.[63)]

판례는 "정치자금법 제45조 제1항의 정치자금을 기부한 자와 기부받은 자는 이른바 대향범(대향범)인 필요적 공범관계에 있다. 이러한 공범관계는 행위자들이 서로 대향적 행위를 하는 것을 전제로 하는데, 각자의 행위가 범죄구성요건에 해당하면 그에 따른 처벌을 받을 뿐이고 반드시 협력자 전부에게 범죄가 성립해야 하는 것은 아니다. 정치자금을 기부하는 자의 범죄가 성립하지 않더라도 정치자금을 기부받는 자가 정치자금법이 정하지 않은 방법으로 정치자금을 제공받는다는 의사를 가지고 받으면 정치자금부정수수죄가 성립한다"라고 판시하였다.[64)]

정치활동하는 단체의 특별회비 명목의 금품을 받는 행위

피고인 갑, 을, 병이 공모하여, 피고인 갑의 시장 선거 당선을 목적으로 정 포럼을 설립하여 피고인 갑의 인지도 제고 및 이미지 향상을 위한 활동을 한 후 이에 소요되는 비용을 마련하고자 불특정 다수의 사람들로부터 정 포럼의 특별회비 등 명목으로 돈을 기부받아 정치자금을 수수하였다고 하여 정치자금법 위반으로 기소된 사안에서, 정 포럼의 인적·물적 조직이 피고인 갑의 인지도와 긍정적 이미지를 높여 시장 선거에서 피고인 갑의 당선에 필요하거나 유리한 활동을 하는 데 실질적으로 이용되었으므로 정 포럼은 시장 선거를 대비해 피고인 갑의 정치적 기반을 다지기 위한 목적으로 설립되어 활동한 단체로 평가되고, 공직선거에 입후보하려는 특정 정치인의 정치적 기반을 다지기 위한 정 포럼의 각종 행사는 위 단체의 정치활동으로 볼 수 있어, 결국 정 포럼은 구 정치자금법(2016. 3. 3. 법률 제14074호로 개정되기 전의 것) 제3조 제1호에서 열거된 사람 또는 단체에 준하여 '그 밖에 정치활동을 하는 자'에 해당하며, 피고인들이 자신들이 속한 정 포럼의 활동과 운영에 필요한 비용으로 사용하기 위해서 특별회비 명목의 금품을 받은 행위는 위 단체의 정

---

62) 대향범이란 2인 이상의 대향적 협력에 의하여 성립하는 범죄로서 대향자 쌍방의 법정형이 같은 경우(간통죄), 대향자 사이의 법정형이 다른 경우(뇌물죄), 대향자의 일방만이 처벌하는 경우(범인은닉죄)가 있다(서울중앙지방법원 2013. 11. 25. 선고 2013고단1076, 2013고단1269(병합) 판결).

63) 대검찰청. 정치자금법 벌칙해설(제2개정판). 대검찰청, 2022, 198면.

64) 대법원 2017. 11. 14. 선고 2017도3449 판결.

치활동을 위하여 제공된 금품이나 그 정치활동에 드는 비용, 즉 정치자금을 기부받은 것으로서, 특별회비를 제공한 사람들이 특별회비가 정치자금에 해당함을 인식하지 못하였더라도 달리 볼 것이 아니다(대법원 2017. 11. 14. 선고 2017도3449 판결).

　　국회의원선거 출마 후보자에게 정치자금을 기부한 사건에서 정치자금의 기부행위가 성립하기 위해서 기부하는 자와 기부받은 자 사이에 의사의 합치가 있어야 한다는 피고인 측의 주장에 대해, 판례는 "피고인의 주장은 정치자금 부정수수죄가 2인 이상의 대향적 협력에 의하여 성립하는 대향범으로 기부자와 수수자 사이에 의사의 합치가 없는 이상 모두에게 죄가 성립할 수 없다는 취지이나, 피고인이 수수자를 위하여 정치자금법에 정하지 아니한 방법으로 정치자금을 기부한 이상 피고인에게는 정치자금 부정수수죄의 객관적 구성요건이 성립하는 것이고, 설령 수령자가 정치자금 부정수수에 대한 인식이 없어 주관적 구성요건인 고의가 없다는 이유로 무죄된다고 하더라도 피고인의 죄의 성립에는 영향이 없다"라고 판시하였고,[65] "정치자금법 제45조 제1항은 위 법에 정하지 아니한 방법으로 정치자금을 기부한 자를 처벌하도록 규정하면서 그 제3조 제2호에서 "기부"를 "정치활동을 위하여 개인 또는 후원회 그 밖의 자가 정치자금을 제공하는 일체의 행위"라고 정의하고 있을 뿐이므로, 위 법에 정하지 아니한 방법으로 정치자금을 제공하면 곧바로 위 법이 정하는 정치자금부정수수죄의 기수에 이르게 되고, 반드시 제공의 상대방도 정치자금부정수수죄가 성립할 것을 요하지 않으며, 사후에 상대방으로부터 반환받았다고 하더라도 이미 성립된 범죄에 아무런 영향이 없다"라고 판시하였다.[66]

10. 기수시기

　　「정치자금법」 제45조 제1항에 대해서는 미수범 처벌 규정이 없다. 법에는 예비·음모 및 미수범에 대한 처벌조항을 별도로 두고 있지도 않기 때문이다.[67] 따라서 기부의 의사표시를

---

65) 대전고등법원 2011. 5. 27. 선고 2011노57 판결, 대법원 2014. 3. 13. 선고 2011도7566 판결.

66) 대법원 2008. 7. 24. 선고 2008도3723 판결.

67) 형법 제28조는 "범죄의 음모 또는 예비행위가 실행의 착수에 이르지 아니한 때에는 법률에 특별한 규정이 없는 한 벌하지 아니한다"고 규정하여 원칙적으로 예비·음모는 벌하지 않는다. 법익이 중대한 범죄유형에 한하여 예외적으로 실행행위 이전의 예비·음모는 벌하지 않는다(정성근·정준섭.「형법강의 총론(제3판)」, 박영사, 2022, 228면).
형법 제29조는 "미수범을 처벌할 죄는 각칙의 해당 죄에서 정한다"로 규정하고 있다.
이와 같은 논리는 공직선거법 제93조 제1항의 '배부'에 관한 대법원 2009. 5. 14. 선고 2009도1938 판결의 내용에도 등장한다.
"직접 배부행위의 상대방에게 문서·도화 등이 도달되지 않는 이상 배부행위자의 사자 또는 그 내용을 모르는 운송기관 등에게 교부된 것만으로는 배부행위가 기수에 이르렀다고 할 수 없으므로, 이 사건의 경우 피고인들이 발송의뢰한 이 사건 문서가 교

하였으나 수령하지 않는 경우 처벌할 수 없고, '기부' 전에 적발된 경우에도 처벌할 수 없다.

「공직선거법」 제230조(매수 및 이해유도죄) 제1항과 같은 법 제257조(기부행위의 금지제한 등 위반죄) 제1항이 '제공의 의사를 표시하거나 그 제공을 약속한 자'도 처벌하는 것과 다르다.

'제공'의 사전적 의미는 '무엇을 내주거나 갖다 바침'을 뜻하여 실제 금원의 수수가 이루어지기 전 이를 '약속'하는 행위는 '제공'의 범위에 포함된다고 보기 어렵다. 정치자금법위반죄는 정치자금을 실제로 수수하여야 성립한다고 할 것이고, 그 제공을 약속하는 것만으로는 성립하지 않는다. 따라서 실제 수수된 금원이 '정치자금'에 해당하는지 여부도 실제 해당 금원이 수수된 시점을 기준으로 판단하여야 한다. 그렇지 않다면 금원 기부를 약속한 때와는 달리, 실제 이를 수수할 당시에는 이를 제공받는 사람이 정치활동을 전혀 영위하지 않고 해당 금원을 정치활동과 무관한 목적으로 제공받는 경우에도 정치자금법위반죄가 성립하게 되는바, 이는 위 처벌법규의 문언에 명백히 반한다.[68]

공소사실

피고인 B는 2012. 4. 11. 제19대 국회의원선거를 앞둔 2012. 3.경 피고인 C에게 "야권연대와 관련하여 ○○ 측에 아는 사람을 소개해 달라"는 취지로 말하였고, 이에 피고인 C는 피고인 E에게 "○○ 측에 힘 있는 사람을 섭외해 달라"고 요청하였으며, 피고인 E는 피고인 D에게 "○○ 측에서 한 번 보자고 한다"고 말하여 피고인 B를 같이 만나기로 하였다.

그리하여 피고인 B, 피고인 C, 피고인 D, 피고인 E는 2012. 3.경 ○○에 있는 상호불상의 커피숍에서 만났고, 피고인 B, 피고인 D는 위 커피숍 부근에 주차된 D 소유의 차량으로 자리를 옮긴 상태에서, 'D가 A의 총선 출마포기 대가로 총선이 끝나면 A의 일자리와 선거비용 보전 명목으로 2,000만원을 제공'하기로 약속하였다.

그 후 피고인 A는 2012. 3. 22.부터 같은 달 23.까지 진행된 후보자등록기간 중 등록을 하지 아니하여 제19대 국회의원선거에 출마하지 않았다.

그러나 피고인 D가 위와 같이 약속한 금원을 지급하지 않자, 피고인 A, 피고인 B, 피고인 C는 총선이 끝난 2012. 5.경부터 같은 해 여름경까지 수회에 걸쳐 D에게 약속을 이행하라며 독촉하였다.

이에 피고인 D는 피고인 E에게 "총선 포기 대가로 B에게 약속하였으니 돈을 대신 보내 달라"고 말하고, 피고인 E는 지인인 G, H에게 부탁하여 2012. 10. 15. G의 계좌에서 피고인 B의 농협 계좌로 200만원, 같은 날 H의 계좌에서 300만원을 각 송금하였다.

부상대방에게 도달되기 이전에 우체국에서 선거관리위원회의 우송중지요청에 의하여 우송이 중지되고 압수된 이상, 피고인들의 행위가 공직선거법 제93조 제1항에서 금지하는 '배부행위'에 해당한다고 볼 수 없다(공직선거법은 제93조 제1항 위반죄에 대하여 예비·음모 및 미수범에 대한 처벌조항을 별도로 두고 있지도 않다)."

68) 서울북부지방법원 2020. 2. 14. 선고 2019노1545 판결.

계속하여 피고인 D는 2012. 10.경부터 같은 해 12.경까지 ○○ 주거지 앞에 주차된 피고인 C의 차량 안 등에서 피고인 C에게 3회에 걸쳐 현금 1,500만원을 제공하고, 피고인 C는 그 무렵 피고인 B에게 이를 전달하였다.

⇨ 이 사건 금원은 피고인 A의 정치활동을 위하여 수수된 것이라 할 수 없고, 달리 정치자금에 해당한다고 볼 증거가 없다. 위 금원이 정치자금에 해당하지 않는 이상 설령 이를 정치자금법에 정하지 아니한 방법으로 제공하였다 하더라도 정치자금부정수수죄는 성립하지 않는다. 결국 검사의 주장은 이유 없다(서울북부지방법원 2020. 2. 14. 선고 2019노1545 판결).

정치자금에 대한 점유가 기부하는 자로부터 기부받은 자에게 확정적으로 이전되어야 하므로, 친목 모임에서 "선거에서 승리하라"며 100만원이 든 봉투를 제공하자 "선거법에 걸리니 마음만 받겠다"고 답하며 반환할 의사로 앉은 자리에 놓았다가 그대로 나왔다면 점유가 확정적으로 이전되지 않아 기수에 이르지 않았다고 판시한 사례가 있다.[69]

원심이 인정한 바와 같이 피고인 B가 이 사건 사무실을 피고인 A(현직 ○○구청장이자, 2018. 6. 13. 실시된 제7회 전국동시지방선거 ○○구청장 선거 후보자로 출마할 예정인 사람)의 선거운동을 목적으로 임차하였다고 하더라도, 앞서 본 바와 같이 피고인 A가 피고인 B의 임대차계약 체결 사실이나 보증금 등의 지급 사실을 알았다거나 이를 허락하였다고 보기 어려운 이상, 피고인 A가 이를 '제공받는 행위'를 하였다고 볼 수 없고, 그렇다면 이와 대항적 관계에 있는 피고인 B가 이를 '제공하는 행위'를 완료하였다고 볼 수도 없다. 달리 피고인 B의 이 사건 사무실 임차행위를 정치자금법 제45조 제1항에서 정한 '기부행위'로 평가할 수 있는 근거가 될 만한 사정도 보이지 않으므로, 결국 검사가 제출한 증거들만으로는 피고인 B가 이 사건 공소사실 기재와 같이 피고인 A에게 정치자금을 기부하였다고 인정하기에 부족하다. 나아가 앞서 본 바와 같이 정치자금법 제45조 제1항에는 미수범을 처벌하는 규정이 없으므로 피고인 B가 이 사건 사무실을 임차함으로써 피고인 A에게 정치자금을 기부하려고 한 사실만 가지고는 피고인 B를 정치자금 기부로 인한 정치자금법위반죄로 처벌할 수 없다고 할 것이다(인천지방법원 2020. 10. 6. 선고 2019노3088 판결).

일방에 의하여 정치자금이 마련되었으나 건네지지 아니한 단계에서는 정치자금법 제45조 제1항 위반죄의 기수에 이르렀다고 볼 수 없고, 같은 규정 위반죄는 미수를 처벌하는 규정을 두고 있지 않으므로 죄형법정주의의 원칙상 이를 처벌할 수 없는 사례(인천지방법원 2020. 10. 6. 선고 2019노3088 판결)도 있다.

그리고 부작위에 의한 정치자금 부정수수와 관련하여 기수시기에 대하여 문제가 될 수 있다.

법원은 "후원회에 정치자금법이 정하지 아니한 방법으로 정치자금이 기부될 당시 피고인

---

69) 대법원 2007. 12. 13. 선고 2007도7074 판결.

이 그 사실을 알고 있었던 경우에는 정치자금이 후원회에 기부될 때 피고인의 정치자금 부정수수로 인한 정치자금법위반죄가 기수에 이르게 되나, 후원회에 위 정치자금이 기부될 당시에는 피고인이 그 사실을 알지 못하였다가 이후 이를 인식하고도 위 정치자금을 반환하게 하는 등의 조치를 취하지 아니한 경우에는 그 무렵 위 죄가 기수에 이르게 되므로, 피고인의 후원회에 A임직원들이나 그 가족 명의로 정치자금이 기부될 당시에는 피고인이 그 사실을 알지 못하였다가 이후 B나 C로부터 그 사실을 보고받아 A 측에서 타인 명의로 정치자금을 기부한 사정을 인식하고도 그 정치자금을 반환하는 등의 조치를 취하지 않았으므로 그 무렵 피고인의 정치자금부정수수로 인한 정치자금법위반죄가 기수에 이르게 되었다고 봄이 타당하다"고 판시하였다.[70]

> **부작위범에 대한 기수시기**
>
> 후원회지정권자인 국회의원이 A 주식회사의 회장 AM, 대표이사 AN으로부터 타인 명의로 기부받은 사실을 알고도 반환 등의 조치를 하지 않은 행위가 「정치자금법」 제45조 제1항의 이 법에 정하지 아니한 방법으로 정치자금을 받은 행위에 해당한다고 한 사례에서, 형법상 부작위범이 인정되기 위해서는 형법이 금지하고 있는 법익침해의 결과발생을 방지할 법적인 작위의무를 지고 있는 자가 그 의무를 이행함으로써 결과발생을 쉽게 방지할 수 있었음에도 불구하고 그 결과의 발생을 용인하고 이를 방관한 채 그 의무를 이행하지 아니한 경우에, 그 부작위가 작위에 의한 법익침해와 동등한 형법적 가치가 있는 것이어서 그 범죄의 실행행위로 평가될 만한 것이라면, 작위에 의한 실행행위와 동일하게 부작위범으로 처벌할 수 있고, 여기서 작위의무는 법령, 법률행위, 선행행위로 인한 경우는 물론, 기타 신의성실의 원칙이나 사회상규 혹은 조리상 작위의무가 기대되는 경우에도 인정된다 할 것이다(대법원 1992. 2. 11. 선고 91도2951 판결, 대법원 2006. 4. 28. 선고 2003도4128 판결, 대법원 2008. 2. 28. 선고 2007도9354 판결 등 참조).
>
> 정치자금법은 정치자금과 관련한 부정을 방지함으로써 민주정치의 건전한 발전에 기여함을 목적으로 하는 바(제1조), 누구든지 타인의 명의나 가명으로 정치자금을 기부할 수 없고(제2조 제5항), 이에 위반하는 경우 200만원 이하의 벌금형에 처해지며(제48조 제3호), 정치자금법에 정하지 아니한 방법으로 정치자금을 기부하거나 기부받은 자는 형사처벌을 받게 되고(제45조 제1항), 후원회의 회계책임자는 후원인으로부터 기부받은 후원금이 불법의 후원금이라는 사실을 안 날부터 30일 이내에 후원인에게 반환하여야 하며, 반환할 수 없거나 후원인이 수령을 거절하는 때에는 선거관리위원회를 통하여 이를 국고에 귀속시켜야 한다(제18조). 정치자금과 관련한 부정을 방지하고자 하는 정치자금법의 목적, 관련 처벌조항의 취지 및 후원회 회계책임자에게 불법후원금의 반환을 규정하고 있는 정치자금법 조항에비추어 보면, 불법후원금을 받은 자에게 귀속시키는 것은 정치자금법 관련 조항의 목적이나 취지에 부합하지 않는 점, 타인 명의 정치자금을 기부받은 자에게 반환의무를 인정하지 않을 경우 기부한 자는 형사처벌을 받게 되는 반면, 기부받은 자는 불

---

70)　서울고등법원 2021. 1. 21. 선고 2020노197 판결, 대법원 2021. 7. 21. 선고 2021도2227 판결.

법정치자금이라는 사정을 알게 된 후 이를 반환하지 않아도 정치자금법위반죄로 처벌되지 않는 불균형이 발생하는 점, 정치자금법 제18조는 후원회 회계책임자에게 후원회가 기부받은 불법후원금에 대하여 반환할 책임을 규정하고 있는 것일 뿐 그 밖에 불법후원금을 받은 자의 반환의무를 부정하는 취지는 아닌 점, 위에서 본 바와 같이 정치자금법 제45조 제1항은 그 범죄의 주체를 제한하지 않고 있는바, 후원회의 회계책임자 이외에 불법후원금을 받은 자의 반환의무를 부정할 경우 후원회의 회계책임자만이 정치자금부정수수로 인한 정치자금법위반죄의 부작위범이 되는 불합리한 결과가 발생하게 되는 점 등의 여러 사정에 비추어 보면, 정치자금법에 정하지 아니한 방법으로 후원금을 기부받은 자는 신의성실의 원칙이나 사회상규 혹은 조리상 그 후원금을 반환할 작의의무가 있다고 보아야 한다. 나아가 정치자금법 제18조가 후원회의 회계책임자에게 불법후원금의 반환 기한을 정하고 있는 것은 부작위에 의한 정치자금 부정수수로 인한 정치자금법위반죄의 기수 시기와는 별다른 관련이 없다. 따라서 피고인의 이 부분 주장은 이유 없다(서울고등법원 2021. 1. 21. 선고 2020노197 판결, 대법원 2021. 7. 21. 선고 2021도2227 판결).

한편 공모공동정범에 있어 기수 시기와 관련하여 법원은 "정치자금을 받은 자는 정당인데 그 구성원으로서 자금의 조달 및 집행을 총괄한 피고인과 다른 공모공동정범들 사이에 불법 정치자금을 받는다는 의사의 결합이 그 전달 등의 과정에서 순차적으로 상통하여 이루어진 공동범행에 있어서는 정치자금법에 정하지 아니한 방법으로 위 정당이 정치자금을 받은 것으로 볼 수 있는 단계, 즉 공모공동정범이 피고인에게 전달 또는 보고하여 위 정당이 같은 법에 정하지 아니한 방법으로 정치자금을 받아서 사용하기로 최종적으로 결정한 단계에서 불법 정치자금수수에 의한 같은 법 위반죄의 기수에 이른 것으로 보아야 한다"고 판시하였다.[71]

11. 친족간 특례

「정치자금법」 제45조 제1항 단서에서 정치자금을 기부하거나 기부받은 자의 관계가 민법 제777조(친족의 범위)의 규정에 의한 친족인 경우에는 처벌하지 않는다고 규정하고 있다.

법원은 "정치자금법 제45조 제1항은 "이 법에 정하지 아니한 방법으로 정치자금을 기부하거나 기부받은 자는 5년 이하의 징역 또는 1천만원 이하의 벌금에 처한다. 다만, 정치자금을 기부하거나 기부받은 자의 관계가 민법 제777조의 규정에 의한 친족인 경우에는 그러하지 아니하다"라고 규정하고 있는바, 위 조항의 단서 규정은 정치자금을 기부하는 자와 받는 자 사이에 민법상 친족관계가 있는 경우에는 친족간의 정의(情誼)를 고려할 때 정치자금법에

---

71) 대법원 2004. 12. 24. 선고 2004도5494 판결.

서 정한 방법으로 돈을 주고 받으리라고 기대하기 어려움을 이유로 책임이 조각되는 사유를 정한 것이지 범죄의 구성요건해당성이 조각되는 사유를 정한 것이 아니므로, 정치자금을 기부받는 자와 민법 제777조의 규정에 의한 친족관계에 있는 자가 그러한 친족관계 없는 자와 공모하여 정치자금법에 정하지 아니한 방법으로 정치자금을 기부한 경우에는 형법 제33조 본문에서 말하는 '신분관계로 인하여 성립될 범죄에 가공한 행위'에 해당한다고 볼 수 없으며, 친족관계에 있는 자의 책임은 조각된다"라고 판시하면서, "친족간의 정치자금 기부행위 불처벌을 규정한 정치자금법 제45조 제1항 단서 규정이 같은 법 제45조 제1항 위반죄를 범한 공동정범 중에서 실제로 자금을 출연하여 기부를 실행한 자에 대해서만 적용되고 사실상 기부의 알선에 가까운 행위를 한 공동정범에게는 적용되지 않는다고 해석할 수는 없다"라고 판시하였다.

또한 "혈족의 범위를 정한 「민법」 제768조에서 말하는 '형제자매'라 함은 부계 및 모계의 형제자매를 모두 포함하므로, 이복형제가 정치자금법 제45조 제1항 단서의 '친족'에서 제외되는 것은 아니다"라고 판시하였다.[72]

> **「민법」 제777조(친족의 범위)** 친족관계로 인한 법률상 효력은 이 법 또는 다른 법률에 특별한 규정이 없는 한 다음 각 호에 해당하는 자에 미친다.
>   1. 8촌 이내의 혈족
>   2. 4촌 이내의 인척
>   3. 배우자

한편 「정치자금법」 제45조 제2항에도 같은 법 제1항 단서가 규정한 친족간의 특례조항을 적용할 수 있는지 여부가 문제될 수 있다.

그러나 제45조 제2항 각 호에 규정된 범죄 주체의 성격이 제45조 제1항과 상이하고 제45조 제1항 단서의 규정이 제45조 전체의 일반 규정 성격을 갖고 있다면, 굳이 위 제1항의 단서 형식으로 규정할 것이 아니라 별도의 조항으로 규정하는 것이 법조문 체계상 더 타당하다는 점 등을 고려하면, 친족간의 특례조항을 제45조 제2항에는 적용할 수 없다고 보는 것이 타당하다.[73]

---

72) 대법원 2007. 11. 29. 선고 2007도7062 판결.
73) 대검찰청. 정치자금법 벌칙해설(제2개정판). 대검찰청, 2022, 158면.

정치자금법 제45조 제1항 단서는 민법 제777조에 규정된 친족이 후원회를 통하지 않고 정치자금법에 정하지 아니한 방법으로 정치자금을 주거나 받은 경우 이를 처벌할 필요가 없다는 것을 전제로 한 규정으로, 같은 조 제2항 각 호 위반에 대하여도 단순히 친족이라는 이유로 처벌하지 않는 것이 타당한지 의문이며, 정치자금법 제45조 제1항 단서의 규정이 위 제45조 전체의 일반 규정 성격을 갖고 있다면 굳이 위 제1항의 단서 형식으로 규정할 것이 아니라 별도의 조항으로 규정하는 것이 법조문 체계상 더 타당한 점 등을 고려하면, 정치자금법 제45조 제1항 단서의 규정이 같은 조 제2항의 각 호의 경우에도 그대로 적용 또는 준용될 수 없다(서울고등법원 2010. 5. 14. 선고 2010노699 판결, 대법원 2010. 7. 29. 선고 2010도6894 판결).

12. 죄수관계

가. 제45조 제1항과 제45조 제2항

포괄적 금지조항인 정치자금법 제45조 제1항과 특정한 기부행위를 제한하는 정치자금법 제31조 제1항(단체의 정치자금 기부), 정치자금법 제31조 제2항(단체와 관련된 정치자금 기부), 제32조(특정행위와 관련된 기부)를 위반하였을 때의 처벌조항인 정치자금법 제45조 제2항 제5호와의 죄수관계가 문제될 수 있다.

판례는 "특별한 사정이 없는 한 법인으로부터 정치자금을 기부받은 사실 자체만으로 별도의 정치자금법 제45조 제1항 위반죄가 성립하지는 않지만, 국회의원 등 후원회지정권자가 후원회를 통하지 아니하고 법인으로부터 직접 정치자금을 받은 경우라면 정치자금법 제45조 제1항 위반죄도 정치자금법 제45조 제2항 제5호 위반죄와 별도로 성립하고, 두 죄는 상상적 경합관계에 있다"라고 판시하였다.[74]

나. 포괄일죄

동일 죄명에 해당하는 수개의 행위를 단일하고 계속된 범의 아래 일정 기간 계속하여 행하고 그 피해법익도 동일한 경우에는 각 행위를 통틀어 포괄일죄로 처단하여야 하는 것이고,[75] 이러한 법리는 정치자금부정수수로 인한 정치자금위반죄에도 마찬가지로 적용된다.[76]

금품수수를 수반하는 대향범의 죄수관계를 판단함에 있어 금품의 제공자가 달라졌다는 사정은 피고인의 범의가 단절되었다고 추단할 수 있는 정표이지만, 대향적 상대방이 변경되

---

74) 대법원 2011. 6. 9. 선고 2010도17886 판결.
75) 대법원 2010. 11. 25. 선고 2010도1588 판결.
76) 대법원 2014. 10. 30. 선고 2012도12394 판결.

없음에도 피고인의 범의가 단절·갱신되었다고 볼 수 없는 경우에는 앞서 본 법리에 따라 각 행위가 포괄일죄 관계에 있다고 보아야 한다.[77]

범죄사실

피고인은 2009. 10. 28. 실시된 제19대 국회의원선거에서 낙선한 이후 G당 부대변인 등의 직책을 보유하면서, 2010. 6. 2. 실시될 예정인 지방선거 M시 야권연대를 위한 공동추진위원회 상임위원장으로 활동하는 등 정치활동을 계속하던 중, 충주시 S에 있는 골프장 운영업체인 T를 운영하던 U(2012. 8. 2. 사망)로부터 T 고문으로 채용하여 매월 급여를 지급하는 방식으로 정치자금을 지원해주겠다는 제의를 받고 이를 수락하였다. 이에 따라 피고인은 2010. 8.경부터 2011. 7.경까지 위 U로부터, 2011. 11.경부터 2017. 5.경까지 위 U의 건강악화 및 사망으로 T를 운영하게 된 U의 아들 V로부터 별지 범죄일람표 기재와 같이 급여, 차량유지비, 퇴직금 등의 명목으로 피고인 명의 계좌로 합계 292,095,695원을 입금받았다.

– 제2심판결(서울고등법원 2019. 11. 22. 선고 2019노1458 판결, 1심 판결 파기)

금품수수를 수반하는 대향범의 죄수관계를 판단함에 있어 금품의 제공자가 달라졌다는 사정은 피고인의 범의가 단절되었다고 추단할 수 있는 정표이지만, 이는 여러 사람으로부터 금품을 수수하는 경우 상대방은 각기 다른 이해관계를 가지고 있고, 피고인도 이를 쉽게 인식할 수 있어 범의가 단절되었다고 볼 수 있기 때문이다. 따라서 대향적 상대방이 변경되었음에도 피고인의 범위가 단절·갱신되었다고 볼 수 없는 경우에는 앞서 본 법리에 따라 각 행위가 포괄일죄 관계에 있다고 보아야 한다.

1심 및 당심이 적법하게 채택하여 조사한 증거에 의해 인정되는 다음과 같은 사실 내지 사정들을 종합하면 B가 □□을 운영하기 시작한 2011. 10.경을 전후하여 고문료 수수에 관한 피고인의 범의가 단절·갱신되었다고 보기 어렵고, 피해법익 역시 동일하므로, 이 사건 공소사실 중 A로부터 지급받은 부분과 B로부터 지급받은 부분을 모두 포괄일죄 관계에 있는 것으로 판단된다.

포괄일죄에 해당하는 이 부분 공소사실의 공소시효는 그 최종 범죄행위가 종료한 2017. 5. 10.부터 진행하므로(대법원 2002. 10. 11. 선고 2002도2939 판결 등 참조), 이 사건 공소가 제기된 2019. 1. 16.에는 아직 공소시효인 7년이 경과하지 아니하였음이 역수상 분명하다. 그럼에도 불구하고 이 부분 행위를 상대방별로 별개의 범죄로 보고 이 부분 공소사실에 관하여 면소를 선고한 원심판결에는 사실을 오인하거나 법리를 오해하여 판결에 영향을 미친 잘못이 있고, 이 점을 지적하는 검사의 이 부분 주장은 이유 있다.

– 대법원판결(대법원 2020. 3. 12. 선고 2019도17691 판결, 2심 판결 유지)

원심은 판시와 같은 이유로 이 사건 공소사실을 유죄로 판단하였다. 원심판결 이유를 관련 법리와 적법하게 채택된 증거에 비추어 살펴보면, 원심의 판단에 필요한 심리를 다하지 않은 채 논리와 경험의 법칙을 위반하여 자유심증주의의 한계를 벗어나거나 정치자금법 제45조 제1항에서 정한 '정치자금' 및 포괄일죄에 관한 법리를 오해한 잘못이 없다.

---

77) 서울고등법원 2019. 11. 22. 선고 2019노1458 판결, 대법원 2020. 3. 12. 선고 2019도17691 판결.

다. 정치자금범죄와 뇌물죄

　　뇌물죄는 직무집행의 공정과 이에 대한 사회의 신뢰에 기하여 직무행위의 불가매수성을 그 직접의 보호법익으로 하고 있고, 뇌물성을 인정하는 데에는 특별히 의무위반행위의 유무나 청탁의 유무 등을 고려할 필요가 없는 것이므로,[78] 그 성립에 있어서 반드시 직무에 관한 특별한 청탁이나 뚜렷한 부정행위가 있어야 하는 것이 아니고, 이익과 개개의 구체적 직무행위 사이에 대가적 관계가 있어야 하는 것도 아니며, 무엇보다도 공무원이 그 이익을 수수하는 것으로 인하여 사회 일반으로부터 직무집행의 공정성을 의심받게 되는지 여부가 뇌물죄의 성부를 판단함에 있어서 중요한 판단 기준이 된다.[79]

　　정치자금, 선거자금, 성금 등의 명목으로 이루어진 금품의 수수라 하더라도, 그것이 정치인인 공무원의 직무행위에 대한 대가로서의 실체를 가지는 한 뇌물로서의 성격을 잃지 아니하고,[80] 공무원이 그 지위를 이용하여 다른 공무원의 직무에 속한 사항을 알선함에 대한 대가로서의 실체를 가지는 한 뇌물로서의 성격을 잃지 않는다.[81]

　　공무원이 수수·요구 또는 약속한 금품에 그 직무행위에 대한 대가로서의 성질과 직무 외의 행위에 대한 사례로서의 성질이 불가분적으로 결합되어 있는 경우에는, 그 수수·요구 또는 약속한 금품 전부가 불가분적으로 직무행위에 대한 대가로서의 성질을 가진다.[82] 또한 정치자금·선거자금 등의 명목으로 이루어진 금품의 수수라 하더라도 그것이 정치인인 공무원의 직무행위에 대한 대가로서의 실체를 가지는 한 뇌물로서의 성격을 잃지 아니하고, 설령 수수된 금품 중 순수한 정치자금의 성격이 일부 포함되어 있는 경우가 있다고 하더라도 이를 뇌물로 보는 데에는 지장이 없으며,[83] 다만 그 금품의 수수가 수회에 걸쳐 이루어졌고 각 수수행위별로 직무 관련성 유무를 달리 볼 여지가 있는 경우에는 그 행위마다 직무와의 관련성 여부를 가릴 필요가 있을 뿐이다.[84]

　　따라서 정치자금의 기부행위는 정치활동에 대한 재정적 지원행위이고 뇌물은 공무원의 직무행위에 대한 위법한 대가로서 수수되는 것이므로, 어느 금품이 정치자금으로 수수되었다고 하더라도 그 실질에 있어 정치자금으로서의 성격을 띠는 동시에 뇌물로서의 성격을 아울러 갖게 되는 것이 반드시 불가능한 것은 아니다.[85]

---

78) 대법원 1995. 6. 30. 선고 94도1017 판결.
79) 대법원 2005. 11. 10. 선고 2005도5135 판결, 대법원 2017. 1. 12. 선고 2016도15470 판결.
80) 대법원 1997. 12. 26. 선고 97도2609 판결.
81) 대법원 1997. 4. 17. 선고 96도3377 전원합의체 판결.
82) 대법원 2009. 7. 9. 선고 2009도3039 판결.
83) 대법원 1997. 12. 26. 선고 97도2609 판결.
84) 대법원 2011. 5. 26. 선고 2009도2453 판결, 대법원 2012. 1. 12. 선고 2011도12642 판결.
85) 대법원 2010. 7. 29. 선고 2010도6894 판결.

정치자금범죄와 알선수뢰죄와의 관계에 대해서 법원은 "구 정치자금에관한법률(2004. 3. 12. 법률 제7191호로 개정되기 전의 것) 제30조 제2항 제5호, 제13조 제3호의 규정이 형법 제132조의 규정에 대하여 특별관계에 있는가의 여부는 양 법규의 구성요건의 비교로부터 논리적으로 결정되어야 할 것인바, 위 구 정치자금에관한법률은 정치자금의 적정한 제공을 보장하고 그 수입과 지출상황을 공개함으로써 민주정치의 건전한 발전에 기여함에 그 입법목적이 있고(제1조), 같은 법 제13조 제3호는 공무원이 담당·처리하는 사무에 관하여 청탁 또는 알선하는 일과 관련하여 정치자금을 기부하거나 받는 것을 금지하여 정치자금과 관련한 부정을 방지하기 위한 규정이므로, 뇌물죄의 한 태양으로서 직무집행의 공정과 이에 대한 사회의 신뢰 및 직무행위의 불가매수성을 그 직접적 보호법익으로 하고 있는 알선수뢰죄와는 그 보호법익을 달리하고 있을 뿐 아니라, 알선수뢰죄는 공무원이 그 지위를 이용하는 것을 구성요건으로 하고 나아가 뇌물을 수수한 경우뿐만 아니라 요구, 약속한 경우도 포함하여 그 행위 주체, 행위의 내용 및 방법 등 구체적인 구성요건에 있어서 위 구 정치자금에관한법률위반죄와 많은 차이가 있어 같은 법 제30조 제2항 제5호, 제13조 제3호의 구성요건이 알선수뢰죄의 구성요건의 모든 요소를 포함하는 외에 다른 요소를 구비하는 경우에 해당하지 않으므로, 위 구 정치자금에관한법률 규정이 형법 제132조의 규정에 대하여 특별관계에 있다고는 볼 수 없다" 판시하였다.[86] 두 죄는 상상적 경합관계에 있다.[87]

라. 정치자금범죄와 정당법위반죄

「정당법」 제22조 제1항 단서에 의하여 정당의 당원이 될 수 없는 「국가공무원법」 제2조에 규정된 '공무원, 사립학교의 교원'이 정당의 당원으로 가입한 행위에 대하여는 정당법위반죄가 성립한다. 법원은 "정치자금법의 입법취지에 비추어 '당비'는 정당법상 적법·유효하게 정당에 가입하여 당원의 자격을 취득한 자가 납부하는 당비를 의미한다고 제한적으로 해석하여야 하므로, 당원의 자격이 없어 정당에 가입할 수 없는 자가 당원으로 가입하는 것과 같은 외관을 갖춘 사실상의(법률상 효력이 없는) 가입행위를 하고 '당비' 명목으로 금원을 납부한 행위에 대하여는 「정당법」위반죄와 별도로 정치자금법위반죄가 성립한다. 따라서 피고인들은 국가공무원법 제2조에 규정된 '공무원, 사립학교의 교원'들로서 정당법 제22조 제1항 단서가 규정하는 당원의 자격이 없는 자이므로 정당 가입 이후에 당비 명목의 금원을 납부하였다면, 이러한 행위에 대하여는 정당법위반죄와 별개로 정치자금법위반죄가 성립될

---

86) 대법원 2005. 2. 17. 선고 2004도6940 판결.
87) 대법원 2012. 1. 12. 선고 2011도12642 판결.

수 있다"라고 판시하였다.[88]

마. 정치자금범죄와 공직선거법위반죄

법원은 "공직선거법은 선거 관련 부정의 방지 및 공정한 선거의 시행을 그 보호법익으로 하는 반면, 정치자금법은 정치자금의 투명성을 확보하고 정치자금 관련 부정의 방지로 민주정치의 발전을 목적으로 하고 있어, 그 보호법익이 같다고 할 수 없고, 기부행위제한위반 내지 선거인 매수로 인한 공직선거법위반죄는 정치자금부정수수 내지 회계책임자에 의하지 않은 정치자금 지출로 인한 정치자금법위반죄와 그 구성요건을 서로 달리하여 어느 한쪽이 다른 한쪽을 전부 포함한다고 할 수 없으므로, 위 두 죄는 보호법익 및 구성요건의 내용이 서로 다른 별개의 범죄로서, 법조경합이 아닌 상상적 경합의 관계에 있다고 봄이 타당하다"고 판시하였다.[89] 기부행위의 금지제한 등 위반죄·매수죄의 규정과 정치자금법 제45조 제1항의 내용을 비교해 보면 보호법익 및 구성요건의 내용이 서로 다른 별개의 범죄로서 상상적 경합의 관계에 있다고 판시한 사례가 있다.[90]

13. 몰수와 추징

「정치자금법」 제45조 제3항의 규정에 따라 같은 법 제1항 및 제2항을 위반한 불법정치자금으로 제공된 금품 그 밖에 재산상의 이익은 몰수하며, 이를 몰수할 수 없을 때에는 그 가액을 추징한다. 「형법」 제48조 제1항[91]의 임의적 몰수·추징과 다르게 「정치자금법」 제45조 제3항은 필요적 몰수·추징으로 불법 정치자금을 수수한 자에게 제공된 금품 기타 재산상 이익을 그들로부터 박탈하여 그들로 하여금 부정한 이익을 보유하지 못하게 함에 그 목적이 있다.[92]

---

88) 서울고등법원 2012. 10. 8. 선고 2012노626 판결, 대법원 2014. 5. 16. 선고 2012도12867 판결.
89) 대법원 2009. 5. 14. 선고 2008도11040 판결.
90) 대구지방법원 2018. 5. 14. 선고 2017고단1246 판결.
91) 형법 제48조(몰수의 대상과 추징) ① 범인 외의 자의 소유에 속하지 아니하거나 범죄 후 범인 외의 자가 사정을 알면서 취득한 다음 각 호의 물건은 전부 또는 일부를 몰수할 수 있다.
　　1. 범죄행위에 제공하였거나 제공하려고 한 물건
　　2. 범죄행위로 인하여 생겼거나 취득한 물건
　　3. 제1호 또는 제2호의 대가로 취득한 물건
　　② 제1항 각 호의 물건을 몰수할 수 없을 때에는 그 가액(價額)을 추징한다.
92) 대법원 2004. 4. 27. 선고 2004도482 판결.

　「정치자금법」에 의한 필요적 몰수 또는 추징은 법을 위반한 자에게 제공된 금품 기타 재산상 이익을 그들로부터 박탈하여 그들로 하여금 부정한 이익을 보유하지 못하게 함에 그 목적이 있으므로, 제공된 당해 금품 기타 재산상 이익이 그 행위자에게 귀속되었음이 인정된 범위 내에서만 추징할 수 있고, 정당에게 제공된 정치자금의 경우 그 정당의 구성원 등이 교부받은 금품을 제공한 자의 뜻에 따라 정당에 전달한 경우에는 그 부분의 이익은 실질적으로 그 행위자에게 귀속된 것이 아니어서 그 가액을 행위자로부터 추징할 것은 아니지만,[93] 금품을 현실적으로 수수한 행위자가 이를 정당에 실제로 전달하지 아니한 이상 위와 같은 법리가 적용된다고 할 수 없고, 한편 이러한 금품수수자가 자신의 개인 예금계좌에 돈을 입금함으로써 그 특정성을 상실시켜서 소비 가능한 상태에 놓았다가 동액 상당을 인출하여 금품제공자에게 반환하였다고 하더라도, 그 가액 상당을 금품수수자로부터 추징함이 상당하다.[94]

　「정치자금법」 제45조 제3항의 규정에 의한 필요적 몰수 또는 추징은 「정치자금법」 제45조 제1항 및 제2항을 위반한 자에게 제공된 금품 기타 재산상 이익을 박탈하여 그들로 하여금 부정한 이익을 보유하지 못하게 함에 그 목적이 있고, 금품의 무상대여를 통하여 위법한 정치자금을 기부받은 경우 범인이 받은 부정한 이익은 무상대여금에 대한 금융이익 상당액이라 할 것이므로, 여기서 몰수 또는 추징의 대상이 되는 것은 무상으로 대여받은 금품 그 자체가 아니라 위 금융이익 상당액이다.[95]

　한편 여기에서 추징의 대상이 되는 금융이익 상당액은 객관적으로 산정되어야 할 것인데, 범인이 금융기관으로부터 대출받는 등 통상적인 방법으로 자금을 차용하였을 경우 부담하게 될 대출이율을 기준으로 하거나 그 대출이율을 알 수 없는 경우에는 금품을 제공받은 피고인의 지위에 따라 민법 또는 상법에서 규정하고 있는 법정이율을 기준으로 하여, 변제기나 지연손해금에 관한 약정이 가장되어 무효라고 볼 만한 사정이 없는 한 금품수수일로부터 약정된 변제기까지 금품을 무이자로 차용하여 얻은 금유이익의 수액을 산정한 뒤 이를 추징하여야 한다. 나아가 그와 같이 약정된 변제기가 없는 경우에는, 판결 선고일 전에 실제로 차용금을 변제하였다거나 대여자의 변제 요구에 의하여 변제기가 도래하였다는 등의 특별한 사정이 없는 한, 금품수수일로부터 판결 선고시까지 금품을 무이자로 차용하여 얻은 금융이익의 수액을 산정한 뒤 이를 추징하여야 한다.[96]

　따라서 법의 필요적 몰수 또는 추징은 금품 기타 재산상 이익을 박탈하여 부정한 이익을 보유하지 못하게 함에 그 목적이 있으므로, 제공된 당해 금품 기타 재산상 이익이 행위자에

93)　대법원 2004. 4. 27. 선고 2004도482 판결.
94)　대법원 1996. 10. 25. 선고 96도2022 판결, 대법원 1999. 1. 29. 선고 98도3584 판결.
95)　대법원 2007. 3. 30. 선고 2006도7241 판결.
96)　대법원 2014. 5. 16. 선고 2014도1547 판결.

게 귀속되었음이 이전된 범위 내에서 추징할 수 있다.

① 정당이 후보자 추천과 관련하여 무상 또는 현저히 낮은 이율로 금전 대여

정당이 후보자 추천과 관련하여 금전을 무상으로 대여받는 행위는 「정치자금법」이 금지하는 정치자금을 제공받는 행위에 해당하는 것이지만, 이러한 경우 그 차용금 자체를 기부받은 것으로 볼 것은 아니고 통상적으로 유상대여가 이루어졌을 경우와 비교하여 그 이자 상당의 재산상 이익을 기부받은 것으로 봄이 상당하고(대법원 2007. 3. 29. 선고 2006도9392 판결 참조), 이러한 법리는 정당이 후보자 추천과 관련하여 금전을 통상적인 경우에 비하여 현저히 낮은 이율로 대여받은 경우에도 마찬가지이므로 이때에는 금융기관의 대출금리 또는 법정이율 등과 실제 이율과의 차이 상당의 재산상 이익을 기부받은 것으로 보아야 하고 몰수·추징의 대상도 이에 한정하여야 할 것이다(대법원 2007. 3. 30. 선고 2006도7241 판결 참조).

위 법리에 비추어 보면, 원심이 판시한 바와 같은 사정을 들어 공소외 1이 창조한국당에 6억원의 당채 매입대금을 제공한 행위는 창조한국당이 후보자의 추천과 관련한 유상대여를 통하여 금융기관의 시중 대출이율과 당채이율 연 1% 사이의 차액만큼 이자를 지급하지 않아도 되는 재산상의 이익을 제공한 행위로서 이는 「정치자금법」 제3조 제2호의 규정에 의하여 기부로 간주되는 정치자금의 제공행위에 해당된다고 판단한 것은 수긍할 수 있고, 거기에 정치자금법상 "기부"의 해석에 관한 법리오해 등의 위법이 없다(대법원 2009. 10. 22. 선고 2009도7436 전원합의체 판결).

② 금품의 무상대여를 통해 위법한 정치자금을 기부받은 경우 몰수·추징 범위

「정치자금법」 제45조 제3항의 규정에 의한 필요적 몰수 또는 추징은 같은 법 제45조 제1항 및 제2항을 위반한 자에게 제공된 금품 기타 재산상 이익을 박탈하여 그들로 하여금 부정한 이익을 보유하지 못하게 함에 그 목적이 있는 것이고(대법원 2004. 4. 27. 선고 2004도482 판결, 대법원 2004. 12. 10. 선고 2004도5652 판결 등 참조), 금품의 무상대여를 통하여 위법한 정치자금을 기부받은 경우 범인이 받은 부정한 이익은 무상대여금에 대한 금융이익 상당액이라 할 것이므로, 여기서 몰수 또는 추징의 대상이 되는 것은 무상으로 대여받은 금품 그 자체가 아니라 위 금융이익 상당액이라고 할 것이다.

위 법리에 비추어 기록을 살펴보면, 원심이 피고인 1이 위법한 정치자금으로 무상대여 받은 금품 20,000,000원에 대하여 무상대여 받은 금품 20,000,000원이 아니라 그 무상대여에 따른 금융이익 상당액 468,493원을 추징한 제1심판결을 그대로 유지한 조치는 정당하고, 거기에 상고이유로 주장하는 바와 같은 「정치자금법」 제45조 제3항의 몰수·추징에 관한 법리를 오해하는 등의 위법이 있다고 할 수 없다(대법원 2007. 3. 30. 선고 2006도7241 판결).

③ 정당의 구성원 등이 정당에 제공된 불법정치자금을 정당에 실제로 전달하였는지 여부에 따른 몰수 또는 추징의 대상

「정치자금법」에 의한 필요적 몰수 또는 추징은 위 법을 위반한 자에게 제공된 금품 기타 재산상 이익을 그들로부터 박탈하여 그들로 하여금 부정한 이익을 보유하지 못하게 함에 그 목적이 있으므로, 제공된 당해 금품 기타 재산상 이익이 그 행위자에게 귀속되었음이 인정된 범위 내에서만 추징할 수 있고, 정당에게 제공된 정치자금의 경우 그 정당의 구성원 등이 교부받은 금품을 제공한 자의 뜻에 따라 정당에 전달한 경우에는 그 부분의 이익은 실질적으로 그 행위자에게 귀속된 것이 아니어서 그 가액을 행위자로부터 추징할 것은 아니지만(대법원 2004. 4. 27. 선고 2004도482 판결 참조), 금품을 현실적으로 수수한 행위자가 이를 정당에 실제로 전달하지 아니한 이상 위와 같은 법리가 적용된다고 할 수 없고, 한편 이러한 금품수수자가 자신의 개인 예금계좌에 돈을 입금함으로써 그 특정성을 상실시켜서 소비 가능한 상태에 놓았다가 동액 상당을 인출하여 금품제공자에게 반환하였다고 하더라도, 그 가액 상당을 금품수수자로부터 추징함이 상당하다고 할 것이다(대법원 1996. 10. 25. 선고 96도2022 판결, 대법원 1999. 1. 29. 선고 98도3584 판결 등 참조).

원심은, 피고인 2가 피고인 1로부터 현실적으로 수수한 총 2억 5천만원의 정치자금 중 민주당에 실제로 전달된 117,000,000원을 제외한 나머지 133,000,000원이 추징대상이 된다고 보고, 나아가 피고인 2가 위와 같이 수수한 133,000,000원 자체를 피고인 1에게 반환한 것이 아니라 이를 일단 자신의 개인 예금계좌에 입금하였다가 같은 금액을 위 예금계좌에서 인출하여 이를 피고인 1에게 지급한 이상 피고인 2로부터 그 가액 상당을 추징하여야 한다고 판단하였는바, 이러한 원심의 판단은 앞서 본 법리에 따른 것으로서 정당하고, 거기에 상고이유의 주장과 같은 추징에 관한 법리오해 등의 위법이 없다(대법원 2008. 1. 18. 선고 2007도7700 판결).

④ 정치자금을 수수하여 제공자의 의사에 따라 사용한 경우 추징의 범위

구 「정치자금에관한법률」(2004. 3. 12. 법률 제7191호로 개정되기 전의 것) 제30조(현행 제45조) 제3항의 규정에 의한 필요적 몰수 또는 추징은 같은 조 제1항 등을 위반한 자에게 제공된 금품 기타 재산상 이익을 그들로부터 박탈하여 그들로 하여금 부정한 이익을 보유하지 못하게 함에 그 목적이 있는 것이므로(대법원 2004. 12. 10. 선고 2004도5652 판결 참조), 지방자치단체장선거에 출마한 후보자가 그 선거와 관련하여 같은 조 제1항을 위반하여 정치자금을 수수한 다음 그 정치자금을 제공한 상대방의 뜻에 따라 그 전부 또는 일부를 자신의 선거자금으로 실제로 사용하였다면 그로 인한 이익은 그 후보자에게 실질적으로 귀속된 것으로 보아야 할 것이니 이러한 경우에는 후보자 본인으로부터 그 돈을 몰수하거나 수수한 돈의 가액을 추징하여야 한다(대법원 2005. 6. 10. 선고 2005도1908 판결).

⑤ 금품을 제공자의 뜻에 따라 정당이나 후보자 본인에게 전달할 경우 몰수·추징의 범위

「정치자금에관한법률」 제30조 제3항의 규정에 의한 필요적 몰수 또는 추징은 같은 법 제30조 제1항 및 제2항을 위반한 자에게 제공된 금품 기타 재산상 이익을 그들로부터 박탈하여 그들로 하여금 부정한 이익을 보유하지 못하게 함에 그 목적이 있는 것이므로 대통령선거와 관련하여 같은 법 제30조 제1항을 위반하여 정치자금을 수수하거나 같은 법 제30조 제2항 제6호, 제14조에 위반하여 정치자금의 기부 알선을 하는 과정에서 알선자가 정치자금을 받은 경우에 교부받은 금품을 제공한 자의 뜻에 따라 당이나 후보자 본인에게 전달한 경우에는 그 부분의 이익은 실질적으로 범인에게 귀속된 것이 아니어서 이를 제외한 나머지 금품만을 몰수하거나 그 가액을 추징하여야 한다(대법원 2004. 4. 27. 선고 2004도482 판결).

　※「정치자금에관한법률」 제30조는 현행 「정치자금법」 제45조임.

⑥ 수인이 공동하여 청탁 명목으로 받은 금품을 분배한 경우의 몰수·추징 범위

「변호사법」 제94조의 규정에 의한 필요적 몰수 또는 추징은 같은 법 제27조의 규정에 위반하거나 같은 법 제90조 제1호, 제2호 또는 제92조의 죄를 범한 자 또는 그 정을 아는 제3자가 받은 금품 기타 이익을 그들로부터 박탈하여 그들로 하여금 부정한 이익을 보유하지 못하게 함에 그 목적이 있는 것이므로 수인이 공동하여 공무원이 취급하는 사건 또는 사무에 관하여 청탁을 한다는 명목으로 받은 금품을 분배한 경우에는 각자가 실제로 분배받은 금품만을 개별적으로 몰수하거나 그 가액을 추징하여야 한다(대법원 1996. 11. 29. 선고 96도2490 판결).

14. 중앙선거관리위원회 행정해석

가. 「정치자금법」위반으로 본 사례

1) 정당과 당원의 정치활동 관련

① 정당의 당원 등이 정당의 관여 없이 개인적인 모임 등을 구성하여 정당 대표자의 정치활동과 무관하게 순수한 생활비를 지원하는 것은 가능하나, 누구든지 명목여하를 불문하고 정당 대표자가 공천헌금수수 사건과 관련하여 부담하는 구명운동 및 변호사 선임비용 등을 「정치자금법」에 정하지 아니한 방법으로 모금·지원하는 것은 같은 법 제2조 및 제45조에 위반(중앙선거관리위원회 2010. 10. 6. 회답).

② 무소속 후보자의 선거연락소 설치·운영에 소요되는 비용을 정당이 지원하는 것은 「정치자금법」 제2조 및 제45조에 위반. 다만, 정당과 무소속 후보자 간에 공동으로 후보단일

화를 진행하는 경우 후보단일화 과정에 참여한 정당과 무소속입후보예정자가 소요되는 경비를 사전약정에 의하여 적정하게 분담하는 것은 가능하나, 정당이 무소속후보자가 부담하여야 하는 경비를 지원하는 것은 불가(중앙선거관리위원회 2011. 10. 11. 회답).

③ 당원들이 후원회를 통하지 아니하고 당직자경선 기탁금의 모금하고 기부하는 것은 「정치자금법」 제2조에 위반(중앙선거관리위원회 2005. 3. 4. 회답).

④ 당원협의회가 「정치자금법」에 의하지 아니한 방법으로 재외동포 구명을 위한 모금을 하는 것은 「정치자금법」 제2조 제1항에 위반되며, 선거구민 또는 선거구민과 연고가 있는 자에게 금품을 제공하는 것은 「공직선거법」 제114조에 위반. 다만, 당원들로부터 재외동포 구명을 위한 비용을 제공받아 당비로 처리하는 방법으로 모금하여 「정치자금법」 제36조에 따라 시·도당의 회계책임자나 회계사무보조자를 통해 지출하는 경우 당원협의회가 자선사업을 주관·시행하는 사회단체 등에 구호금품으로 전달하는 것은 가능(중앙선거관리위원회 2011. 4. 8. 회답).

2) 국회의원, 지방의원, 자치단체장의 정치활동 관련

① 국회의원이 지방자치단체장 및 지방의회의원에게 선거지원금을 지급하는 것은 「정치자금법」 제45조 제1항에 위반. 다만, 지방자치단체의 장선거의 후보자 후원회에 500만원 한도에서 후원금을 기부하는 것은 가능하며, 이 경우 수개의 후원회(국회의원후원회 등 「정치자금법」 제6조에 따라 후원회지정권자가 지정하여 설립한 모든 후원회를 말함)에 기부할 수 있는 후원금은 연간 총 2,000만원을 초과할 수 없음(중앙선거관리위원회 2010. 3. 25. 회답).

② 국회의원이 자신의 의정활동을 보조하게 하기 위하여 국회의원회관 내 사무실에 두는 유급사무직원의 인건비를 국회의원 자신의 세비로 지출하는 것은 가능하나, 자신의 보좌관·비서관·비서 등 제3자로부터 직접 금품을 제공받아 급여 등을 지급하는 것은 「정치자금법」 제45조에 위반. 다만, 정당이 당직자 등으로부터 자금을 거출하여 인턴직원을 한시적으로 채용하는 경우 제공받은 금품은 당비로 처리하여야 할 것이며, 「정당법」 제30조 제1항에 따른 유급사무직원수를 초과하여서는 아니 됨(중앙선거관리위원회 2009. 3. 3. 회답).

③ 국회의원이 정책개발 등을 위하여 설립한 연구단체가 명목여하를 불문하고 국회의원의 정치활동을 위하여 또는 정치활동에 소요되는 비용을 모금하는 경우에는 행위양태에 따라 「정치자금법」 제2조·제31조 및 제45조에 위반(중앙선거관리위원회 2010. 12. 6. 회답).

④ 국회의원이 부담해야 할 정책자료집의 발행비용을 「정치자금법」에서 규정된 방법에

의하지 아니하고 타인(법인·단체 등 포함)으로부터 협찬받는 것은 「정치자금법」 제2조의
규정에 위반(중앙선거관리위원회 2005. 10. 27. 회답).

⑤ 국회의원이 후원회에 의하지 아니하고 의정활동과 관련하여 개최하는 토론회·세미나
등 행사에 소요되는 경비를 직접 모금하거나 정치자금의 기부가 금지되는 법인·단체
가 특정행사에 소요되는 경비를 부담하는 경우에는 「정치자금법」 제2조·제12조(현행
제31조)·제30조(현행 제45조)의 규정에 위반(중앙선거관리위원회 2004. 10. 22. 회답).

※ 2010. 7. 23. 「정치자금법」 개정으로 지정권자가 후원인이 후원회지정권자에게 직접 기부한 후원금
을 30일 이내에 후원금과 기부자의 인적사항을 자신이 지정한 후원회의 회계책임자에게 전달한 경
우에는 후원회가 기부받은 것으로 봄(「정치자금법」 제10조 제3항).

⑥ 변호사 또는 변호사 단체·모임이 「국회법」 제43조·제64조 등에 따라 전문지식을 요
하는 안건 등의 심사와 관련하여 심사보조자나 진술인으로 참여거나, 입법과정에
서 국회의원이나 국회상임위원회의 의견수렴에 단순히 응하는 것은 가능. 다만, 그 범
위를 벗어나 무료의 용역을 제공하는 방법으로 국회의원의 입법활동을 보조하는 것은
행위주체 및 양태에 따라 「정치자금법」 제2조 또는 제31조에 위반(중앙선거관리위원회
2009. 8. 3. 회답).

⑦ 국회의원이나 시민단체 등이 국회의원의 정치활동에 수반되어 발생한 간접강제금 지
급에 사용하기 위한 자금을 모금하는 것은 「정치자금법」 제45조에 위반(중앙선거관리위원
회 2010. 5. 7. 회답).

⑧ 국회의원 당선 전 지방자치단체장 재직 시 건축허가를 불허한 일과 관련하여 지방자치
단체가 소송에서 패소한 후 당시 지방자치단체장(현직 국회의원)에게 구상금을 청구하
여 법원의 구상금 배상 판결이 내려짐. 이에 전국상인연합회 경기지부 등 단체가 국회
의원의 구상금에 대해 성금을 모금하여 전달하는 것은 「정치자금법」 제2조, 제31조,
제45조에 위반(중앙선거관리위원회 2017. 11. 10. 회답).

⑨ 당원모집 및 중앙당후원회 후원 안내 문구가 지방의회의원 의정보고서 내용의 주를
이룬다면 행위양태에 따라 「정치자금법」 제2조 및 제45조에 위반(중앙선거관리위원회
2020. 12. 2. 회답).

※ 당원모집 및 후원 안내 내용이 의정보고서 내용의 주를 이룬다면 정당이나 후원회가 그 경비로 하여
야 할 홍보활동을 지방의회의원이 자신의 경비로 대신 하는 것이 되어 행위양태에 따라 「정치자금
법」 제2조 및 제45조에 위반될 수 있을 것임.

⑩ 지방자치단체장이 자신의 공직선거법 위반사건과 관련하여 부담하는 변호사 선임비용
등의 재판비용을 「정치자금법」에 정하지 아니한 방법으로 모금·지원하는 것은 같은

법 제2조 및 제45조에 위반. 한편, 지방자치단체 담당국장이 지방자치단체장과 별도
로 변호사를 선임할 경우 선거직이 아닌 담당국장의 재판비용을 지원하기 위한 지방
자치단체 산하 직원들의 자발적인 모금행위의 경우 그 담당국장이 공직선거의 후보자
가 되고자 하는 자 등 「정치자금법」에 따른 정치활동을 하는 자가 아니라면 「기부금품
의 모집 및 사용에 관한 법률」 등 다른 법률에 위반되는지 여부는 별론으로 하고 가능
(중앙선거관리위원회 2010. 12. 20. 회답).

3) 기타 정치활동을 하는 자의 정치활동 관련

① 법인이 개최하는 행사가 국회의원 기타 후보자가 되고자 하는 자의 정치활동을 위
한 것이라면 「정치자금법」에 의하지 아니하는 방법으로 모금 금지(중앙선거관리위원회
2004. 11. 5. 회답).

② 공직선거의 후보자가 되고자 하는 자나 정당의 간부 등 정치활동을 하는 자가 자신
의 정치활동을 위한 금원이나 정치활동에 소요되는 비용을 법인·단체로부터 또는 법
인·단체와 관련된 자금으로 제공받는 것은 「정치자금법」 제45조 제1항 및 제2항에
위반(중앙선거관리위원회 2009. 10. 21. 회답).

③ 입후보예정자가 공직선거후보자로 등록시 납부하는 기탁금의 일부를 소속 단체의 규
약에 따라 지원받는 것은 「정치자금법」 제2조·제31조 및 제45조 위반(중앙선거관리위
원회 2010. 2. 2. 회답).

④ 유튜브는 「정치자금법」에 따른 후원금 모금 주체가 아니므로 국회의원 등 정치활동을
하는 사람이 유튜브 슈퍼챗을 통하여 후원금을 받는 것은 「정치자금법」 제2조 제1항,
제45조 제1항에 위반. 또한 유튜브 슈퍼챗을 통하여 후원금을 제공하는 것이 실질에
있어 기업의 수익금 중 일부인 경우에는 같은 법 제31조, 제45조 제2항에도 위반(중앙
선거관리위원회 2019. 2. 26. 회답).

나. 「정치자금법」 위반으로 보지 아니한 사례

1) 정당과 당원의 정치활동 관련

① 유튜브 광고 수익

－ 정당이 그 설립 및 활동 목적의 범위 안에서 유튜브에 정치활동 영상을 게시하면서 애드센스(Adsense)
와 같은 광고를 표출하고 「정치자금법」 제3조에 따라 당헌·당규 등에서 정한 부대수입으로 통상적인 광

고료를 받는 것은 법에 위반되지 아니할 것임. 다만, 통상적인 범위를 넘는 광고료를 받거나 법상 제한되는 규정을 회피하여 광고의 명목으로 정치자금을 기부받는 것은 그 행위 양태에 따라 「정치자금법」 제2조 제1항, 제31조 제1항·제2항 및 제45조 제1항에 위반될 것이며, PPL(Product Placement)의 광고가 표출된 유튜브 활동에 지출하여 광고료를 받는 것은 「정치자금법」 제2조 제3항 및 제47조 제1항에도 위반될 수 있을 것임.

- 국회의원 등 정치활동을 하는 사람이 유튜브에 정치활동 영상을 게시하면서 애드센스(Adsense), PPL(Product Placement)과 같은 광고를 표출하고 통상적인 광고료를 받는 것은 「국가공무원법」 제64조(영리 업무 및 겸직 금지) 및 「국회법」 제29조의2(영리업무 종사 금지) 등 다른 법률에 위반되는지 여부는 별론으로 하고, 법에 위반되지 아니할 것임. 다만, 통상적인 범위를 넘는 광고료를 받거나 법상 제한되는 규정을 회피하여 광고의 명목으로 정치자금을 기부받는 것은 그 행위 양태에 따라 「정치자금법」 제2조 제1항, 제31조 제1항·제2항 및 제45조 제1항에 위반될 것이며, 국회의원 등이 후원회로부터 받은 후원금 또는 정당 지원금 등 정치자금을 문 1·2의 광고가 표출된 유튜브 활동에 지출하여 광고료를 받는 것은 「정치자금법」 제2조 제3항 및 제47조 제1항에도 위반될 수 있을 것임(중앙선거관리위원회 2019. 1. 21. 회답).

② 정당의 기타 수입

- 정당이 자신이 운영하는 팟캐스트에 광고를 게재하고 통상적 범위의 광고료를 받아 「정치자금법」에 따라 수입으로 처리하는 것은 무방할 것임. 다만, 통상적 범위를 넘어 과도한 액수의 광고료를 받는 것은 「정치자금법」에서 정하지 아니한 방법으로 정치자금을 수수하는 행위에 해당되어 같은 법 제45조에 위반될 것임(중앙선거관리위원회 2015. 1. 16. 회답).
- 정당기관지에 특정 업체 또는 개인의 상업광고를 게재하고 그들로부터 통상적인 범위의 광고료를 받는 것은 가능할 것임(중앙선거관리위원회 2013. 6. 24. 회답).
- 정당이 당헌·당규에 따라 정당의 사무소 내에 정당의 내부기구로서 별도의 법인을 설치하여 정당기관지를 발행하게 하는 것은 가능. 이 경우 정당기관지 판매수입은 「정치자금사무관리 규칙」 별표 1의 '기관지 발행 사업수입'에 해당할 것이며, 그 법인의 수입 및 지출에 관하여는 「정치자금법」 제34조부터 제44조에 규정된 정당의 회계처리 절차를 준수하여야 할 것임(중앙선거관리위원회 2013. 6. 24. 회답).
- 정당이 그 설립 및 활동 목적의 범위 안에서 소속 당원에게 해당 정당의 명칭 또는 로고·홈페이지 주소가 표시된 귀문의 기념품을 통상적인 가격으로 판매하고 그 수입을 정당의 당헌·당규에 따라 부대수입으로 처리하거나, 통상적인 가격을 초과한 판매 수익금을 당비로 처리하는 것은 다른 법률에 위반되는지 여부는 별론으로 하고 「공직선거법」, 「정당법」과 「정치자금법」상 가능할 것임. 다만, 구입한 당원 등이 선거일 전 180일부터 선거일까지 정당의 명칭 등이 표시된 에코백, 우산, 티셔츠를 일반 선거구민이 볼 수 있

도록 게시 또는 착용하는 경우에는 「공직선거법」 제90조[97]에 위반(중앙선거관리위원회 2016. 10. 27. 회답).

‒ 정당이 소속 당원에게 해당 정당의 기념품을 업체 인터넷홈페이지에서 통상적인 가격으로 판매하고 당원이 구매한 개별 기념품 대금은 업체계좌로 입금하는 방법으로 판매하는 것은 가능. 다만, 해당 업체의 기념품 제작·판매 등에 소요되는 통상적인 비용을 공제하지 아니하고 정당의 부대수입으로 처리하는 경우에는 「정치자금법」 제31조(기부의 제한)에 위반(중앙선거관리위원회 2020. 10. 7.회답).

‒ 정당이 재정확보를 위하여 후보자가 되고자 하는 자의 사진이 포함되지 않은 탁상용 달력을 제작하여 소속 당원을 대상으로 통상적인 가격으로 판매하는 것은 가능(중앙선거관리위원회 2009. 12. 1. 회답).

‒ 정당선거사무소의 당비 및 물품 등을 당원으로부터 당비 등 납부·처리 가능하나 당원이 아닌 자로부터 물품 등을 제공 또는 대여받는 것은 「정치자금법」 제2조에 위반(중앙선거관리위원회 2007. 10. 24. 회답)

‒ 정당이 정당활동에 소요되는 경비를 마련하기 위하여 개최하는 바자회에서 판매할 물품을 소속 당원으로부터 무상 또는 원가로 제공받아 그 물품의 통상거래가액(원가로 제공받는 경우에는 그 차액)을 당비로 수입 처리하거나 바자회 티켓을 소속 당원에게 판매하고 그 수익금을 당비로 처리하는 것은 가능할 것이나, 당원이 아닌 자로부터 그 물품을 지원받거나 당원이 아닌 자에게 판매하여 얻은 수익금을 정당활동에 소요되는 경비로 사용하는 것은 「정치자금법」 제2조에 위반(중앙선거관리위원회 2009. 11. 2. 회답)

③ 정당이 다른 정당으로부터 금융기관의 대출금리 또는 법정이자율 등 통상적인 이자율에 따라 정치자금을 차입하는 것은 가능. 다만, 국고보조금은 같은 법 제28조(보조금의 용도제한 등)에 따른 용도 외에는 사용할 수 없으므로 이를 다른 정당에게 대여 불가(중앙선거관리위원회 2020. 3. 23. 회답).

④ 정당의 당원 등이 정당의 관여 없이 개인적인 모임 등을 구성하여 정당 대표자의 정치활동과 무관하게 순수한 생활비를 지원하는 것은 가능하나, 누구든지 명목여하를 불문하고 정당 대표자가 공천헌금수수 사건과 관련하여 부담하는 구명운동 및 변호사 선임비용 등을 「정치자금법」에 정하지 아니한 방법으로 모금·지원하는 것은 같은 법 제2조 및 제45조에 위반(중앙선거관리위원회 2010. 10. 6. 회답).

2) 국회의원, 지방의원, 자치단체장의 정치활동 관련

① 국회의원이 개인 경비로 자신의 저서를 제작하여 독립서점에 납품하거나, 크라우드 펀딩 사이트를 이용하여 귀문과 같이 판매하는 것은 가능. 다만, 귀문의 서적을 당해 선

---

97) 공직선거법이 헌법재판소 헌법불합치 결정의 취지에 따라 시설물설치 등의 금지(제90조 제1항) 및 탈법방법에 의한 문서·도화의 배부·게시 등(제93조 제1항)의 금지기간을 선거일 전 180일에서 선거일 전 120일로 단축되는 내용으로 2023. 8. 30. 개정되었다. 따라서 질의회답 적용시 이를 고려하여야 한다. 이하 같다.

거구의 안에 있는 자나 당해 선거구의 밖에 있더라도 그 선거구민과 연고가 있는 자에게 통상적인 가격보다 싼 값에 판매하거나 무료로 배부하는 경우에는 행위 주체에 따라 「공직선거법」 제113조 또는 제115조에 위반. 또한, 정치활동을 위하여 귀문의 서적을 통상적인 가격보다 비싼 값에 판매하는 경우에는 「정치자금법」 제2조 제1항 및 제45조에 위반, 귀문의 서적 출판·판매에 소요되는 비용은 정치자금으로 지출불가(중앙선거관리위원회 2022. 7. 18. 회답).

② 국회의원이 저작물 판매 수익금 관리를 위한 계좌개설은 정치자금이 아니므로 가능(중앙선거관리위원회 2009. 12. 10. 회답).

③ 국회의원이 단체의 자문위원으로 위촉되고 자문활동에 따른 정당한 대가로서 통상적 자문료를 받는 것은 가능(중앙선거관리위원회 2009. 5. 13. 회답).

④ 지방자치단체 등 단체가 국회의원에게 홍보용 물품 제공 가능(중앙선거관리위원회 2007. 1. 22. 회답).

⑤ 국회의원과 지방의원의 사무소 공동설치하고, 당사자 간의 사전 약정에 의하여 공동사무소 사용정도에 따른 임차료 및 제반경비를 부담 가능(중앙선거관리위원회 2010. 11. 29. 회답, 중앙선거관리위원회 2013. 3. 11. 회답).

⑥ 지방의회가 소속의원의 직무수행을 위한 의원 개인별 홈페이지를 해당 지방의회 홈페이지의 일부에 개설·운영은 가능하나 별도로 의원 개인 홈페이지를 제공하는 것은 「정치자금법」 제2조·제31조 및 제45조에 위반(중앙선거관리위원회 2006. 11. 6. 회답).

⑦ 국회의원이 장학재단 설립에 필요한 기부금을 모금하기 위하여 공선법에 위반되지 아니하는 방법으로 기부금을 모금하는 것은 「기부금품모집규제법」 등 다른 법률의 규정에 위반되는지 여부는 별론으로 하고 「정치자금법」상 가능. 국회의원이 장학재단 설립에 필요한 기부금을 출연하거나 장학재단의 이사장·이사 등의 직위를 가질 수 있으나, 후원회로부터 기부받은 정치자금을 장학재단 설립에 필요한 기부금으로 지출 불가(중앙선거관리위원회 2005. 9. 30. 회답).

3) 기타 정치활동을 하는 자의 정치활동 관련

① 후보자의 사진 등을 NFT로 제작·판매할 수 있는지 여부

후보자(후보자가 되고자 하는 자 포함, 이하 같음) 또는 선거구민이 후보자와 관련된 NFT를 제작하여 사인의 지위에서 통상적인 방법으로 판매하는 것은 가능. 다만, 후보자가 NFT 제작·판매에 소요되는 경비를 정치자금으로 지출하는 경우에는 사적 경비 지출에 해당하여 「정치자금법」 제2조 제3항, 제47조 제1항에 위반(중앙선거관리위원회 2022. 1. 21. 회답).

NFT의 성격

- 블록체인 기술로 디지털자산에 고유값을 부여한 인증서로 디지털 토큰으로 제작되어 해당 자산의 소유권·구매 정보 등을 기록하고 그것이 원본임을 증명하는 것으로 다른 NTF와 맞교환이 불가능하여 '대체불가토큰'이라고 불린다.
- NTF로 제작한 전자적 파일(사진·그림·동영상·음성 등)은 그 자체로 고유값을 부여받아 원본성·유일성·희귀성의 가치를 가질 수 있게 되며, 판매자의 책정 금액이나 경매 낙찰가 등에 따라 온라인상에서 거래 가능하다.

---

② 예비후보자가 통상적인 이자율에 따라 정치자금을 공개 차입하는 것은 「정치자금법」 상 가능. 다만, 금융기관의 대출금리 또는 법정이자율 등 통상적인 이자율과 비교하여 현저히 낮은 이율로 차입하는 것은 「정치자금법」 제45조 제1항에 위반(중앙선거관리위원회 2012. 2. 13. 회답).

③ 공직선거예비후보자의 홈페이지에서 정치자금을 공개적으로 차입하는 것은 가능. 다만, 금융기관의 대출금리 또는 법정 이자율 등 통상적인 이자율과 비교하여 현저히 낮은 이자율로 차입하는 것은 「정치자금법」 제45조 제1항에 위반(중앙선거관리위원회 2010. 4. 5. 회답).

④ 공무원이 금융기관의 대출금리 또는 법정이자율 등 통상적인 이자율에 따라 선거에 필요한 자금을 후보자(후보자가 되려는 사람을 포함함. 이하 같음)에게 대여하는 것은 「국가공무원법」 및 「지방공무원법」 등에 위반되는지 여부는 별론으로 하고 가능. 다만, 공무원이 직무와 관련하여 또는 지위를 이용하여 선거자금을 대여하는 경우에는 행위양태에 따라 「공직선거법」 제9조 또는 제85조 제1항에 위반(중앙선거관리위원회 2014. 5. 7. 회답).

⑤ 출판기념회에서 출판 축하금 제공은 의례적인 범위 안에서 가능(중앙선거관리위원회 2011. 12. 20. 회답).

⑥ 판매를 위한 저작물 출판에 소요되는 경비(출판기념회에 소요되는 비용을 포함함)를 정치자금으로 지출 불가. 그 판매 수익금은 정치자금에 해당되지 아니함(중앙선거관리위원회 2009. 11. 26. 회답).

⑦ 통상 무상으로 대여하는 시설인 경우에는 가능. 시설관리규정 등에 따라 유상으로 대여하는 시설을 「정치자금법」상의 정치자금 기부절차와 방법에 의하지 아니하고 무상으로 사용하는 것은 같은 법 제2조 제1항 및 제45조 제1항에 위반(중앙선거관리위원회 2008. 10. 1. 회답).

15. 정치자금법상 소셜미디어 수익활동 관련 기준(중앙선거관리위원회, 2019. 2.)

Ⅰ. 정치자금법 적용대상

1. 관련 규정

○ 정치자금법에 의하지 아니하는 방법으로 정치자금을 기부하거나 받지 못함(정치자금법 §2①, §45①).

○ (정치자금) 정치활동을 위하여 정치활동을 하는 사람에게 제공되는 금전·유가증권·그 밖의 물건 또는 이들의 정치활동에 소요되는 비용(법 §3)인바, "정치활동을 하는 자"에게 제공되는 "정치활동을 위한 자금"이라는 두 요소를 반드시 충족하여야 함(대법원 2010. 10. 14. 선고 2010도1380 판결).

○ (기부) 대가관계 없이 재산상 이익을 제공하는 행위

※ 제3자가 정치활동을 하는 자의 정치활동에 소요되는 비용 부담·지출 또는 무상대여, 채무의 면제·경감 그 밖의 이익 제공 포함(법 §3).

2. 판단 기준

가. 정치활동을 하는 사람

정당 또는 공직선거와 직접 관련된 활동을 주로 하는 사람이나 단체

1. 정치활동 위한 경비지출이 객관적으로 예상되는 사람

	정당·후원회 관련	선거 관련	비 고
정치자금법 (제3조 제1호)	• 정당(중앙당창당준비위원회 포함) • 후원회·정당의 간부 • 후원회·정당의 유급사무직원	• 공직선거 후보자 • 국회의원 등 공직선거 당선자	예시적 규정
판 례	• 당대표경선 및 대선 당내경선후보자 • 당원협의회 위원장	• 후보자의 선거대책본부장 • 공직선거 예비후보자	

⇨ 이들에게 제공된 자금은 특별한 사정이 없는 한 정치자금에 해당함(대법원 2010. 10. 14. 선고 2010도1380 판결).

2. 후보자가 되려는 사람 등 그 밖에 정치활동을 하는 사람

행위 당시의 객관적 징표에 의하여 해당 여부 판단(헌법재판소 2009. 4. 30. 자 2007헌바29 결정,
대법원 2010. 10. 14. 선고 2010도1380 판결)

○ (후보자가 되려는 사람) 입후보의사를 확정적으로 외부에 표출하거나 그 신분·접
촉대상·언행 등에 비추어 입후보의사를 객관적으로 인식할 수 있을 정도에 이
른 사람(대법원 2001. 6. 12. 선고 2001도1012 판결)

○ (그 밖에 정치활동을 하는 사람) 정치활동 위한 경비지출이 객관적으로 예상되는 사
람 외(外)에 이에 준하는 '정당 또는 공직선거와 직접 관련된 활동을 주로 하는
사람이나 단체'(대법원 2010. 10. 14. 선고 2010도1380 판결)

※ (예시) 특정 공직선거 입후보예정자의 정치적 기반을 다지기 위하여 설립되고 활동한 단체(대
법원 2017. 11. 14. 선고 2017도3449 판결).

⇨ 당사자와의 관계, 자금수수 경위 및 명목, 자금의 실제 사용처 등 객관적 사정을
종합하여 정치자금 여부를 판단함(대법원 2010. 10. 14. 선고 2010도1380 판결).

나. 정치활동을 하는 사람으로 볼 수 없는 경우

○ 단순히 당원·후원회의 회원으로서 활동하거나 선거 등에서 자원봉사나 무급사
무직원으로 활동하는 사람(헌법재판소 2014. 7. 24. 자 2013헌바169 결정)

○ 당선무효형이 확정되어 자금수수 당시 피선거권이 없고, 후보자사무실 방문·정당
행사 참석 및 발언·선거와 직접 관련 없는 주제로 정당이나 타 기관에서의 강연·정
치인인 지인들의 출판기념회에 참석한 사람(대법원 2015. 4. 23. 선고 2013도3790 판결)

○ 정계은퇴 선언 후 정당이나 선거조직과 직접적 인적·물적 유대관계와 당적·공
직 없이 시국선언 동참·입법청원·정치관련 연구기관 이사장 재임 등 특정사안
에 관한 정치적 의견을 표명하고 정치현안을 공론화하는 정도의 활동을 한 사
람(대법원 2010. 10. 14. 선고 2010도1380 판결)

○ 당원으로서 외부적으로 지지층 유지에 기여하고 정당 내부의 선거운동을 지원
하였으나, 정당·선거와 직접 관련된 활동을 주로 하는 사람으로 인정하기에는
부족한 활동을 한 사람(대법원 2013. 9. 26. 선고 2013도7876 판결)

3. 적용 대상

가. 적용 대상

○ 정치활동을 하는 사람이 정치활동을 위하여 개설·운영하는 유튜브채널·팟캐스

트 등 소셜미디어의 수익활동

○ 외관상 운영주체가 정치활동을 하는 사람이 아니라고 하더라도 운영목적·방법·내부관계 등을 종합하여 정치활동을 하는 사람이 실질적으로 운영하는 것으로 평가될 수 있는 소셜미디어의 수익활동

나. 위법여부 판단

○ (광고) 통상적 광고료를 받는 것은 '역무제공의 대가'로서 정치자금법상 기부로 볼 수 없어 적법

※ 통상적 범위를 넘는 광고료를 받는 것은 기부에 해당하여 위법소지가 있고, 제한되는 규정을 회피하여 광고료 명목으로 정치자금을 받는 것은 위법함.

○ (시청자 후원) 슈퍼챗·별풍선 등을 통한 시청자의 금전 제공은 대가관계에 따른 출연이 아니므로 정치자금법상 '기부'에 해당하여 위법 소지

Ⅱ. 사례 예시

소셜미디어 수익활동 유형

▧ (광고) 애드센스·PPL 등 광고 게재에 따른 광고료 수입

○ 애드센스(Adsense) 광고 : 유튜버 등 제작자가 광고주가 아닌 유튜브 등 소셜미디어와 계약하여 영상 전후에 광고주가 제작한 광고를 게재하고 소셜미디어로부터 광고비를 받는 방식

○ PPL(Product Placement) 광고 : 제작자와 광고주가 계약하여 광고주의 상품·브랜드 등을 노출하는 영상을 제작하고 광고주로부터 직접 광고비를 받는 방식

▧ (시청자 후원) 시청자가 제작자에게 직접 제공하는 후원금 수입

○ 후원 방법 : 슈퍼챗(유튜브), 별풍선(아프리카TV), 팝콘(팝콘TV), 쿠키(카카오TV) 캐시(팟빵), 스푼(스푼라디오) 등

---

1. 광고 수익

할 수 있는 사례

○ 정치활동을 하는 사람이 아닌 '언론인·시사프로그램 패널' 등이 정치활동을 하는 사람(국회의원·당대표경선 후보자 등)을 게스트로 초청·대담하는 영상을 제작·게시하면서 '애드센스나 PPL' 방식의 광고를 하고 광고료를 받는 행위

○ 정당이 제작한 정치활동 영상을 유튜브 등 소셜미디어에 게시하면서 애드센스

방식의 광고를 하고 통상적인 광고료를 받는 행위

○ 정치활동을 하는 자가 자신의 재산으로 제작한 정치활동 영상을 게시하면서 '애드센스나 PPL' 방식의 광고를 하고 통상적인 광고료를 받는 행위

○ 후원회를 둘 수 있는 국회의원·후보자 등이 후원금 등 정치자금으로 제작한 정치활동 영상을 광고 없이 소셜미디어에 게시하는 행위

할 수 없는 사례

○ 정당이 PPL 방식의 광고를 포함한 영상을 제작·게시하고 광고료를 받는 행위

※ 애드센스와 달리 PPL은 부수적으로 광고를 게재하는 것이 아니라 주도적으로 상업광고를 제작하여 정당의 설립 목적 및 본래의 기능과 합치되지 않음(중앙선거관리위원회 2019. 1. 21. 회답).

○ 후원회를 둘 수 있는 국회의원·후보자 등이 후원금 등 정치자금으로 제작한 정치활동 영상을 게시하면서 광고를 하고 광고료를 받는 행위

※ 정치자금의 '부정한 용도의 지출'에 해당(법 §2③)

2. 시청자의 직접 기부

할 수 있는 사례

○ 정치활동을 하는 사람이 아닌 '언론인·시사프로그램 패널' 등이 정치활동을 하는 사람(국회의원·당대표경선 후보자 등)을 게스트로 초청·대담하는 영상을 제작·게시하면서 슈퍼챗 등으로 시청자로부터 기부를 받는 행위

※ 후원금은 정치인이 아닌 운영·관리자에게 귀속됨을 공지할 필요있음.
※ 정치활동을 하는 사람은 출연료 외의 금전을 받을 수 없음.

할 수 없는 사례

○ 정치활동을 하는 사람이 정치활동을 위하여 개설·운영하는 유튜브채널·팟캐스트 등 소셜미디어의 후원수단(슈퍼챗·별풍선 등)을 통하여 후원금을 받는 행위

○ 외관상 운영주체가 정치활동을 하는 사람이 아니더라도 운영목적·방법·내부관계 등을 종합하여 정치활동을 하는 사람이 실질적으로 운영하는 것으로 평가될 수 있는 소셜미디어의 후원수단을 통하여 후원금을 받는 행위

사례예시에 따른 주체별 수익활동 가능여부 비교

	애드센스	PPL	슈퍼챗 등
정당	○	×	×
국회의원	○	○	×
정당·후원회 간부 등	○	○	×
입후보예정자 등 그 밖에 정치활동을 하는 사람·단체	○	○	× 객관적 사정의 종합적 고려
정치활동을 하지 않는 사람·단체	○	○	○

※ 후원금 등 정치자금으로 제작한 영상으로는 수익활동 불가(정당 제외)

제도 개선 // 소셜미디어 후원서비스를 통한 후원금 모금 허용과
출판기념회를 통한 음성적인 정치자금 모금 차단

가. 소셜미디어 후원서비스를 통한 후원금 모금 허용

현행법은 정치자금의 종류를 열거하면서 그 제공 절차·방법을 엄격히 정하고 있으므로, 특정 정치인에게 정치자금을 기부하려고 하는 경우, 원칙적으로 후원회에 후원금을 내는 방법만 가능하도록 엄격한 법적 규제를 가하고 있다. IT 기술의 발달에 따라 온라인상의 후원서비스가 활발해지고 있는 현실을 반영할 필요가 있으나, 정치자금 모금에 있어 회원회가 아닌 소셜미디어의 시청자 후원서비스[98]를 통한 후원금 모금을 할 수 없다. 따라서 후원금 모금 방법을 확대함으로써 정치자금을 원활하고 투명하게 조달하게 하는 한편, 유권자의 정치참여 분위기를 조성하는 긍정적인 효과가 있을 것이다.[99]

나. 출판기념회를 통한 음성적인 정치자금 모금 차단

현행법상 누구든지 선거일 전 90일부터 선거일까지는 후보자(후보자가 되려는 사람 포함)와 관련 있는 저서의 출판기념회 개최를 금지하고 있으나(「공직선거법」 제103

---

98) 시청자가 개인방송제작자에게 생방송 및 재방송 중 자발적으로 유료아이템을 후원하는 서비스를 말한다.

99) 중앙선거관리위원회. 정치관계법 개정의견(2021. 5. 25.).

조 제5항), 출판기념회에서의 금품 모금에 관한 규정 없다. 이러한 정치관계법의 사각지대에서 편법적인 정치자금 모금 수단으로 정치인의 출판기념회가 활용되어 왔으며, 이에 대하여 개선이 필요하다는 지적이 꾸준히 제기되고 있다. 출판기념회에서의 축하금품은 정치자금에 해당하지 않아,[100] 그 수입·지출의 투명성이 확보되지 아니하는 등 출판기념회가 사실상 음성적인 정치자금 모금 창구로 이용되고 있어 이를 개선할 필요가 있다.

구체적으로 국회의원, 지방의회의원 및 지방자치단체의 장, 공직선거의 후보자가 되려는 사람(이하 '국회의원등'이라 함)의 출판기념회와 관련하여 출판사가 현장에서 정가로 판매하는 저서를 구매하기 위한 경우 외에 출판기념회와 관련하여 저서 출간의 기념 또는 축하 그 밖에 어떠한 명목으로도 일체의 금품을 받을 수 없도록 하는 '출판기념회에서의 금품 모금 및 제공 제한' 규정을 신설하거나, 국회의원등이 출판기념회를 개최하려는 때에는 개최일 전 2일까지 개최일시·장소, 출판사명 등을 중앙선거관리위원회규칙으로 정하는 바에 따라 관할 선거구선거관리위원회에 신고하도록 하고, 이를 위반할 경우 현행 신고의무해태 행위에 포함시켜 100만원 이하의 과태료를 부과하도록 하는 방안이 있다.[101]

---

100) 관행처럼 허용되고 있는 정치인 출판기념회는 이미 그 성격이 본래의 순기능적 궤도에서 벗어나 정치기부금의 모집창구로 사용되고 있다. 축하금의 성격을 정치기부금이라고 규정한다고 해도 정치자금법을 적용해 처벌하는 것은 죄형법정주의의 원칙과 충돌하며 위헌시비를 불러 일으킬 수 있으므로 신중한 접근이 요구된다. 또한 이런 쟁점과는 별도로 축하금의 액수가 '의례적 범위'를 벗어난다는 것이 입증되면 정치자금법 제2조 및 제45조 위반으로 처벌이 된다(박규환. "정치자금의 헌법적 통제에 관한 연구 – 출판기념회 사례를 중심으로". 한국부패학회보 제20권 제2호(2015), 78면).

101) 중앙선거관리위원회. 정치관계법 개정의견(2014. 10. 8.).

제4장

정치활동 경비외 지출

정치자금법 이해

제4장

정치활동 경비외 지출

제2조(기본원칙) ③ 정치자금은 정치활동을 위하여 소요되는 경비로만 지출하여야 하며, 사적 경비로 지출하거나 부정한 용도로 지출하여서는 아니된다. 이 경우 "사적 경비"라 함은 다음 각 호의 어느 하나의 용도로 사용하는 경비를 말한다.

1. 가계의 지원·보조
2. 개인적인 채무의 변제 또는 대여
3. 향우회·동창회·종친회, 산악회 등 동호인회, 계모임 등 개인간의 사적 모임의 회비 그 밖의 지원경비
4. 개인적인 여가 또는 취미활동에 소요되는 비용

제47조(각종 의무규정위반죄) ① 다음 각 호의 어느 하나에 해당하는 자는 2년 이하의 징역 또는 400만원 이하의 벌금에 처한다.

1. 제2조(기본원칙) 제3항의 규정을 위반하여 정치자금을 정치활동을 위하여 소요되는 경비 외의 용도로 지출한 자

1. 의의

정치자금은 정치활동을 위하여 소요되는 비용으로만 지출되어야 하며 사적경비나 부정한 용도로는 지출할 수 없다.

'사적경비'라 함은 가계의 지원·보조, 개인적인 채무의 변제 또는 대여, 향우회·동창회·종친회·산악회 등 동호인회, 계모임 등 개인 간의 사적 모임의 회비 그 밖의 지원경비, 개인적인 여가 또는 취미활동에 소요되는 비용의 용도로 사용하는 경비를 말한다(「정치자금법」 제2조 제3항).

'부정한 용도'란 이러한 사적 경비 이외의 경우로서 정치자금의 지출목적이 위법한 것뿐만 아니라 사회상규나 신의성실의 원칙에 위배되는 부당한 경우를 의미하므로,[1] 정치활동 이외의 목적을 위하여 정치자금을 지출하는 경우뿐만 아니라 형식상 정치활동을 위하여 지출하는 경우에도 그 지출행위가 사회상규나 신의성실의 원칙에 비추어 구체적 타당성이나 합목적성이 결여된 경우를 포함한다고 볼 것이다.[2]

> '사적 경비'란 가계에 대한 지원이나 보조, 개인적인 채무의 변제나 대여, 사적 모임의 회비나 그에 대한 지원경비, 개인적인 여가나 취미활동을 위한 비용 등의 용도로 사용하는 경비를 의미하고, '부정한 용도'란 이러한 사적 경비 이외의 경우로서 정치자금의 지출 목적이 위법한 것뿐만 아니라 사회상규나 신의성실의 원칙에 위배되는 부당한 경우를 의미한다. 구체적 사안에서 정치자금이 정치활동을 위하여 소요되는 경비 외의 용도로 지출되었는지 여부는 지출의 목적, 상대방, 지급액수 및 전후 경위 등을 종합적으로 고려하여 정치활동의 목적을 위하여 그 지출이 필요하다고 평가할 수 있는지에 따라 판단하여야 한다(대법원 2008. 6. 12. 선고 2006도4982 판결, 대법원 2021. 6. 10. 선고 2020도14321 판결).

법원은 '현금성 경비 마련 등의 목적을 위하여 국회의원 지역 사무실에 근무하지 않은 사람 명의의 계좌에 급여 명목으로 정치자금을 송금하는 행위'와 관련하여 기소된 사안에서, "정치자금의 수입과 지출내역의 투명성을 확보하여 정치자금과 관련한 부정을 방지하려는 정치자금법의 입법 취지, 정치자금법 제47조 제1항 제1호, 제2조 제3항의 '부정한 용도'의 의미 등에 비추어 보면, '현금성 경비 마련 등의 목적을 위하여 국회의원 지역 사무실에 근무하지 않은 사람 명의의 계좌에 급여 명목으로 정치자금을 송금하는 행위'는 정치자금법의 입법 취지에 정면으로 반하는 것으로서 정치자금의 지출목적이 위법할 뿐만 아니라 사회상규나 신의성실의 원칙에 위배되어, '부정한 용도'에 해당한다고 봄이 타당하다"라고 판시하였다.[3]

정치자금 용도 제한과 관련하여 보조금의 용도제한에 관하여만 규정하고 있을 뿐(「정치자금법」 제28조), 다른 정치자금의 구체적인 용도에 관하여는 규정하고 있지 않다. 이러한 법규정 형식에 비추어 정치자금의 용도가 엄격하게 특정되고 한정되었다고 보기 어렵다.[4]

대통령선거예비후보자가 대통령선거경선후보자로 등록시 경선후보자후원회로부터 기부

---

1) 대법원 2008. 6. 12. 선고 2006도4982 판결.
2) '위법'이라 함은 형식적으로는 제정법규에 위반하는 것을 의미하나 실질적으로는 그 법규의 배후에 있는 실정법질서 전체 및 사회상규에 위반하는 경우도 포함하며, '부당'이라 함은 위법하지는 않으나 구체적 타당성이나 합목적성이 결여된 것을 의미한다(중앙선거관리위원회. 정당법·정치자금법 축조해설(2016), 319면). 일반적으로 '부당'이라고 하는 경우에는 그 행위 또는 상태가 실질적으로 타당을 결하거나 부적당하다는 것을 말하며, 반드시 '위법'임을 요하지 않는 용어로서 사용되고 있다(오세경. 「법률용어사전」, 법전출판사, 2017).
3) 서울고등법원 2020. 9. 25. 선고 2018노2389 판결, 대법원 2022. 7. 14. 선고 2020도13957 판결.
4) 대전고등법원 2014. 6. 13. 선고 2014노68 판결, 대법원 2020. 3. 12. 선고 2019도17691 판결.

받은 후원금으로 예비후보자 활동경비(예비후보자 홍보물 발송, 사무원 수당 지급 등)를 지출할 수 있으며, 후원회를 둔 국회의원이 대통령선거경선후보자가 되는 경우 경선후보자의 경선기탁금을 국회의원후원회로부터 국회의원이 기부받은 후원금으로 지출 가능하다.[5]

지출의 방법에는 특별히 제한이 없어 현금, 유가증권은 물론 신용카드의 사용이나 물품의 지급도 포함되고 정치자금의 용도를 규제하는 것이므로 지출에 있어 거래나 대가 관계가 필요하다고 볼 수 없다.[6]

법원은 "'지출'의 사전적 정의는 '어떤 목적을 위하여 돈을 지급하는 일'이므로, 계좌에 급여 명목으로 정치자금을 송금하는 행위 자체가 정치자금법 제47조 제1항 제1호, 제2조 제3항이 규정하는 '지출'에 해당한다. 나아가 급여 명목의 돈을 송금받은 계좌의 명의인이 그 돈에 대한 처분권을 가지고 있지 않고, 실질적으로는 정치자금 회계책임자가 그 돈에 대한 처분권을 가지고 있다고 하더라도, 허위로 급여 명목의 외관을 만들어 정치자금 계좌에 있던 정치자금을 다른 계좌로 이체하여 옮긴 이상, 그러한 송금행위는 지출에 해당한다고 보아야 한다. 따라서 '현금성 경비 마련 등의 목적을 위하여 국회의원 지역 사무실에 근무하지 않은 사람 명의의 계좌에 급여 명목으로 정치자금을 송금하는 행위'는 그 자체로 정치자금법 제47조 제1항 제1호, 제2조 제3항을 위반한 것이어서 정치자금법위반죄가 성립한다"라고 판시하였다.[7]

지출의 시기에 있어 후원회지정권자는 해산사유가 발생하기 전까지 후원회로부터 기부받은 정치자금을 그 정치활동을 위하여 지출할 수 있다.

판례도 "후원회를 둔 국회의원은 국회의원선거에서 낙선되었다 하더라도 장차 임기만료 등 후원회의 해산사유가 발생하기 전에는 후원회로부터 기부받은 정치자금을 정치활동을 위하여 지출할 수 있다 할 것이고, 이 경우 지출이 허용되는 정치활동의 목적을 국회의원 재직기간 동안의 직무 수행과 관련된 것으로만 제한하여 국회의원 임기만료 후의 정치활동을 위한 것은 배제하여야 할 것은 아니다"라고 판시하였다.[8]

지출의 기수 시기는 정치자금의 지출이 완료되어 사실상의 처분권이 상대방에게 이전된 된 때이다. 일단 사실상의 처분권이 상대방에게 이전된 이상 이를 다시 되돌려 받는다고 하더라도 본 죄의 성립에는 영향이 없다. 다만, 미수범 처벌규정이 없으므로 단순히 사적 경비나 부정한 용도에 사용하기로 약속하거나 의사표시만 한 경우에는 본 죄가 성립하지 않는다.[9]

---

5) 중앙선거관리위원회 2007. 4. 27. 회답.
6) 대검찰청, 정치자금법 벌칙해설(제2개정판). 대검찰청, 2022, 218면.
7) 서울고등법원 2020. 9. 25. 선고 2018노2389 판결, 대법원 2022. 7. 14. 선고 2020도13957 판결.
8) 대법원 2008. 6. 12. 선고 2006도4982 판결.
9) 대검찰청. 앞의 책. 222면.

설령 R 명의 차명계좌에 입금된 돈이 사후에 ① 체크카드 지출, ② 피고인 C 명의 계좌로 송금, ③ 자기앞수표 또는 현금으로 인출, ④ 피고인 B 명의 계좌로 송금 등의 방법을 통하여 궁극적으로 정치활동을 위한 경비로 사용되었다고 하더라도, 이미 R 명의 차명계좌에 정치자금이 송금됨으로써 정치자금 부정지출로 인한 정치자금법위반죄는 기수에 이르렀으므로, 그 후에 해당 금원이 어떻게 사용되었는지는 이미 성립한 범죄에 영향을 미치지 않는다(서울고등법원 2020. 9. 25. 선고 2018노2389 판결, 대법원 2022. 7. 14. 선고 2020도13957 판결).

한편, 정치자금법위반죄와 업무상횡령죄와 관련하여, 정치자금법 제47조 제1항 제1호 위반죄는 정치자금을 정치활동을 위하여 소요되는 경비 외의 용도로 지출함으로써 성립되고, 용도 외의 지출, 즉 정치자금을 사적 경비 또는 부정한 용도로 지출함에 있어 자기 또는 제3자의 이익을 꾀할 목적으로 정치자금을 자기의 소유인 경우와 같이 사실상 또는 법률상 처분하려는 불법영득의사를 요하지는 않는다고 해석되므로, 정치자금 부정지출로 인한 정치자금법위반죄가 인정된다면 그 자체로 불법영득의 의사가 인정되어 횡령죄에 해당된다고 보기는 어렵다.[10)]

2. 판례

① 국회의원 보좌관에 대한 퇴직위로금 지급

후원금 중 국회사무처에 공무원으로 등록된 직원들인 공소외 1, 2, 3, 4, 5에게 지급된 금원은 이들과 국회의원의 관계, 지급된 금원의 수액 및 이 사건 전후의 사정 등에 비추어 볼 때, 이들의 국회의원 정치활동 보좌에 대한 보답과 퇴직에 대한 위로를 위한 것으로서 통상적인 범위 내의 수준으로 사적 경비나 부정한 용도가 아닌 정치활동을 위하여 소요되는 경비로 지출된 경우에 해당한다 할 것이고, 이들이 국회사무처로부터 급여 등을 지급받았다고 하여 달리 볼 것은 아니다(대법원 2008. 6. 12. 선고 2006도4982 판결).

② 후원금으로 부의금 지출

피고인은 제16대 비례대표 국회의원으로서 2004. 4. 15. 실시된 제17대 국회의원선거에 후보로 출마하여 낙선한 자로서, 2004. 3. 26. 부의금 명목으로 10만원을 송금함에 있어 후원금을 사용한 것을 비롯하여 그 때부터 같은 해 6. 9.까지 사이에 총 9회에 걸쳐 합계 22,570,980원 상당의 정치자금을 사적으로 사용하였다(인천지방법원 2005. 1. 14. 선고 2004고합535 판결).

---

10) 대전고등법원 2014. 6. 13. 선고 2014노68 판결.

③ 회계책임자가 유급사무직원의 상여금을 되돌려 받아 자신의 신용카드 대금 결제

피고인은 2008. 8.경부터 현재까지 ○○당 □□도당에서 사무처장 및 회계책임자로 근무하고 있고, 2012. 12. 19. 실시된 제18대 대통령선거에서 ○○당 소속 A후보의 ○○남도 선거연락소 회계책임자로 근무하였다.

피고인은 2010. 7. 21.경 유급사무직원에게 상여금을 지급한 후 되돌려 받아 회계사무보조자의 은행계좌에 보관하고 있던 정치자금 중 11,500,000원을 피고인 명의의 예금계좌로 이체한 다음, 같은 날 신용카드 대금 905,630원을 결제한 것을 비롯하여 그 무렵부터 2013. 1. 3.경까지 모두 10회에 걸쳐 합계 19,356,260원의 정치자금을 피고인 명의의 위 예금계좌로 이체받아 신용카드 대금을 결제하였다(대전고등법원 2014. 6. 13. 선고 2014노68 판결, 대법원 2020. 3. 12. 선고 2019도17691 판결).

④ 국회의원의 회계책임자가 지방의원선거 입후보자를 위한 식사대금을 국회의원의 정치자금으로 결제

피고인은 서울시의원 마포지역 출마예정자 겸 국회의원 노○○의 전 회계책임자인바,

가. 2005. 11. 8. 12:00경 서울 마포구 도화동 소재 식당으로 마포모범 운전자회원 12명을 초청한 자리에서 위 노○○은 피고인을 서울시의원출마예정자로 소개하고 피고인은 위 마포모범운전자회원들을 상대로 명함을 돌리면서 동인들에게 약 294,750원 상당의 식사를 제공하여 선거구민 또는 선거구민과 연고가 있는 자에게 기부행위와 사전선거운동을 하고,

나. 같은 달 9. 12:00경 같은 장소인 위 식당으로 마포구 소재 사단법인 따뜻한 한반도 사랑의 연탄나눔운동에서 개최한 연탄배달행사의 자원봉사자 24명을 초청한 자리에서 위 노○○은 피고인을 서울시의원 출마예정자로 소개하고 피고인은 위 자원봉사자들에게 약 418,000원 상당의 식사를 제공하여 선거구민 또는 선거구민과 연고가 있는 자에게 기부행위와 사전선거운동을 하고,

다. 위 1, 2의 기재 일시, 장소에서 위와 같이 식사를 제공하면서 그 식사대금을 위 국회의원 노○○의 정치자금 연결계좌와 연계된 신용카드로 결제하여 정치자금을 사적인 경비로 사용하였다(서울서부지방법원 2006. 5. 18. 선고 2006고합53 판결, 대법원 2006. 10. 13. 선고 2006도5768 판결).

⑤ 정치자금 계좌에서 차명계좌로 정치자금을 송금한 행위

피고인 E는 R 명의의 S은행 통장을 만들어 정치자금 회계책임자인 피고인 C, B 등에게 전달하고 위 R이 A 국회의원 지역 사무실에서 근무하고 있는 것처럼 가장한 후 그의 명의로 급여를 지급한 다음 이를 사용하기로 마음먹었다. 피고인들은 공모하여 2010. 2.경 인천 T빌딩에 있는 A 국회의원의 지역 사무실(이하 '지역 사무실'이라 한다)에서, 선거관리위원회에 신고된 정치자금계좌인 피고인 C 명의의 S은행 계좌에서 R의 급여 명목으로 200만원을 위 R 명의의 S은행 계좌로 이체한 후 피고인 B, C, E가 사용한 것을 비롯하여 그

무렵부터 2013. 4.경까지 별지 범죄일람표(1) 기재와 같이 R의 허위 급여 명목으로 7,600만원 상당을 송금한 후 그 돈을 돌려받는 등 R이 A 국회의원 사무실에서 근무한 것처럼 가장하여 현금성 경비를 마련하는 등 부정한 용도로 지출하였다(인천지방법원 2018. 8. 16. 선고 2017고합151 판결, 대법원 2022. 7. 14. 선고 2020도13957 판결로 확정).

⑥ 비례대표 국회의원이 공직선거법 제113조 제1항에 위반되는 기부행위를 한 경우 이에 소요되는 경비를 정치자금으로 지출한 행위

이 사건의 경우 적법하게 채택하여 조사한 증거에 의하여 알 수 있는 다음과 같은 사정에다가 이후 기부금의 사용내역이나 경위 등을 종합하여 보면, 피고인이 소속 정당 국회의원들 중 일부로 구성된 이 사건 단체에 5,000만원의 정치자금을 기부한 행위는 정치자금법 제2조 제3항 소정의 정치자금을 부정한 용도로 지출한 경우에 해당한다.

가. 피고인은 소속 정당 국회의원들 중 일부로 구성된 이 사건 단체에 5,000만원의 정치자금을 기부하였는데, 그 규모는 피고인이 위 단체의 구성원으로서 해당 단체의 정관·규약 또는 운영관례상의 의무에 기하여 부담하던 종전의 회비의 범위를 현저하게 초과하는 것으로서 설령 그 기부 과정에서 단체에 대한 기부의 필요성이 있었다거나 그 무렵 단체의 규약 또는 관례가 변경되었다는 사정이 있다고 하더라도 이를 두고 공직선거법 제112조 제2항 제2호 마목에 따라 허용되는 의례적 행위라고 보기는 어려운 수준이다.

나. 오히려 그와 같은 금품제공행위는 비례대표 국회의원인 피고인으로서는 금지되는 공직선거법 제113조 제1항 소정의 기부행위에 해당한다고 보이고, 그 기부행위에 선거운동의 목적이 확연히 드러나지 않는다거나 선거와의 관련성이 적다고 해도 그 위법성이 정당화되는 것은 아니다.

다. 만약 피고인이 이 사건 단체에 5,000만원의 정치자금을 기부하지 않았더라면, 특별한 사정이 없는 한 그 금원은 피고인의 국회의원선거 불출마로 인하여 정치자금법 제21조 제2항, 제1항에 따라 정당 등에 인계하는 방식으로 반환되어야 한다. 정치자금법과 공직선거법의 입법 취지, 규율대상이나 적용범위가 다르다는 점을 감안하더라도 위와 같은 반환절차가 임박한 시점에서 앞서 본 바와 같이 공직선거법상 허용되지 아니하는 기부행위를 목적으로 정치자금이 사용된 것을 두고 정치활동의 목적으로 공정하고 떳떳하게 지출된 것이라거나 사회상규나 신의성실에 합치되는 방식으로 지출되었다고 평가하기는 어렵다(대법원 2021. 6. 10. 선고 2020도14321 판결).

3. 중앙선거관리위원회 행정해석

가. 정치치자금 사용이 허용되는 사례

1) 정당의 경비 지출 관련

① 甲정당과 乙정당 합당의 경우에 乙정당의 불법증여를 원인으로 하여 부과처분된 증여세(가산금 및 중가산금 포함)를 합당으로 존속하는 甲정당의 당비로 납부 가능(중앙선거관리위원회 2012. 2. 7. 회답).

② 행정대집행비용납부명령처분의 취소를 구하는 소송과 관련된 소송비용은 소송의 결과에 불문하고 정당 대표자인 국회의원의 정치자금 또는 국고보조금 외 정당의 정치자금으로 지출 가능(중앙선거관리위원회 2020. 1. 8. 회답).

③ 중앙당 당직자 정기 건강검진 비용 중 「정치자금법」으로 정해진 건강검진 항목 이외의 추가검진 비용을 중앙당 정치자금으로 회계처리하는 것이 「근로기준법」 제5조(근로조건의 준수)에 따른 단체협약·취업규칙·근로계약을 이행하는 것이라면 가능(중앙선거관리위원회 2009. 9. 22. 회답).

④ 시·도당이 정치자금으로 소속 당직자 또는 중앙당 및 타 시·도당 당직자의 관혼상제에 축·부의금품을 지급하는 것은 「공직선거법」 제112조 제2항 제2호 아목 및 동 규칙 제50조 제5항 제2호 다목의 규정에 따라 제공하는 축·부의금품에 한하여 정치자금으로 지출 가능(중앙선거관리위원회 2007. 4. 23. 회답).

> ※ 2010. 1. 25. 「공직선거법」 및 「공직선거관리규칙」 개정으로 규칙 제50조 제5항은 삭제되고 동 규정은 「공직선거법」 제112조 제2항 각 호에 규정됨.

⑤ 정당의 시당이 당해 관할 구역 안에 소재한 종전의 지구당에서 근무하였던 유급사무직원에 대하여 당해 정당의 당헌·당규에 따라 퇴직금 지급 가능(중앙선거관리위원회 2004. 9. 3. 회답).

⑥ 당원협의회 대표자가 정당의 계획하에 정당의 경비로 자신의 직·성명이 표시된 근조기를 제작하여 선거구민의 조사에 게시 가능(중앙선거관리위원회 2019. 4. 17. 회답).

> ※ 선거일 전 120일부터 선거일까지는 평소 지면이나 친교가 없는 선거구민의 조사에 게시 불가

⑦ 정당이 선거에 소요되는 정치자금을 금융기관으로부터 차입하는 것과 정당이 그 차입금을 선거일 후 국가로부터 보전받은 비용으로 변제 가능(중앙선거관리위원회 2007. 11. 16. 회답).

⑧ 국회의원이 후원회로부터 기부받은 정치자금은 사적 경비 또는 부정한 용도로 지출하

지 아니하는 한 정치활동을 위하여 소요되는 경비로 사용할 수 있으므로 이를 소속 도당
에 빌려 주고 이후 도당으로부터 상환받을 수 있음(중앙선거관리위원회 2005. 4. 13. 회답).

⑨ 정당의 당비로 북한의 수해 피해 지원을 위한 쌀 구매비용 등 지출 가능(중앙선거관리위원
회 2010. 9. 24. 회답).

⑩ 정당의 경비로 소속 국회의원의 입법발의의 지원을 위한 법률 자문료 지급 가능. 다만,
정당이 변호사로부터 법률 자문이라는 노무를 제공받는데 대한 대가로 매달 일정 금
액을 지급하기로 약정하는 경우에는 「정당법」 제30조에 따른 유급사무직원수를 초과
해서는 아니 됨(중앙선거관리위원회 2010. 7. 20. 회답).

⑪ 정당이 청년정치사관학교 강좌를 운영함에 있어 교육 참가자들로부터 통상적인 수강
료를 받고 교육에 소요되는 경비의 부족분을 정당의 정치자금으로 지출 가능(중앙선거
관리위원회 2009. 3. 13. 회답).

⑫ 당원협의회가 시·도당의 계획하에 정당의 경비로 선거와 무관하게 정보소외계층을 대
상으로 통상적인 수강료를 받고 컴퓨터교실을 운영하는 것에 관하여 「공직선거법」 및
「정당법」상 제한하는 규정은 없음. 그러나 컴퓨터교실을 운영함에 있어 시·도당 하부
조직의 운영을 위한 당원협의회 등의 사무소 설치에 이르거나 특정 정당 또는 후보자
(후보자가 되고자 하는 자를 포함함)를 지지·선전하거나 무료 또는 통상적인 가격보다 싼
값으로 운영하는 경우에는 그 행위시기 및 양태에 따라 「정당법」 제37조 제3항, 「정치
자금법」 제2조 제3항, 「공직선거법」 제89조·제103조·제114조 또는 제254조에 위반
(중앙선거관리위원회 2008. 10. 1. 회답).

2) 국회의원 관련 경비

(1) 사무실 운영 경비 등

① 정치자금으로 비례대표국회의원의 사무소 설치비용 및 아파트 임차비용 지출 가능. 다
만, 아파트의 사적 사용 금지(중앙선거관리위원회 2010. 9. 15. 회답).

② 주소지가 지방인 국회의원이 의정활동 또는 입법활동을 원활하게 수행하기 위하여 오
피스텔을 임차하는 것이라면 그 임차료를 정치자금에서 지출 가능(중앙선거관리위원회
2005. 9. 15. 회답).

③ 국회의원의 정치활동을 위한 아파트 임차·사용 가능. 다만, 사적 사용 금지(중앙선거관
리위원회 2008. 7. 24. 회답).

④ 국회의원의 정치자금으로 의정활동 과정에서 발생한 질병 등 치료비 등 지출 가능(중앙
선거관리위원회 2011. 1. 7. 회답).

⑤ 국회의원은 의정활동 중 부상으로 인한 치료비를 정치자금으로 지출할 수 있으며 국회 선택적 복지제도 보험금 청구 절차에 따라 지급받은 보험금을 자신의 개인통장으로 수령하여 개인자금으로 사용 가능(중앙선거관리위원회 2010. 9. 15. 회답).

⑥ 정치자금으로 보좌직원의 업무수행과정 사고 관련 통상적 위로금·격려금 지출 가능(중앙선거관리위원회 2010. 3. 24. 회답).

⑦ 정치자금으로 의정활동을 위한 국회의원·보좌진용 스마트폰 구입 가능(중앙선거관리위원회 2010. 2. 11. 회답). 다만, 국회의원이나 회계책임자 명의로 구입하고, 재산명세서에 포함시켜 기재·보고해야 하며, 후원회지정권자가 후원회를 둘 수 있는 자격을 상실한 경우에는 「정치자금법」 제21조 제2항의 규정에 따라 처리.

⑧ 국회의원의 정치활동을 위한 차량 임차 가능. 다만, 사적 사용 금지(중앙선거관리위원회 2009. 1. 9. 회답).

⑨ 국회의원이 정치활동을 위하여 체결한 계약을 해지하면서 발생한 위약금(「민법」상 손해배상액의 예정에 해당하는 위약금을 말함)을 정치자금으로 지출 가능(중앙선거관리위원회 2021. 2. 3. 회답).

> ※ 차량 임차 계약의 중도 해지는 일반적으로 용인될 수 있는 행위일 것이므로 사회상규나 신의성실의 원칙에 위배된다고 할 수 없는바, 정치자금으로 사안의 위약금을 지출하는 것은 '부정한 용도'의 지출에 해당한다고 할 수 없음.

⑩ 국회의원이 정치자금으로 소속 보좌직원이나 그 배우자 또는 그 직계존비속이 결혼하거나 사망한 때에 통상적인 범위에서 축의·부의금품(화환이나 화분을 포함함. 이하 같음)을 제공하거나 소속 보좌직원의 생일에 화환 제공 가능. 다만, 그 범위를 벗어나 보좌직원 부친의 생일, 형제자매의 경조사 등에 정치자금으로 축의·부의금품을 제공하는 것은 「정치자금법」 제2조 및 제45조에 위반될 것이며, 보좌직원의 부친 또는 형제자매가 선거구 안에 있거나 선거구민과 연고가 있는 자라면 「공직선거법」 제113조에도 위반될 것임(중앙선거관리위원회 2014. 3. 18. 회답).

⑪ 국회의원이 보좌관 등 소속직원에게 설·추석 등 명절에 그 국회의원의 의정활동을 상시 보조하는 데 대한 격려의 일환으로 통상적인 범위 안에서 선물을 제공하는 것은 정치활동에 해당되므로 후원회로부터 기부받은 정치자금에서 지출 가능(중앙선거관리위원회 2007. 4. 19. 회답).

⑫ 지역구국회의원인 원내대표가 국회의원 소속 보좌직원 또는 원내대표 소속 전문임기제 공무원에게 통상적인 범위 안에서 정치자금으로 명절 선물을 구입하여 제공 가능(중앙선거관리위원회 2020. 9. 14. 회답).

⑬ 국회의원이 그 보좌관·비서관·비서에게 의정활동 지원과 관련하여 통상의 격려금을 후원회로부터 기부받은 정치자금에서 지출 가능. 다만, 통상의 범위를 벗어나 「공직선거법」 제112조에서 금지하는 기부행위에 이르거나, 같은 법 제58조에 규정된 공직선거의 선거운동 또는 「정당법」 제31조의2(당원등 매수금지)·제45조의4(당내경선등의 매수 및 이해유도죄)에 규정된 정당 당직자경선의 경선운동에 대한 대가 등으로 지출 불가(중앙선거관리위원회 2005. 3. 24. 회답).

⑭ 국회의원이 기부행위에 이르지 아니하는 통상적인 인건비의 범위 안에서 국회의원의 정치자금으로 그 사무소의 유급사무직원에게 상여금을 지급하는 것은 사용자의 임금지급행위로서 가능하나, 국회에서 보수를 지급받는 별정직공무원인 보좌관·비서관·비서에게 같은 성격의 상여금을 지급하는 때에는 「정치자금법」 제2조 제3항에 위반(중앙선거관리위원회 2006. 9. 29. 회답).

⑮ 국회의원 보좌직원에 대한 중국연수가 관광 등 사적 목적이 아닌 국회의원의 정책개발과 입법활동을 지원하기 위한 목적이라면 정치자금으로 지출 가능(중앙선거관리위원회 2005. 5. 23. 회답).

⑯ 국회의 인턴직원이 국회의원의 의정활동을 지원함에 있어 인턴직원으로서의 통상적인 업무처리 외에 추가로 정책연구개발 등의 업무를 처리하는 경우에는 이에 대한 대가로 국회에서 예산으로 지급하는 보수 외에 추가로 국회의원이 후원회로부터 기부받은 정치자금에서 연구개발비를 지출 가능(중앙선거관리위원회 2005. 4. 13. 회답).

⑰ 국회의원이 인턴사원에게 지급하는 비용이 정치활동에 소요되는 비용이라면 정치자금에서 지출 가능하나, 인턴사원의 생계보조를 위하여 사적으로 지급하는 것은 「정치자금에관한법률」 제2조(기본원칙) 제3항의 규정에 위반(중앙선거관리위원회 2004. 10. 8. 회답).

⑱ 국회의원이 등록하려는 고려대학교 일민국제관계연구원의 '일민 미래국가전략 최고위과정'이 국회의원의 의정활동 또는 입법활동을 원활하게 수행하기 위하여 필요한 과정이라면 그 등록비용을 정치자금으로 지출 가능(중앙선거관리위원회 2005. 9. 15. 회답).

⑲ 의정활동 또는 입법활동에 활용하기 위하여 저서를 번역하는 경우 그 경비를 정치자금으로 지출 가능하나 그 번역자료를 직무상 필요에 따라 활용하는 외에 무상배부 또는 판매하기 위한 출판경비를 정치자금으로 지출 불가(중앙선거관리위원회 2005. 10. 6. 회답).

⑳ 국회의원이 입법연구 등 의정활동을 위해 선거와 무관하게 정책연구소를 설치·운영 가능하며, 국회의원의 정치활동을 위하여 설치·운영하는 범위 안에서 그에 소요되는 비용을 후원회로부터 기부받은 정치자금에서 지출 가능. 이 경우 정책연구소와 국회의원사무소에 두는 유급사무직원(연구원 포함)의 수는 모두 합하여 5인을 초과할 수 없

으며, 입법연구 등의 목적범위를 벗어나 다수의 선거구민을 구성원으로 모집하거나 그 활동상황을 선거구민에 홍보하는 등 후보자가 되고자 하는 국회의원을 선전하는 활동을 하는 때에는 행위양태에 따라 「공직선거법」 제87조 제2항 및 제89조 제1항에 위반(중앙선거관리위원회 2007. 6. 13. 회답).

(2) 회비 등 지출관련

① 정치자금으로 민생경제포럼 회비납부 가능(중앙선거관리위원회 2011. 7. 11. 회답).

② 국회의원이 교회 부설 단체의 운영위원으로서 정치활동의 일환으로 정관 등에 따라 회비납부 가능(중앙선거관리위원회 2011. 5. 23. 회답).

③ 국회의원이 의정활동을 위해 필요한 교육과정에 참여하여 구성원으로서 그 의무에 따른 바이오최고경영자과정 자치회비를 정치자금으로 지출 가능(중앙선거관리위원회 2011. 4. 22. 회답).

④ 국회의원이 정치자금으로 정치활동 일환으로 한국기원 이사가 된 경우 정관 등에 따른 회비 지출 가능(중앙선거관리위원회 2010. 12. 8. 회답).

⑤ 국회의원이 정치자금으로 오케스트라후원회 회비를 정관 등에 의해 종전 범위에서 납부 가능(중앙선거관리위원회 2010. 9. 13. 회답).

⑥ 국회의원이 정치자금으로 정책정당화와 쇄신연대준비위원회 회비 납부 가능(중앙선거관리위원회 2010. 6. 23. 회답).

⑦ 국회의원이 정치자금으로 정관에 따른 청년연합회 회비 지출 가능(중앙선거관리위원회 2010. 6. 23. 회답).

⑧ 국회의원이 정치자금으로 단체의 대표자나 임원이 되는 경우 정관 등에 따라 납부하는 회비국회의원이 소속한 단체 회비 납부 가능(중앙선거관리위원회 2009. 6. 18. 회답).

⑨ 국회의원의 정치자금으로 포럼의 연회비 납부 가능(중앙선거관리위원회 2009. 5. 12. 회답).

⑩ 국회의원이 정치자금으로 국회정각회 회비 지출 가능(중앙선거관리위원회 2008. 10. 1. 회답).

⑪ 국회의원이 정치자금으로 사단법인 「6월민주항쟁계승사업회」 산하 다큐 '6월 항쟁' 발간위원회의 참여회비를 지출하는 것은 기부행위가 금지되는 상대방이 아니라면 지출 가능(중앙선거관리위원회 2007. 4. 17. 회답).

⑫ 국회의원이 의정활동의 일환으로 취임한 (사)24반무예협회의 회장으로서 당해 단체의 정관·규약 또는 운영관례상의 의무에 기하여 종전의 범위 안에서 회비 또는 부담금을 납부하는 것이라면 정치자금으로 지출 가능(중앙선거관리위원회 2006. 12. 5. 회답).

⑬ 지역구에서 선출된 국회의원이 선거구에 있지 아니한 단체의 회원으로서 정기회비 또는 특별회비를 납부하는 것이 정치활동을 위한 것이라면 정치자금에서 지출 가능. 다만,

동 단체가 선거구 안에 있는 단체이거나 선거구 밖에 있더라도 그 선거구민과 연고가 있는 단체인 때에는 구성원으로서 당해 단체의 정관·규약 또는 운영관례상의 의무에 기하여 종전의 범위 안에서 회비를 납부하는 외에 특별회비·후원금 등의 명목으로 금품을 제공하는 것은 「공직선거법」 제113조에 위반(중앙선거관리위원회 2006. 5. 4. 회답).

⑭ 정치·행정분야와 이와 연관된 경제·사회·문화 등의 연구 및 민주시민교육, 국내외 유관 연구기관과의 공동연구 등을 주요 활동으로 하는 비영리법인 (사)국민정치연구소의 회원 및 임원으로 있는 국회의원이 정치자금으로 동 단체에 회비 및 특별회비 납부 가능. 다만, 「공직선거법」에서 금지하는 기부행위에 해당되어서는 아니 됨(중앙선거관리위원회 2005. 9. 27. 회답).

⑮ 사단법인이 정치활동을 위해 설립된 법인이고 국회의원이 당해 법인의 정관·규약 또는 운영관례상의 의무에 기하여 납부하는 회비인 경우라면 후원회로부터 기부받은 정치자금으로 납부 가능(중앙선거관리위원회 2004. 11. 10. 회답).

⑯ 국회의원이 의정활동의 일환으로 참여하고 있는 '의정포럼' 운영회비를 정치자금으로 납부 가능(중앙선거관리위원회 2013. 1. 28. 회답).

⑰ 정치자금으로 국회 상록회의 회비 납부 가능(중앙선거관리위원회 2008. 9. 9. 회답).

⑱ 법인이 「공직선거법」 제87조 제2항 및 제89조 제1항의 규정에 의한 사조직 또는 유사기관에 해당하지 아니한다면, 국회의원이 정치활동을 위하여 설립발기인(재산출연자)으로 참여하여 출연하는 법인설립자금이나 그 법인의 정관·규약 또는 운영관례상의 의무에 기하여 납부하는 회비 또는 부담금은 정치자금으로 지출 가능(중앙선거관리위원회 2009. 10. 9. 회답).

⑲ 법인이 「공직선거법」 제87조 제2항 및 제89조 제1항의 규정에 의한 사조직 또는 유사기관에 해당하지 아니한다면, 국회의원이 의정활동에 필요한 정책개발 등 정치활동을 위하여 정치자금(자신의 자산 포함)으로 당해 법인의 설립에 필요한 자본금을 출연하거나 당해 법인의 정관·규약 또는 운영관례상의 의무에 기하여 회비 또는 부담금 납부 가능. 이 경우 정관·규약에 법인대표자의 부담비율을 어느 정도로 정할 것인지는 당해 법인의 정관·규약에 따른 통상적인 절차에 따라 정하여야 함(중앙선거관리위원회 2009. 3. 26. 회답).

⑳ 국회의원이 포럼의 대표로서 매달 정기적으로 개최되는 포럼의 토론회에 소요되는 비용, 포럼의 월회비, 정책토론회 개최비용의 전부 또는 일부를 지출하는 것은 정치활동을 위하여 지출하는 것이라면 정치자금에서 지출 가능. 다만, 동 단체가 선거구 안에 있는 단체이거나 선거구밖에 있더라도 그 선거구민과 연고가 있는 단체인 때에는

구성원으로서 당해 단체의 정관·규약 또는 운영관례상의 의무에 기하여 종전의 범위 안에서 회비를 납부하는 외에 특별회비·후원금 등의 명목으로 금품을 제공하는 것은 「공직선거법」 제113조에 위반(중앙선거관리위원회 2006. 11. 10. 회답).

㉑ 비례대표국회의원이 정치활동의 일환으로 참여하는 '국회의원 축구연맹'에 해당 단체의 정관·규약 또는 운영관례상의 의무에 기하여 납부하는 회비를 정치자금으로 지출 가능(중앙선거관리위원회 2017. 3. 29. 회답).

(3) 후원·기부 관련

① 기부행위에 해당되지 않으면 정치자금으로 북한 정치범 수용소에 관한 강연 후원 가능(중앙선거관리위원회 2010. 12. 3. 회답).

② 기부행위에 해당되지 않으면 정치자금으로 문화재환수위원회에 후원금 제공 가능(중앙선거관리위원회 2010. 10. 21. 회답).

③ 기부행위에 해당되지 않으면 정치자금으로 아동복지시설 후원 가능(중앙선거관리위원회 2010. 5. 7. 회답).

④ 「공직선거법」 제112조 제2항 제3호 마목에 따른 자선사업을 주관·시행하는 사회단체에 제공하는 의연금품을 정치자금으로 지출 가능(중앙선거관리위원회 2009. 9. 11. 회답).

⑤ 국회의원 정치자금으로 북한 인권의 실상을 널리 알리고자 하는 극단의 뮤지컬 '요덕스토리' 공연 지원 가능(중앙선거관리위원회 2006. 10. 2. 회답).

⑥ 정치자금으로 해외 구호·자선사업을 하는 단체에 기부금 제공 가능(중앙선거관리위원회 2009. 6. 25. 회답).

⑦ 국회의원의 당선 및 임기개시에 따른 축하선물을 제공하고자 하는 선거구민에게 축하선물 대신 후원금을 후원회를 통하여 기부하도록 하고 국회의원이 모금된 후원금을 후원회로부터 기부받아 사회복지공동모금회에 기부 가능(중앙선거관리위원회 2008. 6. 2. 회답).

⑧ 후원회를 둔 국회의원이 정치자금으로 '우토로'모금에 기부하는 것은 「정치자금법」 제2조(기본원칙) 제3항의 규정에 의하여 정치자금의 지출이 제한되는 사적 경비 또는 부정한 용도에 해당되지 아니하고, 그 한도액에 제한이 없음(중앙선거관리위원회 2005. 8. 8. 회답).

※ '우토로'는 1941년 제2차 세계대전 중 교토 군비행장건설을 위해 일본정부에 의해 동원된 노동자에 의해 형성된 재일 조선인 마을임.

⑨ 정치자금으로 동일본 대지진피해 돕기 구호성금 지출 가능(중앙선거관리위원회 2011. 3. 31. 회답).

⑩ 국회의원이 정치활동을 위하여 당해 단체의 정관·규약 또는 운영관례상의 의무에 기

하여 종전의 범위 안에서 회비 또는 부담금을 납부하는 것은 정치자금으로 지출 가능(중앙선거관리위원회 2007. 6. 8. 회답).

⑪ 국회의원의 정치활동을 위하여 의례적인 범위 안에서 「초·중등교육법」 제33조(학교발전기금) 및 동법시행령 제64조(학교발전기금)에 따라 학교운영위원회에 제공하는 학교발전기금을 정치자금으로 지출 가능(중앙선거관리위원회 2009. 7. 21. 회답).

⑫ 국회의원이 정치활동의 일환으로 국방대학교 발전기금(국민의 통합을 바탕으로 한 안보와 이를 위한 연구와 교육, 민관교류, 군사외교를 위해 조성하는 기금) 모금캠페인에 참여하기 위하여 의례적인 범위의 발전기금을 정치자금으로 지출 가능(중앙선거관리위원회 2014. 11. 28. 회답).

⑬ 희귀·난치성질환 환우들의 권리옹호와 복지를 위하여 설립된 사회복지기관으로 의료 및 문화·복지사업, 후원홍보사업, 교육자활사업, 희귀·난치성질환자 쉼터 운영사업 등을 통해 국민건강향상에 기여하고 있는 한국 희귀·난치성질환연합회의 이사장으로 있고, 국회 보건복지위원회 관련 상임위원회 활동을 하고 있는 국회의원이 한국 희귀·난치성연합회에 이사회비 또는 후원금을 정치자금으로 지출 가능(중앙선거관리위원회 2008. 3. 11. 회답).

⑭ 국회의원이 과거사 재심 촉구 후원콘서트를 후원하기 위하여 정치자금으로 입장권을 구매 가능. 다만, 티켓이나 티켓 판매금액을 사용함에 있어 「공직선거법」에서 금지하는 기부행위가 있어서는 아니될 것임(중앙선거관리위원회 2012. 10. 9. 회답).

⑮ 정치자금으로 인권콘서트 등 티켓을 구입 가능. 다만, 티켓을 사용함으로서 「공직선거법」이 금지하는 기부행위에 해당되어서는 아니 됨(중앙선거관리위원회 2006. 12. 1. 회답).

(4) 각종 행사 및 회의 참석 관련

① 국회의원의 신분으로 정치활동을 하면서 소요되는 식대나 차량유지비 및 유류비는 사적인 용도가 아닌 한 정치자금 지출 가능(중앙선거관리위원회 2004. 7. 28. 회답).

② KTX 광주역 진입을 위한 대책위원회 활동경비 분담을 정치자금으로 지출 가능(중앙선거관리위원회 2011. 1. 27. 회답).

③ 정치자금으로 전통활쏘기 국제교류행사 참석비용 지출 가능. 다만, 단체가 부담할 비용을 정치자금으로 지출 금지(중앙선거관리위원회 2010. 7. 1. 회답).

④ 국회 통일외교통상위원회 소속 의원이 (사)민족화해협력범국민협의회(통일부 등록 단체)가 주최하는 '평양양묘장 준공식 및 남북공동 나무심기행사'에 참가하는 것은 정치활동으로 볼 수 있으므로 그 방문소요 경비를 정치자금에서 지출 가능(중앙선거관리위원회 2007. 4. 19. 회답).

⑤ 전 세계 여성원자력 전문인들로 구성되어 있는 WIN(Woman in Nuclear)- Global 국제 회의 참석과 관련한 경비는 정치활동을 위하여 소요되는 경비로 보이므로 정치자금에서 지출 가능(중앙선거관리위원회 2007. 4. 13. 회답).

⑥ 국제회의 참석 및 관계자 면담경비 정치자금 지출 가능(중앙선거관리위원회 2009. 1. 15. 회답).

⑦ 국회의원이 주한 외교사절을 만나거나 의원친선 외교활동의 일환으로 외국을 방문했을 때 접견자 및 관계자들에게 우정의 표시로서 한국의 전통문양으로 만들어진 조그마한 기념품(의원명 명기 가능)을 제작 또는 구입하여 수여하는 데 필요한 비용은 정치활동을 위하여 소요되는 경비로 보아 이를 정치자금에서 지출 가능(중앙선거관리위원회 2005. 2. 4. 회답).

⑧ 국회의원이 운영하는 국회의원 연구단체가 의정활동이나 정책개발을 위한 정치활동의 일환으로 해외를 방문하는 경우에 그에 소요되는 비용의 일부를 국회의원의 정치자금에서 지원 가능. 다만, 국회에서 연구단체의 해외방문비용 전액을 지원하는 경우에는 정치자금에서 그 비용을 지출할 수 없음(중앙선거관리위원회 2004. 7. 26. 회답).

(5) 인지도 제고 등 활동 관련

① 정치자금으로 의례적인 연하장 구입·발송경비 지출 가능(중앙선거관리위원회 2009. 12. 31. 회답).

② 정치자금으로 지역현안에 대한 간담회 식대 등 지출 가능. 다만, 선거구민 또는 선거구민과 연고가 있는 자인 경우 역무에 대한 정당한 대가의 제공 등 「공직선거법」상 기부행위에 해당되지 아니하는 경우라야 함(중앙선거관리위원회 2009. 3. 3. 회답).

③ 국회의원의 정치자금으로 생일축하 문자메시지·의정활동보고 등에 소요되는 비용 지출 가능(중앙선거관리위원회 2008. 9. 29. 회답).

④ 국회의원의 정치자금으로 추석 인사장 발송 가능(중앙선거관리위원회 2008. 9. 4. 회답).

⑤ 「공직선거법」에 위반되지 아니하는 정책간담회의 준비 및 개최에 소요되는 경비를 정치자금에서 지출 가능(중앙선거관리위원회 2007. 3. 2. 회답).

⑥ 국회의원이 신문사의 창간을 기념하는 축하광고를 하면서 그에 소요되는 통상적인 광고비용을 정치자금으로 지출 가능. 이 경우 정치자금으로 연간 지출할 수 있는 금액 범위와 광고 횟수는 「공직선거법」이나 「정치자금법」상 제한하는 규정이 없음(중앙선거관리위원회 2013. 6. 24. 회답).

⑦ 국회의원이 평소 지면이나 친교가 있는 사람의 경조사에 일정기간 게시하고 회수하는 방법으로 사용하기 위하여 축기나 근조기를 제작하고 배송대행업체를 통해 배송하는

때에는 그에 소요되는 경비를 정치자금으로 지출 가능(중앙선거관리위원회 2014. 10. 16. 회답).

※ 입후보예정자 등이 선거일 전 120일에 선거구민의 조사에 자신의 직·성명이 게재된 근조기를 게시하는 것은 가능. 선거일 전 120일부터 선거일까지 평소 지면이나 친교가 없는 선거구민의 조사에 해당 근조기를 게시하는 경우에는 「공직선거법」 제90조에 위반될 것임(중앙선거관리위원회 2016. 10. 19. 회답 참조).

---

⑧ "선거구 안에 있는 자 또는 선거구민과 연고가 있는 자"가 아닌 공직선거 후보자의 선거사무소 개소식에 정치자금으로 의례적인 화환 제공 가능(중앙선거관리위원회 2019. 7. 10. 회답).

※ 동료의원 및 일반선거구민의 경조사에 정치자금으로 화환 제공 불가.

---

⑨ 지역구국회의원인 원내대표가 「공직선거법」 제112조(기부행위의 정의 등) 제1항의 기부행위제한 상대방인 "선거구 안에 있거나 선거구 밖에 있더라도 선거구민과 연고가 있는 사람(이하 '선거구민 등'이라고 함)"이 아닌 소속 정당의 국회의원 또는 다른 정당의 지도부(당대표, 원내대표)에 통상적인 범위 안에서 정치자금으로 명절 선물을 구입하여 제공하는 것은 가능(중앙선거관리위원회 2020. 9. 14. 회답).

⑩ 지역구국회의원이 선거구민 등이 아닌 해당 국회의원후원회 유급사무직원에게 통상적인 범위 안에서 정치자금으로 명절 선물을 구입하여 제공하는 것은 가능(중앙선거관리위원회 2020. 9. 14. 회답).

⑪ 국경일의 기념식, 「각종 기념일 등에 관한 규정」 제2조에 규정된 정부가 주관하는 기념일의 기념식, 정당의 창당대회에 정치자금으로 의례적인 화환 제공 가능(중앙선거관리위원회 2019. 7. 10. 회답).

⑫ 국회의원이 "선거구 안에 있는 자 또는 선거구민과 연고가 있는 자"가 아닌 소속 상임위원회의 부처·산하기관·유관기관의 장에게 정치자금으로 취임축하난 제공 가능(중앙선거관리위원회 2014. 3. 18. 회답).

⑬ 국회의원의 지위에서 정기적으로 각급 학교의 졸업식에서 모범적인 학생에게 상장을 수여하여 온 경우 종전의 범위 안에서 시상을 하는 때에 그 시상에 소요되는 경비를 정치자금에서 지출 가능(중앙선거관리위원회 2005. 2. 22. 회답).

※ 2005. 8. 4. 「공직선거법」 개정에 따라 동 사안의 경우 부상은 수여할 수 없음.

(6) 선거·정당 활동 관련

① 국회의원의 정치자금으로 후보자추천 심의료 납부 가능(중앙선거관리위원회 2008. 2. 4. 회답).

② 경선비용을 국회의원 정치자금에서 차입 가능(중앙선거관리위원회 2007. 6. 13. 회답).

③ 중앙당 및 시·도당 창당 과정에 소요되는 창당과 관련된 모든 비용을 창당준비위원회 (시·도당 포함)소속 국회의원의 정치자금에서 지출 가능(중앙선거관리위원회 2007. 5. 3. 회답).

④ 대통령선거예비후보자가 대통령선거경선후보자로 등록시 경선후보자후원회로부터 기부받은 후원금으로 예비후보자 활동경비(예비후보자 홍보물 발송, 사무원 수당 지급 등)를 지출하거나, 경선후보자 회계책임자가 예비후보자 회계책임자의 통제하에 직접 지출 가능. 다만, 예비후보자의 선거운동에 소요되는 경비를 경선후보자 회계책임자가 직접 지출하는 경우에는 예비후보자의 선거비용 회계보고시 그 내역을 포함하여 보고하여야 함(중앙선거관리위원회 2007. 4. 27. 회답).

⑤ 후원회를 둔 국회의원이 대통령선거경선후보자가 되는 경우 경선후보자의 경선기탁금을 국회의원후원회로부터 국회의원이 기부받은 후원금으로 지출 가능(중앙선거관리위원회 2007. 4. 27. 회답).

⑥ 교섭단체를 구성한 국회의원들이 각각의 정치자금 통장에서 교섭단체 운영비 지원 가능(중앙선거관리위원회 2007. 2. 14. 회답).

⑦ 「공선법」 제91조 제4항의 규정에 의한 자동차를 운행하는데 소요되는 비용은 정치활동을 위하여 소요되는 비용으로 볼 수 있으므로 당해 후보자의 정치자금에서 지출 가능(중앙선거관리위원회 2005. 1. 21. 회답).

⑧ 국회의원이 정당의 도당 대표자 선출을 위한 경선에 입후보하는 경우 당헌·당규 등에서 정한 기탁금의 납부, 당내경선을 위한 인쇄물의 작성·배부 등에 필요한 경비를 정치자금계좌에서 지출 가능(중앙선거관리위원회 2005. 1. 20. 회답).

⑨ 국회의원이 공직자윤리법상 주식백지신탁제도에 따라 주식을 신탁하는 과정에서 발생하는 신탁수수료를 정치자금으로 지출 가능(중앙선거관리위원회 2006. 9. 29. 회답).

3) 장학금 관련 경비

(1) 장학기금 출연

① 국회의원이 소속 정당이 부속기관으로 설립하는 장학재단 출연금을 부담하기 위하여 납부하는 당비를 정치자금으로 지출하는 것은 가능. 다만, 개인재산을 출연하여 설립하는 장학재단의 출연금을 정치자금으로 지출하는 것은 「정치자금법」 제2조 제3항 위

반(중앙선거관리위원회 2004. 12. 23. 회답).

② 특정 정당소속 국회의원이나 당원, 일반인이 정당과 무관하게 자신의 재산을 출연하여 장학재단을 설립하는 것은 가능(중앙선거관리위원회 2004. 12. 23. 회답).

③ 후보자가 되고자 하는 자가 재단법인인 장학재단에 장학기금을 출연하는 행위는 「공직선거법」 제112조 제2항 제3호 마목에 따라 가능. 다만, 다수의 선거구민을 대상으로 하는 경우 출연자가 누구인지를 수혜자가 알 수 있는 방법으로 제공하여서는 아니 될 것임(중앙선거관리위원회 2006. 9. 8. 회답).

④ 동문회와 관계가 없는 국회의원 또는 국회의원 후보자가 되고자 하는 사람이 지역구의 한 초등학교 총동문회에서 추진하는 장학재단 설립에 필요한 기금을 출연하는 것은 「공직선거법」 제112조 제2항 제3호 마목에 따라 가능(중앙선거관리위원회 2011. 11. 8. 회답).

⑤ 국회의원이 정치활동의 일환으로 구호·자선활동을 하는 경우 「공선법」 등 다른 법률에 위반하지 아니하는 한 그에 소요되는 경비를 후원회로부터 기부받은 기부금에서 지출 가능(중앙선거관리위원회 2004. 12. 23. 회답).

(2) 장학회에 장학금 기부

① 장학회의 회원이 아닌 국회의원이 장학회에 장학금을 기부하는 것은 「공직선거법」 제112조 제2항 제3호 마목에 따라 가능(중앙선거관리위원회 2008. 12. 22. 회답).

② 국회의원이 장학회에 장학금을 기부하거나 「초·중등교육법」 제33조 및 동법시행령 제64조에 따라 학교운영위원회에 장학사업을 위한 학교발전기금을 제공하는 것은 「공직선거법」 제112조 제2항 제3호 마목 또는 제112조 제2항 제5호에 따라 가능. 다만, 장학회 등이 장학금을 지급함에 있어 「공직선거법」 제115조에 위반되어서는 아니 될 것임(중앙선거관리위원회 2011. 11. 8. 회답).

(3) 선거구민 및 단체에 장학금 제공

국회의원이 선거구 안에 있거나 선거구민과 연고가 있는 각급 학교에 장학금 또는 기부금을 제공하는 행위는 「공직선거법」 제113조의 규정에 위반(중앙선거관리위원회 2004. 12. 23. 회답).

4) 변호사 선임비용·소송비용 관련

① 정당의 명예가 훼손되었다고 제기한 손해배상청구 소송비용 정당의 정치자금 지출 가능(중앙선거관리위원회 2011. 4. 22. 회답).

② 중앙당 정치자금으로 권한쟁의심판 청구비용 지출 가능(중앙선거관리위원회 2010. 2. 10. 회답).

③ 정당이 정당활동 권한에 대한 침해 등에 대하여 소송을 제기하는 경우 변호사 선임비용을 정치자금으로 지출 가능(중앙선거관리위원회 2010. 4. 15. 회답).

④ 정당의 대변인이 대변인 논평과 관련하여 언론사와 명예훼손관련 손해배상청구소송이 진행 중 소송과 관련된 비용은 정치활동에 소요된 경비로 볼 수 있으므로 소송의 결과에 불문하고 정당 또는 국회의원의 정치자금에서 지출 가능(중앙선거관리위원회 2006. 5. 3. 회답).

⑤ 정치자금으로 무혐의 처리된 사건의 변호사 선임비용 지출 가능(중앙선거관리위원회 2010. 4. 24. 회답).

⑥ 별개의 「공직선거법」위반사건으로 공소 제기된 경우 무죄의 확정판결이 선고된 사건과 관련한 변호사 선임비용은 정치자금으로 지출 가능. 이 경우 그 변호사 선임비용은 변호사가 소송 수행과정에서 무죄사건에 출연한 노력과 비용의 정도에 따라 산정한 비용 상당액이 될 것임(중앙선거관리위원회 2009. 4. 29. 회답).

⑦ 공선법 위반사건과 관련한 변호사 선임비용은 국회의원에 대한 무죄의 확정판결이 있는 때에는 정치활동을 위하여 소요되는 경비로 보아 정치자금으로 지출 가능하나, 유죄의 확정판결을 받은 경우 형의 경중을 불문하고 사적경비 또는 부정한 용도로 보아 정치자금으로 지출 불가(중앙선거관리위원회 2005. 2. 28. 회답, 중앙선거관리위원회 2006. 11. 7. 회답, 중앙선거관리위원회 2013. 9. 25. 회답)

⑧ 선거사무장과 회계책임자가 「공직선거법」 또는 「정치자금법」 위반으로 벌금형을 선고받은 경우 그 변호사 선임비용은 국회의원의 정치자금으로 지출 불가(중앙선거관리위원회 2013. 9. 25. 회답).

⑨ 국회의원이 투표지 보전신청, 국회의원 당선무효소송 및 선거무효소송을 제기하는 경우 인지대, 증거보전과 재검표에 필요한 제반비용 등 법원 납부 금액 및 변호사비 등 소송에 수반되는 제반비용을 정치자금으로 지출 가능(중앙선거관리위원회 2016. 4. 22. 회답).

⑩ 행정대집행비용납부명령처분의 취소를 구하는 소송과 관련된 소송비용은 소송의 결과에 불문하고 정당 대표자인 국회의원의 정치자금 또는 국고보조금 외 정당의 정치자금으로 지출 가능(중앙선거관리위원회 2020. 1. 8. 회답).

⑪ 법원의 결정에 따른 의무를 이행하지 아니하여 국회의원이 지급해야 하는 간접강제금을 후원회로부터 기부받은 후원금 또는 정당의 지원금으로 지출하는 것은 정치자금을 부정한 용도로 지출하는 것이므로 「정치자금법」 제2조 제3항에 위반(중앙선거관리위원회 2010. 5. 7. 회답).

구 분	정치자금 지출 가능	정치자금 지출 불가[11]
민사소송	- 원고: 소송결과에 관계없이 정치자금 지출 가능 - 피고 : 승소시 정치자금 지출 가능 ▸ 정당의 대변인 논평과 관련한 손해배상소송의 변호사 선임비용(중앙선거관리위원회 2006. 5. 3. 회답) ▸ 국회의원이 피고인 명예훼손에 의한 손해배상소송 사건에서 승소한 경우 변호사 선임비용(중앙선거관리위원회 2006. 11. 7. 회답) ▸ 정당이 원고인 명예훼손에 의한 손해배상소송 사건에서 기각판결이 있는 때 소송비용(중앙선거관리위원회 2011. 4. 22. 회답) ▸ 당내경선에 불복하여 재심을 청구하는 경우 변호사 선임비용(중앙선거관리위원회 2020. 3. 5. 회답)	- 피고: 패소시 정치자금 지출 불가 ▸ 국회의원이 피고인 명예훼손에 의한 손해배상소송 사건에서 피고로 패소한 경우 변호사 선임비용(중앙선거관리위원회 2006. 11. 7. 회답)
형사소송	- 무죄확정: 정치자금 지출가능 ▸ 국회의원이 「공직선거법」위반사건에서 무죄의 확정판결이 있는 때 변호사 선임비용(중앙선거관리위원회 2005. 2. 28. 회답, 중앙선거관리위원회 2009. 4. 29. 회답, 중앙선거관리위원회 2013. 9. 25. 회답)	- 유죄확정: 정치자금 지출불가 ▸ 국회의원이 「공직선거법」위반사건에서 유죄의 확정판결이 있는 때 변호사 선임비용(중앙선거관리위원회 2005. 2. 28. 회답, 중앙선거관리위원회 2013. 9. 25. 회답) ▸ 선거사무장과 회계책임자가 「공직선거법」 또는 「정치자금법」 위반으로 벌금형을 선고 받은 경우 그 변호사 선임비용(중앙선거관리위원회 2013. 9. 25. 회답) ※ 무죄의 경우도 정치자금 지출 불가

---

11) 현행법은 명확한 규정을 두지 있지 않으나, 중앙선거관리위원회는 무죄의 확정판결이 있는 때에는 정치활동을 위하여 소요되는 경비로 보아 정치자금으로 지출할 수 있을 것인데 유죄의 확정판결을 받은 경우 형의 경중을 불문하고, 사적경비 또는 부정한 용도로 보아 정치자금으로 지출할 수 없는 것으로 해석하고 있다. 이에 따르면 확정판결의 결과에 따라 정치자금 지출 용도의 위반 여부가 결정되므로 후보자 등의 법적지위를 불안정하게 하여 적극적인 정치활동을 제약한다는 문제점이 있을 수 있다는 비판론이 있다. 최춘식의원 등 10인이 확정판결의 결과와 상관없이, 「공직선거법」 또는 「정치자금법」에 규정된 죄와 관련하여 후보자 등이 변호사 선임비용 등을 지출한 경우 이를 '정치활동을 위하여 소요되는 경비'로 보도록 명시함으로써 후보자 등의 안정적인 정치활동을 가능하게 할 수 있도록 정치자금법 개정안(2021. 10. 15. 제안)을 제출한 바 있다.
한편 「공직선거법」 또는 「정치자금법」 위반 사건에서 변호사선임비용을 정치자금으로 지출한 후 유죄의 확정판결이 선고된 경우, 중앙선거관리위원회는 실무상 이미 지출된 변호사 선임비용은 사적경비 및 부정한 용도로 보아 반환의 대상으로 보아 소요된 정치자금을 「정치자금법」 제34조 제4항 제1호에 의하여 신고된 정치자금 계좌에 반환하거나, 후원회지정권자 신분상실 등의 사유로 회계보고까지 종료된 경우에는 국고 귀속하도록 조치하고 있다. 대검찰청은 무죄추정의 원칙에 따라 공직선거법 위반 사건 판결 확정 전에 사용한 변호사 선임비용은 유죄판결 확정시 반환대상이 되기는 하나, 유죄판결 확정 전에 사용한 행위 그 자체를 처벌대상으로 보기 어렵다는 입장이다(대검찰청. 정치자금법 벌칙해설(제2개정판). 대검찰청, 2022. 222면).

구 분	정치자금 지출 가능	정치자금 지출 불가
행정소송	‣ 통일부의 정당활동 권한 침해 등에 대한 소송비용(중앙선거관리위원회 2010. 4. 15. 회답) ‣ 행정대집행비용납부명령처분의 취소를 구하는 소송비용(중앙선거관리위원회 2020. 1. 8. 회답)	
선거소송 (민중소송)	‣ 투표지 보전신청, 국회의원의 당선무효소송 및 선거무효소송 비용(중앙선거관리위원회 2016. 4. 22. 회답)	
권한쟁의심판 (기관소송)	‣ 「국제연합 평화유지활동 참여에 관한 법률」 위헌여부 확인을 위한 권한쟁의심판 청구비용(중앙선거관리위원회 2010. 2. 10. 회답)	
검찰 처분	– 고발인: 정치자금 지출 가능 – 피고발인: 무혐의 처분 시 정치자금 지출 가능 ‣ 「공직선거법」관련 무혐의 처분된 사건의 변호사 선임비용(중앙선거관리위원회 2010. 2. 24. 회답)	‣ 국회의원이 고발인이라도 대리인 업무 수행 등 당사자 적격이 없는 경우에는 정치자금 지출 불가 ‣ 기소유예 및 선고유예(법원)의 판결이 있는 경우 정치자금 지출 불가

나. 정치자금 사용이 허용되지 않는 사례

1) 정당(창준위) 경비 지출

중앙당창당준비위원회가 일반 선거구민을 대상으로 하는 정치적 현안에 관한 집회 경비를 후원회로부터 기부받은 후원금으로 지출하는 것은 「정치자금법」 제2조 및 제47조에 위반(중앙선거관리위원회 2017. 8. 9. 회답).

2) 국회의원 경비 지출

① 국회의원이 지역주민 또는 소속 당원들의 사적인 동호회 모임, 벼룩시장 행사에 자신의 지역사무소를 유상 또는 무상으로 사용하게 하는 것은 행위양태에 따라 「공직선거법」 제113조 또는 제254조, 「정치자금법」 제2조에 위반(중앙선거관리위원회 2014. 7. 15. 회답).
② 동료의원 및 일반 선거구민의 경조사에 화환을 정치자금으로 지출 불가. "선거구 안에 있는 자 또는 선거구민과 연고가 있는 자"에 해당하는 경우 「공직선거법」 제113조에도 위반(중앙선거관리위원회 2019. 7. 10. 회답).

③ 국회의원이 「공선법」 제112조(기부행위의 정의 등) 제1항의 규정에 의한 기부행위제한 대상자가 아닌 동료 국회의원에게 구정을 맞이하여 지역특산물을 제공하는 것은 정치 활동을 위한 것이라기보다는 사람이 살아가면서 도리로서 행하는 의례적인 행위로 볼 수 있을 것이므로 정치자금에서 지출 불가(중앙선거관리위원회 2005. 2. 4. 회답).

④ 국회의원이 동료국회의원 등의 경조사에 축·부의금품을 제공하는 것은 정치활동을 위 하여 소요되는 경비로 볼 수 없어 정치자금으로 지출 불가(중앙선거관리위원회 2005. 10. 24. 회답).

⑤ 국회의원이 선거구 안에 있거나 선거구민과 연고가 있는 각급 학교에 장학금 또는 기부금을 제공하는 행위는 「공직선거법」 제113조의 규정에 위반(중앙선거관리위원회 2004. 12. 23. 회답).

⑥ 국회에서 보수를 지급받는 별정직공무원인 보좌관 등에게 별도의 보수를 지급하는 것 은 「정치자금법」 제2조 제3항에 위반(중앙선거관리위원회 2010. 9. 15. 회답).

⑦ 비례대표국회의원이 법령의 규정에 근거함이 없이 정치자금으로 대학교에 기부금을 제공하는 것은 「공직선거법」 제113조 및 「정치자금법」 제2조 제3항에 위반(중앙선거관 리위원회 2007. 4. 24. 회답).

⑧ 「공직선거법」 위반 및 「정당법」 위반으로 벌금형을 선고받은 경우 그 벌금의 납부는 「정치자금법」 제2조(기본원칙) 제3항의 규정에 의한 사적 경비 또는 부정한 용도의 지 출에 해당되므로 정치자금에서 지출 불가(중앙선거관리위원회 2005. 2. 22. 회답).

⑨ 국회의원 지역사무소에서 전기요금 고지서관련 연체료는 채무자의 귀책사유로 인한 채무불이행에 따른 손해배상의 성격을 가지므로 국회의원이 연체료를 정치자금으로 지출하는 것은 사적 경비 또는 부정한 용도의 지출에 해당하여 「정치자금법」 제2조(기 본원칙) 제3항에 위반(중앙선거관리위원회 2021. 3. 11. 회답).

4. 처벌

본 항을 위반하는 경우에는 정치자금법 제47조 제1항에 따라 2년 이하의 징역 또는 400 만원 이하의 벌금에 처한다. 본 죄를 위반한 경우 그 제공된 금품 그 밖의 재산상의 이익은 몰수나 추징대상이 아니며 선거권이나 피선거권 및 당선무효가 되거나 공무담임 등의 제한 이 되지 아니한다.

제도 개선 // 정치자금 사적 사용 규제 강화

현행법에서는 정치자금은 정치활동을 위하여 소요되는 경비로만 지출하여야 하며, 사적 경비로 지출하거나 부정한 용도로 지출하여서는 아니 된다고 하면서 정치자금 및 사적 경비의 기준을 명확하게 규정하지 않고 있다.

따라서 정치자금이 정치활동을 명목으로 사적 경비 또는 부정한 용도로 지출되지 않도록 그 지출기준을 법과 규칙에 보다 명확하게 규정하고, 정치자금의 사적 사용 규제 강화하기 위하여 정치자금의 사적·부정사용 발견 시 7일 이내에 해당 금액을 자신의 정치자금계좌로 반환하도록 하고, 기한까지 반환하지 아니하는 경우 선거관리위원회가 이를 징수하여 국고에 귀속하도록 하고 정치자금을 사적·부정한 용도로 지출하는 경우 법정형량 강화하여 정치활동을 하는 사람이 정치자금을 사용하는 데 혼란을 방지하고, 위법행위에 대해서는 강력한 처벌로 정치자금에 대한 국민의 신뢰를 회복할 필요가 있다.[12]

---

12)　중앙선거관리위원회. 정치관계법 개정의견(2016. 8. 25.).

제5장

비실명방법 등 정치자금
기부·지출

정치자금법 이해

제5장

비실명방법 등 정치자금 기부·지출

제2조(기본원칙) ④ 이 법에 의하여 1회 120만원을 초과하여 정치자금을 기부하는 자와 다음 각 호에 해당하는 금액을 초과하여 정치자금을 지출하는 자는 수표나 신용카드·예금계좌입금 그 밖에 실명이 확인되는 방법으로 기부 또는 지출하여야 한다. 다만, 현금으로 연간 지출할 수 있는 정치자금은 연간 지출 총액의 100분의 20(선거비용은 선거비용제한액의 100분의 10)을 초과할 수 없다.

　1. 선거비용 외의 정치자금 : 50만원. 다만, 공직선거의 후보자·예비후보자의 정치자금은 20만원

　2. 선거비용 : 20만원

제48조(감독의무해태죄 등) 다음 각 호의 어느 하나에 해당하는 자는 200만원 이하의 벌금형에 처한다.

　2. 제2조(기본원칙) 제4항의 규정을 위반하여 실명이 확인되지 아니한 방법으로 정치자금을 기부·지출한 자 또는 현금으로 지출할 수 있는 연간 한도액을 초과하여 지출한 자

제49조(선거비용관련 위반행위에 관한 벌칙) ② 선거비용과 관련하여 다음 각 호의 어느 하나에 해당하는 자는 2년 이하의 징역 또는 400만원 이하의 벌금에 처한다.

　1. 제2조(기본원칙) 제4항의 규정을 위반한 자

1. 의의

정치자금 기부 및 지출의 투명성을 강화하기 위해 정치자금의 기부 및 지출 금액이 1회 일정기준을 초과한 경우 수표나 신용카드·예금계좌 입금 등 실명이 확인되는 방법으로 기부 또는 지출하도록 규정하고 있다. 다만, 이러한 기준 이하로 기부 또는 지출하는 경우에는 정치자금 기부활성화와 지출편의를 위해 현금으로도 기부 또는 지출할 수 있도록 하고 있으

나, 지출의 경우에는 이 외에도 현금으로 연간 지출할 수 있는 금액을 제한하고 있다.[1]

법원은 "'제2조 제4항은 단서에서 '현금으로 연간 지출할 수 있는 정치자금은 연간 지출 총액의 100분의 20(선거비용은 선거비용제한액의 100분의 10)을 초과할 수 없다'라고 규정하고 있기는 하나, 위 단서는 1년간 현금으로 지출할 수 있는 정치자금 총액의 상한을 정한 것에 불과하고, 지출하는 당해 정치자금 액수가 현금으로 연간 지출할 수 있는 금액의 상한에 미치지 못한다는 사정만으로는 실명이 확인되는 방법으로 지출하여야 한다는 본문 규정의 적용이 배제되는 것이 아니라고 할 것이다"라고 판시하였다.[2]

'그 밖에 실명이 확인되는 방법'은 그 지출 방법 자체만으로 지출자가 누구인지 명확하게 특정될 수 있는 방법을 말한다. 실명 확인의 방법으로 수표, 신용카드, 예금계좌 입금 등을 예시하고 있고 그 밖에 우편환 등 실명을 확인될 수 있는 방법이면 모두 가능하다.[3]

해외온라인 결제시스템인 페이팔(Paypal)을 이용하여 후원금 모금하는 것은 「외국환거래법」 등 다른 법률에 위반되는지 여부는 별론으로 하고 「정치자금법」상 제한되지 않는다.[4]

상대방에게 현금을 직접 지급하는 방법으로 선거비용을 지출하는 경우에는 비록 그 후 상대방으로부터 세금계산서 내지 현금영수증을 교부받았다고 하더라도 그 지출방법 자체만으로 지출자가 누구인지 명확하게 특정될 수 있는 경우에 해당한다고 할 수 없다.[5] 정치자금의 수령인인 후원회의 사무직원에게 통상의 인건비로 현금을 지급하는 것은 "기타 실명이 확인되는 방법"에 해당되지 아니한다.[6] 간이세금계산은 지출하는 사람의 실명이 확인되는 거래 방법으로 볼 수 없다.[7]

실명이 확인되는 방법으로 정치자금을 기부 또는 지출해야 하는 경우는 1회 120만원을 초과하여 정치자금을 기부하는 경우, 1회 50만원을 초과하여 선거비용외 정치자금을 지출하는 경우, 1회 20만원을 초과하여 선거비용을 지출하는 경우, 공직선거의 후보자·예비후보자가 1회 20만원을 초과하여 정치자금을 지출하는 경우이다. 예를 들면, 당원이 특별당비의 경우 금액과 횟수 제한은 없으나 1회 120만원이 초과한 경우에는 실명이 확인되는 방법으로 기부하여야 한다.

당대표경선후보자가 경선운동관련 정치자금을 1회 50만원 초과한 경우나 국회의원선거 예비후보자가 선거비용외 정치자금을 1회 20만원을 초과 지출하는 경우에는 실명이 확인되

---

1) 중앙선거관리위원회. 정당법·정치자금법 축조해설(2016), 321~322면.
2) 창원지방법원 2019. 2. 14. 선고 2018고합189 판결, 대법원 2019. 12. 20. 선고 2019도13804 판결.
3) 대검찰청. 정치자금법 벌칙해설(제2개정판). 대검찰청, 2022, 226면.
4) 중앙선거관리위원회 2019. 9. 27. 회답.
5) 대구지방법원 2011. 1. 21. 선고 2010고합498 판결.
6) 중앙선거관리위원회 2005. 3. 17. 회답.
7) 광주지방법원 장흥지원 2010. 8. 22. 선고 2018고단220 판결, 대법원 2020. 9. 14. 2020도10039 판결.

는 방법으로 지출하여야 한다.

2. 판례

① 중앙당 보조금을 현금으로 인출 사용

피고인은 ○○당 선거사무소장으로서 2004. 4. 9. ○○당 중앙당으로부터 피고인 명의의 예금계좌로 보조금 1,000,000원을 송금받아 같은 달 12. 현금으로 이를 인출하여 사용하였다(전주지방법원 2005. 5. 2. 선고 2005노257 판결).

② 국회의원 홈페이지 유지보수비용 등을 현금 지급

피고인은 A 국회의원의 비서관으로서 2004. 3. 17. 제17대 국회의원선거 예비후보자 사무실에서 홈페이지 유지보수비용 등의 명목으로 A에게 2,500,000원을 현금으로 지출한 것을 비롯하여 그때부터 같은 해 5. 31.까지 총 34회에 걸쳐 정치자금 합계 135,020,000원을 현금으로 지급하였다(춘천지방법원 영월지원 2004. 10. 20. 선고 2004고약3216 약식명령).

③ 후원회 대표자가 후원회 통장을 건네받아 연간지출총액을 초과하여 현금 지출

피고인은 강○○ 후보자 후원회 회계책임자로부터 후원회 통장을 건네받아 관리하면서 회계책임자의 동의 없이 2012. 4. 2. 500만원, 2012. 4. 10. 50만원, 2012. 4. 13. 24만원 등 총 3회에 걸쳐 합계 574만원을 후원회 경비로 현금으로 지출하였다(인천지방법원 부천지원 2013. 2. 14. 선고 2012고정2000 판결).

④ 선거사무소 임차비용을 현금으로 지급

피고인은 2006. 5. 31. 실시된 제4회 전국동시지방선거 □□시의회 의원선거에 출마하였다가 낙선한 사람인바, 공직선거의 예비후보자는 200,000원 이상의 정치자금을 지출할 경우 수표나 신용카드, 예금계좌입금 등 실명이 확인되는 방법으로 지출하여야 함에도 불구하고, 회계책임자인 처 유○○과 공모하여, 2006. 3. 30.경 원주시 소재 ○○아파트단지 내 상가 2층에서 위 상가사무실을 선거사무소로 사용하기 위하여 A로부터 임차하면서 그에게 임대료 1,000,000원을 현금으로 지급함으로써 실명이 확인되지 아니하는 방법으로 정치자금을 지출하였다(춘천지방법원 2007. 2. 1. 선고 2006고합91 판결).

⑤ 선거사무실 운영비, 문자발송비 현금으로 지출

정읍시장 예비후보자 김○○의 회계책임자인 피고인은 2018. 3. 5.경 농협 하나로마트에서 다과류 명목으로 선거비용 29,350원을 신고한 예금계좌를 통하지 아니하고 현금으로 지급하여 지출한 것을 비롯하여 2018. 3. 4.경 같은 해 5. 18.경까지 총123회에 걸쳐 합계 37,913,540원을 선거사무실 운영비, 문자발송비 명목 등 선거비용 및 선거비용 외 정치자금으로 지출하였다(전주지방법원 정읍지원 2019. 4. 15. 선고 2018고단490 판결).

3. 처벌

실명 확인 방법으로 위반한 정치자금의 기부가 단체의 정치자금 기부나 타인명의 정치자금 기부 등 정치자금 기부에 관한 다른 처벌규정에도 저촉될 경우 그 죄수가 문제가 될 수 있다. 이와 같은 경우는 '정치자금 기부'라는 하나의 행위가 다수 금지규정을 위반한 것으로 평가할 수 있으므로 상상적 경합관계에 있다고 해석함이 타당하다.[8]

본 항을 위반하는 경우에는 선거비용과 관련할 경우에는 「정치자금법」 제49조 제2항에 따라 2년 이하의 징역 또는 400만원 이하의 벌금에 처하고, 선거비용외 정치자금일 경우에는 「정치자금법」 제48조에 따라 200만원 이하의 벌금형에 처한다.

---

8) 대검찰청. 정치자금법 벌칙해설(제2개정판). 대검찰청, 2022, 227면.

제6장

타인 명의 정치자금 기부

정치자금법 이해

제6장

타인 명의 정치자금 기부

제2조(기본원칙) ⑤ 누구든지 타인의 명의나 가명으로 정치자금을 기부할 수 없다.

제48조(감독의무해태죄 등) 다음 각 호의 어느 하나에 해당하는 자는 200만원 이하의 벌금형에 처한다.
  3. 제2조 제5항의 규정을 위반하여 타인의 명의나 가명으로 정치자금을 기부한 자

1. 의의

누구든지 정치자금을 자신의 명의가 아닌 타인의 명의나 가명으로 기부할 수 없도록 규정하여, 정치자금 기부의 실명제원칙을 천명하고 있다.

'타인의 명의'는 명의자가 실재하는 경우이고, '가명'은 명의자가 실재하지 않은 경우로 구별할 수 있다. 타인의 명의로 정치자금을 기부할 경우 반드시 명시자의 동의가 필요하다고 볼 수는 없고 타인의 동의 없이 그 명의를 사용하는 경우에도 해당한다.

정치자금법 제2조 제5항은 '누구든지 타인의 명의나 가명으로 정치자금을 기부할 수 없다'고 규정하고 있을 뿐 타인의 사전 동의나 사후승낙을 받지 않을 것을 그 구성요건으로 하고 있지 않다.[1]

국회의원 후보자 경●● 관련 정치자금법위반죄 중 '타인들의 사전 동의'를 받았으므로, 위 죄가 성립되지 않는다는 취지의 주장을 하나, 정치자금법 제2조 제5항은 '누구든지 타인의 명의나 가명으로 정치자금을 기부할 수 없다'고 규정하고 있을 뿐 타인의 사전 동의나 사후승낙을 받지 않을 것을 그 구성요건으로 하고 있지 않으며, 타인의 사전 동의를 받았다 하더라도 정치자금의 적정한 제공을 보장하고 투명성을 확보하여 정

---

1)   청주지방법원 2018. 5. 23. 선고 2017고단2168 판결, 대법원 2019. 6. 13. 선고 2019도3814 판결.

치자금과 관련한 부정을 방지하려는 정치자금법의 목적상 처벌함이 마땅하므로, 피고인 및 변호인의 위 주장은 이유 없다(청주지방법원 2018. 5. 23. 선고 2017고단2168 판결, 대법원 2019. 6. 13. 선고 2019도3814 판결).

실제 정치현장에서는 타인의 명의나 가명을 통하여 정치자금법 제11조에 따른 후원회의 모금·기부한도 규정을 회피하거나 법인·단체 등으로 이른바 '쪼개기' 방식으로 후원금을 모금·기부하는 탈법 방법으로 사용되고 있다.

타인의 명의나 가명에 의한 정치자금 기부를 방치할 경우 법인·단체 등이 소속 직원의 명의를 차용하거나 개인이 가명을 사용하여 다액의 정치자금을 기부하는 행위를 규제하기 곤란하고, '소액다수에 의한 깨끗한 정치자금 기부'라는 정치자금법의 목적을 달성하기 어렵게 될 것이다.[2]

여기서는 타인의 당비를 대신 납부한 행위가 공직선거법상 기부행위[3]에 해당할 경우 본 조항의 타인 명의 정치자금 기부행위에 해당하는지 여부가 문제된다.

법원은 "어느 정당의 소속 당원이 정당에 납부하여야 할 당비를 그 소속 당원 대신 납부하는 행위가 그 소속 당원에 대한 기부행위로서 「공직선거법」 제257조 제1항 제1호 위반죄에 해당하는 경우, 그 당비는 이를 기부받은 당원이 그 정당에 납부한 것으로 보아야 하므로, 이러한 당비의 대납행위를 그 소속 당원의 명의를 빌리거나 가장하여 스스로 정당에 정치자금을 기부하는 행위로서 「정치자금법」 제48조 제3호 위반죄에도 동시에 해당하여 공직선거법 위반죄와 상상적 경합관계가 된다고 볼 수는 없다"고 판시하였다.[4]

원심은, 그 채택 증거들을 종합하여 위 피고인들이 제4회 전국동시지방선거에서 피고인 1이 열린우리당 ○○시장 후보자로 공천될 수 있도록 하기 위하여 그를 지지하는 사람들을 당원으로 모집하고 그중 당비를 내지 않은 사람들을 위하여 당비를 대신 납부한 사실을 인정한 다음, 피고인들의 위와 같은 행위는 당비 미납자들을 위하여 그들이 납부하여야 할 당비를 대신 납부한 것에 불과하여 당비 미납자들에 대한 공직선거법 소정의 기부행위에 해당할 뿐, 위 피고인들이 당비 미납자들의 명의를 이용하여 열린우리당에 정치자금을

---

2) 대검찰청. 정치자금법 벌칙해설(제2개정판). 대검찰청, 2022, 230면.

3) 「공직선거법」 제112조(기부행위의 정의 등) ① 이 법에서 "기부행위"라 함은 당해 선거구안에 있는 자나 기관·단체·시설 및 선거구민의 모임이나 행사 또는 당해 선거구의 밖에 있더라도 그 선거구민과 연고가 있는 자나 기관·단체·시설에 대하여 금전·물품 기타 재산상 이익의 제공, 이익제공의 의사표시 또는 그 제공을 약속하는 행위를 말한다.
   「공직선거법」 제257조(기부행위의 금지제한 등 위반죄) ① 다음 각 호의 1에 해당하는 자는 5년 이하의 징역 또는 1천만원 이하의 벌금에 처한다.
      1. 제113조(候補者 등의 寄附行爲制限)·제114조(政黨 및 候補者의 家族 등의 寄附行爲制限) 제1항 또는 제115조(第三者의 寄附行爲制限)의 규정에 위반한 자

4) 대법원 2007. 2. 22. 선고 2006도7058 판결.

기부한 것으로 볼 수 없다는 이유로 이 부분 공소사실을 무죄로 판단하였는바, 앞의 법리와 기록에 비추어 살펴보면, 원심의 이러한 판단은 옳은 것으로 수긍이 가고 거기에 상고이유의 주장과 같이 「정치자금법」 제2조 제5항에 관한 법리를 오해한 위법 등이 있다고 할 수 없다(대법원 2007. 2. 22. 선고 2006도7058 판결).

　　이는 공직선거법상 기부행위와 같이 당사자의 일방이 무상으로 재산을 상대방에게 제공하는 증여 관계가 성립하는 경우에는 그 증여를 받은 자가 본인의 명의로 정치자금을 기부한 것으로 보아야 하므로 타인의 명의를 빌리거나 가장하여 정치자금을 기부한 것으로 볼 수 없다는 것으로 이해된다.[5]

　　한편, 당비 대납 행위가 공직선거법상 당원에 대한 기부행위에 해당하지 않는 경우에는 그 당원이 정당에 당비를 납부한 것으로 볼 수 없으므로 그 대납 행위를 정치자금법위반죄로 처벌할 수 있다. 즉 당원의 급감으로 인한 위기감 때문에 당비 대납을 통해 당원 수를 유지하려고 당원들의 동의 없이 그들 명의로 당비를 대납한 경우,[6] 구의원으로 출마하려고 입당원서를 받아 소지하던 중 출마를 포기하게 되자 ○○구의원으로 출마한 제3자를 도와주기 위해 제3자의 선거구민인 당원과 선거구민이 아닌 당원의 당비를 대납한 사안에서 선거구민이 아닌 당원의 당비를 대납한 경우,[7] 당내 입지를 강화하기 위해 자신을 추천인으로 하여 입당시키면서 입당원서를 위조하고 당비를 대납한 경우[8]에는 타인 명의 정치자금 기부로 처벌할 수 있다.[9]

2. 판례

　　① 타인의 명의로 당비 입금

피고인은 ○○○당 △△시당 ▽▽지역위원회 실버위원장이었던 사람으로, 2014. 12. 4.경 △△시 ▽▽구 소재 새마을금고에서 ○○○당 명의 농협 계좌에 당원 이◇◇ 명의로 정치자금을 기부한 것을 비롯하여 당원 10명의 명의로 6만원을 기부하였다(울산지방법원 2017. 7. 13. 선고 2017노567 판결).

---

5)　중앙선거관리위원회. 정당법·정치자금법 축조해설(2016), 323면.

6)　울산지방법원 2017. 7. 13. 선고 2017노567 판결.

7)　서울남부지방법원 2006. 7. 27. 선고 2006고합218 판결.

8)　광주지방법원 목포지원 2006. 7. 20. 선고 2006고합38 판결.

9)　대검찰청. 정치자금법 벌칙해설(제2개정판). 대검찰청, 2022, 233~234면.

② 후원인이 타인 명의로 후원회에 정치자금 기부

> 피고인 甲(광역시의원)은 자신이 차명계좌로 사용하는 지인 명의의 ▽▽새마을금고 계좌에서 500만원을 인출한 후, 피고인 乙(▽▽새마을금고 전무)에게 500만원과 국회의원후원회 계좌가 기재된 쪽지를 건네면서 乙과 새마을금고 직원들 명의로 후원회 계좌로 송금해 줄 것을 요구하자, 乙은 같은 날 자신과 새마을금고 직원 등 9명 명의로 각 50만원씩 합계 450만원을, 수일 후에 乙의 지인 명의로 50만원을 각각 국회의원 후원회 계좌로 송금하였다(대구지방법원 2017. 6. 7. 선고 2016노5798 판결).

③ 하나의 후원회에 기부 한도액 초과 회피를 위해 타인의 이름으로 정치후원금 기부

> 피고인 甲은 ☆☆건설의 대표이사 이자 ○○국회의원 팬클럽 회장인 자로, 국회의원의 후원회에 연간 기부할 수 있는 한도액이 500만원인 것을 알고, ○○국회의원 팬클럽 재무이사인 A로 하여금 피고인, ○○국회의원 팬클럽 회원 3명의 명의를 빌려 각각 500만원씩 ○○국회의원 후원회 계좌에 입금하게 하여 국회의원○○후원회에 정치자금 2,000만원을 기부하여, 피고인 甲은 타인명의 정치자금을 기부함과 동시에 후원인이 하나의 후원에 기부할 수 있는 후원금 한도액을 초과하여 기부함으로써 정치자금법 제45조 제2항 제2호, 제11조 제2항 제2호(하나의 후원회에 기부한도 초과), 제48조 제3호, 제2조 제5항(타인명의 정치자금 기부)을 위반하였다(춘천지방법원 2016. 4. 28. 선고 2016고단202 판결).

④ 타인명의 등 정치자금법에서 정하지 아니한 방법으로 정치자금 수수

> 피고인 甲은 ○○생명 ♣♣사업단장이고, 피고인 乙은 국회의원☆☆후원회 회계책임자로, 피고인 甲은 피고인 乙로부터 ☆☆국회의원후원회에 후원금을 기부해달라는 부탁을 받고, 자신의 보험영업을 하는 데 도움을 받을 것을 기대하며 후원금 기부를 승낙하였다.
> 피고인 甲은 국회의원☆☆후원회에 2,000만원을 기부하되 피고인 명의로 400만원을, ○○생명 직원들 명의로 1,600만원 후원회 계좌에 송금하기로 하였다.
> 이에 피고인 甲은 피고인 乙에게 지하 주차장에 주차된 자신의 차량열쇠, 입출금이 가능한 체크카드 1장, ○○생명 직원 5명의 인적사항이 적힌 메모를 전달하였으며, 피고인 乙은 피고인 甲의 체크카드에서 2,000만원을 인출 후 본인의 계좌에 입금 후 ○○생명 직원들의 계좌로 나누어 총 1,600만원을 송금하였고 ○○생명 직원들 5명은 이를 다시 국회의원☆☆후원회계좌로 송금하여, 피고인 甲은 하나의 국회의원 후원회에 연간 기부할 수 있는 한도액 500만원을 초과하여 국회의원☆☆후원회에 후원금 2,000만원을 기부함과 동시에, 그중 1,600만원은 타인인 A 등 5명의 명의로 기부함으로써 정치자금법 제45조 제2항 제2호, 제11조 제2항, 제48조 제3호, 제2조 제5항을 위반하였다. 피고인 乙은 피고인 甲으로터 연간기부 한도액을 초과하여 정치자금을 기부받는 등 정치자금법 제45조 제2항 제2호, 제11조 제2항을 위반하였다(서울동부지방법원 2016. 3. 24. 선고 2016고단37 판결).

⑤ 후원인이 타인 명의를 이용하여 하나의 후원회에 기부할 수 있는 후원금 한도액을 초
　과하여 기부

> 피고인은 직원 A와 B에게 각 500만원을 교부하면서 ☆☆☆국회의원후원회 계좌로 A와 B의 이름으로 송
> 금하게 하여 연간 기부한도를 초과한 1,000만원을 하나의 국회의원 후원회에 기부함과 동시에 타인의 명의
> 로 정치자금을 기부하여, 피고인이 정치자금법 제45조 제2항 제2호, 제11조 제2항 제2호(연간 후원금 기
> 부한도를 위반하여 기부), 제48조 제3호, 제2조 제5항(타인의 명의로 정치자금 기부)을 위반하였다(의정부
> 지방법원 2015. 4. 17. 선고 2014고단4218 판결).

3. 처벌

　타인 명의로 정치자금을 기부한 행위는 정치자금법 제48조 제3호 위반죄에, 후원인이 하
나의 후원회에 기부할 수 있는 후원금 한도액을 초과하여 후원금을 기부한 행위는 제45조
제2항 제2호 위반죄에 각각 해당하고, 양 죄는 상상적 경합관계에 있다(의정부지방법원 2015.
4. 17. 선고 2014고단4218 판결).

　본 항을 위반하는 경우에는 정치자금법 제48조에 따라 200만원 이하의 벌금형에 처한다.

제7장

단체 등의 정치자금
기부·수수

정치자금법 이해

제7장
단체 등의 정치자금 기부·수수

제31조(기부의 제한) ① 외국인, 국내·외의 법인 또는 단체는 정치자금을 기부할 수 없다.

② 누구든지 국내·외의 법인 또는 단체와 관련된 자금으로 정치자금을 기부할 수 없다.

제45조(정치자금부정수수죄) ② 다음 각 호의 어느 하나에 해당하는 자는 5년 이하의 징역 또는 1천만원 이하의 벌금에 처한다.

  5. 제31조(기부의 제한) 또는 제32조(특정행위와 관련한 기부의 제한)의 규정을 위반하여 정치자금을 기부하거나 받은 자

③ 제1항 및 제2항의 경우 그 제공된 금품 그 밖에 재산상의 이익은 몰수하며, 이를 몰수할 수 없을 때에는 그 가액을 추징한다.

1. 의의

단체의 정치자금 기부금지의 목적은 크게 다음과 같은 두 가지로 나누어 볼 수 있다.

첫째는, 단체의 정치자금 기부를 통한 정치활동이 민주적 의사형성과정을 왜곡하거나, 선거의 공정을 해하는 것을 방지하는 것이다. 이는 개인에 비하여 자금동원력이 강한 단체의 이익이 상대적으로 정치체제에 과대하게 대표됨으로써 1인 1표 1가치의 민주주의 원리가 침해되고 단체가 주권자인 개인의 지위를 차지하여 국민주권의 원리를 훼손시키는 것을 막기 위한 것으로서 그 입법목적의 정당성을 인정할 수 있다.

둘째는, 단체 구성원의 의사에 반하는 정치자금 기부로 인하여 단체 구성원의 정치적 의사표현의 자유가 침해되는 것을 방지하는 것이다. 단체의 재산을 특정인의 의사에 따라서 또는 다수결에 의하여 정치자금으로 기부하는 것은 그에 반대하는 단체구성원의 정치적 기본권을 부정하는 것이 되고, 표면적으로 단체의 구성원의 의사가 일치된 경우에도 의사형성 과정에서의 외압을 배제하기 어렵다는 점을 고려할 때 위와 같은 입법목적 역시 그 정당성을 인정할 수 있다(헌법재판소 2010. 12. 28. 자 2008헌바89 결정).

정치자금법이 법인 또는 단체의 정치자금 기부를 금지하고 있는 취지는 종래 정치자금의 수수가 부정과 부패에 연결되었던 우리나라의 정치자금 실태에 대한 반성[1]과 단체의 이권 등을 노린 음성적인 정치적 영향력 행사 및 선거의 공정을 해하는 행위를 차단하고, 단체 구성원의 의사를 왜곡하는 것을 방지하고, 외국인의 경우 선거권 및 피선거권 등 참정권이 제한되므로 그에 따라 정치자금의 기부를 통한 간접적인 정치참여도 제한할 필요가 있는 데 있다.[2]

> 단체의 정치적 의사표현은 그 방법에 따라 정당·정치인이나 유권자의 선거권 행사에 심대한 영향을 미친다는 점에서 그 방법적 제한의 필요성이 매우 크고, 이 사건 정치자금법 조항들은 단체의 정치적 의사표현 자체를 금지하거나 그 내용에 따라 규제하도록 한 것이 아니라, 개인과의 관계에서 불균형적으로 주어지기 쉬운 '자금'을 사용한 방법과 관련하여 규제를 하는 것인바, 정치적 표현의 자유의 본질을 침해하는 것이라고 볼 수 없다. 또한, 개인의 정치적 의사형성이 온전하게 이루어질 수 있는 범위에서의 자금모집에 관한 단체의 관여를 일반적·추상적으로 규범화하여 허용하는 것은 입법기술상 곤란할 뿐만 아니라, 개인의 정치적 기본권 보호라는 입법목적 달성에 충분한 수단이라고 보기 어렵고, 달리 덜 제약적 수단이 존재함이 명백하지 않은 이상 이 사건 정치자금법 조항들이 침해의 최소성원칙에 위반된다고 보기 어렵다.
> 나아가 이 사건 정치자금법 조항들에 의한 개인이나 단체의 정치적 표현의 자유 제한은 내용중립적인 방법 제한으로서 수인 불가능할 정도로 큰 것이 아닌 반면, 금권정치와 정경유착의 차단, 단체와의 관계에서 개인의 정치적 기본권 보호 등 이 사건 정치자금법 조항들에 의하여 달성되는 공익은 대의민주제를 채택하고 있는 민주국가에서 매우 크고 중요하다는 점에서 법익균형성원칙도 충족된다. 따라서 이 사건 정치자금법 조항들이 과잉금지원칙을 위반하여 정치활동의 자유 등을 침해하는 것이라 볼 수 없다(헌법재판소 2012. 7. 26. 자 2009헌바298 결정).

정치자금법 제6장의 기부제한에 관한 규정은 그 제1장부터 제5장에서 허용하고 있는 절차와 한도에 따른 정치자금의 기부행위라 하더라도 일정한 경우에는 특별히 이를 허용하지 않는다는 취지이다.

> 정치자금법 제6장의 기부제한에 관한 규정은 그 제1장부터 제5장에서 허용하고 있는 절차와 한도에 따른 정치자금의 기부행위라 하더라도 일정한 경우에는 특별히 이를 허용하지 않는다는 취지이고, 특히 같은 법 제32조는 비록 정치자금의 수수가 위 법이 정한 절차와 한도에 따른 것이라 하더라도 그것이 위 법 조항이 정하는 특정행위와 관련하여 이루어지는 경우에는 공직선거, 공무원이 담당·처리하는 사무, 공법인 등의 공정성과 중립성이 훼손되거나 정경유착으로 인한 부정부패를 야기할 위험이 있다고 보아 이를 미연

---

[1] 헌법재판소 2009. 12. 29. 자 2008헌마141·417·441(병합) 결정.
[2] 헌법재판소 2010. 12. 28. 자 2008헌바89 결정, 대법원 2013. 10. 31. 선고 2011도8649 판결.

에 방지하기 위하여 그러한 정치자금의 수수를 금지한 것으로 보아야 할 것이다(대법원 2012. 6. 14. 선고 2008도10658 판결, 대법원 2013. 10. 31. 선고 2011도8649 판결).

2. 입법 연혁

1965. 2. 9. 법률 제1685호로 제정된 정치자금에 관한 법률은 원칙적으로 누구든지 중앙선거관리위원회에 정치자금을 기탁함으로써 이를 정당에 제공할 수 있도록 하면서(「정치자금에 관한 법률」 제3조 제1항 본문), 예외적으로 외국법인 및 외국의 단체, 국가 또는 공공단체, 국영기업체·정부직할 또는 감독하의 단체·정부가 주식의 과반수를 소유하는 기업체, 금융기관 또는 금융단체, 노동단체, 학교재단, 종교단체의 정치자금 제공을 금지하였다(「정치자금에 관한 법률」 제3조 제1항 단서 및 당시의 「정당법」 제35조).

2003년 하반기에 이르러 이권과 특혜를 노리는 기업과 정치자금을 필요로 하는 정치세력 간의 정경유착이 사회적으로 크게 문제되었고, 이에 따라 2004. 3. 12. 법률 제7191호로 개정된 정치자금에 관한 법률은 제12조 제1항[3](현행 정치자금법 제31조 제1항과 동일하다)에서 단체의 정치자금 기부를 전면 금지하면서 '단체의 정치자금 기부금지'의 취지를 몰각시키는 행위를 함께 규제하기 위해 제12조 제2항에 현행 정치자금법 제31조 제2항과 같은 내용을 규정하였다.[4]

3. 각국의 입법례[5]

미국 연방선거운동법은 기업, 노동조합 등 단체가 정치활동위원회를 조직하여 모집한 기부금으로 후보자와 다른 정치활동위원회[6]에 기부할 수 있도록 하고 있다.[7]

미국 연방대법원은 McCutcheon v. FEC사건에서 개인이나 법인의 직접적인 기부금 총액 한도 제한 규정은 정치적 표현과 결사의 자유에 대한 불필요한 침해를 야기하므로 수

---

[3] 제12조(기부의 제한) ① 외국인, 국내·외의 법인 또는 단체는 정치자금을 기부할 수 없다.

[4] 이에 대한 벌칙 규정도 1980. 12. 31. 법률 제3302호로 전문개정되면서 도입된 「정치자금에 관한 법률」 제30조 제5호가 그대로 유지되었다(단, 제1항이 추가됨에 따라 제30조 제2항 제5호로 변경됨).

[5] 중앙선거관리위원회. 정당법·정치자금법 축조해설(2016), 490~492면.

[6] '정치활동위원회'는 정치적·사회적 목표 달성에 부합하는 후보자와 정책을 지지하기 위해 연방선거운동법에 따라 설립신고하고 정치자금을 모금·기부하는 단체를 말한다고 할 수 있다.

[7] 중앙선거관리위원회. 정당법·정치자금법 축조해설(2016), 491~492면.

정헌법 제1조에 위반된다고 판시하였고,[8] 2010년 Citizens United v. Federal Election Commission 판결에서 기업과 노조의 소프트머니를 표현의 자유의 일환으로 인정해 정치 광고 지출행위 규제가 완전히 풀리게 되었다.[9]

독일 기본법은 외국인이 하는 1,000유로 이상 기부와 공법적 단체나 공익·자선·종교적 목적에 봉사하는 재산 등의 기부를 금지하고 있다. 프랑스는 정당 이외의 법인·단체의 기부를 금지하고 있다.

▌각국의 기부 제한 현황[10]

국가명	익명	외국인	기업	노동조합	국가 및 공공기관 관련 법인	기타	근거규정
영국	△	X	○	○	X	• £500 이하 익명 기부 가능	정당·선거 및 국민투표법 제54조 제6항
미국	X	X	X	X	X	• $50 초과 기부 시 총액, 날짜, 이름, 주소 명기 • 기업, 노동조합, 이익단체 등이 정치자금을 모금하거나 기부하기 위해서는 정치활동위원회(PAC)를 설립할 경우 가능	연방선거운동법 제30102조(c), 30116, 30118, 30119, 30121~30123, 30126조
프랑스	△	X	X	X	X	• €150 이상의 기부금은 수표, 자동이체 또는 신용카드로 가능	정치자금 투명법 제11조 내지 제14조

---

8) 나달숙. "정치관계법의 현황과 쟁점". 법학논총 제14권 제3호(2017), 29면, 중앙선거관리위원회. "공직선거법상 선거규제의 헌법적 정당성에 관한 연구". 중앙선거관리위원회 용역보고서(2016), 141~142면.

9) 중앙선거관리위원회. 각국의 정당·정치자금제도 비교연구(2021), 371~372면. Citizens United v. Federal Election Commission: 보수시민운동 비영리단체인 Citizens United는 2008년 대통령 민주당 예비경선에서 민주당 대선후보였던 힐러리 클린턴을 비판하는 내용의 다큐멘터리를 제작해 케이블 방송으로 방영하고자 했으나 연방선거위원회가 초당적 선거개혁법이 금지하는 '선거운동방송'에 해당한다고 판단해 방영금지처분을 하자, Citizens United는 위 규정이 위헌이라고 주장하며 소를 제기하였다.

〈판결내용〉

• 기업 등이 후보자를 당선시키거나 낙선시키기 위해 기업 등의 일반 재정자금을 독립적으로 지출하는 것을 금지하는 초당적 선거개혁법 규정이 기업 등의 정치적 표현의 자유를 침해해 위헌이다.

• 기업들도 개인들과 동등한 자유를 향유해야 하며, 표현의 주체가 기업 등이라는 이유로 기업의 정치적 표현을 억압할 수는 없다. 수정헌법 제1조는 선거결과에 영향을 미치는 개인과 단체의 능력을 균등화(equalizing)하려는 시도를 금지하며, 표현의 주체가 가지는 부(富)를 이유로 정치적 표현을 제한하는 것은 허용되지 않는다.

10) 중앙선거관리위원회. 각국의 정당·정치자금제도 비교연구(2021), 284~288면.

국가명	익명	외국인	기업	노동조합	국가 및 공공기관 관련 법인	기타	근거규정
독 일	△	△	△	○	X	• €500 이하 익명 기부 가능 • €1,000 이하 외국인 기부 가능 • €1,000 초과 기부 시 총액, 이름, 주소 명기 • 공공기관의 지분이 25%를 초과하는 기업의 기부 금지 • 정관, 설립행위, 기타 규약에 따라 공익, 자선 종교 목적을 수행하는 정치재단, 사단, 단체의 기부 금지	정당법 제25조
일 본	△	X	△	△	X	• 거리나 공개연설회에서 ¥1,000 이하 익명 기부 가능 • 국가로부터 보조금, 부담금, 이자보급금, 기타 보급금을 받는 회사, 기타 법인은 받은 날로부터 1년간 기부 금지 • 3사업년도 이상 계속해 결손이 발생한 회사, 외국인·외국법인이 주된 구성원인 단체는 기부 금지	정치자금 규정법 제21조 제3항, 제22조 제3,5,6항, 제22조의3,4,5,6

4. 구성요건

'외국인'이라고 함은 대한민국 국적을 가지지 않은 자연인을 말하는 것으로 무국적자도 포함한다. '국내·외 법인'을 별도로 명시하고 있으므로, 본 조의 외국인은 외국법인을 제외한 '자연인'만을 뜻한다. 대한민국의 국적과 외국의 국적을 모두 가진 복수국적자는 대한민국의 법령 적용에 있어 대한민국 국민으로 처우하므로(「국적법」 제11조의 제1항),[11] 정치자금을 기부할 수 있다.

'법인 또는 단체'는 구성 국외는 물론 국내의 법인, 단체의 정치자금 기부가 금지되어 있

---

11) 국적법 제11조의2(복수국적자의 법적 지위 등) ① 출생이나 그 밖에 이 법에 따라 대한민국 국적과 외국 국적을 함께 가지게 된 사람으로서 대통령령으로 정하는 사람[이하 "복수국적자"(複數國籍者)라 한다]은 대한민국의 법령 적용에서 대한민국 국민으로만 처우한다.

고, 등기나 등록여부를 불문한다.[12]

'법인'이란 법이 사회적·경제적 현실을 감안하여 일정한 목적을 가진 단체에게 법인격을 부여한 조직체를 의미하고, '단체'란 공동의 목적 내지 이해관계를 가지고 조직적인 의사형성 및 결정이 가능한 다수인의 지속성 있는 모임을 의미한다. 어떠한 모임이 단체에 해당하는 이상 그러한 단체가 권리능력이 있는지 여부나 독자적인 기본권의 주체가 되는지 여부는 문제되지 아니한다고 할 것이므로 단체 내부에 구성된 위원회 등 부분 기관이나 하위 기관도 이에 포섭될 수 있다.[13]

'단체'란 '공동의 목적 내지 이해관계를 가지고 조직적인 의사형성 및 결정이 가능한 다수인의 지속성 있는(1회적이지 않은) 모임'을 의미하고, '단체'에 해당하는 이상 그러한 단체가 권리능력이 있는지 여부나 독자적인 기본권 주체가 되는지 여부는 문제되지 아니한다고 할 것이므로 단체 내부에 구성된 위원회 등 부분 기관이나 하위 기관도 이에 포섭될 수 있다.[14]

여기에 '단체' 개념의 관용적인 용례를 보태어 살펴보면, 이 사건 심판대상법률조항들이 지칭하는 '단체'란 '공동의 목적 내지 이해관계를 가지고 조직적인 의사형성 및 결정이 가능한 다수인의 지속성 있는(1회적이지 않은) 모임'을 의미하는 것임을 추론할 수 있을 것이다.

여기에는 개념적으로 '법인'도 포함된다고 볼 것이나, 이 사건 기부금지 조항이 '법인과 관련된 자금'의 정치자금 기부금지를 함께 병렬적으로 규정하고 있는 이상, 이 사건 심판대상법률조항 상의 '단체'는 '법인이 아닌 단체'를 의미한다고 할 것이다.

한편 어떠한 모임이 이와 같은 의미의 '단체'에 해당하는 이상 그러한 단체가 권리능력이 있는지 여부나 독자적인 기본권 주체가 되는지 여부는 문제되지 아니한다고 할 것이므로 단체 내부에 구성된 위원회 등 부분 기관이나 하위 기관도 이에 포섭될 수 있다(헌법재판소 2010. 12. 28. 자 2008헌바89 결정).

헌법재판소는 "'단체와 관련된 자금'이란 단체의 명의로, 단체의 의사결정에 따라 기부가 가능한 자금을 의미한다. 여기에는 단체의 존립과 활동의 기초를 이루는 자산은 물론이고, 단체가 자신의 이름을 사용하여 주도적으로 모집, 조성한 자금도 포함된다고 할 것이나, 그러한 자금이 자연인 개인의 소유로 적법하게 귀속된 상태에서는 이에 해당하지 아니한다"라고 결정하였다.[15]

법원도 "정치자금법 제31조 제2항에서 법인 또는 단체 스스로 정치자금을 기부하지 아니하더라도 그와 관련된 자금으로 정치자금을 기부하는 것을 금지한다고 하여 법인 또는 단체

---

12) 대검찰청. 정치자금법 벌칙해설(제2개정판). 대검찰청, 2022, 331면.
13) 헌법재판소 2012. 7. 26. 자 2009헌바298 결정, 대법원 2013. 3. 14. 선고 2011도15418 판결.
14) 헌법재판소 2010. 12. 28. 자 2008헌바89 결정.
15) 헌법재판소 2010. 12. 28. 자 2008헌바89 결정, 헌법재판소 2012. 7. 26. 자 2009헌바298 결정.

가 기부자금 마련에 어떤 형태로든 관련되기만 하면 모두 정치자금법 제31조 제2항에 정한 기부금지 대상인 '법인 또는 단체와 관련된 자금'에 해당한다고 보아서는 아니 되고, 법인 또는 단체가 기부자금의 모집·조성에 주도적·적극적으로 관여함으로써 모집·조성된 자금을 법인 또는 단체가 처분할 수 있거나 적어도 그와 동일시할 수 있는 정도의 자금이어야만 '법인 또는 단체와 관련된 자금'에 해당한다고 보아야 할 것이다. 나아가 구체적 사안에서 그 자금이 법인 또는 단체와 그와 같은 관련이 있는지는 자금 모집과 조성행위의 태양, 조성된 자금의 규모, 모금 및 기부의 경위와 기부자의 이해관계 등 모금과 기부가 이루어진 일련의 과정을 전체적으로 파악하여 판단하여야 할 것이다"라고 판시하였다.[16]

그리고 "'단체와 관련된 자금'은 실질적으로는 단체 소유라고 볼 수 있는 정도의 자금으로서 '단체의 명의로, 단체의 의사결정에 따라 기부가 가능한 자금'을 말하고, 여기에는 단체의 존립과 활동의 기초를 이루는 자산은 물론이고 단체가 자신의 이름을 사용하여 주도적으로 모집·조성한 자금도 포함된다고 할 것이나, 자연인 개인의 소유로 적법하게 귀속된 상태의 자금은 실질적으로 단체 소유의 자금이라고 보기 어려워 이에 해당하지 않는다"라고 판시하였다.[17]

5. 판례

가. '단체와 관련된' 자금의 판단기준

앞에서 살펴보았듯이 헌법재판소와 대법원은 '법인 또는 단체와 관련된 자금'이란 단체의 명의로, 단체의 의사결정에 따라 기부가 가능한 자금을 의미하고, 여기에는 단체의 존립과 활동의 기초를 이루는 자산은 물론이고, 단체가 자신의 이름을 사용하여 주도적으로 모집, 조성한 자금도 포함되는 것으로 보고 있다고 보고 있다.

그리고 '법인과 단체와 관련된 자금' 해당 여부를 판단하는 기준에 관하여는 대법원은 "법인 또는 단체가 기부자금의 모집·조성에 주도적·적극적으로 관여함으로써 그 모집·조성된 자금을 법인 또는 단체가 처분할 수 있거나 적어도 그와 동일시할 수 있는 정도의 자금인 경우에는 '법인 또는 단체와 관련된 자금'에 해당한다고 보아야 하고, 자금 모집과 조성행위의 태양, 조성된 자금의 규모, 모금 및 기부의 경위와 기부자의 이해관계 등 모금과 기부가 이루어진 일련의 과정을 전체적으로 파악하여 판단하여야 한다"라고 판시하였다.

---

16) 대법원 2012. 6. 14. 선고 2008도10658 판결, 대법원 2013. 3. 14. 선고 2011도15418 판결.
17) 부산고등법원 2010. 1. 21. 선고 2009노690 판결, 대법원 2012. 5. 24. 선고 2012도2142 판결.

　이와 관련하여 대검찰청은 '단체와 관련 자금' 판단 기준에 대하여 다음과 같이 검토·결론을 내리고 있다.[18]

　'단체와 관련 자금'에 대한 판례의 판단 기준에 따르면, ㉮ 기부에 사용된 자금이 형식적으로라도 법인 또는 단체에 귀속되었는지 여부, ㉯ 단체 등이 기부금 모집에 주도적·적극적으로 관여하였는지를 고려하여 '단체 관련 자금' 해당 여부를 판단하여야 할 것이다.

　기부에 사용된 자금이 외견상으로는 물론 실질적으로도 단체 등에 속하고, 기부의 전반적인 결정 과정에 있어 구성원의 의사가 반영되지 않고 의사 결정권자에 의해 일방적으로 결정되었다면 '단체 관련 자금'에 해당함은 명백하다. 그러나 두 가지의 판단 요소 중에 하나라도 결여되었다면 '단체 관련 자금'으로 보는 데 신중할 필요가 있다.

　㉮ 우선, 기부에 사용된 자금이 법인 또는 단체에 귀속되지 아니하고 단체 등의 구성원에게 급여 또는 상여금 등 명목을 불문하고 일단 지급이 완료되어 완전히 귀속되었다고 평가할 수 있는 경우에는 단체 등이 구성원을 상대로 특정 정당 또는 정치인에게 기부를 적극적으로 요청하는 등 주도적 역할을 하였더라도 단체 관련 자금에 해당하지 아니한다. 구성원에게 종국적으로 그 자금의 소유가 귀속되었다면 더 이상 특정 단체와 관련된 자금이라 볼 수 없기 때문이다.

　다만, 외견상 단체 등의 구성원에게 금전이 귀속되었다 하더라도 실질적으로 여전히 단체 등의 소유 및 관리하에 있다고 평가할 수 있다면 구성원에게 완전히 귀속되었다고 볼 수 없으므로 여전히 '단체 관련 자금'에 해당할 수 있다. 이 경우 외견상으로는 구성원에게 자금이 귀속된 것으로 보이므로 실질적으로 단체 등의 자금에 해당한다는 점에 대한 명확한 입증이 필요하다.

　㉯ 기부에 사용된 자금이 외견상 형식적으로라도 단체 등에 귀속되었다면 그 다음으로 단체 등이 기부금 모집에 얼마나 주도적·적극적으로 관여하였는지를 따져보아야 하고, 이는 결국 기부금 모집 전 과정에 구성원의 정치적 의사가 실질적으로 반영되었는지 여부와도 관련이 있다.

　구체적으로, ① 후원금 모집을 하게 된 동기, ② 후원금 모집 결정 방식 및 절차, ③ 후원 대상 국회의원 선정 방법, ④ 후원 참여의 자율성 여부 및 금액 결정 주체, ⑤ 후원금의 구체적 모집 방법, ⑥ 기부자 중 단체에 소속되지 않은 사람도 포함되었는지 여부 등을 전체적으로 고려하여 판단하여야 한다.

---

18)　대검찰청. 정치자금법 벌칙해설(제2개정판). 대검찰청, 2022, 350~351면.

나. '단체와 관련된' 자금으로 본 사례

① 농·축협 조합 관련 자금

- ○○ 축협 조합장이 지역구 국회의원을 후원할 목적으로 간부회의 등을 통해 직원들을 상대로 후원금을 모금할 것을 지시하여 급여 담당자로 하여금 교통비·식비로 지급되어야 할 자금에서 1인당 10만원씩 일괄 공제하여 ○○축협 명의 가수금 계좌에서 보관하다가 국회의원 후원회 계좌로 송금하고 임직원의 명단을 송부해 준 사안에서, 위 기부 자금은 ○○이 주도적으로 모집·조성한 자금에 해당한다(대법원 2014. 4. 10. 선고 2013도14549 판결).

- 어떠한 자금이 자연인 개인 소유로 적법하게 귀속된 상태에서는 '단체와 관련된 자금'에 해당하지 아니한다고 볼 것이나(헌법재판소 2010. 12. 28. 자 2008헌바89 결정 참조), ① 이 사건 정치자금은 ○○농협의 조합장인 피고인의 지시에 따라 본점 총무과가 주도하여 조직적으로 조성된 것이고, 소속 직원의 급여가 직원 개인에게 지급되기 전에 급여에서 일괄적으로 원천징수한 것인 점, ② 이 사건 정치자금이 ○○농협의 법인계좌를 거쳐 ○○농협의 자금을 임시로 보관해 놓는 계정인 가수금 계정에 입금되어 관리된 점, ③ 위와 같이 모금된 정치자금이 피고인의 지시에 의하여 ○○농협의 명의로 국회의원 A의 후원회에 일괄적으로 기부된 점, ④ 정치자금 기부를 희망하는 직원들 개개인의 정치적 성향이나 개별적인 의사를 파악하지 않은 채 일괄하여 특정 정치인에 대한 기부가 이루어졌고, 일부 직원들의 경우 자신의 급여에서 정치자금이 원천징수된 이후로 상당한 기간이 지나도록 자신이 기부한 정치자금이 누구에게 기부되었는지조차 모르고 있었던 점, ⑤ ○○농협의 정규직원들 대부분이 정치자금 기부에 참가한 점, ⑥ ○○농협이 정치자금을 기부한 직원들의 명단을 A 국회의원의 후원회에 송부한 것은 직원들로 하여금 세액공제를 받게 하기 위한 형식적인 절차에 불과한 것으로 보이는 점 등을 종합하면, 이 사건 정치자금은 ○○농협이 자신의 이름으로 주도적으로 모집·조성하여 조합장인 피고인의 지시에 따라 ○○농협의 명의로 기부가 가능한 자금이다(대구고등법원 2013. 6. 27. 선고 2012노300 판결).

---

② 노동조합 관련 자금

- □□노조의 위원장 등 간부들이 공모하여 '□□노조 총선투쟁기금' 명목으로 조합원들로부터 약 1억 2,400만원을 모금하여 □□노조 명의 계좌에 입금하여 관리하던 중 국회의원선거에 출마한 A당 국회의원 후보자에게 선거자금 명목으로 3,200만원을 제공한 사건에서, 단체에 해당하는 노동조합이 그 명의로 정치자금을 기부하여 조합원들로부터 모금하고, 그 모금으로 조성된 자금을 별도 기금을 관리하다가 기부한 것으로서, 그 자금의 모금과 기부에 노동조합이 주도적·적극적으로 관여한 경우에 해당한다(대법원 2012. 6. 14. 선고 2008도10658 판결).

- 피고인은 2010. 6. 2. ○○군 기초의원에 재선되어 2010. 7. 7.경부터 의회운영위원장, 건설위원회 소속 위원으로 재직하였는바, ① 피고인 김○○에 대한 월 100만원 지급 안건은 피고인 김○○이 2010. 6. 2.

지방선거에서 ○○군의원으로 재선된 후 항운 노조를 퇴직한 직후인 2010. 9. 월례회의에 상정되어 결정되었고, 그러한 결정에 따라 피고인 김○○에게 매월 100만원이 지급되었는데, 이 사건 이전에는 항운노조에서 퇴직한 조합원에게 조기퇴직금 또는 위로금 명목의 금원이 지급된 적이 없었고, 관련 규정도 존재하지 아니하여 피고인 김○○에 대한 위와 같은 금원 지급은 상당히 이례적인 일로 보이는 점, ② 2012. 9.경 ○○군청은 항운노조 근로자 사무실 창호시설의 보수를 위한 예산안을 편성하였는데, 이와 관련하여 피고인 김○○이 ○○군청 담당자들에게 위 시설의 보수가 필요하다는 취지의 전화를 한 사실이 있는 점 등을 더하여 보면, 항운노조에서 피고인 김○○에게 지급된 3,600만원은 정치자금에 해당한다(대법원 2016. 2. 18. 선고 2015도13226 판결).

- '□□버스 노조' 산하 A 운송그룹 노조들이 B 노총의 협조요청에 따라 조합원들에게 후원금 기부 대상인 국회의원이 누구인지 알려주지 않은 채 '세액공제 혜택을 받을 수 있어 손해가 없다'고 설명하며 조합원들로 하여금 후원금 신청서에 서명·날인하도록 하고, 그 명단을 A 운송그룹 재무관리실장에게 제출하여 1인당 10만원씩 가불금 명목으로 송금받아 노조원 명단과 함께 A 운동그룹 사업장과 관계가 있거나 B 노총이 추천하는 국회의원들에게 정치자금을 기부한 사안에서, 단체와 관련된 자금으로 정치자금 기부를 금지하는 정치자금법 규정을 정면으로 위반하였다(서울동부지방법원 2012. 4. 5. 선고 2011노1638 판결).

- △△버스노조 간부가 △△버스노조 조합원으로부터 국회의원 후원금 명목으로 1억1,850만원을 모금하여, 국회의원 11명의 후원회에 조합원들 명의로 소액으로 나누어 기부함으로써 단체가 주도적으로 조성한 자금으로 정치자금을 기부한 사안에서, 노조 명의 계좌로 노조원들의 후원금을 입금받은 다음 노조원 명의로 후원회로 송금된 점, 후원금 모집을 노조 간부 개인이 결정하고 후원 대상 국회의원도 동인이 주도적으로 결정한 점, 피의자가 노조 계좌로 취합한 자금을 노조원 명의로 송금한 후 직접 의원실에 전화하여 '△△버스노조'관련 기부임을 밝힌 점 등을 고려하면 단체 관련 자금의 기부에 해당한다(수원지방법원 2017. 5. 31. 자 2017고약9176 약식명령).

③ 동창회 관련 자금

피고인 1은 ○○제약회사 ○○지점 차장으로서 제20회 동창회장이고, 피고인 2는 ○○일보 광고국장으로서 ○○상고 제20회 동창회원 겸 총동문회 사무총장인바, 2004. 4. 15 실시된 제17대 국회의원선거에서 ○○선거구에 ○○당 후보로 출마한 양○○을 후원할 목적으로, 피고인 1은, 누구든지 선거운동기간 중 선거가 실시되는 지역 안에서 동창회 등을 개최할 수 없음에도 불구하고, 2004. 4. 10. 18:30경 광주 ○○구에 있는 은강한정식당에서 ○○상고 동창인 피고인 2의 ○○일보 광고국장 승진 등을 축하한다는 명목으로 ○○상고 제20회 동창생 등 24명을 모이도록 하여 식사를 함께 하면서 동창인 양○○의 국회의원 당선에 도움을 주기 위하여 지급할 후원금조로 위 모임에서 갹출한 200,000원과 이미 적립되어 있던 동창회비 중 800,000원을 합하여 1,000,000원을 마련함으로써 선거운동기간 중 선거가 실시되는 광주 ○○구에서 ○○상고 동창회를 개최하고, 피고인들은 공모하여, 누구든지 국내·외 법인 또는 단체와 관련된 자금으로 정치자금을 기부할 수 없음에도 불구하고, 같은 날 20:30경 광주 ○○구에 있는 양○○후보의 선거사무실에서, 피고인 1은 제1항 기재와 같이 1,000,000원을 마련하고, 피고인 2는 양○○후보의 사무국장에게 위 1,000,000원을 ○○상고 동창회 명의로 양○○후보에 대한 후원금조로 건네줌으로써 국내 단체와 관련된 자금으로 정치자금을 기부하였다(광주지방법원 2004. 10. 7. 선고 2004고합336 판결).

④ 회사의 비자금

정치자금법에 의하면 국내·외의 법인 또는 단체는 정치자금을 기부할 수 없는데(제31조 제1항), 피고인들이 임직원들의 이름으로 정치자금을 기부한 것은 위와 같은 법령상 금지 규정을 회피하기 위하여 선택한 방법으로, 피고인들이 ○○주택의 회사자금으로 비자금을 조성하여 임직원들 명의로 정치자금을 기부한 것은 결국 국내·외의 법인 또는 단체와 관련된 자금으로 정치자금을 기부할 수 없다는 법령상 금지 규정(제31조 제2항)에 위반되는 행위이다. 조성된 비자금을 정치자금으로 기부하는 것은 사회통념상 용인되는 정상적인 경영활동의 일환이라고 보기 어렵고 합리적인 절차에 따라 회사자금을 집행한 것으로 평가하기도 어렵다. 특히 원심이 판시한 것처럼 D는 피고인들의 회사가 소재한 ○○광역시의 시장 선거에 후보자로 출마한 사람이고, E도 피고인들의 회사가 소재한 ○○ 지역구로 둔 국회 ○○위원회 소속 국회의원이었으므로, 그 지위와 직무에 비추어 볼 때 ○○주택 등이 ○○광역시 등지에서 건설사업을 수행하는 데에 직·간접적인 영향을 미칠 수 있을 것으로 기대되는 지위에 있었는바, 위와 같이 그 직무상 ○○주택 등의 사업에 영향을 줄 수 있는 정치인의 후원회에 ○○주택의 비자금으로 적지 않은 액수의 정치자금을 기부한 것은 사회통념상 용인되는 정상적인 경영활동의 일환으로 보기 어렵다(피고인들이 정치문화의 발전을 염원하는 뜻에서 ○○주택 등의 사업과 무관한 다른 정치인들에게 이와 같은 수준의 정치자금을 기부했다는 정황도 보이지 않음).

이처럼 피고인들이 ○○주택의 회사자금으로 정치자금을 지출한 행위는 정상적인 경영활동의 범위 내에 속한다고 보기 어려울 뿐만 아니라 현행 정치자금법에 위배되는 행위로, 기업활동을 하면서 형사상의 범죄를 수단으로 하여서는 아니 된다는 법리는 (대법원에서 명시적으로 판시된) 뇌물죄뿐만 아니라 다른 일반 형사상 범죄에도 적용되는 일반 원칙으로 정치자금법위반죄를 이와 달리 취급하여야 할 합리적인 이유가 없다는 점에 비추어 볼 때, 설령 피고인들이 사적인 이익을 도모하거나 개인적인 이해관계나 감정에 기초하여 기부한 것이 아니라고 하더라도 보관 중인 회사자금을 정치자금으로 기부한 행위는 업무상횡령죄로 의율될 수 있다(대전고등법원 2020. 12. 4. 선고 2020노269 판결, 대법원 2021. 6. 24. 선고 2020도17857 판결로 확정).

⑤ 기타 단체 관련 자금

– 전국청원경찰친목협의회(이하 '청목회'라고 한다)임원인 피고인들이 공모하여, 「청원경찰법」 개정과정에서 입법로비를 위하여 청목회 내에서 모금된 특별회비 자금을 회원 개인 명의의 후원금 명목으로 다수의 국회의원들에게 정치자금으로 기부하였다고 하여 「정치자금법」 위반으로 기소된 사안에서, 위 특별회비 자금은 청목회 자신의 의사결정에 따라 기부할 수 있는 돈으로서 「정치자금법」 제31조 제2항이 정한 '단

체와 관련된 자금'에 해당한다(대법원 2013. 10. 31. 선고 2011도8649 판결).

- 이〇〇은 누구든지 국내·외의 법인 또는 단체와 관련된 정치자금을 기부받아서는 아니 됨에도 성주 〇씨 문중원인 이〇〇으로부터 위 성주 〇씨 문중에서 마련한 1,000만원을 '당선축하금'의 명목으로 교부받아 군수 당선자로서의 활동비로 사용함으로써 단체와 관련된 정치자금을 기부받았다(광주지방법원 2008. 11. 3. 선고 2008고단1882 판결).

- 피고인들이 전교조 〇〇지부라는 단체를 관여시켜 조합원 개인들로부터 모금한 선거자금을 정치자금법 제31조 제2항의 단체와 관련된 자금이라고 인정한 것은 정당하다(대법원 2012. 11. 29. 선고 2010도 9007 판결).

- 피고인들은 2013. 9. 16.경 전세버스 면허제 내지 총량제 법안 통과를 위해서는 국회 국토교통위원회 국회의원들의 협조가 필수적이라는 판단에 따라, 국토교통위원회 소속 국회의원들이 관련 법안 발의 및 의결 등에 적극적으로 나서게 하기 위해 정치후원금을 기부하기로 마음먹고, 위 연합회 자금 500만원을 인출한 후 피고인 조〇〇, 피고인 김〇〇을 포함한 연합회 직원 등 30명의 명의로 10만원 내지 50만원씩 분산하여 국회의원 A후원회 계좌에 입금시키고, 다시 2013. 11. 8.경 위 연합회 자금 1,000만원을 인출한 후 피고인들을 포함한 연합회 직원 등 36명 명의로 10만원 내지 300만원씩 분산하여 국회의원 A후원회 계좌에 입금시켰다(대법원 2019. 1. 31. 선고 2018도16972 판결).

다. '단체와 관련된' 자금으로 보지 않는 사례

① 입법청탁 목적의 쪼개기 후원금

조합 임직원들이 기부한 정치자금은 조합 소유의 자금이 아니라 그들 소유의 자금이고 그 자금이 조합에 귀속되었다가 다시 임직원들에게 배분된 것도 아닌 점, 같은 지역본부 소속 조합 중에도 후원요청에 응하지 아니한 조합이 있고, 개별 조합의 직원 중에도 정치자금을 기부하지 아니한 직원이 있는 점, 법개정추진반이 작성한 '국회의원 후원계획(안)'의 기재에 의하더라도 조합 중앙회와 일선 조합 임직원 중 절반 정도만이 후원에 응할 것으로 예상된 점, 정치자금을 기부한 조합 임직원 대다수는 소액후원금의 경우 세액공제혜택으로 사실상 경제적 손실이 없고, 그들이 소속된 조합에 어떠한 도움이 될 것이라는 막연한 기대감을 갖고 정치자금을 기부하였으며, 상급자의 강요로 정치자금을 기부한 것은 아닌 것으로 보이는 점 등의 사정을 들어, 조합 임직원들이 기부한 정치자금을 두고 조합 중앙회가 기부자금의 모집·조성에 주도적·적극적으로 관여함으로써 모집·조성된 자금을 법인 또는 단체가 처분할 수 있거나 적어도 그와 동일시할 수 있는 정도의 자금에 해당한다고 보기 어렵다(대법원 2015. 4. 23. 선고 2014도13148 판결).

　※ 위와 같은 임직원들의 기부를 주도한 조합중앙회장, 관리이사 및 기획조정실장에 대해서는 '그 정을 모르는 임직원들을 이용한 입법 청탁 관련 기부행위'에 해당한다고 보아 유죄선고함.

② 후원당원 세액공제사업

- ① 자금의 모집 과정에서 세액공제 사업에 참여할 것을 독력하거나 홍보물을 보내는 방법 등으로 이루어진 점, ② 해당 조합원들 중 일부만 세액공제 사업에 참여한 점, ③ 노동조합 조합원들의 세액공제사업 참여가 임의적으로 이루어진 점, ④ 이후 후원금을 낸 사람들이 대부분 개인 자격으로 소득세의 세액공제 혜택을 받아 실질적으로 해당 금원을 대부분 돌려받은 결과가 된 점, ⑤ 후원금을 내는 사람들의 고유한 의사를 존중하여 ○○당 또는 △△당으로 구분하여 후원금을 송금한 점 등에 비추어 보면, 노동조합원으로부터 모금한 돈을 해당 노동조합이 관리하거나 임의로 처분할 수 있었다고 보기 어려우므로, 피고인이 법인 또는 단체와 관련된 자금으로 정치자금을 기부한 것으로 볼 수 없다(대전지방법원 2015. 3. 11. 2013고정88 판결).
- C노총 산하 보건의료노조 F대 의료원지부장 등이 C노총의 지침에 따라 조합원들로부터 후원당원 세액공제사업 참여 명목으로 1인당 10만원씩을 급여에서 일괄 공제하는 방식으로 노조 명의 계좌에 자금을 모집·조성하여 그 계좌에서 각 노조 또는 단체 입금 명의로 A당 계좌로 송금한 사안에서 「정치자금법」 위반이 아니다(대법원 2015. 7. 9. 선고 2014도9894 판결).

※ 같은 일괄공제 방식을 취하더라도 대법원 2014. 4. 10. 선고 2013도14549 판결, 대구고등법원 2013. 6. 27. 선고 2012노300 판결, 서울동부지방법원 2012. 4. 5. 선고 2011노1638 판결에서는 개인소유로 귀속되었다고 보지 않아 단체 관련 자금성을 인정한 한편, 대법원 2015. 7. 9. 선고 2015도2245 판결, 대법원 2015. 7. 9. 선고 2014도9894 판결, 대구지방법원 2015. 7. 24. 선고 2014노4228 판결의 경우 사실상 개인 소유의 자금을 전달한 것으로 평가하고 있음.[19]

③ 단체의 임원회의에서 특정 국회의원에게 후원하기로 결정하고 그 의사록을 전국 임원들에게 송부하고 후원금 송금시 '공유' 표시

단체의 임원회의에서 회원 1인당 10만원씩 후원금을 각 지역별(회원 총 1,810명)로 나누어 특정 국회의원을 후원하기로 하고 송금시 단체의 약칭인 '공유'를 넣어 보내기로 하는 내용의 의사록이 작성되고, 위 의사록이 전국 임원들에게 이메일로 발송된 후, 회원 중 71명이 국회의원 A, B에게 각 10만원씩 후원금을 송금하고 그중 11명은 송금 시 '공유'표시를 한 사안에서, 단체와 관련된 자금으로 평가할 수 없다(대법원 2013. 3. 14. 선고 2011도15418 판결).

   ※ 회원 1,810명 중 71명만이 후원금을 납부하였고, 71명의 개인 자금으로 후원금이 납부되었을 뿐 어느 한때라도 단체에 귀속된 적이 없었던 점을 주된 이유로 평가하였음.

---

19) 대검찰청. 정치자금법 벌칙해설(제2개정판). 대검찰청. 2022. 349면.

④ 단체의 집행위 위원들이 후원대상자를 선정

> K회사 노조 집행부 위원들이 노조 정기대의원 대회에서 연간 10만원을 상한선으로 하여 정치후원금을 모금하되, 후원금 기부 방법은 노조 집행부에 일임하기로 하는 내용의 정치후원금 모금안을 의결하고, 집행부 위원 계좌로 후원금을 송금받은 다음 집행부 위원이 지정하는 국회의원에게 K회사 노조에서 모금한 돈이라고 밝히며 현금과 조합원 명단을 건넨 사안에서, 집행부 위원들이 후원대상자를 선정하였다는 사정 등만으로 조합원들의 정치후원금을 단체와 관련된 자금으로 볼 수는 없다(대법원 2016. 6. 9. 선고 2015도 17444 판결).
>
> ※ 조합원들에게 후원금 기부 요구 방법, 모금 방식, 강제성 등을 개별적으로 판단하여 단체관련 자금에 해당하지 않는다고 판단한 것으로 이를 일반화하여 적용하기 어려움.

⑤ 지방자치단체의 업무추진비로 당비 납부

> 피고인 A는 B, 피고인 C와 공모하여 ○○광역시의 업무추진비 합계 4,100만원으로, 피고인 C는 피고인 A와 공모하여 ○○광역시의 업무추진비 합계 3,000만원으로 당비를 납부함으로써 단체와 관련된 자금으로 정치자금을 기부하였다는 사안에서, 업무추진비가 법인 또는 단체와 관련된 자금이라고 볼 수 없다는 이유로 이 부분 공소사실을 무죄로 판단하였다(대법원 2016. 7. 29. 선고 2014도13405 판결).

6. 중앙선거관리위원회의 행정해석

가. SNS 활동 관련

① 유튜브는 「정치자금법」의 규정에 따른 후원금 모금 주체가 아니므로 국회의원 등 정치활동을 하는 사람이 유튜브 슈퍼챗을 통하여 후원금을 받는 것은 「정치자금법」 제2조(기본원칙) 제1항 및 제45조(정치자금부정수수죄) 제1항에 위반. 또한, 유튜브 슈퍼챗을 통하여 후원금을 제공하는 것이 실질에 있어 기업의 수익금 중 일부인 경우에는 법인·단체 또는 법인·단체와 관련된 자금의 정치자금 기부를 금지하는 「정치자금법」 제31조(기부의 제한) 및 제45조(정치자금부정수수죄) 제2항에도 위반(중앙선거관리위원회 2019. 2. 26. 회답).

② 카카오가 운용 중인 카카오톡 서비스의 사내 정책에 따라 제19대 대통령선거의 모든 후보자의 이모티콘을 선거운동기간 동안 선거구민에게 무료로 제공하는 것은 「공직선거법」에서 금지하는 기부행위 및 「정치자금법」에 정하지 아니한 방법으로 정치자금을

기부하는 것에 해당될 것이므로 행위 양태에 따라 「공직선거법」 제113조 또는 제115
조 및 「정치자금법」 제2조, 제31조, 제45조에 위반(중앙선거관리위원회 2017. 3. 31. 회답).

③ 후원회가 쿱(SNS상 커뮤니티)을 개설하고 쿱 회원이 쿱스토어(온라인쇼핑몰 중개업체) 배너
를 통하여 쇼핑몰에 접속하여 물품을 구입할 경우 ㈜쿱스코리아가 구입액의 3%를 해
당 후원회에 적립금으로 배당하고 적립금을 후원회 수입계좌로 입금받는 방식은 가맹
점의 재산을 후원회에 기부하는 행위에 해당하여 「정치자금법」 제31조에 위반(중앙선
거관리위원회 2018. 2. 13. 회답).

나. 기업의 수익금

기업이 고객의 특정 서비스상품 가입이나 상품 구매에 따른 수익금의 일부를 그 고객의
명의로 특별당비로 납부하더라도 「정치자금법」 제31조의 규정에 위반(중앙선거관리위원회
2010. 8. 16. 회답).

다. 법인·단체 자금 관련

① 단체의 사업을 위해 특정 개인이 단체를 대표하여 개인사업자로 등록된 경우 그 개인
사업자가 단체의 사업을 관리하는 계좌(단체자금)에서 후원금을 입금하는 것은 단체
와 관련된 자금을 기부하는 것이므로 「정치자금법」 제31조에 위반(중앙선거관리위원회
2013. 4. 2. 회답).
개인(외국인 아님)이 자신의 사업을 영위하기 위해 개인사업자로 등록된 경우 그 개인사
업자가 자신의 사업을 관리하는 계좌(개인자금)에서 후원금을 입금하는 것은 가능(중앙
선거관리위원회 2013. 4. 2. 회답).

② 법인 또는 단체가 후원금을 기부하는 것은 「정치자금에관한법률」 제12조(기부의 제한)
(현행 제31조)의 규정에 위반됨. 정당이 소속당원을 대상으로 발행하는 기관지나 각종행
사 안내책자에 공선법의 규정에 위반되지 않은 방법으로 특정업체 또는 개인의 상업
광고를 게재하고 그들로부터 통상적인 범위의 광고료를 받는 것은 가능. 다만, 통상적
인 범위를 넘어 과도한 액수의 광고료를 받는 것은 「정치자금에관한법률」 제30조(현행
제45조)에 위반(중앙선거관리위원회 2004. 11. 16. 회답).

③ 변호사 또는 변호사 단체·모임이 「국회법」 제43조·제64조 등에 따라 전문지식을 요
하는 안건 등의 심사와 관련하여 심사보조자나 진술인으로 참여하거나, 입법과정에

서 국회의원이나 국회 상임위원회의 의견수렴에 단순히 응하는 것은 가능. 다만, 그 범위를 벗어나 무료의 용역을 제공하는 방법으로 국회의원의 입법활동을 보조하는 것은 행위주체 및 양태에 따라 「정치자금법」 제2조 또는 제31조에 위반되고, 국회의원의 입법활동을 보조하는 소속 회원에게 지원금을 제공하는 것은 국회의원의 정치활동에 소요되는 비용을 대신 부담하는 행위가 되어 법인·단체의 정치자금 기부를 금지하는 「정치자금법」 제31조에 위반(중앙선거관리위원회 2009. 8. 3. 회답).

④ 지역구 기초의회의원선거 입후보예정자가 소속 단체의 규약에 따라 공직선거 입후보 시 납부하는 기탁금의 일부를 소속 단체로부터 지원받는 것이 「정치자금법」 제2조·제31조 및 제45조에 위반(중앙선거관리위원회 2010. 2. 2. 회답).

⑤ 휴대전화 가상번호를 생성하여 제공하는 데 소요되는 비용을 이동통신사업자에게 부담하게 하는 것은 「정치자금법」 제2조·제31조·제45조에 위반(중앙선거관리위원회 2017. 4. 18. 회답).

라. 지방의회 활동 관련

① 지방의회가 특정 의원별 활동을 발췌·수록한 인쇄물의 제작비용을 부담하는 것은 「정치자금법」 제2조, 제31조, 제45조에 위반(중앙선거관리위원회 2015. 4. 3. 회답).

② 지방의회가 소속 의원의 직무수행을 위한 의원 개인별 홈페이지를 해당 지방의회 홈페이지의 일부에 "의원 홈페이지를 의회 홈페이지의 도메인 주소에 하위폴더 또는 해당 의원의 영문이니셜(또는 의원이 희망하는 단어)을 사용하여 최하위 주소에 설정"과 같은 형태로 개설·운영하는 것은 가능. 다만, 지방의회가 의원별로 별도의 도메인을 등록하여 개인홈페이지를 제공하거나, 홈페이지 등록 및 검색서비스 비용을 포함한 의원 개인 차원의 홈페이지 개설·운영에 소요되는 비용을 지원하는 경우에는 「정치자금법」 제2조·제31조 및 제45조에 위반(중앙선거관리위원회 2009. 3. 25. 회답).

③ 지방의회의원이 자신의 홈페이지에서 의회 홈페이지에 게시된 '회의록과 영상회의록'을 단순히 링크하여 두는 것은 가능. 지방의회가 의원의 개인홈페이지에 자동 게시되는 프로그램을 구현하여 주거나 그에 소요되는 비용을 부담하는 경우에는 행위양태에 따라 「공직선거법」 제86조 제1항 제1호 또는 「정치자금법」 제2조·제31조 및 제45조에 위반(중앙선거관리위원회 2009. 3. 25. 회답).

마. 기타

① 회사 소속 직원(외국인 직원 제외)이 자발적인 뜻에 따라 자신의 정당한 급여에서 후원금을 공제하여 자신이 지정하는 수임자(「정치자금법」 제16조에 따라 후원회로부터 정치자금의 모금을 위임받은 사람을 말함. 이하 같음) 또는 후원회에 전달하여 줄 것을 요청하여 온 때에, 회사가 그에 따라 단순히 그 후원금을 수임자에게 현금으로 전달하거나, 그 수임자의 명의로 개설된 예금계좌에 이체하거나, 「정치자금법」 제34조 제4항에 따라 신고한 후원회의 예금계좌로 보내지는 지로로 송금하여 주는 것은 가능. 다만, 1회 120만원을 초과하는 후원금을 공제하는 직원의 경우 같은 법 제2조 제4항에 따라 현금으로 전달할 수 없고, 계좌이체나 지로 등 실명이 확인되는 방법으로 전달하여야 함(중앙선거관리위원회 2018. 11. 14. 회답).

② 후원금은 후원인이 자유로운 의사에 따라 후원회를 선택하여 자신이 직접 후원회에 기부하는 것이 원칙이나, 후원인의 자발적인 요청에 따라 제3자가 단순히 후원금 또는 인적사항을 후원회에 전달하는 것만으로는 「정치자금법」에 위반된다고 할 수 없음. 다만, 노동조합이 후원금을 모금하거나 부당하게 타인의 의사를 억압하는 방법으로 후원금 기부를 알선하는 등 「정치자금법」에 위반되는 행위를 하여서는 아니 됨(중앙선거관리위원회 2010. 12. 3. 회답).

7. 「정치자금법」위반죄와 불법영득의사의 업무상 횡령죄 성립 여부

회사에 허위 등재한 직원들에게 임금을 지급한 것처럼 꾸며 비자금을 조성한 뒤 국회의원 후원회에 3000만원을, 자치단체장후보자 후원회에 2000만원을 임직원들 이름으로 이른바 '쪼개기' 기부한 혐의로 기소된 사안에서, 법원은 회삿돈으로 비자금을 만든 다음 임직원 명의를 빌려 국회의원 등에게 이른바 '쪼개기 후원'을 한 것은 정치자금법 위반뿐만 아니라 업무상 횡령죄에도 해당한다고 판시하였다. 회사자금으로 정치자금을 지출한 행위는 정상적인 경영활동의 범위 내에 속한다고 보기 어려울 뿐만 아니라 현행 정치자금법에 위배되는 행위로, 기업활동을 하면서 형사상의 범죄를 수단으로 하여서는 아니 된다는 법리는 뇌물죄뿐만 아니라 다른 일반 형사상 범죄에도 적용되는 일반 원칙으로 정치자금법위반죄를 이와 달리 취급하여야 할 합리적인 이유가 없다는 점에 비추어 볼 때, 설령 피고인들이 사적인 이익을 도모하거나 개인적인 이해관계나 감정에 기초하여 기부한 것이 아니라고 하더라도 보관 중인 회사자금을 정치자금으로 기부한 행위는 업무상횡령죄로 의율될 수 있다는 것

이다.[20)

8. 처벌

본 조를 위반하여 정치자금을 기부하거나 받은 자는 5년 이하의 징역 또는 1천만원 이하의 벌금에 처하고(「정치자금법」 제45조 제2항 제5호), 정당·후원회의 회계책임자와 그 회계사무보조자 또는 법인·단체의 임원이나 구성원이 그 업무에 관하여 위 벌칙 규정의 위반행위를 한 때에는 행위자 외에 당해 정당이나 후원회 또는 법인·단체에게도 양벌규정이 적용된다(「정치자금법」 제50조).

본 조를 위반한 경우 제공된 금품 그 밖의 재산상 이익은 몰수하며, 이를 몰수할 수 없을 때에는 그 가액을 추징한다(「정치자금법」 제45조 제3항).

---

20) 대전고등법원 2020. 12. 4. 선고 2020노269 판결, 대법원 2021. 6. 24. 선고 2020도17857 판결.

특정행위 관련 기부·수수

정치자금법 이해

제8장

특정행위 관련 기부·수수

제32조(특정행위와 관련한 기부의 제한) 누구든지 다음 각 호의 어느 하나에 해당하는 행위와 관련하여 정치자금을 기부하거나 받을 수 없다.

1. 공직선거에 있어서 특정인을 후보자로 추천하는 일

2. 지방의회 의장·부의장 선거와 교육위원회 의장·부의장, 교육감·교육위원을 선출하는 일

3. 공무원이 담당·처리하는 사무에 관하여 청탁 또는 알선하는 일

4. 다음 각 목의 어느 하나에 해당하는 법인과의 계약이나 그 처분에 의하여 재산상의 권리·이익 또는 직위를 취득하거나 이를 알선하는 일

   가. 국가·공공단체 또는 특별법의 규정에 의하여 설립된 법인

   나. 국가나 지방자치단체가 주식 또는 지분의 과반수를 소유하는 법인

   다. 국가나 공공단체로부터 직접 또는 간접으로 보조금을 받는 법인

   라. 정부가 지급보증 또는 투자한 법인

제45조(정치자금부정수수죄) ② 다음 각 호의 어느 하나에 해당하는 자는 5년 이하의 징역 또는 1천만원 이하의 벌금에 처한다.

5. 제31조(기부의 제한) 또는 제32조(특정행위와 관련한 기부의 제한)의 규정을 위반하여 정치자금을 기부하거나 받은 자

③ 제1항 및 제2항의 경우 그 제공된 금품 그 밖에 재산상의 이익은 몰수하며, 이를 몰수할 수 없을 때에는 그 가액을 추징한다.

1. 의의

정치자금법은 정치자금의 적정한 제공을 보장하고 그 수입과 지출내역을 공개하여 투명성을 확보하는 동시에 정치자금과 관련한 부정을 방지함으로써 민주정치의 건전한 발전에 기여하는 데 그 입법 목적이 있는바, 이러한 입법 목적과 아울러 정치자금법 규정의 내용 및 체계를 종합하면, 정치자금법 제6장의 기부제한에 관한 규정은 그 제1장부터 제5장에서 허용하고 있는 절차와 한도에 따른 정치자금의 기부행위라 하더라도 일정한 경우에는 특별히 이를 허용하지 않는다는 취지이고, 특히 같은 법 제32조는 비록 정치자금의 수수가 위 법이 정한 절차와 한도에 따른 것이라 하더라도 그것이 위 법조항이 정하는 특정행위와 관련하여 이루어지는 경우에는 공직선거, 공무원이 담당·처리하는 사무, 공법인 등의 공정성과 중립성이 훼손되거나 정경유착으로 인한 부정부패를 야기할 위험이 있다고 보아 이를 미연에 방지하기 위하여 그러한 정치자금의 수수를 금지하고 있다.[1]

공직선거에 있어 정당의 후보자 추천과 관련한 금품의 수수행위는 정당으로 하여금 후보자 추천단계에서부터 금권의 영향력 아래 놓이게 하여 정당 내부의 민주적 절차에 따라 구성원들의 자유롭고 합리적인 의사결정에 의한 후보자 추천을 불가능하게 하고, 공직선거에서 정당의 후보로 추천될 수 있는 기회가 금권을 가진 특정 기득권자들에게 집중됨으로써 다양한 사회적 계층의 구성원들이 정당의 후보로 추천될 수 있는 기회를 박탈하는 결과를 초래하여 국민의 의사를 대변하는 진정한 대의제 민주주의의 발전을 저해하는 것이므로 이를 엄격히 규제할 필요성이 있다.[2]

2. 입법 연혁

1980. 12. 31. 제3차 개정시 신설되었으며, 1997. 1. 13. 제9차 개정시 '지방의회 의장·부의장선거와 교육위원회 의장·부의장, 교육감·교육위원을 선출하는 일'과 관련한 행위도 제한대상에 포함하였다. 2004. 3. 12. 제14차 개정시에는 재산상의 권리·이익 또는 직위의 취득이나 알선행위와 관련하여 기부가 제한되는 계약·처분 대상자의 범위를 확대하였다.

---

1) 대법원 2008. 9. 11. 선고 2007도7204 판결.
2) 대법원 2015. 10. 29. 선고 2013도14512 판결.

3. 내용

가. 특정행위와 관련한 정치자금 기부의 제한

공직선거에 있어서 특정인을 후보자로 추천하는 행위와 관련하여 금전이 수수되었다 하여도 그것이 정치활동을 위하여 제공된 것이 아니라면, 같은 법 제45조 제2항 제5호 위반죄가 될 수 없다.[3]

정치자금에관한법률 제30조 제2항 제5호는 제13조의 규정에 위반하여 '정치자금'을 기부하거나 받은 자를 처벌하도록 규정하고 있고, 같은 법 제13조 제1호는 누구든지 공직선거(대통령, 국회의원, 지방자치단체의 장 및 지방의회의 의원선거를 말한다)에 있어서 특정인을 후보자로 추천하는 행위와 관련하여 '정치자금'을 기부하거나 받을 수 없다고 규정하고 있으며, 같은 법 제3조 제2호는 '정치자금'을 정의하면서 당비, 후원금, 기탁금, 보조금, 후원회의 모집금품과 정당의 당헌·당규 등에서 정한 부대수입 기타 정치활동을 위하여 제공되는 금전이나 유가증권 기타 물건을 말한다고 규정하고 있으므로, 공직선거에 있어서 특정인을 후보자로 추천하는 행위와 관련하여 금전이 수수되었다 하여도 그것이 정치활동을 위하여 제공된 것이 아니라면, 같은 법 제30조 제2항 제5호 위반죄가 될 수 없다(대법원 1999. 3. 23. 선고 99도404 판결).

※ 구 정치자금에관한법률 제30조 제2항 제5호, 제13조 제1호는 각각 현 정치자금법 제45조 제2항 제5호, 제32조 제1호임.

나. 공직선거에 있어서 특정인을 추천하는 일(제1호)

1) 입법취지

후보자 추천과 관련하여 정치자금을 기부하거나 받는 행위를 처벌하는 것은 선출직 공직자 선거에 있어서 후보자 추천 단계에서부터 금권의 영향력을 원천적으로 봉쇄함으로써 궁극적으로 공명정대한 선거를 담보하고자 하는 데에 그 입법 취지가 있음을 염두에 두고, 정치자금의 제공이 후보자 추천의 대가 또는 사례에 해당하거나, 그렇지 않다 하더라도 그 후보자 추천에 있어서 어떠한 형태로든 영향을 미칠 수 있는 경우 이는 정치자금법이 금지하는 기부제한 대상에 해당한다고 보아야 할 것이다.[4]

---

3) 대법원 1999. 3. 23. 선고 99도404 판결.
4) 대법원 2007. 9. 6. 선고 2006도6307 판결.

2) 주체

'누구든지'로 본죄의 주체에는 아무런 제한이 없다. 따라서 공직선거에 후보자를 추천하는 정당을 포함한 모든 사람이나 단체를 의미한다.

후보자 추천 관련 정치자금법위반죄는 정치자금을 받는 당사자를 정당 등으로 한정하지 아니하고 누구든지 공직선거에 있어서 특정인을 후보자로 추천하는 일과 관련하여 정치자금을 기부받으면 위 죄가 성립하는바, 정치자금을 기부받는 자가 반드시 공천권을 보유하고 있을 필요는 없고 후보자 추천에 있어서 어떠한 형태로든 영향을 미칠 수 있는 경우에 해당하면 후보자 추천 관련성이 인정된다.[5]

이 경우 기부 수수 당사자가 정당인 경우 위반 당사자를 살펴볼 필요가 있다.

법인격 없는 사단과 같은 단체는 법인과 마찬가지로 법률에 명문의 규정이 없는 한 그 범죄능력은 없고 그 단체의 업무는 단체를 대표하는 자연인인 기관의 의사결정에 따른 대표행위에 의하여 실현될 수밖에 없는바,[6] 「공직선거법」 제47조의2 제1항에 의하여 정당이 특정인을 후보자로 추천하는 일과 관련하여 금품이나 그 밖의 재산상의 이익을 제공받은 당사자가 정당인 경우에는 자연인인 기관이 그 업무를 수행하는 것이므로, 같은 법 제230조 제6항에서 같은 법 제47조의2 제1항의 규정에 위반한 자란 정당인 경우 업무를 수행하는 정당의 기관인 자연인을 의미한다.[7]

> 친박연대가 피고인 양□례를 비례대표 국회의원 후보 추천하는 행위와 관련하여 피고인 2, 피고인 양□례로부터 합계 17억원을 제공받고, 피고인 김◆식을 비례대표 국회의원 후보로 추천하는 행위와 관련하여 15억 1천만원을 제공받은 친박연대의 대표인 피고인 서◎원에게 공직선거법의 매수 및 이해유도죄를 인정한 것은 결론에 있어서 정당하다(대법원 2009. 5. 14. 선고 2008도11040 판결).

본 규정 적용에 있어 정치자금을 기부받을 당시 반드시 특정 정당이 존재할 것과 그 정당의 구체적인 후보자 추천절차가 존재할 것을 전제하는지가 문제된다.

법원은 "정치자금법 제32조 제1호에는 "공직선거에 있어서 특정인을 후보자로 추천하는 일과 관련하여 정치자금을 기부하거나 받을 수 없다"라고 정하고 있는바, 위 문언 자체로 정치자금을 기부받을 당시 반드시 특정 정당이 존재할 것과 그 정당의 구체적인 후보자 추천절차가 존재할 것을 전제로 하고 있지는 않다. 또한 공직선거법 제47조의2 제1항에는 누구든지 정당이 특정인을 후보자로 추천하는 일과 관련하여 금품, 재산상의 이익 등을 제공하

---

5) 서울고등법원 2019. 1. 10. 선고 2018노2074 판결, 대법원 2019. 5. 30. 선고 2019도1442 판결.
6) 대법원 1997. 1. 24. 선고 96도524 판결.
7) 대법원 2009. 5. 14. 선고 2008도11040 판결, 대법원 2018. 2. 8. 선고 2017도17838 판결.

거나 그 제공을 받을 수 없다고 규정되어 있고, 같은 법 제230조 제6항에는 제47조의2 제1
항을 위반한 자는 5년 이하의 징역 또는 500만원 이상 3천만원 이하의 벌금에 처한다고 규
정되어 있다. 위 각 조항은 공직선거에서 정당의 후보자 추천과 관련한 금전의 수수행위는
엄격히 규제할 필요성이 있으므로 후보자추천 단계에서부터 금권의 영향력을 원천적으로
봉쇄함으로써 궁극적으로는 공명정대한 선거를 만들기 위하여 마련되었다. 그런데 정당을
설립하기 위한 창당준비위원회가 장차 정당의 성립 이후 치러질 공직선거에서특정인을 후
보로 추천하는 일과 관련하여 그 창당을 위한 활동과정에서 특정인으로부터 금품 등을 제공
받는 행위가 민주주의의 근간인 공직선거·정당공천의 공정성과 투명성에 미칠 해악은 정당
성립 이후에 후보자 추천과 관련하여 금품 등을 제공받는 것과 본질적인 차이가 없다. 또한
공직선거법상 공직선거에서의 후보자 추천은 정당 소속 후보자인 경우에는 정당이, 정당의
당원이 아닌 경우에는 선거권자가 할 수 있는데(제47조 내지 제48조), 제47조의2 제1항은 선
거권자가 아닌 '정당이' 추천하는 후보자와 관련될 것을 요건으로 규정하고 있을 뿐 '재산상
의 이익 등을 수수할 당시 이미 성립되어 있거나 구체적인 후보자 추천절차가 존재하는 정
당'이라고 한정하여 규정하고 있지 않다. 따라서 '창당준비위원회의 활동 결과 장차 성립될
정당 또는 아직 구체적인 후보자 추천절차가 존재하지 아니하는 정당이 특정인을 후보로 추
천하는 일'도 제47조의2 제1항에서 말하는 '정당이 특정인을 후보자로 추천하는 일'에 포함
된다고 해석하는 것이 타당하다"고 판시하였다.[8]

    이와 관련하여 구체적인 사건에서 금품 등 수수의 주체를 누구로 볼 것인지를 판단함에
있어서는 어디까지나 당해 위반행위를 실제로 한 자를 의미한다고 할 것이므로, 행위자가
자신이 아닌 다른 사람으로 하여금 후보자 추천과 관련한 금품 등을 취득하게 하는 경우에
는 원칙적으로 위 법조항을 위반하였다고 볼 수 없을 것이나, 사회통념에 비추어 위 행위자
가 직접 재물 또는 재산상 이익을 취득한 것과 동일하게 평가할 수 있는 관계가 있는 경우에
는 위 법조항에 따른 책임을 부담한다고 볼 것이다. 즉 위반행위를 한 자가 누구인지를 판단
함에 있어서는 금품이 수수된 계좌의 명의와 같은 형식적 요소만이 아니라 구체적 사정을
종합적으로 고려하여 실질적으로 판단하는 것이 책임주의에 부합하는 법률해석이라 할 것
인바, 비록 정당 명의의 계좌를 통해 금품 등이 수수되었다 하더라도, 구체적 사정을 종합적
으로 고려할 때 청구인들이 금품 등의 수수에 실질적으로 관여하여 이를 직접 수수한 것과
동일하게 평가할 수 있다고 인정되면 처벌받은 것이라 할 것이고, 정당 대표자나 구성원이
라는 이유만으로 정당을 대신하여 형사처벌을 받은 것이라고는 볼 수 없다.[9]

---

8)   대법원 2018. 2. 8. 선고 2017도17838 판결.
9)   헌법재판소 2009. 10. 29. 자 2008헌바146 결정.

여기서 정치자금을 기부하거나 받은 자와 관련하여 정당·후원인·법인 그 밖에 단체에 있어서는 그 구성원으로서 당해 위반행위를 한 자를 의미한다.

광역의원 비례대표 공천과 관련하여 특별당비 명목으로 정당의 공식적인 계좌로 금원을 송금한 사안에서, 법원은 "이때 누가 위 법조에서 말하는 '위반행위를 한 자'에 해당하는지를 결정함에 있어서는 정치자금 수수의 전 과정을 살펴 누가 정치자금 제공자와 연락하여 정치자금을 제공하게 하거나 그 수령의 의사를 표시하였는지, 수령한 정치자금의 실질적 지배나 처분권한이 누구에게 귀속되었는지를 따져야 할 것이고, 그와 관련하여 행위자가 정치자금 제공의 전제가 되는 후보자 추천에 어떠한 영향력을 행사하였는지가 함께 고려될 수 있으며, 형법상 자기책임의 원리에 비추어 위와 같은 실질적 요소 없이 정당의 대표자라거나 공천 및 정치자금의 수수과정에 형식으로 관여하였다는 이유로 위 법조에 따른 책임을 지울 수 없다"라고 판시하였다.[10]

한편 지구당위원장인 피고인은 정당의 지구당 당사 신축비로 1994. 6.경 도의원 공천 희망자 A로부터 금 3,000만원 기부를 약속받아 A로 하여금 피고인의 보좌관이 실질적으로 관리하는 후원회 회계책임자 명의 후원회 계좌에 입금하도록 하였고, 1994. 6. 군수 공천 희망자 B로부터 당사신축부지 제공을 약속받고 1994. 9. 사용승낙서를 받아 당사신축 공사를 시작한 사안에서, 법원은 "정치자금에 관한 법률 제3조 제8호는 후원회라 함은 정당의 중앙당이나 시·도지부, 지구당·국회의원 또는 국회의원입후보등록을 한 자에 대한 정치자금의 기부를 목적으로 설립·운영되는 단체라고 하고 있으므로, 국회의원이 공천과 관련하여 그의 후원회에 정치자금을 기부하게 하였다 하여도 이를 국회의원 본인이 기부받은 것으로 볼 수 없는 것이고, 공천과 관련하여 그 후원회가 후원금을 받았다 하여도 국회의원은 후원회의 구성원이 아니므로, 그가 정치자금에 관한 법률 제30조를 위반하였다고 볼 수 없을 것이나, 공천과 관련된 정치자금을 받으면서 형식상 후원회를 통하여 받았을 뿐이라면 이는 직접 정치자금을 받은 것과 달리 볼 이유가 없다"라고 판시하였다.[11]

3) '특정인을 후보자로 추천하는 일과 관련하여' 의미

「공직선거법」 제47조의2 제1항은 누구든지 '정당이 특정인을 후보자로 추천하는 일과 관련하여' 금품 등을 제공하거나 받는 등의 행위를, 「정치자금법」 제32조 제1호는 누구든지 '공직선거에 있어서 특정인을 후보자로 추천하는 일과 관련하여' 정치자금을 기부하거나 받

10) 광주지방법원 순천지원 2010. 11. 19. 선고 2010고합23,2010고합40 판결, 광주고등법원 2011. 12. 1. 선고 2010노521 판결, 대법원 2013. 11. 28. 선고 2011도17163 판결.
11) 대법원 1998. 6. 9. 선고 96도837 판결.

는 행위를 각 금지하고 있는데, 위 각 법률에서 규정한 '후보자로 추천하는 일과 관련하여'란 금품의 제공 또는 정치자금의 기부가 후보자 추천의 대가 또는 사례에 해당하거나, 그렇지 않다 하더라도 후보자 추천에 있어서 그러한 금품의 제공 또는 정치자금의 기부가 어떠한 형태로든 영향을 미칠 수 있는 경우에 해당하여야 한다.[12]

그렇다면 금품을 제공·기부받는 사람에게 필요한 고의는 금품을 제공·기부하는 상대방이 후보자 추천에 어떠한 형태로든 영향을 미치려고 금품을 제공, 기부한다는 사정에 대한 인식이 있으면 충분하고 금품을 제공·기부받는 사람이 실제로 후보자 추천에 영향력을 행사할 의사까지 있어야 할 필요는 없다. 후보자로 추천받게 하여 줄 의사나 능력이 없음에도 이를 해줄 수 있는 것처럼 기망하여 후보자 추천과 관련하여 금품을 받으면 공직선거법위반죄와 사기죄가 모두 성립한다.[13]

'후보자로 추천하는 일과 관련하여'라 함은 정치자금의 제공이 후보자 추천의 대가 또는 사례에 해당하거나, 그렇지 아니하더라도 후보자 추천에 있어서 어떠한 형태로든 영향을 미칠 수 있는 경우에 해당하여야 한다. 그리고 위와 같은 관련성 유무의 판단을 정치자금수수와 관련된 당사자들의 지위, 정치자금 수수 당시 당해 정당의 후보자 추천절차와 그 결과, 정치자금 수수의 경위와 그 금액 및 전달방법, 정치자금 수수를 전후한 당사자들의 언행 등 여러 사정을 종합하여 사회통념에 따라 합리적으로 판단하여야 한다.[14]

이때 후보자 추천에 있어서 정치자금의 제공이 어떠한 형태로든 영향을 미칠 수 있는 경우라고 함은 정치자금의 제공이 후보자 추천의 결정적 요소가 될 것까지 요구하는 것은 아니라고 하더라도 후보자 추천과정에서 실질적 고려요소가 되어 그 결과에 영향을 미칠 가능성이 있었다고 인정되는 경우라야 할 것이고, 다른 한편으로 정치자금 제공의 의사를 결정함에 있어서 후보자 추천이라는 결과가 영향을 미쳤다고 하여 당연히 그 역(逆)의 명제인 후보자 추천에 있어서 정치자금의 제공이 영향을 미쳤다는 점까지 인정된다고 말할 수도 없다. 만일 공천을 받지 않았으면 해당 정치자금을 제공하지 않았을 것이라는 조건설적 인과관계가 인정된다는 이유만으로 정치자금법 제32조에서 금지하는 공직후보자를 추천하는 일과 관련하여 정치자금을 수수한 것에 해당한다고 본다면, 경선 등을 통해 공직선거의 후보자로 결정된 후 자신의 당선을 위해 당에 선거자금 등 정치자금을 제공하는 행위도 모두 위 법조에 위반되는 셈이 되는데, 이러한 해석은 정치활동의 자유에 대한 비현실적인 제약이어서 이를 용납할 수 없기 때문이다.

같은 이유에서 정치자금의 제공이 후보자 추천과정에서 실질적 고려요소가 되었다는 점

---

12) 대법원 2009. 4. 23. 선고 2009도834 판결.
13) 대법원 2018. 3. 13. 선고 2017도19391 판결.
14) 대법원 2009. 10. 22. 선고 2009도7436 전원합의체 판결.

이 밝혀진 바 없고 그 관련성에 관한 추상적 위험을 배제할 수 없다는 이유만으로 함부로 위 법조의 위반행위를 인정하는 것도 허용되지 않는다고 봄이 상당하다.[15]

　피고인들이 후보추천과 관계가 없고 일부 금원을 차용하여 준 것이라고 주장한다 하더라도 정치자금의 제공이 후보자 추천의 대가 또는 사례에 해당하거나 그렇지 않다 하더라도 그 후보자 추천에 있어서 어떠한 형태로든 영향을 미칠 수 있는 경우 이는 정치자금법이 금지하는 기부제한 대상에 해당하고 정치자금을 수수한 절차가 적법하다고 하여 달리 판단할 수 없다.[16]

사례 1

피고인은 H정당 국회의원 비례대표 후보 추천과 관련하여 어떠한 영향을 미칠 수 있는 지위에 있지 않았고, 위 금품 수수가 후보자의 추천에 있어 영향을 미칠 수 있는 경우에 해당한다고도 볼 수 없다고 주장하였는데, 피고인은 장애인 출신으로 H정당 비례대표 국회의원을 역임한 적이 있고, 이 사건 범행 당시 H정당 대표 및 총선기획단장과 상당한 친분이 있는 것으로 알려져 있었던 점, 피고인이 2012. 1. 31. 피고인 B와 만날 때 위 총선기획단장과 통화하면서 B가 듣는 자리에서 '이번 장애인 비례대표 결정 시 저와 상의해야 합니다'라고 말하기도 한 점, 피고인이 위 돈을 받으면서 정치자금법 등에 따른 회계처리절차를 밟지도 않았던 것으로 보이는 점 등을 종합해 보면, 이는 H정당 비례대표 국회의원 후보자 추천과 관련하여 수수된 것으로서 후보자 추천의 대가 또는 사례에 해당하거나 그렇지 않다고 하더라도 그러한 금품의 제공이 적어도 후보자 추천에 있어서 어떠한 형태로든 영향을 미칠 수 있는 경우에 해당한다고 봄이 상당하고, 정치자금법 제45조 제2항 제5호 및 제32조 제1호는 "누구든지 공직선거에 있어서 특정인을 후보자로 추천하는 일과 관련하여 정치자금을 기부받을 수 없다"고 규정하여 '특정인을 후보자로 추천하는 일과 관련하여 정치자금을 제공받는 주체에' 관하여 아무런 제한을 두고 있지 아니하므로, H정당 내에서의 피고인의 지위나 역할과 상관없이 금품을 교부받은 피고인의 행위가 특정인을 후보자로 추천하는 일과 관련 있는 이상 이는 공천관련 정치자금 부정수수로 인한 정치자금법위반죄에 해당한다(대법원 2015. 10. 29. 선고 2013도14512 판결).

사례 2

「정치자금에관한법률」 제13조 제1호에 의하면 지방의회의원선거에 있어서도 특정인을 후보자로 추천하는 일과 관련하여 정치자금을 받는 것을 명백히 금지하고 있고, 다음으로 「공직선거법」에 의하면 당에 의한 추천뿐만 아니라 선거권자에 의한 추천도 가능하므로, 자치구·시·군의원선거를 함에 있어서 「공직선거

---

15) 광주지방법원 순천지원 2010. 11. 19. 선고 2010고합23,2010고합40 판결, 광주고등법원 2011. 12. 1. 선고 2010노521 판결, 대법원 2013. 11. 28. 선고 2011도17163 판결.
16) 서울중앙지방법원 2008. 8. 14. 선고 2008고합560 판결, 서울고등법원 2008. 11. 12. 선고 2008노2194 판결, 대법원 2009. 5. 14. 선고 2008도11040 판결.

법」 제47조에 의하여 당에 의한 추천(속칭 '공천'이라고 한다)을 할 수 없다고 해서 사실상 당 지구당위원장이 당원의 한 사람을 비공식적으로 추천하는 행위(속칭 '내천'이라고 한다)가 「정치자금에관한법률」 제13조 제1호의 추천에 해당하지 않는다고는 할 수 없으며, 피고인이 서○○, 이○○, 고○○으로부터 각 그 금원을 당비로서 교부받은 시점, 경위, 당비로서의 처리과정 등에 비추어 피고인이 서○○, 이○○, 고○○으로부터 각 그 금원을 ○○의회의원선거의 후보자 추천과 관련하여 받은 것이라고 충분히 인정할 수 있다고 판단하였는바, 여기에다 피고인이 서○○, 이○○, 고○○에게 이른바 돈을 주면 내천을 받게 해주겠다거나 내천도 받았으니 돈 좀 내야 하지 않느냐는 취지로 말하는 등 내천과 관련하여 행하여 왔던 언행 등 기록에 나타난 제반 사정을 종합하여 보면, 원심의 사실인정과 판단은 정당하고, 거기에 항소이유에서 주장하는 바와 같이 사실을 오인하였거나 법리를 오해한 위법이 있다고 할 수 없다(서울고등법원 2003. 12. 5. 선고 2003노2378 판결).

사례 3

피고인(제20대 국회의원)은 2014. 3. 초순경 □□당 공직후보자추천관리위원회위원으로 임명될 무렵 김○○(피고인의 보좌관)으로부터 2014. 6. 4.로 예정된 지방선거에서 ◇◇시장 □□당 후보로 공천받기를 희망하는 공△△에게 공천헌금 5억원을 요구하여 받는 등 공직선거에서 특정인을 후보자로 추천하는 일과 관련하여 정치자금을 기부받았다(대법원 2019. 5. 30. 선고 2019도1442 판결).

4) 주관적 구성요건

특정인을 후보자로 추천하는 일과 관련하여 정치자금을 기부하거나 기부받는다는 인식이 있어야 하고 이러한 인식은 확정적이어야 하는 것은 아니나 금원을 교부할 당시 명시적으로나 묵시적으로 공천과 관련하여 위 금원을 정당 등에 기부한다는 의사가 표시되어야 한다.

사례 1

피고인이 공소외 1에게 1,000만원을 교부할 당시 명시적으로나 묵시적으로 공천과 관련하여 위 금원을 ○○당에 기부한다는 의사가 표시되었음을 인정할 수 있는 증거를 찾아볼 수 없을 뿐 아니라, 피고인의 특별당비 납부의 시기 및 방법, 경위, 당시 ○○당과 피고인이 처해 있었던 상황 등 제반 정황을 종합해 보더라도, 피고인이 위 1,000만원을 교부할 당시 '특별당비를 납부함으로써 공천에 관하여 도움을 받을 수 있거나 적어도 불리한 취급을 당하지는 않으리라'는 내심의 기대를 가지고 있었을지도 모른다는 추측만이 가능할 뿐이고, 이러한 정황만으로 공소외 1과 피고인 사이에 명시적으로나 묵시적으로 공천과 관련하여 위 금원을 ○○당에 기부한다는 의사가 표시되었다고 인정할 수는 없으며, 한편 당시 ○○당 전북도당이 중앙당에 군수 후보 공천 방법에 관하여 여론조사결과 80%, 공천특별위원회의 의견 20%를 반영하여 정하는 방법을 건의하였으나 중앙당이 직접 여론조사를 실시하여 그 결과만으로 후보자를 결정하기로 하였다는 것이어서, 피고인이 이 사건 당시 전북도당에 정치자금을 기부한다고 하여 중앙당의 공천작업에 어떤 영향을 미칠 수 있었던 상황도 아니었다 할 것이므로, 그렇다면 피고인의 이 사건 기부행위가 □□군수 후보자 공천과 관련하여 이루어진 것 인정할 수는 없다(대법원 2007. 4. 26. 선고 2007도218 판결).

사례 2

「정치자금법」 제45조 제2항 제5호, 제32조 제1호 위반죄는 공직선거에 있어서 특정인을 후보자로 추천하는 일과 관련하여 정치자금을 기부하거나 기부받는 경우에 성립한다고 할 것인데, 검사가 제출한 증거 중에 피고인이나 공소외 1이 김○○에게 위 2,000만원을 기부할 당시 명시적으로나 묵시적으로 공소외 1을 □□당 춘천시장 후보로 추천하고자 위 금원을 기부한다는 의사를 표시하였음을 인정할 증거가 없고, 오히려 기록에 의하여 인정되는 다음과 같은 사정, 즉 피고인과 공소외 1이 위 금원을 기부한 2005. 8. 17.은 공소외 1이 출마하고자 한 2006. 5. 31. 지방선거가 있기 약 9개월 전으로 당시 지방선거 후보자 추천과 관련한 뚜렷한 일정이 없었던 점, 김○○의 소속 정당인 □□당의 당규에 의하면 시장 후보자는 공천심사위원회가 국민참여 선거인단대회의 결과를 존중하여 추천하도록 되어 있는 점, □□당 강원도당 공천심사위원회는 2006. 2. 14.경 위 2006. 5. 31. 지방선거 공천심사위원회 구성을 마무리하였고, 그 후 □□당은 2006. 4.경 춘천시장 후보자를 여론조사경선 방식으로 결정한 점, 김○○은 2004.경부터 □□당 원내 대표를 역임하다가 2005. 3. 4. 원내 대표를 사임한 점 등을 종합하여 보면, 위 금원 기부 당시 김○○이 춘천시장 후보 공천에 어떤 영향을 미칠 수 있었던 상황도 아니었던 것으로 보여, 비록 지역선거 출마를 준비하고 있던 공소외 1이 위 금원을 기부함으로써 춘천시장 후보로 공천되는 데 도움을 받을 수 있을 것이라는 내심의 기대를 가졌을지는 모르나, 그러한 사정만으로 피고인이나 공소외 1이 춘천시장 후보 공천과 관련하여 위 금원을 기부한다는 의사를 표시하였다고 인정할 수는 없으므로, 피고인의 기부행위가 공직선거 후보자 추천과 관련하여 이루어졌음을 전제로 한 이 사건 주위적 공소사실은 이를 입증할 증거가 없어 무죄로 판시한다(춘천지방법원 2007. 8. 10. 선고 2007노301 판결).

---

5) 「공직선거법」상 매수 및 이해유도죄와 「정치자금법」위반죄 죄수관계

「공직선거법」 제230조 제6항, 제47조의2 제1항에서 규정하고 있는 매수 및 이해유도죄는 선거와 관련한 부정 방지 및 공정한 선거의 시행을 그 보호법익으로 하는 반면, 정치자금법 제45조 제2항 제5호, 제32조에서 규정하고 있는 정치자금부정수수죄는 정치자금의 투명성을 확보하고 정치자금과 관련한 부정의 방지를 통한 민주정치의 발전을 목적으로 하고 있어 그 보호법익이 같다고 할 수 없고, 매수 및 이해유도죄는 행위의 주체에 제한을 두지 않는 대신 정당이 후보자 추천하는 일과 관련하여 금품이나 그 밖의 재산상 이익뿐만 아니라 공사의 직을 제공하는 등의 행위를 구성요건으로 하는 반면, 정치자금부정수수죄는 공직선거 후보자 추천의 주체가 누구든 상관없이 이와 관련하여 정치자금을 기부하거나 받는 행위를 구성요건으로 하고 있어 그 구성요건의 내용도 어느 한쪽이 다른 한쪽을 전부 포함한다고 할 수 없으므로 위 두 죄는 보호법익 및 구성요건의 내용이 서로 다른 별개의 범죄로서 상상적 경합의 관계에 있다고 할 것이다.[17]

또한 공직선거에 있어서 특정인을 후보자로 추천하는 일과 관련하여 정치자금을 기부받음과 동시에 공직선거와 관련하여 후보자 등으로부터 기부를 받았다면, 「공직선거법」 제257조 제2항, 제113조 제1항 위반죄와 「정치자금법」 제45조 제2항 제5호, 제32조 제1호 위반죄는 상상적 경합 관계에 있고, 정당은 정치자금의 수수 주체 및 기부행위의 상대방이 될 수 있다.[18]

한편 국회의원선거에서 정당의 공천을 받게 하여 줄 의사나 능력이 없음에도 이를 해 줄 수 있는 것처럼 기망하여 공천과 관련하여 금품을 받은 경우 공직선거법상 공천 관련 수수죄와 사기죄가 모두 성립하고 양자는 상상적 경합의 관계에 있다.[19]

▌참고 〈「공직선거법」 제47조의2[20)]와 「정치자금법」 제32조 제1호 구성요건 비교〉

구분	공직선거법 제47조의 2 (제230조 제6항)	정치자금법 제32조 제1호 (제45조 제2항 제5호)
주체	누구든지	누구든지
후보자로 추천하는 일	정당이 특정인을 후보자로 추천한 일과 관련하여	특정인을 후보자로 추천하는 일 관련
'정치자금'이 구성요건	필수적 구성요건이 아님	필수적 구성요건임
간주 규정	있음	없음

---

17) 대법원 2008. 1. 18. 선고 2007도7700 판결, 대법원 2009. 5. 14. 선고 2008도11040 판결, 대법원 2013. 9. 26. 선고 2013도7876 판결.
18) 대법원 2008. 1. 18. 선고 2007도7700 판결.
19) 대법원 2009. 4. 23. 선고 2009도834 판결, 대법원 2013. 9. 26. 선고 2013도7876 판결.
20) 「공직선거법」제47조의2(정당의 후보자추천 관련 금품수수금지) ① 누구든지 정당이 특정인을 후보자로 추천하는 일과 관련하여 금품이나 그 밖의 재산상의 이익 또는 공사의 직을 제공하거나 그 제공의 의사를 표시하거나 그 제공을 약속하는 행위를 하거나, 그 제공을 받거나 그 제공의 의사표시를 승낙할 수 없다. 이 경우 후보자(후보자가 되려는 사람을 포함한다)와 그 배우자(이하 이 항에서 "후보자등"이라 한다), 후보자등의 직계존비속과 형제자매가 선거일 전 150일부터 선거일 후 60일까지 「정치자금법」에 따라 후원금을 기부하거나 당비를 납부하는 외에 정당 또는 국회의원[「정당법」 제37조(활동의 자유) 제3항에 따른 국회의원지역구 또는 자치구·시·군의 당원협의회 대표자를 포함하며, 이하 이 항에서 "국회의원등"이라 한다], 국회의원등의 배우자, 국회의원등 또는 그 배우자의 직계존비속과 형제자매에게 채무의 변제, 대여 등 명목여하를 불문하고 금품이나 그 밖의 재산상의 이익을 제공한 때에는 정당이 특정인을 후보자로 추천하는 일과 관련하여 제공한 것으로 본다.
② 누구든지 제1항에 규정된 행위에 관하여 지시·권유 또는 요구하거나 알선하여서는 아니 된다.

친족특례 조항	없음	없음
금품 등 제공 범위	금품, 그 밖의 재산상 이익, 공사의 직	정치자금
약속, 의사표시	해당	해당되지 아니함
지시·권유, 요구, 알선	해당	해당되지 아니함
제18조(선거권이 없는 자)	해당	해당
제19조(피선거권이 없는 자)	해당 ※ 벌금형을 선고받는 경우도 10년 제한기간임.	해당 ※ 벌금형을 선고받는 경우 10년 제한기간이 아님
제264조(당선인의 선거 범죄로 인한 당선 무효)	해당	해당되지 아니함
제265조(선거사무장등의 선거범죄로 인한 당선무효)	해당	해당되지 아니함
제266조 (공무담임등의 제한)	해당	정치자금법 제57조(정치자금범죄로 인한 공무담임 등의 제한)에 따라 공무담임 등의 제한

다. 지방의회 의장·부의장 선거와 교육위원회 의장·부의장, 교육감·교육위원을 선출하는 일(제2호)

본 조의 구성요건에 해당하려면 '정치자금'을 주고 받아야 하는데, 지방의회 의장·부의장이나 위 선거의 후보자(또는 후보자가 되려는 자)는 정치자금법 제3조 제1항의 '정치활동을 하는 자'에 해당한다.

그런데 교육위원회 의장·부의장 및 교육감·교육위원이나 각 선거의 후보자(또는 후보자가 되려는 자)의 경우에도 이에 해당하는지가 문제가 된다.

2006. 12. 20. 법률 제8069호로 지방교육자치에 관한 법률이 개정되면서 '교육의원'을 주민의 보통·평등·직접·비밀선거로 선출하게 되었고, 지방교육자치에 관한 법률의 '교육위원'이 '교육의원'으로 개정되었음에도, 정치자금법의 '교육위원'은 개정되지 않았다.

이후 2014년 지방선거 때부터 제주특별자치도를 제외한 전국에서 '교육의원' 직선제가 폐지되었다. 따라서 '교육위원' 부분에 대해서는 위 조항이 적용될 여지가 거의 없게 되었다. 다만, 제주특별자치도에 대해서는 제주특별자치도 설치 및 국제자유도시 조성을 위한 특별법 제65조 제2항이 "교육의원선거에 관하여 이 법에서 규정한 사항을 제외하고는 그 성질에 반하지 아니하는 범위에는 「공직선거법」 및 「정치자금법」의 지역선거구 시·도의회의원 선거에 관한 규정을 준용한다"라고 규정하고 있어, 제주 지역 '교육의원'선출과 관련된 부분

에는 본 호가 적용될 여지가 있다.[21]

한편, 교육감과 관련하여 앞에서 살펴보았듯이 판례는 교육감이나 교육감선거 후보자 또는 후보자가 되려고 하는 사람을 '정치활동을 하는 자'로 볼 수 없어 일반적으로 「정치자금법」이 적용되지 않고, 다만 선거일 이전에 선거와 관련하여 금품을 수수한 경우에는 「정치자금법」의 시·도지사선거 규정이 모두 적용된다는 의미로 해석된다.[22]

사 례

의장 당선을 위한 로비, 국외연수 여행경비, 용돈 등 명목의 기부금이 '정치자금'에 해당되는지 여부

1. 피고인 양○○(구의원, 의장선거 출마)과 피고인 A(구의원) 사이의 2015. 6. 18.자 기부금 300만원

위 300만원은 피고인 양○○이 피고인 A에게 구의회 의장 보궐선거와 관련하여 로비를 해달라거나 피고인 A의 의정활동에 사용하라는 명목으로 지급한 것으로 보이는 점, 피고인 A가 피고인 양○○의 의장 당선을 위하여 로비를 하는 것은 피고인 양○○뿐만 아니라 피고인 A의 구의원으로서의 지명도를 높이거나 의정활동에 도움이 되는 점, 위 금액은 구의원의 월 급여 상당이어서 적지 않은 점 등을 종합하면, 위 300만원은 정치자금에 해당한다.

2. 피고인 양○○과 피고인 B(구의원), D(구의원) 사이의 기부금 각 100만원

원심은 ① ○○구의회가 2015. 4. 13.부터 2015. 4. 20.까지 호주와 뉴질랜드에서 진행한 국외연수는 ○○구의회의 계획에 따라 그 예산으로 진행된 공무상 출장으로, 국외연수 대상자도 ○○구의회 의원들과 수행 공무원으로 한정되었던 점, ② 위 국외연수는 선진국의 제도와 시설을 견학하기 위한 목적에 따라 해당 지역을 방문하는 것으로 연수 일정이 진행되었고, 공무상 출장으로서의 성격 이외에 정치활동으로서의 성격을 가지고 있다고 볼 만한 특별한 사정은 발견되지 않는 점, ③ 피고인 양○○은 구의회 의장 보궐선거에 관하여 별다른 언급 없이 '여행경비에 보태 쓰라'고 말하며 피고인 B에게 1,000,000원이 든 편지봉투를 건네주었고, 피고인 D가 뭐냐고 묻기에 '여행 경비나 해라'고 말하며 건네주었다고 진술하고 있는 점, ④ 당시 위 국외연수는 의정활동비와 구의원들의 추가부담금으로 경비를 전액 충당하였으므로, 피고인 양○○이 피고인 B, D에게 지급한 돈은 피고인 B, D의 개인적 용도에 사용된 것으로 보이고, 달리 위 피고인들의 정치활동에 소요되었다고 볼 만한 정황도 찾아 볼 수 없는 점, ⑤ 피고인 양○○은 종전 구의원들이 해외연수를 가는 경우 의장이 의원들 여행 경비에 보태어 사용하라며 일정 금액을 제공하였는데, 2015년 해외연수 당시 재선의원으로 자신의 체

---

21) 2022. 4. 20. 제주특별자치도 설치 및 국제자유도시 조성을 위한 특별법을 개정하면서 교육의원에 대해서는 부칙에 '교육의원과 교육위원회 제도의 유효기간'을 삽입해 현행 제도의 효력을 차기 지방선거인 2026년 6월 30일까지로 제한했다.
   부칙 제4조(교육의원 및 교육위원회 제도의 유효기간) ① 이 법에 따른 제주특별자치도의회의 교육의원 및 교육위원회 제도는 2026년 6월 30일까지 효력을 가진다.
   ② 제1항에 따른 교육의원 및 교육위원회의 폐지에 따라 2026년 6월 30일 임기만료에 따른 교육의원선거는 실시하지 아니한다.

22) 헌법재판소 2014. 7. 24. 자 2013헌바169 결정, 대법원 2017. 12. 7. 선고 2017도13012 판결.

면을 차리기 위해 피고인 B, D 등에게 여행경비 명목으로 돈을 주게 되었다고 진술하고 있는 점 등을 종합하면, 위 각 100만원이 정치활동을 위하여 지급된 것이라고 보기는 어렵다고 판단하였다. 원심의 위 판단 근거에다가 다음과 같은 사정, 즉 검사는 항소이유서에서 피고인 양○○이 구의회 의장 당선을 위하여 위 돈들을 지급하였다는 점을 정치자금으로 보아야 할 근거로 주장하나, 위와 같은 사정은 뇌물성 내지 직무관련성을 인정할 근거로 될 수 있을지언정 피고인 B, D의 개인적 여행경비로 수수되고 사용된 위 돈들을 정치자금으로 보아야 할 근거가 될 수 없는 점 등을 보태어 보면, 원심의 판단은 정당하다.

3. 피고인 양○○과 피고인 A 사이의 2015. 4. 14.자 기부금 100만원, 피고인 양○○과 피고인 A 사이의 2015. 4. 10.자 기부금 100만원

원심은 위 각 100만원이 정치자금에 해당하는 것으로 보아 피고인 A, C의 이 부분 정치자금법위반의 점에 대하여 유죄로 판단하였다. 그러나 원심 및 당심이 적법하게 채택하여 조사한 증거들에 의하면, ① 피고인 양○○이 2015. 4. 14. 피고인 A에게 교부한 100만원과 2015. 4. 10. 피고인 C에게 교부한 100만원 역시 피고인 B, D에게 교부한 위 100만원씩과 마찬가지로 호주와 뉴질랜드에서 진행한 국외연수 때 개인적인 여행경비에 보태 쓰라며 준 것으로 보이는 점, ② 피고인 A, C가 해당 100만원씩을 개인적 용도에 사용한 것으로 보이고, 달리 의정활동 기타 정치활동에 소요되었다고 볼 만한 정황도 찾아 볼 수 없는 점 등이 인정되고, 여기에다가 앞에서 본 바와 같이 피고인 양○○이 구의회 의장 당선을 위하여 돈을 교부하였다는 사정은 그 돈의 뇌물성 내지 직무관련성 인정근거가 될 뿐이고, 정치활동을 위하여 소요되는 경비로 지출될 것임이 객관적으로 명백히 예상되는지 여부가 판단기준인 정치자금 여부와는 직접적인 관련이 없는 점을 보태어 보면, 검사 제출의 증거만으로는 피고인 A, C가 받은 위 각 100만원이 정치자금임을 인정하기에 부족하고, 달리 이를 인정할 만한 증거가 없다.

4. 피고인 양○○과 피고인 A 사이의 기부금 2014. 11. 12.자 50만원 및 2015. 2. 14.자 50만원, 피고인 양○○과 피고인 A 사이의 기부금 2014. 11. 12.자 50만원 및 2015. 2. 16.자 50만원

원심 및 당심이 적법하게 채택하여 조사한 증거들에 의하면, ① 2014. 11. 12.자 위 각 50만원은 피고인 양○○이 피고인 A, C와 술자리를 함께 하는 과정에서 피고인 A, C가 자신에게 향후 있을 구의회 의장 보궐선거에서 의장으로 되어야 하지 않겠느냐 등으로 자신을 치켜세우자 기분이 들뜬 상태에서 당선될 수 있도록 도와달라는 취지와 함께 용돈 명목으로 교부한 것으로 보이는 점, ② 2015. 2. 14.자 및 같은 달 16.자 각 50만원은 원고인 양○○이 설을 맞이하여 명절인사나 속칭 '떡값' 명목으로 교부한 것으로 보이는 점, ③ 기록상 위 각 돈들이 피고인 A, C의 정치활동을 위하여 지출되었다고 볼 만한 정황을 찾아볼 수 없는 점, ④ 교부된 금액이 정치활동을 위한 자금으로 보기에는 다소 적은 점 등이 인정되는 바, 여기에다가 앞에서 본 바와 같이 피고인 양○○이 구의회 의장 당선을 위하여 돈을 교부하였다는 사정은 그 돈의 뇌물성 내지 직무관련성 인정근거가 될 뿐이고, 정치활동을 위하여 소요되는 경비로 지출될 것임이 객관적으로 명백히 예상되는지 여부가 판단기준인 정치자금 여부와는 직접적인 관련이 없는 점을 보태어 보면, 검사 제출의 증거만으로는 위 각 50만원씩이 정치자금임을 인정하기에 부족하고, 달리 이를 인정할 만한 증거가 없다(부산고등법원 2019. 9. 4. 선고 2018노766 판결, 대법원 2019. 12. 13. 선고 2019도13329 판결).

라. 공무원이 담당·처리하는 사무에 관한 청탁 또는 알선하는 일(제3호)

1) 주체

본 규정의 주체에는 아무런 제한이 없으나 공무원이 담당·처리하는 사무에 관하여 청탁 또는 알선하는 일과 관련하여 후원회를 통해 금품을 수수하는 경우 후원 대상 국회의원 등에 대해 동조의 죄책을 물을 수 있는지 여부가 문제될 수 있다.

법원은 "정치자금법의 입법 목적 및 그 규정내용 등을 종합하면, 국회의원의 후원회가 위법이 정한 단체로서의 실질을 갖추지 못한 경우이거나 단체로서의 실질은 갖추었더라도 국회의원이 직접 또는 보조자를 통하여 후원회의 후원금 입·출금을 포함한 후원회의 회계를 사실상 지배·장악하여 관리하고 있는 경우에는, 비록 형식적으로는 후원금이 후원회에 기부되었다고 하더라도, 이는 국회의원이 직접 후원금을 기부받은 것과 마찬가지라고 보아야 할 것이다. 또한, 국회의원이 지정한 후원회는 정치자금을 모아 국회의원에게 전달하는 데에 그 존립 목적이 있어 정치자금의 최종 귀속자 내지 독립된 제3자라기보다는 국회의원에 대한 정치자금을 관리하고 전달하는 역할을 하는 것에 불과하므로, 후원회가 위 법이 정한 단체로서의 실질을 갖추었을 뿐 아니라 독자적인 회계처리 등 정상적인 활동을 하고 있는 경우에도, 국회의원이 후원회로부터 기부받은 후원금액은 원래 기부자의 후원회에 대한 후원금 기부사실을 알지 못하였다는 등의 특별한 사정이 없는 한 원래의 기부자로부터 직접 기부받은 것과 동일하게 보아야 한다"라고 판시하였다.[23]

2) 공무원

'공무원'이라 함은 법령의 근거에 기하여 국가 또는 지방자치단체 및 이에 준하는 공법인의 사무에 종사하는 자로서 그 노무의 내용이 단순한 기계적 육체적인 것에 한정되어 있지 않은 자를 말한다.[24]

형법 제129조 내지 제132조 및 구 변호사법(2007. 3. 29. 법률 제8321호로 개정되기 전의 것, 이하 같다) 제111조에서의 '공무원'이라 함은 국가공무원법과 지방공무원법에 의한 공무원 및 다른 법률에 따라 위 규정들을 적용할 때에 공무원으로 간주되는 자 외에 법령의 근거에 기하여 국가 또는 지방자치단체 및 이에

---

23) 대법원 2008. 9. 11. 선고 2007도7204 판결.
24) 대법원 2002. 11. 22. 선고 2000도4593 판결, 대법원 2011. 3. 10. 선고 2010도14394 판결.

준하는 공법인의 사무에 종사하는 자로서 그 노무의 내용이 단순한 기계적·육체적인 것에 한정되어 있지 않은 자를 말한다(대법원 2002. 11. 22. 선고 2000도4593 판결).

　'공무원'이란 「국가공무원법」 제2조 및 「지방공무원법」 제2조 소정의 공무원을 의미한다 할 것인데, 국회의원은 「국가공무원법」상 특수경력직공무원 중 선거로 취임하는 정무직공무원에 해당하므로, 위 조항 중 '공무원'에는 국회의원도 포함된다. 「국가공무원법」·「지방공무원법」이 아닌 개별법령에서 공무원의 신분을 가진 자로 규정한 자를 말하는 것으로 공익법무관,[25] 공중보건의사[26] 등이 있다,

　공무원의 신분을 가진 자의 범위에 관하여 중앙선거관리위원회는 다음과 같이 의결하였다.

공무원의 신분을 가진 자로 보는 범위에 대한 결정(1991. 1. 19. 의결)

다른 법령에서

◦ 공무원의 신분을 가진다.

◦ 국가공무원에 준하는 신분을 가진다.

◦ 신분에 대하여는 국가공무원에 준한다.

◦ 지방공무원의 신분을 가진다.

◦ 지방공무원에 준하는 신분을 가진다.

◦ 신분에 대하여는 지방공무원에 준한다.

◦ 신분에 관하여는 공무원에 준한다.

◦ 국가공무원에 준하는 신분과 책임을 가진다.

◦ 지방공무원에 준하는 신분과 책임을 가진다.

◦ 업무에 관하여는 국가공무원에 준하는 신분을 가진다.

◦ 업무에 관하여는 지방공무원에 준하는 신분을 가진다.

라는 등의 명문규정의 적용을 받는 직에 있는 자를 말한다.

　아울러, 벌칙 적용과 관련하여 다른 법령에 의하여 공무원의 신분을 부여받은 자를 포함도 '공무원'에 포함되나, 이 경우 「한국은행법」 제106조[27]의 규정처럼 '금융통화위원회 위원

---

25) 「공익법무관에 관한 법률」 제3조(신분) 공익법무관은 법무부에 소속된 「국가공무원법」 제26조의5에 따른 임기제공무원으로 한다.

26) 농어촌 등 보건의료를 위한 특별조치법 제3조(공중보건의사의 신분) ① 공중보건의사는 「국가공무원법」 제26조의5에 따른 임기제공무원으로 한다.

27) 「한국은행법」 제106조(벌칙 적용에서 공무원 의제) ① 금융통화위원회 위원과 한국은행의 부총재보·감사 및 직원은 「형법」이나 그 밖의 법률에 따른 벌칙을 적용할 때에는 공무원으로 본다.
　　② 제1항에 따라 공무원으로 보는 직원의 범위는 대통령령으로 정한다.

과 한국은행의 부총재보·감사 및 직원은 「형법」이나 그 밖의 법률에 따른 벌칙을 적용할 때에는 공무원으로 본다'라는 식으로 의제되는 경우에 한하며, 「공공기관의 운영에 관한 법률」 제53조[28]의 규정처럼 '공공기관의 임직원, 운영위원회의 위원과 임원추천위원회의 위원으로서 공무원이 아닌 사람은 「형법」 제129조(수뢰, 사전수뢰)부터 제132조(알선수뢰)까지의 규정을 적용할 때에는 공무원으로 본다'라는 등 그 행위자가 공무원으로 의제되는 대상범죄가 형법상 특정범죄에 한정되는 것으로 규정되어 있는 경우에는 그 임·직원을 공무원으로 볼 수 없다.[29]

법인에 대한 개별 법령에서 뇌물죄(형법 제129조 내지 제132조)의 적용에 있어서는 이를 공무원으로 보도록 규정하는 조항이 있더라도, 뇌물죄 적용에 대해서만 공무원으로 의제할 수 있을 뿐, 「정치자금법」 제32조 제3호에 대해서까지 공무원으로 볼 수 있다고 해석하기 어렵다.[30]

헌법재판소는 "청탁관련 기부금지조항 중 '공무원'이란 국가공무원법 제2조 및 지방공무원법 제2조 소정의 공무원을 의미하고, 국가공무원법상 특수경력직공무원 중 선거로 취임하는 정무직공무원에 해당하는 국회의원 또한 위 '공무원'에 포함되며, '공무원이 담당·처리하는 사무에 관하여 청탁하는 일'이란 '공무원에 대하여 일정한 직무행위를 할 것을 의뢰하는 것'을 의미한다. 한편, 청탁관련 기부금지조항은 청탁행위와 관련하여 정치자금을 수수하는 주체에 관하여 아무런 제한을 두고 있지 아니하고, 청탁행위의 대상에 관하여 '다른 공무원이 담당·처리하는 사무'가 아닌 '공무원이 담당·처리하는 사무'라는 용어를 사용하고 있으므로, 공무원이 직접 담당·처리하는 사무에 관하여 청탁하는 일과 관련하여 정치자금을 기부받는 행위 역시 청탁관련 기부금지조항에 위반된다. 또한, 어떠한 행위가 '공무원이 담당·처리하는 사무에 관하여 청탁하는 일과 관련한' 정치자금 수수행위에 해당하는 것인지 여부는 해당 공무원의 직위 및 직무의 내용, 청탁행위 및 정치자금 수수행위의 동기, 경위 및 내용, 행위자들 사이의 관계 등 제반사정을 종합하여 합리적으로 판단할 수 있다. 그렇다면 '청탁의 상대방으로서 정치자금을 기부받은 국회의원' 또한 '공무원이 담당·처리하는 사무에 관하여 청탁하는 일과 관련하여 정치자금을 기부받을 수 없는 자'에 포함된다는 점은 명백하다"고 결정하였다.[31]

대법원도 "정치자금법 제32조의 입법 취지, 정치자금법 제32조 제3호가 "누구든지 공무원이 담당·처리하는 사무에 관하여 청탁 또는 알선하는 일과 관련하여 정치자금을 기부하

---

28) 공공기관의 운영에 관한 법률 제53조(벌칙 적용에서의 공무원 의제) 공공기관의 임직원, 운영위원회의 위원과 임원추천위원회의 위원으로서 공무원이 아닌 사람은 「형법」 제129조(수뢰, 사전수뢰)부터 제132조(알선수뢰)까지의 규정을 적용할 때에는 공무원으로 본다.

29) 대검찰청. 공직선거법 벌칙해설(제10개정판). 대검찰청, 2022, 615면.

30) 대검찰청, 정치자금법 벌칙해설(제2개정판). 대검찰청, 2022, 377~378면.

31) 헌법재판소 2014. 4. 24. 자 2011헌바254 결정.

거나 받을 수 없다"고 규정하여 청탁행위와 알선행위를 모두 금지대상으로 하고 있는데, '청탁'은 알선과 달리 기부행위를 받은 공무원과 분리된 다른 공무원이 담당·처리하는 사무를 당연한 전제로 하고 있지 아니한 점 등에 비추어 보면, 기부자가 당해 정치자금을 받은 공무원이 직접 담당·처리하는 사무에 관하여 청탁하는 일과 관련하여 정치자금을 기부하는 행위 역시 위 조항에 위반된다고 하여, 피고인들이 공무원인 국회의원들이 담당·처리하는 사무인 청원경찰법의 개정에 관하여 자신들이 요구해 오던 청원경찰의 등급제, 정년의 연장 등이 수용되도록 국회의원들에게 청탁하는 일과 관련하여 정치자금을 기부한 점 등 그 판시와 같은 사정에 비추어 보면, 피고인들의 위와 같은 정치자금 기부행위는 정치자금법 제32조 제3호를 위반한 경우에 해당한다"고 판단하여 국회의원은 정치자금법 제32조 제3호가 규정하는 공무원에 해당한다고 판시하였다.[32]

3) 공무원이 담당·처리하는 사무

'공무원이 담당·처리하는 사무'라 함은 공무원이 그 직위에 따라 공무로 담당하는 일체의 업무를 말하는 것으로 직무에는 공무원이 법령상 관장하는 직무 그 자체뿐만 아니라 그 직무와 밀접한 관계가 있는 행위 또는 관례상이나 사실상 소관하는 직무행위 및 결정권자를 보좌하거나 영향을 줄 수 있는 직무행위도 포함되고, 과거에 담당하였거나 장래 담당할 직무 및 사무분장에 따라 현실적으로 담당하지 아니하는 직무라 하더라도 직무에 해당할 수 있다.[33]

공무원이 담당·처리하는 사무에 관하여 청탁 또는 알선하는 일과 관련하여서는 정치자금을 기부하거나 기부받을 수 없으므로 그와 관련하여 정치자금을 기부하거나 기부받은 이상 정치자금법 제32조 제3호 위반죄가 성립하고, 그 청탁 또는 알선행위가 당해 정치자금을 받은 자의 직무활동 범위에 속한다거나 나아가 그 청탁 또는 알선의 내용이 위법 또는 부당한 것이 아니라는 사정 또는 그에 관한 정치자금 기부행위가 정치자금법이 정한 절차와 한도 범위 내에서 이루어졌다는 사정만으로 그 죄책을 면할 수 없다.[34]

> **사례 1**
>
> 에쓰오일주식회사의 대표이사 겸 회장인 피고인 2가 위 회사의 제2공장을 서산시에 신설하는 것과 관련하여 그곳 지역구 국회의원인 피고인 1의 주선으로 서산시장 등과의 간담회를 가지고 피고인 1에게 도시계획

---

32) 대법원 2013. 10. 31. 선고 2011도8649 판결.
33) 대법원 2011. 2. 10. 선고 2010도8853 판결, 대법원 2011. 2. 24. 선고 2010도14891 판결.
34) 대법원 2008. 9. 11. 선고 2007도7204 판결.

변경 및 일반지방산업단지지정에 관하여도 서산시장의 협조를 구해 달라고 부탁한 사실, 이와 관련하여 피고인 2는 피고인 1에게 후원금을 제공하기로 마음먹고, 위 회사의 경영진과 조직을 통하여 전국에 산재한 위 회사 지점 및 영업소 직원들에게 피고인 1을 소개하면서 그에 대한 후원금 기부를 권고하고 후원한 직원들의 명단까지 파악하는 등 후원금 기부를 적극적으로 유도하여, 이전에는 피고인 1에 대한 후원금 기부를 생각조차 하지 않던 전국 각지의 위 회사 직원들 중 무려 542명으로 하여금 불과 14일 동안 10만원씩 모두 5,420만원의 후원금을 피고인 1의 후원회에 집중적으로 기부하도록 함으로써 피고인 2 및 위 회사 임원 등의 후원금을 합하여 합계 5,560만원을 기부한 사실, 피고인 1의 후원회는 형식적으로는 위 피고인과 별도로 구성되어 있기는 하나, 그 활동이 미미하고, 후원금 관리계좌가 위 피고인 명의로 개설되어 있으며, 그 통장 및 도장을 위 피고인의 변호사사무실 여직원 겸 국회의원 정치자금 회계책임자가 위 피고인의 국회의원 정치자금 통장 및 도장과 함께 보관하면서 위 피고인의 국회의원 보좌관 겸 후원회 회계책임자의 구체적 지시·감독 아래 이를 관리하여 왔고, 위 피고인은 그 보좌관 겸 후원회 회계책임자로부터 위 통장의 입·출금 내역 등 관리 상황을 수시로 보고받아 왔으며, 이 사건 후원금 입금에 관하여도 위와 같은 방법으로 보고받고 그 직후 피고인 2에게 직접 감사하다는 취지의 인사말까지 한 사실을 알 수 있다.

위와 같은 사실을 앞서 본 법리에 비추어 살펴보면, 비록 형식적으로는 위 후원금이 후원회에 기부된 것이라고 하더라도 실질적으로는 후원회의 회계를 사실상 지배·장악하고 있던 피고인 1 본인이 바로 후원금을 기부받은 것으로 볼 수 있어 정치자금법 제32조 제3호가 금지하는 공무원이 담당·처리하는 사무에 관하여 청탁 또는 알선하는 일과 관련하여 정치자금을 수수한 것이라 할 것이고, 피고인 2는 자세한 내막을 알지 못하여 정치자금법 위반죄를 구성하지 않는 직원들의 기부행위를 유발하고 이를 이용하여 자신의 범죄를 실현한 것이어서 간접정범으로서의 죄책을 면할 수 없다 할 것이다(대법원 2008. 9. 11. 선고 2007도7204 판결).

※ 피고인 1(국회의원)에게는 정치자금법 제32조 제3호 위반죄가, 피고인 2(경영자)에게는 정치자금법 위반죄의 간접정범이 성립한다고 한 사례.

사례 2

피고인은 B주식회사(이하 'B'라고 한다)의 대표이사, C는 B회사 D본부장, E는 B회사 F처장이었던 자이다.

국회는 2012. 5. 23. 중소기업 보호를 위해 국가기관 등 공공기관이 발주하는 소프트웨어사업에 대기업의 참여를 제한하는 G개정안을 통과시켜 2013. 1. 1.로 시행예정이었고, 나아가 H정당 I의원은 2012. 11. 15. 국가기관 등 공공기관 발주 소프트웨어 사업에 대한 대기업 참여 제한을 강화하고, 상호출자제한 기업진단에 대하여는 발주 참여를 금지하는 내용 등을 담은 G개정안을 대표발의하여 국회에 제출하였다.

위 법률 개정안이 통과되면 B는 대기업이자 상호출자제한 기업진단에 속하게 되어 B의 모회사인 J를 포함한 공공기관이 발주하는 소프트웨어사업 참여가 금지되고, 이에 따라 B고유 목적사업의 실질적 수행이 불가능해져 회사의 존립이 위협받게 되었다.

이에 B는 2012. 11. 19. 대표이사 직속으로 'K TF팀(이하 'TF'라고 한다, TF 팀장은 C, TF 팀원은 E 등 각

처장 및 센터장 등 9명으로 구성)'을 설치·운영하면서, TF 논의 과정을 통하여 위 I의원 발의 G개정안에 대응하기로 하였다.

TF의 실무자 L 등은 2012. 11. 21. I의원실을 찾아가 위 의원실 소속 M비서관을 상대로 "B 등 공공기관의 특수성을 고려하여 G개정안 중 대기업 참여 제한 규정에서 공공기관 제외 규정이 필요하다"는 취지를 설명하였고, 같은 달 29.에는 B 노동조합 명의로 I의원실 등에 "G개정안에 대한 B 노동조합 입장" 서면을 제출하였다.

피고인은 2012. 12. 10. TF 팀장인 C, TF의 팀원이자 F처장인 E가 참석한 가운데 경영현안회의를 개최하였는데, 그 자리에서 위 C는 "I의원 등 법개정 필요성에 공감하는 국회의원 대상으로 후원금을 제공하여 개정발의 협조를 요청하자"는 내용의 TF 논의사항을 보고하여 대표이사인 피고인의 승인을 받았다. 이와 같이 피고인은 I의원에게 후원금을 제공하여 G개정안 내용의 수정을 청탁하기로 공모하였다.

TF는 2012. 12. 31. I의원 등 법개정 관련 국회의원들에게 후원금을 지급하기 위한 상세 계획을 수립하였고, 이에 따라 'N사업처' 직원 151명이 2012. 12. 17.부터 약 1주일간 I의원에게 개별적으로 후원금을 지급하기로 하였으며, TF 팀장인 C는 같은 달 17. 피고인이 주재하는 경영현안회의에서 위 내용을 보고하였다.

그에 따라 'O센터' 직원들은 2012. 12. 15.부터 28.까지 I의원의 후원회 계좌에 후원금 명목으로 총 128명의 직원이 위 후원회 계좌로 총 1,280만원을 지급하였다. 또한 2012. 12.경 후원 당시 이에 참여하지 않았던 'Q연구원' 87명이 후원금을 납부하기로 하여 2013. 8. 23.부터 30.까지 총 77명의 직원이 위 I의원 후원회 계좌로 총 536만원을 지급하였다.

이로써 피고인은 C, E와 공모하여 공무원이 담당·처리하는 사무에 관하여 청탁하기 위하여 정치자금을 기부하였다(서울중앙지방법원 2018. 6. 15. 선고 2017고정1997 판결, 대법원 2019. 5. 30. 선고 2019도1154 판결).

사례 3

피고인 이◆◆(전세버스연합회 회장), 피고인 조○○·김●●(전세버스연합회 및 공제조합의 예산 관리·집행 업무 담당)은 2013. 9. 16.경 전세버스 면허제 내지 총량제 법안 통과를 위해서는 국회 국토교통위원회 국회의원들의 협조가 필수적이라는 판단에 따라, 국토교통위원회 소속 국회의원들이 관련 법안 발의 및 의결 등에 적극적으로 나서게 하기 위해 정치후원금을 기부하기로 마음먹고, 전세버스연합회 자금 500만원을 인출한 후 피고인 조○○, 피고인 김●●을 포함한 연합회 직원 등 30명의 명의로 10만원 내지 50만원씩 분산하여 국회의원 조◇◇후원회 계좌에 입금시키고, 다시 2013. 11. 8.경 위 연합회 자금 1,000만원을 인출한 후 피고인들을 포함한 연합회 직원 등 36명 명의로 10만원 내지 300만원씩 분산하여 국회의원 강◎◎후원회 계좌에 입금시켰다.

이로써 피고인들은 공모하여 국내·외의 법인 또는 단체와 관련된 자금으로 정치자금을 기부하고, 공무원이 담당·처리하는 사무에 관하여 청탁 또는 알선하는 일과 관련하여 정치자금을 기부하였다(대구지방법원 2018. 3. 8. 선고 2017고단2952 판결, 대법원 2019. 1. 31. 선고 2018도16972 판결).

사례 4

피고인 최○○은 구의회 의원으로서 지역구 내에서 자신의 영향력을 이용하여 지역 주민들로부터 B구청에서 부과한 이행강제금을 면제해 달라거나 구청에서 발주하는 준설공사를 수주할 수 있도록 해 달라거나 토지개발사업 관련 인·허가 편의를 봐 달라는 등의 다양한 명목의 청탁을 받고 뇌물을 교부받았다[부산지방법원 서부지원 2018. 7. 5. 선고 2018고합40, 80(병합) 판결, 대법원 2019. 3. 26. 선고 2019도2442 판결].

---

4) 청탁 또는 알선

'청탁'이란 정치자금을 기부하는 자가 자기 또는 타인을 위하여 해당 사무를 담당·처리하는 공무원에게 직접 부탁하는 경우를 의미한다.

청탁은 그 청탁이 위법하거나 부당한 직무집행을 내용으로 하는 것은 물론, 비록 청탁의 대상이 된 직무집행 자체는 위법·부당한 것이 아니라 하더라도 당해 직무집행을 어떤 대가관계와 연결시켜 그 직무집행에 관한 대가의 교부를 내용으로 하는 경우라면 청탁에 해당한다고 할 것이다.

'알선'은 일정한 사항을 중개하는 것으로 다른 공무원이 취급하는 사무의 처리에 법률상이거나 사실상으로 영향을 줄 수 있도록 하는 것을 말한다.

알선행위는 정치자금을 기부하는 자와 알선행위를 하는 자가 구별되고 나아가 알선과 관련하여 정치자금을 받는 사람과 알선행위의 상대방으로 해당 사무를 담당·처리하는 공무원이 동일하지 않음을 전제하고 있다는 점에서 '청탁'과 구별된다.[35]

5) 정치자금과 뇌물의 관계

정치자금의 기부행위는 정치활동에 대한 재정적 지원행위이고 뇌물은 공무원의 직무행위에 대한 위법한 대가로서 수수되는 것이므로, 어느 금품이 정치자금으로 수수되었다고 하더라도 그 실질에 있어 정치자금으로서의 성격을 띠는 동시에 뇌물로서의 성격을 아울러 갖게 되는 것이 반드시 불가능한 것은 아니라고 하겠다.[36]

피고인이 정치자금법에서 정하지 아니한 방법으로 수수한 이 사건 금품은 피고인의 선거운동에 대한 지원금인 동시에 그 전체금액이 피고인의 직무행위에 대한 대가적 성격을 아울러 가지고 있다고 보아, 이 사건 금품 수수에 관하여 뇌물수수죄와 정치자금법위반죄의 상상적 경합범관계를 인정하였고, 이러한 원심의 조치가 위법하다고 할 수 없다.[37]

---

35) 대검찰청. 정치자금법 벌칙해설(제2개정판). 대검찰청, 2022, 39~370면.
36) 대법원 2010. 7. 29. 선고 2010도6894 판결.
37) 대법원 2012. 1. 12. 선고 2011도12642 판결.

마. 일정한 법인과의 계약이나 그 처분에 의하여 재산상의 권리 · 이익을 취득하 거나 이를 알선하는 일(제4호)

1) 의의

국가 · 공공단체 또는 특별법의 규정에 의하여 설립된 법인, 국가나 지방자치단체가 주식 또는 지분의 과반수를 보유하는 법인, 국가나 공공단체로부터 직접 또는 간접으로 보조금 을 받는 법인, 정부가 지급보증 또는 투자한 법인과의 계약이나 그 처분에 의하여 재산상의 권리 · 이익을 취득하거나 이를 알선하는 일과 관련하여 정치자금을 기부하거나 기부받을 수 없다.

이는 국가 또는 지방자치단체 · 공공단체로부터 보조금이나 출자 등을 받고 있는 회사 기 타의 법인이 보조금 등을 받고 있다는 사실에 기하여 국가나 지방자치단체와 특별한 관계가 있고 그 특별한 관계를 유지 또는 견고히 하기 위해 정치활동을 하는 사람들과 유착하고, 정 치활동을 하는 사람들은 이를 이용하여 영향력을 행사할 수 있다는 전제하에서 위 법인과의 계약이나 그 처분에 의하여 재산상의 권리 · 이익 또는 직위를 취득하거나 이를 알선하는 일 을 통하여 정치자금을 수수하는 것을 금지하기 위한 것이다.[38]

2) 내용

'공공단체'는 일반적으로 지방자치단체와 공공조합 · 영조물법인 및 공재단을 포괄하는 것 으로 해석된다.[39] '지방자치단체'는 국가 영토 내의 일정지역을 기초로 그 지역 내의 주민에 게 자치권을 가지는 공공단체로서, 특별시와 광역시 및 도, 시와 군 및 자치구로 구성되며, 그밖에 특정한 목적을 수행하기 위해 특별지방자치단체를 설치할 수 있다(지방자치법 제2조).

'공공조합'은 특수한 사업을 수행하기 위하여 일정한 자격을 가진 사람으로 구성된 공법 상의 사단법인으로서,[40] 상공회의소, 대한변호사협회, 법무사회, 대한의사협회, 토지구획정

---

38) 대검찰청. 정치자금법 벌칙해설(제2개정판). 대검찰청, 2022, 376면.

39) 공공단체란 국가 밑에서 국가로부터 그 존재목적이 부여된 법인, 공법인 또는 자치단체를 말한다. 공공단체는 단순한 행정기 관과는 달리 자신의 존립목적을 가지고 있으며 법인격이 부여된 단체이다. 공법인으로서의 공공단체는 다음과 같은 특색을 가 진다. (1) 그 목적이 국가에 의하여 부여되고 또한 국가 관련적 성격을 띤다. (2) 그 설립이 국가의 의사에 기초를 두고 있다. (3) 국가적 공권 및 특전이 부여된다. (4) 목적수행에 대한 의무가 부과되며 해산의 자유가 인정되지 않는다. (5) 공공단체는 국가의 특별한 감독을 받는다. 공공단체에는 특별시 · 광역시 · 도 · 특별자치도 · 시 · 군 · 자치구와 같이 일정한 지역을 기초로 하 는 공법인인 지방자치단체, 국가적 목적을 가진 인(人)의 결합체인 공법상의 사단법인인 공공조합(예: 상공회의소), 공행정목 적의 계속적 실현을 위한 인적 · 물적 종합시설에 법인격이 부여된 영조물 법인, 국가나 지방자치단체가 공공 목적을 위하여 출 연한 재산을 관리하기 위하여 설립된 공법상 재단이 있다(오세경. 「법률용어사전」. 법전출판사, 2017).

40) 김남진 · 김연태. 「행정법 I (제23판)」. 법문사, 2019, 94면.

리조합, 토지개량조합, 도시재개발조합, 농업협동조합 등이 이에 속한다.[41]

　'영조물법인'은 공행정목적을 영속적으로 수행하기 위하여 설립되는 인적·물적 결합체인 공법상 영조물로서 권리능력 있는 행정의 단일체를 말한다. 권리능력 있는 영조물은 자신에게 부여된 사무를 자기책임으로 수행할 수 있는 권리와 의무를 지닌다. 영조물법인은 독립의 행정주체이지만, 공법상 사단과 달리 구성원이 없고, 다만 이용자만 있을 뿐이다. 영조물법인에 관련있는 인적 요소로는 영조물의 사무를 수행하는 영조물의 직원과 영조물의 외부에서 영조물의 급부를 향유하는 이용자가 있을 뿐이다. 서울대학교병원, 한국교육방송공사, 한국도로공사, 한국토지주택공사, 한국산업은행 등이 이에 속한다. '공재단'은 공법에 의해 설립된 재단을 의미한다.[42]

　'공법상 재단'은 공적 목적(재단목적)에 기여하는 법상 독립의 재산이다. 공법상 재단의 설립과 조직은 공법에 따른다. 공재단은 공공조합과 달리 구성원이 없고, 영조물법인과 달리 이용자가 없으며 수혜자만 있을 뿐이다. 한국연구재단, 한국학중앙연구원, 에너지공단, 한국소비자원, 한국디자인진흥원이 이에 속한다.[43]

　'특별법의 규정에 의하여 설립된 법인'이란 광의로는 민법·상법 등 사법에 근거하여 설립된 법인을 제외한 특별법을 근거로 설립된 일체의 법인을 의미하고, 협의로는 법률에 의하여 직접 설립된 법인 또는 특별법에 의하여 특별한 설립행위를 거쳐 설립하여야 하는 법인을 의미하는바, 전술한 공공조합, 영조물법인, 공재단도 이에 해당할 수 있다.[44]

4. 중앙선거관리위원회 행정해석

① 자당 대통령후보자의 선거운동을 뒷받침하기 위하여 정당의 당원이 당소속 국회의원 4명에게 각각 500만원씩, 합계 2,000만원의 후원금을 기부하는 것은 "공직선거에 있어서 특정인을 후보자로 추천하는 일"과 관련하여 정치자금을 기부하는 것이 아니라면 가능(중앙선거관리위원회 2007. 3. 28. 회답).

---

41)　공공조합을 '공법상 사단'으로 보는 견해가 있다. 공법상 사단이란 특정의 공행정목적을 위하여 일정한 자(조합원 또는 사원)로 구성되는 공법상 법인을 말한다(예: 상공회의소, 대한변호사협회, 법무사회, 대한의사협회). 여기서 일정한 자란 공통의 직업 (예: 상공업) 또는 공통의 신분(예: 예비역군인) 등을 가진 자를 의미한다. 공법상 사단은 공행정목적을 위한 공법상의 단체이므로 사법상의 조합이나 사단법인과 구분된다(홍정선, 「행정법원론(하)(제31판)」, 박영사, 2023, 50면).

42)　홍정선. 앞의 책, 54면.

43)　홍정선. 앞의 책, 53~54면.

44)　최영규. "행정주체 및 공공단체의 개념과 범위: 공공단체의 개념과 행정주체성을 중심으로". 공법학연구 제5권 제1호(2004), 355면.

② 공직선거에 있어서 특정인을 후보자로 추천하는 일과 관련하여 특별당비를 납부하거나 받는 것이 아니라면 가능(중앙선거관리위원회 2012. 2. 21. 회답).

5. 처벌

본 조를 위반하여 특정행위와 관련하여 정치자금을 기부하거나 받은 자는 5년 이하의 징역 또는 1천만원 이하의 벌금에 처하고(「정치자금법」 제45조 제2항 제5호), 본 조를 위반하여 제공된 금품 그 밖의 재산상 이익은 몰수하며, 이를 몰수할 수 없을 때에는 그 가액을 추징한다(「정치자금법」 제45조 제3항).

제9장

의사 억압 기부 알선

정치자금법 이해

제9장

의사 억압 기부 알선

제33조(기부의 알선에 관한 제한) 누구든지 업무·고용 그 밖의 관계를 이용하여 부당하게 타인의 의사를 억압하는 방법으로 기부를 알선할 수 없다.

제45조(정치자금부정수수죄) ② 다음 각 호의 어느 하나에 해당하는 자는 5년 이하의 징역 또는 1천만원 이하의 벌금에 처한다.

　6. 제33조(기부의 알선에 관한 제한)의 규정을 위반하여 정치자금의 기부를 받거나 이를 알선한 자

③ 제1항 및 제2항의 경우 그 제공된 금품 그 밖에 재산상의 이익은 몰수하며, 이를 몰수할 수 없을 때에는 그 가액을 추징한다.

1. 의의

　기부 알선조항은 상대방에게는 정치자금의 기부를 할 의사가 없는데도 알선행위자와의 업무, 고용 기타의 관계로 불이익을 받을 것을 염려하여 상대방이 자유로운 의사결정을 하지 못한 채 마지못해 정치자금을 내게 된다는 인식을 하면서도 부당하게 정치자금의 기부를 하도록 알선하는 행위를 금지함으로써, 정치자금의 투명성을 제고하고 민주정치의 건전한 발전에 기여하고자 하는 것이다.[1]

　본 조의 정치자금 기부 알선의 금지는 1980. 12. 31. 전부개정된 '정치자금에 관한 법률(법률 제3302호)' 제14조로 도입되어, 2005. 8. 4. 법명이 정치자금법(법률 제7682호)으로 바뀌면서 같은 내용의 조문이 제33조로 옮겨졌다.

---

1) 　대법원 2004. 4. 27. 선고 2004도482 판결, 헌법재판소 2014. 3. 27. 자 2011헌바126 결정.

2. 내용

가. '타인의 의사를 억압하는 방법'의 의미

'타인의 의사를 억압하는 방법'이나 정도는 업무, 고용 등의 관계로 상대방의 자유로운 의사결정을 침해하는 정도면 족하며 협박죄에서와 같이 명시적으로 해악을 고지하거나, 공갈죄에서와 같이 상대방을 외포시킬 정도의 억압이 필요한 것은 아니다.[2]

정치자금을 요구한 사람이 상대방에 대하여 업무상의 영향력을 행사할 수 있는 지위에 있고 상대방이 이러한 요구자의 영향력을 의식한 상태에서 정치자금을 제공하였다면 비록 요구자가 위협적인 언사를 사용한 바가 없다 하더라도, 이는 자발적인 정치자금의 제공으로 볼 수 없는 것으로 정치자금법 제33조에 규정한 '타인의 의사를 억압하는 방법으로 기부를 알선'한 경우에 해당한다.[3]

「정치자금법」 제33조 소정의 '타인의 의사를 억압하는 방법'으로 사용되는 '알선행위자와의 업무, 고용 기타의 관계로 받을 것을 염려하는 불이익' 중, 여기서의 '불이익'은 상대방이 자신의 업무처리능력에 대한 평정에서 낮은 점수를 받게 됨으로 인하여 입게 되는 인사상의 불이익과 같은 직접적인 것뿐만 아니라 고용관계 등에서 다른 동료들과 상급자들에게 직장 내 부적응자 또는 돌출행동자라는 등의 인식을 주게 됨으로 인하여 받게 될 수도 있는 좋지 아니한 평판과 같은 간접적인 것까지 포함하는 개념으로 해석될 수 있다.[4]

나. '알선'의 의미

'알선'의 사전적 의미는 '남의 일이 잘 되도록 여러 가지 방법으로 힘을 쓰는 일'이고, 법률적으로는 '일정한 사항에 관하여 어떤 사람과 그 상대방 사이에 서서 중개하거나 편의를 도모하는 것'을 의미한다.[5] 본조의 알선조항은 다른 기부제한규정이 기부자와 기부받는 자라는 양자관계를 염두에 두고 있는 것과는 달리, 행위자가 피고용자와 같이 종속관계에 있는 자로 하여금 제3자인 정치인에게 기부를 하도록 하는 행위를 처벌하는 것으로서, '행위자, 피고용자 등 종속관계에 있는 자, 기부를 받는 정치인'이라는 3자 관계를 전제하여, 행위자가 부당하게 의사를 억압하는 방법으로 종속관계에 있는 자로 하여금 정치인에게 기부하도록 하는 행위를 처벌하고자 하는 것이고, 행위자가 기부행위의 수령자와 의사의 연락이 없

---

2) 대법원 2004. 4. 27. 선고 2004도482 판결.
3) 서울고등법원 2003. 12. 23. 선고 2003노2288 판결.
4) 수원지방법원 2012. 2. 1. 선고 2011고합297 판결.
5) 헌법재판소 2005. 11. 24. 자 2003헌바108 결정.

이 기부행위자로 하여금 후원금을 입금할 정치인을 지정하고, 후원금 계좌를 알려주는 방법으로 정치자금을 입금하도록 한 행위도 양자 사이에 정치자금의 기부를 중개하거나 편의를 도모한 것으로서, 본조의 알선조항에서의 '알선'의 개념에 포섭되는 것으로 해석할 수 있다.

　한편, 「공직선거법」 제230조 제3항과 제257조 제2항 등에 '알선'에 관하여 규정하고 있는데 정치자금법과 그 구성요건의 해당성이 달라 동일 선상에서 비교하기는 어렵다.[6]

공직선거법상 알선행위와 비교

공직선거법 제230조 제3항은 매수 및 이해유도의 지시, 권유, 요구, 알선에 관하여, 공직선거법 제257조 제2항은 기부행위의 지시, 권유, 요구, 알선에 관하여 각 규정하고 있는데, 여기서 지시행위는 '기부행위를 하도록 일방적으로 시키는 것'을, 권유행위는 '기부행위를 할 것을 권하여 결의를 촉구하거나 기존의 기부의사를 더욱 확고하게 하는 것'을 각 의미하고, 알선행위는 '양자의 의사가 합치되도록 조정·유도하는 행위로서 권유의 단계를 넘어선 적극적인 중개행위'를 의미하는 것으로 해석된다. 이처럼 공직선거법에서는 기부행위에 있어 지휘감독관계에 있는 자에 대한 지시, 그러한 관계에 있지 않는 자에 대한 권유, 권유를 넘어선 적극적 중개행위로서 알선을 세분하고 있다.

그러나 정치자금법 제33조에서는 고용, 업무 등의 관계에서 종속적 위치에 있는 자에게 부당하게 자유로운 의사를 억압하여 기부를 하게 하는 행위를 규정하면서 공직선거법과는 달리 지시, 권유, 알선으로 세분화하지 않고 있는데, 이것은 공직선거법에서 규정한 '지시'와는 다르지만 구성요건의 내용으로 제3자에 대한 지위의 우월성을 요건으로 하고 있는 만큼, 지시나 권유의 형태로 하여금 제3자인 정치인에게 정치자금을 기부하도록 하는 행위 역시 '알선'이라는 개념으로 포섭하고 있는 것이다. 이처럼 공직선거법과 정치자금법은 구성요건의 해당성이 서로 달라 동일 선상에서 비교하기는 어렵다(헌법재판소 2014. 3. 27. 자. 2011헌바126 결정).

---

3. 판례

사례 1

피고인 이◆희, 주◎중이 국세청 차장, 조사국장인 지위에 있어서 그들의 조세부과·징수권 및 세무조사권을 의식하지 않을 수 없는 해당 기업의 관계자들에게 은근히 압력을 행사하는 방법으로 □□당에 대한 대선자금의 지원을 요청한 사실, 피고인 이■성, 서▲목도 피고인 이◆희가 국세청 차장으로 기업에 대한 위와 같은 권한으로 영향력을 행세할 수 있는 점을 이용하여 대선자금을 모금할 것임을 인식하면서도 그에게 정

---

6)　헌법재판소 2014. 3. 27. 자 2011헌바126 결정.

치자금의 모금을 도와 달라고 요청한 사실, 해당 기업의 관계자들도 피고인 이◆희, 주◎중이 국세청 고위 공무원들로서 기업에 대하여 가지는 막강한 권한 때문에 당시는 이른바 IMF 사태를 전후한 시기로서 경제 사정이 매우 어려운 가운데에서도 마지못해 그들이 요구하는 대선자금을 지원하게 된 사실을 각 인정하고 나서, 피고인 이◆희, 주◎중이 기업들로부터 정치자금을 모금한 행위는 정치자금에관한법률 제14조의 '타인의 의사를 억압하는 방법'으로 정치자금의 기부를 알선한 것이고, 피고인 이■성, 서▲목 역시 피고인 이◆희 등과 공모하여 정치자금의 기부를 알선하였다고 판단하였다.

위에서 본 법리와 기록에 의하여 살펴보면, 원심의 인정과 판단은 모두 수긍이 가고, 거기에 주장과 같은 '타인의 의사를 억압하는 방법' 내지 그에 대한 고의에 관한 채증법칙을 어기거나 정치자금에관한법률 제14조에 관한 법리를 오해한 위법이 없다(대법원 2004. 4. 27. 선고 2004도482 판결).

사례 2

[Q축협장이 A 국회의원 후원회 부회장으로부터 후원금을 내달라는 부탁을 받고, 향후 징계절차에서 도움을 받을 목적으로 업무연락을 통해 직원들로 하여금 1인당 10만원씩 A 국회의원 후원회 계좌로 직접 송금하도록 하거나, 월급 명목으로 지급되어야 할 자금에서 각 10만원씩을 일괄 공제하여 축협 계좌 가수금 계정에 보관하다가 개별 직원 이름으로 10만원씩을 A 국회의원 후원회 계좌에 송부한 사안]

① 이 사건 기부를 공모한 조합장과 간부들은 실질적으로 Q축협의 직원들의 인사권자인 점, ② 경영혁신실에서는 기부금을 납부한 직원과 하지 않은 직원들의 명단을 별도로 작성하여 보관한 점, ③ 일부 간부들은 간부회의를 통하여 기부를 지시하거나 각 지사에 '개인별로 후원계좌에 송금하고 송금 후 본점으로 송금내역서를 전송하라'는 공문까지 보내고 그 공문에 직접 결재하였으며, ④ 후원금을 납부한 직원들 중에 A 국회의원의 지역구가 아닌 곳에 거주하거나 종합소득세액이 적어 세액공제를 받지 못한 경우도 있는 점 등을 종합하면, Q 축협의 간부들이 업무·고용 그 밖의 관계를 이용하여 부당하게 직원들의 의사를 억압하는 방법으로 기부를 알선하였다고 할 것이다[의정부지방법원 2011. 9. 2. 선고 2011고합34, 57, 61, 62, 100, 101, 206, 254(각 병합) 판결, 서울고등법원 2013. 11. 7. 선고 2011노2649-1 판결, 대법원 2014. 4. 10. 선고 2013도14549 판결].

사례 3

[피고인은 2008. 8.경부터 2014. 2.경까지 농협중앙회 ○○팀에 근무하면서, 대국회·정당 업무·국회의원 요구자료 및 농협중앙회 숙원사항 관련 업무 등을 담당하였다. 피고인은 매년 실시되는 국회의 국정감사를 수월하게 받고, 농협법 개정 과정에 국회의원들에게 농협의 입장을 설득하는 데 도움이 되게 할 목적으로, 농협본부 각 부서 및 지역본부에 후원할 국회의원 및 후원 직원 수를 임의로 배정한 후, '국회의원 후원 현황 보고', '국회의원 정치후원금 기부내역' 등의 양식을 작성하여 이를 농협 본부 각 부서 담당자 및 각 지역본부 담당자에게 전달하였고, 위 각 담당자들은 당해 부서 및 지역 내 후원금 지급대상 및 목표액을 재하달하여,

농협 임직원 지정된 국회의원에게 후원금을 내도록 하여 국정감사를 앞두고 부당하게 타인의 의사를 억압하는 방법으로 피고인이 지정한 각 국회의원 후원회에 정치자금 합계 200,714,000원의 기부를 알선한 사안] ① 피고인이 농협본부 각 부서 및 지역본부에 후원대상인 국회의원 및 후원할 직원의 수를 임의로 배정한 후, '국회의원 후원 현황보고', '국회의원 정치후원금 기부내역' 등의 양식을 작성하여 이를 농협본부 각 부서 담당자 및 각 지역본부 담당자에게 전달하였던 점, ② 위 각 담당자들은 당해 부서 및 지역 내에 후원금 지급대상 및 목표액을 다시 내려보내, 농협 임직원들로 하여금 지정된 국회의원에게 후원금을 내도록 독려하였던 점, ③ 농협본부 각 부서 또는 각 지역본부의 담당자는 후원에 참여할 직원들이 피고인이 배정한 각 국회의원 후원회 계좌에 후원금을 입금하는 방법 등으로 기부하게 하고, 기부한 직원의 명단을 위 '국회의원 정치후원금 기부내역'에 기재한 다음, 이를 피고인에게 송부하였던 점, ④ 피고인은 위 기부내역을 각 국회의원별로 정리하여 이를 국회의원 보좌관 등에게 이메일로 발송한 후 각 후원회로부터 정치자금영수증을 일괄 수령한 사실 등 피고인이 주도하여 행한 조직적이고 계획적인 정치자금의 기부 과정 및 내역 등을 종합하면, 피고인이 부당하게 농협 직원들의 의사를 억압하는 방법으로 각 국회의원 후원회에 정치자금의 기부를 알선하였음을 인정할 수 있다(서울중앙지방법원 2015. 1. 23. 선고 2014고합1207 판결, 서울고등법원 2015. 4. 3. 선고 2015노532 판결, 대법원 2016. 1. 14. 선고 2015도4858 판결).

4. 처벌

본 조를 위반하여 업무·고용 그 밖의 관계를 이용하여 부당하게 타인의 의사를 억압하는 방법으로 정치자금의 기부를 받거나 이를 알선한 자는 5년 이하의 징역 또는 1천만원 이하의 벌금에 처하고(「정치자금법」 제45조 제2항 제6호), 행위자 외에 당해 정당이나 후원회 또는 법인·단체에게도 양벌규정이 적용된다(「정치자금법」 제50조).

제공된 금품 기타 재산상 이익은 몰수하며, 이를 몰수할 수 없을 때에는 그 가액을 추징한다(「정치자금법」 제45조 제3항).

제10장

정치자금의 회계 및
보고·공개

정치자금법 이해

제10장
정치자금의 회계 및 보고·공개

제34조(회계책임자의 선임신고 등) ①다음 각 호에 해당하는 자(이하 "선임권자"라 한다)는 정치자금의 수입과 지출을 담당하는 회계책임자 1인을 공직선거의 선거운동을 할 수 있는 자 중에서 선임하여 지체 없이 관할 선거관리위원회에 서면으로 신고하여야 한다.

1. 정당(후원회를 둔 중앙당창당준비위원회, 정책연구소 및 정당선거사무소를 포함한다. 이하 이 장에서 같다)의 대표자
2. 후원회의 대표자
3. 후원회를 둔 국회의원
4. 대통령선거경선후보자, 당대표경선후보자등
5. 공직선거의 후보자·예비후보자(선거사무소 및 선거연락소의 회계책임자를 선임하는 경우를 말한다). 이 경우 대통령선거의 정당추천후보자, 비례대표국회의원선거 및 비례대표지방의회의원선거에 있어서는 그 추천정당이 선임권자가 되며, 그 선거사무소 및 선거연락소의 회계책임자는 각각 정당의 회계책임자가 겸한다.
6. 선거연락소장(선거연락소의 회계책임자에 한한다)

② 누구든지 2 이상의 회계책임자가 될 수 없다. 다만, 후원회를 둔 국회의원이 대통령후보자등후원회·대통령선거경선후보자후원회 또는 당대표경선후보자등후원회를 두는 등 중앙선거관리위원회규칙으로 정하는 경우에는 그러하지 아니하다.

③ 공직선거의 후보자·예비후보자 또는 그 선거사무장이나 선거연락소장은 회계책임자를 겸할 수 있다. 이 경우 그 뜻을 지체 없이 관할 선거관리위원회에 서면으로 신고하여야 한다. 제1항 제5호 후단 및 제2항 단서의 규정에 의하여 회계책임자를 겸하는 경우에도 또한 같다.

④ 제1항 및 제3항의 규정에 의하여 회계책임자를 신고하는 때에는 다음 각 호의 사항을 첨부하여야 한다.

1. 정치자금의 수입 및 지출을 위한 예금계좌
2. 선거비용제한액 한도 내에서 회계책임자가 지출할 수 있는 금액의 최고액을 정하고 회계책임자와 선임권자가 함께 서명·날인한 약정서(선거사무소의 회계책임자에 한한다)

⑤ 회계책임자의 선임신고 및 예금계좌의 개설 그 밖에 필요한 사항은 중앙선거관리위원회규칙으로 정한다.

제47조(각종 의무규정위반죄) ① 다음 각 호의 어느 하나에 해당하는 자는 2년 이하의 징역 또는 400만원 이하의 벌금에 처한다.

　6. 제34조(회계책임자의 선임신고 등) 제4항 제1호의 규정을 위반하여 정치자금의 수입·지출을 위한 예금계좌를 신고하지 아니한 자

제49조(선거비용관련 위반행위에 관한 벌칙) ② 선거비용과 관련하여 다음 각 호의 어느 하나에 해당하는 자는 2년 이하의 징역 또는 400만원 이하의 벌금에 처한다.

　2. 제34조(회계책임자의 선임신고 등) 제1항·제4항 제1호 또는 제35조(회계책임자의 변경신고 등) 제1항의 규정을 위반하여 회계책임자·예금계좌를 신고하지 아니한 자

③ 선거비용과 관련하여 다음 각 호의 어느 하나에 해당하는 자는 200만원 이하의 과태료에 처한다.

　1. 제34조 제1항·제3항 또는 제35조 제1항의 규정을 위반하여 회계책임자의 선임·변경·겸임신고를 해태한 자

　2. 제34조 제4항 제2호의 규정에 의한 약정서를 제출하지 아니한 자

제51조(과태료) ③ 다음 각 호의 어느 하나에 해당하는 행위를 한 자는 100만원 이하의 과태료에 처한다.

　1. 제7조 제1항·제4항, 제19조 제2항·제3항 본문, 제20조 제1항 후단, 제34조 제1항·제3항, 제35조 제1항 또는 제40조 제1항·제2항을 위반하여 신고·보고 또는 신청을 해태한 자

　6. 제34조 제2항 본문의 규정을 위반하여 회계책임자가 된 자

▌정치자금 업무처리 흐름

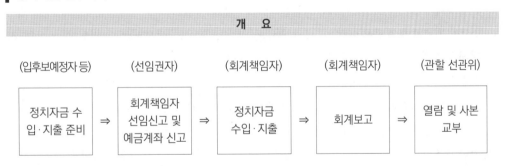

가. 수입 절차

나. 지출 절차

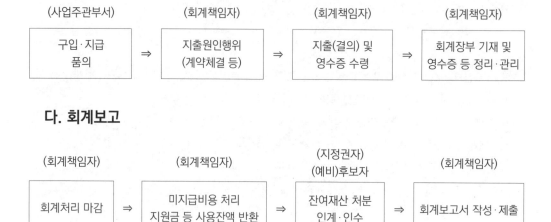

(사업주관부서)		(회계책임자)		(회계책임자)		(회계책임자)
구입·지급 품의	⇒	지출원인행위 (계약체결 등)	⇒	지출(결의) 및 영수증 수령	⇒	회계장부 기재 및 영수증 등 정리·관리

다. 회계보고

(회계책임자)		(회계책임자)		(지정권자) (예비)후보자		(회계책임자)
회계처리 마감	⇒	미지급비용 처리 지원금 등 사용잔액 반환	⇒	잔여재산 처분 인계·인수	⇒	회계보고서 작성·제출

1. 의의

가. 회계책임자

회계책임자는 「정치자금법」에 따라 관할 선거관리위원회에 신고된 사람으로서 정치자금의 수입·지출 업무에 관한 권한과 책임을 가진 사람을 말한다.

공직선거(예비)후보자는 (예비)후보자 등록신청 시, 후원회 대표자는 후원회 등록신청 시에 공직선거의 선거운동을 할 수 있는 사람 중에서 1인을 회계책임자로 신고하여야 한다. 「공직선거법」 제60조에서 선거운동을 할 수 없는 자로 열거한 18세 미만인 미성년자, 통·리·반의 장, 주민자치위원회 위원, 바르게살기운동협의회·새마을운동협의회·한국자유총연맹의 상근 임·직원 및 이들 단체 등(시·도조직 및 구·시·군조직을 포함한다)의 대표자의 자, 「농업협동조합법」·「수산업협동조합법」·「산림조합법」·「엽연초생산협동조합법」에 의하여 설립된 조합의 상근 임원과 이들 조합의 중앙회장 등을 회계책임자로 선임할 수 없다.

회계책임자 1명을 별도로 두어 정치자금을 관리하게 하는 이유는 정치자금 수입·지출의 투명성을 확보하고, 그 책임소재를 명확하게 하기 위함이다.

나. 회계책임자 임무

회계책임자는 ① 후보자·후원회 정치자금의 수입·지출업무 총괄, ② 정치자금 수입·지출부를 비치하고 모든 정치자금의 수입·지출이 있을 때마다 그 사항을 기재, ③ 영수증 그 밖의 증빙자료 구비 및 회계보고, ④ 선거비용 보전청구, 회계보고 종료 후 선임권자에게 회계장부 등 인계 등의 역할을 수행한다.

　특히 공직선거에 있어서 회계책임자는 후보자의 당선이라는 공동목표를 위하여 조직적 체계적으로 선거운동을 하는 운명공동체에 속한다.[1]

　이렇듯 후보자와 회계책임자는 선거에 임하여 분리하기 어려운 운명공동체라고 보아 회계책임자의 행위를 곧 후보자의 행위로 의제함으로써 선거비용초과지출, 매수·기부행위, 정치자금부정수수 등 금권선거의 중핵을 이루고 불법성이 대단히 중대한 「공직선거법」 제230조, 제257조, 정치자금법 제45조 등의 몇 가지 범죄 행위에 대하여 당선무효라는 법정 연대책임과 함께 당선무효된 자 등의 비용반환 그리고 공무담임 등의 제한을 후보자에게 지우고 있다.

후보자와 회계책임자는 선거운동을 하는 운명공동체

회계책임자는 후보자의 선거운동에 소요되는 선거비용의 지출을 보조하는 자로서 금전의 관리라는 업무의 성격과 중요성 때문에 통상 후보자가 신임할 수 있는 자를 선임하며, 후보자와 회계책임자는 후보자의 당선이라는 공동목표를 위하여 조직적 체계적으로 선거운동을 하는 운명공동체에 속한다고 할 것이다. 즉, 회계책임자의 선거관여행위는 전적으로 후보자의 당선을 위하여 한 행위로서 총체적으로는 후보자의 의사지배 하에서 이루어진 행위이고, 회계책임자 등에 대하여는 후보자가 직접 보고 받고 지휘·감독하는 관계에 있으므로, 선거운동 과정에서 회계책임자의 활동은 후보자 자신의 활동의 연장으로 보아야 할 것이다.

나아가 선거의 실상을 보면, 후보자와 회계책임자는 조직적으로 역할을 분담하여 불법·부정행위를 자행하는 경우가 많았고, 회계책임자의 선거와 관련한 행위는 후보자의 행위로 인식되는 것이 일반적이다. 그러므로 후보자는 자신의 회계책임자가 공직선거법을 위반하지 아니하도록 지휘 감독할 의무가 있으며, 이 사건 법률조항은 실질적으로 이러한 의무의 위반에 대한 책임을 추궁하여 후보자의 당선을 무효로 하는 것이다. 만일 이러한 규정을 두지 않는다면, 후보자는 회계책임자에게 불법행위를 하도록 하고는 발각될 경우 그에게 책임을 전가시키려 할 것이고, 선거부패는 근절할 수 없을 것이다(헌법재판소 2010. 3. 25. 자 2009헌마170 결정).

다. 회계책임자 선임 및 겸임

　공직선거의 정당(정책연구소 및 정당선거사무소를 포함)·후원회·후보자·예비후보자뿐만 아니

---

1)　헌법재판소 2010. 3. 25. 자 2009헌마170 결정.

라 선거관리위원회에 후보자 등록을 하지 않는 대통령선거경선후보자·당대표경선후보자도 신고대상이다. 선거사무장은 회계책임자를 선임할 수 없지만 선거연락소장은 선임권자가 된다.

당대표선거 단독 출마자에 대한 찬반투표 선거는 당내경선이 아니므로 본 조에 따른 회계책임자 신고규정이 적용되지 않는다.[2] 국회의원 보좌관을 국회의원후원회 회계책임자로 선임하는 것에 대하여 다른 법령에 위배되는지는 별론으로 하더라도 정치자금법상 이를 제한하는 규정은 없다.[3]

공직선거의 예비후보자가 후보자등록을 신청하는 때에 회계책임자의 선임신고를 하지 아니하는 경우에는 예비후보자의 회계책임자를 선거사무소의 회계책임자로 본다(정치자금사무 관리 규칙 제32조). 구체적으로 회계책임자 선임신고 사항을 정리하면 다음과 같다.

회계책임자 선임신고

- 회계책임자 수: 선임권자별 1인
- 회계책임자 자격: 공직선거의 선거운동을 할 수 있는 자
- 신고처: 관할 위원회
- 신고내용: 회계책임자 인적사항, 선임연월일, 겸임하는 경우 그 회계 책임자 신분, 정치자금 수입·지출용 예금계좌
- 구비서류: 취임동의서, 정치자금 수입·지출용 예금통장 사본, 선거비용지출액 약정서(선거사무소의 회계 책임자에 한함)
- 신고서식: 〈규칙 별지 제27호 서식〉
- 직무개시: 관할 위원회에 신고된 때부터

---

1) 회계책임자 선임신고

(1) 정당

(가) 선임권자: 대표자

(나) 신고시기

- 중앙당, 시·도당: 등록신청시
- 정책연구소: 설립허가신청시
- 정당선거사무소: 설치신고시

---

2) 중앙선거관리위원회 2013. 2. 7. 회답.

3) 중앙선거관리위원회 2005. 2. 1. 회답.

(2) 후원회

(가) 선임권자: 대표자

(나) 신고시기: 등록신청시

(3) 후원회를 둔 중앙당창당준비위원회 및 국회의원

(가) 선임권자: 중앙당창당준비위원회 대표자 및 국회의원

(나) 신고시기: 후원회 등록신청시

(4) 대통령선거경선후보자, 당대표경선후보자 등

(가) 선임권자: 후보자

(나) 신고시기: 경선후보자등록신청후 지체 없이

(5) 공직선거의 후보자·예비후보자

(가) 선임권자: 후보자, 예비후보자

⇨ 대통령선거의 정당추천후보자, 비례대표국회의원선거 및 비례대표지방의회의원선거에 있어서는 그 추천정당이 선임권자가 되고, 그 선거사무소 및 선거연락소 회계책임자는 각각 대응하는 정당(정당선거사무소 포함)의 회계책임자가 겸함.

⇨ 후원회를 둔 국회의원이 지역구국회의원선거의 (예비)후보자가 되는 경우 회계책임자를 신고(국회의원 정치자금 회계책임자와 겸임신고 가능)하여야 하며, 기 신고된 국회의원 정치자금 예금계좌가 아닌 별도의 정치자금 계좌를 신고해야 함.

(나) 신고시기: 등록신청시

⇨ 예비후보자가 후보자 등록신청시 회계책임자를 선임신고하지 않은 경우 예비후보자의 회계책임자를 선거사무소의 회계책임자로 봄.

(6) 선거연락소

(가) 선임권자: 후보자 또는 선거연락소장

(나) 신고시기: 설치신고시

2) 회계책임자 겸임제한

누구든지 아래의 경우를 제외하고 2 이상의 회계책임자가 될 수 없다(「정치자금법」 제34조 제1항 제5호, 제2항, 정치자금사무관리 규칙 제33조) 회계책임자를 겸임하는 경우 그 뜻을 관할 위원회에 서면으로 신고하여야 한다.

회계책임자를 겸임할 수 있는 경우

(1) 같은 사람이 2 이상의 후원회를 두는 경우

- 후원회 간의 회계책임자

- 후원회지정권자의 회계책임자

(2) 후원회를 둔 국회의원이 공직선거의 후보자·예비후보자, 대통령선거경선후보자, 당대표경선후보자등이 되는 경우 그 국회의원의 회계책임자와 공직선거의 후보자·예비후보자, 대통령선거경선후보자, 당대표경선후보자등의 회계책임자

(3) 정당의 대통령선거후보자로 선출된 예비후보자의 회계책임자와 해당 정당의 중앙당의 회계책임자

- 대통령선거예비후보자가 대통령선거경선후보자가 되거나 대통령선거경선후보자가 대통령선거예비후보자가 되는 경우

(4) 대통령선거예비후보자의 회계책임자와 대통령선거경선후보자의 회계책임자

회계책임자를 겸임해야 하는 경우

비례대표지방의회의원선거의 선거사무소 회계책임자는 각각 정당의 회계책임자가 겸함.

라. 예금계좌 개설신고

1) 개설신고

(1) 신고시기: 회계책임자 신고시

⇨ 회계책임자 신고시 반드시 신고하여야 하며, 예금통장 사본을 첨부하는 것으로 갈음할 수 있음. 다만, 기존에 개인용도로 사용하던 예금계좌를 정치자금 계좌로 신고할 경우 신고시 예금계좌 사본과 잔액에 대한 확인서 징구를 통해 개인자금과 정치자금을 명확히 하여야 함.

(2) 예금계좌 수

(가) 수입용: 제한 없음

(나) 지출용: 1개

⇨ 1개의 예금계좌를 개설하여 정치자금 수입과 지출 겸용으로 사용 가능

2) 변경신고

(1) 신고자: 회계책임자 선임권자

(2) 신고서식: 〈규칙 별지 제29호 서식〉

(3) 첨부서류: 예금통장 사본

3) 신고처: 관할 위원회

2. 중앙선거관리위원회 행정해석

가. 선임권자의 회계책임자 겸임

「정치자금법」제34조 제3항에 따라 공직선거의 후보자·예비후보자 또는 선거연락소장이 회계책임자를 겸임하는 경우를 제외하고 선임권자는 회계책임자를 겸임할 수 없음(중앙선거관리위원회 2010. 4. 8. 회답).

나. 선거사무원 등의 회계책임자 겸임

선거운동을 할 수 있는 자라면 「정치자금법」상 제한되지 아니함(중앙선거관리위원회 2010. 3. 31. 회답).

다. 국회의원보좌관의 국회의원후원회 회계책임자 선임

국회의원후원회 회계책임자의 국회의원보좌관 겸직여부나 겸직시 국회의원보좌관으로서의 보수와 별도로 후원회 회계책임자로서의 정당한 인건비를 지급받는 것에 대하여 「정치자금에관한법률」 또는 「공직선거법」상 제한규정이 없으나, 「국가공무원법」이나 「국회공무원복무규정」 등 다른 법령에 관하여는 당해 기관의 판단을 받아야 함(중앙선거관리위원회 2005. 2. 1. 회답).

라. 당대표선거 단독 출마자에 대한 찬반투표 선거에서의 회계책임자 신고

당대표선거가 경선이 아닌 단일후보로 찬반투표만 진행되고 당대표후보자 후원회를 개설하지 않는 경우에는 「정치자금법」제34조에 따른 회계책임자 신고규정은 적용되지 아니함(중앙선거관리위원회 2013. 2. 7. 회답).

마. 새마을금고의 금융기관 해당여부

새마을금고는 「공선법」제127조(선거비용의 수입·지출)(현행 「정치자금법」제34조 제4항 제1호)에서 규정하고 있는 선거비용의 수입과 지출을 위한 예금계좌를 개설할 수 있는 금융기관에 포함됨(중앙선거관리위원회 2002. 5. 28. 회답).

3. 처벌

본 조 제4항 제1호를 위반하여 정치자금의 수입·지출을 위한 예금계좌를 신고하지 아니한 자는 2년 이하의 징역 또는 400만원 이하의 벌금에 처하고(「정치자금법」 제47조 제1항 제6호), 정당·후원회의 회계책임자와 그 회계사무보조자 또는 법인·단체의 임원이나 구성원이 그 업무에 관하여 위 벌칙 규정의 위반행위를 한 때에는 행위자 외에 당해 정당이나 후원회에게도 양벌규정이 적용된다(「정치자금법」 제50조).

선거비용과 관련하여 본 조 제1항·제4항 제1호를 위반하여 회계책임자·예금계좌를 신고하지 아니한 자는 2년 이하의 징역 또는 400만원 이하의 벌금에 처하고(「정치자금법」 제49조 제2항 제2호), 본 조 제1항·제3항을 위반하여 회계책임자 선임·겸임신고를 해태한 자는 200만원 이하의 과태료에 처한다(「정치자금법」 제49조 제3항 제1호).

선거비용 외에 본 조 제1항·제3항을 위반하여 회계책임자 선임·겸임신고를 해태한 경우 100만원 이하의 과태료에 처한다(「정치자금법」 제51조 제3항 제1호).

본 조 제4항 제2호에 의한 선거비용지출액 약정서를 제출하지 아니한 자는 200만원 이하의 과태료에 처한다(「정치자금법」 제49조 제3항 제2호).

본 조 제2항 본문의 규정을 위반하여 2 이상의 회계책임자가 된 자는 100만원 이하의 과태료에 처한다(「정치자금법」 제51조 제3항 제6호).

제35조(회계책임자의 변경신고 등) ① 선임권자는 회계책임자의 변경이 있는 때에는 14일 이내에 [제34조(회계책임자의 선임신고 등) 제1항 제5호 및 제6호의 규정에 의한 선임권자는 지체 없이] 관할 선거관리위원회에 서면으로 변경신고를 하여야 한다.

② 회계책임자의 변경이 있는 때에는 인계자와 인수자는 지체 없이 인계·인수서를 작성하여 서명·날인한 후 재산, 정치자금의 잔액과 회계장부, 예금통장·신용카드 및 후원회인(後援會印)·그 대표자 직인 등 인장 그 밖의 관계 서류를 인계·인수하여야 한다.

③ 회계책임자의 변경신고를 하는 때에는 제2항의 규정에 의한 인계·인수서를 함께 제출하여야 한다.

④ 회계책임자의 변경신고 및 인계·인수 그 밖에 필요한 사항은 중앙선거관리위원회규칙으로 정한다.

제47조(각종 의무규정위반죄) ① 다음 각 호의 어느 하나에 해당하는 자는 2년 이하의 징역 또는 400만원 이하의 벌금에 처한다.

　　7. 제35조(회계책임자의 변경신고 등) 제2항의 규정을 위반하여 재산 및 정치자금의 잔액 또는 회계장부 등을 인계·인수하지 아니한 자

제49조(선거비용관련 위반행위에 관한 벌칙) ② 선거비용과 관련하여 다음 각 호의 어느 하나에 해당하는 자는 2년 이하의 징역 또는 400만원 이하의 벌금에 처한다.

　　2. 제34조(회계책임자의 선임신고 등) 제1항·제4항 제1호 또는 제35조(회계책임자의 변경신고 등) 제1항의 규정을 위반하여 회계책임자·예금계좌를 신고하지 아니한 자

③ 선거비용과 관련하여 다음 각 호의 어느 하나에 해당하는 자는 200만원 이하의 과태료에 처한다.

　　1. 제34조 제1항·제3항 또는 제35조 제1항의 규정을 위반하여 회계책임자의 선임·변경·겸임신고를 해태한 자

　　3. 제35조 제2항의 규정을 위반하여 인계·인수서를 작성하지 아니한 자

제51조(과태료) ② 다음 각 호의 어느 하나에 해당하는 행위를 한 자는 200만원 이하의 과태료에 처한다.

　　1. 제35조(회계책임자의 변경신고 등) 제2항의 규정을 위반하여 인계·인수를 지체한 자

③ 다음 각 호의 어느 하나에 해당하는 행위를 한 자는 100만원 이하의 과태료에 처한다.

　　1. 제7조 제1항·제4항, 제19조 제2항·제3항 본문, 제20조 제1항 후단, 제34조 제1항·제3항, 제35조 제1항 또는 제40조 제1항·제2항을 위반하여 신고·보고 또는 신청을 해태한 자

1. 의의

　인계·인수에 대한 의무규정을 둔 이유는 기존에 정치자금을 관리하였던 회계책임자들이 회계관련 서류를 폐기하는 등 관리를 소홀히 하거나 적정한 인계·인수 절차 없이 연락이 두절되는 등으로 후임자들의 업무처리나 정치자금 조사 등에 어려움이 발생하여 이에 대한 책임관계를 명확히 하기 위한 것이다.

　회계책임자는 관할 선거관리위원회에 신고된 때부터 직무가 개시되므로 회계책임자를 변경하는 때에는 정치자금의 수입·지출에 지장이 없도록 변경하여야 한다.

　회계책임자의 변경이 있는 때에는 인계자와 인수자는 지체 없이 인계·인수서를 작성하여 서명·날인한 후 재산, 정치자금의 잔액과 회계장부, 예금통장·신용카드 및 후원회인(後援會印)·그 대표자 직인 등 인장 그 밖의 관계 서류를 인계·인수하여야 한다.

2. 회계책임자 변경신고

가. 신고자: 선임권자

나. 신고기간: 해임·사직 등의 사유로 직무를 수행할 수 없거나 교체 등 변경이 있는 때부터 14일 이내(공직선거후보자·예비후보자와 선거연락소는 지체 없이)

> ⇨ 회계책임자는 관할 선거관리위원회에 신고된 때부터 직무가 개시되므로 회계책임자를 변경하는 때에는 정치자금의 수입·지출이 발생하기 전에 변경 신고하여야 함.

다. 신고처: 관할 위원회

라. 신고서식: 〈규칙 별지 제27호 서식〉

마. 구비서류

1) 취임동의서

2) 정치자금의 수입과 지출 인계·인수서〈규칙 별지 제28호 서식〉

3) 선거비용지출액 약정서(선거사무소의 회계책임자)

3. 처벌

본 조 제2항의 규정을 위반하여 재산 및 정치자금의 잔액 또는 회계장부 등을 인계·인수하지 아니한 자는 2년 이하의 징역 또는 400만원 이하의 벌금에 처한다(「정치자금법」 제47조 제1항 제7호).

선거비용과 관련하여 본 조 제1항의 규정을 위반하여 회계책임자의 변경신고를 하지 아니한 자는 2년 이하의 징역 또는 400만원 이하의 벌금에 처하고(「정치자금법」 제49조 제2항 제2호), 본 조 제2항의 규정을 위반하여 인계·인수서를 작성하지 아니한 자는 200만원 이하의 과태료에 처한다(「정치자금법」 제49조 제3항).

본 조 제2항의 규정을 위반하여 인계·인수를 지체한 자는 200만원 이하의 과태료에(「정치자금법」 제51조 제2항 제1호), 본 조 제1항의 규정을 위반하여 변경신고를 해태한 자는 100만원 이하의 과태료에 처한다(「정치자금법」 제51조 제3항 제1호).

제36조(회계책임자에 의한 수입ㆍ지출) ① 정당, 후원회, 후원회를 둔 국회의원, 대통령선거경선후보자, 당대표경선후보자등 또는 공직선거의 후보자ㆍ예비후보자의 정치자금 수입ㆍ지출은 그 회계책임자(공직선거의 후보자ㆍ예비후보자의 경우 그 선거사무소ㆍ선거연락소의 회계책임자를 말한다. 이하 같다)만이 이를 할 수 있다. 다만, 다음 각 호의 어느 하나에 해당하는 경우에는 그러하지 아니하다.

    1. 회계책임자로부터 지출의 대강의 내역을 알 수 있는 정도의 지출의 목적과 금액의 범위를 정하여 서면으로 위임받은 회계사무보조자(공직선거의 선거운동을 할 수 있는 자에 한한다)가 지출하는 경우

    2. 회계책임자의 관리ㆍ통제 아래 제34조(회계책임자의 선임신고 등)에 따라 신고된 정치자금 지출을 위한 예금계좌를 결제계좌로 하는 신용카드ㆍ체크카드, 그 밖에 이에 준하는 것으로 지출하는 경우

② 회계책임자가 정치자금을 수입ㆍ지출하는 경우에는 제34조(회계책임자의 선임신고 등) 제4항의 규정에 의하여 관할 선거관리위원회에 신고된 예금계좌를 통해서 하여야 한다. 이 경우 정치자금의 지출을 위한 예금계좌는 1개만을 사용하여야 한다.

③ 대통령선거경선후보자, 당대표경선후보자등 또는 공직선거의 후보자ㆍ예비후보자가 자신의 재산으로 정치자금을 지출하는 경우에도 그 회계책임자를 통하여 지출하여야 한다. 후원회를 둔 국회의원이 당해 국회의원선거의 예비후보자로 신고하지 아니한 경우로서 선거일 전 120일부터 자신의 재산으로 정치자금을 지출하는 경우에도 또한 같다.

④ 「공직선거법」 제135조(선거사무관계자에 대한 수당과 실비보상)의 규정에 의한 선거사무장 등의 수당ㆍ실비는 당해 선거사무장 등이 지정한 금융기관의 예금계좌에 입금하는 방법으로 지급하여야 한다.

⑤ 후원회를 둔 공직선거의 후보자ㆍ예비후보자의 회계책임자는 후원회로부터 기부받은 후원금을 후원회 등록 전에 지출의 원인이 발생한 용도로 지출할 수 없다. 다만, 「공직선거법」 제7장에서 허용하는 선거운동(같은 법 제59조 제3호에 따른 인터넷 홈페이지를 이용한 선거운동과 같은 법 제60조의4에 따른 예비후보자공약집은 제외한다)을 위한 경우에는 그러하지 아니하다.

⑥ 대통령선거에 있어 예비후보자가 정당추천후보자로 된 경우 그 예비후보자의 선거사무소 회계책임자는 예비후보자의 선거비용의 지출에 관한 내역을 지체 없이 후보자의 선거사무소 회계책임자에게 통지하여 선거비용의 지출에 지장이 없도록 하여야 한다.

⑦ 정치자금의 지출방법 그 밖에 필요한 사항은 중앙선거관리위원회규칙으로 정한다.

제47조(각종 의무규정위반죄) ① 다음 각 호의 어느 하나에 해당하는 자는 2년 이하의 징역 또는 400만
원 이하의 벌금에 처한다.

　8. 제36조(회계책임자에 의한 수입·지출) 제1항 또는 제3항의 규정을 위반하여 회계책임자에 의하지
　　아니하고 정치자금을 수입·지출한 자

　9. 제36조 제2항의 규정을 위반하여 신고된 예금계좌를 통하지 아니하고 정치자금을 수입·지출한 자

제49조(선거비용관련 위반행위에 관한 벌칙) ② 선거비용과 관련하여 다음 각 호의 어느 하나에 해당하는
　자는 2년 이하의 징역 또는 400만원 이하의 벌금에 처한다.

　3. 제36조(회계책임자에 의한 수입·지출) 제1항·제3항·제5항의 규정을 위반한 자, 동조 제2항의 규정
　　을 위반하여 신고된 예금계좌를 통하지 아니하고 수입·지출한 자와 동조 제4항의 규정을 위반하여
　　예금계좌에 입금하지 아니하는 방법으로 지급한 자

　4. 제36조 제6항의 규정을 위반하여 선거비용의 지출에 관한 내역을 통지하지 아니한 자

1. 의의

　　정치자금의 적정한 제공을 보장하고 그 수입과 지출내역을 공개하여 투명성을 확보하며
정치자금과 관련한 부정을 방지함으로써 민주정치의 건전한 발전에 기여함을 목적으로 하
는 정치자금법의 취지를 종합하여 보면, 선거사무소에서 정치자금법상 정치자금·선거비용
의 수입·지출을 할 수 있는 회계책임자는 공직선거의 후보자·예비후보자에 의하여 관할 선
거관리위원회에 신고된 회계책임자에 한한다.[4]

　　「정치자금법」 제36조 제1항은 "공직선거의 후보자·예비후보자의 정치자금 수입·지출은
그 회계책임자만이 이를 할 수 있다. 다만, 회계책임자로부터 지출의 대강의 내역을 알 수
있는 정도의 지출의 목적과 금액의 범위를 정하여 서면으로 위임받은 회계사무보조자가 지
출하는 경우에는 그러하지 아니하다"라고 규정하고 있는바, 위 규정은 정치자금의 수입·지
출을 공개하여 투명성을 확보하고 이에 관련된 부정을 방지함으로써 민주정치의 건전한 발
전을 도모하고자 하는 데 그 취지가 있다.[5]

　　더불어, 정치자금법 제36조 제1항 및 같은 법 제2항은, 정치자금의 수입·지출을 회계책
임자의 일원적 통제하에 두고 회계책임자에 의한 정치자금 수입·지출을 선거관리위원회
가 용이하게 파악할 수 있도록 한 것으로서, 음성적 정치자금을 원천 차단하여 정치자금 수

---

4)　의정부지방법원 고양지원 2016. 12. 30. 선고 2016고합244 판결, 대법원 2017. 12. 13. 선고 2017도13456 판결.

5)　대법원 2007. 11. 22. 선고 2007도6937 판결.

입·지출의 투명성을 확보하고 관련된 일체의 부정을 방지하여 깨끗한 정치문화를 정착시키는 데 그 입법 취지가 있다.[6]

> **정치자금의 수입·지출에 관한 통제권을 회계책임자가 아닌 타인에게 분배한 사례**
>
> 1. 회계책임자인 피고인 A는 2020. 2. 26.부터 같은 해 4. 14.까지 자신 명의 계좌에서 47,109,500원을 피고인 B가 관리하는 피고인 B 명의 계좌로 이체하여 피고인 B에게 선거비용을 포함한 정치자금의 관리를 담당하게 하였고, 선거사무원들은 자신들 명의의 카드로 선거비용을 선지출하고 이후 이 사건 정치자금의 관리를 담당한 피고인 B에게 정산을 받기도 하였다. 피고인 A는 정치자금 지출 등 관리 업무에 직접 관여한 바 없고, 다만 피고인 B의 위 계좌로 돈을 이체하는 등 피고인 B의 요구에 따라 사후에 정산을 해주었을 뿐인바, 피고인 A는 피고인 B에게 선거비용 및 정치자금 지출에 관하여 포괄적으로 권한을 위임한 것으로 보인다.
>
> 2. 이러한 피고인들의 행위는 정치자금의 수입·지출에 관한 통제권을 회계책임자가 아닌 피고인 B에게 분배하고 선거관리위원회가 정치자금의 수입·지출 내역을 파악하는 데 추가적인 노력을 기울여야만 하게 한 것으로서, 앞서 본 바와 같은 정치자금법 제36조 제1항 및 같은 조 제2항의 입법 취지와 정면으로 배치된다. 피고인들의 위 행위는 이 사건 각 공소사실의 적용법조가 예정하는 전형적인 행위태양으로 판단된다.
>
> 3. 피고인들이 주장하는 정치자금법위반죄가 성립하지 않는 비용 집행 방식은 회계책임자가 지출원인행위를 하고 회계책임자가 아닌 자는 회계책임자의 완전한 의사 관여 아래 그의 지시에 따른 도구로서 지출이라는 사실상의 행위를 한 경우로서, 앞서 본 바와 같이 회계책임자가 아닌 피고인 B가 피고인 A로부터 선거비용·정치자금 지출에 관하여 포괄적인 권한을 위임받은 이 사건의 경우와는 분명히 구별되는바(즉, 피고인 B가 피고인 A의 완전한 의사 관여 아래 그의 지시에 따른 도구로서 선거비용·정치자금 지출이라는 사실상의 행위를 한 것으로 볼 수는 없음), 피고인들의 위 주장을 받아들이기 어렵다(부산지방법원 2022. 10. 20. 선고 2021노4168 판결, 대법원 2022. 12. 19. 선고 2022도13935 판결).

2. 회계책임자에 의한 수입·지출

가. 회계책임자 수입·지출

정치자금을 수입·지출할 수 있는 자는 원칙적으로 회계책임자만이 할 수 있다. 예외적으로 회계사무보조자 또는 회계책임자의 관리·통제 아래 지출할 수 있다. 「정치자금법」 제36

---

6) 부산지방법원 2022. 10. 20. 선고 2021노4168 판결, 대법원 2022. 12. 19. 선고 2022도13935 판결.

조 제1항에 규정된 정치자금 수입·지출은 정치자금의 수입 또는 지출을 의미하므로 회계책임자 아닌 자가 정치자금의 수입행위를 한 경우에도 같은 조에 위반된다.[7] 「정치자금법」 제36조가 그 적용범위를 그 지출사유가 그 회계책임자 및 정치자금 예금계좌의 신고 후에 발생한 정치자금으로 한정하고 있지 아니한 점 등에 비추어 보면, 「정치자금법」 제34조에 따라 회계책임자 및 정치자금 예금계좌를 신고한 후 지출되는 정치자금의 경우에는 그 지출사유의 발생시기에 관계없이 회계책임자에 의하여, 그 신고된 예금계좌를 통하여 지출되어야 한다.[8]

그러나 후보자는 회계책임자를 선임·신고하기 전까지는 선거비용의 수입과 지출을 위한 예금계좌를 개설하여 신고할 의무가 있다고 할 수 없으므로 후보자가 회계책임자를 선임·신고하기 전에 예금계좌를 개설·신고하지 아니한 채 선거비용의 수입과 지출을 하였다고 하더라도 그 행위를 「정치자금법」 제36조 제1항, 제2항을 적용하여 처벌할 수 없다.[9]

정치자금 수입·지출 방법은 관할 위원회에 신고된 예금계좌를 통해서만 가능하고 수입용 계좌는 1개 이상이 될 수 있으나 지출은 반드시 1개의 지출용 계좌를 통해서 하여야 한다.

정치자금의 지출을 위한 예금계좌는 「정치자금법」 제36조 제2항에 따라 1개만 사용하여야 하므로 그 외에 추가로 개설하여 사용할 수 없다.[10] 은행에서 운영하는 CMA 계좌가 금융기관의 장이 발행하는 예금계좌로서 원금이 보장되고 계좌이체 및 수시 입금·출금이 가능하며, 「정치자금법」 제52조의 규정에 의한 금융거래자료 제출요구에 장애가 되지 아니하는 계좌라면 정치자금의 수입 및 지출을 위한 예금계좌로 사용할 수 있다.[11]

대통령선거경선후보자·당대표경선후보자등 또는 공직선거의 후보자·예비후보자가 자신의 재산으로 정치자금을 지출하는 경우에도 그 회계책임자와 신고된 예금계좌를 통하여 수입·지출하여야 하며, 후원회를 둔 국회의원이 당해 국회의원선거의 예비후보자로 신고하지 아니한 경우로서 선거일 전 120일부터는 자신의 재산을 정치자금으로 지출하는 경우에도 회계책임자와 신고된 예금계좌를 통하여 수입·지출하여야 한다.

한편 후보자가 자신의 개인재산을 정치자금으로 지출할 의사로 회계책임자가 아닌 선거사무원 등 제3자에게 맡기거나 제3자의 계좌에 입금시켰다고 하더라도 그것이 정치자금으로 실제 지출되지 아니한 이상 정치자금의 수입이 있었다고 볼 수는 없다.[12]

---

7)　중앙선거관리위원회 2012. 7. 16. 회답.
8)　대법원 2007. 11. 15. 선고 2007도4721 판결.
9)　대법원 1996. 11. 15. 선고 96도1030 판결.
10)　중앙선거관리위원회 2007. 11. 22. 회답.
11)　중앙선거관리위원회 2007. 1. 24. 회답.
12)　대법원 2012. 12. 27. 선고 2012도12152 판결.

후보자가 개인재산을 신고된 회계책임자 및 예금계좌를 통하여 수입·지출하지 아니한 경우

위 관련규정들의 내용과 형식 등을 종합하면 차입금을 포함한 후보자의 개인재산은 그것이 정치자금으로 지출될 때에 비로소 수입·지출을 함께 규제하더라도 정치자금의 수입·지출을 투명화한다는 정치자금법의 입법 목적을 충분히 달성할 수 있는 것이므로, 차입금을 포함한 후보자의 개인재산은 그것이 정치자금으로 지출되기 전에 신고된 회계책임자를 통하여 신고된 예금계좌에 실제 입금된 경우가 아니라면 정치자금으로 지출될 때에 신고된 회계책임자가 신고된 예금계좌를 통하여 수입하고 지출하면 족하다고 할 것이므로, 후보자가 자신의 개인재산을 정치자금으로 지출할 의사로 회계책임자가 아닌 선거사무원 등 제3자에게 맡기거나 제3자의 계좌에 입금시켰다고 하더라도 그것이 정치자금으로 실제 지출되지 아니한 이상 정치자금의 수입이 있었다고 볼 수는 없다. 따라서 후보자가 차입금을 포함한 개인재산을 신고된 회계책임자를 통하여 신고된 예금계좌를 통하여 수입하고 지출하지 아니한 경우에는 정치자금을 지출한 당시를 기준으로 '정치자금의 수입과 지출'이 동시에 이루어 진 것으로 보아야 하고, 위 피고인들을 「정치자금법」 제49조 제2항 제3호로 처벌하기 위해서는 정치자금이 선거비용으로 수입되었음이 밝혀져야만 할 것이다(대법원 2012. 12. 27. 선고 2012도12152 판결).

정치자금은 정치활동을 위하여 소요되는 경비로만 지출하여야 하며, 사적경비로 지출하거나 부정한 용도로 지출하여서는 아니 되며, 공직선거법에 의한 선거사무장 등의 수당·실비는 당해 선거사무관계자가 지정한 금융기관의 예금계좌에 입금하는 방법으로 지급하여야 한다.

후원회를 둔 공직선거의 후보자·예비후보자의 회계책임자는 후원회로부터 기부받은 후원금을 후원회 등록 전에 지출의 원인이 발생한 용도로 지출할 수 없다. 다만, 「공직선거법」 제7장에서 허용하는 선거운동(같은 법 제59조 제3호에 따른 인터넷 홈페이지를 이용한 선거운동과 같은 법 제60조의4에 따른 예비후보자공약집은 제외)을 위한 경우에는 그러하지 아니한다.

대통령선거에 있어 예비후보자가 정당추천후보자로 된 경우 그 예비후보자의 선거사무소 회계책임자는 예비후보자의 선거비용의 지출에 관한 내역을 지체 없이 후보자의 선거사무소 회계책임자에게 통지하여 선거비용의 지출에 지장이 없도록 하여야 한다.

공직선거 예비후보자가 후보자로 등록하는 경우 예비후보자 회계책임자가 아닌 자를 새로이 후보자 선거사무소 회계책임자로 선임신고하는 경우에는 재산, 정치자금 잔액과 회계장부, 예금통장·신용카드, 영수증 등 지출증빙서류, 그 밖의 회계관계서류를 인계하여야 한다.

나. 회계사무보조자 위임 지출

회계책임자는 공직선거의 선거운동을 할 수 있는 자 중에서 회계사무보조자를 두어 회계사무를 위임할 수 있다. 위임방법은 회계책임자가 지출의 대강의 내역을 알 수 있는 정도의 지출의 목적과 금액의 범위를 정하여 서면(규칙 별지 제31호 서식)으로 위임하여야 한다.

2005. 8. 4. 「정치자금법」 개정으로 회계사무보조자의 인원제한 규정이 삭제되었으며, 회계사무보조자에게 지출을 위임하는 때에는 지출의 대강의 내역을 알 수 있는 정도의 지출의 목적과 금액의 범위를 정하여 위임하여야 한다.

법원은 "정치자금법 제36조 제1항 단서에 따라 공직선거 후보자 등의 회계사무보조자가 회계책임자로부터 정치자금의 지출에 관하여 서면에 의한 위임을 받아야 하는 경우란 회계사무보조자에게 정치자금의 지출에 관한 어느 정도의 재량이나 의사결정권이 부여되는 경우를 말하고, 이와 달리 회계사무보조자가 회계책임자의 완전한 의사관여 아래 그의 지시에 따른 도구로서 정치자금의 지출이라는 사실상의 행위를 하는 데 불과한 경우는 이에 해당하지 않는다"고 판시하였다.[13]

회계책임자가 50만원(공직선거 후보자·예비후보자의 정치자금과 선거비용은 20만원)을 초과하는 정치자금을 회계사무보조자에게 위임하는 경우 처리 방법은 ① 정치자금 지출을 위하여 별도로 개설한 회계사무보조자의 예금계좌에 입금하여 지출하거나 ② 관할 위원회에 신고된 지출용 예금계좌를 결제계좌로 하는 체크카드를 통하여 지출하여야 한다.

회계사무보조자는 위임받은 정치자금을 지출한 때(서면으로 위임받은 지출을 종료한 때)에는 "회계사무보조자 정치자금 지출내역서〈별지 제6-2호 서식〉"에 따라 지체 없이 회계책임자에게 정산하고 정산시에는 지출관련 영수증 그 밖의 증빙서류와 별도로 개설한 예금통장 사본을 첨부하여야 한다.

회계사무보조자는 회계책임자로부터 서면으로 위임받기 전 또는 위임범위를 벗어나 정치자금을 지출할 수 없고, 회계사무보조자에게 위임이 가능한 것은 '정치자금의 지출'만 해당되므로 회계사무보조자는 '정치자금의 수입'은 할 수 없으며, 회계책임자는 회계사무보조자에 대하여 포괄적으로 위임불가하다.

시·도당의 회계책임자가 「정치자금법」 제22조의2 제3항의 규정에 의하여 회계사무보조자에게 「정치자금법」 제22조의3 제1항(현행 제36조 제1항)의 규정에 의하여 정치자금의 지출

---

13) 지방의회 의원선거에 출마한 후보자가 회계책임자의 지위를 겸하여 선거운동을 하면서 직접 지출원인행위를 한 다음 그에 따른 영수증 등 증빙서류를 보조자에게 주어 인터넷뱅킹을 통한 계좌이체 방식으로 선거관리위원회에 신고된 계좌에서 위 증빙서류에 기재된 대로 송금을 하도록 한 경우, 정치자금 지출행위는 보조자가 회계책임자의 지시를 단순히 따른 것에 불과하여 회계책임자 본인의 행위로 법률상 평가되므로 정치자금법 제36조 제1항 위반행위에 해당하지 않는다(대법원 2007. 11. 22. 선고 2007도6937 판결).

을 서면으로 위임함에 있어 지출의 목적과 금액의 범위를 구체적으로 정하여야 하므로 이를 포괄적으로 정하여 위임하여서는 아니 되며, 중앙당의 정치자금 지출은 「정치자금법」 제22조의3 제1항의 규정에 의하여 회계책임자와 회계책임자로부터 지출의 목적과 금액의 범위를 정하여 서면으로 위임받은 회계사무보조자만이 할 수 있으므로 회계책임자와 회계사무보조자외의 자가 정치자금을 지출할 수 없다.[14]

한편, 「공직선거법」 제258조(선거비용부정지출 등 죄) 제1항에 따라 회계사무보조자가 제122조(선거비용제한액의 공고)의 규정에 의하여 공고한 선거비용제한액의 200분의 1이상을 초과하여 선거비용을 지출한 때에는 5년 이하의 징역 또는 2천만원 이하의 벌금에 처한다.

다. 회계책임자의 관리 · 통제 아래 지출

2010. 1. 25. 「정치자금법」 제36조 개정으로 회계책임자의 관리 · 통제 아래 제34조에 따라 신고된 정치자금 지출을 위한 예금계좌를 결제계좌로 하는 신용카드 · 체크카드, 그 밖에 이에 준하는 것으로 정치자금을 지출할 수 있다. 이 경우 영수증 그 밖의 증빙서류를 회계책임자에게 제출하고 정산하여야 한다.

국회의원이 회계책임자로부터 정치자금계좌를 결제계좌로 하는 체크카드나 신용카드를 교부받아 「공직선거법」 제112조 제2항 제2호 사목 및 「공직선거관리규칙」 제50조 제2항에 의하여 지역구를 방문하는 때에 함께 다니는 자에게 식사를 제공하고 영수증 등 증빙서류를 회계책임자에게 제출하는 것은 가능하다.[15]

3. 정치자금 회계처리 원칙

실명확인방법에 의한 기부 · 지출하여야 한다. 1회 120만원을 초과하여 정치자금을 기부하는 자와 1회 50만원을 초과하여 정치자금을 지출하는 자(공직선거 후보자 · 예비후보자의 정치자금 및 선거비용은 20만원)는 수표, 신용카드 · 체크카드, 예금계좌 입금 그 밖에 실명이 확인되는 방법으로 기부 또는 지출하여야 한다(「정치자금법」 제2조 제4항). 누구든지 다른 사람의 명의나 가명으로 정치자금을 기부할 수 없다(「정치자금법」 제2조 제5항).

회계책임자 및 신고된 예금계좌를 통한 수입 · 지출하여야 한다. 정치자금 수입 · 지출이

---

14) 중앙선거관리위원회 2005. 2. 16. 회답.
15) 중앙선거관리위원회 2009. 6. 18. 회답.

발생한 때마다 회계장부에 그 상세내역을 기재하여야 한다. 여기서 상세내역이라 함은 수입·지출의 일자·금액·수입을 제공한 자 및 지출을 받은 자의 성명·생년월일·주소·직업 및 전화번호 그 밖의 명세를 말한다.

4. 정치자금 지출 방법

정치자금은 정당한 채권자에게 지급하되, 지출금액이 1회에 50만원(공직선거 후보자·예비후보자의 정치자금 및 선거비용은 20만원)을 초과하는 때에는 수표나 신용카드·예금계좌 입금 그 밖의 실명이 확인되는 방법으로 지급해야 한다. 1회 50만원(20만원)에는 분할하여 지급할 경우의 총액이 포함되며, 현금으로 지출할 수 있는 정치자금은 연간 지출총액의 100분의 20(선거비용은 선거비용제한액의 100분의 10)을 초과할 수 없다.

현금 지급대상의 경우인 대금을 지급하고자 하는 날에 지출용 예금계좌에서 인출하여야 한다. 계약금, 중도금, 잔금 형식으로 나누어 지출한 때에도 실제 지출이 있는 때마다 예금계좌에서 인출하고 회계장부에 기재한다. 예금계좌에서 인출한 수표나 현금은 지체 없이 지급대상자(채권자)에게 지급하고 영수증을 징구하고 수표인 경우에는 발행금융기관명·금액과 수표번호를 회계장부에 기재한다. 그리고 예금계좌에서 인출한 금액 중 사용하고 남은 잔액은 지체 없이 지출용예금계좌에 입금(여입)한다.

국회의원 본인이 해외에서 정치자금 지출시 「정치자금법」 제2조 제4항에 따라 현금으로 연간 지출할 수 있는 정치자금은 연간 지출총액의 100분의 20까지이며, 1회 지출할 수 있는 현금은 50만원까지이다. 이 경우 국회의원이 직접 현금으로 지출하는 때에는 「정치자금법」 제36조 제1항 단서 및 규칙 제35조의 규정에 따라 별도의 서면위임에 의하여 지출하고 영수증 그 밖의 증빙서류 및 잔액을 회계책임자에게 제출하고 정산하여야 할 것이다. 영수증 구비 등 회계처리에 있어 신용카드를 사용하는 때에는 신용카드 사용영수증을, 1회 50만원 이하인 경우로서 현금을 지출하는 때에는 그 영수증을 구비하고, 영수증 그 밖의 증빙서류를 구비할 수 없는 불가피한 사유가 있는 경우에는 회계책임자가 그 사유와 명세를 회계장부에 기재하면 된다.[16] 영수증 그 밖의 증빙서류를 구비할 수 없는 불가피한 사유가 있는 경우에는 회계책임자가 1차 수령인의 수령증을 받고, 그 명세와 사유를 회계장부에 기재하여야 한다.

신고된 지출용 예금계좌를 결제계좌로 하는 체크(신용)카드 등으로 정치자금 지출 가능하

---

16) 중앙선거관리위원회 2009. 4. 22. 회답.

다. 카드로 거래한 경우 거래일자를 기준으로 회계장부에 기재하며 영수증은 카드전표로 갈음한다. 다만, 신용카드 사용시 카드사용대금이 익월에 일괄 지출되므로 체크카드 또는 현금카드 등을 가급적 사용하여야 한다. 이 경우 여러 건을 1회에 결제한 경우 세부내역이 기재된 내역서를 카드전표와 함께 첨부하여야 한다.

정치자금 지출시 그 밖의 유의사항으로, ① 정치자금은 정치활동을 위하여 소요되는 경비로만 지출하여야 하며, 사적경비나 부정한 용도로 지출하여서는 아니 된다. ② 금전외의 재산상의 이익인 경우에는 수입과 동시에 수입내역과 같게 그 품명과 가액을 지출처리하고, ③ 선거운동을 위한 인쇄물·시설물 그 밖의 물품·장비 등을 시중의 통상적인 거래가격보다 현저히 싼 값 또는 무상으로 사용하는 경우에는 시중의 통상적인 거래가격 또는 임차가격에 상당하는 가액을 계상한 금액을 지출금액으로 처리하여야 한다.

5. 공직선거후보자·예비후보자의 선거운동비용 지출

공직선거의 후보자·예비후보자가 선거운동을 함에 있어 회계책임자가 이에 소요되는 경비를 지출할 수 없는 부득이한 경우에는 직접 지출할 수 있다.

공직선거의 후보자·예비후보자가 회계책임자로부터 20만원 초과 지급받은 때의 지출방법은 ① 회계책임자로부터 정치자금 지출을 위하여 별도로 개설한 예금계좌를 통하여 교부받아 지출하거나, ② 관할 위원회에 신고된 지출용 예금계좌를 결제계좌로 하는 체크(신용)카드를 통하여 지출하여야 한다.

회계책임자로부터 교부받은 정치자금의 집행을 완료한 때에는 "후보자·예비후보자의 선거운동비용 지출내역서〈별지 제7-1호 서식〉"에 따라 지체 없이 회계책임자에게 정산하고 정산시에는 지출관련 영수증 그 밖의 증빙서류를 첨부한다. 사용한 선거비용 중 영수증 등을 구비하지 못한 경우에는 지출내역서에 그 사유 및 미구비 내역을 기재하여 제출하여야 한다.

6. 후원회 등록 전에 지출의 원인이 발생한 용도 지출 가능여부

후원회를 둔 공직선거의 후보자·예비후보자의 회계책임자는 후원회로부터 기부받은 후원금을 후원회 등록 전에 지출의 원인이 발생한 용도로 지출할 수 없다. 다만, 공직선거법

제7장에서 허용하는 선거운동을 위한 경우에는 지출할 수 있으나, 이 경우에도 인터넷홈페이지를 이용한 선거운동과 예비후보자공약집에 소요되는 경비로는 지출할 수 없다.

선거벽보 인쇄 및 선거사무소 임차비용 선거운동과 관련하여 후원회 등록 전에 실제 인쇄업체 등과의 계약이 이루어지는 경우에는 후원회로부터 기부받은 후원금에서 지출할 수 있다. 예비후보자기간 동안 예비후보자의 선거운동에 사용한 선거사무소 설치·유지비, 예비후보자홍보물 발송비 등은 후원회로부터 기부받은 후원금으로 공제할 수 있다.[17]

공직선거의 후보자·예비후보자가 아닌 현직 국회의원이 의정활동 등 정치활동을 위하여 지출원인행위를 한 경우, 당해 후원회 등록 후에 후원회로부터 기부받은 후원금을 그 지출원인이 발생한 용도로 지출할 수 있다.[18] 경선후보자후원회 등록 전에 경선후보자는 경선기탁금을 차입금을 통해 지출하고, 후원회 등록 후 기부받은 후원금으로 그 차입금과 이자를 변제할 수 있다.[19] 그러나 후원금으로 후원회 등록 전 지출의 원인이 발생한 공직선거의 후보자·예비후보자의 기탁금은 후원회로부터 기부받은 후원금으로 공제할 수 없다.[20] 여론조사는 「공직선거법」 제7장에서 허용하는 선거운동이 아니므로 후원회 등록 전에 지출의 원인이 발생한 여론조사비용을 후원회로부터 기부받은 후원금으로 지출하여서는 아니 된다.[21]

7. 판례

① 후보자가 선거비용 지출

「공선법」 제258조 제2항 제1호·제127조 제3항 소정의 선거비용부정지출죄는 회계책임자가 아닌 자가 선거비용을 지출한 경우에 성립되는 죄인 바, 후보자가 그와 같은 행위가 죄가 되는지 몰랐다고 하더라도 회계책임자가 아닌 후보자가 선거비용을 지출한 이상 그 죄의 성립에 영향이 없고, 회계책임자가 후에 후보자의 선거비용지출을 추인하였다거나 법이 허용하는 한도 내에서 선거비용을 지출하고 그에 대한 지출보고서를 사실 그대로 작성하여 관할 선거관리위원회에 제출하였다고 하더라도 그 위법성이 조각되는 것도 아니다(대법원 1999. 10. 12. 선고 99도3335 판결, 대법원 1999. 12. 24. 선고 99도3272 판결).

---

17) 중앙선거관리위원회 2010. 5. 3. 회답.
18) 중앙선거관리위원회 2009. 11. 20. 회답.
19) 중앙선거관리위원회 2007. 4. 27. 회답.
20) 중앙선거관리위원회 2010. 5. 3. 회답.
21) 중앙선거관리위원회 2010. 2. 25. 회답.

② 선거사무장이 선거비용 지출

> – 회계책임자가 부재한 경우 후보 또는 선거사무장이 선거비용을 직접 지출할 수 있다는 관할 선거관리
> 위원회의 유권해석을 받았다 하더라도 회계책임자가 부재한 경우란 공선법 등 관계법령에 비추어 후보자
> 나 선거사무장이 회계책임자를 겸하기로 하여 따로 회계책임자를 선임·신고하지 아니한 경우를 말하는
> 것이라고 풀이되므로 따로 선임·신고된 회계책임자를 제쳐둔 채 선거사무장이 위 유권해석에 기하여 선거
> 비용을 직접 지출한 것은 정당한 이유가 있다고 보기 어렵다(대법원 1999. 11. 9. 선고 99도3118 판결).
> – 회계책임자가 선임·신고된 후에는 회계책임자가 아니면 선거비용을 지출할 수 없음에도 불구하고 선거
> 사무장이 회계책임자에게는 지출내역을 장부에 기재하는 일만 하도록 하고 자신이 직접 선거비용을 지
> 출한 것은 회계책임자가 아닌 자가 선거비용을 지출한 것에 해당된다(부산지방법원 1998. 11. 24. 선고
> 98고합822 판결).
> ※ 2005. 8. 4. 법 개정 시 「공직선거법」 제123조 내지 제134조 규정은 「정치자금법」으로 이동

③ 후보자가 회계책임자의 입회하에 선거비용 지출

> 「공선법」 제127조 제2항·제3항은 "회계책임자는 모든 선거비용의 수입과 지출을 제1항의 예금계좌를 통
> 해서만 하여야 한다", "회계책임자가 아니면 선거비용을 지출할 수 없다"고 각 규정하고 있으므로 후보자가
> 비록 회계책임자의 입회하에 선거비용을 지출하였다 하더라도 위 법조 제2항 및 제3항에 위반된다 할 것이
> 다(대법원 1999. 5. 25. 선고 99도983 판결).

8. 중앙선거관리위원회 행정해석

가. 정당 수입·지출

1) 당원집회 소요경비 지출

(1) 행사장 사용료, 현수막 제작비, 강사료, 진행자 인건비, 이벤트사 출장료, 기타 소모품 및 소품 구입비

시·도당이 당원단합대회 및 체육대회를 개최함에 있어 그 행사에 소요되는 행사장 사용료, 현수막 제작비, 강사료, 진행자 인건비, 이벤트사 출장료, 기타 소모품 및 소품 구입비는 정당의 경비로 지출하여야 하며, 그 경비를 지출함에 있어서는 「정치자금법」 제36조(회계책임자에 의한 수입·지출)의 규정에 따라 시·도당의 회계책임자가 지출하거나 시·도당의 회계책임자로부터 지출의 대강의 내역을 알 수 있는 정도의 지출의 목적과 금액의 범위를 정하여 서면으로 지출을 위임받은 회계사무보조자가 지출하여야 함.

(2) 식사비, 음료수·주류 구입비

시·도당이 당원 단합대회 및 체육대회에 참석한 당원들에게 정당의 경비로 생수 등의 간단한 음료를 제공하는 것은 무방할 것이나, 그 범위를 넘어 음식물·음료·주류 등을 제공하는 것은 「공직선거법」 제114조에 위반됨. 다만, 참석한 당원들이 각자 소비할 음식물·음료·등의 구입비용을 자신이 부담하는 것은 무방함.

(3) 우수당원에게 상장과 통상적 부상 수여

시·도당의 대표자가 개최하는 정당의 당원 단합대회 및 체육대회에서 시·도당 대표자의 명의로 우수당원 및 우수팀에게 정당의 경비로 상장과 통상적인 부상(상품 포함)을 수여하는 것은 「공직선거관리규칙」 제50조 제5항 제1호의 규정에 의하여 무방할 것이나, 당원협의회 대표자의 명의로 수여하는 경우에는 행위양태에 따라 「공직선거법」 제113조 내지 제115조에 위반됨(중앙선거관리위원회 2009. 4. 13. 회답).

> ※「공직선거관리규칙」 제50조 제5항 제1호 나목의 규정은 2010. 1. 25. 「공직선거법」 제112조 제2항 제1호 카목으로 옮겨 규정됨.
>
> ※ 2010. 1. 25. 「공직선거법」 개정으로 제112조 제2항 제2호 차목에 따라 각종 행사에 참석한 사람에게 통상적인 범위에서 차·커피 등 음료(주류 제외)를 제공하는 행위는 기부행위로 보지 아니함.

2) 당원협의회의 당원연수회 개최비용

정당이 당원연수회를 개최함에 있어 장소사용료·강사료·교재작성비 등 당원연수에 소요되는 경비는 「정치자금법」 제36조의 규정에 따라 정당의 회계책임자가 수입·지출하여야 함. 이 경우 그 경비를 참석당원이 부담하는 때에는 시·도당의 회계책임자에게 당비로 이를 납부하고 시·도당의 회계책임자가 지출하거나 시·도당의 회계책임자로부터 지출의 대강의 내역을 알 수 있는 정도의 지출의 목적과 금액의 범위를 정하여 서면으로 지출을 위임받은 회계사무보조자가 지출하여야 함(중앙선거관리위원회 2005. 8. 8. 회답).

3) 정당선거사무소의 후보자 경비지원 가능여부 등

① 정당선거사무소가 소속 후보자에게 「정치자금법」 제34조 제4항의 규정에 따라 신고된 예금계좌를 통하여 선거지원금을 지원할 수 있음.

② 정당선거사무소가 같은 정당의 정당선거사무소 또는 지역을 달리하는 같은 정당 소속 후보자에게 선거지원금을 지원할 수 있음(중앙선거관리위원회 2006. 4. 13. 회답).

나. 국회의원 수입·지출

1) 국회의원의 해외에서 현금(정치자금) 사용

① 국회의원 1명이 다수의 국회의원을 위하여 회계사무보조자로 위임될 수 있음.

② 해외에서의 지출에 필요한 현금을 미리 국내에서 달러 등으로 환전하는 것에 대해서는 「정치자금법」상 제한규정은 없음. 다만, 현금지출의 경우 「정치자금법」 제2조 제4항에 따라 1회 50만원을 초과하여 지출할 수 없고, 연간 현금지출액은 정치자금 연간 지출총액의 100분의 20을 초과할 수 없으므로 이를 위반하여서는 아니 됨.

③ 정치자금 지출처리는 예금계좌에서 출금한 날에 지출(지급)이 이루어져야 할 것이나, 부득이한 사유가 있는 경우에는 출금일자와 지출일자가 같지 아니한 사유를 회계장부에 기재하여 정치자금 지출의 투명성이 확보될 수 있도록 하여야 함(중앙선거관리위원회 2009. 4. 29. 회답).

다. (예비)후보자 수입·지출

1) 비례대표지방의회의원선거 인터넷광고비 집행

중앙당이 비례대표지방의회의원선거의 인터넷광고를 일괄계약하고 그 광고비는 시·도당별로 분담내역 및 관련서류를 통보하여 분담하게 할 수 있으며, 그 분담금은 해당 비례대표시·도의원선거 또는 비례대표자치구·시·군의원선거별로 그 선거의 회계책임자가 지출하여야 할 것이며, 그 비용은 보전대상 선거비용에 해당함(중앙선거관리위원회 2010. 4. 21. 회답).

2) 정기적으로 자동이체를 통해 납부해 온 선거사무소 관리비 지출

「정치자금법」 제36조 제2항에 따라 선거사무소의 전기료·수도료 기타의 유지비는 관할 선거관리위원회에 신고된 예금계좌를 통하여 지출하여야 할 것이며, 신고된 예금계좌를 통하지 아니하고 지출한 비용은 보전대상에 해당하지 아니함(중앙선거관리위원회 2010. 4. 15. 회답).

3) 예비후보자등록 전부터 자동이체를 통해 납부해 온 당비 지출

예비후보자등록 전부터 선거와 무관하게 자신의 재산으로 정기적으로 납부하여 온 당비는 관할 선거관리위원회에 신고된 예금계좌를 통하지 아니하고 지출할 수 있음(중앙선거관리위원회 2010. 4. 15. 회답).

4) 선거사무장 등의 수당·실비 지출 등

① 「정치자금법」 제36조 제4항에 선거사무장 등의 수당·실비는 당해 선거사무장 등이 지정한 금융기관의 예금계좌에 입금하도록 규정되어 있는바, 당해 선거사무장 등이 신용불량자인 경우 동 수당 등이 신용불량자인 선거사무장 등의 명의의 예금계좌에 입금될 경우 차압을 당하는 경우가 있어 부득이하게 선거사무장 등의 가족 명의로 지정한 예금계좌에 수당 등을 입금하는 방법으로 지급할 수 있음.

③ 「정치자금법」 제36조 제2항에는 정치자금의 지출을 위한 예금계좌는 1개만을 사용하여야 한다고 규정되어 있으므로 선거비용외 정치자금지출용 통장 1개와 선거비용인 정치자금지출용 통장을 각 1개씩 사용할 수 없음(중앙선거관리위원회 2006. 5. 1. 회답).

라. 경선후보자 수입·지출

당내경선후보등록시 납부할 경선기탁금을 우선 금융기관에서 후보자의 명의로 차용하여 납부한 후 추후 당내경선후보자후원회에 입금된 금액으로 후보자 명의의 금융기관 채무를 변제할 수 있음(중앙선거관리위원회 2005. 3. 5. 회답).

9. 처벌

본 조 제1항 또는 제3항의 규정을 위반하여 회계책임자에 의하지 아니하고 정치자금을 수입·지출한 자는 2년 이하의 징역 또는 400만원 이하의 벌금에 처하고(「정치자금법」 제47조 제1항 제8호), 본 조 제2항의 규정을 위반하여 신고된 예금계좌를 통하지 아니하고 정치자금을 수입·지출한 자는 2년 이하의 징역 또는 400만원 이하의 벌금에 처한다(「정치자금법」 제47조 제1항 제9호).

선거비용과 관련하여 본 조 제1항·제3항·제5항의 규정을 위반하여 회계책임자를 통하여 지출하지 않거나 후원회로부터 기부받은 후원금을 후원회 등록 전에 지출 원인이 발생한 용도로 사용한 자, 동조 제2항의 규정을 위반하여 신고된 예금계좌를 통하지 아니하고 수입·지출한 자와 동조 제4항의 규정을 위반하여 예금계좌에 입금하지 아니하는 방법으로 지급한 자는 2년 이하의 징역 또는 400만원 이하의 벌금에 처한다(「정치자금법」 제49조 제2항 제3호).

본 조 제6항의 규정을 위반하여 선거비용의 지출에 관한 내역을 통지하지 아니한 자는 2년 이하의 징역 또는 400만원 이하의 벌금에 처한다(「정치자금법」 제49조 제2항 제4호).

제37조(회계장부의 비치 및 기재) ① 회계책임자는 회계장부를 비치하고 다음 각 호에서 정하는 바에 따라 모든 정치자금의 수입과 지출에 관한 사항을 기재하여야 한다. 이 경우 보조금과 보조금 외의 정치자금, 선거비용과 선거비용 외의 정치자금은 각각 별도의 계정을 설정하여 구분·경리하여야 한다.

1. 정당의 회계책임자(대통령선거의 정당추천후보자와 비례대표국회의원선거 및 비례대표지방의회의원선거의 선거사무소와 선거연락소의 회계책임자를 포함한다)

가. 수입

당비, 후원회로부터 기부받은 후원금, 기탁금, 보조금, 차입금, 지원금 및 기관지의 발행 그 밖에 부대수입 등 수입의 상세내역

나. 지출

지출(대통령선거와 비례대표국회의원선거 및 비례대표지방의회의원선거에 있어서 추천후보자의 정치자금의 지출을 포함한다)의 상세내역

2. 후원회의 회계책임자

가. 수입

후원금 등 수입의 상세내역. 다만, 제11조(후원인의 기부한도 등) 제3항의 규정에 의한 익명기부의 경우에는 일자·금액 및 기부방법

나. 지출

후원회지정권자에 대한 기부일자·금액과 후원금 모금에 소요된 경비 등 지출의 상세내역

3. 후원회를 둔 국회의원의 회계책임자

가. 수입

소속 정당의 지원금과 후원회로부터 기부받은 후원금의 기부일자·금액 및 후원금에서 공제하고자 하는 선임권자의 재산(차입금을 포함한다) 등 수입의 상세내역

나. 지출

지출의 상세내역

4. 대통령선거경선후보자, 당대표경선후보자등의 회계책임자, 공직선거의 후보자·예비후보자의 회계책임자(대통령선거의 정당추천후보자와 비례대표국회의원선거 및 비례대표지방의회의원선거의 선거사무소와 선거연락소의 회계책임자를 제외한다)

가. 수입

소속 정당의 지원금과 후원회로부터 기부받은 후원금의 기부일자·금액, 선임권자의 재산(차입금을 포함한다) 및 선거사무소 회계책임자의 지원금(선거연락소의 회계책임자에 한한다) 등 수입의 상세내역

나. 지출

지출의 상세내역

② 제1항에 규정된 용어의 정의는 다음 각 호와 같다.

  1. "수입의 상세내역"이라 함은 수입의 일자·금액과 제공한 자의 성명·생년월일·주소·직업 및 전화번호 그 밖의 명세를 말한다.

  2. "지출의 상세내역"이라 함은 지출의 일자·금액·목적과 지출을 받은 자의 성명·생년월일·주소·직업 및 전화번호를 말한다. 이 경우 선거운동을 위한 인쇄물·시설물 그 밖에 물품·장비 등을 시중의 통상적인 거래가격보다 현저히 싼 값 또는 무상으로 사용한 경우에는 회계책임자가 중앙선거관리위원회규칙으로 정하는 시중의 통상적인 거래가격 또는 임차가격에 상당하는 가액을 계상한 금액을 지출금액으로 처리한다.

③ 제1항의 회계장부의 종류·서식 및 기재방법 그 밖에 필요한 사항은 중앙선거관리위원회규칙으로 정한다.

제46조(각종 제한규정위반죄) 다음 각 호의 어느 하나에 해당하는 자는 3년 이하의 징역 또는 600만원 이하의 벌금에 처한다.

  5. 제37조(회계장부의 비치 및 기재) 제1항 또는 제40조(회계보고) 제1항 내지 제4항의 규정을 위반하여 회계장부를 비치하지 아니하거나 허위로 기재한 자 또는 회계보고를 하지 아니하거나 재산상황, 정치자금의 수입·지출금액과 그 내역, 수입·지출에 관한 명세서, 영수증 그 밖의 증빙서류, 예금통장 사본을 제출하지 아니하거나 이를 허위로 제출한 자 또는 수입·지출에 관한 영수증 그 밖의 증빙서류를 허위기재·위조 또는 변조한 자

제49조(선거비용관련 위반행위에 관한 벌칙) ② 선거비용과 관련하여 다음 각 호의 어느 하나에 해당하는 자는 2년 이하의 징역 또는 400만원 이하의 벌금에 처한다.

  5. 제37조(회계장부의 비치 및 기재) 제1항의 규정을 위반하여 회계장부를 비치·기재하지 아니하거나 허위기재·위조·변조한 자

제51조(과태료) ③ 다음 각 호의 어느 하나에 해당하는 행위를 한 자는 100만원 이하의 과태료에 처한다.

  7. 제37조(회계장부의 비치 및 기재) 제1항 후단의 규정을 위반하여 보조금과 보조금 외의 정치자금, 선거비용과 선거비용 외의 정치자금을 각각 구분하여 경리하지 아니한 자

1. 의의

본 조는 정치자금의 수입·지출에 대한 투명성이 확보될 수 있도록 정당(정책연구소 및 정당선거사무소를 포함), 후원회, 후원회를 둔 국회의원, 공직선거 후보자 등의 회계책임자가 정치자금 수입·지출에 관하여 회계장부에 기재하여야 하는 사항과 회계장부의 종류·기재방법에

관하여 규정한 것이다.

헌법재판소는 정치자금에관한법률 제31조 제1호(현행 정치자금법 제37조 제1항) 등 위헌소원에서 "정치자금의 투명한 공개라는 공익은 불법 정치자금을 수수한 사실을 회계장부에 기재하고 신고해야 할 의무를 지키지 않은 채 진술거부권을 주장하는 사익보다 우월하다. 결국, 정당의 회계책임자가 불법 정치자금이라도 그 수수 내역을 회계장부에 기재하고 이를 신고할 의무가 있다고 규정하고 있는 위 조항들은 헌법 제12조 제2항이 보장하는 진술거부권을 침해한다고 할 수 없다"라고 결정하였다.[22]

2. 회계장부의 종류

가. 정당(대통령선거 정당추천후보자 선거사무소·선거연락소, 비례대표국회의원선거 및 비례대표지방의회의원선거 선거사무소 포함)

1) 수입·지출계정 (정치자금사무관리 규칙 별표 1 '수입·지출과목 해소표' 참조)

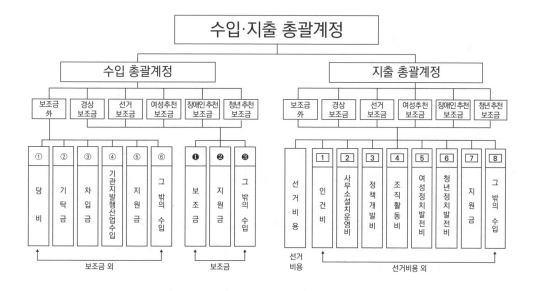

---

22) 헌법재판소 2005. 12. 22. 자 2004헌바25 결정.

※ 규칙 [별표 1]

수입·지출과목 해소표

1. 수입과목 해소

과목	과목해소
1. 당비	• 명목여하에 불구하고 정당의 당헌·당규 등에 의하여 정당의 당원이 부담하는 금전이나 유가증권 그 밖의 물건
2. 기탁금	• 정치자금을 정당에 기부하고자 하는 개인이 「정치자금법」의 규정에 의하여 선거관리위원회에 기탁한 금전이나 유가증권 그 밖의 물건
3. 보조금	• 정당의 보호·육성을 위하여 국가가 정당에 지급하는 금전이나 유가증권
4. 후원회기부금	• 후원회가 지정권자에게 후원금으로 제공하는 금전이나 유가증권 그 밖의 물건
5. 지원금	• 정당으로부터 지원받은 금전이나 유가증권
6. 차입금	• 개인 등으로부터 차입한 금전이나 유가증권 그 밖의 물건
7. 기관지발행 사업수입	• 정당에서 발행하는 당보 등 간행물과 관련된 수입
8. 그 밖의 수입	• 예금이자 등 위의 과목 외의 수입

수입계정(과목) 해소

◦ **전년도 이월액의 기재**

각 수입계정에는 매년 1. 1.자로 전년도 회계보고서상의 잔액을 수입 내역란에 '전년도 이월'로 기재하며, 연도 중에 등록된 당부인 경우에는 『0』으로 기재

◦ **보조금 외 정치자금**

① 「당비」 계정에는 명칭여하에 불구하고 당헌·당규 등에 의하여 정당의 당원이 납부하는 금전 등을 기재

☞ 최초로 당비를 납부 받은 당부에서만 '당비수입'으로 처리하고, 상·하급 당부간 당비의 이동은 반드시 지원금으로 처리

② 「기탁금」 계정에는 중앙선거관리위원회로부터 배분·지급받은 기탁금을 기재(중앙당에 한함)

③ 「후원회 기부금」 계정에는 지정한 후원회로부터 기부받은 금액을 기재(중앙당에 한함)

④ 「차입금」 계정에는 개인 등으로부터 차입한 금전 등을 기재

⑤ 「기관지발행사업수입」 계정에는 기관지(당보 등 간행물)발행에 따른 판매수익 및 광고수입 등을 기재

⑥ 「지원금」 계정에는 상·하급당부로부터 받은 지원금을 기재. 지원금은 특정 당부에서 사용하도록 지원한 금액이므로 시·도당대표자 등 특정 개인에게 지급한 것은 제외(당부 간에 이중계상 방지)

☞ 각급 당부 간에 이동하는 정치자금은 모두 지원금으로 처리

⑦ 「그 밖의 수입」 계정에는 예금이자 등 ① 내지 ⑥과목 외의 수입으로 분류하기 곤란한 수입을 기재

○ 보조금

❶ 「보조금」 계정에는 중앙당에 한하여 중앙선거관리위원회로부터 지급받은 정당보조금을 경상보조금과 선거보조금, 여성추천보조금, 장애인추천보조금, 청년추천보조금으로 구분 기재

　　☞ 시·도당이 중앙당 또는 타 시·도당으로부터 보조금을 지원받은 경우에는 「지원금」란에 기재

❷ 「지원금」 계정에는 보조금 중 경상보조금, 선거보조금, 여성추천보조금, 장애인추천보조금, 청년추천보조금으로 구분하여 상·하급당부로부터 받은 지원금을 기재

❸ 「그 밖의 수입」 계정에는 보조금에 대한 예금이자 등 다른 과목으로 구분하기 곤란한 수입을 기재

　　☞ 보조금과 보조금외 정치자금의 예금이자를 구분할 수 없는 경우에는 보조금외 정치자금의 예금이자로 처리

2. 지출과목 해소

항	목		과목해소
선거비용	선거비용		• 「공직선거법」 제119조(선거비용 등의 정의)의 선거비용에 해당하는 비용
선거비용 외 정치자금	기본경비	가. 인건비	• 사무직원에 대한 봉급·수당·여비·활동비·격려금 • 일반사무관계에 소요되는 여비 • 그 밖의 인건비
		나. 사무소 설치·운영비	• 건물신축 또는 매입 그 밖의 부대경비 • 임차계약에 의한 토지·건물·기계시설 등의 임차료 • 사무소에 필요한 물품구입비 • 사무소운영에 필요한 수수료 및 수선비 • 각종 보험료, 연료비, 자동차유지비(사무용에 한함) • 전신전화 그 밖의 공공요금 일체 • 소송사건에 필요로 하는 공탁금 그 밖의 제세공과금 • 그 밖의 사무소설치·운영비
	정치활동비	가. 정책개발비	• 중앙당의 정책연구소 운영경비 • 정책개발 부서의 기본경비(정책개발부서직원의 봉급·수당·여비·활동비·격려금, 사무용비품 및 소모품비, 연료비·자동차유지비, 공공요금·제세공과금) • 정책개발부서 직원의 교육·연수, 정책자료 제작비 • 정책개발 관련 여론조사비 • 외부연구소나 외부전문가에게 의뢰하는 정책개발 관련 용역비 • 정책평가비(다만, 대규모집회를 통한 정책평가보고대회는 제외) • 정책개발관련 정책결정·평가 등을 위한 간담회, 공청회, 토론회, 세미나, 심포지엄 등 각종 정책회의 개최비 • 그 밖의 정책개발비

		나. 조직활동비	• 당원연수·교육관련 경비 • 강사료 등 특별종사원에 대한 인건비 • 교재 및 연구자료 수집비 • 피교육자에 대한 급식비·여비 • 교육훈련을 위한 장소·시설 임차료 및 유지비 • 정당의 창당·합당·개편·후보자선출·당원집회 등 관련 경비 • 정당 내부의 지휘·감독 활동 경비 • 홍보 관련 경비 • 기관지 발행·배부 관련 경비 • 공직선거 및 국민투표에 관한 경비 • 공직선거의 후보자 등에 지원한 경비 • 그 밖의 조직활동비
		다. 여성정치발전비	• 여성의 정치참여확대에 관한 경비 • 그 밖의 여성정치발전비
		라. 청년정치발전비	• 청년의 정치참여확대에 관한 경비 • 그 밖의 청년정치발전비
		마. 지원금	• 정당의 각급 당부 간에 지원한 금전이나 유가증권 • 그 밖의 지원금
		바. 그 밖의 경비	• 상기 과목 외의 지출

지출계정(과목) 해소

선거비용: 대통령선거, 비례대표 국회의원, 비례대표 지방의회의원선거시 후보자를 추천한 정당에 한함.

- 공선법 제119조의 선거비용에 해당하는 비용을 기재

- 「선거비용」에 포함되어야 할 지출사례(예시)

- 「공직선거법」의 규정에 의하여 정당이 부담하는 선거운동 등에 소요된 경비

선거비용 외 정치자금

- 「기본경비」는 정당이 그 조직을 유지하기 위해 필요한 일상적인 경상경비를 말하는 것으로 ① 인건비,
  ② 사무소설치·운영비로 구분

- 「정치활동비」는 정책의 추진·지지·반대 또는 공직선거후보자를 추천·지지하는 등 정치활동에 직접 소요
  되는 경비로써 ③ 정책개발비, ④ 조직활동비, ⑤ 여성정치발전비, ⑥ 청년정치발전비, ⑦ 지원금, ⑧ 그
  밖의 경비로 구분

2) 회계장부: 〈규칙 별지 제33호 서식〉

> ※ 이하 회계장부는 「정치자금회계관리 프로그램」 활용

『정치자금회계관리 프로그램』은 "www.nec.go.kr/통합자료실/선거·정당·정치자금" 란에 게시되어 있다.

나. 후원회

후원금 흐름도

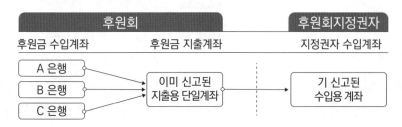

1) 수입·지출계정

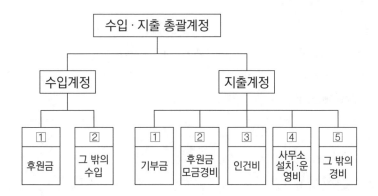

2) 수입계정

수입계정은 수입총괄계정을 두고 그 아래 ① 후원금, ② 그 밖의 수입으로 구분하여 과목을 설정한다.

(1) 후원금

후원인(후원회의 회원이나 회원이 아닌 자)이 후원회에 기부하는 금전이나 유가증권 기타 물건으로서 매 건별로 연월일, 기부자의 성명·생년월일·주소·직업·전화번호 및 금액을 기재한다. 인터넷 전자결제 시스템 등을 통해 여러 건이 일괄입금된 경우 및 후원회로부터 위임받은 자가 정치자금영수증과의 교환에 의한 방법으로 모집한 금품에 대하여도 후원인별로 기재하고, 인터넷 전자결제 시스템 등을 통한 모금시 후원금 모금액은 후원인이 실제 후원한 금액(수수료 포함)을 기재하며, 수수료는 일자별로 지출처리(과목 : 후원금 모금경비)한다. 회계보고시에는 1회 30만원 이하(30만원 포함)의 금액을 기부한 자의 성명 등 인적사항은 기재하지 아니하고 일자별 '총건수'와 '총금액'만을 보고한다. 익명 기부의 경우에는 일자·금액 및 기부방법을 기재한다.

후원인이 기부한 후원금이 유가증권 그 밖의 물건으로서 그 가액이 일반적으로 형성되어 있지 아니한 경우에는 후원회가 그 가액을 추정·평가하여야 한다. 이 경우 그 추정가액이 100만원을 초과하는 때에는 「감정평가 및 감정평가사에 관한 법률」에 따른 감정평가법인등 그 밖의 공인된 감정기관의 시가감정서를 고려하여 그 가액을 평가하여야 한다. 물품기부시 기부물품과 가액을 기재한 목록 첨부한다.

> **물품 기부시 회계처리 방법**
> - 물품 등을 후원받아 지정권자에게 기부하는 경우 후원회는 후원받은 날짜에 '기명(또는 익명)후원금' 과목에 그 물품 가액을 수입처리함과 동시에 '기부금' 과목에서 지출처리
> - 물품을 기부받은 후원회지정권자는 '후원회기부금' 계정에 그 가액을 수입과 동시에 지출처리하고 일회용 소모품이 아닌 경우에는 재산명세서에 기재

(2) 그 밖의 수입

이자수입 등으로서 연월일과 금액 및 그 원인이 된 사실을 기재한다.

3) 지출계정

지출계정은 지출총괄계정을 두고 그 아래 ① 기부금, ② 후원금 모금경비, ③ 인건비, ④ 사무소 설치·운영비, ⑤ 그 밖의 경비로 구분하여 과목을 설정한다.

지출계정(과목) 해소

1 **기부금**

후원회 지정권자에게 기부한 금전 등을 기부일자별로 기재

2 **후원금 모금경비**

후원금 모금을 위하여 직접 소요된 경비로서 광고료, 안내장 발송비, 정치자금영수증 발송비용, 정치자금영수증 발급용 수입인지 구입비 등을 기재

3 **인건비**

후원회의 사무직원에게 지급하는 봉급, 수당, 여비, 활동비, 격려금과 그 밖의 인건비, 사무직원의 야근식비 등을 일자별·수령자별로 기재

4 **사무소 설치·운영비**

후원회사무소 임차비용, 사무소에 필요한 물품구입비, 사무소 운영에 필요한 수수료 및 수선비, 각종 보험료, 연료비, 자동차유지비(사무용에 한함), 전신전화 기타 공공요금 일체, 그 밖의 사무소 설치·운영비로 지출일자별·수령자별로 기재

5 **그 밖의 경비**

후원회가 후원금품을 모집하는 등 후원회 사무를 위하여 사용한 상기 이외의 지출로서 일자별·건별로 기재

---

4) 회계장부: 〈규칙 별지 제33호 서식〉

※ 참고 〈'가상자산' 후원금 모금·기부 관련 후원회 업무처리〉[23]

가상자산에 대한 이해

가. 정의

○ 지폐·동전 등의 실물이 없고 컴퓨터 등에 정보 형태로 남아 블록체인(Blockchain)기술을 기반으로 온라인에서만 거래되는 자산

○ '디지털화폐', '가상화폐', '암호화폐' 등으로 불렸으나, 화폐의 성격이 없다는 점을 강조하기 위하여 국제적으로 '자산'으로 통일하여 사용

○ 정부에서도 2021년 3월부터 개정된 「특정 금융거래정보의 보고 및 이용 등에 관한 법률」(이하 약칭 「특정금융정보법」)에서 '가상자산'이라고 규정

※ 2009년 '비트코인' 개발을 시작으로 2017년 기준 1,100여 개 이상 개발됨.

---

23) 중앙선거관리위원회. '가상자산' 후원금 모금·기부 관련 후원회 안내 자료(2022. 1. 11.).

나. 특징

○ 가상자산 거래 시 블록체인 기술로 거래장부의 위조·변조가 불가능하고 상호검증이 되므로 당사자 간 안전한 거래가 가능

다. 거래 방법

○ 가상자산거래소 홈페이지(앱)에 회원 가입 후 거래소가 거래하는 은행의 본인 명의 계좌를 거래소에 등록하고 가상자산 거래지갑(이하 '가상지갑')을 통하여 가상자산 매도·매수

※ 금융정보분석원에 신고 등록된 거래소만이 가상자산 거래 가능: 현재 24개소

※ 원화거래 가능 가상자산거래소: '업OO', '코O', '빗O', '코OO'

○ 가상지갑마다 주소(QR코드)가 있고 상대방의 가상지갑 주소를 알면 가상자산 전송이 가능

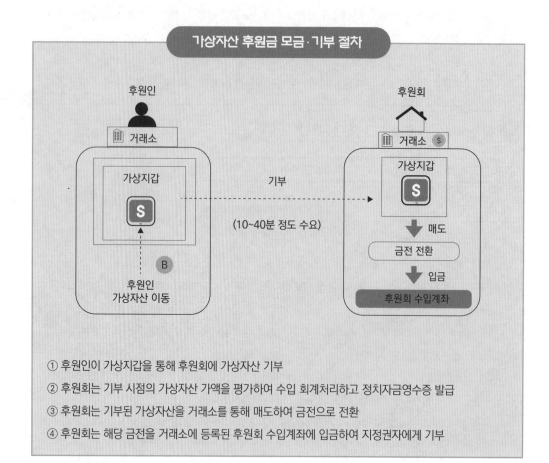

가상자산 후원금 모금·기부 절차

① 후원인이 가상지갑을 통해 후원회에 가상자산 기부

② 후원회는 기부 시점의 가상자산 가액을 평가하여 수입 회계처리하고 정치자금영수증 발급

③ 후원회는 기부된 가상자산을 거래소를 통해 매도하여 금전으로 전환

④ 후원회는 해당 금전을 거래소에 등록된 후원회 수입계좌에 입금하여 지정권자에게 기부

다. 후원회를 둔 국회의원, 대통령선거경선후보자, 당대표경선후보자등, 공직선거 후보자·예비후보자

1) 수입·지출계정

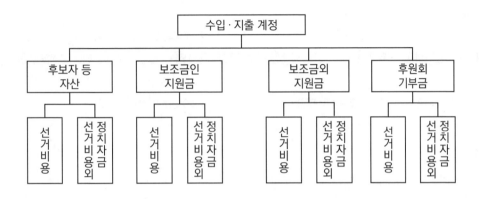

※ 보조금과 보조금외 지원금은 정당으로부터 지원받은 금액을, 후보자 등의 자산은 후보자의 자산 또는 후보자의 차입금 등을, 후원회 기부금은 지정한 후원회로부터 기부받은 금액을 말한다.

2) 수입계정

각 계정의 『선거비용』 과목과 『선거비용외 정치자금』 과목에 각각 얼마의 금액을 수입처리 할 것인지는 회계책임자가 향후 정치자금의 성격, 지출금액 등을 감안하여 임의로 구분하도록 한다. 선거사무소의 회계책임자가 선거연락소의 회계책임자에게 정치자금을 지원하는 때에는 해당 계정을 지정(통보)하여 정치자금을 이체하고, 후원회를 둔 국회의원이 공직선거의 (예비)후보자 또는 당대표경선후보자등이 되어 국회의원후원회로부터 기부받은 후원회 기부금을 사용하고자 할 때에는 국회의원 정치자금 계좌에서 당해 후보자 정치자금 계좌로 이체하여 지출['자산'계정으로 수입처리 하되 국회의원의 후원회 기부금임을 명시 → 예: 자산(국회의원 후원회기부금)]한다.

정치자금 지출과정에서 『선거비용』 과목과 『선거비용외 정치자금』 과목 간 과부족이 발생하는 때에는 용도변경하여 처리 가능하다.

> **예시: 후보자 자산 2천만원이 정치자금 수입용 계좌에 입금된 경우**
>
> ○ 과목 구분
>
> 회계책임자는 후보자 자산 2,000만원을 "후보자 자산계정" 『선거비용』 과목에 1,000만원, 『선거비용외 정치자금』 과목에 1,000만원 또는 『선거비용』 과목에 1,500만원, 『선거비용외 정치자금』 과목에 500만원 등으로 임의 배분하거나, 하나의 과목에 2,000만원 전액을 수입처리 가능
>
> ○ 과목 간 용도변경(동일 계정 내에서만 가능)
>
> 회계책임자는 후보자 자산 2,000만원을 "후보자 자산계정" 『선거비용외 정치자금』 과목으로 모두 수입 처리한 후 『선거비용』 과목에서 지출요인이 발생한 경우 『선거비용외 정치자금』 과목에서 해당 금액을 감(-)하여 『선거비용』 과목으로 증(+)하는 방법으로 용도변경(회계장부상으로만 정치자금 이동)하여 지출가능
>
> ☞ 『선거비용외 정치자금』 과목: 감 500만원, 『선거비용』 과목: 증 500만원

3) 지출계정

수입계정 처리절차와 동일하다. 각 계정별 지출할 수 있는 항목이 구분·제한되어 있는 것은 아니므로 임의로 지출할 계정을 정할 수 있으나, 지출내용에 따라 선거비용인 경우 『선거비용』 과목에, 선거비용외인 경우 『선거비용외 정치자금』 과목에 구분·기재하여야 한다.

4) 회계장부: 〈규칙 별지 제34호 서식〉

3. 지출방법

지출방법으로는 ① 지출용 예금계좌에서 채권자의 계좌로 이체하는 방법과 ②지출용 예금계좌에서 현금 또는 수표로 자금을 인출하여 채권자에게 지급하는 방법 그리고 ③ 지출용 예금계좌를 결제계좌로 하는 체크카드를 사용하는 방법이 있다. ②의 경우에는 인출한 자금을 지체 없이 지급대상자(채권자)에게 지급하고 영수증(세금계산서 등)을 받아야 한다. 구체적으로 지급대상자별로 지급할 금액이 작성된 출금청구서를 작성하여 인출하여야 하며, 지출상의 편의를 위해 현금을 출금한 후 여러 지출건에 사용할 수 없다. 예금계좌에서 인출한 금액 중 사용하고 남은 잔액은 지체 없이 지출용 예금계좌에 입금하되, 당초 지출과목에서 감처리한다. 수표로 지급 시에는 정치자금 수입·지출부의 내역란에 발행금융기관명, 수표번호를 부기한다. 회계장부와 증빙서류의 일자·금액 등이 일치하지 아니하는 경우에는 그 사유를 기재하여야 한다. ③의 경우에 신용카드 사용시 카드사용대금이 다음달 결제일에 일괄

출금되어 적시 회계정리에 어려움이 있으므로, 체크카드 사용이 바람직하다.

4. 지출시기

수표나 현금의 경우 지급하고자 하는 날에 신고된 지출용 예금계좌에서 인출하여 지출한다. 계좌이체에 따른 수수료는 예비후보자, 무소속후보자는 『선거비용외 정치자금』 과목으로, 정당추천후보자의 선거사무소 · 선거연락소, 정당선거사무소, 후원회는 『그 밖의 경비』 과목으로 지출 처리한다.

5. 회계장부 비치 · 기재

회계책임자는 회계장부 비치를 비치하여야 하며 모든 정치자금의 수입과 지출에 관한 사항을 기재하여야 한다. 정치자금은 보조금과 보조금외 정치자금, 선거비용과 선거비용외 정치자금으로 각각 구분 · 경리하여야 한다. 정치자금의 수입 · 지출이 있는 때마다 회계장부에 그 상세내역을 기재한다.

가. 비치장부

비치장부는 정치자금 수입 · 지출부(수입 · 지출 관련 영수증 기타 증빙서류 포함)이다. 회계장부는 수기로 작성하는 것보다 중앙선거관리위원회에서 배부한 『정치자금회계관리 프로그램』을 이용하여 전산관리하는 것이 편리하다.

나. 장부 기재요령

정치자금 수입 · 지출이 발생한 때마다 수입 · 지출 연월일, 금액, 잔액, 수입을 제공한 자 및 지출을 받은 자의 인적사항[성명(법인 · 단체명) · 생년월일(사업자등록번호) · 주소(사무소소재지) · 직업(업종) · 전화번호], 영수증 일련번호(지출에 한함)를 기재하고 『정치자금회계관리 프로그램』이나 회계장부에 수입 및 지출 건별로 기재(입력)하되, 계정별 · 과목별로 구분하여 기재한다.

다. 기재시 유의사항

정치자금의 수입·지출이 있는 때마다 회계장부에 그 상세내역을 기재하여야 하며, 여러 건을 한꺼번에 모아서 1건으로 처리해서는 아니 된다. 계약금, 중도금, 잔금 형식으로 분할 지출한 때에도 실제 지출이 있는 때마다 회계장부에 입력(기재)한다.

정치자금 수입·지출이 금전 외의 재산상의 이익인 경우에는 그 품명 및 가액을, 수표인 경우에는 발행금융기관명·금액과 수표번호를 기재하여야 한다.

정당추천후보자가 해당 정당·후보자 소유의 시설물·물품·장비 등을 선거운동을 위하여 사용한 경우에는 통상적인 거래가격이나 임차가격을 수입(정당 소유의 장비 등은 "그 밖의 수입" 과목, 후보자 소유의 장비 등은 "당비"과목)과 동시에 지출("선거비용" 과목)로 처리하도록 하고, 예비후보자 또는 무소속후보자가 본인 소유의 시설물·물품·장비 등을 선거운동을 위하여 사용한 경우 통상적인 거래가격이나 임차가격을 "후보자자산" 계정의 "선거비용" 과목에 수입과 동시에 지출로 처리하도록 한다.

통상적인 거래가격·임차가격 산정방법(공직선거관리규칙 제51조의2)

1. 정부고시가격 또는 정부의 기준요금
2. 「국가를 당사자로 하는 계약에 관한 법률 시행규칙」 제5조에 따른 전문가격조사기관이 조사하여 공표한 가격
3. 위 각 호의 어느 하나의 기준에 따라 계산할 수 없는 가격의 경우에는 「부가가치세법」 제8조에 따라 등록된 해당 업종 3 이상의 사업자가 계산한 견적가격을 평균한 가격 또는 최근 실시한 임기만료에 따른 선거에서 산정한 가격에 「통계법」 제3조에 따라 통계청장이 고시한 전국소비자물가변동률을 감안하여 중앙선거관리위원회가 정한 가격

---

6. 회계장부 마감

가. 마감기한

정기 회계보고는 매년 12월 31일(후원회는 6월 30일을 포함)이고, 선거관련 회계보고는 선거일 후 20일(정당선거사무소는 그 폐쇄일)이며, 기타 회계보고는 회계보고기한 내(사유발생일부터 14일 이내)이다.

나. 마감방법

회계책임자는 정치자금 중에서 지출하여야 할 모든 비용을 법정마감기한까지 정산하고 정치자금에 관한 회계를 마감하여야 한다. 회계장부 마감시까지의 수입·지출 총 누계를 기재한 다음 밑줄을 그어 마감표시를 하고 회계책임자가 서명·날인한다. 회계마감일 이후 부득이하게 지출 건이 발생한 경우 지출 후 실제 지출이 마감된 날을 최종 마감일로 하여 재마감하고 회계책임자가 서명·날인한다.

7. 판례

① 회계책임자를 겸임한 예비후보자가 회계장부 미비치

「정치자금법」 제37조, 정치자금사무규칙 제36조의 규정 내용과 정치자금법의 목적이 정치자금의 수입, 지출에 대한 투명성을 확보하여 정치자금과 관련된 부정을 방지하는 데 있다는 점 등을 고려하면 공직선거에서의 회계책임자가 비치·기재하여야 하는 회계장부는 적어도 수입과 지출의 일자, 금액, 목적, 돈을 제공한 자 또는 지출받은 자의 인적사항을 구분하여 수입·지출이 있는 때마다 경리되어야 한다고 봄이 상당하다고 할 것이다. (중략) 이 사건 당시 피고인의 선거사무소에 선거비용에 관한 수입과 지출을 기재한 회계장부가 있었다고 보기 어려울 뿐만 아니라, 설령 회계장부가 있었다고 하더라도 그 종류·서식 및 기재방법 등에 비추어 이를 「정치자금법」 등 관계법령이 비치·기재하도록 정하고 있는 회계장부로 보기는 어렵다고 할 것이다(서울고등법원 2007. 10. 30. 선고 2007노2525 판결).

② 차입한 경우 수입을 제공한 자

공직선거 후보자 등이 개인으로부터 정치자금 명목으로 금원을 차용하여 선거관리위원회에 신고된 계좌에 입금한 경우 「정치자금법」 제37조 제2항의 '수입을 제공한 자'란 당해 후보자를 의미하는 것으로 보는 것이 법률문언의 통상적인 의미에 따른 자연스러운 해석이고, 그렇다면 회계책임자가 정치자금사무관리규칙 [별지 제34호 서식]에 따라 회계장부에 기재하고 나아가 회계보고할 사항인 '수입을 제공한 자'의 성명·생년월일·주소·직업 및 전화번호라 함은 바로 후보자의 인적사항을 의미하는 것으로 볼 수밖에 없다. 구 「정치자금에 관한 법률」(2005. 8. 4. 법률 제7682호로 전문 개정되기 전의 것)과 달리 현행 정치자금법 및 정치자금사무관리규칙에서는 '수입의 상세내역'의 정의에서 당비납입자, 기부자, 채권자 등을 언급하지 않고 단순히 포괄적으로 '수입을 제공한 자'만을 언급하고 있으며, 정치자금사무관리규칙에서도 회계장부 기재시 공직선거 후보자 등의 자산에 '차입금을 포함한다'는 취지로 규정하고 있을 뿐, 그 차입금을 후보자의 원래 자산과 분리하여 그것이 차입금임을 밝히거나 채권자의 성명 등을 기재하라는 규정이 없고, 별지 서식 어디에서도 이를 명시하고 있지 않으므로, 이를 기재할 의무를 인정하여 형벌을 과하는 것은 죄형법정주의의 해석원칙에 반한다. 따라서 공직선거 후보자 등이 개인으로부터 정치자금 명목으로 차용한 금원을 신고된 정치자금 계좌에 입금하여 사용하는 경우에, 회계장부의 기재 및 회계보고에 있어 차입금인지 여부나 대여자의 인적사항 등을 기재하지 아니하고 또 대여사실을 입증할 증빙서류를 첨부하지 아니하였다 하여 「정치자금법」 제49조 제1항 및 제2항 제5호 위반죄로 의율하여 처벌할 수는 없다(대법원 2007. 10. 25. 선고 2007도3533 판결).

③ 후보자가 차입한 '후보자 자산'을 회계장부에 기재하는 방법

「정치자금사무관리규칙」이 회계장부에 후보자 등의 자산에 "차입금을 포함한다"는 취지로 규정하고 있을 뿐, 그 차입금을 후보자의 원래 자산과 분리하여 그것이 차입금임을 밝히거나 채권자의 성명 등을 기재하라는 규정이 없고, 별지 서식에도 이를 명시하고 있지 않으므로, 이러한 현행 「정치자금법」 제37조 제1항 제4호, 「정치자금사무관리규칙」 별지 제34호 서식에 따른다면, 공직선거후보자의 회계책임자의 입장에서는 회계장부에 수입의 상세내역을 기재함에 있어, 선임권자가 차입한 정치자금을 계정상 후보자 등의 자산으로 분류하여 제공한 자의 성명 등에 선임권자의 인적사항을 기재하면 족하고, 굳이 내역란에 차입금임을 밝힐 필요는 없으며, 선거종료 후 회계보고서 수입을 제공받은 내용에 관한 증빙서류를 관할 선거관리위원회에 제출하면 족하다고 해석할 여지가 충분하다고 할 것이므로, 그와 같은 해석에 따른 행위에 대하여 이를 위법한 것으로 평가할 수는 없다(서울고등법원 2007. 4. 18. 선고 2007노259 판결).

④ 정치자금수수죄와 회계장부 허위기재 및 허위 회계보고죄의 죄수 관계

구 「정치자금에관한법률」 제30조 제1항 위반죄(정치자금수수)와 같은 법 제31조 제1호, 제22조 제1항 위반죄(회계장부 허위기재) 및 같은 법 제31조 제1호, 제24조 제1항 위반죄(허위 회계보고)의 죄수관계는 실체적 경합관계에 있다(대법원 2004. 12. 24. 선고 2004도5494 판결).

8. 헌법재판소 결정

① 회계장부에 허위기재하거나 허위보고한 회계책임자를 형사처벌하는 규정이 진술거부권을 침해하는지 여부

선거관리위원회에 허위보고한 자를 처벌함으로써 '보고'의무를 부과하는 것이 진술거부권이 금지하는 진술강요에 해당한다는 것은 별의문의 여지가 없으나, 개인에게 정치자금의 수입과 지출에 관한 내역을 '기재'하게 하는 것이 진술을 강요하는 것인지는

논란이 있을 수 있다. 살피건대, 헌법상 진술거부권의 보호대상이 되는 "진술"이라 함은 언어적 표출, 즉 개인의 생각이나 지식, 경험사실을 정신작용의 일환인 언어를 통하여 표출하는 것을 의미하는바(헌법재판소 1997. 3. 27. 자 96헌가11 결정 참조), 정치자금을 받고 지출하는 행위는 당사자가 직접 경험한 사실로서 이를 문자로 기재하도록 하는 것은 당사자가 자신의 경험을 말로 표출한 것의 등가물(等價物)로 평가할 수 있으므로, 위 조항들이 정하고 있는 기재행위 역시 "진술"의 범위에 포함된다고 할 것이다. (중략)

그러므로 앞에서 본 진술거부권의 연혁과 본질에 비추어 위 조항들이 진술거부권을 침해하는지 여부를 살펴본다.

첫째, 앞서 본 바와 같이 위 조항들의 입법목적은 「정치자금법」의 제정목적과 동일하게 '정치자금의 투명성 확보'라고 할 수 있는데, 그 목적이 발현되는 방향은 두 가지라고 할 수 있다. 그 하나는 정치자금의 수수를 투명하게 밝힘으로써 과연 누가 정당에 대하여 영향력을 행사하려고 하는지, 즉 정치적 이익과 경제적 이익의 연계를 원칙적으로 공개하여 유권자를 포함한 모든 국민이 올바른 판단을 할 수 있도록 돕고자 하는 것이다(헌법재판소 1999. 11. 25. 자 95헌마154 결정 참조). 다른 하나는 「정치자금법」이 정하지 않은 방법으로 은밀하게 수수되는 불법 정치자금에 대한 형사처벌을 미리 고지함으로써 불법 정치자금의 수수를 억제·방지하려는 것이다. 결국 위 조항들은 궁극적으로 정치자금의 투명성을 확보하여 민주정치의 건전한 발전을 도모하려는 것인데, 이는 현대 정당국가에서 반드시 달성하여야 할 매우 중요한 사항이므로 위 조항들의 입법목적은 헌법적으로 정당하다고 할 것이다.

둘째, 위 조항들은 위와 같은 목적을 달성하기 위한 방법으로서, 정당의 회계책임자로 하여금 정당의 모든 수입과 지출에 관한 명세를 기재한 회계장부를 작성하도록 한 후 그 총괄적 사항을 선거관리위원회에 보고하도록 하면서 이와 관련된 상세한 규정을 두고 있다. 위와 같이 정당의 수입과 지출에 관한 정확한 정보를 얻고 이를 검증할 수 있는 제도가 있을 경우에만 정치자금의 투명성을 확보할 수 있다고 할 것인데, 이를 법적으로 강제하지 않고 단지 권유 또는 훈시하는 것에 불과하다면 위 조항들의 실효성을 담보할 수 없다. 따라서 위 조항들이 규정하고 있는 정치자금에 대한 정확한 수입과 지출의 기재·신고의 요구는 그 입법목적과 밀접한 관련을 갖는 적절한 수단이라고 할 것이다.

셋째, 「정치자금법」 전체는 합법이든 불법이든 모든 정치자금의 공개원칙을 보장하기 위한 방안들로 구성되어 있고 위 조항들은 이를 실현하기 위한 핵심적인 조항인데, 정치자금에 관한 사무를 처리하는 선거관리위원회가 모든 정당·후원회·국회의원 등의 모든 정치자금 내역을 파악한다는 것은 거의 불가능에 가까우므로 만일 불법 정치자금의 수수 내역을 기재하고 이를 신고하는 조항이 없다면 '정치자금의 투명성 확보'라는「정치자금법」본연의 목적을 달성할 수 없게 된다. 뿐만 아니라「정치자금법」제30조 제1항은 불법 정치자금을 수수한 자를 처벌하는 규정을 두고 있지만, 불법 정치자금 수수의 주체와 이 불법 정치자금의 기재 및 신고의 주체가 항상 일치하는 것은 아니므로 위 조항들은 그 자체로 존재 의의가 있다. 이런 점에서 위 조항들의 시행은 정치자금의 투명성 확보를 통해 민주정치의 건전한 발전을 도모하고자 하는「정치자금법」의 입법목적을 달성하기 위한 필수불가결한 조치라고 할 것이고, 달리 이보다 진술거부권을 덜 침해하는 방안을 현실적으로 찾을 수 없다.

넷째, 정치자금의 개혁과 규제에 있어서 가장 효율적인 방법 중 하나는 정치자금의 투명성을 철저하게 확보하는 것으로서, 이는 정당과 정치인으로 하여금 모든 정치자금의 규모·수입·지출에 대한 명세를 법이 정하는 절차에 의하여 공개하도록 하여 일반인이 이를 알 수 있게 하는 것이다. 따라서 위 조항들을 통하여 달성하고자 하는 이와 같은 정치자금의 투명한 공개라는 공익은 불법정치자금을 수수한 사실을 회계장부에 기재하고 신고해야 할 의무를 지키지 않은 채 진술거부권을 주장하는 사익보다 우월하다고 할 것이다.

결국, 정당의 회계책임자가 불법 정치자금이라도 그 수수 내역을 회계장부에 기재하고 이를 신고할 의무가 있다고 규정하고 있는 위 조항들은 우리 헌법이 보장하는 진술거부권을 침해한다고 할 수 없다고 할 것이다(헌법재판소 2005. 12. 22. 자 2004헌바25 결정).

9. 처벌

본 조 제1항을 위반하여 회계장부를 비치하지 아니하거나 허위로 기재한 자는 3년 이하의 징역 또는 600만원 이하의 벌금에 처한다(「정치자금법」제46조 제5호).

선거비용과 관련하여 본 조 제1항의 규정을 위반하여 회계장부를 비치·기재하지 아니하거나 허위기재·위조·변조한자는 2년 이하의 징역 또는 400만원 이하의 벌금에 처한다(「정치자금법」제49조 제2항 제5호).

본 조 제1항 후단의 규정을 위반하여 보조금과 보조금 외의 정치자금, 선거비용과 선거비용 외의 정치자금을 각각 구분하여 경리하지 아니한 자는 100만원 이하의 과태료에 처한다(「정치자금법」제51조 제3항 제7호).

제38조(정당의 회계처리) ① 중앙당은 정치자금의 지출을 공개적·민주적으로 처리하기 위하여 회계처리에 관한 절차 등을 당헌·당규로 정하여야 한다.

② 제1항의 당헌·당규에는 다음 각 호의 사항이 포함되어야 한다.

　1. 예산결산위원회의 구성 및 운영에 관한 사항

　2. 다음 각 목의 내용을 명시한 지출결의서에 관한 사항

　　가. 지출과목, 지출의 목적·일자 및 금액

　　나. 지급받거나 받을 권리가 있는 자의 성명·생년월일·주소·직업 및 전화번호

　3. 중앙당(정책연구소를 포함한다) 및 시·도당이 물품·용역을 구입·계약하고자 하는 때의 구입·지급 품의서에 관한 사항

③ 중앙당의 예산결산위원회(시·도당의 경우에는 그 대표자를 말한다. 이하 같다)는 매분기마다 다음 각 호의 사항을 확인·검사하여야 하며, 그 결과를 지체 없이 당원에게 공개하여야 한다.

　1. 당헌·당규에 정한 회계처리절차 준수 여부

　2. 예금계좌의 잔액

　3. 정치자금의 수입금액 및 그 내역

　4. 정치자금의 지출금액 및 그 내역

④ 정당의 회계처리 등에 관하여 필요한 사항은 중앙선거관리위원회규칙으로 정한다.

제51조(과태료) ② 다음 각 호의 어느 하나에 해당하는 행위를 한 자는 200만원 이하의 과태료에 처한다.

　2. 제38조(정당의 회계처리) 제2항의 규정을 위반하여 지출결의서나 구입·지급품의서에 의하지 아니하고 정치자금을 지출한 자

1. 의의

본 조는 정당 회계의 투명성이 보장될 수 있도록 당헌·당규로 정하여야 하는 회계처리 절차와 중앙당에 두는 예산결산위원회의 역할을 규정한 것이다. 정당이 정치자금을 지출하는 때에는 지출결의서와 구입·지급 품의서에 의하는 등 국가의 회계처리절차에 준하여 처리하도록 하여 회계책임을 명확하게 하고 적법한 회계처리가 이루어질 수 있도록 하는 데 의의가 있다.

2. 정당의 회계처리

가. 당헌·당규로 정하여야 할 회계처리 절차 등

중앙당은 정치자금의 지출을 공개적·민주적으로 처리하기 위하여 회계처리에 관한 절차 등을 당헌·당규로 정하여야 한다.

당헌·당규에는 ① 예산결산위원회의 구성 및 운영에 관한 사항, ② '지출과목, 지출의 목적·일자 및 금액', '지급받거나 받을 권리가 있는 자의 성명·생년월일·주소·직업 및 전화번호'를 명시한 지출결의서에 관한 사항, ③ '중앙당, 정책연구소, 시·도당이 물품·용역을 구입·계약하고자 하는 때의 구입·지급품의서에 관한 사항이 포함되어야 한다.

지출결의서와 구입·지급품의서 중 어느 하나에 의하여 정치자금을 지출한 경우에는 정치자금법 제51조 제2항의 과태료부과대상에는 해당되지 아니할 것이다.[24]

나. 매분기 분기별 회계처리상황 확인·검사 및 그 결과 공개

중앙당의 예산결산위원회(시·도당의 경우에는 그 대표자를 말한다. 이하 같다)는 매분기마다 '당헌·당규에 정한 회계처리절차의 준수여부', '예금계좌의 잔액', '정치자금의 수입금액 및 그 내역', '정치자금의 지출금액 및 그 내역' 사항을 확인·검사하여야 하며, 그 결과를 지체 없이 당원에게 공개하여야 한다.

정당법에서는 "중앙당은 정당의 예산과 결산 및 그 내역에 관한 회계검사 등 정당의 재정에 관한 사항을 확인·검사하기 위하여 예산결산위원회를 두어야 한다"고 규정하고 있다(「정당법」 제29조 제2항).

이러한 예산결산위원회의 구성은 국고보조금 수령 여부나 교섭단체 구성 여부와 상관없이 모든 정당의 의무사항이다.

공개 방법은 명시적으로 규정하고 있지 않으므로 공고나 기관지 게재, 인터넷홈페이지 게시 등 다수의 당원에게 알릴 수 있는 방법이라면 가능하다.

---

24) 중앙선거관리위원회 2008. 3. 17. 회답.

3. 정치자금 지출처리[25]

(사업주관부서)		(회계책임자)		(회계책임자)		(회계책임자)
구입·지급 품의	→	지출원인행위 (계약체결 등)	→	지출(결의) 및 영수증 수령	→	회계장부 기재 및 영수증 등 정리·관리

가. 구입·지급품의

　공사·용역 또는 물품의 구입·제조·수선 그 밖의 사업을 수행하고자 하는 때에는 사업주관 부서에서 구입·지급품의서를 작성하여야 한다. 이 경우 구입·지급품의서는 소요예산 및 지출과목이 명시된 관련 사업계획서 등 내부품의서로 대신할 수 있다. 사업계획서 등 내부품의서는 구입·지급품의서를 대신하는 것으로 구입·지급품의서에 준하여 물품 등을 구매할 때 그 내역과 소요예산 및 지출과목이 구체적으로 명시되어 있어야 한다.

　사업주관부서에서 구입·지급품의를 하는 때에는 지출관련 사업계획서 등을 첨부하여 회계책임자에게 송부하여 계약을 의뢰하여야 한다.

나. 지출원인행위(계약체결 등)

　지출원인행위란 정치활동에 필요한 시설물의 제작, 홍보물의 인쇄, 장비의 제작 또는 임차, 물품 등의 구매를 위하여 관련업체에 주문 또는 계약을 체결하거나 일용인부 등을 고용하는 행위 등을 말한다. 회계책임자는 사업주관부서에서 넘어온 구입·지급품의서에 의하여 견적서·계약서 등을 징구하여 계약을 체결한다.

다. 지출결의서

　지출결의서란 회계담당부서에서 지출에 관한 의사를 결정한 문서를 말하며 지출관련 최종책임자의 결재로 확정된다. 정치자금을 지출하는 때에는 "지출결의서〈규칙 별지 제35호 서식〉"에 의한다. 지출결의서에 지출건별로 건명, 수령인의 인적사항을 기재하고 지출의 발의에서부터 정당한 채권자에게 지출하기까지의 과정을 기재한다. 지출결의서는 계정별·과목별로 구분하여 지출일자순으로 편철하되, 동일 지출일자인 경우에는 지출원인행위순에

---

25) 중앙선거관리위원회. 정치자금사무편람(2022), 123~129면.

의한다.

정당의 지출결의서 사용범위와 관련하여 중앙당(정책연구소를 포함함), 시·도당은 「정치자금법」 제38조 및 규칙 제38조에 따라 지출결의서와 구입·지급품의서를 작성하여야 할 것이나, 지출결의서와 구입·지급품의서 중 어느 하나에 의하여 정치자금을 지출한 경우에는 「정치자금법」 제51조 제2항의 과태료부과 대상에는 해당되지 아니한다.[26]

4. 중앙선거관리위원회 행정해석

가. 중앙당의 당사 임대 및 회계처리

① 정당이 일반 사법상의 계약을 체결하는 경우 명의인

당헌·당규에서 정하는 바에 따라 정당의 재산관리에 대한 정당한 권한과 책임이 있는 자의 명의로 하여야 함.

② 중앙당이 전대인이 되어 정책연구소 또는 시·도당과 임대차계약을 맺고 통상적인 임대료를 받는 것에 관하여 「정당법」·「정치자금법」에서 이를 제한하고 있지 아니함. 이 경우 중앙당의 임대료 수입은 「정치자금사무관리 규칙」 별표 1의 수입과목 해소 중 그 밖의 수입으로, 정책연구소 및 시·도당의 임차료 지출은 지출과목 해소 중 사무소설치·운영비로 처리하여야 함(중앙선거관리위원회 2005. 11. 9. 회답).

나. 정당의 국회의원 사무소운영비 등 지원

정당이 소속 국회의원에게 사무소운영비 등 정치자금을 지원할 수 있으나, 지방의회의원에게 이를 지원하는 것에 관하여는 법률상 근거규정이 없음(중앙선거관리위원회 2005. 6. 8. 회답).

다. 정당이 지방의회의원선거 후보자등에게 선거지원금 지급

정당이 소속 당원인 지방의회의원선거(자치구·시·군의회의원선거를 포함함) 후보자 또는 예비후보자에게 선거관리위원회에 신고된 정치자금 예금계좌를 통하여 당해 선거에 소요되는 선거지원금을 지급할 수 있음(중앙선거관리위원회 2005. 4. 16. 회답).

---

26) 중앙선거관리위원회 2008. 3. 17. 회답.

라. 중앙당의 당사 임대 및 임대수입료 회계처리

정당의 중앙당이 당해 당사의 일부를 전세나 월세로 임대할 수 있음. 이 경우 당사의 임대를 통하여 발생한 임대료수입에 대한 회계처리는 정당의 수입과목 중 기타수입으로 처리하면 됨(중앙선거관리위원회 2004. 7. 13. 회답).

5. 처벌

본 조 제2항의 규정을 위반하여 지출결의서나 구입 · 지급품의서에 의하지 아니하고 정치자금을 지출한 자는 200만원 이하의 과태료에 처한다(「정치자금법」 제51조 제2항 제2호).

제39조(영수증 그 밖의 증빙서류) 회계책임자가 정치자금을 수입 · 지출하는 경우에는 영수증 그 밖의 증빙서류를 구비하여야 한다. 다만, 중앙선거관리위원회규칙으로 정하는 경우에는 그러하지 아니하다.

제47조(각종 의무규정위반죄) ① 다음 각 호의 어느 하나에 해당하는 자는 2년 이하의 징역 또는 400만원 이하의 벌금에 처한다.
   10. 제39조(영수증 그 밖의 증빙서류) 본문의 규정을 위반하여 영수증 그 밖의 증빙서류를 구비하지 아니하거나 허위기재 · 위조 · 변조한 자

제49조(선거비용관련 위반행위에 관한 벌칙) ② 선거비용과 관련하여 다음 각 호의 어느 하나에 해당하는 자는 2년 이하의 징역 또는 400만원 이하의 벌금에 처한다.
   6. 제39조(영수증 그 밖의 증빙서류) 본문의 규정에 의한 영수증 그 밖의 증빙서류를 허위기재 · 위조 · 변조한 자

---

1. 의의

본 조는 정치자금을 수입 · 지출하는 때에 갖추어야 할 영수증 등 증빙서류에 관하여 규정한 것이다. 특히 제39조(영수증 그 밖의 증빙서류) 본문의 규정을 위반하여 선거사무소의 회계책임자가 선거비용과 관련하여 허위기재 · 위조 · 변조하여 징역형 또는 300만원 이상의 벌금

형의 선고를 받은 때에는 공직선거법 제263조 제2항[27]에 따라 그 후보자(대통령후보자, 비례대
표국회의원후보자 및 비례대표지방의회의원후보자를 제외한다)의 당선은 무효가 될 수 있다.

2. 영수증 구비 의무

회계책임자가 정치자금을 수입·지출하는 때에는 반드시 영수증 그 밖의 증빙서류를 구비
하여야 한다. 회계책임자가 구비하여야 하는 영수증 그 밖의 증빙서류는 다음과 같다.

① 「부가가치세법」 제32조에 따라 세금계산서를 교부하여야 하는 사업자, 「소득세법」 제
163조에 따라 계산서 또는 영수증을 교부하여야 하는 사업자 또는 「법인세법」 제121
조에 따라 계산서를 교부하여야 하는 사업자로부터 재화 또는 용역을 공급받고 그 대
가를 지출하는 경우에는 해당 사업자가 발급하여야 하는 세금계산서·계산서 또는 영
수증

사업자별 영수증 구비대상[28]

- 일반과세자: 세금계산서, 체크카드매출전표, 현금영수증 중 하나
- 간이과세자: 간이영수증, 체크카드매출전표, 현금영수증 중 하나
- 세금계산서 또는 간이영수증 발급 불능자(사업자가 아닌 유급사무직원 등): 품명, 가액, 수량, 영수일자,
  영수자의 성명·주소·생년월일, 전화번호가 기재되고 날인된 영수증 징구

과세사업자 구분방법

- 과세사업자 여부는 해당 사업자에게 확인하거나,
- 국세청 인터넷사이트에서 해당 사업자등록번호를 입력하여 조회
  ※ 국세청홈택스(www.hometax.go.kr) / 조회/발급 / 사업자상태 / "사업자등록번호로 조회"

한편 사업자와 거래한 경우에는 세금계산서, 체크카드매출전표 등을 구비하여야 하며, 세
금계산서 등을 첨부하지 아니하고 무통장입금증만 제출하는 경우에는 영수증 그 밖의 증빙

---

27) 제263조(선거비용의 초과지출로 인한 당선무효) ② 「정치자금법」 제49조(선거비용관련 위반행위에 관한 벌칙)제1항 또는 제
2항 제6호의 죄를 범함으로 인하여 선거사무소의 회계책임자가 징역형 또는 300만원 이상의 벌금형의 선고를 받은 때에는 그
후보자(대통령후보자, 비례대표국회의원후보자 및 비례대표지방의회의원후보자를 제외한다)의 당선은 무효로 한다. 이 경우
제1항 단서의 규정을 준용한다.
28) 중앙선거관리위원회. 제20대 대통령선거 정당·(예비)후보자 및 그 후원회의 정치자금 회계실무(2021), 20면.

서류를 제출하지 않은 것으로 간주된다.[29]

② 위 '①' 외의 자에게 지출하는 경우에는 수령인이 금액(물품인 경우에는 그 가액과 수량)과 그 내역·영수일자 및 수령인의 성명·생년월일·주소 등을 기재하고 날인한 영수증

③ 회계사무보조자 또는 회계책임자의 관리·통제 아래 관할 선거관리위원회에 신고된 정치자금 지출을 위한 예금계좌를 결제계좌로 하는 체크(신용)카드, 그 밖에 이에 준하는 것으로 지출하거나, 공직선거의 후보자·예비후보자가 선거운동을 함에 있어 회계책임자가 이에 소요되는 경비를 지출할 수 없는 부득이한 사유가 있어 그 선거운동에 필요한 경비를 공직선거의 후보자·예비후보자가 지출한 경우에는 그들로부터 제출받은 정산서 및 영수증 그 밖의 증빙서류

3. 영수증 구비 예외 사유

다음과 같은 경우에는 영수증 그 밖의 증빙서류를 구비하지 아니할 수 있으나, 이 경우 회계책임자는 1차 수령인의 수령증을 받고 그 명세와 사유를 회계장부에 기재하여야 한다.

① 지출금액이 20만원(분할하여 지급하는 때에는 총액을 말함) 이하로서 봉사료 등 사회통념상 영수증을 받을 수 없는 경우

② 택시·버스 등 대중교통 수단이나 무인판매기 이용의 경우 등 법령의 규정에 의하여 영수증을 발행하지 아니하는 경우

③ 영수증 그 밖의 증빙서류를 구비할 수 없는 불가피한 사유가 있는 경우

예금계좌입금의 방법으로 지급하는 때에는 무통장입금증, 거래이체내역서, 입금된 예금계좌사본 외에 세금계산서 등의 영수증을 함께 구비하여 증빙서류철에 편철·관리하여야 하고, 세금계산서, 체크(신용)카드매출전표, 현금영수증 등만으로 지출내역을 알 수 없는 경우에는 별도의 세부지출 명세서 작성 또는 거래업체로부터 제출받아 증빙서류철에 편철·보관한다.[30] 영수증 분실 등 부득이한 경우 카드사·금융기관이 발행하는 '증빙용 사본' 등 거래관계를 실질적으로 증빙하는 서류 및 소명자료 등을 통해 예외적으로 인정될 수 있다.

---

29) 중앙선거관리위원회. 제20대 대통령선거 정당·(예비)후보자 및 그 후원회 정치자금 회계실무(2021), 20면.
30) 중앙선거관리위원회. 앞의 책. 20면.

4. 회계보고시 영수증 제출 생략사유

영수증 구비 예외규정의 취지

선거비용의 수입과 지출을 하는 때에 영수증 기타 증빙서류를 구비하지 아니할 수 있는 경우를 규정한 규칙 제55조 제3항의 취지는 공선법 제130조의 규정에 따라 원칙적으로는 모든 선거비용의 수입과 지출은 영수증 기타 증빙서류를 첨부하여야 하지만 봉사료와 격려금 등 사회통념상 영수증을 받기가 곤란하거나 받을 수 없는 불가피한 사유가 있는 경우에는 영수증 등을 첨부하지 않아도 된다는 뜻을 규정한 것일 뿐, 실제로 청소를 하였는지 여부나 격려금인지의 여부를 불문하고 금 100,000원의 범위 내에서 무조건 봉사료와 격려금 등의 명목으로 비용을 지출할 수 있다는 의미는 아니라고 할 것이다(대법원 1996. 12. 10. 선고 96도1768 판결).

정치자금(선거비용 제외) 1건의 지출금액(1건의 계약과 관련된 지출이 수회에 이루어진 경우에는 그 합계금액)이 ① 중앙당(정책연구소를 포함함), 시·도당, 대통령선거경선후보자 및 당대표경선후보자등의 경우에는 20만원, ② 후원회를 둔 국회의원, 정당선거사무소, 공직선거후보자·예비후보자 및 후원회의 경우에는 5만원을 초과하지 아니하는 때에는 회계보고시에 그 영수증의 제출을 생략할 수 있다.

영수증 제출을 생략할 수 있다는 것이지 영수증 그 밖의 증빙서류를 구비하지 않아도 된다는 것은 아니다. 즉 영수증은 항상 구비하여야 하며, 단지 회계보고시 생략할 수 있을 뿐이다(규칙 제39조 제7항).

5. 공직선거에서 회계보고 관련 자주 묻는 질문[31]

가. 후보자가 자신이 소유하고 있는 자동차 등을 공개장소 연설·대담을 위하여 사용하는 경우 회계처리방법

해당 자동차 등의 사용일수에 따른 시중의 통상적인 임차료에 상당하는 금액을 후보자자산계정, 선거비용과목에 수입과 함께 지출 처리함.

[계 정 명 : 후보자자산]

[과 목 명 : 선거비용]

---

31) 중앙선거관리위원회. 제20대 대통령선거 정당·(예비)후보자 및 그 후원회의 정치자금 회계실무(2021).

(금액단위: 원)

| 연월일 | 내역 | 수입액 | | 지출액 | | 잔액 | 수입을 제공한 자 또는 지출을 받은 자 | | | | | 영수증 일련 번호 |
		금회	누계	금회	누계		성명 (법인· 단체명)	생년월일 (사업자 등록번호)	주소 또는 사무소소재지	직업 (업종)	전화 번호	
22.02.01.	후보자 소유 자동차	750,000	750,000	750,000	750,000	0	가후보	50.01.01.	서울시 관악구 봉천로 22	사업	02-502-9584	

나. 선거운동과 관련하여 선거사무관계자, 자원봉사자 또는 후보자의 친족 소유 차량을 무상으로 지원받을 수 있는지 여부와 가능한 경우 그 회계처리 방법

후원회로부터 기부받은 후원금을 제외하고 예비후보자·후보자 등이 선거사무관계자 등 제3자로부터 금품 등을 무상으로 지원 받는 경우 「정치자금법」 제2조의 규정에 위반될 것임. 다만, 예비후보자·후보자의 친족(「민법」 제777조)으로부터 기부받는 것은 가능함.

후원회를 둔 대통령후보자의 경우에는 후원회를 통하여 선거사무관계자 등 제3자로부터 차량을 지원받을 수 있음.

후원회를 둔 대통령후보자가 후원회로부터 물품 등을 기부받은 경우 회계처리방법

○ 후원회가 인쇄물·시설물·물품·장비 등을 제공 또는 대여받은 경우에는 제공 또는 대여받은 날에 그 통상적인 거래가격 또는 임차가격에 상당하는 가액을 수입계정의 후원금 과목에 기재하고, 제공 또는 대여 받은 인쇄물·시설물·물품·장비 등을 후원회지정권자인 후보자에게 기부한 때에는 기부한 날에 그 가액을 지출계정의 기부금 과목에 기재함.

[계 정 명 : 수입]

[과 목 명 : 후원금]

(금액단위: 원)

연월일	적요							금액	누계	영수증 일련 번호
	내역	성명 (법인· 단체명)	생년월일 (사업자 등록번호)	주 소 (사무소소재지)	직업 (업종)	전화번호				
22.02.25.	2.5톤 트럭 1대 대여	○○○	60.01.01.	○○시 ○○구 ○○로 1	회사원	02-555-6666		5,000,000	5,000,000	

[계 정 명 : 지출]

[과 목 명 : 기부금]

(금액단위: 원)

연월일	적요							금액	누계	영수증 일련 번호
	내역	성명 (법인· 단체명)	생년월일 (사업자 등록번호)	주 소 (사무소소재지)	직업 (업종)	전화번호				
22.02.25.	2.5톤 트럭 1대 대여분	○○○	50.01.01.	○○시 ○○구 ○○로 12	사업	02-502-9584		5,000,000	5,000,000	1

○ 위 인쇄물·시설물·물품·장비 등을 후원회로부터 기부받아 선거운동을 위하여 사용한 후보자는 수입 계정 중 후원회기부금 계정의 선거 비용 과목에 그 가액을 수입과 동시에 지출처리함.

[계 정 명 : 후원회 기부금]

[과 목 명 : 선거비용]

(금액단위: 원)

연월일	내역	수입액		지출액		잔액	수입을 제공한 자 또는 지출을 받은 자					영수증 일련 번호
		금회	누계	금회	누계		성명 (법인· 단체명)	생년 월일 (사업자 등록 번호)	주소 또는 사무소 소재지	직업 (업종)	전화 번호	
22.02.25.	2.5톤 트럭 1대	5,000,000	5,000,000	5,000,000	5,000,000	0	○○○ 후원회		○○시 ○○구 ○○ 로 1		02-502-9584	1

※「공직선거법」제79조의 차량은 선거비용과목에, 공직선거법 제91조의 차량은 선거비용외 정치자금과목에 각각 기재함.

다. (예비)후보자 본인 소유의 건물(사무실)을 임차한 경우 임차료를 지급할 수 있는지 여부

지급할 수 있음. 세금계산서·계산서 또는 영수증을 발행하지 아니하는 자에게 지출하는 경우 ① 입금확인증과 ② 영수증(「정치자금사무관리 규칙」 제39조 제1항 제2호에 따라 수령인(임대인)이 금액, 내역, 영수일자 및 수령인 성명·생년월일·주소 등을 기재하고 날인)을 첨부하여야 할 것임.

라. 후보자가 타인으로부터 금전을 차입하는 경우의 회계처리방법

'후보자자산 계정'에 수입처리하고, 수입·지출장부의 '내역'란에 '후보자자산'으로 기재, '수입을 제공한 자'란에는 후보자의 성명을 기재함(회계보고 시 차용증 사본 제출).

마. 선거사무소 개소식 시 내방객들이 가져온 음료수 등의 회계처리방법

일상적 예를 갖추는 데 필요한 범위 내(그 자리에서 즉시 소비될 정도의 양)라면 정치자금 수입·지출 장부에 기재할 필요 없음. 다만, 의례적인 범위를 초과할 경우 정치자금부정수수죄에 해당될 수 있음.

바. 선거사무소나 선거연락소에서 단순 업무처리(워드작업, 차대접, 청소 등)를 담당한 노무자에게 지급할 수 있는 임금의 범위

단순 노무자에 대한 인부임의 경우 사회통념상 통상적인 범위 내에서 지급하면 될 것임. 만일 이를 벗어나 과도한 임금을 지급하는 경우에는 기부행위에 해당될 수 있을 것임.

※ 인건비 지출 시에는 인건비 입금증 이외에 「정치자금사무관리 규칙」 제39조 제1항 제2호에 따라 ① 금액, ② 내역(예: 정당선거사무소장 급여), ③ 영수일자, ④ 수령인의 성명·생년월일·주소·전화번호 등을 기재하고 날인한 영수증을 첨부하여야 할 것임.

제40조(회계보고) ① 회계책임자는 다음 각 호에서 정하는 기한까지 관할 선거관리위원회에 정치자금의 수입과 지출에 관한 회계보고(이하 "회계보고"라 한다)를 하여야 한다.

  1. 정당의 회계책임자

    가. 공직선거에 참여하지 아니한 연도

      매년 1월 1일부터 12월 31일 현재로 다음 연도 2월 15일(시·도당의 경우에는 1월 31일)까지

    나. 전국을 단위로 실시하는 공직선거에 참여한 연도

      매년 1월 1일(정당선거사무소의 경우에는 그 설치일)부터 선거일 후 20일(20일 후에 정당선거사무소를 폐쇄하는 경우에는 그 폐쇄일을 말한다) 현재로 당해 선거일 후 30일(대통령선거 및 비례대표국회의원선거에 있어서는 40일)까지, 선거일 후 21일부터 12월 31일 현재로 다음 연도 2월 15일(시·도당은 1월 31일)까지

    다. 전국의 일부지역에서 실시하는 공직선거의 보궐선거 등에 참여한 연도

      중앙당과 정책연구소는 가목에 의하고, 당해 시·도당과 정당선거사무소는 나목에 의한다.

  2. 후원회를 둔 국회의원의 회계책임자

    가. 공직선거에 참여하지 아니한 연도

      매년 1월 1일부터 12월 31일 현재로 다음 연도 1월 31일까지

    나. 공직선거에 참여한 연도

      매년 1월 1일부터 선거일 후 20일 현재로 선거일 후 30일까지, 선거일 후 21일부터 12월 31일 현재로 다음 연도 1월 31일까지

  3. 중앙당후원회(중앙당창당준비위원회후원회를 포함한다) 및 국회의원후원회의 회계책임자

    가. 연간 모금한도액을 모금할 수 있는 연도

      매년 1월 1일부터 6월 30일 현재로 7월 31일까지, 7월 1일부터 12월 31일 현재로 다음 연도 1월 31일까지

    나. 연간 모금한도액의 2배를 모금할 수 있는 연도

      매년 1월 1일부터 선거일 후 20일 현재로 선거일 후 30일까지, 선거일 후 21일부터 12월 31일 현재로 다음 연도 1월 31일까지. 다만, 선거일이 12월 중에 있는 경우에는 가목에 의한다.

  4. 대통령선거경선후보자·당대표경선후보자등 및 그 후원회의 회계책임자

    정당의 경선일 후 20일 현재로 경선일 후 30일까지. 이 경우 후원회를 둔 국회의원의 회계책임자는 제2호의 규정에 불구하고 매년 1월 1일부터 경선일 후 20일 현재로 경선일 후 30일까지, 경선일 후 21일부터 12월 31일 현재로 다음 연도 1월 31일까지

5. 공직선거의 후보자·예비후보자 및 그 후원회의 회계책임자

　　선거일 후 20일(대통령선거의 정당추천후보자의 경우 그 예비후보자의 회계책임자는 후보자등록일 전일) 현재로 선거일 후 30일(대통령선거의 무소속후보자는 40일)까지. 이 경우 대통령선거의 정당 추천 후보자와 비례대표국회의원선거 및 비례대표지방의회의원선거의 선거사무소·선거연락소의 회계책임자는 제1호 나목 또는 다목에 의한다.

② 제1항의 규정에 불구하고 다음 각 호에 해당하는 사유가 있는 때에는 그 회계책임자는 그 날부터 14일 이내에 관할 선거관리위원회에 회계보고를 하여야 한다.

1. 정당이 등록취소되거나 해산한 때

2. 후원회를 둔 중앙당창당준비위원회가 소멸한 때

3. 후원회가 제19조(후원회의 해산 등) 제1항의 규정에 의하여 해산한 때(선거 또는 경선의 종료로 후 원회지정권자가 후원회를 둘 수 있는 자격을 상실하여 해산한 때는 제외한다)

4. 후원회를 둔 국회의원, 대통령선거경선후보자 또는 당대표경선후보자등이 후원회지정을 철회하거 나 후원회를 둘 수 있는 자격을 상실한 때(경선의 종료로 인하여 자격을 상실한 때는 제외한다)

5. 공직선거의 예비후보자 또는 그 후원회가 선거기간개시일 30일 전에 그 자격을 상실하거나 해산할 때

③ 제1항 및 제2항의 규정에 의하여 회계보고하는 사항은 다음 각 호와 같다.

1. 정당 및 후원회의 회계책임자

　가. 재산상황

　　정당에 있어서는 12월 31일 현재의 회계보고에 한한다.

　나. 정치자금의 수입내역

　　1회 30만원 초과 또는 연간 300만원(대통령후보자등후원회·대통령선거경선후보자후원회의 경우에는 500만원)을 초과하여 수입을 제공한 자의 경우에는 성명·생년월일·주소·직업·전화 번호와 수입일자 및 그 금액을, 그 이하 금액의 수입을 제공한 자의 경우에는 일자별로 그 건수 와 총금액. 다만, 당비의 경우에는 그러하지 아니하다.

　다. 제37조(회계장부의 비치 및 기재)제1항의 규정에 의하여 회계장부에 기재하는 지출의 상세내역

2. 후원회지정권자(정당은 제외한다)·대통령선거경선후보자, 당대표경선후보자등, 공직선거의 후보 자·예비후보자의 회계책임자(대통령선거의 정당추천 후보자, 비례대표국회의원선거 및 비례대표지 방의회의원선거에 있어서는 제1호에 의한다)

　가. 후원금 및 소속 정당의 지원금으로 구입·취득한 재산상황

　나. 제37조 제1항의 규정에 의하여 회계장부에 기재하는 수입·지출의 상세내역

④ 제1항 내지 제3항의 규정에 의하여 회계보고를 하는 때에는 다음 각 호의 서류를 첨부하여야 한다.

1. 정치자금의 수입과 지출명세서

2. 제39조(영수증 그 밖의 증빙서류) 본문의 규정에 의한 영수증 그 밖의 증빙서류 사본

3. 정치자금을 수입·지출한 예금통장 사본

4. 제41조 제1항 본문에 따른 자체 감사기관의 감사의견서와 대의기관(그 수임기관을 포함한다)·예산 결산위원회의 심사의결서[제38조(정당의 회계처리) 제3항의 규정에 의한 공개자료를 포함한다] 사본[정당(정당선거사무소를 제외한다)과 후원회의 회계책임자에 한한다]

5. 제41조 제1항 단서의 규정에 의한 공인회계사의 감사의견서(중앙당과 그 후원회에 한한다). 다만, 정치자금의 수입·지출이 없는 경우에는 그러하지 아니하다.

6. 잔여재산의 인계·인수서(인계의무자에 한한다). 이 경우 제58조(후보자의 반환기탁금 및 보전비용의 처리) 제1항의 규정에 의한 반환·보전비용의 인계·인수서는 반환·보전받은 날부터 30일까지 제출한다.

7. 제36조(회계책임자에 의한 수입·지출) 제6항의 규정에 의한 예비후보자의 선거비용 지출내역서 사본(대통령선거의 정당추천후보자의 선거사무소의 회계책임자와 그 예비후보자의 회계책임자에 한한다)

⑤ 선거사무소·선거연락소의 회계책임자가 회계보고를 하는 때에는 정당의 대표자 또는 공직선거후보자와 선거사무장의 연대 서명·날인을 받아야 한다. 다만, 선거연락소의 경우에는 선거연락소장의 서명·날인을 받아야 한다.

⑥ 회계보고 그 밖에 필요한 사항은 중앙선거관리위원회규칙으로 정한다.

제46조(각종 제한규정위반죄) 다음 각 호의 어느 하나에 해당하는 자는 3년 이하의 징역 또는 600만원 이하의 벌금에 처한다.

5. 제37조(회계장부의 비치 및 기재) 제1항 또는 제40조(회계보고) 제1항 내지 제4항의 규정을 위반하여 회계장부를 비치하지 아니하거나 허위로 기재한 자 또는 회계보고를 하지 아니하거나 재산상황, 정치자금의 수입·지출금액과 그 내역, 수입·지출에 관한 명세서, 영수증 그 밖의 증빙서류, 예금통장 사본을 제출하지 아니하거나 이를 허위로 제출한 자 또는 수입·지출에 관한 영수증 그 밖의 증빙서류를 허위기재·위조 또는 변조한 자.

제49조(선거비용관련 위반행위에 관한 벌칙) ① 회계책임자가 정당한 사유 없이 선거비용에 대하여 제40조(회계보고) 제1항·제2항의 규정에 의한 회계보고를 하지 아니하거나 허위기재·위조·변조 또는 누락(선거비용의 수입·지출을 은닉하기 위하여 누락한 경우를 말한다)한 자는 5년 이하의 징역 또는 2천만원 이하의 벌금에 처한다.

② 선거비용과 관련하여 다음 각 호의 어느 하나에 해당하는 자는 2년 이하의 징역 또는 400만원 이하의 벌금에 처한다.

　7. 제40조 제4항 제3호의 규정을 위반하여 예금통장 사본을 제출하지 아니한 자

③ 선거비용과 관련하여 다음 각 호의 어느 하나에 해당하는 자는 200만원 이하의 과태료에 처한다.

　4. 제40조 제5항의 규정을 위반한 자

제51조(과태료) ③ 다음 각 호의 어느 하나에 해당하는 행위를 한 자는 100만원 이하의 과태료에 처한다.

　1. 제7조 제1항·제4항, 제19조 제2항·제3항 본문, 제20조 제1항 후단, 제34조 제1항·제3항, 제35조 제1항 또는 제40조 제1항·제2항을 위반하여 신고·보고 또는 신청을 해태한 자

　8. 제40조 제4항 제4호 내지 제6호의 규정을 위반하여 예산결산위원회가 확인·검사한 사실이 명시된 공개자료의 사본, 의결서 사본 또는 감사의견서와 인계·인수서를 첨부하지 아니한 자

1. 의의

　본 조는 정치자금의 적정한 제공 보장, 수입·지출내역을 공개하여 투명성 확보, 정치자금 관련 부정 방지를 통한 민주정치의 건전한 발전에 기여라는 정치자금법의 목적과 정치자금은 국민 의혹을 사지 않도록 공명정대하게 운영돼야 하고, 그 회계는 공개돼야 하는 정치자금법의 기본원칙을 구현하기 위하여 회계책임자가 공직선거 참여여부 또는 일정한 사유가 발생하였을 때를 기준으로 하여 일정기간 동안 회계장부에 기재하는 사항을 중심으로 선거관리위원회에 보고하여야 하는 수입·지출내역에 대한 보고사항과 구비서류 등에 관해 규정한 것이다.

　회계보고시 구비·제출하여야 하는 서류를 강화하여 정치자금의 사용 및 회계처리의 진실성을 확보할 수 있도록 하고 중앙당과 그 후원회의 경우 공인회계사의 감사의견서를 첨부하도록 함으로써 외부통제를 강화하였다. 선거비용에 포함되지 않는 정치활동비용을 보고하도록 함으로써 국민이 느끼는 체감선거비용과 법정선거비용의 괴리를 차단하고, 후원회 회계보고의 주기단축으로 「정치자금법」 위반행위에 대한 통제의 실효성을 확보하고 있다.

2. 회계보고 주체

　중앙당(정책연구소를 포함)이나 시·도당과 정당선거사무소, 중앙당후원회(중앙당창당준비위원

회후원회를 포함), 후원회를 둔 국회의원, 국회의원후원회, 대통령선거경선후보자·당대표경선후보자 및 그 후원회, 공직선거의 후보자·예비후보자 및 그 후원회의 회계책임자이다. 법상 정당 등의 회계보고에 관한 규정은 창당준비위원회에 적용되지 아니하나,[32] 2017. 6. 30. 「정치자금법」 제34조 개정으로 후원회를 둔 중앙당창당준비위원회는 「정치자금법」 제40조에 따른 회계보고 대상이다.

후보자의 등록이 무효로 된 때에도 회계책임자는 선거비용의 수입과 지출보고서를 제출하여야 한다.[33] 후원회를 둔 국회의원이 후원회에서 기부받은 정치자금이 아닌 본인의 재산으로 정치활동을 위하여 비용을 지출하는 경우에는 회계보고의 의무는 없다. 다만, 후원회를 둔 국회의원이 당해 국회의원선거의 예비후보자로 등록하지 아니하였더라도 선거일 전 120일부터 자신의 재산으로 정치자금을 지출하는 등의 경우에는 회계책임자를 통하여 지출하여야 하며 「정치자금법」 제40조에 의하여 회계보고를 하여야 한다.[34] 「정치자금법」 제40조 제2항에 따른 회계보고 외에 정당의 청산위원회가 별도로 잔여재산 처분에 대하여 회계보고를 하는 것은 아니다.[35]

3. 회계보고 시기

'선거일 후 20일 현재'의 의미와 관련하여 법원은 "정치자금법 제40조 제1항 제5호에서 규정한 '선거일 후 20일 현재'란 회계책임자가 회계처리를 정산할 '마감기한'을 정한 것으로, 회계책임자는 위 기준일 현재 아직 지급되지 못한 항목이 있는 경우에는 '정치자금 회계실무'에 따라 이를 기재하여 회계보고 기한인 '선거일 후 30일'(이 사건의 경우 2020. 5. 15.임)까지 관할 선거관리위원회에 보고하여야 하고, 그 회계보고의 대상에는 위 회계처리 마감기한 현재 또는 늦어도 회계보고 기한까지 비용지출의 원인사실이 이미 발생하였고, 회계책임자가 그러한 원인사실의 발생을 인식하였거나 인식할 수 있었던 항목이 포함된다고 해석함이 타당하다"라고 판시하였다.[36]

---

32) 중앙선거관리위원회 2007. 4. 12. 회답.
33) 중앙선거관리위원회 2000. 4. 18. 회답.
34) 중앙선거관리위원회 2005. 1. 20. 회답.
35) 중앙선거관리위원회 2009. 11. 26. 회답.
36) 수원고등법원 2023. 2. 7. 선고 2021노942(분리), 2021노1070(병합) 판결, 대법원 2023. 5. 18. 선고 2023도2724 판결.

가. 정당

1) 공직선거에 참여하지 아니한 연도

구 분	대 상 기 간	보 고 기 한	비 고
중 앙 당	1. 1. ~ 12. 31. 현재	다음연도 2. 15.까지	
시·도당	1. 1. ~ 12. 31. 현재	다음연도 1. 31.까지	

※ 중앙당에는 정책연구소를 포함(이하 같음).

2) 전국단위로 실시되는 공직선거에 참여한 연도

구 분	대 상 기 간	보 고 기 한	비 고
중 앙 당	1. 1. ~ 선거일 후 20일 현재	선거일 후 30일까지	대통령선거 및 비례대표국회의원 선거의 보고기한 ↓ 선거일 후 40일까지
	선거일 후 21일 ~ 12. 31. 현재	다음연도 2. 15.까지	
시·도당	1. 1. ~ 선거일 후 20일 현재	선거일 후 30일까지	
	선거일 후 21일 ~ 12. 31. 현재	다음연도 1. 31.까지	
정당선거사무소	설치일 ~ 폐쇄일 현재	선거일 후 30일까지	

※ 대통령선거의 정당추천후보자와 비례대표국회의원선거 및 비례대표지방의회의원선거의 선거사무소를 포함.
※ 정당이 전국 어느 하나 이상의 선거구의 공직선거에 참여한 경우라면 당해 시·도에서 선거 참여 여부에 관계없이 회계보고 대상.

3) 일부 지역에서 실시되는 공직선거의 보궐선거 등에 참여한 연도

구 분	대 상 기 간	보 고 기 한
당해 시·도당	1. 1. ~ 선거일 후 20일 현재	선거일 후 30일까지
	선거일 후 21일 ~ 12. 31. 현재	다음연도 1. 31.까지
정당선거사무소	설치일 ~ 폐쇄일	선거일 후 30일까지

※ 중앙당, 공직선거 미실시 지역 시·도당은 위 '1)'에 의함.

4) 기타(사유발생 정당, 후원회를 둔 중앙당창당준비위원회)

사 유	대 상 기 간	보 고 기 한
정당 등록취소 또는 해산	직전 회계보고 기준일(또는 정당 등록일) 이후부터 사유발생일 후 14일 이내	사유발생일 후 14일 이내
후원회를 둔 중앙당창당준비위원회의 소멸 또는 해산, 후원회 지정철회	직전 회계보고 기준일(또는 후원회 등록일) 이후부터 사유발생일 후 14일 이내	

나. 중앙당 후원회(중앙당창당준비위원회 후원회 포함) 및 국회의원 후원회

구 분	대상 기간	보고 기한
연간 모금한도액 모금가능 연도	1. 1. ~ 6. 30. 현재	7. 31.까지
	7. 1. ~ 12. 31. 현재	다음연도 1. 31.까지
연간 모금한도액 2배 모금가능 연도	1. 1. ~ 선거일 후 20일 현재	선거일 후 30일까지
	선거일 후 21일 ~ 12. 31. 현재	다음 연도 1. 31.까지
후원회 해산	직전 회계보고 기준일 이후부터 사유발생일 후 14일 이내	사유발생일 후 14일 이내

※ 선거일이 12월 중에 있는 경우 '연간 모금한도액 모금가능 연도'에 의함.

다. 대통령선거경선후보자 및 당대표경선후보자등과 그 후원회

구 분	대 상 기 간	보 고 기 한
경선에 참여한 때(예비경선 포함)	경선일 후 20일 현재	경선일 후 30일까지
후원회 지정 철회 또는 후원회를 둘 수 있는 자격상실	등록일부터 사유발생일 후 14일 이내	사유발생일 후 14일 이내

라. 공직선거의 후보자·예비후보자 및 그 후원회

구 분		대 상 기 간	보 고 기 한
대통령 선 거	정당추천후보자	위 '가'의 '2)'에 의함.	
	정당추천후보자의 경우 그 예비후보자	후보자 등록일 전일 현재	선거일 후 30일까지
	무소속 후보자	선거일 후 20일 현재	선거일 후 40일까지
비례대표	국회의원 및 지방의원	위 '가'의 '2)'에 의함.	
그 밖의 공직선거 후보자·예비후보자 및 그 후원회		선거일 후 20일 현재	선거일 후 30일까지

예비후보자 및 그 후원회가 선거기간 개시일 30일 전에 자격상실 또는 해산	등록일부터 사유발생일 후 14일 이내	사유발생일 후 14일 이내
후보자후원회 해산 (선거종료로 인한 경우 제외)		

※ (예비)후보자 등의 회계처리가 완료되면 회계보고 기한 전이라도 제출 가능. 다만, 법정 회계마감일 이후 접수처리(공고·열람 등의 일정은 회계보고 마감일부터 7일 이내에 법정 일정에 따라 처리).

마. 후원회를 둔 국회의원

구 분	대 상 기 간	보 고 기 한
공직선거에 참여하지 아니한 연도	1. 1. ~ 12. 31. 현재	다음연도 1. 31.까지
공직선거에 참여한 연도	1. 1. ~ 선거일 후 20일 현재	선거일 후 30일까지
	선거일 후 21일 ~ 12. 31. 현재	다음연도 1. 31.까지
대통령선거경선후보자 · 당대표 경선후보자등이 된 경우	1. 1. ~ 경선일 후 20일 현재	경선일 후 30일까지
	경선일 후 21일 ~ 12. 31. 현재	다음연도 1. 31.까지
후원회 지정 철회 또는 후원회를 둘 수 있는 자격상실	직전 회계보고 기준일 이후부터 사유발생일 후 14일 이내	사유발생일 후 14일 이내

※ 예비후보자로 등록하였으나 후보자로 등록하지 않은 경우에는 '선거에 참여하지 아니한' 것과 같음.
※ 당선된 국회의원후보자후원회가 존속결의 후 국회의원후원회로 변경등록 된 경우 그 국회의원후원회는 선거일 다음날부터 기부된 후원금을 포함하여 회계보고 하여야 하며, 후원회지정권자인 국회의원의 정치자금 회계보고는 후원회변경등록일부터 대상기간을 기산함.

4. 회계보고 사항

정 당 (대통령선거 정당추천후보자와 비례대표국회의원선거 및 비례대표지방의회의원선거 후보자 포함)	후 원 회	후원회를 둔 국회의원, 대통령선거경선후보자, 당대표경선후보자, 공직선거후보자 · 예비후보자 (대통령선거 정당추천후보자와 비례대표국회의원선거 및 비례대표지방의회의원선거 후보자 제외)
• 재산상황(정당의 경우 12.31.현재의 회계보고에 한함) • 수입내역 • 지출의 상세내역		• 후원금 또는 소속 정당의 지원금으로 구입·취득한 재산 상황 • 수입·지출의 상세내역

회계보고 사항 중 당비의 수입내역은 일자별 납입건수와 총금액이다. 후원금의 수입내역은 1회 30만원 초과 또는 연간 300만원(대통령후보자·예비후보자후원회 및 대통령선거경선후보자 후원회는 500만원) 초과 제공자는 성명·생년월일·주소·직업·전화번호·수입일자·금액이고, 그 이하의 금액은 일자별로 그 건수와 금액이다.

5. 회계보고 서류

정 당 (대통령선거 정당추천후보자와 비례대표국회의원선거 및 비례대표지방의회의원선거 후보자 포함)	후 원 회	후원회를 둔 국회의원, 대통령선거경선후보자, 당대표경선후보자, 공직선거후보자·예비후보자(대통령선거 정당추천후보자와 비례대표국회의원선거 및 비례대표지방의회의원선거 후보자 제외)
• 정당·후원회의 수입·지출총괄표 • 정당의 재산 및 수입·지출총괄표(후원회 제외) • 재산명세서 • 정당·후원회의 수입·지출부 • 영수증 그 밖의 증빙서류사본 • 정치자금을 수입·지출한 예금통장 사본 • 자체감사기관의 감사의견서(정당선거사무소 제외) • 대의기관(수임기관)·예산결산위원회심사의결서사본 ※ 매 분기 공개자료 포함(중앙당, 시·도당) • 공인회계사의 감사의견서(중앙당에 한하며, 정치자금의 수입·지출이 없는 경우 제출하지 아니함)		• 정치자금수입·지출보고서 • 재산명세서 • 정치자금 수입·지출부 • 영수증 그 밖의 증빙서류사본 • 정치자금을 수입·지출한 예금통장사본 • 잔여재산인계인수서 (인계의무자에 한함)
• 잔여재산인계·인수서(인계의무자에 한함)[37] •선거비용 지출내역서 사본(대통령선거 예비후보자가 정당추천후보자로 된 경우 그 정당과 예비후보자에 한함)		

6. 정치자금 지원내역보고

가. 지원금

"지원금"이란 정당의 회계책임자가 정책연구소, 시·도당, 정당선거사무소, 소속 국회의원, 공직선거의 소속 후보자 또는 예비후보자에게 지원하는 정치자금을 말한다.

---

37) 「정치자금법」 제58조(후보자의 반환기탁금 및 보전비용의 처리) 제1항의 규정에 의한 반환·보전비용의 인계·인수서는 선거비용을 보전받은 날부터 30일까지 제출한다.

나. 지원금 수입·지출

정당의 회계책임자가 지원금을 지급할 때에는 법의 규정에 의하여 관할 위원회에 신고된 수입용 예금계좌에 입금하는 방법으로 하여야 한다. 관할 위원회에 신고된 수입용 예금계좌가 없는 '후원회를 두지 아니한 국회의원'의 경우에는 별도로 예금계좌를 개설하고, 그 계좌에 입금하는 방법으로 지급한다.

중앙당, 정책연구소, 시·도당, 정당선거사무소에 정치자금을 지원하는 때에는 '지원금'으로 지출 처리하고, 소속 국회의원 및 공직선거후보자·예비후보자에게 지원한 내역은 '조직활동비'로 지출 처리한다.

지원금을 받은 중앙당, 정책연구소, 시·도당, 정당선거사무소, 소속 국회의원 및 공직선거후보자·예비후보자는 수입처리 시 반드시 '지원금'으로 처리하여야 한다. 중앙당, 정책연구소, 시·도당, 정당선거사무소간 주고받은 지원금을 '지원금'으로 수입·지출 처리하지 않으면 이중으로 계상되기 때문이다.

같은 정당의 시·도당 간에 정당의 정치자금을 지원할 수 있다. 이 경우 정치자금을 지원한 시·도당은 규칙 제32조(정당의 회계보고)의 규정에 의하여 그 지원내역을 관할선거관리위원회에 보고하여야 한다.[38] 이 경우 지원금을 지급한 시·도당을 상급당부로, 지원금을 받은 시·도당을 하급당부로 간주하여 처리하고, 지원내역을 보고받은 관할 시·도위원회는 지원금을 지원받은 시·도당을 관할하는 시·도위원회에 지원내역을 통보하여야 한다.

다. 지원금 사용잔액 등 정산방법

지원받은 회계책임자(정책연구소 및 시·도당의 회계책임자는 제외)는 지원금 사용잔액을 지원한 정당의 회계보고를 위한 회계장부 마감 전까지 지원한 정당의 예금계좌에 입금하는 방법으로 반납하고 회계보고시 반납내역(영수증 등 증빙서류 포함)을 첨부한다.

후원회를 두지 아니한 국회의원은 지원금 사용잔액을 지원한 정당의 회계보고를 위한 회계장부 마감 전까지 "후원회를 두지 아니한 국회의원의 지원금 지출내역서〈규칙 별지 제6-3호 서식〉"에 따라 지원한 정당의 회계책임자에게 정산하고 정산시에는 지출관련 영수증 그 밖의 증빙서류를 첨부한다.

---

38) 중앙선거관리위원회 2005. 6. 10. 회답.

라. 정치자금 지원금 내역 보고

지원금을 지출한 정당의 중앙당과 시·도당 회계책임자는 당해 공직선거의 선거일 후 10일 이내 관할 선거관리위원회에 보고하여야 한다. 재·보궐선거 등 일부지역에서 실시하는 선거에 있어서는 중앙당과 그 선거구를 관할하는 시·도당만 해당한다.

중앙당의 경우 시·도당, 정책연구소, 소속 국회의원에게 예비후보자등록신청개시일부터 선거일까지 지원한 모든 정치자금(재·보궐선거 등 일부지역에서 실시하는 선거에 있어 시·도당에 지원한 정치자금 내역은 그 선거구를 관할하는 시·도당의 정치자금에 한함)과 정당선거사무소 및 공직선거의 소속 후보자·예비후보자에게 지원한 모든 정치자금이 보고 대상이다.

시·도당의 경우에는 중앙당, 다른 시·도당, 소속 국회의원에게 예비후보자등록신청개시일부터 선거일까지 지원한 모든 정치자금과 정당선거사무소 및 공직선거의 소속 후보자·예비후보자에게 지원한 모든 정치자금이 보고대상이다.

정당선거사무소는 중앙당, 시·도당, 소속 국회의원에게 예비후보자등록신청개시일부터 선거일까지 지원한 모든 정치자금과 다른 정당선거사무소 및 공직선거의 소속 후보자·예비후보자에게 지원한 모든 정치자금이다.

7. 후원회의 기부자명단 보고

후원회의 회계책임자는 회계보고를 하는 때에 1회 30만원을 초과하여 후원금을 제공한 자와 연간 300만원(대통령후보자·예비후보자후원회, 대통령선거경선후보자후원회에 있어서는 500만원)을 초과하여 제공한 자의 성명·생년월일·주소·직업·전화번호, 기부일자 및 기부금액 등에 대하여 각각 보고하여야 한다.

국회의원후원회의 회계책임자가 상반기와 하반기에 기부한 금액을 합하여 300만원을 초과하는 자(이하 "고액기부자"라 함)와 1회 30만원을 초과하여 기부한 자가 있는 경우에는 그 인적사항과 금액을 보고하여야 하며, 상반기 고액기부자로 보고된 자가 하반기에도 기부(금액의 다과를 불문함)한 경우 그 인적사항과 합계금액을 하반기 회계보고시에 보고하여야 하며, 국회의원의 예비후보자후원회 또는 후보자후원회에 기부금품을 납입·기부한 자가 이후 그 당선된 국회의원후원회에 기부금품을 납입·기부한 경우 기부금품의 합계금액이 연간 300만원(1회 30만원 포함)을 초과하는 때에는 「정치자금법」 제40조에 의하여 그 인적사항과 금액을 보고하여야 한다.[39]

---

39) 중앙선거관리위원회 2005. 3. 22. 회답.

8. 연대서명·날인

선거사무소·선거연락소의 회계책임자가 회계보고를 하는 때에는 정당의 대표자 또는 공직선거후보자와 선거사무장의 연대 서명·날인을 받아야 한다. 다만, 선거연락소의 경우에는 선거연락소장의 서명·날인을 받아야 한다.

9. 판례

① 회계책임자의 능력부족으로 회계보고하지 않은 경우

피고인은 학력이 초등학교 중퇴에 불과한 목수로서 애당초 선거관련 회계관리 내지 장부정리를 할 만한 능력이 전혀 결여되어 있을 뿐만 아니라, 어쩌다가 이전 회계책임자인 장○○의 부탁으로 형식상 이 사건 회계책임자로 지정이 되기는 하였으나, 장○○으로부터 회계관련 장부 등을 인수받지 못하였고, 국회의원 후보자는 정신병원에 입원하였으며, 장○○은 선거에 무관심, 무책임하여 피고인을 만나주지도 않는 등의 사유로 피고인이 선거관리위원회에 보고서를 제출하는 것이 사실상 불가능하였던 것으로 보이는 점, 신○○이나 장○○ 등으로부터 아무런 대가나 보수를 받지 아니하였으며, 동종 전과 없고, 잘못을 깊이 뉘우치고 있는 점 등 참작하여 「형법」 제59조 제1항에 의거 선고유예한다(대전고등법원 2005. 1. 7. 선고 2004노561 판결).

② 선거비용의 수입과 지출보고서 허위작성죄

선거비용의 수입·지출보고서를 허위로 제출하지 못하도록 한 취지는 선거비용의 과소계상을 방지하여 법정선거비용 범위 내에서 선거운동을 하도록 유도하는 한편, 선거비용에 관하여 정직하고 성실한 신고를 하도록 하는 취지도 포함되어 있는 것이므로 「공선법」 제258조 제1항 제2호는 회계책임자가 수입과 지출보고서를 사실과 다르게 허위로 작성하여 선거관리위원회에 제출함으로써 성립되고, 보고서에 지출한 것으로 허위기재된 선거비용이 실제지급액보다 많거나 적거나를 불문한다 할 것이다(대법원 1996. 7. 12. 선고 96도1242 판결).

※ 현행 정치자금의 수입과 지출에 관한 회계보고는 「정치자금법」 제40조에 규정되어 있음.

10. 중앙선거관리위원회 행정해석

가. 선거일 후에 후원금 기부 등

① 선거일에 임박하여 후원금이 접수되는 등 부득이한 사유로 선거일까지 기부하지 못한 때에는 선거일 후에 지체 없이 지정권자에게 기부하고, 지정권자는 그 후원금을 당해 선거의 선거비용 등 정치활동에 소요된 경비로 지출하는 것은 무방함. 이 경우 후원회와 당해 지정권자는 그 수입과 지출내역을 회계보고에 포함하여야 함.

② 「정치자금법」 제19조에 따라 국회의원후보자후원회가 국회의원후원회로 존속하는 때에는 선거일 후에 접수된 후원금을 국회의원후원회에 기부된 후원금으로 처리하고, 국회의원후원회로 변경등록된 후에 지정권자인 국회의원에게 기부할 수 있음(중앙선거관리위원회 2009. 11. 11. 회답).

나. 예비경선 탈락자의 회계보고 기한 등

예비경선에서 탈락자는 정당의 대통령선거 후보자 선출을 위한 당내경선에 참여하여 당선되지 아니한 때(낙선한 때)에 해당하므로, 그 후원회의 잔여재산은 「정치자금법」 제21조 제1항에 따라 해산 당시의 소속 정당에 인계하여야 하며, 회계보고는 같은 법 제40조 제1항 제4호에 따라 본경선일 후 30일까지 하여야 함(중앙선거관리위원회 2007. 9. 10. 회답).

다. 당선된 국회의원후원회의 회계처리

① 지역구국회의원후보자후원회가 후원금을 모금한 때에는 지체 없이 당해 지정권자에게 기부하여야 하며, 선거일에 임박하여 후원금이 접수되어 부득이 선거일까지 기부하지 못한 때에는 선거일 후에 지체 없이 기부하여야 함. 이 경우 후원회로부터 기부받은 정치자금은 지역구국회의원후보자의 수입으로 회계처리하여야 함.

② 후원회를 둔 지역구국회의원후보자가 당선된 경우 그 후원회는 국회의원후원회로 존속할 수 있으므로 선거일 후부터 국회의원후원회로 변경등록되기 전까지 후원금이 접수되는 경우 그 후원금은 국회의원후원회에 기부된 후원금으로 보아 회계처리하고 국회의원후원회로 변경등록된 이후 당해 지정권자에게 기부하여야 함.

③ 국회의원후보자 후원회가 당선된 국회의원후원회로 존속결의하고 변경등록한 이후부터 후보자의 선거비용회계보고 기준일까지의 후원금은 국회의원후원회가 모금한 후

원금이므로 국회의원후원회의 회계보고를 규정한 「정치자금법」 제40조 제1항 제3호 가목에 의하여야 함(중앙선거관리위원회 2005. 11. 24. 회답).

11. 처벌

본 조 제1항 내지 제4항의 규정을 위반하여 회계보고를 하지 아니하거나 재산상황, 정치자금의 수입·지출금액과 그 내역, 수입·지출에 관한 명세서, 영수증 그 밖의 증빙서류, 예금통장 사본을 제출하지 아니하거나 이를 허위로 제출한 자 또는 수입·지출에 관한 영수증 그 밖의 증빙서류를 허위기재·위조 또는 변조한 자는 3년 이하의 징역 또는 600만원 이하의 벌금에 처한다(「정치자금법」 제46조 제5호).

회계책임자가 정당한 사유 없이 선거비용에 관하여 본 조 제1항·제2항의 규정에 의한 회계보고를 하지 아니하거나 허위기재·위조·변조 또는 누락(선거비용의 수입·지출을 은닉하기 위하여 누락한 경우를 말한다)한 자는 5년 이하의 징역 또는 2천만원 이하의 벌금에 처하고(「정치자금법」 제49조 제1항), 본 조 제4항 제3호의 규정을 위반하여 예금통장 사본을 제출하지 아니한 자는 2년 이하의 징역 또는 400만원 이하의 벌금에 처한다(「정치자금법」 제49조 제2항 제7호).

본 조 제5항을 위반하여 선거사무소·선거연락소 회계책임자가 선거비용관련 회계보고를 하는 때에 정당의 대표자 또는 공직선거후보자와 선거사무장·선거연락소장의 연대 서명·날인을 받지 않은 경우에는 200만원 이하의 과태료에 처한다(「정치자금법」 제49조 제3항 제4호).

본 조 제1항·제2항의 규정을 위반하여 회계보고를 해태한 자, 본 조 제4항 제4호 내지 제6호의 규정을 위반하여 예산결산위원회가 확인·검사한 사실이 명시된 공개자료의 사본, 의결서 사본 또는 감사의견서와 인계·인수서를 첨부하지 아니한 자는 100만원 이하의 과태료에 처한다(「정치자금법」 제51조 제3항 제1호·제8호).

> **제41조(회계보고의 자체 감사 등)** ① 정당(정당선거사무소를 제외한다)과 후원회의 회계책임자가 회계보고를 하는 때에는 대의기관(그 수임기관을 포함한다) 또는 예산결산위원회의 심사·의결을 거쳐야 하며, 그 의결서 사본과 자체 감사기관의 감사의견서를 각각 첨부하여야 한다. 다만, 정당의 중앙당과 그 후원회는 해당 정당의 당원이 아닌 자 중에서 공인회계사의 감사의견서를 함께 첨부하여야 한다.

> **제47조(각종 의무규정위반죄)** ① 다음 각 호의 어느 하나에 해당하는 자는 2년 이하의 징역 또는 400만원 이하의 벌금에 처한다.
> 　11. 제41조(회계보고의 자체 감사 등) 제2항의 규정을 위반하여 허위의 감사보고를 한 자

1. 의의

　공적자금의 성격이 강한 정치자금의 회계처리는 정당 등 정치자금의 사용주체가 스스로 그 진실성을 확보할 수 있도록 내부통제를 강화함과 동시에 회계보고 내역의 열람·사본교부 및 이의신청 등 일반인에 대한 공개제도를 확대·발전시켜 나감으로써 내·외부 통제를 통한 정치자금 회계처리의 적법성·투명성 확보를 도모하고 있다.[40]

2. 내용

　정치자금 회계처리에 관한 통제방법으로는 내부통제와 외부통제로 구분할 수 있는데, 내부통제 방법으로는 ① 대의기관 또는 그 수임기관의 심사·의결 또는 예산결산위원회의 확인·검사, ② 자체감사기관의 감 등이 있고, 외부통제방법으로는 ① 공인회계사의 감사(정당의 중앙당과 그 후원회), ② 회계보고 내역에 대한 공고, ③ 재산 및 수입·지출내역 등 회계보고서에 대한 열람·이의신청 및 사본교부, ④선거관리위원회의 회계관련 조사권을 들 수 있다.

가. 정치자금 회계처리에 대한 내부통제

1) 대의기관(그 수임기관 포함) 또는 예산결산위원회의 심사·의결

　정당 또는 후원회는 회계보고를 하기 전에 먼저 대의기관(그 수임기관을 포함) 또는 예산결산위원회(시·도당의 경우에는 그 대표자를 말함, 「정치자금법」 제38조 제3항)의 심사·의결을 받아야 하며, 회계보고를 할 때 그 의결서 사본을 첨부하여야 한다. 이 경우 정치자금법에 규정된 예산결산위원회는 정당이 구성하는 것이므로 후원회와는 관련이 없는 것으로 보아야 할 것이다.
　회계보고시의 심사·의결서의 양식에 관하여는 제한이 없으며, 회계보고에 관한 전반적

---

40)　중앙선거관리위원회. 정당·정치자금법규운용자료(2022), 474면.

인 사항을 권한 있는 기관이 심사하였음을 나타내고 있으면 이를 심사·의결서로 인정할 수 있다.

2) 자체 감사기관 감사

정당(정당선거사무소는 제외함)과 후원회는 회계보고를 하기 전에 먼저 자체 감사기관의 감사를 받아야 하며, 당해 감사기관의 감사의견서를 회계보고 시에 첨부하여야 한다. 감사의견서의 서식은 제한이 없으며, 회계보고에 관한 전반적인 사항을 권한 있는 기관이 감사하였음을 나타내면 이를 감사의견서로 인정할 수 있다. 감사의견에는 회계처리가 정치자금법 및 규칙과 일반적으로 인정된 회계원칙에 적합한지에 관한 의견을 기재한다. 감사자의 직위 등은 당규·정관·규약에 규정된 사항을 기재하여야 하며 당규·정관·규약에 감사기관에 관한 사항이 규정되지 않은 경우 대의기관이나 그 수임기관에서 임시감사기관을 구성하면 된다.[41]

나. 정치자금 회계처리에 대한 외부통제

1) 공인회계사에 의한 감사

정당의 중앙당은 회계보고시에 공인회계사의 감사의견서를 첨부하여야 한다. '공인회계사'란 타인의 위촉에 의하여 회계에 관한 감사·감정·증명·계산·정리·입안 또는 법인설립에 관한 회계와 세무 대리를 직무로 하는 자로서 공인회계사법에 의한 자격을 얻은 자를 말한다.[42]

공인회계사에 의한 감사는 외부통제 방법이므로 공인회계사는 당해 정당의 당원이 아닌 자로 선정하여야 한다. 정치자금의 수입·지출이 없는 경우에는 감사할 대상도 없고, 회계보고 시에 공인회계사의 감사의견서를 첨부할 필요도 없으므로 공인회계사의 감사를 받지 않아도 무방하다. 정당이 공인회계사를 선정하도록 하고 있는 바, 공인회계사에 의한 감사의 실효성을 확보하기 위해 허위의 감사보고를 한 공인회계사에 대하여는 처벌규정을 두고 있다(「정치자금법」 제47조 제1항 제11호).

---

41) 중앙선거관리위원회. 제8회 전국동시지방선거 (예비)후보자 및 그 후원회 정치자금 회계실무(2022), 61면.
42) 「공인회계사법」 제2조(직무범위) 공인회계사는 타인의 위촉에 의하여 다음 각 호의 직무를 행한다.
　　1. 회계에 관한 감사·감정·증명·계산·정리·입안 또는 법인설립등에 관한 회계
　　2. 세무대리
　　3. 제1호 및 제2호에 부대되는 업무

2) 회계보고 내역에 대한 공고

정당 등의 회계책임자로부터 회계보고를 받은 관할 선거관리위원회는 그 뜻을 공고하여 야 한다(「정치자금법」 제64조). 회계보고 내역에 대한 공고규정은 제42조에도 규정되어 있다.

3) 재산 및 수입·지출내역 등 회계보고서에 대한 열람·이의신청 및 사본교부

구체적인 설명은 후술한다.

4) 선거관리위원회의 회계관련 조사권

보조금 지출관련 조사권(「정치자금법」 제28조), 선거비용 지출관련 조사권(「정치자금법」 제43 조), 정치자금 관련 조사권(「정치자금법」 제52조)이 규정되어 있다.

3. 처벌

본 조 제2항의 규정을 위반하여 허위의 감사보고를 한 자는 2년 이하의 징역 또는 400만 원 이하의 벌금에 처한다(「정치자금법」 제47조 제1항 제11호).

제42조(회계보고서 등의 열람 및 사본교부) ① 제40조(회계보고)의 규정에 의하여 회계보고를 받은 관할 선거관리위원회는 회계보고 마감일부터 7일 이내에 그 사실과 열람·사본교부기간 및 사본교부에 필요한 비용 등을 공고하여야 한다.

② 관할 선거관리위원회는 제40조 제3항 및 제4항의 규정에 의하여 보고된 재산상황, 정치자금의 수입·지출내역 및 첨부서류를 그 사무소에 비치하고 제1항의 규정에 의한 공고일부터 3월간(이하 "열람기간"이라 한다) 누구든지 볼 수 있게 하여야 한다. 다만, 선거비용에 한하여 열람대상 서류 중 제40조(회계보고) 제4항 제1호의 수입과 지출명세서를 선거관리위원회의 인터넷 홈페이지를 통하여 공개할 수 있되, 열람기간이 아닌 때에는 이를 공개하여서는 아니된다.

③ 누구든지 회계보고서, 정치자금의 수입·지출내역과 제40조 제4항의 규정에 의한 첨부서류(제2호 및 제3호의 서류를 제외한다)에 대한 사본교부를 관할 선거관리위원회에 서면으로 신청할 수 있다. 이 경우 사본교부에 필요한 비용은 그 사본교부를 신청한 자가 부담한다.

④ 제2항 및 제3항의 규정에 불구하고 후원회에 연간 300만원(대통령후보자등·대통령선거경선후보자의 후원회의 경우 500만원을 말한다) 이하를 기부한 자의 인적 사항과 금액은 이를 공개하지 아니한다.

⑤ 누구든지 제2항 및 제3항의 규정에 의하여 공개된 정치자금 기부내역을 인터넷에 게시하여 정치적 목적에 이용하여서는 아니된다.

⑥ 제40조의 규정에 의하여 관할 선거관리위원회에 보고된 재산상황, 정치자금의 수입·지출내역 및 첨부서류에 관하여 이의가 있는 자는 그 이의에 대한 증빙서류를 첨부하여 열람기간 중에 관할 선거관리위원회에 서면으로 이의신청을 할 수 있다.

⑦ 제6항의 규정에 의한 이의신청을 받은 관할 선거관리위원회는 이의신청을 받은 날부터 60일 이내에 이의신청사항을 조사·확인[제39조(영수증 그 밖의 증빙서류) 단서의 규정에 해당하는 사항을 제외한다]하고 그 결과를 신청인에게 통보하여야 한다.

⑧ 선거비용에 관하여 제6항의 규정에 의한 이의신청을 받은 관할 선거관리위원회는 회계책임자 그 밖의 관계인에게 이의사실에 대한 소명자료를 제출하도록 통지하여야 하며, 회계책임자 그 밖의 관계인은 통지를 받은 날부터 7일 이내에 소명자료를 제출하여야 한다. 이 경우 관할 선거관리위원회는 그 소명자료를 제출받은 때에는 그 이의신청내용과 소명내용을, 그 소명자료의 제출이 없는 때에는 이의신청내용과 소명이 없음을 공고하고 지체 없이 그 사실을 당해 이의신청인에게 통지하여야 한다.

⑨ 제1항의 공고, 회계보고서 등의 열람, 이의신청 및 사본교부 그 밖에 필요한 사항은 중앙선거관리위원회규칙으로 정한다.

[단순위헌, 2018헌마1168, 2021. 5. 27., 정치자금법(2010. 1. 25. 법률 제9975호로 개정된 것) 제42조 제2항 본문 중 '3월간' 부분은 헌법에 위반된다.]

제47조(각종 의무규정위반죄) ① 다음 각 호의 어느 하나에 해당하는 자는 2년 이하의 징역 또는 400만원 이하의 벌금에 처한다.

　12. 제42조(회계보고서 등의 열람 및 사본교부)제5항의 규정을 위반하여 공개된 정치자금 기부내역을
　　　인터넷에 게시하여 정치적 목적에 이용한 자

② 제28조 제4항·제42조 제7항 또는 제52조(정치자금범죄 조사 등) 제1항·제4항의 규정을 위반하여 선거관리위원회의 조사·자료확인이나 제출요구에 정당한 사유 없이 응하지 아니하거나 허위자료의 제출 또는 장소의 출입을 방해한 자는 1년 이하의 징역 또는 200만원 이하의 벌금에 처한다.

1. 의의

　본 조는 정당 등이 제출한 회계보고에 대한 열람 및 사본교부, 회계보고 내역에 대한 이의신청 및 조사 등을 규정한 것이다. 열람 및 사본교부 제도는 정당 등이 사용하는 정치자금의 집행내역을 공개하여 일반 국민이 정당 등의 회계처리가 적법하고 투명하게 집행되었는지 직접 확인할 수 있도록 한 매우 중요한 외부통제 장치이다.

「정치자금법」 제1조에서 "정치자금의 적정한 제공을 보장하고 그 수입과 지출내역을 공개하여 투명성을 확보하며 정치자금과 관련한 부정을 방지함으로써 민주정치의 건전한 발전에 기여함"을 입법목적으로 천명하고, 제2조 제2항에서 "정치자금은 국민의 의혹을 사는 일이 없도록 공명정대하게 운용되어야 하고, 그 회계는 공개되어야 한다"고 규정함으로써 '정치자금의 공개'를 기본원칙으로 하고 있다. 이는 종래 정치자금의 수수가 부정과 부패에 연결되고 경제인에 대한 정치인의 보복사례가 있었다는 반성에서 정치자금의 수수를 양성화하고 그 금액과 사용용도를 투명하게 하기 위한 것이다.[43]

따라서 국민의 정치자금 자료에 대한 자유로운 접근을 가능하게 하고 국민 스스로 정치자금의 투명성을 살필 수 있도록 하는 것은 정치자금법의 입법목적 및 기본원칙에 부합하며, 이는 정치자금의 투명성을 강화하고 부정부패를 근절하는 것이 시대정신이 된 지금에 와서는 더욱 그러하다.

한편, 일반 국민은 정치자금의 투명성 확보 외에도 다른 각도에서 정치자금의 지출 내역 등을 살필 필요가 있다. 국민들은 정치자금 자료의 열람 등을 통해 자신의 대표 내지 공직선거의 후보자가 어떠한 문제에 관심을 갖고 어떠한 활동을 하고 있는지 등을 파악할 수 있고 이를 바탕으로 누구를 지지하여야 할지 결정할 수 있다. 민주주의가 상시적으로 작동하고 국민들이 선거에서 자신의 입장을 대변할 수 있는 대표를 선출할 수 있도록 하기 위해서는 활동 내역에 대한 정보가 필요하며, 정치자금의 지출 내역 등은 이들이 어떻게 활동하는지를 보여주는 핵심적 지표로서 유력한 평가 자료가 되므로 국민들이 필요로 하는 만큼의 충분한 자료를 제공할 필요가 있다. 나아가 정치자금 자료에 대한 자유로운 접근을 보장하는 것은, 국민의 정치에 대한 신뢰를 높임으로써 정치자금의 기부, 투표 등에 보다 적극적으로 참여하도록 유도하여 궁극적으로는 국민의 정치참여를 높일 수 있다.[44]

정치자금이 국가의 정치적 의사결정과정에서 가지는 의미와 국민의 세금으로 조성된 국고보조금이 정당의 정치자금으로 배분, 지급되는 점 등을 고려한다면 정치자금의 투명성 확보는 국가기관뿐만 아니라 일반국민 모두가 감시자가 되었을 때 그 실효성이 담보될 수 있다.[45]

2. 입법 연혁

1994. 3. 16. 제7차 개정시 신설되었으며, 당시에는 열람에 의한 공개제도만을 두었다.

---

43) 헌법재판소 2005. 12. 22. 자 2004헌바25 결정.
44) 헌법재판소 2021. 6. 25. 자 2018헌마1168 결정.
45) 서울행정법원 2001. 12. 18. 선고 2001구29533 판결.

2004. 3. 12. 제14차 개정시 사본교부에 의한 공개제도가 도입되었고, 정당 등의 수입내역 공개 시 후원회에 연간 120만원 이하(중앙당·대통령선거경선예비후보자의 후원회는 500만원 이하)를 기부·납부한 자의 인적사항과 금액은 공개하지 아니하도록 하였으며, 공개된 정치자금 기부내역의 인터넷 게시를 통한 정치적 목적 이용 금지규정이 신설되었다. 2005. 8. 4. 제16차 개정시 열람·사본교부 기간 및 비용의 공고에 대한 내용을 추가하였으며, 2008. 2. 29. 제20차 개정시 후원회에 연간 300만원(대통령후보자등·대통령선거경선후보자의 후원회의 경우 500만원을 말함) 이하를 기부한 자의 인적사항 및 금액을 미공개하도록 하였다. 2010. 1. 25. 제22차 개정시에는 선거비용에 한하여 수입과 지출명세서를 열람기간 중 홈페이지에 공개하고, 열람기간이 아닌 때에는 미공개하도록 규정하였다. 회계보고 수입·지출내역에 대한 이의신청 제도는 본 조 신설당시 도입되었으며, 2005. 8. 4. 제16차 개정시에는 선거비용에 대한 이의신청을 받은 경우의 소명방법 등 구체적인 처리절차를 별도로 마련하여 선거비용에 대한 조사·처리가 신속히 이루어질 수 있도록 하였다.[46)]

3. 회계보고서 등의 열람 및 사본교부

가. 회계보고내역 등 공고

회계보고를 받은 관할 선거관리위원회는 회계보고 마감일부터 7일 이내에 그 사실과 열람·사본교부기간 및 사본교부에 필요한 비용, 정치자금 수입·지출 총괄내역 등을 공고하여야 한다. 정치자금 수입·지출 총괄내역에는 정당의 경우 '정당의 재산 및 수입·지출 총괄표', 후원회는 '후원회의 수입·지출총괄표', 공직선거후보자 등(후원회를 둔 국회의원, 대통령선거경선후보자, 당대표경선후보자등, 공직선거 후보자(위 가) 대통령선거의 정당추천후보자 등 제외)·예비후보자를 포함)은 '정치자금 수입·지출보고서'를 말한다. 공고는 누구든지 볼 수 있도록 위원회 게시판에 게시한다.

나. 회계보고서 등의 열람

'열람'이란 책이나 문서 따위를 죽 훑어보거나 조사하면서 보는 것을 말한다. 관할 위원회에 직접 또는 우편(모사전송을 포함함)으로 신청하여야 한다. 「선거관리위원회 정보공개규칙」

---

46) 중앙선거관리위원회. 정당법·정치자금법 축조해설(2016), 559면.

에 의한 정보공개청구[47]로도 가능하다. 열람시간은 일반직국가공무원의 정규근무시간으로 공휴일과 「국가공무원복무규정」 제9조(근무시간 등)의 규정에 의한 토요일 제외한다. 열람 중에는 관계 공무원이 입회하여 열람인의 회계보고서 등에 대한 사진촬영, 무단복제, 무작위 필사(전자기기 이용 포함) 또는 훼손하는 일이 없도록 하여야 한다.[48]

1) 장소설비

관할 위원회는 회계보고내역에 대한 열람을 위하여 열람개시일 전일까지 열람장소를 설비하고 회계보고서류 등을 준비하고, 관할 위원회는 회계보고 내역 등 공고시 열람장소를 함께 공고한다.

2) 열람기간과 대상

누구든지 회계보고내역을 공고일부터 볼 수 있고, 열람기간이 종료된 후에 회계보고 내역을 열람하고자 하는 경우 「선거관리위원회 정보공개규칙」에 의한 정보공개청구로 가능하다.

헌법재판소는 회계보고된 자료의 열람기간을 3월간으로 제한한 「정치자금법」 제42조 제2항 본문 중 '3월간' 부분에 대하여 "정치자금의 수입과 지출명세서 등에 대한 사본교부 신청이 허용된다고 하더라도, 검증자료에 해당하는 영수증, 예금통장을 직접 열람함으로써 정치자금 수입·지출의 문제점을 발견할 수 있다는 점에서 이에 대한 접근이 보장되어야 한다. 영수증, 예금통장은 현행법령하에서 사본교부가 되지 않아 열람을 통해 확인할 수밖에 없음에도 열람 중 필사가 허용되지 않고 열람기간마저 3월간으로 짧아 그 내용을 파악하고 분석하기 쉽지 않다. 또한 열람기간이 공직선거법상의 단기 공소시효조차 완성되지 아니한, 공고일부터 3개월 후에 만료된다는 점에서도 지나치게 짧게 설정되어 있다. 한편 선거관리위원회는 데이터 생성·저장 기술의 발전을 이용해 자료 보관, 열람 등의 업무부담을 상당 부분 줄여왔고, 앞으로도 그 부담이 과도해지지 않도록 할 수 있을 것으로 보인다. 이를 종합하면 정치자금을 둘러싼 분쟁 등의 장기화 방지 및 행정부담의 경감을 위해 열람기간의 제한 자체는 둘 수 있다고 하더라도, 현행 기간이 지나치게 짧다는 점은 명확하고 열람기간제한 조항은 과잉금지원칙에 위배되어 알권리를 침해한다"라고 위헌결정을 하였다.[49]

---

47) 선거관리위원회 정보공개규칙 제4조(정보공개의 청구방법 등) ① 법 제10조 제1항에 따른 정보공개청구서는 각급위원회에 직접 출석하여 제출하거나 우편·팩스 또는 정보통신망을 이용하여 제출할 수 있으며, 정보공개청구서는 별지 제1호 서식에 따른다.
　　② 법 제10조 제2항에 따른 정보공개구술청구는 별지 제2호 서식에 따른다.
48) 중앙선거관리위원회. 정치자금사무편람(2022), 162면.
49) 헌법재판소 2021. 5. 27. 자 2018헌마1168 결정.

　따라서 현행 「정치자금법」 제42조 제2항 '3월간' 부분이 위헌으로 해당법률 개정시까지 선거비용을 포함한 회계보고 내역 열람 상시 가능하다. 선거비용 보전청구서, 선거비용 보전지급액 결정조서 및 그 첨부서류인 세부공제내역에 기재된 정보도 선거비용에 관한 정보에 해당한다.[50][51] 정치자금이 국가의 정치적 의사결정과정에서 가지는 의미와 국민의 세금으로 조성된 국고보조금이 정당의 정치자금으로 배분, 지급되는 점 등을 고려한다면 정치자금의 투명성 확보는 국가기관으로서의 피고뿐만 아니라 일반국민 모두가 감시자가 되었을 때 그 실효성이 담보될 수 있다.

　○ 열람대상은 '재산상황', '정치자금 수입 · 지출내역' 기타 '첨부서류'이다.[52]

선거비용 관련 서류 공개기준[53]

□ 열람기간 중
－ 선거비용 수입 · 지출부, 선거비용 보전청구 증빙자료(「공직선거관리규칙」 별표1의2): 공개
－ 영수증 등 그 밖의 증빙서류 사본, 예금계좌 사본, 선거비용 실사자료(항목별 조사표, 확인서 · 문답서, 결과보고서 등): 비공개

선거비용 관련 자료	정보공개 여부		비공개사유
	열람	사본교부	
선거비용 보전청구서, 선거비용 수입 · 지출부	○	○	
영수증 그 밖의 증빙서류 사본	○	×	「정치자금법」 제42조 제3항
예금통장 사본	○	×	「정치자금법」 제42조 제3항
선거비용 보전청구 증빙자료 (「공직선거관리규칙」 별표1의2)	○	○	
선거비용 실사자료 (항목별 조사표, 확인서 · 문답서, 결과보고서 등)	×	×	「정보공개법」 제9조 제5호 · 제6호 (업무의 공정한 수행 저해, 사생활침해)

☞ 정보 공개 시 이름, 개인의 얼굴, 차량번호 등이 포함된 사진 등 개인에 관한 사항은 비공개
☞ 선거비용 보전청구 증빙자료(「공직선거관리규칙」 별표1의2) 공개 시 회계보고서에 첨부되는 영수증 그 밖의 증빙서류 사본과 중복되는 서류는 비공개
□ 열람기간 외: 전부 비공개

---

50)　대구지방법원 2017. 8. 30. 선고 2017구합20783 판결.
51)　중앙선거관리위원회 2016. 9. 28. 회답.
52)　서울행정법원 2001. 12. 18. 선고 2001구29533 판결.
53)　중앙선거관리위원회. 정치자금사무편람(2022), 167면.

다. 회계보고서 등의 사본교부

사본교부는 언제든지 가능하다. 다만, 선거비용은 열람기간이 아닌 때에는 공개하여서는 아니 된다. 앞에서 살펴보았듯이 헌법재판소가 「정치자금법」 제42조 제2항 '3월간' 부분에 대하여 위헌결정하여 선거비용에 대한 사본교부는 상시 가능하다.[54)]

사본교부대상은 '회계보고서', '정치자금 수입·지출내역', '첨부서류'는 가능한데, 이 중 '영수증 그 밖의 증빙서류'와 '예금통장 사본'은 제외한다. 「정치자금법」 제42조에 따라 열람할 수 있는 서류 중 "영수증 그 밖의 증빙서류"와 "정치자금의 수입·지출예금통장 사본"을 제외한 재산상황 등의 서류는 사본교부 대상에 해당된다.[55)]

법원은 "정치자금법 제24조의2의 규정이 정당재산 및 수입·지출내역 등에 관한 열람제도를 규정하고 있을 뿐 열람기간이 경과한 후에는 「공직선거법」 제133조 제1항의 규정처럼 공개가 제한된다거나 열람이나 사본교부제한에 관하여 별도로 규정하고 있지 않으므로 열람외의 사본 또는 복제물교부나 열람기간이 경과한 후 공개에 있어서는 정보공개에 관한 법률 규정이 적용되어야 한다. 공공기관의 정보공개에 관한 법률상 공개의 범위에 열람 외에 사본 또는 복제물교부가 포함되고, 공개청구권자나 공개청구의 기간에 특별한 제한이 없으며 헌법에 의한 직접 보장되는 일반적 정보공개청구권의 성질과 제한의 한계 등에 비추어 볼 때 정치자금법 제24조의2 제1항의 규정은 정보공개에 관한 법률의 특별규정으로 볼 수 없다. 사본교부를 허용함으로써 얻는 정치자금의 투명성 확보, 국민의 알 권리 충족 등의 이익이 막연한 부작용보다 훨씬 크다. 따라서 정당회계보고서는 열람뿐만 아니라 사본교부에 제한이 없다"라고 판시하였다.[56)]

사본교부신청방법은 관할 위원회에 직접 또는 우편(모사전송을 포함함)으로 신청하여야 하고 「선거관리위원회 정보공개규칙」에 의한 정보공개청구로도 가능하다. 관할 위원회는 특별한 사유가 있는 경우를 제외하고는 사본교부신청을 받은 날부터 10일(「공공기관의 정보공개에 관한 법률」[57)] 준용) 이내에 그 사본 교부를 하여야 한다.

---

54) 헌법재판소의 위헌결정에 따라 정치자금 회계보고 자료에 대한 열람기간을 종전 3개월에서 「공직선거법」상 범죄의 단기 공소시효에 해당하는 6개월로 연장하는 개정안(유경준의원 등 10인, 2021. 8. 19.)과 1년으로 연장하는 개정안(김철민의원 등 10인, 2021. 6. 22.)이 국회에 제출되어 있다.

55) 중앙선거관리위원회 2009. 1. 23. 회답.

56) 서울행정법원 2001. 12. 18. 선고 2001구29533 판결.

57) 「공공기관의 정보공개에 관한 법률」 제11조(정보공개 여부의 결정) ① 공공기관은 제10조에 따라 정보공개의 청구를 받으면 그 청구를 받은 날부터 10일 이내에 공개 여부를 결정하여야 한다.
② 공공기관은 부득이한 사유로 제1항에 따른 기간 이내에 공개 여부를 결정할 수 없을 때에는 그 기간이 끝나는 날의 다음 날부터 기산(起算)하여 10일의 범위에서 공개 여부 결정기간을 연장할 수 있다. 이 경우 공공기관은 연장된 사실과 연장 사유를 청구인에게 지체 없이 문서로 통지하여야 한다.

라. 열람 및 사본교부대상 서류

□ 정 당

회계보고내역		열 람	사본 교부
회계보고서 제출문서		공고일부터 열람기간 동안 가능	공고일부터 언제나 가능
재산명세서			
수입 · 지출총괄표			
재산 및 수입 · 지출총괄표			
수입 · 지출부	선거비용인 정치자금		공고일부터 열람기간 동안 가능
	선거비용외 정치자금		공고일부터 언제나 가능
영수증 그 밖의 증빙서류 사본			불 가
예금통장 사본			불 가
그 밖의 감사의견서 등			공고일부터 언제나 가능

□ 후원회를 둔 국회의원, 공직선거의 (예비)후보자

회계보고내역		열 람	사본 교부
정치자금 수입 · 지출보고서		공고일부터 열람기간 동안 가능	공고일부터 언제나 가능
재산명세서			
수입 · 지출부	선거비용인 정치자금		공고일부터 열람기간 동안 가능
	선거비용외 정치자금		공고일부터 언제나 가능
영수증 그 밖의 증빙서류 사본			불 가
예금통장 사본			불 가

□ 후원회

회계보고내역			열 람	사본 교부
회계보고서 제출문서			공고일부터 열람기간 동안 가능	공고일부터 언제나 가능
재산명세서				
수입·지출총괄표				
수입·지출부	후원금	연간 300만원 이하 기부자	불 가	불 가
		연간 300만원 초과 기부자	공고일부터 열람기간 동안 가능	공고일부터 언제나 가능
	그 밖의 과목			
1회 30만원 초과자 명단			불 가	불 가
연간 300만원 초과자 명단			공고일부터 열람기간 동안 가능	공고일부터 언제나 가능
영수증 그 밖의 증빙서류 사본				불 가
예금통장 사 본	연간 300만원 이하 후원금 수입내역		불 가	불 가
	연간 300만원 초과 후원금 수입내역		공고일부터 열람기간 동안 가능	불 가
그 밖의 감사의견서 등				공고일부터 언제나 가능

※「정치자금법」제42조 제2항 '3월간'이 위헌결정(헌법재판소 2021. 5. 27. 자 2018헌마1168 결정)남에 따라 해당법률 개정시까지 열람기간을 상시로 운영.

4.「공공기관의 정보공개에 관한법률」의 비공개 사유 해당여부

법원은 "정치자금법 제42조 제4항에서 '후원회에 연간 300만원 이하를 기부한 자의 인적 사항과 금액'의 공개를 금한 목적은 소액후원금을 기부한 사람의 익명성을 보장함으로써 소액후원금 제도의 활성화를 꾀함과 동시에 정치적 의사표현의 자유를 굳건히 다지자는 것이지만, 공공기관이 보유·관리하는 정보를 원칙상 공개함으로써 국민의 알 권리를 보장하고 국정에 대한 국민의 참여와 국정운영의 투명성을 확보하려는 정보공개법의 입법취지가 그로 인하여 몰각되어서는 아니 될 것이므로, 위 정치자금법 조항에서 말하는 인적 사항은 기부자에 관한 사항으로서 그 자체만으로 또는 다른 공개대상정보와 쉽게 결합하여 당해 기부자를 식별할 수 있는 정보만을 가리킨다고 봄이 옳다"라고 하면서 "연간 300만원 이하로 기부한 자의 직업은 성명이나 성별, 생년월일. 주민등록번호. 연령, 상세한 주소, 직장명, 소재지 등 다른 구체적 정보들과 결합하지 않는 한 그것만으로 당해 소액후원금 기부자를 식별할 수 없으므로, 그 자체로는 정치자금법 제42조 제4항에서 공개를 금한 인적 사항에 해당한다고 볼 수 없고, 정보공개법 제9조 제1항 제6호 본문에서 비공개 대상으로 규정한 '당해 정보에 포함되어 있는 이름·주민등록번호 등 개인에 관한 사항으로서 공개될 경우 개인의 사생활의 비밀 또는 자유를 침해할 우려가 있다고 인정되는 정보'는 정치자금법 제42조 제4항에서 말하는 "인적사항"과 달리 볼 이유가 없으므로, 직업은 「정치자금법」 제9조 제1항 제6호 본문 소정의 비공개 대상에 해당하지 않는다"라고 판시하였다.

또한, "근래 이른바 '쪼개기 후원'이나 국가공무원법 제65조 및 국가공무원복무규정 제27조에 따라 정치적 행위가 금지되는 공무원·교원의 후원금 기부행위 등 소액후원금 제도의 맹점을 악용하여 비정상적인 정치자금을 조성하였다는 의혹을 받는 사례가 늘어나고 있고, 특히 직능·직역단체가 그 구성원들을 동원하여 소액후원금을 특정 정치인에게 몰아주는 등의 탈법적 방법으로 정치적 의사형성과정에 부당한 영향을 미칠 위험성이 커지고 있다. 이처럼 잘 조직된 소수가 공동체의 정치적 의사결정을 왜곡함으로써 우리 헌정 체제의 골간인 대의제 민주주의를 위험에 빠트리지 못하도록 감시·통제하려면 국민이 정치자금의 형성과 관련된 정보에 접근할 기회가 최대한 보장되어야 하고, 특히 소액후원금 기부자의 직업만을 공개하면 기부자 개인의 사적 비밀과 자유에 미치는 영향은 없거나 있어도 미미한 반면, 위와 같은 탈법적 정치자금 조성을 억제하는 효과를 기대할 수 있다"라고 판시하였다.[58]

한편 중앙선거관리위원회의 실무상 개인정보 공개기준은 다음과 같다.[59]

개인정보 공개기준

□ 공통사항

- 국회의원 본인(예비후보자, 후보자 본인)인 경우: 성명, 생년월일, 사무소 주소 및 전화번호, 금액
  ☞ 단, 주소 및 전화번호가 개인신상에 관한 경우에는 주소는 도로명 ○○길, ○○로(구주소는 읍·면·동)까지, 일반전화번호는 국(02-523)까지, 휴대전화는 앞번호(010, 011 등)까지, 금액
- 제3자(회계책임자, 후원회대표자, 선거사무장등): 성명 중 '성', 금액
  ☞ 서명 또는 날인을 통해 성명을 알 수 있는 경우에도 '성'만 공개
- 사업장, 사업자일 경우: 상호명, 사업자번호, 주소, 전화번호(단, 개인 휴대전화번호가 기재되어 있는 경우

---

58) 서울행정법원 2012. 3. 30. 선고 2011구합39165 판결,
59) 중앙선거관리위원회. 정치자금사무편람(2022), 164면.

앞번호(010 등)까지 공개), 금액

□ 정당의 회계보고서

– 당비납부자: 성명 등 인적사항이 기재되어 있는 경우 납부일자, 금액을 제외한 인적사항 삭제

□ 국회의원(예비후보자, 후보자) 정치자금 수입·지출 보고서

– 정당에 납부한 당비, 타 후원회에 기부한 후원금의 경우 모두 공개

  ☞ 단, 주민등록번호가 기재된 경우 뒷번호 7자리 삭제

□ 후원회 회계보고서

– 연간 300만원 이하 기부자: 성명 중 '성', 금액

– 연간 300만원 초과 기부자: 성명, 생년월일, 전화번호(개인 휴대전화는 앞번호(010, 011 등)까지, 일반 전화 국(02-523)까지 공개), 주소는 도로명 ○○길, ○○로(구주소는 읍·면·동)까지, 직업, 금액

  ☞ 비고(증빙서번호)란에 정치자금영수증 번호가 기재된 경우 정치자금영수증 번호 삭제

– 불법후원금 반환: 개인일 경우 성명 중 '성', 금액, 사업장일 경우 첫 글자, 금액

5. 정치자금 기부내역의 정치적 목적 이용 금지

누구든지 본 조 제2항 및 제3항의 규정에 의하여 공개된 정치자금 기부내역을 인터넷에 게시하여 정치적 목적에 이용하여서는 아니 된다.

위의 공개된 정치자금 기부내역은 당비나 기탁금 납부내역은 해당되지 않는다. 기부내역이 공개되는 후원회별 연간 300만원(대통령후보자등·대통령선거경선후보자의 후원회의 경우 500만원을 말함) 초과 기부자의 인적사항과 금액을 말한다고 보아야 한다.

대통령후보자등·대통령선거경선후보자의 후원회의 경우에는 연간 500만원, 기타 후원회의 경우에는 연간 300만원 이하를 기부한 자의 인적 사항과 금액은 열람 및 사본교부 대상에서 제외된다. 즉 열람이든 사본교부등 공개가 금지되고 있다.

'정치적 목적으로 이용한다'고 함은 특정 정당이나 정치인에 대한 긍정적 또는 부정적 여론 형성, 기부자의 정치성향에 대한 공격 또는 방어 등 정치와 관련된 것을 동기로 하는 것을 의미한다. 선거에 즈음하여 후보자 등과 관련된 정치자금 기부내역을 인터넷에 게시하거나 인터넷 언론에서 보도하는 사례들이 있는 바, 이 경우 '정치적 목적으로 이용하는 행위'에 해당하는지 여부를 판단하기 위해서는, 객관적 기부내역을 그대로 게시한 것인지, 부정적 여론을 형성하기 위한 평가가 포함되어 있는지, 특정 후보자의 기부내역만을 게시한 것인지, 특정 후보자의 기부내역만 게시한 경우라도 그 후보자의 해명까지 함께 공개하였는지

여부 등을 검토하여야 한다.[60]

선거관리위원회가 사무소 또는 인터넷을 통하여 공개한 회계보고서 또는 회계보고서 및 첨부서류의 사본에 기재된 정치자금기부내역을 인터넷에 게시하여 정치적 목적으로 이용한 경우에 금지되는 것으로 정치자금 지출내역을 공개하는 것은 금지가 되지 않는다.

6. 회계보고 내역에 관한 이의신청

가. 이의신청 기간·주체 및 방법

열람기간 중 회계보고 내역에 대하여 이의가 있는 자는 누구든지 관할 선거관리위원회에 이의신청을 할 수 있다. 이의신청은 서면으로 하여야 하며, 그 이의신청서에는 이의신청 내용을 명확히 하기 위하여 이의신청 대상이 되는 구체적 사실과 이의신청의 이유를 소명하는 증빙서류를 기재하여야 한다. 이의신청은 열람기간 중에만 할 수 있으며, 그 기간이 지난 때에는 할 수 없다. 다만, 열람기간이 지난 때라도 회계보고 내역에 정치자금법 등을 위반한 혐의가 있다고 인정되면 이의신청이 아닌 위반행위 신고는 할 수 있다.

나. 이의신청에 대한 처리

이의신청을 받은 관할 선거관리위원회는 이의신청을 받은 날부터 60일 이내에 이의신청 사항을 확인·조사하고 그 결과를 신청인에게 통지하여야 한다. 다만, 제39조(영수증 그 밖의 증빙서류) 단서의 규정에 해당하는 사항은 조사·확인 사항에서 제외된다. 관할 선거관리위원회는 이의신청이 정당하다고 믿을 만한 사유가 있다고 인정되는 때에 당해 정당, 후원회, 후원회를 둔 국회의원, 대통령선거경선후보자, 당대표경선후보자, 공직선거의 후보자·예비후보자 또는 회계책임자 그 밖의 관계인(이하에서 "정당등"이라 함)에게 소명자료를 제출할 것을 요구할 수 있으며, 소명자료의 제출요구를 받은 정당등은 요구를 받은 날부터 7일 이내에 소명자료를 제출하여야 한다.

선거비용에 관하여 이의신청이 있는 경우에는 관할 선거관리위원회는 회계책임자 그 밖의 관계인에게 이의사실에 대한 소명자료를 제출하도록 통지하여야 하며, 회계책임자 그 밖의 관계인은 7일 이내에 소명자료를 제출하여야 한다. 관할 선거관리위원회는 그 소명자료를 제출받은 때에는 그 이의신청내용과 소명내용을, 그 소명자료의 제출이 없는 때에는 이

---

60) 대검찰청. 정치자금법 벌칙해설(제2개정판). 대검찰청, 2022, 435면.

의신청내용과 소명이 없음을 공고하고 지체 없이 그 사실을 당해 이의신청인에게 통지하여
야 한다.

7. 처벌

본 조 제5항의 규정을 위반하여 공개된 정치자금 기부내역을 인터넷에 게시하여 정치적
목적에 이용한 자는 2년 이하의 징역 또는 400만원 이하의 벌금에 처하고(「정치자금법」 제47조
제1항 제12호), 본 조 제7항의 규정을 위반하여 선거관리위원회의 조사 또는 자료확인에 정당한
사유없이 응하지 아니한 자는 1년 이하의 징역 또는 200만원 이하의 벌금에 처한다(「정치자금
법」 제47조 제2항).

8. 각국의 회계보고 공개

가. 각국의 회계보고 공개 현황[61]

국가명	공개기관	공개방법	공개내용	근거규정
영국	선거위원회 (Electoral Commission)	• 가능한 빨리 열람이 가능하도록 사본 준비 • 홈페이지	• 정당의 연간 수입·지출 회계보고서, 기부금보고서, 선거운동비용 회계보고서 등 • 정당 및 의회의원 등 정치인에 대한 연간 £1,500 이상의 기부 공개, 중앙당의 경우 연간 £7,500 이상, 지구당의 경우 £1,500 이상 기부자의 인적사항 공개	정당·선거 및 국민투표법 제46조

---

61) 중앙선거관리위원회. 각국의 정당·정치자금제도 비교연구(2021), 326~327면.

국가명	공개기관	공개방법	공개내용	근거규정
미 국	연방선거위원회 (Federal Election Commission: FEC)	홈페이지	• 제출받은 모든 종류의 신고를 48시간 이내, 특히 전자파일로 받은 경우에는 24시간 이내 일반인이 인터넷으로 열람 가능하도록 함 ‐ 선거 주기 당 $200를 초과하는 기부에 대해 기부자 등에 대한 검색, 분류, 다운로드가 가능하도록 함 ‐ 정치위원회가 제출한 모든 보고서는 공공기록 사무국(Public Records Office)에서 열람 및 사본 교부가 가능하도록 해야 함 ※ 기부받은 대상에 대한 이름, 주소 등의 정보가 공개되나 기부자의 주소는 도시명과 우편번호까지만 공개됨.	
프랑스	선거운동 회계 보고 및 정치자금 국가위원회 (Comission Nationale des comptes de campagne et des financements politiques: CNCCFP)	홈페이지	• 연간 회계보고서 요약본 ※ 제3자의 원본 열람을 허용하나 개인정보 보호를 위해 회계대리협회 대표 등에 대한 신상정보와 기부자 명단 등은 공개하지않음.	정치자금 투명법 제11조 내지 제17조
독 일	연방하원의회 (Deutscher Bundestag, President of the Bundestag)	홈페이지	• 연간 회계보고서 • 연방하원의회에서 연방문서로 발간하고 2년마다 당의 재정변동 및 회계보고서를 의회에 보고	정당법 제23조 내지 제24조
일 본	도도부현 선거관리위원회 (都道府県選舉管理委員會) 또는 총무성 (總務省)	도도부현 선거관리위원회: 공보 총무성: 관보, 홈페이지	• 정치단체 회계보고서 요지 ‐ 누구든지 보고서 요지가 공표된 날로부터 3년간 해당 보고서 또는 서면 열람을 요청할 수 있음 ※ 연간 ¥50,000을 초과하는 고액기부사항을 포함한 회계보고서를 총무성 홈페이지에 공개함 • 정당교부금 보고서	정치자금 규정법 제20조 정당조성법 제31조

나. 영국·미국의 회계보고·공개 시스템[62]

1) 영국: 선거위원회의 회계보고시스템

선거위원회는 정당의 회계보고서를 접수한 후 지체 없이 열람 가능하도록 해야 한다(정당·선거 및 국민투표법 제46조).

온라인 회계보고 시스템 'PEF Online'을 통해 정당의 연간 수입·지출 회계보고서, 기부금보고서, 선거운동비용 회계보고서 등을 공개한다.

정당들도 이 시스템에 정당 등록 및 유지를 위한 갱신작업뿐만 아니라 정치자금 관련 보고서 등을 제출한다.

정당 및 의회의원 등 선출직 정치인에 대한 연간 1,500파운드 이상의 기부를 공개하고, 중앙당의 경우 연간 합계 7,500파운드 이상, 지구당의 경우 1,500파운드 이상의 기부자 인적사항을 공개한다.

이 시스템을 통해 각 정당의 등록현황뿐만 아니라 정치자금의 수입과 지출, 재정상황 등을 누구나 확인하고 관련 자료를 다운로드받을 수 있다.

2) 미국

정당의 모든 수입과 지출은 기록·보관되어야 하며, 관련 세부 지침의 내용은 다음과 같다[연방선거운동법 제30102조(c)].

- 50달러를 초과하는 기부금에 대하여 총액, 수령한 날짜, 기부자의 이름과 주소 기록
- 개별 기부자의 총액이 연간 200달러를 초과하는 경우에는 기부자의 신상정보(이름, 주소, 직업, 고용주의 이름)와 수령일, 기부금 총액을 기록
- 50달러를 초과하는 모든 기부금에 대해 수표의 복사본이나 전자기록을 보관
- 모든 지출은 금액, 날짜, 수령인의 이름과 주소, 지출 목적을 반드시 기록
- 200달러 이상의 지출에 대해서는 영수증, 청구서 또는 수표 사본 등을 보관
- 정당위원회가 후보자를 대신해 지출한 경우 후보자의 이름, 지출 대상 선거를 기록

정당의 각 위원회는 「연방선거운동법」의 규정에 따라 정기적으로 정치자금 수입과 지출에 대한 회계기록을 전자문서 또는 문서로 연방선거위원회에 보고해야 하며, 다음의 경우에는 전자문서로 보고해야 한다[연방선거운동법 제30102조(d), 제30104조(a)].

- 정당위원회의 수입 또는 지출이 연간 50,000달러를 초과하거나 초과할 것으로 예상되는 경우

---

62) 중앙선거관리위원회. 각국의 정당·정치자금제도 비교연구(2021), 456~457면.

- 신생 정당위원회의 첫 분기 회계보고 12,500달러, 반기 보고 25,000달러를 초과하거나 초과할 것으로 예상되는 경우

정당위원회의 회계보고는 그 해에 선거가 실시되는지 여부에 따라 보고 시기가 다르다[연방선거운동법 제30104조(a)(2)].

- 선거가 실시되는 해
  - 전국위원회: 월별 보고
  - 주 또는 지역위원회: 분기별 보고(다만, 연방선거와 관련된 정치자금 수입·지출내역이 있는 경우 월간보고)
- 선거가 실시되지 않는 해
  - 전국위원회: 월별 보고
  - 주 또는 지역위원회: 반기별 보고(다만, 연방선거와 관련된 정치자금 수입·지출내역이 있는 경우 월간보고)

▌미국 정당위원회의 회계보고 대상기간 및 보고시한

	선거가 있는 해	선거가 없는 해
월별	• 1-9월까지의 회계보고는 다음달 20일까지 • 10월 1일부터 선거일 20일 전까지의 회계보고는 선거일 후 12일 이내 • 선거일 20일 전부터 선거일 이후 20일까지의 회계보고는 선거일 후 30일 이내 • 선거일 후 21일부터 연말까지의 회계보고는 다음연도 1월 31일까지	• 1-11월까지의 회계보고는 다음달 20일까지 • 12월 회계보고는 다음연도 1월 31일까지
분기별	• 1-3분기까지의 회계보고는 분기 다음달 15일까지 • 4분기는 선거 이후 20일까지의 회계보고는 선거 후 30일 이내에, 이후 연말까지의 기간은 다음연도 1월 31일까지	–
반기별	–	• 상반기 회계보고는 7월 31일까지 • 하반기 회계보고는 다음연도 1월 31일까지

선거일 직전 20일 이후부터 48시간 이전까지 모금된 1,000달러 이상의 기부금에 대해 기부자의 인적사항을 48시간(48 Hour Notices) 내에 연방선거위원회에 신고해야 한다. 연방선거위원회는 제출받은 모든 종류의 신고를 48시간 이내, 특히 전자파일로 받은 경우에

는 24시간 이내 일반인이 인터넷으로 열람 가능하도록 조치해야 한다. 선거 주기당 200달러를 초과하는 기부에 대해 기부자 등에 대한 검색, 분류, 다운로드가 가능하도록 홈페이지(Campaign Finance Data)에 공개한다. 또한, 정치위원회가 제출한 모든 보고서는 공공기록사무국(Public Records Office)에서 열람 및 사본 교부가 가능하도록 해야 한다.

※ 기부받은 대상에 대한 이름, 주소 등의 정보가 공개되나 기부자의 주소는 도시명과 우편번호까지만 공개됨.

미국 연방선거위원회 선거자금 검색 홈페이지[63]

Campaign finance data

See how candidates and committees raise and spend money in federal elections. This financial data helps voters make informed decisions.

Look up candidate and committee profiles

CANDIDATE OR COMMITTEE NAME OR ID

Examples: Obama for America; C00431445; Bush, George W.; P00003335; or enter an image number for a filing.

Top raising candidates running in 2022:

WARNOCK, RAPHAEL [DEM] | GA-Senate
SCOTT, TIMOTHY E [REP] | SC-Senate
RUBIO, MARCO [REP] | FL-Senate

Find contributions from specific individuals

INDIVIDUAL CONTRIBUTOR NAME

Examples: your name, a celebrity, someone running for office.

Possible uses of this data:

All contributions over $2,000
All contributions in this year
Browse all and apply custom filters

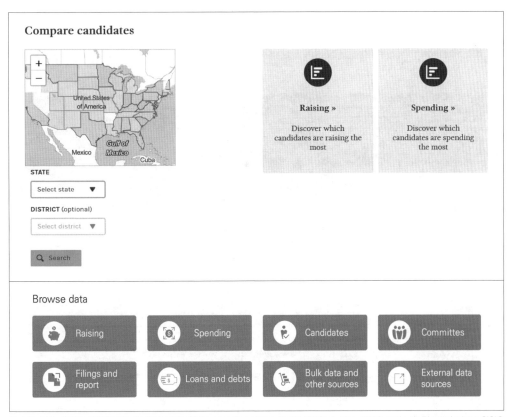

※ 수입, 지출, 후보자, 위원회, 보고서, 부채, 기타 데이터, 외부 자료 등으로 설정해 검색할 수 있고, 검색을 통해 모든 영수증과 기부금 현황을 파악할 수 있음. 또한 데이터 통계를 통해 시계열적인 변화 추이를 알 수 있고, 각 분석결과에 대한 이용자의 만족도를 수시로 수렴함.

〈OpenSecrets.org (Center for Responsive Politics)〉[64]

□ 미국의 대표적인 정치자금 감시를 위한 시민단체로 정치인들의 정치자금을 추적하고 정치자금이 선거와 공공정책이 어떠한 여향을 미쳤는지 연구함.

□ 정치자금에 관한 다양한 정보들을 체계적으로 정리해 공개하고 있으며, 특히 일반인이 복잡해서 알기 어려운 정치자금 기부와 공공정책의 관계를 추적해 파악하고 폭로함.

※ 정치자금 관련 유권자 교육, 시민 참여 확대, 정부의 투명성과 책임성 확보를 목표로 정당과 관계없이 독립적으로 운영되는 비영리기관임.

---

64) OpenSecrets. '2020 Presidential Race.' https://www.opensecrets.org/2020-presidential-race/ (검색일 2021.6.12.).

다. 한국과 미국의 정치자금 공개제도 비교[65]

　　정치자금 공개에 있어서 한국과 미국이 보이는 차이는 우리의 경우 여전히 선거의 공정성에 초점을 맞추고 유권자들의 알 권리에 대해서는 취약한 상황인 반면, 미국에서는 유권자들의 알 권리 보장을 최우선 목표로 설정하고 신고시기와 공개시기, 공개기간과 열람방법 모두에서 유권자들의 편의를 높이는 방식을 선택하고 있다는 점에서 확연히 드러난다.

---

65)　유성진·가상준·조희정·박진수. "한국 정치자금 공개제도의 개선방안 연구: 한국과 미국 사례 비교를 중심으로". 의정연구 제 26권 제1호(통권 제59호)(2020), 49~50면.

		한국	미국
공개여부		○	○
공개 범위	수입	- 재산상황 - 수입총액과 내역 - 기부자 기본인적사항과 금액(1회 30만원, 연간 300만원 초과) - 그 이하 금액은 건수와 총금액	- 재산상황 - 수입총액과 내역 - 기부자 인적사항(기본정보 외에 직업과 고용주)과 금액(200달러 이상) - 기부자, 기부일자, 기부금액
	지출	- 지출총액과 상세내역(일자/금액/목적) - 지출대상이 되는 사람의 기본인적사항	- 지출총액과 상세내역(일자/금액/목적) - 지출대상이 되는 사람의 기본인적사항
신고 시기	평시	연간 1회 (정당 2월 15일, 국회의원 1월 31일)	분기별 (4월/7월/10월 15일, 1월 31일)
	선거	선거 30일 후(선거 후 20일까지의 신고)	선거 12일 전(선거 20일 전까지의 신고사항) 수령 후 48시간 이내(선거일 전부터 48시간 전까지) 선거 30일 후(선거 후 20일까지의 보고사항)
공개시기		제출일로부터 7일이내	제출 후 48시간 이내 (전자파일 수령의 경우 24시간 이내)
공개기간		회계보고 마감일 후 3개월[66]	제출일로부터 3년
열람방법		- 관할 선관위 사무소 방문열람 - 선관위 홈페이지(공개 가능하지만 강제규정 아님) - 사본교부[67]는 관할 선관위에 서면으로 신청(자기부담)	인터넷열람(FEC 웹사이트: 검색, 분류, 다운로드 가능)

라. 한국의 오픈와치(openwatch.kr)

　지방의원, 국회의원 등 선출직 공직자의 정보를 공개하고 이들의 권력을 감시하기 위한 데이터 사이트 오픈와치(openwatch.kr)가 문을 열었다. 지방의원과 국회의원들의 정보 그리고 국회의원과 선거 후보자들의 정치후원금을 확인할 수 있다. 오픈와치에서 수집한 모든 데이터는 누구나 활용할 수 있도록 데이터셋(DATASET)과 API형태로도 제공된다.

　오픈와치는 선거관리위원회에 정보공개청구하여 수집한 2008~2021년까지 14년 치의

---

66) 「정치자금법」 제42조 제2항 '3월간'이 위헌결정(헌법재판소 2021. 5. 27. 자 2018헌마1168 결정)남에 따라 해당법률 개정 시까지 열람기간을 상시로 운영하고 있다.

67) 사본교부신청방법은 관할 선거관리위원회에 직접 또는 우편(모사전송을 포함함)으로 신청하여야 하고 「선거관리위원회 정보 공개규칙」에 의한 정보공개청구로도 가능하다.

국회의원의 연도별 후원금 모금 총액과 고액후원자 명단, 2012~2022년까지의 대통령선거 후보자의 후원금 총액 및 고액후원자 명단 그리고 지난 2022년 제8회 동시지방선거 당시 후보자들의 후원금 총액 및 고액후원자 명단을 제공하고 있다.

오픈와치(openwatch.kr) 홈페이지

OPEN WATCH		ABOUT	EXPLORE	DATASET	API	DOCS

지방의원   국회의원   **정치후원금**

정치후원금

종류
국회의원
지방선거
대통령선거

후원금 총액   고액후원자 명단

- 지방선거에 출마한 후보자가 선거를 위해 모금한 정치후원금 총액에 대한 정보입니다.
- 데이터 생산 및 수집: 정보공개센터 ↗
- 데이터 설명 보기 ↗

2022 ∨	광역단체장 ∨	경기도 ∨	Q 후보자명 / 구시군명 / 정당명			찾기

연도	구분	시도명	후보자명	소속정당	모금액(원)
2022	광역단체장	경기도	강용석	무소속	1,986,201,016
2022	광역단체장	경기도	김동연	더불어민주당	349,964,998
2022	광역단체장	경기도	김은혜	국민의힘	562,099,287
2022	광역단체장	경기도	서태성	기본소득당	11,143,302
2022	광역단체장	경기도	송영주	진보당	13,250,725
2022	광역단체장	경기도	황순식	정의당	18,120,000

« ‹ 1 › »

제도 개선 // 정치자금 수입·지출의 상시 인터넷 공개

정치자금 수입·지출내역을 인터넷을 통하여 외부에 상시 공개함으로써 국민의 알 권리를 보장하는 한편, 허위·누락 보고를 예방하고, 국민, 시민·사회단체, 언론기관 등이 상호 검증할 수 있도록 함으로써 정치자금 수입·지출의 투명성을 강화할 필요가 있다. 유권자의 알 권리를 확대하고 정치적 표현의 자유 보장이라는 헌법상 가치와 정치자금 공개에 있어서 신속성과 투명성을 크게 높여주는 정보통신기술 발전 그리고 정치자금 규제에 관한 헌법적 논란에서 규제 완화 방향으로의 판결을 한 미국의 사례[68]가 이를 뒷받침하고 있다.

현행법상 정치자금 회계는 다음연도 2월 15일 또는 신분 상실 후 일정기간 이내에 보고하고, 열람 및 사본교부를 허용하되, 선거비용 수입과 지출명세서에 한하여 열람기간 중 선거관리위원회 인터넷홈페이지를 통하여 공개하고 있다.

이를 개선하여, 중앙당(중앙당창당준비위원회 포함) 및 그 후원회, 시 · 도당, 후원회를 둔 국회의원 및 그 후원회는 매월의 정치자금 수입 · 지출에 대하여 다음 달의 5일까지 상세내역(지출증빙자료 제외)을 선거관리위원회 공개시스템을 통하여 인터넷에 공개하도록 하되, 인터넷 공개를 해태하는 경우 과태료를 부과하고, 회계책임자는 회계보고 중 정치자금 수입 · 지출내역, 영수증 등 지출증빙자료 사본, 예금통장 사본, 심사의결서 또는 감사의견서 사본을 공개시스템을 통하여 전자적 파일로 제출하도록 할 필요가 있다. 그리고 중앙선거관리위원회는 회계보고 내역에 대하여 데이터베이스를 구축하여 공개시스템을 통해 상시 인터넷에 공개하고, 정치자금 수입 · 지출내역(지출증빙자료 및 필요 시 소명내역 포함)을 검색 · 분류 · 다운로드할 수 있도록 개선할 필요가 있다.[69]

더 나아가 미국처럼 문서가 아닌 전자파일로 회계보고를 하도록 의무화하는 전자신고제도[70]를 적극적으로 도입할 필요가 있다.

---

68) 1971년 FECA로부터 본격화된 미국의 정치자금 규제방식은 표현의 자유를 보장한다는 측면에서 선거자금의 모금과 지출에 대한 규제를 점차로 완화하는 한편, 유권자들의 알 권리를 보장한다는 측면에서 선거자금에 관한 정보공개를 강화하는 방식으로 변화하였다. 2010년 Citizens Unitedv. FEC에 관한 연방대법원 판결의 다수 의견은 인터넷 신고로 인해 선거자금 지출의 즉각적인 공개가 가능해졌다는 이유로 규제 완화 판결이 내려졌음을 분명히 하고 있다. 2014년 McCutcheon v. FEC의 판결에서도 연방대법원은 정치자금의 총액 제한 역시 표현의 자유를 침해하기 때문에 위헌이라고 판정하였는데, 그 배경에는 인터넷의 발전이 선거자금의 공개를 용이하게 만드는 환경을 제공하였고 이를 통해 부패의 가능성이 현저히 줄어들었기 때문임을 밝히고 있다. 유성진 · 가상준 · 조희정 · 박진수. "한국 정치자금 공개제도의 개선방안 연구: 한국과 미국 사례 비교를 중심으로". 의정연구 제26권 제1호(통권 제59호), 46면, 54면.

69) 중앙선거관리위원회. 정치자금 투명성 강화를 위한 정치관계법 개정의견(2005. 3. 10., 2009. 7. 6., 2011. 4. 8., 2012. 7. 5., 2013. 6. 5., 2016. 8. 25. 2021. 5. 25.).

70) 미국의 정보공개와 관련하여 최근에 더해진 특징은 전자신고(electronic filing)이다. 현재 기부수입이 연간 5만 달러 이상인 연방 상원과 하원 그리고 대통령 후보의 캠페인위원회에 대해서는 문서가 아닌 전자파일로 신고하도록 의무화되어 있고, 각 정치활동위원회별로 모금액이나 지출액이 5만 달러 이상이면 필수적으로 전자문서화해야 한다. 또한 효율성과 비용의 편의성을 이유로 모금액이나 지출액이 5만 달러 이하인 위원회에게도 편의상 전자문서화를 장려하고 있다(유성진 외, 앞의 책, 47면).

제43조(자료제출요구 등) ① 각급 선거관리위원회(읍·면·동선거관리위원회를 제외한다. 이하 이 조에서 같다) 위원·직원은 선거비용의 수입과 지출에 관하여 확인할 필요가 있다고 인정되는 때에는 회계장부 그 밖의 출납서류를 보거나, 정당, 공직선거의 후보자·예비후보자·회계책임자 또는 선거비용에서 지출하는 비용을 지급받거나 받을 권리가 있는 자 그 밖의 관계인에 대하여 조사할 수 있으며, 보고 또는 자료의 제출을 요구할 수 있다.

② 선거관리위원회로부터 제1항의 규정에 의한 요구를 받은 자는 지체 없이 이에 따라야 한다.

③ 선거관리위원회는 제42조(회계보고서 등의 열람 및 사본교부) 제6항의 이의신청과 이 조 제1항의 규정에 의한 열람·보고 또는 제출된 자료 등에 의하여 회계장부 그 밖의 출납서류 또는 회계보고서의 내용 중 허위사실의 기재·불법지출이나 초과지출 그 밖에 이 법에 위반되는 사실이 있다고 인정되는 때에는 관할 수사기관에 고발 또는 수사의뢰 그 밖에 필요한 조치를 하여야 한다.

제49조(선거비용관련 위반행위에 관한 벌칙) ② 선거비용과 관련하여 다음 각 호의 어느 하나에 해당하는 자는 2년 이하의 징역 또는 400만원 이하의 벌금에 처한다.

　8. 제43조 제2항을 위반하여 선거관리위원회의 보고 또는 자료의 제출 요구에 정당한 사유없이 응하지 아니하거나 보고 또는 자료의 제출을 허위로 한 자

1. 의의

본 조는 위원회 위원·직원의 선거비용 수입·지출에 대한 조사권과 자료제출 요구권 그리고 회계보고 이의신청 등에 대한 조사결과 처리방법 등을 규정한 것이다.

2. 선거비용의 수입과 지출 관련 조사권

가. 조사주체

읍·면·동선거관리위원회를 제외한 각급 선거관리위원회의 위원·직원이 그 주체이다.

나. 조사사유

선거관리위원회는 선거비용의 수입·지출에 관하여 확인할 필요가 있다고 인정되는 경우, 선거비용의 수입·지출과 관련한 범죄의 신고를 받거나 인지한 경우 또는 정당 등의 회계보고에 대한 이의신청이나 그 소명내용에 의하여 이 법에 위반되는 사실을 발견한 경우에는 본 조에 의하여 조사하여야 한다.

「정치자금법」제52조(정치자금범죄 조사 등)에 따른 정치자금범죄 조사는 정치자금법을 위반한 범죄의 혐의가 있다고 인정되거나 현행범의 신고를 받은 경우에는 그 장소에 출입하여 정당, 후원회, 후원회를 둔 국회의원, 대통령선거경선후보자, 당대표경선후보자등, 공직선거의 후보자·예비후보자, 회계책임자, 정치자금을 기부하거나 받은 자 또는 정치자금에서 지출하는 비용을 지급받거나 받을 권리가 있는 자 그 밖에 관계인에 대하여 질문·조사하거나 관계 서류 그 밖에 조사에 필요한 자료의 제출을 요구할 수 있어 선거비용 이외의 정치자금에 대해서도 조사할 수 있으나, 본 조의 조사권은 선거비용의 수입·지출에 관한 선거비용조사에 있어서 단순히 선거비용의 수입·지출 사항을 확인하기 위하여도 가능하다.

다. 조사범위

선거비용 수입·지출과 관련된 회계장부 그 밖의 출납서류를 보거나, 정당, 공직선거의 후보자·예비후보자, 회계책임자 또는 선거비용에서 지출하는 비용을 지급받거나 받을 권리가 있는 자 그 밖의 관계인에 대하여 조사할 수 있으며, 보고 또는 자료의 제출을 요구할 수 있다. 조사 또는 자료제출 요구를 받은 자는 이에 따라야 한다. 조사 불응에 대해서는 명문의 처벌 규정이 없으나, 조사에 불응한 경우 자료제출 요구를 할 수 있을 것이므로 정당한 사유 없이 조사에 불응할 수는 없을 것으로 본다.

3. 정치자금범죄 조사권(「정치자금법」제52조)과의 관계

가. 제43조와 제52조의 조사권 내용 비교

조사주체는 선거관리위원회 위원·직원으로, 조사방법·절차는 제43조에서 제52조를 준용하고 있어 동일하며, 조사사유의 경우 제52조에 따른 정치자금 범죄는 위법 혐의가 있는 때에 조사에 착수할 수 있으나, 선거비용 조사에 있어서는 단순히 선거비용의 수입·지출 사항을 확인하기 위하여도 가능하다. 조사권한의 경우 제43조는 회계장부 등 열람권, 관계인 등의 조사권, 자료제출 요구권만을 규정하고 있는 데 반하여, 제52조는 장소출입권, 질문·조사권, 자료제출 요구권, 금융거래자료 제출 요구권, 증거물품 수거권, 출석·동행 요구권까지 규정하고 있어 정치자금범죄 조사권을 폭넓게 규정하고 있다.

위와 같이 조사권의 내용에는 차이가 있으나, 선거비용도 정치자금의 일부이므로 선거비용 관련 범죄의 경우 제52조의 조사권을 활용하여 조사할 수 있을 것이다.

나. 제43조와 제52조의 벌칙 비교

제43조 제2항의 규정을 위반하여 선거비용과 관련하여 보고 또는 자료의 제출요구에 정당한 사유 없이 응하지 아니하거나 보고 또는 자료의 제출을 허위로 한 자는 2년 이하의 징역 또는 400만원 이하의 벌금에 처한다(「정치자금법」 제49조 제2항 제8호). 「공직선거법」 제264조[71]에 따라 당선인이 당해 선거에 있어 제43조 제2항의 규정을 위반 징역 또는 100만원 이상의 벌금형의 선고를 받은 때에는 그 당선은 무효로 하나, 제52조를 위반한 경우에는 당선이 무효가 되지 아니한다. 제52조 제1항·4항의 규정을 위반하여 선거관리위원회의 조사·자료확인이나 제출요구에 정당한 사유 없이 응하지 아니하거나 허위자료의 제출 또는 장소의 출입을 방해한 자는 1년 이하의 징역 또는 200만원 이하의 벌금에 처한다(「정치자금법」 제47조 제2항).

4. 타 법률과의 충돌문제

선거비용 지출 확인을 위한 통신자료를 요구함에 있어 관련 업체가 「통신비밀보호법」 및 「전기통신사업법」의 통신비밀 보호규정을 들어 자료 제출을 거부하는 경우가 있어 어떤 법률을 적용해야 하는지가 문제가 된다. 중앙선거관리위원회는 관계 법률의 입법목적 등을 고려할 때 "공직선거법 제122조의2 또는 정치자금법 제40조에 따른 정당·후보자의 '선거비용 보전청구' 또는 '정치자금 회계보고'에 포함된 공직선거법에 따른 문자메시지 전송을 통한 선거운동에 소요된 선거비용 지출내역의 사실여부 확인에 필요한 범위 안에서 각급 선거관리위원회로부터 정치자금법 제43조에 따른 자료제출의 요구가 있는 때에는 그에 따라야

---

71) 「공직선거법」 제264조(당선인의 선거범죄로 인한 당선무효) 당선인이 당해 선거에 있어 이 법에 규정된 죄 또는 「정치자금법」 제49조의 죄를 범함으로 인하여 징역 또는 100만원이상의 벌금형의 선고를 받은 때에는 그 당선은 무효로 한다.

할 것이다"라고 하였다.[72]

법원도 "정당, 후보자, 회계책임자 또는 선거비용에서 지출하는 비용을 지급받거나 받을 권리가 있는 자가 관계 선거관리위원회로부터 관련자료의 제출을 요구받은 때에는 즉시 이에 따라야 함에도 회계책임자가 선거관리위원회로부터 선거사무관계자에게 제공한 식비 243 식에 대한 일정별 대상자별 소명자료제출을 요구받고도 정당한 사유 없이 이에 응하지 않은 것은 「공선법」 제134조 제2항(현행 정치자금법 제43조)에 위반한 것이다"라고 판시하였다.[73]

5. 처벌

선거비용과 관련하여 본 조 제2항의 규정을 위반하여 선거관리위원회의 보고 또는 자료의 제출요구에 정당한 사유없이 응하지 아니하거나 보고 또는 자료의 제출을 허위로 한 자는 2년 이하의 징역 또는 400만원 이하의 벌금에 처한다(「정치자금법」 제49조 제2항 제8호).

> **제44조(회계장부 등의 인계·보존)** ① 회계책임자는 제40조(회계보고)의 규정에 의하여 회계보고를 마친 후 지체 없이 선임권자에게 이 법의 규정에 의한 당비영수증원부, 정치자금영수증 원부, 회계장부, 정치자금의 수입·지출에 관한 명세서, 영수증 그 밖의 증빙서류, 예금통장, 지출결의서 및 구입·지급품의서("회계장부등"이라 한다. 이하 제2항에서 같다)를 인계하여야 하며, 선임권자는 회계책임자가 회계보고를 마친 날부터 3년간 보존하여야 한다.
> ② 제1항의 규정에 불구하고 회계책임자는 선임권자의 동의를 얻어 관할 선거관리위원회에 회계장부등의 보존을 위탁할 수 있다. 각급 선거관리위원회(읍·면·동선거관리위원회를 제외한다. 이하 이 조에서 같다) 위원·직원은 선거비용의 수입과 지출에 관하여 확인할 필요가 있다고 인정되는 때에는 회계장부 그 밖의 출납서류를 보거나, 정당, 공직선거의 후보자·예비후보자·회계책임자 또는 선거비용에서 지출하는 비용을 지급받거나 받을 권리가 있는 자 그 밖의 관계인에 대하여 조사할 수 있으며, 보고 또는 자료의 제출을 요구할 수 있다.

---

72) 중앙선거관리위원회 2010. 7. 13. 회답.
73) 광주지방법원 목포지원 1998. 12. 4. 선고 98고합232 판결.

제46조(각종 제한규정위반죄) 다음 각 호의 어느 하나에 해당하는 자는 3년 이하의 징역 또는 600만원 이하의 벌금에 처한다.

   6. 제44조(회계장부 등의 인계·보존) 제1항의 규정을 위반하여 당비영수증 원부, 정치자금영수증 원부, 회계장부, 정치자금의 수입·지출명세서와 증빙서류, 예금통장, 지출결의서 또는 구입·지급품의서를 인계·보존하지 아니한 자

제49조(선거비용관련 위반행위에 관한 벌칙) ② 선거비용과 관련하여 다음 각 호의 어느 하나에 해당하는 자는 2년 이하의 징역 또는 400만원 이하의 벌금에 처한다.

   9. 제44조(회계장부 등의 인계·보존) 제1항의 규정을 위반한 자

1. 의의

본 조는 회계책임자 선임권자의 회계장부 등 관련 서류 보존의무와 회계책임자의 보존서류 위탁에 관한 사항을 규정한 것이다.

2. 회계장부 등 선임권자에 대한 인계

회계책임자는 선거관리위원회에 회계보고를 한 후에는 지체 없이 선임권자에게 회계장부 등 모든 서류를 인계하여야 한다. 회계장부에는 정치자금 수입·지출에 관한 명세서나 영수증 등뿐만 아니라 당비영수증이나 정치자금영수증 원부를 포함한다.

법원은 "「정치자금법」 제44조 제1항은 "회계책임자는 제40조의 규정에 의하여 회계보고를 마친 후 지체없이 선임권자에게 이 법의 규정에 의한 당비영수증 원부, 정치자금영수증 원부, 회계장부, 정치자금의 수입·지출에 관한 명세서, 영수증 그 밖의 증빙서류, 예금통장, 지출결의서 및 구입·지급품의서('회계장부 등'이라 한다)를 인계하여야 한다"고 규정하고 있는 바, "영수증 그 밖의 증빙서류"는 영수증에 준하여 금전지급의 사실을 증명하는 문서에 한정된다. 따라서 선거사무원 출석부는 선거사무원의 출석일수에 따른 수당을 지급하기 위하여 선거사무원의 출석일수를 확인할 수 있는 근거자료는 될 수 있으나 정치자금사무관리규칙 제39조 제1항 각 호에서 정한 영수증, '그 밖의 증빙서류'에 해당한다고 할 수는 없으므로, 회계책임자가 선임권자에게 인계하여야 하는 회계장부 등에 포함된다고 할 수 없다"라고 판

시하였다.[74]

3. 회계장부 등 보존·위탁

보존의무자는 회계책임자의 선임권자이다. 회계책임자로부터 인계받은 회계장부 등을 회계보고를 마친 날부터 3년간 보존하여야 한다. 회계책임자는 선임권자의 동의를 얻어 관할 선거관리위원회에 회계장부 등의 보존을 위탁이 가능하다. 이 경우 위탁 보존물을 반환받고자 하는 때에는 선임권자의 서면에 의한 승낙이 있는 반환신청서를 관할 선거관리위원회에 제출하여야 한다.

회계장부 등을 보존하지 않은 자를 처벌하는 규정이 헌법상의 진술거부권을 침해하는 지 여부에 대하여 헌법재판소는 "정치자금법 제23조의 규정에 의하면, 정치자금의 수입·지출에 관한 명세서 및 영수증을 정치자금법이 정하는 회계보고를 마친 후 3년간 보존하여야 하는데, 이 조항이 규정하고 있는 회계장부·명세서·영수증을 보존하는 행위는 앞에서 본 진술거부권의 대상이 되는 '진술', 즉 언어적 표현의 등가물로 볼 수 없다고 할 것이므로, 더 나아가 살필 필요 없이 이 조항은 「헌법」 제12조 제2항의 진술거부권을 침해하지 않는다고 할 것이다"라고 판시하였다.[75]

4. 처벌

본 조 제1항의 규정을 위반하여 당비영수증 원부, 정치자금영수증 원부, 회계장부, 정치자금의 수입·지출명세서와 증빙서류, 예금통장, 지출결의서 또는 구입·지급품의서를 인계·보존하지 아니한 자는 3년 이하의 징역 또는 600만원 이하의 벌금에 처하고(「정치자금법」 제46조 제6호),

선거비용과 관련하여 본 조 제1항의 규정을 위반하여 회계장부 등을 인계·보존하지 아니한 자는 2년 이하의 징역 또는 400만원 이하의 벌금에 처한다(「정치자금법」 제49조 제2항 제9호).

정당·후원회의 회계책임자와 그 회계사무보조자 또는 법인·단체의 임원이나 구성원이 그 업무에 관하여 위 벌칙 규정의 위반행위를 한 때에는 행위자 외에 당해 정당이나 후원회에도 양벌규정이 적용된다(「정치자금법」 제50조).

---

74) 대전고등법원 2012. 7. 4. 선고 2012노157 판결.
75) 헌법재판소 2005. 12. 22. 자 2004헌바25 결정.

제11장

선거비용관련 주요
위반행위

정치자금법 이해

제11장

선거비용관련 주요 위반행위

제49조(선거비용관련 위반행위에 관한 벌칙) ① 회계책임자가 정당한 사유 없이 선거비용에 대하여 제40조(회계보고) 제1항·제2항의 규정에 의한 회계보고를 하지 아니하거나 허위기재·위조·변조 또는 누락(선거비용의 수입·지출을 은닉하기 위하여 누락한 경우를 말한다)한 자는 5년 이하의 징역 또는 2천만원 이하의 벌금에 처한다.

② 선거비용과 관련하여 다음 각 호의 어느 하나에 해당하는 자는 2년 이하의 징역 또는 400만원 이하의 벌금에 처한다.

1. 제2조(기본원칙)제4항의 규정을 위반한 자
2. 제34조(회계책임자의 선임신고 등) 제1항·제4항 제1호 또는 제35조(회계책임자의 변경신고 등) 제1항의 규정을 위반하여 회계책임자·예금계좌를 신고하지 아니한 자
3. 제36조(회계책임자에 의한 수입·지출) 제1항·제3항·제5항의 규정을 위반한 자, 동조 제2항의 규정을 위반하여 신고된 예금계좌를 통하지 아니하고 수입·지출한 자와 동조 제4항의 규정을 위반하여 예금계좌에 입금하지 아니하는 방법으로 지급한 자
4. 제36조 제6항의 규정을 위반하여 선거비용의 지출에 관한 내역을 통지하지 아니한 자
5. 제37조(회계장부의 비치 및 기재) 제1항의 규정을 위반하여 회계장부를 비치·기재하지 아니하거나 허위기재·위조·변조한 자
6. 제39조(영수증 그 밖의 증빙서류) 본문의 규정에 의한 영수증 그 밖의 증빙서류를 허위기재·위조·변조한 자
7. 제40조 제4항 제3호의 규정을 위반하여 예금통장 사본을 제출하지 아니한 자
8. 제43조 제2항을 위반하여 선거관리위원회의 보고 또는 자료의 제출 요구에 정당한 사유없이 응하지 아니하거나 보고 또는 자료의 제출을 허위로 한 자
9. 제44조(회계장부 등의 인계·보존) 제1항의 규정을 위반한 자

③ 선거비용과 관련하여 다음 각 호의 어느 하나에 해당하는 자는 200만원 이하의 과태료에 처한다.

1. 제34조 제1항·제3항 또는 제35조 제1항의 규정을 위반하여 회계책임자의 선임·변경·겸임신고를 해태한 자
2. 제34조 제4항 제2호의 규정에 의한 약정서를 제출하지 아니한 자
3. 제35조 제2항의 규정을 위반하여 인계·인수서를 작성하지 아니한 자
4. 제40조 제5항의 규정을 위반한 자

1. 의의

본 조는 일반적인 정치자금의 회계처리와 별도로 정치자금 중 선거비용의 회계처리와 관련한 각종 제한·의무 규정에 대한 벌칙을 규정한 것이다.

2005. 8. 4. 「공직선거법」 개정시 선거비용도 정치자금의 일종이라는 인식하에 정치자금에 관한 통합적으로 규제하고자 종전에 「공직선거법」에서 규정하고 있었던 선거비용 관련 벌칙 중 제258조 제1항 제1호 선거비용 초과지출죄를 제외하고 나머지 조항들을 삭제하는 대신, 관련 규정을 「정치자금법」으로 통합하였다. 이러한 이유로 기존에 정치자금법에 규정되어 있던 정치자금의 회계처리 관련 벌칙과 구성요건이 중복되는 경우가 많으나, 법정형은 상이한 경우가 다수 존재한다.

예를 들면, 선거비용외 정치자금에 관하여 회계장부 미작성·허위기재 행위를 한 경우에는 3년 이하의 징역 또는 600만원 이하의 벌금에 처하나, 선거비용에 관하여 회계장부 미작성·허위기제 행위를 한 경우에는 2년 이하의 징역 또는 400만원 이하의 벌금에 처하고 있어, 선거비용에 관한 위 범행은 선거에 영향을 끼칠 소지가 크다는 점에서 선거비용외 정치자금에 관한 위 범행에 비하여 가벌성이 더 큼에도 위와 같이 법정형에는 이 점이 반영되어 있지 아니하다.[1] 따라서 입법론적으로 법정형의 불균형을 개선할 필요가 있다.

정치자금과 선거비용과 관련한 위반행위에 대한 벌칙규정을 비교해보면 다음 표와 같다.[2]

---

1) 대검찰청. 정치자금법 벌칙해설(제2개정판). 대검찰청, 2022, 390면.
2) 중앙선거관리위원회. 정당법·정치자금법 축조해설(2016), 618~621면.

정치자금 및 선거비용 관련 벌칙 비교

구 분	정치자금관련 위반행위	선거비용관련 위반행위
회계보고서 미제출 등	「정치자금법」 제40조 제1항 내지 제4항의 규정을 위반하여 회계보고를 하지 아니하거나 재산상황, 정치자금의 수입·지출금액과 그 내역, 수입·지출에 관한 명세서, 영수증 그 밖의 증빙서류, 예금통장 사본을 제출하지 아니하거나 이를 허위로 제출한 자 ☞ 3년-600만원(제46조 제5호)	정당한 사유 없이 「정치자금법」 제40조 제1항·제2항의 규정에 의한 회계보고를 하지 아니하거나 허위기재·위조·변조 또는 누락(선거비용의 수입·지출을 은닉하기 위하여 누락한 경우를 말한다)한 자 ☞ 5년-2천만원(제49조 제1항)
실명확인방법에 의한 기부·지출 의무 위반	「정치자금법」 제2조(기본원칙) 제4항의 규정을 위반하여 실명이 확인되지 아니한 방법으로 정치자금을 기부·지출한 자 또는 현금으로 지출할 수 있는 연간 한도액을 초과하여 지출한 자 ☞ 200만원(제48조 제2호)	「정치자금법」 제2조(기본원칙) 제4항의 규정을 위반한 자 ☞ 2년-400만원(제49조 제2항 제1호)
회계책임자 신고의무 위반	–	「정치자금법」 제34조 제1항 또는 제35조 제1항의 규정을 위반하여 회계책임자를 신고하지 아니한 자 ☞ 2년-400만원(제49조 제2항 제2호)
예금계좌 신고의무 위반	「정치자금법」 제34조 제4항 제1호의 규정을 위반하여 정치자금의 수입·지출을 위한 예금계좌를 신고하지 아니한 자 ☞ 2년-400만원(제47조 제1항 제6호)	「정치자금법」 제34조 제4항 제1호를 위반하여 예금계좌를 신고하지 아니한 자 ☞ 2년-400만원(제49조 제2항 제2호)
회계책임자에 의한 수입·지출 의무 위반	「정치자금법」 제36조 제1항 또는 제3항의 규정을 위반하여 회계책임자에 의하지 아니하고 정치자금을 수입·지출한 자 ☞ 2년-400만원(제47조 제1항 제8호)	「정치자금법」 제36조 제1항·제3항의 규정을 위반한 자 ☞ 2년-400만원(제49조 제2항 제3호)
후원금 사용제한 위반	–	「정치자금법」 제36조 제5항의 규정을 위반한 자 (기부받은 후원금을 후원회등록 전에 지출원인이 발생한 용도로 사용) ☞ 2년-400만원(제49조 제2항 제3호)
예금계좌외 수입·지출	「정치자금법」 제36조 제2항의 규정을 위반하여 신고된 예금계좌를 통하지 아니하고 정치자금을 수입·지출한 자 ☞ 2년-400만원(제47조 제1항 제9호)	「정치자금법」 제36조 제2항의 규정을 위반하여 신고된 예금계좌를 통하지 아니하고 수입·지출한 자 ☞ 2년-400만원(제49조 제2항 제3호)

구 분	정치자금관련 위반행위	선거비용관련 위반행위
수당·실비의 예금계좌 입금 의무 위반	-	「정치자금법」 제36조 제4항의 규정을 위반하여 선거사무장 등의 수당·실비를 예금계좌에 입금하지 아니하는 방법으로 지급한 자 ☞ 2년-400만원(제49조 제2항 제3호)
선거비용 지출내역 통지의무 위반	-	「정치자금법」 제36조 제6항의 규정을 위반하여 선거비용의 지출에 관한 내역을 통지하지 아니한 자 ☞ 2년-400만원(제49조 제2항 제4호)
회계장부 비치 의무 등 위반	「정치자금법」 제37조 제1항의 규정을 위반하여 회계장부를 비치하지 아니하거나 허위로 기재한 자 ☞ 3년-600만원(제46조 제5호)	「정치자금법」 제37조 제1항의 규정을 위반하여 회계장부를 비치·기재하지 아니하거나 허위기재·위조·변조한 자 ☞ 2년-400만원(제49조 제2항 제5호)
증빙서류 위·변조 등의 죄	「정치자금법」 제39조 본문의 규정을 위반하여 영수증 그 밖의 증빙서류를 구비하지 아니하거나 허위기재·위조·변조한 자 ☞ 2년-400만원(제47조 제1항 제10호)	「정치자금법」 제39조 본문의 규정에 의한 영수증 그 밖의 증빙서류를 허위기재·위조·변조한 자 ☞ 2년-400만원(제49조 제2항 제6호)
예금통장 사본 미제출 등	「정치자금법」 제40조 제4항의 규정을 위반하여 재산상황, 정치자금의 수입·지출금액과 그 내역, 수입·지출에 관한 명세서, 영수증 그 밖의 증빙서류, 예금통장 사본을 제출하지 아니하거나 이를 허위로 제출한 자 ☞ 3년-600만원(제46조 제5호)	「정치자금법」 제40조 제4항 제3호의 규정을 위반하여 예금통장 사본을 제출하지 아니한 자 ☞ 2년-400만원(제49조 제2항 제7호)
자료제출요구 불응 등	「정치자금법」 제28조 제4항·제42조 제7항 또는 제52조 제1항·제4항의 규정을 위반하여 선거관리위원회의 조사·자료확인이나 제출요구에 정당한 사유 없이 응하지 아니하거나 허위자료의 제출 또는 장소의 출입을 방해한 자 ☞ 1년-200만원(제47조 제2항)	「정치자금법」 제43조 제2항을 위반하여 선거관리위원회의 보고 또는 자료의 제출요구에 정당한 사유없이 응하지 아니하거나 보고 또는 자료의 제출을 허위로 한 자 ☞ 2년-400만원(제49조 제2항 제8호)
회계장부 등 인계·보존의무 위반	「정치자금법」 제44조 제1항의 규정을 위반하여 당비영수증 원부, 정치자금영수증 원부, 회계장부, 정치자금의 수입·지출명세서와 증빙서류, 예금통장, 지출결의서 또는 구입·지급품의서를 인계·보존하지 아니한 자 ☞ 3년-600만원(제46조 제6호)	「정치자금법」 제44조 제1항의 규정을 위반한 자 ☞ 2년-400만원(제49조 제2항 제9호)

「정치자금법」 제49조에 규정된 죄를 범함으로 유죄확정 판결이 난 경우에는 선거권과 피선거권 제한[「공직선거법」 제18조·제19조(「정치자금법」 제49조)]이 될 뿐만 아니라, 행위주체 및 위반 조항에 따라 선거비용보전의 제한[「공직선거법」 제135조의2 제2항(「정치자금법」 제49조)], 당선무효[「공직선거법」 제263조 제2항(「정치자금법」 제49조 제1항, 제2항 제6호), 「공직선거법」 제264조 (「정치자금법」 제49조)], 공무담임제한[「공직선거법」 제266조 제1항(「정치자금법」 제49조)]이 될 수 있다.

한편, 헌법재판소는 회계책임자에 의하지 아니하고 선거비용을 수입, 지출한 행위를 처벌함에 있어 '당해 선거일 후 6월'의 단기 공소시효 특칙을 규정하지 아니한 정치자금법 제49조는 평등권과 공무담임권을 침해하지 않는다고 결정하였다.[3]

2. 주요 쟁점

가. 회계보고서 미제출 등의 죄(제1항)

1) 의의

「정치자금법」 제49조 제1항은 회계책임자가 정당한 사유 없이 선거비용에 대하여 회계보고를 하지 아니하거나 허위기재·위조·변조 또는 누락한 경우를 5년 이하의 징역 또는 2천만원 이하의 벌금에 처하도록 규정하면서, 여기서 누락의 의미는 선거비용의 수입·지출을 은닉하기 위하여 누락한 경우'로 국한하고 있는바, 위 규정 위반의 범죄사실을 인정하기 위하여는 고의로 선거비용을 누락한 것을 넘어 초과주관적 요소로서 선거비용의 수입·지출을 은닉한다는 인식과 의도가 합리적 의심 없이 입증되어야 한다. 「정치자금법」 제49조 제2항에서 각종 선거비용과 관련된 단순위반행위를 2년 이하의 징역 또는 400만원 이하의 벌금형에 처하도록 하고 있는 것과 달리 그 법정형이 높고, 공직선거법 제263조 제2항에서 회계책임자가 이를 위반하여 징역형 또는 300만원 이상의 벌금형의 선고를 받은 때에는 후보자의 당선을 무효로 하도록 규정하고 있는 것에 비추어도 이와 같은 은닉 의사는 더욱 엄격하게 판단할 필요가 있다.[4]

선거비용의 수입·지출보고서를 허위로 제출하지 못하도록 한 취지는 선거비용의 과소계상을 방지하여 법정선거비용 범위 내에서 선거운동을 하도록 유도하는 한편, 선거비용에 관하여 정직하고 성실한 신고를 하도록 하는 취지도 포함되어 있는 것이므로, 정치자금법 제49조 제1항 위반죄는 회계책임자가 수입과 지출보고서를 사실과 다르게 허위로 작성하여

---

3)　헌법재판소 2015. 2. 26. 자 2013헌바176 결정.

4)　전주지방법원 2017. 4. 12. 선고 2016고단1701 판결, 대법원 2017. 10. 31. 선고 2017도11554 판결.

선거관리위원회에 제출함으로써 성립되고, 보고서에 지출한 것으로 허위 기재된 선거비용이 실제지급액보다 많거나 적거나를 불문한다.[5]

  '허위기재'란 그 내용, 즉 금액·일자·항목 등을 실제와 다르게 기재하는 것을 의미하고, '위조'란 작성권한 없는 자가 타인의 명의를 모용하여 영수증 등을 작성하는 것을 말하며, '변조'란 정당한 권한 없이 이미 진정하게 성립된 타인 명의의 문서내용을 동일성을 해하지 않는 범위 내에서 비본질적인 부분에 변경을 가하는 것을 말한다.[6]

  '누락'은 '선거비용의 수입·지출을 은닉하기 위하여' 누락한 경우를 말함. 본죄의 '누락'에 해당하려면 고의로 선거비용을 누락한 것을 넘어 초과주관적 요소로서 선거비용의 수입·지출을 은닉한다는 의식과 의도가 합리적 의심 없이 입증되어야 한다.[7]

  회계보고를 함에 있어 후원금 수입이나 지출중 일부를 누락하거나, 재산상황, 정치자금의 수입·지출금액과 그 내역, 수입·지출에 관한 명세서, 예금통장 사본을 제출함에 있어 수입이나 지출내역이 일부 기재가 되지 아니한 서류를 제출한 것이 회계보고를 전혀 하지 않거나 위와 같은 서류를 전혀 제출하지 않은 경우라고 볼 수 없다.[8]

- **(무 죄)** 「정치자금법」 제46조 제5호의 죄 중 ① 회계보고를 하지 아니함으로써 성립하는 범죄는 그 후원회의 회계책임자가 위 정치자금법 제40조에 의한 회계보고를 전혀 하지 아니할 때 성립되는 것이고, 회계보고를 하였으나, 후원금의 수입이나 지출 중 일부를 누락하여 회계보고를 한 경우에 성립되는 범죄는 아니라고 할 것인데, 후원회 회계책임자인 피고인은 그 후원금 수입이나 지출 중 일부를 누락하여 회계보고를 한 것일 뿐 회계보고 자체를 하지 않은 것은 아니므로, 피고인에게 회계보고를 하지 아니하였다고 하여 「정치자금법」 제46조 제5호의 죄가 성립한다고 할 수 없음.

  「정치자금법」 제46조 제5호의 죄 중 ② 재산상황, 정치자금의 수입·지출금액과 그 내역, 수입·지출에 관한 명세서, 예금통장 사본을 제출하지 아니함으로써 성립되는 범죄는 그 후원회의 회계책임자가 관할 선거관리위원회에 재산상황, 정치자금의 수입·지출금액 및 그 내역이 기재된 서류나 수입·지출에 관한 명세서, 예금통장 사본을 제출하지 아니할 때 성립되는 것이고, 위와 같은 서류를 제출하였으나, 그 서류를 제출하면서 그 수입이나 지출 내역이 일부 기재되어 있지 않을 경우에 성립되는 범죄는 아니라고 할 것인데, 피고인은 위와 같은 서류 자체를 제출하지 않은 것은 아니므로, 피고인이 후원금의 수입이나 지출 내역이 일부 기재되지 아니한 위 서류를 제출하였다고 하여 법 제46조 제5호의 죄가 성립한다고 할 수 없음.

- **(유 죄)** 관할 선거관리위원회에 회계보고를 하면서 정치자금 수입·지출[정치자금 수입금액 33,700,000원, 정치자금 지출금액 2,890,000원(=240,000원 + 2,650,000원)] 관련 ③ 영수증 그 밖의 증빙서류를

---

5) 대법원 1996. 7. 12. 선고 96도1242 판결.
6) 대검찰청. 정치자금법 벌칙해설(제2개정판). 대검찰청, 2022, 406면.
7) 대검찰청. 앞의 책. 398면.
8) 대법원 2014. 7. 24. 선고 2013도6785 판결.

관할 선거관리위원회에 제출하지 않은 행위에 대해서는 「정치자금법」 제46조 제5호의 죄가 성립함[창원지방법원 마산지원 2013. 1. 30. 선고 2012고합83 판결, 부산고등법원 2013. 5. 31. 선고 2013노75 판결, 대법원 2014. 7. 24. 선고 2013도6785 판결).

'선거비용에 대한 회계보고'와 관련하여서는 '선거비용' 해당여부가 문제가 된다. 입후보와 관련된 행위, 선거운동을 위한 준비행위에 소요되는 비용은 선거비용이라고 할 수 없으므로 해당 비용 지출 내역을 회계보고에서 누락하였다 하더라도 본 죄가 성립하지 않는다.[9]

선거컨설팅 비용을 회계보고에서 누락한 행위와 관련하여 법원은 "단지 선거컨설팅 업체에 지급되었다는 점, 선거 전반에 관한 컨설팅 및 홍보전략 기획과 여론조사에 소요되었다는 점만으로는 선거비용으로 인정되기 어려우므로, 컨설팅 및 홍보전략 기획 등이 실질적으로 선거운동을 위한 준비행위가 아닌 선거운동에 해당한다는 점이 입증되어야만 해당 비용을 회계보고에서 누락한 행위를 본죄로 처벌할 수 있고, 이는 선거비용에 해당함을 전제로 처벌을 예정하고 있는 「정치자금법」 제49조 제2항 위반 범죄에 있어서도 마찬가지이다"라고 판시하였다.[10]

2) 주체

정치자금법 제49조 제1항의 회계보고 누락으로 인한 정치자금법 위반죄는 회계책임자만이 범죄의 주체가 될 수 있으며, 위 조항에서 회계책임자는 공직선거법에서 정한 절차에 따라 선거관리위원회에 신고된 자를 말한다. 한편 신분관계로 성립될 범죄에서 신분 없는 자는 신분 있는 자와 공범으로만 처벌할 수 있을 뿐 단독정범으로서 처벌할 수는 없다.[11]

3) 행위

정당한 사유 없이 선거비용에 대한 회계보고를 하지 않거나 허위기재·위조·변조 또는 누락(선거비용의 수입·지출을 은닉하기 위하여 누락한 경우를 말한다)하는 것을 의미한다. '선거비용'이라 함은 공직선거법 제119조(선거비용 등의 정의)에 따른 선거비용을 말하고(정치자금법 제3조 제8호 아목), 실제 금품이 지급된 시기가 선거가 끝난 뒤라 하더라도 그 발생 원인이 선거일 이전의 선거운동으로 인한 것이라면 이는 선거비용에 포함된다.[12] '정당한 사유'란 비난가능

---

9) 서울중앙지방법원 2017. 2. 9. 선고 2016고합530, 695(병합) 판결, 서울고등법원 2017. 8. 8. 선고 2017노712 판결, 대법원 2017. 11. 14. 선고 2017도8193 판결.

10) 부산고등법원 창원지부 2012. 11. 30. 선고 2012노152 판결.

11) 광주고등법원 2015. 4. 9. 선고 2015노141 판결, 대법원 2015. 8. 13. 선고 2015도5885 판결.

12) 서울고등법원 1997. 8. 26. 선고 97노611 판결.

성이 없는 경우를 말하는 것으로서, 예컨대 화재나 수재 등 천재·지변으로 인하여 수입과 지출보고서 작성에 필요한 자료를 모두 멸실함으로써 보고서를 제출하지 못한 경우를 예로 들 수 있다.[13]

4) 판례

① 제49조 제1항의 위반 주체

사례 1

정치자금법 제49조 제1항 위반죄는 회계책임자만이 범죄의 주체가 될 수 있고, 피고인과 회계책임자 A가 공모한 사실이 없으므로, 정치자금법 제49조 제1항 위반죄가 성립하지 않는다. 다만 정치자금법 제49조 제2항 제6호 위반죄(선거비용 관련 영수증 등 증빙서류 허위기재)의 주체에는 제한이 없으므로 처벌될 수 있다(부산지방법원 2009. 7. 9. 선고 2008고정6525 판결, 대법원 2012. 12. 27. 선고 2012도12152 판결).

사례 2

피고인 황○○은 회계책임자로 신고된 자로서, 2014. 5. 21.경 피고인 안○○이 선거비용을 지출할 수 있도록 자신의 도장을 넘겨주었고, 피고인 안○○은 실질적으로 회계책임자 업무를 수행하였다. 피고인 안○○은 공직선거법상 선거비용제한을 초과하지 않는 것처럼 보이기 위해, 2014. 7. 4.경 관할 선거관리위원회에 정치자금의 수입과 지출에 관한 회계보고를 하면서 선거비용 총 7,869,040원을 누락한 사안에서, ㉮ 피고인 황○○은 사회경험이 부족한 만 24세의 청년으로, 아르바이트 고용주인 피고인 안○○에게서 '모든 회계 업무는 내가 알아서 할 테니 회계책임자로 신고만 하게 해 달라.'는 부탁을 받고 별문제가 없을 것으로 생각하여 피고인 안○○에게 자신의 도장을 빌려주었을 뿐인 것인 점, ㉯ 실제 선거비용 지출 및 회계보고에 관한 업무는 피고인 안○○이 도맡아 처리했고, 피고인 황○○은 선거비용지출의 내역 및 금액의 결정에 전혀 관여하지 않았고, 피고인은 2014. 6. 6.경 대체복무 등을 준비하기 위해 여수를 떠나 부산으로 이동하였으므로, 피고인 안○○이 2014. 7. 4. 관할 선거관리위원회에 정치자금의 지출에 관한 회계보고를 하는 것에 관여할 여지가 없었던 점에서 피고인 황○○은 회계보고 시 선거비용 지출을 누락하는 것을 알았거나 알 수 없었으므로, 피고인 황○○에 대한 선거비용 누락으로 인한 정치자금법위반죄는 무죄이다. 따라서 회계책임자 신분이 없는 피고인 안○○을 무죄로 선고된 피고인 황○○과 공범으로 처벌할 수 없고, 단독정범으로도 처벌할 수도 없다(대법원 2015. 8. 13. 선고 2015도5885 판결).

---

13) 중앙선거관리위원회. 정치자금사무편람(2022), 528면.

② 허위 회계보고

사례 1

공직선거 후보자의 회계책임자는 선거비용에 대하여 관할 선거관리위원회에 회계보고를 함에 있어 정당한 사유없이 그 보고서에 허위기재·위조·변조 또는 누락을 하여서는 아니 된다. 그럼에도 피고인 A(후보자 및 회계책임자)는 2016. 4. 22. 이천시 선거관리위원회에 정치자금 수입·지출보고서를 제출하면서 선거비용 보전 대상인 '공개장소 연설대담차량 기사인부임'으로 B(무급 자원봉사자)에게 123,000원씩 13일(2016. 3. 31.부터 2016. 4. 12.까지)간 합계 1,599,000원을 지출하였다고 보고하였다. 그러나 사실 위 기간 동안 피고인 A의 공개장소 연설대담 차량을 운전한 사람은 C이고, B는 무급 자원봉사자 신분으로 피고인 A의 승용차를 운전하며 선거운동을 도와주었을 뿐이다. 이로써 피고인 A는 정당한 사유 없이 이천시 선거관리위원회에 회계보고를 함에 있어 보고서에 허위기재를 하였다(대법원 2017. 8. 10. 선고 2017도8821 판결).

사례 2

피고인 A는 2014. 6. 4. 실시된 □□도 교육감선거에 출마한 서○○ 후보의 선거사무소에서 회계책임자로 근무한 사람으로서, ○○지역 선거연락소장 2명으로 하여금 식사 562만원의 이익을 제공하고, ○○지역 선거연락소 회계책임자 5명으로 하여금 전화홍보원 11명에게 826만원의 수당을 제공하게 하였음에도, 2014. 6. 26. 관할 선거관리위원회에 '정치자금 수입·지출 보고서'를 제출하면서, 사실은 위와 같이 선거비용 1,388만원을 지출하였음에도 마치 선거연락소 회계책임자 잔무처리에 따른 '인건비'로 지출하여 선거비용이 아닌 것처럼 '선거비용외'로 허위기재하고, 자원봉사자에게 수당 명목으로 지출한 250만원을 누락하였다(대법원 2015. 11. 17. 선고 2015도12912 판결).

사례 3

피고인은 2014. 6. 4. 실시된 □□도 교육감선거에 출마하였다가 낙선한 사람으로서, 회계책임자 A와 공모하여 2014. 7. 4. 선거기간 동안 선거사무원으로 근무한 사실이 없는 사람들이 마치 선거사무원으로 근무한 것처럼 허위기재하거나 근무한 선거사무원의 실제 근무일수를 과다하게 허위기재하는 방법으로 합계 956만원을 허위기재한 정치자금 수입·지출보고서를 관할 선거관리위원회에 제출하였다(대전고등법원 2015. 10. 5. 선고 2015노315 판결).

사례 4

피고인은 제5회 지방선거에서 □□구의원선거에 출마한 후보자인 동시에 회계책임자로서, 2010. 6. 초순경 제5회 지방선거가 종료된 후 선거관리위원회에 선거비용을 부풀려 회계보고 하여 선거보전비용을 많이 받기로 마음먹고 그 무렵 자신의 선거사무원 A에게 선거관리위원회에 허위의 영수증을 작성하는 등으로 선거비용 및 정치자금을 부풀리기 위한 자료를 준비하도록 지시하였다. 그리고 피고인은 2010. 7. 2. 사실은 □□식당에서 음식물을 제공받고 그 대금으로 160,000원을 지급하였음에도 305,000원을 지급한 것처럼 기재된 회계보고서를 관할 선거관리위원회에 제출한 것을 비롯하여 총 13개 항목에 걸쳐 허위의 내용이 기재된 회계보고서를 제출하였다(광주지방법원 2011. 2. 9. 선고 2010고합530 판결).

③ 은닉의 목적

> **사례 1**
>
> 국회의원선거 약 1달전에 선거대행 업체(선거컨설팅 업체)에 업무를 위탁하면서 계약금 1,000만원을 지급하였음에도 그 1,000만원 지출을 회계보고에서 누락한 사안에서, ① 위 계약금 지불시점으로부터 1주일 후 대금 확정 문제로 이견이 발생하여 계약이 해지된 점, ② 그 1주일간 그 선거대행 업체가 실제 행한 업무는 사진촬영 등에 불과한 점, ③ 선거대행 업체와 후보자가 간 정식 계약서가 작성되지 않고 결국 다른 업체가 선거대행 업무를 맡았던 점 등에 비추어 위 1,000만원은 입후보와 관련된 행위 및 선거운동을 위한 준비행위에 소요된 비용으로서 선거비용으로 볼 수 없다(서울중앙지방법원 2017. 2. 17. 선고 2016고합1018 판결, 서울고등법원 2017. 5. 19. 선고 2017노763 판결, 대법원 2017. 11. 14. 선고 2017도8193 판결).

> **사례 2**
>
> 후보자의 재산세납부내역 기재 부분을 수정하기 위해 선거공보물을 재제작한 경우 기존 제작비용과 재제작 비용 모두 선거비용에 해당하고 회계보고 대상에 포함되므로, 고의로 누락한 경우 본죄가 성립한다[인천지방법원 2017. 2. 9. 선고 2016고합 530, 695(병합) 판결, 서울고등법원 2017. 8. 8. 선고 2017노712 판결, 대법원 2017. 12. 7. 선고 2017도13012 판결].

> **사례 3**
>
> 본죄의 누락에 해당하려면 고의로 선거비용을 누락한 것을 넘어 초과주관적 요소로서 선거비용의 수입·지출을 은닉한다는 인식과 의도가 합리적 의심없이 입증되어야 한다. 회계책임자인 피고인이 선거관련 문자발송 비용 77,748원에 관한 회계보고를 누락하였다는 사실로 기소된 사안에서, 법정 선거비용제한액까지 약 8,000,000원정도의 여유가 있었던 상황이므로 위 77,748원 상당에 불과한 문자발송 비용을 감추기 위하여 이를 누락할 동기는 없어 보이는 점, 피고인은 총 735,000원을 선관위에 선거비용으로 보고하지 않았는데, 그중 위 77,748원 외의 비용은 선거운동과 관련이 없는 등 사유로 보고할 의무가 없는 비용지출로서 신고하지 않은 전체 비용 735,000원 중 위 문자발송 비용 77,748원이 차지하는 비중이 크지 않은 점 등에

비추어 피고인이 선거비용의 지출을 은닉하기 위하여 위 77,748원을 누락한 것으로 단정하기 어렵다(서울북부지방법원 2016. 12. 2. 선고 2016고합481 판결).

사례 4

형사재판에서 기소된 범죄사실에 대한 입증책임은 검사에게 있는 것이고 유죄의 인정은 법관으로 하여금 합리적인 의심을 할 여지가 없을 정도로 공소사실이 진실한 것이라는 확신을 가지게 하는 증명력을 가진 증거에 의하여야 하므로, 그와 같은 증거가 없다면 설령 피고인에게 유죄의 의심이 간다 하더라도 피고인의 이익으로 판단할 수밖에 없다(대법원 2002. 12. 24. 선고 2002도5662 판결 등 참조). 이러한 법리를 기초로 이 사건에 관하여 보건대, 원심은 피고인이 선거비용인 현수막 제작비용 중 2,000만원, 연락사무소 선거운동원 인건비 중 546만원, 선거사무소 선거운동원 인건비 중 385만원, 유세차 기사와 벽보차량 기사 인건비 450만원을 누락하여 회계보고 하였다는 공소사실에 부합하는 증거로는 피고인의 검찰에서의 진술과 피고인이 작성한 각 선거관련 지급 내역서가 있으나, 위 내역서가 보강 증거를 넘어서 독립된 증거로서의 가치가 크다 할 수 없는데, 내역서의 작성경위, 작성목적, 그 내용을 뒷받침할 근거자료 부재, 검찰 조사 당시 피고인과 채◇◇사이의 관계, 내역서의 다른 항목과는 달리 구체적인 내역(선거운동원의 성명, 현수막의 종류, 수량 등)이 기재되어 있지 않은 점, 각 내역서 사이의 금액 불일치 등에 비추어 위 공소사실에 부합하는 내역서의 내용은 신빙성이 부족하다고 보고, 달리 위 공사사실 부분을 인정할 증거가 없다고 보아 무죄로 판단하였는바, 이 사건 증거들을 기록에 비추어 면밀히 검토해 보면, 원심이 위와 같은 증거판단을 토대로 이 부분 공소사실을 무죄라고 판단한 조처는 정당한 것으로 수긍이 되고, 원심판결에 검사가 지적하는 것과 같은 사실오인의 위법이 있다고 보기 어렵다. 따라서 검사의 위 주장은 이유 없다(수원지방법원 2014. 4. 24. 선고 2013노5074 판결, 대법원 2014. 7. 24. 선고 2014도6376 판결).

④ '선거비용의 수입·지출을 은닉할 목적'을 가지고 있었음을 판단하는 기준

정치자금법 제49조 제1항은 회계책임자가 정당한 사유 없이 선거비용에 대하여 회계보고를 하지 아니하거나 허위기재·위조·변조 또는 누락한 경우를 5년 이하의 징역 또는 2천만원 이하의 벌금에 처하도록 규정하면서, 여기에 누락의 의미는 '선거비용의 수입·지출을 은닉하기 위하여 누락한 경우'로 국한하고 있는바, 위 규정 위반의 범죄사실을 인정하기 위하여는 고의로 선거비용을 누락한 것을 넘어 초과주관적 요소로서 '선거비용의 수입·지출을 은닉한다는 목적'이 합리적 의심 없이 입증되어야 한다(공직선거법 제93조 제1항의 '선거에 영향을 미치게 하기 위하여'라는 문언을 고의 이외의 초과주관적 요소로서 '선거에 영향을 미치게 할 목적'으로 해석한 대법원 2011. 6. 24. 선고 2011도3447 판결 등 참조).

또한, 정치자금법 제49조 제2항에서 각종 선거비용과 관련된 단순위반행위를 2년 이하의 징역 또는 400만원 이하의 벌금형에 처하도록 하고 있는 것과 달리 정치자금법 제49조 제1항은 그 법정형이 상대적으로 높고, 공직선거법 제263조 제2항에서 회계책임자가 이를 위반하여 징역형 또는 300만원 이상의 벌금형의 선

고를 받은 때에는 후보자의 당선을 무효로 하도록 규정하고 있는 것에 비추어 보더라도 위와 같은 '은닉의 목적'은 더욱 엄격하게 판단할 필요가 있다.

피고인이 선관위로부터 교부받은 '선거비용 보전안내서' 등의 책자를 자세히 읽어보고 선관위에 질의하는 등의 방법으로 각 비용의 선거비용 해당여부를 세심하게 확인해 보았더라면 이 사건 각 비용이 선거비용에 해당함을 알 수 있었으리라고 보이기는 하나, 원심이 유죄의 증거가 되기는 부족하다고 본 사정들 외에 피고인이 미필적으로나마 '선거비용의 수입·지출을 은닉할 목적'을 가지고 있었음을 추단할 만한 다른 특별한 사정에 대한 검사의 증명은 없다(의정부지방법원 2020. 6. 5. 선고 2019노687 판결, 대법원 2020. 10. 15. 선고 2020도9367 판결).

⑤ 회계책임자가 직접 지출한 비용이 아니더라도 선거연락소장이 지출한 비용을 알고 있으면서 선거비용의 수입·지출을 은닉하기 위하여 회계보고에 누락한 경우

회계보고 하여야 할 선거비용에는 회계책임자가 직접 지출한 경우가 아니더라도 선거연락소장이 해당 후보자의 선거운동(위법선거운동 포함)을 위하여 지출한 비용을 포함하는 점(정치자금법 제3조 제8호 아목, 공직선거법 제119조 제1항 제2호), ② '위법'선거운동을 위한 지출의 경우 본질적으로 영수증을 발행하거나 회계장부에 기재하여야 할 지출의 상세내용(지출의 일자·금액·목적과 지출받은 자의 성명·생년월일·주소·직업 및 전화번호 포함)을 기재하기 어려운 경우가 대다수인데, 그와 같이 사실상 곤란하다는 이유로 선거연락소장이 후보자의 위법 선거운동을 위하여 지출한 비용을 회계보고하여야 할 선거비용에서 제외하는 것은 정치자금의 적정한 제공을 보장하고 그 수입과 지출내역을 공개하여 투명성을 확보하며 정치자금과 관련한 부정을 방지함으로써 민주정치의 건전한 발전에 기여함을 목적으로 하는 정치자금법의 입법취지와 정치자금법 제40조, 제3조 제8호 아목, 공직선거법 제119조 제1항 제2호의 법 문언에 배치되는 점, ③ 회계책임자가 정치자금을 수입·지출하는 경우에는 영수증 그 밖의 증빙서류를 구비하여야 하나(정치자금법 제39조 본문), 불가피한 사유가 있는 경우에는 영수증 그 밖의 증빙서류를 구비하지 않고도 정치자금을 수입·지출하는 것이 가능한데(정치자금법 제39조 단서, 정치자금사무관리규칙 제39조 제3항 제3호), 회계보고를 할 때에는 정치자금법 제39조 본문의 규정에 의한 영수증 그 밖의 증빙서류 사본만을 첨부하도록 되어 있어(정치자금법 제40조 제4항 제2호) 불가피하게 영수증 그 밖의 증빙서류 구비 없이 한 정치자금 지출의 회계보고가 불가능하다고 단정하기 어려운 점 등을 종합하면, 설령 회계책임자인 피고인이 직접 지출한 비용이 아니더라도 선거연락소장이 지출한 비용을 알고 있으면서 선거비용의 수입·지출을 은닉하기 위하여 회계보고에 누락한 경우에는 정치자금법 제49조 제1항에 따라 처벌이 된다고 보아야 한다(수원지방법원 여주지원 2021. 11. 15. 선고 2020고합85 판결).

⑥ 공정선거지원단의 선거비용에 대한 회계보고 누락 방조 행위

형법상 방조행위는 정범의 실행행위를 용이하게 하는 직접, 간접의 모든 행위를 가리키는 것으로서 그 방조는 유형적, 물질적인 방조뿐만 아니라 정범에게 범행의 결의를 강화하도록 하는 것과 같은 무형적, 정신적 방조행위까지도 이에 해당한다(대법원 1997. 1. 24. 선고 96도2427 판결 등 참조).

위 인정사실에 나타난 다음과 같은 사정들, 즉 ① 피고인 B가 피고인 A와 통화할 당시는 ○○시선거관리위원회 소속 직원이 아니었지만, 그 직전까지 ○○시선거관리위원회 공정선거지원단의 정치자금 회계업무를 담당하면서 각 후보자들의 선거사무장에게 회계 관련 안내를 하여 왔고, 피고인 A도 그 사실을 알았기 때문에 피고인 B에게 법정 수당을 초과하여 선거사무원 등에게 수당을 지급하는 것이 가능한지 여부 및 그 회계 처리 방법에 대하여 문의하였던 점, ② 피고인 B는 위와 같이 ○○시선거관리위원회에서 일한 적이 있을 뿐 아니라 그 3일 뒤인 2018. 6. 18.부터는 위 선거관리위원회에서 선거비용·정치자금 관련 사무보조 업무를 맡기로 예정되어 있었으므로, 피고인 A의 문의에 대하여 법정 수당·실비 외에는 선거운동의 대가를 지급하여서는 아니 된다고 안내해야 했음에도, 다른 선거사무소들은 편법을 사용하여 선거사무원이나 자원봉사자에게 법정 수당·실비 외에도 추가로 수당을 지급하는 것처럼 설명하면서, 법정 수당·실비인 7만원 이상 수당을 지급해야 하는 상황이 생기면 선거관리위원회에 적발되지 않게 지급하고, 자신은 모르는 것으로 할 테니 회계보고서에도 7만원만 지급한 것처럼 기재하라고 안내한 점, ③ 피고인 B의 이러한 설명을 들은 피고인 A는 안심하고 공직선거법에서 정한 수당을 초과한 금원을 선거운동의 대가로 지급하고, 그 부분에 대하여 회계보고를 누락한 점, ④ 피고인 B는 2018. 6. 18.부터 ○○시선거관리위원회의 선거비용 관련 사무보조 직원으로서 피고인 A가 제출한 회계보고서를 검토하면서 그 회계보고가 허위인 사실을 알고 있었음에도 모른 체하고 아무런 조치를 취하지 아니한 점 등을 위 법리에 비추어 보면, 피고인 B의 위와 같은 행위는 피고인 A의 매수 및 이해유도에 관한 공직선거법위반 범행 및 정치자금법위반 범행을 용이하게 한 것으로서 형법상 방조행위에 해당한다고 인정하기에 충분하다[부산고등법원 2019. 7. 17. 선고 (창원)2019노106 판결, 대법원 2019. 10. 31. 선고 2019도11617 판결].

⑦ 거래 대금 차이에 따른 위반여부

선거비용을 부풀려 허위 회계보고나 증빙서류를 허위기재한 경우 설령 부풀린 거래 대금이 통상적인 거래 가격과 비교하여 현저한 차이가 있지 않다고 하더라도, 견적서나 계약서를 실제와 다르게 허위로 기재한 이상 정치자금법 제49조 제1항 위반죄와 같은 법 제49조 제2항 제6호 위반죄가 성립하는 데에는 아무런 영향이 없다(대전고등법원 2015. 6. 1. 선고 2015노200 판결).

5) 죄수 관계

증빙서류 허위기재를 통한 허위의 선거비용 회계보고의 경우 경합관계 등에 대해서 판례는 다음과 같이 판시하고 있다.

사례 1

지방교육자치에 관한 법률 제50조, 정치자금법 제49조 제1항의 회계보고 허위기재로 인한 지방교육자치에 관한 법률위반죄는 회계책임자가 정당한 사유 없이 선거비용에 대하여 허위기재함으로써 성립되는바, 하나의 회계보고서에 여러 가지 선거비용 항목에 관하여 허위 사실을 기재하였더라도 선거비용의 항목에 따라 별개의 죄가 성립하는 것이 아니라 전체로서 하나의 지방교육자치에 관한 법률위반죄가 성립한다.

수개의 선거비용 항목을 허위기재한 하나의 선거비용 보전청구서를 제출하여 대한민국으로부터 선거비용을 과다 보전받아 이를 편취하였다면, 이는 일죄로 평가되어야 하고, 각 선거비용 항목에 따라 별개의 사기죄가 성립하는 것은 아니다.

회계보고 허위기재로 인한 지방교육자치에 관한 법률 위반죄와 증빙서류 허위기재로 인한 지방자치교육에 관한 법률 위반죄는 각 행위 주체, 행위 객체 등 구체적인 구성요건에 있어 차이가 있고, 증빙서류 허위기재 행위가 회계보고 허위기재로 인한 지방교육자치에 관한 법률 위반죄에 비하여 별도로 고려되지 않을 만큼 경미한 것이라고 할 수도 없으므로, 증빙서류 허위기재 행위가 이른바 '불가벌적 수반행위'에 해당하여 회계보고 허위기재로 인한 지방교육자치에 관한 법률 위반죄에 대하여 흡수 관계에 있다고 볼 수 없다(부산고등법원 2018. 1. 10. 선고 2017노277 판결, 대법원 2018. 4. 20. 선고 2018도1715 판결).

사례 2

선거비용에 대한 회계보고 허위기재 행위를 처벌하는 정치자금법 제49조 제1항 소정의 죄와 증빙서류의 허위기재 행위를 처벌하는 정치자금법 제49조 제2항 제6호 소정의 죄는 각각 선거비용 집행의 투명성 확보를 보호법익으로 하는 반면, 타인을 기망하여 재물을 편취하는 행위를 처벌하는 사기죄는 재산권을 보호법익으로 하는 바, 그 구성요건적 행위의 태양과 보호법익이 서로 다를 뿐 아니라 어느 한 구성요건이 다른 구성요건의 적용을 배제하지도 않으므로, 실제 지출 내역보다 과다한 금액을 기재한 영수증 등 증빙서류를 제출하고, 선거비용에 관한 회계보고를 허위로 기재하여 선거관리위원회에 제출하는 방법으로 선거비용을 부당하게 보전받고자 하는 경우에는 각각의 정치자금법위반죄와 사기죄가 별개로 성립하고, 이는 수죄로서 실체적 경합관계에 있다(대법원 2015. 8. 27. 선고 2015도8815 판결 참조).

사례 3

정치자금법 제49조 제1항 소정의 죄는 회계책임자가 정당한 사유 없이 선거비용에 대한 회계보고에 허위 내용을 기재한 행위를 처벌하는 것이고, 정치자금법 제49조 제2항 제6호 소정의 죄는 행위 주체를 회계책임자로 제한하지 않고 누구든지 회계책임자가 정치자금을 수입·지출하는 경우에 구비하여야 하는 증빙서류를 허위로 기재한 경우 이를 처벌하는 것이어서 두 죄는 행위 주체나 객체 등 구성요건이 서로 다르고, 선거비용 회계보고 서류인 정치자금 수입·지출보고서에 허위 내용을 기재하는 행위는 선거관리위원회에 이를 제출함으로써 기수에 이르는 반면, 허위 견적서, 계약서를 작성하여 정치자금 수입·지출에 관한 증빙서류를 허위기재한 행위는 그보다 전에 기수에 이르는 점, 증빙서류의 허위기재 행위가 선거비용에 대한 회계보고 허위기재로 인한 정치자금법 제49조 제1항 소정의 죄에 비하여 별도로 고려되지 않을 만큼 경미한 것이라고 볼 수도 없는 점 등을 종합하면, 증빙서류 허위기재가 이른바 불가벌적 수반행위로서 선거비용에 대한 허위 회계보고로 인한 정치자금법 제49조 제1항 소정의 죄에 대하여 흡수관계에 있다고 볼 수 없다(대전고등법원 2015. 6. 1. 선고 2015노200 판결, 대법원 2015. 8. 27. 선고 2015도8815 판결).

사례 4

회계책임자가 정치자금 수입·지출부(선거비용 과목), 선거비용 관련 증빙서류를 각각 허위 기재한 후, 관할 선거관리위원회에 회계보고를 한 경우 선거비용 회계장부 허위기재로 인한 정치자금법위반죄(정치자금법 제49조 제2항 제5호), 선거비용 증빙서류 허위기재로 인한 정치자금법위반죄(정치자금법 제49조 제2항 제6호) 및 선거비용 회계보고 허위기재로 인한 정치자금법위반죄(정치자금법 제49조 제1항)가 모두 성립하고, 위 각 죄는 실체적 경합 관계에 있다(창원지방법원 거창지원 2015. 6. 3. 선고 2014고단409 판결).

나. 증빙서류 허위기재죄(제2항 제6호)

1) 의의

본 죄를 범함으로 인하여 선거사무소의 회계책임자가 징역형 또는 300만원 이상의 벌금형의 선고를 받은 때에는 그 후보자(대통령후보자, 비례대표국회의원후보자 및 비례대표지방의회의원후보자를 제외함)의 당선은 무효로 한다. 선거비용과 관련된 정치자금을 수입·지출하면서 영수증 그 밖의 증빙서류를 구비하는 않는 경우에는 「정치자금법」 제49조 제2항 제6호 규정의 적용대상이 아니라 제47조 제1항 제10호 규정의 적용대상이다.

2) 영수증 그 밖의 증빙서류

영수증에는 '식사대금 영수증(대구지방법원 포항지원 2010. 12. 15. 선고 2010고단1139 판결)', '선거 로고송 및 동영상제작 영수증(서울동부지방법원 2011. 3. 24. 선고 2011고단84 판결)', '선거 홍보차량 임차 영수증(광주지방법원 2012. 12. 7. 선고 2012고단4955 판결)' 등이 해당한다. 그 밖의 증빙서류로는 '선거홍보물 인쇄비 입금표(청주지방법원 제천지원 2008. 10. 21. 선고 2008고단310 판결)', '선거사무관계자 수당·실지 지급명세서(서울북부지방법원 2010. 3. 18. 선고 2009고단2577 판결)', '선거홍보용 명함제작 견적서 및 세금계산서, 주유거래명세표(대전지방법원 홍성지원 2010. 11. 25. 선고 2010고단598 판결)', '현수막 제작·설치 관련 견적서, 세금계약서 및 광고물 계약서(울산지방법원 2011. 1. 13. 선고 2010고단2600 판결)', '정치자금수입·지출부(서울동부지

방법원 2011. 3. 24. 선고 2011고단 84 판결)' 등이 해당한다.[14]

3) 판례

① 선거비용에 관한 증빙서류인 유세차량 대여계약서, 견적서 및 세금계산서에 허위기재 해당 여부

---

1. AC후보 관련 사기 및 정치자금법위반 부분에 대한 피고인 D, F ,G에 대한 판단

피고인 D, F, G는 AD시선거관리위원회의 요구에 따라 선거비용 보전신청 증빙서류로 전화홍보시스템에 관한 견적서를 다시 작성하면서 전화홍보시스템 대금 총액은 유지한 채 전화홍보에 사용한 노트북과 전화 단말기 수량(30대)에 맞는 서버운영시스템의 단가(1대당 271만원 총 3대 813만원)항목을 추가 기재하여 그 산정내역의 기재를 수정하였을 뿐이고 따라서 교체 전·후 견적서는 모두 W가 공급받은 전화홍보시스템 납품계약의 실질을 반영한 것으로 사실상 같은 내용의 견적서이므로 서버운영시스템 3대를 추가로 공급한 것처럼 허위로 2012. 6. 1.자 견적서를 작성하여 선거관리위원회에 제출하여 813만원을 편취한 것으로 보이지 않는다. W가 AC로부터 선거비용 보전대상이 아닌 용역비를 전화홍보시스템 대금에 포함시켜 지급받기로 약정하였다거나 이 부분 대금이 부풀려졌다고 단정하기에 부족하다(1심 판결 파기).

2. AE후보 관련 사기 및 정치자금법위반 부분에 대한 피고인 D, F, H, J에 대한 판단

피고인 D, F, H, J이 공모하여 AE후보의 유세차량 대금을 부풀려 선거비용 보전금을 부당하게 과다 지급받고 그 과정에서 유세차량 대여계약서, 견적서 및 세금계산서 등 증빙서류에 허위기재를 한 것은 아닌지 의심이 드는 부분이 있는 것은 사실이다. 그러나 W가 AE과 체결한 유세차량 공급계약은 그 내용이나 형태가 다른 후보들과 체결한 공급계약과 비교하여도 특별히 이례적이라고 볼 만한 사정이 없고 W가 AE외에 2010. 6. 2. 실시한 제5회 전국동시지방선거 관련 다른 후보들에 대하여도 상당한 미수금채권을 가지고 있었던 점 등에 비추어 보면, W가 허위로 AE후보에 대한 6,000만원 상당의 유세차량 미수금채권을 발생시키고 그 과정에서 계약서 등 증빙서류를 허위로 작성하였다고 보기는 어려우므로 6,000만원 부분을 유죄로 판단한 원심 판단은 부당하다(대법원 2019. 3. 14. 선고 2018도2841 판결).

※ 금융기관, 인터넷업체로부터 압수한 계좌거래내역 및 이메일의 증거능력과 관련하여 적법절차 없이 수집된 위법수집증거의 증거능력을 부인한 판결15)임.

---

14) 중앙선거관리위원회. 정치자금사무편람(2022). 405~406면.

15) 원심은, 수사기관이 금융기관 및 이메일 업체에 대하여 압수·수색영장을 집행할 때에는 헌법 제12조, 형사소송법 제219조, 제118조 등에 따라 영장의 원본이 제시되어야 하므로 이에 따르지 아니하고 수집한 증거는 원칙적으로 적법한 증거로 삼을 수 없다고 판단하였다. 그리하여 원심은, 수사기관이 금융기관 및 이메일 업체에 대한 압수·수색영장을 집행하면서 모사전송 방식에 의하여 영장 사본을 전송한 사실은 있으나 영장 원본을 제시하지 않았고 압수조서와 압수물 목록을 작성하여 이를 피압수·수색 당사자에게 교부하였다고 볼 수도 없는 등의 방법으로 압수된 금융거래 자료와 이메일 자료는 헌법과 형사소송법 제219조, 제118조, 제129조가 정한 절차를 위반하여 수집한 위법수집증거로 원칙적으로 유죄의 증거로 삼을 수 없으며, 위법수집증거의 증거능력을 인정할 수 있는 예외적인 경우에 해당한다고 볼 수도 없다고 판단한 제1심판결을 그대로 유지하고, 이에 관한 검사의 항소이유 주장을 배척하였다.

② 선거비용 관련 정치자금 지출 증빙서류의 허위기재 및 그 판단기준 등

정치자금법에서 허위 기재의 증빙서류를 제출한 자를 처벌하는 것은 실질에 부합하는 선거비용만을 보전하기 위한 것으로 증빙 서류의 기재가 허위라는 인식만으로 그 범의를 인정할 수 있고, 실제로는 단순 선거운동만을 담당한 선거사무원에 대하여 그들이 선거연락소장 또는 회계책임자로 신고되었음을 기화로 그 신고된 직위에 따른 수당 등을 보전받고자 명세서를 제출하였다면, 이는 정치자금법 제49조 제2항 제6호에서 규정한 증빙서류를 허위기재한 경우에 해당한다고 봄이 상당하다.

이○○, 전○○은 칠곡, 성주선거연락소의 각 회계책임자로, 김○○은 성주선거연락소의 연락소장으로 선거관리위원회에 등록되었으나 위 사람들은 실제로는 선거사무원으로서 단순 선거운동만을 전담하였고, 회계책임자나 선거연락소장으로서의 업무를 전혀 수행한 바 없다. 따라서 피고인이 위 사람들에 대한 선거비용 보전청구를 함에 있어 회계책임자 등으로서의 수당·실비를 기준으로 한 명세서를 작성하여 제출한 것은 정치자금법 제49조 제2항 제6호에서 규정한 정치자금 지출 증빙서류를 허위기재한 경우에 해당한다(대구고등법원 2017. 5. 15. 선고 2017노43 판결, 대법원 2017. 7. 18. 선고 2017도7511 판결).

③ 선거사무원으로 미신고된 자에 대한 수당·실비 제공 및 회계보고 허위기재·제출 위반

피고인 김○○은 2017. 5. 9. 실시된 제19대 대통령선거 ■■당 □□선거연락소의 회계책임자로서, 2017. 5. 16.경 동구에 있는 ■■당 □□선거연락소 사무실에서 신고 된 선거사무원인 이○○ 등에게 마치 신고된 내용대로 수당과 실비를 전액 지급한 것처럼 선거사무관계자 수당·실비 지급명세서를 작성하여 이○○ 등의 서명을 받았다. 이로써 피고인은 선거비용의 지출에 관한 증빙서류를 허위로 기재하였다.

피고인은 같은 날 ○○시 ○○로 ○○에 있는 ●●선거관리위원회사무실에서 선거비용에 대한 회계보고를 하면서 위와 같이 선거사무관계자에 대한 수당실비 지급 내역을 사실과 달리 작성한 회계보고서를 제출하였다. 이로써 피고인은 정당한 사유 없이 선거비용에 대한 회계보고를 허위기재하였다(대법원 2018. 8. 31. 선고 2018도9689 판결).

④ 선거사무원 수당·실비 지출을 실제보다 부풀려 허위 회계보고 및 보전청구서 제출

피고인 제○○은 피고인 남○○과 피고인 김○○의 지시대로 2016. 5. 12.부터 같은 달 13일까지 사이에 □□시에 있는 □□ 선거연락소 사무실에서, 사실은 □□ 지역 선거사무원 이○○이 선거사무원으로 등록된 기간에 선거운동을 한 사실이 없어 수당·실비를 지급할 필요가 없음에도 2016. 4. 1.부터 같은 달 12.까지 12일간 근무하여 826,680원의 수당·실비를 지급해야 되는 것처럼 허위로 선거사무 관계자 수당·실비 지급명세서와 정치자금 수입·지출부를 작성하는 등 총 6명의 선거사무원에 대하여 수당·실비 합

원심판결 이유를 앞서 본 법리와 기록에 비추어 살펴보면, 위와 같은 원심의 판단에 상고이유 주장과 같이 압수·수색절차나 압수물의 증거능력에 관한 법리를 오해한 위법이 없다(대법원 2019. 3. 14. 선고 2018도2841 판결).

계 2,480,040원을 부풀려 정치자금 수입·지출부를 허위로 기재하고, 증빙서류인 선거사무관계자 수당·실비 지급명세서를 허위로 기재하고, 2016. 5. 13. 위와 같이 허위로 기재된 정치자금 수입·지출보고서를 □□군 선관위에 제출하여 허위로 회계보고를 하였다. 이로써 피고인들은 공모하여, 회계장부를 허위 기재하고, 증빙서류를 허위 기재하고, 선거비용에 대하여 허위로 회계보고를 하였다(대법원 2018. 5. 30. 선고 2017도18785 판결).

> ※ 선거비용 보전청구시 허위로 기재된 출근부 및 선거사무관계자 수당·실비를 부풀려 선거비용 보전금을 편취하려고 하였으나 선관위의 실사에 적발되어 미수에 그침.

⑤ 회계보고 시 영수증 등 증빙서류를 허위 기재

피고인은 2014. 6. 4. 실시한 제6회 전국동시지방선거에 ○○군의회의원선거 ○○선거구 무소속후보로 출마하여 낙선한 자이다. 피고인은 2014. 5. 20.경 ○○에 있는 피고인의 사무실에서, 선거비용을 보전받고자 사실은 선거 홍보차량을 피고인이 매수하였음에도 불구하고, 위 차량을 A로부터 130만원에 임차하였다는 허위의 임차계약서를 작성하여, 이를 2014. 6. 20.경 ○○선거관리위원회에 제출하였다. 이로써 피고인은 정치자금을 수입·지출하기 위한 증빙서류를 허위 기재하였다(창원지방법원 2015. 7. 15. 선고 2015노113 판결, 대법원 2015. 9. 11. 선고 2015도12080 판결).

다. 비회계책임자 수입·지출죄(제2항 제3호)

1) 주체

본죄의 주체에는 아무런 제한이 없다. 후보자, 선거사무장 등을 포함하여 회계책임자가 아닌 자는 누구든지 본죄의 주체가 된다. 법원은 "회계책임자가 회계책임자 아닌 제3자에게 비밀번호가 기재된 계좌 통장뿐만 아니라 도장과 체크카드까지 교부하면서 통장이나 체크카드의 구체적인 사용처에 관해서는 별도로 지시하지 않고, 제3자에게 '알아서 처리하라'는 취지로 계좌 통장과 체크카드를 건네주기에 이를 사용하는 등 회계책임자가 구체적 사용처를 지정하지 아니한 채 제3자에게 정치자금 예금계좌의 통장과 체크카드를 교부하고 그 제3자가 회계책임자의 포괄적 위임하에 선거운동과 관련하여 선거비용을 지출한 경우에는 회계책임자도 제3자와 공모하여 본죄를 범한 것으로 인정된다"라고 판시하였다.[16]

---

16) 대전고등법원 2015. 6. 29. 선고 2015노6 판결, 대법원 2015. 11. 12. 선고 2015도10982 판결.

2) 회계사무보조자에 의한 지출 여부

회계책임자가 아닌 자의 선거비용 수입·지출과 관련한 사례는 다음과 같다.

사례 1

「공선법」 제258조 제2항 제1호·제127조 제3항 소정의 선거비용부정지출죄는 회계책임자가 아닌 자가 선거비용을 지출한 경우에 성립되는 죄인 바, 후보자가 그와 같은 행위가 죄가 되는지 몰랐다고 하더라도 회계책임자가 아닌 후보자가 선거비용을 지출한 이상 그 죄의 성립에 영향이 없고, 회계책임자가 후에 후보자의 선거비용지출을 추인하였다거나 법이 허용하는 한도 내에서 선거비용을 지출하고 그에 대한 지출보고서를 사실 그대로 작성하여 관할 선거관리위원회에 제출하였다고 하더라도 그 위법성이 조각되는 것도 아니다(대법원 1999. 10. 12. 선고 99도3335 판결, 대법원 1999. 12. 24. 선고 99도3272 판결).

사례 2

회계책임자가 부재한 경우 후보자 또는 선거사무장이 선거비용을 직접 지출할 수 있다는 관할 선거관리위원회의 유권해석을 받았다 하더라도 회계책임자가 부재한 경우란 공선법 등 관계법령에 비추어 후보자나 선거사무장이 회계책임자를 겸하기로 하여 따로 회계책임자를 선임·신고하지 아니한 경우를 말하는 것이라고 풀이되므로 따로 선임·신고된 회계책임자를 제쳐둔 채 선거사무장이 위 유권해석에 기하여 선거비용을 직접 지출한 것은 정당한 이유가 있다고 보기 어렵다(대법원 1999. 11. 9. 선고 99도3118 판결).

사례 3

「공직선거법」 제127조 제2항·제3항은 "회계책임자는 모든 선거비용의 수입과 지출을 제1항의 예금계좌를 통해서만 하여야 한다", "회계책임자가 아니면 선거비용을 지출할 수 없다"고 각 규정하고 있으므로 후보자가 비록 회계책임자의 입회하에 선거비용을 지출하였다 하더라도 위 법조 제2항 및 제3항에 위반된다 할 것이다(대법원 1999. 5. 25. 선고 99도983 판결).

사례 4

회계책임자가 선임·신고된 후에는 회계책임자가 아니면 선거비용을 지출할 수 없음에도 불구하고 선거사무장이 회계책임자에게는 지출내역을 장부에 기재하는 일만 하도록 하고 자신이 직접 선거비용을 지출한 것은 회계책임자가 아닌 자가 선거비용을 지출한 것에 해당된다(부산지방법원 1998. 11. 24. 선고 98고합822 판결).

사례 5

회계책임자가 선임신고를 한 도의원 예비후보자가 회계책임자 변경신고를 하지 않았다면, 예비후보자에서 사퇴한 후라도 회계책임자는 여전히 종전에 신고된 사람이므로, 사퇴한 예비후보자가 선거비용을 지출할 경우 본죄가 성립한다(전주지방법원 2017. 8. 18. 선고 2017노523 판결, 대법원 2017. 12. 28. 선고 2017도14535 판결).

사례 6

후보자나 예비후보자에서 사퇴한 이후 실제로 선거운동에 사용하지 못한 선거비용을 지출하는 경우도 회계책임자를 통하여 지출하여야 한다(전주지방법원 2017. 8. 18. 선고 2017노523 판결, 대법원 2017. 12. 28. 선고 2017도14535 판결).

3) 정치자금 지출사유 발생 시기에 따라 회계책임자에 의한 지출 적용범위

「정치자금법」제34조에 따라 회계책임자 및 정치자금 예금계좌를 선관위에 신고한 이후 지출되는 정치자금은 그 지출사유의 발생 시기에 관계없이 회계책임자에 의하여, 그 신고된 예금계좌를 통해서만 지출되어야 한다. 「정치자금법」제36조가 그 적용범위를 회계책임자 및 정치자금 예금계좌의 신고 후에 그 지출사유가 발생한 정치자금으로 한정하고 있지 아니하다. 따라서 회계책임자 및 정치자금 예금계좌 신고 이전에 이미 지출사유가 발생하고 실제 지출은 신고 이후에 하면서 회계책임자가 아닌 자가 신고된 예금계좌를 통하지 않고 지출하였다면 본죄 및 비회계책임자의 정치자금지출에 해당한다.[17]

4) 후보자가 개인재산을 신고된 회계책임자 및 예금계좌를 통하여 수입·지출하지 아니한 경우

후보자가 차입금을 포함한 개인재산을 신고된 회계책임자 및 예금계좌를 통하여 수입·지출하지 아니한 경우는 후보자가 자신의 개인재산을 정치자금으로 지출할 의사로 회계책임자가 아닌 선거사무원 등 제3자에게 맡기거나 제3자의 계좌에 입금시켰다고 하더라도 그것이 정치자금으로 실제 지출되지 아니한 이상 정치자금의 수입이 있었다고 볼 수는 없으므로 처벌할 수 없다. 법원은 "후보자가 차입금을 포함한 개인재산을 신고된 회계책임자를 통하여 신고된 예금계좌를 통하여 수입하고 지출하지 아니한 경우에는 정치자금을 지출한 당시

---

17) 서울중앙지방법원 2007. 3. 14. 선고 2007고단498 판결, 서울중앙지방법원 2007. 5. 30. 선고 2007노841 판결, 대법원 2007. 11. 15. 선고 2007도4721 판결.

를 기준으로 '정치자금의 수입과 지출'이 동시에 이루어 진 것으로 보아야 하고, 위 피고인들을 「정치자금법」 제49조 제2항 제3호로 처벌하기 위해서는 정치자금이 선거비용으로 수입되었음이 밝혀져야만 할 것이다"라고 판시하였다.[18]

5) 「정치자금법」 제49조 제2항 제3호와 「공직선거법」의 매수 및 이해유도죄 등과의 법조경합 관계 여부

법원은 "공직선거법 위반죄(매수 및 이해유도죄, 기부행위의 금지제한 위반죄)와 정치자금법 위반죄(정치자금법 제49조 제2항 제3호)는 그 구성요건과 보호법익을 달리하고 있고, 공직선거법 위반죄의 성립에 일반적·전형적으로 회계책임자를 통하지 아니한 정치자금의 수입·지출 행위를 수반하는 것은 아니며, 정치자금법 위반행위가 공직선거법 위반죄에 비하여 별도로 고려되지 않을 만큼 경미한 것이라고 할 수도 없으므로, 이 사건 정치자금법 위반행위가 이른바 '불가벌적 수반행위'에 해당하여 위 공직선거법 위반죄에 대하여 흡수관계에 있다고 볼 수는 없다"라고 판시하였다.[19]

라. 미신고계좌 수입·지출죄(제2항 제3호)

1) 주체

본 조의 주체와 관련하여 법원은 "정치자금법 제49조 제2항 제3호의 벌칙규정에 의하면 '제36조(회계책임자에 의한 수입·지출) 제1항·제3항·제5항의 규정을 위반한 자, 동조 제2항의 규정을 위반하여 신고된 예금계좌를 통하지 아니하고 수입·지출한 자는 2년 이하의 징역 또는 400만원 이하의 벌금에 처한다'고 규정하고 있을 뿐 그 행위자 및 행위상대방에 관한 제한 규정을 두고 있지 않다. 이러한 관련규정의 형식이나 내용에 비추어 보면 정치자금법 제36조 제1, 2항은 정치자금의 수입·지출에 관한 방법을 규정한 것으로 보일 뿐, 그 벌칙조항인 제49조 제2항 제3호가 행위자 및 행위상대방에 관한 제한 규정을 두고 있지 아니하므로, 회계책임자 아닌 자가 신고된 예금계좌를 통하지 아니하고 정치자금을 수입·지출하는 경우에도 정치자금법 제49조 제2항 제3호, 제36조 제2항에 의하여 처벌되는 것으로 보아야 한다"라고 판시하였다.[20]

후보자와 그 배우자가 선거관리위원회에 정치자금 수입·지출용으로 신고된 예금계좌가

---

18) 대법원 2012. 12. 27. 선고 2012도12152 판결.
19) 창원지방법원 마산지원 2014. 3. 5. 선고 2013고단49 판결, 대법원 2014. 12. 24. 선고 2014도11337 판결.
20) 대법원 2012. 12. 27. 선고 2012도12152 판결.

아닌 차명계좌를 개설하여 그 계좌와 연결된 체크카드를 선거사무장 등에게 교부하여 사용하도록 하거나 차명계좌에서 현금 인출하여 식비를 계산하는 방법으로 관할 선거관리위원회에 신고되지 않은 예금계좌를 통하여 선거비용을 지출하기로 공모하여 처벌된 사례가 있다.[21] 정치자금을 신고된 예금계좌에 입금하지 아니하고 현금으로 보관하였다가 사용한 경우, 수수한 정치자금을 신고되지 아니한 다른 예금계좌에 입금하여 이를 사용하는 경우 등도 이이 해당한다.

2) 선거관리위원회에 신고되지 아니한 정당의 예금계좌를 통한 수입·지출

정당의 회계책임자가 선거관리위원회에 신고된 예금계좌 외의 계좌로 당비, 후원당비 등 명목으로 정치자금을 수입한 경우, 그중 일부가 선거관리위원회에 신고된 예금계좌로 이체된 사정이 있더라도 본 죄가 성립함에는 지장이 없다.

甲정당 회계책임자인 피고인이 선거관리위원회에 신고되지 아니한 甲정당 명의의 예금계좌들을 통하여 '당비, 후원당비, 기관지 판매대금' 명목으로 정치자금을 수입하였다고 하여 정치자금법위반으로 기소된 사안에서, 법원은 「정치자금법」 제36조 제2항에서 정당의 회계책임자가 정치자금을 수입·지출하는 경우 관할 선거관리위원회에 신고된 예금계좌를 통해서만 하도록 규정한 취지는 정치자금의 조달과 수입·지출과정이 투명하게 드러나도록 하여 음성적 정치자금을 원천적으로 차단함으로써 깨끗한 정치문화를 정착시키려는 데 있는 점을 고려할 때 종국적인 수입계좌만이 선거관리위원회의 신고 대상이라고 할 수 없는 점 등을 근거로 유죄를 선고하였다.[22]

3) 회계책임자의 선임·신고전 예금계좌를 통하지 않은 선거비용 수입·지출행위

회계책임자의 선임·신고전 예금계좌를 통하지 않은 선거비용 수입·지출행위에 대한 처벌은 가능하지 않다. 법원은 「공선법」 제123조 제1항, 제125조 제1항, 제127조 제1항·제2항, 제258조 제2항 제1호 규정의 내용을 비추어 보면 같은 법 제125조 제1항의 규정에도 불구하고 후보자는 회계책임자를 선임·신고하기 전까지는 선거비용의 수입과 지출을 위한 예금계좌를 개설하여 신고할 의무가 있다고 할 수 없으므로 후보자가 회계책임자를 선임·신고하기 전에 예금계좌를 개설·신고하지 아니한 채 선거비용의 수입과 지출을 하였다고 하더라도 그 행위를 「공선법」 제258조 제2항 제1호, 제127조 제2항을 적용하여 처벌할

---

21) 서울고등법원 2015. 8. 26. 선고 2015노118 판결, 대법원 2015. 12. 10. 선고 2015도14405 판결.
22) 대법원 2014. 6. 12. 선고 2014도1894 판결.

수 없다"라고 판시하였다.[23]

4) 죄수관계와 분리 선고

자원봉사자들에게 선거운동과 관련한 금품을 현금으로 제공한 사안에서, 법원은 교육감선거 선거사무소 회계책임자와 '본부장'으로 불리며 자원봉사자로 근무한 사람, 선거연락소 회계책임자가 공모하여 자원봉사자들의 수당 명목으로 현금 250만원을 지급하고, 선거관리위원회에 신고되지 아니한 예금계좌를 통해 같은 액수 상당의 선거비용을 지출하였다는 범죄사실의 각 행위는 구성요건 및 그 행위의 태양과 보호법익을 달리하고 있어 상상적 경합범이 아닌 실체적 경합범으로 의율하고, 선거사무소 회계책임자의 선거운동 관련 금품제공으로 인한 「지방교육자치에 관한 법률」위반죄는 「공직선거법」 제265조에 규정된 죄이고, 신고된 예금계좌를 통하지 아니한 선거비용 지출로 인한 「지방교육자치에 관한 법률」위반죄는 「공직선거법」 제263조, 제265조에 규정되지 않은 범죄로서 「공직선거법」 제18조 제1항 제3호에 규정된 범죄이므로 징역형 또는 300만원 이상의 벌금형을 선고하는 때에는 분리 선고하여야 한다고 판시하였다.[24]

5) 선거사무장 등의 수당·실비 지급

한편 「공직선거법」 제135조의 규정에 의한 선거사무장 등의 수당·실비는 당해 선거사무장 등이 지정한 금융기관의 예금계좌에 입금하는 방법으로 지급하여야 한다. 당해 선거사무장 등이 신용불량자인 경우 수당 등이 신용불량자인 선거사무장 등의 명의의 예금계좌에 입금될 경우 차압을 당하는 경우가 있어 부득이하게 선거사무장 등의 가족 명의로 지정한 예금계좌에 수당 등을 입금하는 방법도 가능하다.[25]

마. 예금계좌 및 회계책임자 미신고죄(제2항 제2호)

선거사무소 또는 선거연락소의 회계책임자를 선임 또는 변경신고하지 아니하는 행위와 회계책임자를 신고하면서 선거비용 수입·지출을 위한 예금계좌를 함께 신고하지 않는 행위가 처벌대상이다. 정치자금의 수입 및 지출을 위한 예금계좌 신고는 회계책임자를 신고하는 때에 하도록 하고 있고, 회계책임자의 신고의무는 '선임권자'에게 있으므로 본죄 위반의 주

---

23) 대법원 1996. 11. 15. 선고 96도1030 판결.
24) 대전고등법원 2015. 7. 27. 선고 2015노222 판결, 대법원 2015. 11. 17. 선고 2015도12912 판결.
25) 중앙선거관리위원회 2006. 5. 1. 회답.

체는 「정치자금법」 제34조 제1항 각 호에 규정된 자들이다.

'선거비용'과 관련한 회계책임자의 미신고 행위는 본 조로 처벌받는 데 반해, '선거비용외' 정치자금과 관련한 회계책임자의 미신고 행위에 대한 정치자금법상 처벌규정은 없다. 다만, 「정치자금법」 제51조에 따라 과태료를 부과하고 있을 뿐이다.

예금계좌 미신고행위와 관련하여 '선거비용'인 정치자금의 수입 및 지출을 위한 예금계좌를 신고하지 하지 않는 경우에는 본조에 따라 처벌되나, '선거비용외' 정치자금의 경우에는 「정치자금법」 제47조에 의해 처벌된다. 예금계좌 미신고는 '선거비용'과 '선거비용 외' 정치자금 모두 회계책임자 선임신고 및 겸임신고를 할 때 예금계좌를 신고하지 않은 경우에는 처벌되나, 회계책임자 미신고는 '선거비용'과 관련하여 회계책임자 선임신고 및 변경신고를 하지 않는 경우 처벌된다. 그리고 회계책임자 선임신고, 겸임신고, 변경신고를 해태한 경우는 과태료 대상이다.

제도 개선 // 허위 선거비용 보전청구 제제 방안 등

헌법에서 보장하고 있는 선거공영제의 일환인 선거비용 보전제도를 보다 합리적으로 운영하기 위하여 제도개선이 필요하다. 선거 때마다 선거 홍보·광고 대행업체와 후보자측이 담합하여 선거비용을 부풀려 신고한 뒤 보전청구를 통해 그 차액을 챙기는 사례가 관행적으로 이뤄지고 있다는 언론보도 등이 지속적으로 제기되어 왔다. 선거비용의 보전은 국민의 세금으로 충당되고 국민의 대표자는 높은 수준의 도덕성이 요구되므로, 허위로 선거비용 보전청구를 하여 국가를 속이고 국민의 세금을 빼돌리는 행위로 이에 대한 선거비용 보전청구 관련 실효성 있는 조사권 도입과 제제 조치 등이 필요하다.

가. 선거비용 보전청구와 관련 증거물품 수거권 등 도입

현행법은 선거비용의 수입과 지출에 관하여 확인할 필요가 있다고 인정되는 때에 회계장부 그 밖의 출납서류를 보거나, 정당, 공직선거의 후보자·예비후보자·회계책임자 또는 선거비용에서 지출하는 비용을 지급받거나 받을 권리가 있는 자 그 밖의 관계인에 대하여 조사할 수 있으며, 보고 또는 자료의 제출을 요구할 수 있으나, 허위보전청구가 빈번하게 발생하는 상황에서 선거비용 보전청구와 관련한 자료제출요구권과 증거물품 수거권한은 없는 상태이다. 따라서 선거비용 보전청구와 관련한 자료제출요구권과 증거물품 수거권한을 도입하여 조사의 실효성을 확

보할 필요가 있다.[26]

나. 허위 보전청구에 관여한 자 공고 및 거래제한 제도 도입

「국가를 당사자로 하는 계약에 관한 법률」에 따른 입찰참가자격 제한제도를 준용하여 후보자와 공모하여 선거비용 허위보전청구에 가담한 업체를 부정당업체로 공고하여 향후 해당 업체를 선거비용 거래에서 배제할 필요가 있다.[27]

다. 선거비용 보전 허위 청구죄 등 제제조치 도입

선거비용 보전 허위청구죄를 신설하여 거짓으로 선거비용 보전청구를 한 사람은 5년 이하의 징역형 또는 600만원 이상의 벌금형에 처하도록 하고, 선거사무소의 회계책임자가 선거비용 보전 허위청구죄로 징역형 또는 300만원 이상의 벌금형의 선고를 받은 때에는 해당 후보자의 당선을 무효로 하거나, 후보자와 선거운동을 위한 물품과 용역을 거래하는 업체가 해당 후보자의 선거비용 허위 보전청구에 관여한 경우 허위 보전청구 금액의 50배 이하의 과태료를 부과하도록 하고, 후보자가 허위 보전청구를 한 경우에는 그 금액의 50배를 삭감하되, 삭감비용이 보전비용을 초과한 경우에는 그 차액을 관할 선관위에 납부하도록 하며, 이미 보전한 경우에는 반환하도록 하도록 관련 규정을 신설할 필요가 있다.

또한, 선거비용 보전 허위청구 행위를 신고하거나 제보한 사람에게는 최고 5억원 이내에서 허위청구액의 50배까지 포상금을 지급하고, 신고자가 해당 후보자와 거래한 업체의 임직원인 경우에는 포상금 지급과 별도로 해당 업체에 대한 법률상 제재를 면제하여 내부고발을 유도할 필요가 있다.

---

26) 중앙선거관리위원회. 정치관계법 개정의견(2012. 7. 5.).
27) 중앙선거관리위원회. 정치관계법 개정의견(2012. 7. 5.).

제12장

당비

정치자금법 이해

제12장

당비

제4조(당비) ① 정당은 소속 당원으로부터 당비를 받을 수 있다.

② 정당의 회계책임자는 타인의 명의나 가명으로 납부된 당비는 국고에 귀속시켜야 한다.

③ 제2항의 규정에 의하여 국고에 귀속되는 당비는 관할 선거관리위원회가 이를 납부받아 국가에 납입하되, 납부기한까지 납부하지 아니한 때에는 관할 세무서장에게 위탁하여 관할 세무서장이 국세체납처분의 예에 따라 이를 징수한다.

④ 제3항의 규정에 의한 국고귀속절차 그 밖에 필요한 사항은 중앙선거관리위원회규칙으로 정한다.

제5조(당비영수증) ① 정당의 회계책임자는 당비를 납부받은 때에는 당비를 납부받은 날부터 30일까지 당비영수증을 당원에게 교부하고 그 원부를 보관하여야 한다. 다만, 당비를 납부한 당원이 그 당비영수증의 수령을 원하지 아니하는 경우에는 교부하지 아니하고 발행하여 원부와 함께 보관할 수 있다.

② 1회 1만원 이하의 당비납부에 대한 당비영수증은 해당 연도말일(정당이 등록취소되거나 해산되는 경우에는 그 등록취소일 또는 해산일을 말한다) 현재로 연간 납부총액에 대하여 1매로 발행·교부할 수 있다.

③ 제1항 및 제2항에 따른 당비영수증은 전자적 형태로 제작하여 인터넷을 통하여 발행·교부할 수 있되, 위조·변조를 방지할 수 있는 기술적 조치를 하여야 한다.

④ 제1항부터 제3항까지의 규정에 따른 당비영수증의 서식 그 밖에 필요한 사항은 중앙선거관리위원회규칙으로 정한다.

제46조(각종 제한규정위반죄) 다음 각 호의 어느 하나에 해당하는 자는 3년 이하의 징역 또는 600만원 이하의 벌금에 처한다.

　1. 제5조(당비영수증) 제1항·제2항 또는 제17조(정치자금영수증) 제11항의 규정을 위반하여 당비영수증·정치자금영수증의 기재금액 또는 액면금액과 상이한 금액을 기부한 자와 이를 받은 자, 당비영수증·정치자금영수증을 허위로 작성하여 교부하거나 위조·변조하여 이를 사용한 자

　6. 제44조(회계장부 등의 인계·보존) 제1항의 규정을 위반하여 당비영수증 원부, 정치자금영수증 원부, 회계장부, 정치자금의 수입·지출명세서와 증빙서류, 예금통장, 지출결의서 또는 구입·지급품의서를 인계·보존하지 아니한 자

제47조(각종 의무규정위반죄) ① 다음 각 호의 어느 하나에 해당하는 자는 2년 이하의 징역 또는 400만원 이하의 벌금에 처한다.

　2. 제5조(당비영수증) 제1항 또는 제17조(정치자금영수증) 제1항·제3항의 규정을 위반하여 당비·후원금을 납부 또는 기부받은 날부터 30일까지 당비영수증이나 정치자금영수증을 발행 또는 교부하지 아니한 자와 무정액영수증의 사용범위를 위반하여 교부한 자

제48조(감독의무해태죄 등) 다음 각 호의 어느 하나에 해당하는 자는 200만원 이하의 벌금형에 처한다.

　4. 제4조(당비) 제2항·제11조(후원인의 기부한도 등) 제4항·제21조(후원회가 해산한 경우의 잔여재산 처분 등) 제3항 내지 제5항 또는 제58조(후보자의 반환기탁금 및 보전비용의 처리) 제4항의 규정을 위반하여 당비 등을 정당한 사유 없이 국고에 귀속시키지 아니한 자

제51조(과태료) ① 다음 각 호의 어느 하나에 해당하는 행위를 한 자는 300만원 이하의 과태료에 처한다.

　1. 제5조(당비영수증) 제1항 또는 제17조(정치자금영수증) 제1항의 규정을 위반하여 당비영수증 또는 정치자금영수증의 발행·교부를 해태한 자

1. 의의

　당비라 함은 명목여하를 불구하고 정당의 당헌·당규 등에 의하여 정당의 당원이 부담하는 금전이나 유가증권 그 밖의 물건을 합니다. 당비와 관련된 구체적인 금액, 납입 방법, 절차 등에 대해서는 정당의 자율로 결정할 수 있으므로 당헌·당규를 통해 자세한 내용을 규정할 수 있다.

　당비의 기부 주체는 '정당의 당원'이고 '정당의 당헌·당규 등에 의하여 부담'하는 한계가 있다. 따라서 정당의 당원이 아닌 자가 정당의 당헌·당규 등에 따라 금전 등을 기부하더라도 이는 당비가 아니다. 당비는 정당의 당원이 부담하는 것이므로 당원이 되려고 하는 자로부터 당비를 받는 것은 정치자금법 에 저촉될 것이며, 당원의 자격은 중앙당이 등록을 필한 때

로부터 생기므로 창당준비위원회는 당비를 받을 수 없다.

2. 한국 정당의 당원수와 당비현황(2022. 12. 31. 현재)[1]

가. 당원의 수

1) 정당별 당원의 수

전년대비 당원 수는 10,653,090명으로 전년대비 223,513명(2.1%) 증가하였다. 정당별 당원분포는 전체 당원 중 원내 정당인 더불어민주당(45.5%), 국민의힘(40.4%), 정의당(0.5%), 기본소득당(0.2%), 시대전환(0.1%)이 총 86.6%를, 기타 정당이 13.4%를 차지하였다.

▌2022년 정당별 당원수 및 분포비율

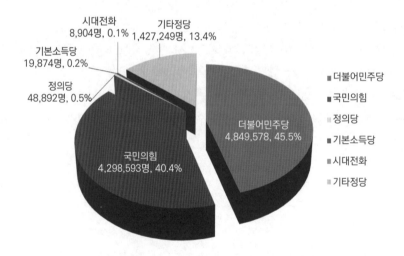

원내정당의 전년도 대비 당원 수 증감현황을 살펴보면 국민의힘 5.6%, 기본소득당 0.3%, 시대전환 5.3% 증가, 더불어민주당 0.1%, 정의당 3.4% 감소한 것으로 나타났다.

2) 선거인수 대비 당원의 수

2022년도 선거인수 대비 당원비율은 24.1%로, 전년 대비 0.5%p 증가하였다.

---

1)　중앙선거관리위원회. 2022년도 정당의 정기보고.

2021~2022년 선거인수 대비 당원수

구 분	2021년	2022년	증 감	비 고
선거인수	44,154,865	44,167,578	12,713	
당 원 수	10,429,577	10,653,090	223,513	
비율(%)	23.6	24.1	0.5	

※ 선거인수 : 2022. 12. 31. 기준 18세 이상 주민수(행정안전부 인구현황 통계자료 인용)

나. 당비현황

1) 전년대비 당비납부자 현황

2022년도 당비납부 당원은 전체당원의 23.7%인 2,521,436명으로 전년도에 비해 387,671명(18.2%) 증가하였다.

2021~2022년 당비납부 당원의 수 현황

구 분	2021년			2022년			당비납부 당원수	
	당원수	당비납부 당원의 수	비율 (%)	당원수	당비납부 당원의 수	비율 (%)	증감	비율 (%)
합계	10,429,577	2,133,765	20.5	10,653,090	2,521,436	23.7	387,671	18.2
더불어민주당	4,853,266	1,295,909	26.7	4,849,578	1,402,809	28.9	106,900	8.2
국민의힘	4,070,005	609,090	15.0	4,298,593	897,336	20.9	288,246	47.3
정의당	50,618	26,470	52.3	48,892	22,949	46.9	△3,521	△13.3
국민의당	20,185	4,683	23.2					
열린민주당	42,944	10,383	24.2					
기본소득당	19,814	809	4.1	19,874	1,013	5.1	204	25.2
시대전환	8,458	61	0.7	8,904	274	3.1	213	349.2
기타정당	1,364,287	186,360	13.7	1,427,249	197,055	13.8	10,695	5.7

원내정당의 경우 전년도에 비해 더불어민주당 8.2%, 국민의힘 47.3%, 기본소득당 25.2%, 시대전환 349.2% 증가하였고, 정의당은 13.3% 감소한 것으로 나타났다.

2) 정당별 당비납부자 현황

당비납부 당원의 수는 더불어민주당(1,402,809명), 국민의힘(897,336명), 자유통일당(66,973명), 우리공화당(53,503명), 진보당(44,765명), 정의당(22,949명) 순이고, 당비납부 당원비율은 녹색당(50.3%), 진보당(48.9%), 정의당(46.9%), 자유통일당(33.6%), 더불어민주당(28.9%), 노동당(24.2%) 순으로 나타났다.

3. 각국의 당비 현황[2]

(각국 의회 의석 제1,2당 기준, 찾을 수 없는 경우 기타 정당 기재)

국가명	내　용	근거규정
한국	• 더불어민주당: 권리당원은 월납 기준 1,000원 이상의 당비를 납부해야 함. 다만, 권리당원이 고령, 장애인, 국가유공자이거나 상당한 사유가 있는 때에는 당무위원회의 의결로 일반당비를 면제할 수 있음.	당헌 제7조, 당원및당비규정 제41조 제2항
	• 국민의 힘: 모든 당원은 당비를 납부할 의무가 있으며, 책임당원은 월납 기준 1,000원 이상을 납부해야 함.	당헌 제9조, 당비규정 제2조, 별표
영국	• 보수당: 연간 £25(한화 약 40,298원) - 25세 미만 £5, 군인 £15	당헌 제5.3조
	• 노동당: 연간 £3(한화 약 4,836원)	당헌 제2장 제4조
미국	• 위스콘신 주 민주당: 월 $50(한화 약 58,975원), 20, 10 중 선택 또는 연간 가족 $75, 동료 $35, 일반 $25, 학생 $10	위스콘신 민주당 당헌 제2조
	• 루이지애나 주 민주당: 월 $20(한화 약 23,590원), 50, 100, 500 중 선택 가능(기부금 납부가 의무는 아님)	루이지애나 민주당 당헌 제4조

---

2)　중앙선거관리위원회. 각국의 정당·정치자금제도 비교연구(2021), 273~274면.

국가명	내 용	근거규정
프랑스	• 전진하는 공화국당: 월 €20(한화 약 27,647원), €50, €120, €500, 기타 중에서 선택해서 납부(납부의무는 없음)	당헌 제5조 제2항
	• 공화당: 매월 일반 €30(한화 약 41,471원), 부부 €40, 35세 미만·학생·구직자 €12	당헌 제50, 52, 53조, 당규 제2조
독 일	• 기독민주당: 월 최소 €6(한화 약 8,294원)지만 월별 수입에 따라 달라짐. – (세전 월별 수입)€2,500 → (당비)€15, €4,000 → €25, €6,000 → €50	당규 B. 당원자격 제4-14조
	• 사회민주당: 월 최소 €6(한화 약 8,294원)지만 월별 수입에 따라 달라짐. – 연방의회의원, 유럽의회의원 정부각료의 경우 최소 €300 이상임. (단위: €) (하단 표 참조)	당규 제2-5조, 재정규정 제1조
일 본	• 자유민주당: 연간 4,000엔(한화 약 42,547원), 가족당원의 경우 연간 2,000엔, 특별당원의 경우 연간 20,000엔 이상	당칙 제96조
	• 입헌민주당: 연간 4,000엔으로 당 홍보지 구독료 2,000엔 포함	규약 제5조

(단위: €)

세후 월별 수입	1,000 이하	2,000 이하	3,000 이하	4,000 이하	6,000 이하	6,000 이상
월별 당비	6	8	26	47	105	–
	–	16	32	63	158	–
	–	21	37	79	263	300 이상

4. 내용

가. 「정당법」과의 관계

　「정당법」 제23조 제4항은 당원명부에 등재되지 아니한 자는 당원으로 인정하지 아니한다고 규정하고 있으므로 같은 법조에서 정하고 있는 입당 절차를 모두 마치더라도 당원명부에 등재되지 아니한 때에는 당원이라고 할 수 없다.

　「정당법」 제31조 제1항에 의하면 정당은 당비납부제도를 설정·운영하여야 하고, 제2항에 의하면 정당의 당원은 같은 정당의 타인의 당비를 부담할 수 없으며, 타인의 당비를 부담하는 자와 타인으로 하여금 자신의 당비를 부담하게 한 자는 당비를 낸 것이 확인된 날부터 1년간 당해 정당의 당원자격이 정지되고, 제3항에 의하면 당비납부의무를 이행하지 아니하는 당원에 대한 권리행사의 제한, 제명 및 제2항의 규정에 의한 당원자격의 정지 등에 관하여 필요한 사항은 당헌으로 정하도록 규정하고 있다.

법원은 공무원과 사립학교 교원의 당원가입행위에 관한 효력에 대하여 "정당법이 제22조 단서에서 공무원과 사립교원이 정당의 당원이 되는 것을 금지하고 있는 것은 공무원과 교원의 신분을 보장하고 민주주의 및 법치주의 통치이념에 기여하려는 공무원 및 교원제도의 본질에 비추어 공무원과 교원의 정치적 중립성 확보를 위한 조치로서 헌법 제37조 제2항에 따른 최소한의 제한에서 비롯된 것이므로, 위 규정은 공무원과 사립학교 교원이 정당의 당원이 되는 것 자체의 실현을 금지하는 것이지 단순히 정당의 당원이 되는 행위를 하는 것을 금지하는 것으로 해석할 수는 없다. 따라서 위 규정을 위반하여 정당의 당원으로 가입할 수 없는 자가 정당의 당원으로 가입한 행위는 무효라고 할 것이다"라고 판시하면서, 정당법위반죄와 정치자금법위반죄는 양립 여부와 관련하여 "우선, 정당법 제22조 제1항 단서에 의하여 정당의 당원이 될 수 없는 '국가공무원법 제2조에 규정된 공무원, 사립학교의 교원'이 정당의 당원으로 가입한 행위에 대하여는 정당법위반죄가 성립한다. 정치자금법의 입법취지에 비추어 '당비'는 정당법상 적법·유효하게 정당에 가입하여 당원의 자격을 취득한 자가 납부하는 당비를 의미한다고 제한적으로 해석하여야 하므로, 당원의 자격이 없어 정당에 가입할 수 없는 자가 당원으로 가입하는 것과 같은 외관을 갖춘 사실상의(법률상 효력이 없는) 가입행위를 하고 '당비' 명목으로 금원을 납부한 행위에 대하여는 정당법위반죄와 별도로 정치자금법위반죄가 성립한다. 따라서 피고인들은 '국가공무원법 제2조에 규정된 공무원, 사립학교의 교원'들로서 정당법 제22조 제1항 단서가 규정하는 당원의 자격이 없는 자이므로 정당 가입 이후에 당비 명목의 금원을 납부하였다면, 이러한 행위에 대하여는 정당법위반죄와 별개로 정치자금법위반죄가 성립될 수 있다."라고 판시하여 양립할 수 있다고 하였다.[3]

나. 특별당비

특별당비와 관련하여 정당의 특별당비의 납입한도액에 관한 명문규정이 없으며, 정당이 당헌·당규에 의거하여 공직선거 지역구후보자 또는 비례대표후보자들에게 당해 선거의 선거경비를 조달할 목적으로 일정 금액의 특별당비를 부과할 수 있다. 다만, 공직선거에 있어서 특정인을 후보자로 추천하는 행위와 관련하여 당비를 기부하거나 받는 경우에는 정치자금법 제32조 및 제45조 제2항의 규정에 위반된다.[4]

---

3) 서울고등법원 2012. 10. 8. 선고 2012노626 판결, 대법원 2014. 5. 16. 선고 2012도12867 판결.
4) 중앙선거관리위원회 2006. 5. 4. 회답, 중앙선거관리위원회 2012. 2. 21. 회답.

정당의 지방선거 필승 결의대회 개최에 소요되는 경비로 충당할 수 있도록 소속 국회의원 (당협위원장)이 정치자금으로 특별당비를 납부할 수 있고 참석당원이 갹출하여 부담하는 경우에는 당비로 납부하여야 한다.[5] 정당이 소속 당원에게 시중의 통상적인 가격으로 저금통을 판매하고 당원이 그 저금통에 일정기간 모은 돈을 수거하여 특별당비로 수입 처리하는 경우 선거운동이나 선거에 영향을 미치는 행위가 부가되거나 저금통이 「공직선거법」 제90조에 위반되는 선전물에 이르지 아니하는 한 가능하다. 다만, 1회 120만원을 초과하여 당비를 납부하는 자는 수표나 신용카드·예금계좌 입금 그 밖에 실명이 확인되는 방법으로 하여야 할 것이며, 저금통을 구매한 당원이 자신이 납부한 당비를 제3자로부터 모금하여서는 아니 된다.[6] 1회 100만원 이상(현행 120만원 초과)의 당비를 납부하는 자는 실명이 확인되는 방법으로 하여야 한다.[7]

다. 당비의 회계보고

당비에 관하여 회계보고하는 때에는 제40조(회계보고) 제3항 규정인 "1회 30만원 초과 또는 연간 300만원(대통령후보자등후원회·대통령선거경선후보자후원회의 경우에는 500만원)을 초과하여 수입을 제공한 자의 경우에는 성명·생년월일·주소·직업·전화번호와 수입일자 및 그 금액을, 그 이하 금액의 수입을 제공한 자의 경우에는 일자별로 그 건수와 총금액" 규정이 적용되지 아니한다.

라. 후원당원 및 후원당비 제도와 성격 등

당원자격 심사위원회의 심사를 받지 않을 뿐만 아니라 당원명부에 기재되지 아니하는 후원당원은, 통상 입당원서를 작성한 후 당헌, 당규에 따라 매월 정기금(당비)을 납부하는 당원과는 달리 당원이 아니다.

교사·공무원의 정당 가입 사건에서 법원은 "피고인들에게 부여된 후원당원의 지위는 舊 민주노동당에 대한 아무런 권리, 의무를 갖지 않은 채 단순히 후원금을 납부하기 위한 후원회원의 지위에 불과하여 당원과는 엄격히 구분되는 것으로 보이는 바, 달리 '후원당원'을 민노당 '당원'으로 인정할 만한 증거가 없다"라고 판시하였다.[8]

---

5) 중앙선거관리위원회 2010. 4. 30. 회답.
6) 중앙선거관리위원회 2010. 4. 8. 회답.
7) 중앙선거관리위원회 2004. 3. 22. 회답.
8) 대구지방법원 2014. 1. 10. 선고 2012고합27 판결.

- '후원당원'은 단순히 후원금을 납부하는 '후원회원'으로서 △△당에 대하여 아무런 권리·의무가 부여되지 않는 만큼 당원과는 엄격히 구분된다(대법원 2014. 7. 24. 선고 2013도16367 판결).
- 정당법 제23조에서 정한 '당원'에 해당하는지 여부는 정당 내부에서 정한 명칭만으로 판단할 것은 아니고, 정당의 당헌 및 당규에서 정한 당원으로서의 권리, 의무를 가질 의사로 가입신청과 가입승인을 하였는지 여부에 의하여 판단하여야 하고, 정당법 제23조에서 정한 절차를 형식적으로 구비하였다는 점만으로 정당법에서 정한 '당원'으로 볼 수 없다. '당원'의 의미에 관한 위와 같은 해석에 비추어 볼 때, 이 법원이 적법하게 채택하여 조사한 다음과 같은 사정들을 종합하여 보면, 비록 자금을 기부한 조합원들이 입당원서(혹은 후원당원 가입서)를 제출하고 당원명부에 등재되는 절차를 거쳤다고 하더라도, '후원당원'은 오직 정당에 대한 재정적인 후원만을 목적으로 하고 있고, 처음부터 선거권, 피선거권 등 정당에 대한 권리·의무가 전면적으로 배제되어 있어 정당법에서 정한 '당원'이라고 볼 수는 없다(대구지방법원 2014. 1. 10. 선고 2012고합27 판결).

마. 공무원 신분 취득후 당비납부

공무원 신분을 취득한 상태에서 공무원 신분을 취득하기 이전에 지급하였어야 할 당비를 납부한 것은 이미 지급의무가 발생한 당비를 사후에 변제한 것으로 법이 정하는 아니한 방법으로 정치자금을 기부한 것으로 볼 수 없다.[9]

공무원은 어떠한 명목이든 상관없이 금전이나 물질로 특정 정당이나 정치단체를 지지, 반대할 수 없으므로(국가공무원법 제65조 제4항, 지방공무원법 제57조 제4항, 국가공무원 복무규정 제27조 제1항 5호), 공무원 등 당원이 될 수 없는 사람은 정당에 당비 명목의 정치자금을 기부할 수 없다. 다만, 공무원(지방공무원) 신분을 취득한 상태에서 공무원 신분을 취득하기 이전에 지급하였어야 할 당비를 납부한 것은 지방공무원법 제82조, 제57조 위반죄로 처벌할 수 없다. 즉, 위와 같은 금원은 정치자금으로서의 성격이 없다 할 것이다.
피고인이 납부한 위 40만원의 직책당비 중 2010년 10월 부터 2010년 12월분까지의 직책당비 15만원(월 5만원 x 3개월)은 피고인이 지방공무원으로 임용되기 이전에 납부의무가 발생한 정치자금으로, 비록 피고인이 지방공무원으로 임용된 이후에 그 납부의무를 이행하였다 하더라도 이는 이미 지급의무가 발생한 당비를 사후에 변제한 것이며, 정치자금법이 정하지 아니한 방법으로 정치자금을 기부한 것으로 볼 수 없다(광주고등법원 2013. 8. 22. 선고 2012노395 판결, 대법원 2014. 6. 26. 선고 2013도10945 판결).

---

9)   광주고등법원 2013. 8. 22. 선고 2012노395 판결, 대법원 2014. 6. 26. 선고 2013도10945 판결.

바. 「공직선거법」상 기부행위 해당여부

정당의 당원이 당비를 납부하는 행위가 「공직선거법」상 기부행위가 될 수 있다. 이러한 당비 납부행위가 '기부행위로 보지 않는 행위'에 해당하려면 정당의 당헌·당규 기타 내부규약에 따른 경우여야 한다.[10]

> 정당의 당원이 당비를 납부하는 행위가 공직선거법 제112조 제2항에 의하여 기부행위로 보지 아니하는 같은 항 제1호 나목의 '정당의 당헌·당규 기타 정당의 내부규약에 의하여 정당의 당원이 당비 기타 부담금을 납부하는 행위'에 해당하려면, 위 규정의 문언상 당해 정당의 당헌·당규 기타 내부규약에 따른 경우라야 한다. □□당의 당비규정은 특별당비는 중앙당에 납부하여야 하며, 당비의 입금은 자동계좌이체, 휴대전화·유선전화 결제와 그 외에 당 중앙위원회가 정한 결제 방식 중 하나로만 하도록 규정되어 있는 점, 피고인은 이 사건 당시 위와 같은 규정에 의하지 아니하고 □□당 전북도당 조직국장인 공소외 1에게 현금으로 1,000만원을 전달하는 방법을 취하면서 이를 중앙당이 아닌 전북도당의 특별당비로 납부한 점을 알 수 있는바, 그렇다면 피고인의 이러한 특별당비 납부행위는 공직선거법 제112조 제2항 제1호 나목의 '정당의 당헌·당규 기타 정당의 내부규약에 의하여 정당의 당원이 당비 기타 부담금을 납부하는 행위'에 해당하지 않는다고 할 것이고, 따라서 제257조 제1항 제1호의 범죄구성요건 해당성이 있다(대법원 2007. 4. 26. 선고 2007도218 판결).

한편, 법원은 "어느 정당의 소속 당원이 정당에 납부하여야 할 당비를 그 소속 당원 대신 납부하는 행위가 그 소속당원에 대한 기부행위로서 공직선거법 제257조 제1항 제1호 위반죄에 해당하는 경우, 그 당비는 이를 기부받은 당원이 그 정당에 납부한 것으로 보아야 하므로, 이러한 당비의 대납행위를 그 소속 당원의 명의를 빌리거나 가장하여 스스로 정당에 정치자금을 기부하는 행위로서 정치자금법 제48조 제3호 위반죄에도 동시에 해당하여 위 공직선거법 위반죄와 상상적 경합관계가 된다고 볼 수는 없다"라고 판시하였다.[11]

사. 타인 명의·가명으로 납부된 당비의 처리

정당의 회계책임자는 타인의 명의나 가명으로 납부된 당비가 있음을 안 때에는 그 날부터

---

10) 「공직선거법」 제112조(기부행위의 정의 등) ②제1항의 규정에 불구하고 다음 각 호의 어느 하나에 해당하는 행위는 기부행위로 보지 아니한다.
　　1. 통상적인 정당활동과 관련한 행위
　　　나. 정당의 당헌·당규 기타 정당의 내부규약에 의하여 정당의 당원이 당비 기타 부담금을 납부하는 행위
11) 대법원 2007. 2. 22. 선고 2006도7058 판결.

10일 이내에 관할 선거관리위원회에 그 내역과 해당 당비를 〈규칙 별지 제1호 서식〉에 의하여 보고·납부하고, 관할 위원회는 지체 없이 그 내역을 확인하여야 한다. 관할 선거관리위원회는 정당의 회계책임에 의하여 보고된 경우 외에 국고귀속대상 당비가 있음을 확인한 때에는 10일간의 납부기한을 정하여 정당의 회계책임자에게 납부를 명하여야 한다. 납부기한까지 정당의 회계책임자가 국고귀속대상 당비를 납부하지 아니한 때에는 관할 선거관리위원회는 10일간의 납부기한을 정하여 독촉장을 발부하여야 한다.

    독촉장을 받은 정당의 회계책임자가 지정된 납부기한까지 납부하지 아니한 때에는 관할 선거관리위원회는 지체 없이 관할 세무서장에게 징수를 위탁하여야 한다. 관할 선거관리위원회 또는 관할 세무서장이 징수한 국고귀속대상 당비의 국가에의 납입절차에 관하여는 「국고금관리법 시행규칙」을 준용한다.

아. 「정치자금법」과 「정당법」상 국고 귀속대상

「정치자금법」과 「정당법」상 국고 귀속대상이 되는 경우는 다음 같이 정리할 수 있다.

1) 정치자금법

① 정당의 회계책임자는 타인의 명의나 가명으로 납부된 당비는 국고에 귀속시켜야 한다 (「정치자금법」 제4조 제2항).

② 후원회의 회계책임자는 제3항의 규정에 의한 익명기부한도액(후원인은 1회 10만원 이하, 연간 120만원 이하의 후원금)을 초과하거나 타인의 명의 또는 가명으로 후원금을 기부받은 경우 그 초과분 또는 타인의 명의나 가명으로 기부받은 금액은 국고에 귀속시켜야 한다(「정치자금법」 제11조 제4항).

③ 후원회의 회계책임자는 후원인으로부터 기부받은 후원금이 이 법 또는 다른 법률에 위반되는 청탁 또는 불법의 후원금이라는 사실을 안 날부터 30일 이내에 후원인에게 반환하고, 정치자금영수증을 교부하였을 때에는 이를 회수하여야 한다. 이 경우 후원인의 주소 등 연락처를 알지 못하여 반환할 수 없거나 후원인이 수령을 거절하는 때에는 선거관리위원회를 통하여 이를 국고에 귀속시켜야 한다(「정치자금법」 제18조).

④ 대통령선거경선후보자·당대표경선후보자등·대통령예비후보자·국회의원예비후보자·지방의회의원예비후보자 또는 지방자치단체장예비후보자가 후원회를 둘 수 있는 자격을 상실한 때(정당의 공직선거 후보자선출을 위한 당내경선 또는 당대표경선에 참여하여 당선 또는 낙선한 때를 제외한다)에는 그 후원회와 후원회지정권자는 잔여재산을 제40조에

따른 회계보고 전까지 국고에 귀속시켜야 한다(「정치자금법」 제21조 제3항).

'후원회를 둔 국회의원이 자격을 상실한 경우의 그 잔여재산(「정치자금법」 제21조 제1항)'이나 '후원회의 지정권자가 당해 후원회의 지정을 철회한 경우 그 잔여재산'은 정당이나 공익법인 등 인계해야 한다.

대통령선거경선후보자·당대표경선후보자등·대통령예비후보자·국회의원예비후보자·지방의회의원예비후보자 또는 지방자치단체장예비후보자가 정당의 공직선거 후보자선출을 위한 당내경선 또는 당대표경선에 참여하여 당선 또는 낙선한 때에는 그 후원회와 후원회지정권자는 잔여재산을 제40조에 따른 회계보고 전까지 국고에 귀속시켜야 하는 것이 아니다.

⑤ 「정치자금법」 제21조 제1항 및 제2항의 규정에 의하여 후원회 잔여재산 또는 후원회로부터 기부받은 후원금을 소속 정당 및 공익법인 등에 인계하지 아니한 때에는 이를 국고에 귀속시켜야 한다(「정치자금법」 제21조 제4항).

⑥ 후원회가 해산된 후에 기부된 후원금은 지체 없이 후원인에게 이를 반환하되, 제40조의 규정에 의한 회계보고 전까지 반환하지 아니하는 때에는 이를 국고에 귀속시켜야 한다(「정치자금법」 제21조 제5항).

⑦ 「정치자금법」 제22조(기탁금의 기탁) 제2항(1인이 기탁할 수 있는 기탁금은 1회 1만원 또는 그에 상당하는 가액 이상, 연간 1억원 또는 전년도 소득의 100분의 5 중 다액 이하로 한다) 및 제3항(누구든지 타인의 명의나 가명 또는 그 성명 등 인적 사항을 밝히지 아니하고 기탁금을 기탁할 수 없다)의 규정을 위반하여 기탁된 기탁금은 국고에 귀속한다(「정치자금법」 제24조 제1항).

'기탁자의 인적사항 미공개조건으로 기탁한 기탁금(「정치자금법」 제22조 제3항)'은 국고귀속대상이 아니며, '후원인이 연간 기부한도액을 초과하여 후원회에 기부한 후원금(「정치자금법」 제11조)'은 「정치자금법」 제45조 제2항으로 처벌될 수 있고 판결에 의해 몰수(추징)될 수는 있으나 국고귀속대상이 아니다.

⑧ 공직선거의 후보자가 후원회의 후원금 또는 정당의 지원금으로 「공직선거법」 제56조(기탁금)의 규정에 의한 기탁금을 납부하거나 선거비용을 지출하여 같은 법 제57조(기탁금의 반환 등) 또는 제122조의2(선거비용의 보전 등)의 규정에 의하여 반환·보전받은 경우 그 반환·보전비용[자신의 재산(차입금을 포함한다)으로 지출한 비용을 모두 공제한 잔액을 말한다]은 선거비용을 보전받은 날부터 20일 이내(이하 이 조에서 "인계기한"이라 한다)에 정당추천후보자는 소속정당에, 무소속후보자는 공익법인 또는 사회복지시설에 인계하여야 하는 반환·보전비용을 그 인계기한 이내에 소속 정당 등에 인계하지 아니한 경우에는 이를 국고에 귀속시켜야 한다(「정치자금법」 제58조 제4항).

⑨ 보조금을 지급받은 정당이 해산되거나 등록이 취소된 경우 보조금의 지출내역을 중앙선거
관리위원회에 보고하고 그 잔액이 있는 때에는 이를 반환한다(「정치자금법」 제30조 제1항).

2)「정당법」

정당이 제44조(등록의 취소) 제1항의 규정에 의하여 등록이 취소되거나 제45조(자진해산)의
규정에 의하여 자진해산한 때에는 그 잔여재산은 당헌이 정하는 바에 따라 처분하고, 처분
되지 아니한 정당의 잔여재산 및 헌법재판소의 해산결정에 의하여 해산된 정당의 잔여재산
은 국고에 귀속한다(정당법 제48조 제1항, 제2항).

자. 당비영수증

1) 당비영수증 제작

정당은 "당비영수증〈규칙 별지 제2호 서식〉"을 표준양식으로 하여 제작하되 정당의 정
강·정책의 홍보 등 필요한 사항을 포함하여 제작할 수 있다.

당비영수증의 서식은 중앙선거관리위원회 규칙으로 정하고 있으나 이는 표준 서식으로
규격 등은 정당의 자체 실정에 맞게 제작하여 사용할 수 있다. 그러나 영수증일련번호는 정
당의 중앙당 및 시도당별로 발급순에 의하여 연도별로 부여하여야 한다.

당 비 영 수 증
(앞 면)

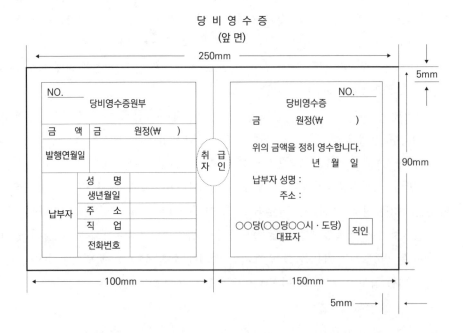

(뒷면)	
주 1. 회계책임자는 금액, 발행연월일, 납부자의 성명·생년월일·주소·직업 및 전화번호를 정확히 기재하여야 합니다. 2. "취급자인"란에는 회계책임자인장으로 날인을 하고 교부하여야 합니다.	* 이 영수증은 「정치자금법」 제5조에 따라 발행된 것입니다. * 이 영수증에 기재된 금액에 대하여는 「조세특례제한법」이 정하는 바에 따라 10만원까지는 그 금액의 110분의 100을, 10만원을 초과한 금액에 대해서는 해당 금액의 100분의 15(해당 금액이 3천만원을 초과하는 경우 그 초과분에 대해서는 100분의 25)에 해당하는 금액을 종합소득산출세액에서 공제하고, 「지방세특례제한법」에 따라 그 공제금액의 100분의 10에 해당하는 금액을 해당 과세연도의 개인지방소득세 산출세액에서 추가로 공제를 받을 수 있습니다(「정치자금법」 제59조). * 당비영수증을 허위로 작성하여 교부하거나 위조·변조하여 사용한 자는 처벌을 받습니다.

2) 영수증 발행

정당의 회계책임자가 당원으로부터 당비를 납부받은 때에는 "정당의 수입·지출부(당비수입계정)〈규칙 별지 제33호 서식〉"에 수입의 상세내역(수입의 일자·금액과 제공한 자의 성명·생년월일·주소·직업 및 전화번호 그 밖의 명세)을 기재하고, 당비를 납부 받은 날부터 30일까지 당비영수증을 교부하고, 그 원부를 보관하여야 한다.

회계보고에 있어서는 당비의 일자별 납입건수와 총금액을 기재한다.

당비를 납부한 당원이 그 당비영수증의 수령을 원하지 아니하는 경우에는 교부하지 아니하고 발행하여 원부와 함께 보관할 수 있다. 1회 1만원 이하의 당비납부에 대해서는 해당 연도말일(정당이 등록취소되거나 해산한 경우에는 그 등록취소일 또는 해산일) 현재로 연간납부총액에 대하여 1매로 일괄 당비영수증을 발행·교부할 수 있다. 신용카드·예금계좌·전화 또는 인터넷 전자결제 시스템에 의한 납부 등으로 당비를 납부한 당원의 주소 등 연락처를 알 수 없는 경우에는 당원명부 등을 통하여 연락처를 확인한 후 당비영수증을 교부하되, 이를 확인할 수 없는 부득이한 사유가 있는 경우에는 당비영수증을 발행하여 보관하여야 한다. 따라서 발행과 보관은 의무조항이다.

3) 당비영수증과 후원회의 정치자금영수증 비교

▌당비영수증과 정치자금영수증 비교

	당비영수증	정치자금영수증
교부 기한	당비를 납부받은 날부터 30일 (「정치자금법」 제5조 제1항)	후원금 기부받은 날부터 30일 (「정치자금법」 제17조 제1항)
교부 의무	– 당비를 납부한 당원이 그 당비영수증의 수령을 원하지 아니한 경우 교부하지 아니할 수 있음(「정치자금법」 제5조 후단). – 당원의 주소 등 연락을 알 수 없는 경우 이를 확인할 수 없는 부득이한 경우 교부하지 않을 수 있음(규칙 제4조 제2항).	아래의 경우 정치자금영수증을 후원인에게 교부하지 아니하고 후원회가 발행하여 원부와 함께 보관할 수 있음. – 후원인이 정치자금영수증 수령을 원하지 아니한 경우 – 익명기부, 신용카드·예금계좌·전화·또는 인터넷 전자결재 시스템 등에 의한 기부로 후원인의 주소 등 연락처를 알 수 없는 경우 – 후원인이 연간 1만원 이하의 후원금을 기부한 경우(「정치자금법」 제17조 제5항)
발행 의무	모든 기부받은 당비에 대하여 발행하여야 함.	기부받은 모든 후원금에 대하여 정치자금영수증을 발행하여야 함.
일괄 발행·교부	1회 1만원 이하의 당비납부에 대한 당비영수증은 해당 연도 말(정당이 등록취소되거나 해산되는 경우에는 등록취소일 또는 해산일을 말함) 현재로 연간 납부총액에 대하여 1매로 발행·교부할 수 있음(「정치자금법」 제5조 제3항).	1회 1만원 이하의 후원금 기부에 대한 정치자금영수증은 해당 연도말일(후원회가 해산되는 경우에는 그 해산일을 말함) 현재로 일괄 발행·교부할 수 있음(「정치자금법」 제17조 제4항).
전자적 형태 영수증	전자적 형태로 제작하여 인터넷을 통하여 발행·교부할 수 있되, 위조·변조를 방지할 수 있는 기술적 조치를 하여야 함(「정치자금법」 제5조 제3항).	무정액영수증은 인터넷을 통하여 발행·교부할 수 있도록 전자적 형태로 제작할 수 있되, 위조·변조를 방지할 수 있는 기술적 조치를 하여야 함(「정치자금법」 제17조 제2항)
영수증 관급용지	정당이 제작함.	정치자금영수증은 중앙선거관리위원회가 제작하는 정액영수증과 무정액영수증만을 말함(「정치자금법」 제17조 제2항).
영수증 발급 명의	정당의 대표자 또는 시·도당의 대표자 명의(별지 제2호 서식)	중앙선거관리위원회 명의 (별지 제16호 서식)

영수증 일련번호	정당의 중앙당 및 시·도당별로 발급순에 의하여 연도별로 부여하여야 함(별지 제2호 서식 각주).	중앙선거관리위원회가 종류별·액면금액별로 제작순에 의하여 누년으로 부여하여야 함(규칙 제21조 제2항).
영수증 일련번호 공개 금지	명시적 규정 없음.	법률에 의한 절차에 의하지 아니하고는 그 후원회에 발급한 정치자금영수증의 일련번호를 공개하거나 이를 다른 국가기관에 고지하여서는 아니 됨(「정치자금법」 제17조 제12항).
영수증 발행을 이행한 금융기관에 입금의뢰인 성명 등 요청	명시적 규정 없음.	후원회는 해당 금융기관에 입금의뢰인의 성명과 연락처를 알려 줄 것을 요청할 수 있고, 그 요청을 받은 금융기관은 지체없이 그 내용을 알려주어야 함(「정치자금법」 제17조 제13항).
영수증 사용실태 보고	명시적 규정 없음.	매년 12월 31일 현재 매수 등 사용실태를 제40조 제1항에 따른 12월 31일 현재의 회계보를 하는 때에 보고(「정치자금법」 제17조 제10항)

5. 중앙선거관리위원회 행정해석

가. 중앙당 등록 전 당비 납부 가능

① 중앙당이 등록되기 전에 창당되어 등록된 시·도당에 납부한 당비는 「정치자금법」 제59조의 면세대상 정치자금에 해당되지 아니함.

② 중앙당이 중앙선거관리위원회에 등록되지 아니한 때에는 「정당법」상 정당으로서의 권리의무가 발생하지 아니하므로 「정치자금법」 제40조의 규정은 중앙당 등록 전의 시·도당에는 적용되지 아니함.

③ 등록한 시·도당에 납부된 당비를 중앙당을 거치지 않고 해당 시·도당에서 지출할 수 있는지는 「정당법」 제31조에 따라 당비납부제도를 설정·운영하는 당해 정당이 판단할 사항임.

④ 중앙당창당준비위원회에 입금된 발기인회비와 등록한 시·도당에 입금된 당비를 서로 지원하고 지원받는 것은 가능할 것이며, 그 회계처리는 중앙당 및 시·도당의 회계처리 절차·방법 등에 준하여 처리하면 될 것임.

⑤ 창당준비위원회는 발기인으로부터 회비를 받을 수 있으며, 「정치자금법」상 정당 등의

회계보고에 관한 규정은 창당준비위원회에는 적용되지 아니함(중앙선거관리위원회 2009. 12. 10. 회답).

나. 같은 정당의 다른 시·도당에의 당비납부 등

당원이 소속 중앙당 또는 같은 당의 다른 시·도당에 당비를 납부하는 것에 관하여 「정당법」 및 「정치자금법」에서 제한·금지하고 있지 아니하며, 중앙당에 당비를 납부하면서 그 당비를 같은 당의 다른 시·도당에 지원해 줄 것을 적시하는 것이 가능한지 여부에 관하여는 「정당법」 제31조(당비)의 규정에 따라 당비납부제도를 설정·운영하는 당해 정당이 판단할 사항임(중앙선거관리위원회 2005. 10. 11. 회답).

다. 정당운영위원회 회비의 성격 및 경선기탁금 반환

① 운영위원회가 당헌·당규에 의하여 지구당에 설치된 정당활동을 위한 기구이고 납부한 회비가 그 운영위원회의 정당활동 경비에 충당하기 위하여 당원자격으로 납부한 것이라면 이는 당비로 볼 수 있고, 따라서 정당의 회계책임자는 회계장부에 당비납부자의 성명·주소 기타 명세를 기재하고 그 수입과 지출에 관한 내역을 관할선거관리위원회에 보고하여야 함.

② 정당의 당내 후보자 경선시 납부하는 기탁금의 반환에 대하여는 「정치자금에관한법률」에서 이를 제한·금지하는 규정이 없음(중앙선거관리위원회 2003. 10. 24. 회답).

라. 급여에서 당비 공제 납부

정당가입이 금지되지 않는 자로서 당원명부에 등재된 경우 그 당원이 소속된 회사가 소속 직원의 요청에 따라 단순히 급여에서 당비를 공제하여 그 직원이 정하는 정당에 당비를 납부(그 소속 직원의 명의로 납부하여야 하며, 1회 120만원을 초과하는 당비에 대하여는 예금계좌 입금 등 실명이 확인되는 방법으로 기부하여야 함)하는 것은 가능. 다만, 본인의 자유의사에 의하는 승낙 없이 정당가입을 강요하는 경우에는 「정당법」 제42조에 위반될 것이며, 업무·고용 그 밖의 관계를 이용하여 부당하게 의사를 억압하는 방법으로 당비납부를 알선하는 경우에는 「정치자금법」 제33조에 위반됨(중앙선거관리위원회 2010. 11. 5. 회답).

마. 당원들의 당비조성 활동

지구당 당원들이 1일 근로활동 등을 통하여 마련된 비용을 당비로 납부할 수 있음(중앙선거관리위원회 2002. 11. 5. 회답).

바. 법인의 당비 납부

법인은 당비를 납부할 수 없음(중앙선거관리위원회 1999. 5. 25. 회답).

사. 당사랑채권에 의한 당비 모금

「정치자금에관한법률」이 정당의 정치자금 차입방법과 내용에 관하여 제한을 두고 있지 아니하므로 소위 「당사랑채권」을 발행하여 정치자금을 차입할 수 있으나, 이 경우에도 「정치자금에관한법률」 제22조(회계장부의 비치 및 기재) 제1항(현행 제37조 제1항)의 규정에 의하여 회계장부에 그 차입금의 일시 금액 및 대여자의 성명·주소 기타 명세서를 기재하여야 함. 다만, 「당사랑채권」이 당원이 아닌 자에게 양도되고 그것이 정치자금을 기부하거나 기부받는 행위에 이른다면 같은 법 제2조 제1항 및 제30조(벌칙) 제1항(현행 제45조 제1항)의 규정에 위반됨(중앙선거관리위원회 1998. 7. 29. 회답).

아. 당비 등의 면세

「정치자금에관한법률」의 규정상 정치자금의 기부가 정치자금기부제한자가 아닌 자가 당원의 자격에서 하는 당비납입, 후원회에 후원금기부, 선거관리위원회에의 기탁을 통하여 이루어졌다면 같은 법 제27조(면세)(현행 제59조)의 규정에 의한 세제혜택을 받을 수 있음(중앙선거관리위원회 1996. 2. 5. 회답).

자. 창당준비위원회에 기부한 당비의 면세혜택

「정치자금에관한법률」의 규정상 당비는 정당의 당원이 부담하는 것으로 창당준비위원회는 당비를 받을 수 없고, 직접 일반인으로부터 금품을 모집할 수 없음(중앙선거관리위원회 2004. 5. 1. 회답).

차. 「KT포인트」로 당비납부

당원이 자신의 KT포인트로 당비를 납부하는 것은 가능(중앙선거관리위원회 2008. 7. 7. 회답).

카. 은행지로를 통한 당비 납부

정당이 당비를 받고자 할 때 정당의 당헌·당규의 규정에 따라 정당의 은행지로에 의하여 수납할 수 있음(중앙선거관리위원회 1995. 12. 21. 회답).

타. 전화결제시스템 등에 의한 당비 납부 시 당비영수증 교부시기

① 「정치자금법」 제5조의 규정에 따른 당비영수증은 정당이 당비를 납부받은 이후 교부 할 수 있음.

② 당비 납부자가 휴대폰으로 당비 납부 결제를 확인한 후 통상적으로 1개월 이후에 당비 납부 대행업체로부터 일정 수수료를 정산하고 입금받는 당비를 대행업체에 약간의 수수료를 추가로 부담하고 1주일 내로 정산받아 중앙당 수입계좌로 입금 받아 당비영수증을 발급하는 것은 연말회계마감 등 부득이한 사정이 있는 경우 무방할 것임(중앙선거관리위원회 2008. 12. 4. 회답).

※ 2012. 2. 29. 「정치자금법」 개정으로 당비영수증은 당비를 납부받은 날로부터 30일까지 교부할 수 있음.

파. 당비총액영수증 교부

정당이 당해 연도말일에 1회 1만원 이하로 납부한 당비를 모두 합하여 당비총액영수증을 발급할 수 있음(중앙선거관리위원회 2005. 11. 29. 회답).

6. 벌칙

제4조 제2항의 규정을 위반하여 타인의 명의나 가명으로 납부된 당비를 정당한 사유 없이 국고에 귀속시키지 아니한 자는 200만원 이하의 벌금형에 처한다(「정치자금법」 제48조 제4호).

제5조 제1항·제2항의 규정을 위반하여 당비영수증의 기재금액 또는 액면금액과 상이한 금액을 기부한 자와 이를 받은 자, 당비영수증을 허위로 작성하여 교부하거나 위조·변조하여 이를 사용한 자는 3년 이하의 징역 또는 600만원 이하의 벌금에 처한다(「정치자금법」 제46조 제1호).

제5조 제1항의 규정을 위반하여 당비를 납부받은 날부터 30일까지 당비영수증을 발행 또는 교부하지 아니한 자는 2년 이하의 징역 또는 400만원 이하의 벌금에 처한다(「정치자금법」 제47조 제1항 제2호).

제5조 제1항의 규정을 위반하여 당비영수증의 발행·교부를 해태한 자는 300만원 이하의 과태료에 처한다(「정치자금법」 제51조 제1항 제1호).

제13장

후원회와 후원금

정치자금법 이해

제13장

후원회와 후원금

제6조(후원회지정권자) 다음 각 호에 해당하는 자(이하 "후원회지정권자"라 한다)는 각각 하나의 후원회를 지정하여 둘 수 있다.

1. 중앙당(중앙당창당준비위원회를 포함한다)
2. 국회의원(국회의원선거의 당선인을 포함한다)
2의2. 대통령선거의 후보자 및 예비후보자(이하 "대통령후보자등"이라 한다)
3. 정당의 대통령선거후보자 선출을 위한 당내경선후보자(이하 "대통령선거경선후보자"라 한다)
4. 지역선거구(이하 "지역구"라 한다)국회의원선거의 후보자 및 예비후보자(이하 "국회의원후보자등"이라 한다). 다만, 후원회를 둔 국회의원의 경우에는 그러하지 아니하다.
5. 중앙당 대표자 및 중앙당 최고 집행기관(그 조직형태와 관계없이 당헌으로 정하는 중앙당 최고 집행기관을 말한다)의 구성원을 선출하기 위한 당내경선후보자(이하 "당대표경선후보자등"이라 한다)
6. 지역구지방의회의원선거의 후보자 및 예비후보자(이하 "지방의회의원후보자등"이라 한다)
7. 지방자치단체의 장선거의 후보자 및 예비후보자(이하 "지방자치단체장후보자등"이라 한다)
[2021. 1. 5. 법률 제17885호에 의하여 2019. 12. 27. 헌법재판소에서 헌법불합치 결정된 이 조 제6호를 개정함.]

제45조(정치자금부정수수죄) ② 다음 각 호의 어느 하나에 해당하는 자는 5년 이하의 징역 또는 1천만원 이하의 벌금에 처한다.

1. 제6조(후원회지정권자)의 규정에 의한 후원회지정권자가 아닌 자로서 정치자금의 기부를 목적으로 후원회나 이와 유사한 기구를 설치·운영한 자

1. 후원회제도 의의

"후원회"라 함은 법의 규정에 의하여 정치자금의 기부를 목적으로 설립·운영되는 단체로서 관할 선거관리위원회에 등록된 단체를 말한다.

후원회제도는 1980. 12. 31. 법률 제3302호로 전부개정된 '정치자금에 관한 법률'에 국고보조금제도, 당비제도와 함께 신설되었으며, 그 후 몇 차례에 걸친 법률개정으로 후원회를 둘 수 있는 자의 범위, 회원의 자격 및 수, 금품모집방법 등에 변천이 있었다. 이 제도는 모든 사회구성원들로 하여금 자발적인 정치참여의식을 높여 유권자 스스로 정당이나 정치인을 후원하도록 함으로써, 정치에 대한 신뢰감을 높이고, 나아가 비공식적인 정치자금을 양성화시키는 계기로 작동되도록 하는 데에 그 입법목적이 있다.[1] 또한 후원회제도는 후원회활동을 통하여 그 후원회 또는 후원회원이 지향하는 정책적 의지가 보다 효율적으로 구현될 수 있도록 하자는 데에서 그 철학적 기초를 찾을 수 있다.[2]

후원회 제도는 공정하고 투명한 선거문화 조성과 선거기금 이용을 위해 활용되고 있으며, 개인의 자산 정도가 공무담임권과 피선거권 행사에 있어 장벽이 되지 않을 수 있도록 기능하고 있다.

한편 법 제6조에 의하면 선거와 무관하게 후원회를 둘 수 있는 것은 중앙당과 국회의원뿐이고, 그 외에는 모두 선거와 관련하여 후원회를 둘 수 있도록 하고 있다. 정당이나 국회의원의 경우 선거비용 외에도 상당한 정치자금의 소요가 예상되는 점을 고려하여 정치자금법에서 후원회를 둘 수 있도록 한 것이지만, 유권자의 자발적인 후원을 통하여 선거자금을 마련할 수 있도록 하는 것 역시 후원회 제도의 주된 목적 중 하나라고 할 수 있다.[3]

2. 후원금에 대한 법적 규제

가. 규제 필요성

법은 정치자금의 종류를 열거하면서 그 제공 절차·방법을 엄격히 정하고 있으므로, 특정 정치인에게 정치자금을 기부하려고 하는 경우, 원칙적으로 후원회에 후원금을 내는 방법만 가능하며, 후원회를 매개로 하지 않고 정치인에게 직접 정치자금을 제공할 수는 없다. 역

---

[1] 헌법재판소 2000. 6. 1. 자 99헌마576 결정, 헌법재판소 2001. 10. 25. 자 2000헌바5 결정, 헌법재판소 2005. 2. 3. 자 2004헌마216 결정.

[2] 헌법재판소 2001. 10. 25. 자 2000헌바5 결정.

[3] 헌법재판소 2019. 12. 27. 자 2018헌마301·430(병합) 결정.

사적·경험적으로 정치자금과 관련한 부정은 주로 특정 정치인 등에게 정치자금을 기부하는 과정에서 발생하였으므로, 「정치자금법」은 그러한 부정을 방지하기 위하여 후원회와 후원금 제도를 두고 이에 대한 엄격한 법적 규제를 가하고 있다.

후원회지정권자가 후원회를 통하지 아니하고 직접 정치자금을 받는 경우, 제45조 제1항 위반죄가 성립한다.[4]

나. 규제 내용

후원회지정권자는 중앙당(중앙당창당준비위원회를 포함), 국회의원(국회의원선거 당선인 포함), 대통령선거의 후보자 및 예비후보자, 정당의 대통령선거후보자 선출을 위한 당내경선후보자, 지역선거구 국회의원선거의 후보자 및 예비후보자, 중앙당 대표자의 선출을 위한 당내경선후보자, 지역구지방의회의원선거의 후보자 및 예비후보자, 지방자치단체의 장선거의 후보자 및 예비후보자로 제한되어 있다.

헌법재판소는 지방의회의원을 후원회지정권자에서 제외하고 있는 정치자금법 제6조 제2호에 대해서 국회의원과 달리 지방의회의원을 후원회지정권자에서 제외하고 있는 것은 불합리한 차별로서 평등권을 침해하여 헌법불합치 결정을 선고하고 2024. 5. 31.까지 개선입법을 하도록 결정하였다.[5]

후원금의 모금·기부액에도 제한이 있다. 후원인이 하나의 후원회에 기부할 수 있는 후원금은 연간 1,000만원 또는 500만원으로 상한액이 정해져 있고, 후원회를 합하여 연간 2,000만원을 초과할 수 없다(「정치자금법」 제11조). 후원회의 연간 모금한도액 및 후원회지정권자에 대한 연간 기부한도액도 법정되어 있는데, 예컨대 지방자치단체장선거 후보자의 후원회의 경우 선거비용제한액의 100분의 50에 해당하는 금액이며(「정치자금법」 제12조), 공직선거가 있는 연도에는 해당 선거와 관련이 있는 후원회의 경우 그 한도액이 2배로 늘어난다(「정치자금법」 제13조).

후원금 모금 방법도 법정되어 있다. 후원회는 우편·통신(전화, 인터넷전자결제시스템 등)에 의한 모금, 중앙선거관리위원회가 제작한 정치자금영수증과의 교환에 의한 모금 또는 신용카드·예금계좌 등에 의한 모금, 그 밖에 정치자금법과 정당법 및 공직선거법에 위반되지 아니하는 방법으로 후원금을 모금할 수 있으며, 집회에 의한 방법으로는 후원금을 모금할 수 없다(「정치자금법」 제14조 제1항). 후원회는 후원금을 기부받은 날부터 30일 이내에 정치자금영

---

4)   대법원 2019. 11. 14. 선고 2019도11892 판결.

5)   헌법재판소 2022. 11. 24. 자 2019헌마528, 631, 632, 655(병합) 결정.

수증을 후원인에게 교부하여야 한다(「정치자금법」 제17조 제1항).

　　아울러, 후원회가 후원금을 받아 이를 지정권자에게 기부할 때도 일정한 규제를 따라야 한다(「정치자금법」 제10조 제1항·제2항). 후원회는 모금한 후원금을 후원회지정권자에게 기부할 목적으로 설립·운영되는 단체이므로, 후원금을 모금하면 직접 소요된 경비를 공제하고 지체 없이 후원회지정권자에게 기부하여야 한다(「정치자금법」 제10조 제2항). 정치자금법은 후원회가 차입금 등 다른 명목의 금품을 후원회지정권자에게 기부할 수 없도록 하고 있으므로(「정치자금법」 제10조 제1항 후문), 후원회는 차입금의 경우 '그 밖의 수입' 항목에 수입·관리하고, 기부금의 경우 '후원금' 항목에 수입·관리하는 등 정치자금 회계상으로도 차입금과 기부금을 반드시 구별하여야 한다.

다. 후원회의 유사기관화 금지

　　「공직선거법」은 선거운동의 목적으로 후원회 등 유사기관을 설립·설치하는 행위를 처벌하고 있고(「공직선거법」 제255조 제1항 제13호, 제89조 제1항), 「정치자금법」은 후원회지정권자가 아닌 자로서 정치자금의 기부를 목적으로 후원회나 이와 유사한 기구를 설치·운영하는 행위를 처벌하고 있다(「정치자금법」 제45조 제2항 제1호, 제6조). 어떤 단체 등이 「공직선거법」 제89조 제1항 본문의 '유사기관'에 해당하는지는 선거운동 목적의 유무에 의하여 결정되므로, 후보자가 되고자 하는 자가 내부적 선거 준비행위의 차원을 넘어 선거인에게 영향을 미칠 목적으로 단체 등을 설립하였다면 이는 위 조항 소정의 유사기관에 해당한다.[6]

　　후원회가 '설치'에 이르렀다고 하기 위해서는 적어도 일정한 목적을 가진 사람들의 인적 결합이 이루어지거나 후원회에 그러한 목적을 가진 사람들이 회원으로 가입할 수 있는 정도에는 이르러야 한다고 할 것인 바, 후원회에 아직 단 1명의 회원도 가입되어 있지 않아 후원회로서의 인적결합이 이루어지지 않은 상태이고, 인터넷상의 후원회라는 특수성을 감안한다고 하더라도 아직 누구도 회원으로 가입할 수는 없는 단계에 있었다면 위 각 법 소정의 '설치'에 이르렀다고 보기 어려울 것이다.[7]

---

[6]　대법원 2006. 6. 27. 선고 2005도303 판결 등.
[7]　광주고등법원 2005. 2. 17. 선고 2004노667 판결.

3. 후원회지정권자 확대

▌정치자금법상 후원회지정권자 확대 현황

개정일	후원회지정권자 추가·변경 내역
1980. 12. 31.	중앙당(중앙당창당준비위원회 포함)
1989. 12. 30.	정당 시·도지부, 지구당
1991. 12. 31.	국회의원 및 국회의원 후보자
2004. 3. 12.	대통령선거 경선후보자, 지역구국회의원선거 예비후보자, 당대표 경선후보자
2005. 8. 4.	광역자치단체장선거 후보자
2008. 2. 29.	대통령선거 후보자 및 예비후보자 ※ 정당 후원회 폐지
2010. 1. 25.	기초단체장선거 후보자
2010. 2. 26.	교육감선거 후보자
2016. 1. 15.	중앙당 최고집행기관 당내경선 후보자
2017. 6. 30.	중앙당(중앙당창당준비위원회 포함)
2021. 1. 15.	지역구지방의회의원선거 후보자 및 예비후보자, 지방자치단체장선거 예비후보자

※ 헌법재판소는 지방의회의원의 후원회지정권자 제외 조항에 대하여 헌법불합치 결정 선고하고 입법자는 2024. 5. 31.까지 개선입법을 명령함
　[헌법재판소 2022. 11. 24. 자 2019헌마528, 631, 632, 655(병합) 결정].

▌주요 공직선거의 후원회지정권자

		후원회지정권자		
		현직	후보자	예비후보자
대통령		X	○	○
국회의원	지역구	○	○	○
	비례대표	○	X	X
지방자치단체의 장		X	○	○
지역구지방의회의원		X	○	○
교육감		X	○	○

| 제21대국회 지방의회의원 후원회 지정권자 지정 관련 입법 현황

의안명	대표발의자	의안번호	제안일	내용
「정치자금법 일부개정법률안」	이인욱의원	제6202호	2020. 12. 8.	지방의회의원 및 지방의회의원후보자도 후원회를 둘 수 있도록 함
	김영배의원	제14260호	2022. 1. 3.	지방의회의원도 후원회를 둘 수 있도록 하며 시·도지방의회의원후원회는 연간 5천만원, 자치구·시·군의회의원후원회는 연간 3천만원의 범위에서 후원금을 모금·기부할 수 있도록 함
	장경태의원	제15166호	2022. 4. 8.	지방의회의원도 후원회를 둘 수 있도록 하며 시·도지방의회의원후원회는 연간 7천만원, 자치구·시·군의회의원후원회는 연간 5천만원의 범위에서 후원금을 모금·기부할 수 있도록 함
	박용진의원	제20135호	2023. 2. 21.	지방의회의원 및 지방의회의원후보자도 후원회를 둘 수 있도록 하며 연간 선거비용 제한액 전액(후원회지정권자가 동일인인 지방의회의원후보자등후원회는 합하여 선거비용제한액 전액)을 모금·기부할 수 있도록 함

4. 중앙선거관리위원회 행정해석

가. 정당의 청년최고위원경선후보자의 후원회 지정

당헌으로 정하는 중앙당 최고 집행기관의 구성원을 선출하기 위한 당내경선이라면 「정치자금법」 제6조 제5호에 따라 후원회를 지정하여 둘 수 있음(중앙선거관리위원회 2019. 2. 13. 회답).

나. 정당의 부대표경선후보자의 후원회 지정

당헌으로 정하는 중앙당 최고 집행기관의 구성원을 선출하기 위한 당내경선이라면 그 부대표경선후보자는 「정치자금법」 제6조 제5호에 따라 후원회를 지정하여 둘 수 있음(중앙선거관리위원회 2017. 6. 20. 회답).

다. 최고위원 선출을 위한 당내경선후보자후원회 지정

「정치자금법」 제6조 제5호에서 "중앙당의 대표자 선출을 위한 당내경선후보자는 하나의 후원회를 둘 수 있다"라고 규정하고 있으므로, 「당헌」에 따라 당대표와 최고위원을 분리하여 선출하는 경우 그 최고위원 선출을 위한 당내경선후보자는 후원회를 둘 수 있는 자에 해당되지 아니할 것임(중앙선거관리위원회 2008. 5. 19. 회답).

> ※ 2016. 1. 15. 「정치자금법」 제6조 제5호가 개정되어 중앙당 대표자 및 중앙당 최고집행기관(그 조직형태와 관계없이 당헌으로 정하는 중앙당 최고 집행기관을 말함)의 구성원을 선출하기 위한 당내경선후보자는 하나의 후원회를 둘 수 있음.

라. 예비경선후보자로 등록한 자가 대통령선거경선후보자후원회의 등록

정당의 대통령후보자선출규정에 예비후보자(당내경선예비후보자를 말함)로 등록한 경선후보자중에서 경선을 통하여 최종 후보자를 선정한다는 규정을 두고 있는 경우 "예비후보"로 등록한 자는 그 때부터 「정치자금법」 제6조에 의거하여 경선후보자후원회를 둘 수 있음(중앙선거관리위원회 2007. 8. 21. 회답).

마. 해외에 후원회 지부 설치

중앙당후원회지부는 시·도에 두는 것이므로 해외에는 둘 수 없음(중앙선거관리위원회 1996. 2. 9. 회답).

> ※ 2005. 8. 4. 「정치자금법」 개정시 부칙의 경과규정에 따라 정당의 후원회는 2006년 3월 13일 폐지.
>
> ※ 헌법재판소는 정당후원회 금지규정이 국민의 정치적 자유를 과도히 침해하고 정당의 정상적인 활동을 저해한다는 이유로 헌법불합치 결정을 하였음(헌법재판소 2015. 12. 23. 자 2013헌바168 결정 참조).
>
> ※ 2017. 6. 30. 「정치자금법」 개정으로 중앙당(중앙당 창준위 포함)은 후원회를 둘 수 있고 중앙당 후원회는 시·도마다 연락소 각 1개를 둘 수 있음.

바. 지방자치단체장후보자 후원회의 후원금 모금시기

후보자로 등록한 때에는 선거기간 전이라도 후원회를 통해 후원금을 모금할 수 있음(중앙선거관리위원회 2010. 2. 25. 회답).

사. 후원회준비위원회의 후원금 약정서 체결행위

「정치자금법」제7조의 규정에 의하여 후원회 등록을 하기 전에 후보자후원회 준비위원회를 구성하여 후원회 등록 이후 후원금품을 기부할 자들로부터 후원금 약정서를 받은 후 후원회 등록 직후 모금을 하는 방법으로 후원금을 모금하는 것은 「정치자금법」제10조·제45조의 규정에 위반됨(중앙선거관리위원회 2006. 5. 3. 회답).

아. 후원회 창립총회 현장에서 후원금 모금

「정치자금에관한법률」에 의한 후원회는 관할선거관리위원회에 등록을 한 후부터 후원금품을 모집할 수 있으므로 관할선거관리위원회에 등록하기 전에는 후원금품을 모집할 수 없음(중앙선거관리위원회 2004. 11. 8. 회답).

5. 헌법재판소 결정

① 정당 후원회 설립 금지조항의 위헌여부

정당 후원회를 금지함으로써 불법 정치자금 수수로 인한 정경유착을 막고 정당의 정치자금 조달의 투명성을 확보하여 정당 운영의 투명성과 도덕성을 제고하기 위한 것으로, 입법목적의 정당성은 인정된다.

그러나 정경유착의 문제는 일부 재벌기업과 부패한 정치세력에 국한된 것이고 대다수 유권자들과는 직접적인 관련이 없으므로 일반 국민의 정당에 대한 정치자금 기부를 원천적으로 봉쇄할 필요는 없고, 기부 및 모금한도액의 제한, 기부내역 공개 등의 방법으로 정치자금의 투명성을 충분히 확보할 수 있다.

정치자금 중 당비는 반드시 당원으로 가입해야만 납부할 수 있어 일반 국민으로서 자신이 지지하는 정당에 재정적 후원을 하기 위해 반드시 당원이 되어야 하므로, 정당법상 정당 가입이 금지되는 공무원 등의 경우에는 자신이 지지하는 정당에 재정적 후원을 할 수 있는 방법이 없다. 그리고 현행 기탁금 제도는 중앙선거관리위원회가 국고보조금의 배분비율에 따라 각 정당에 배분·지급하는 일반기탁금제도로서, 기부자가 자신이 지지하는 특정 정당에 재정적 후원을 하는 것과는 전혀 다른 제도이므로 이로써 정당 후원회를 대체할 수 있다고 보기도 어렵다.

나아가 정당제 민주주의하에서 정당에 대한 재정적 후원이 전면적으로 금지됨으로써 정당이 스스로 재정을 충당하고자 하는 정당활동의 자유와 국민의 정치적 표현의 자유에 대한 제한이 매우 크다고 할 것이므로, 이 사건 법률조항은 정당의 정당활동의 자유와 국민의 정치적 표현의 자유를 침해한다.

[이 사건 법률조항은 헌법에 위반되므로 원칙적으로 위헌결정을 하여야 할 것이나, 위헌결정을 하여 당장

그 효력을 상실시킬 경우 후원회를 지정할 수 있는 근거규정이 없어지게 되어 법적 공백상태가 발생되고, 이로 말미암아 정치자금법상 후원회를 통하지 않고 기부한도 등의 제한이나 선거관리위원회의 통제 없이 정치자금의 후원이 이루어지게 되어 정경유착과 금권선거의 폐해가 발생할 우려가 있으므로, 이 사건 법률조항에 대하여 헌법불합치 결정을 하기로 한다. 이 사건 법률조항은 그 위헌성이 제거될 때까지 잠정적으로 적용되어야 하고, 입법자는 되도록 빠른 시일 내에, 늦어도 2017. 6. 30.까지는 새 입법을 마련하여야 할 것이다(헌법재판소 2015. 12. 23. 자 2013헌바168 결정).

② 지방의회의원의 후원회지정권자 제외 조항의 위헌 여부

1. 지방의회의원은 주민의 대표자이자 지방의회의 구성원으로서 주민들의 다양한 의사와 이해관계를 통합하여 지방자치단체의 의사를 형성하는 역할을 하므로, 지방의회의원의 전문성을 확보하고 원활한 의정활동을 지원하기 위해서는 지방의회의원들에게도 후원회를 허용하여 정치자금을 합법적으로 확보할 수 있는 방안을 마련해 줄 필요가 있다. 정치자금법은 후원회의 투명한 운영을 위한 상세한 규정을 두고 있어 지방의회의원의 염결성을 확보할 수 있고, 국회의원과 소요되는 정치자금의 차이도 후원 한도를 제한하는 등의 방법으로 규제할 수 있으므로, 후원회 지정 자체를 금지하는 것은 오히려 지방의회의원의 정치자금 모금을 음성화시킬 우려가 있다. 현재 지방의회의원에게 지급되는 의정활동비 등은 의정활동에 전념하기에 충분하지 않고, 지방의회는 유능한 신인정치인의 유입 통로가 되므로, 지방의회의원에게 후원회를 지정할 수 없도록 하는 것은 경제력을 갖추지 못한 사람의 정치입문을 저해할 수도 있다. 따라서 심판대상조항이 국회의원과 달리 지방의회의원을 후원회지정권자에서 제외하고 있는 것은 불합리한 차별로서 청구인들의 평등권을 침해한다.

2. 심판대상조항에 대하여 단순위헌결정을 하여 그 효력을 상실시키게 되면 국회의원 역시 후원회를 지정할 수 있는 근거규정이 사라지게 되므로, 심판대상조항에 대하여 단순위헌결정을 선고하는 대신 헌법불합치 결정을 선고한다. 입법자는 2024. 5. 31.까지 개선입법을 하여야 하고, 이 조항은 입법자의 개선입법이 이루어질 때까지 계속 적용을 명한다[헌법재판소 2022. 11. 24. 자 2019헌마528, 631, 632, 655(병합) 결정].

③ 국회의원이 아닌 정당 소속 당원협의회 위원장(이하 '원외 당협위원장'이라 한다) 제외 조항의 위헌 여부

지역구국회의원과 원외 당협위원장은 구체적인 지위, 수행하는 정치활동의 대상 및 범위에 있어 커다란 차이가 있다. 즉, 지역구국회의원은 국민 전체를 대표하는 헌법상 기관에 해당하지만, 원외 당협위원장은 법률상 임의기구의 대표자에 불과하고, 정당법에 따라 당원협의회 사무소 설치도 금지될 뿐만 아니라 활동내용도 자신이 속한 정당을 위한 지역 활동에 국한된다.

원외 당협위원장을 후원회지정권자로 정할 경우 원외 당협위원장이 국회의원선거에 공천되어 당선될 것을

기대하는 사람들이나 지방의회의원 후보자 공천을 받으려는 사람들이 고액의 후원금을 기부하는 등의 방법으로 영향력을 행사함으로써 선거 과정이나 공천과정이 과열되고 혼탁하게 될 우려가 있다. 따라서 원외 당협위원장에 대한 대가성 후원을 통해 정치적 영향력을 행사하고자 하는 사람들의 접근을 제한하여 그 직무수행의 염결성을 확보하기 위해서는 정치자금의 유입 통로를 차단할 필요가 있다.

원외 당협위원장의 후원회 지정이 가능해지면, 그 투명성을 담보하기 위한 관리감독에 소요되는 비용 및 투입되는 인력이 늘어나는 등 사회적 비용이 증가할 수 있으며, 그 규모는 현재 지역구국회의원들의 후원회에 대한 규율에 소요되는 비용을 훨씬 능가하여 효과적인 통제가 어려워질 수 있다.

따라서 심판대상조항은 청구인들의 평등권을 침해하지 않는다(헌법재판소 2022. 10. 27. 자 2018헌마972 결정).

6. 처벌

본 조의 규정에 의한 후원회지정권자가 아닌 자로서 정치자금의 기부를 목적으로 후원회나 이와 유사한 기구를 설치·운영한 자에 대해서는 5년 이하의 징역 또는 1천만원 이하의 벌금에 처한다(「정치자금법」 제45조 제2항 제1호). 이 경우 그 제공된 금품 그 밖에 재산상의 이익은 몰수하며, 이를 몰수할 수 없을 때에는 그 가액을 추징한다(「정치자금법」 제45조 제3항).

제도 개선 // 지역정당(Local Party) 설립 또는 지구당 부활과 그 후원회 설치 허용

가. 지역정당(Local Party)[8] 설립과 그 후원회 허용

현행 「정당법」에 따르면 정당을 설립하려면 정당은 수도에 소재하는 중앙당과 특별시·광역시·도에 소재하는 시·도당으로 구성되어야 하고(제3조), 5개 이상의

---

8) 지역정당은 전국정당이지만 특정 지역에서 지지기반이 강한 정당을 의미하는 것이 아니라, 특정 지역에 한정하여 설립되어(예: 서울특별시 혹은 부산광역시, 경기도, 전라남도 등 자치단체를 기준으로 설립된 것), 해당 지역 현안에 관하여 의사형성에 참여하는 정당을 의미하는 것이다. 따라서 지역정당은 대통령선거나 국회의원선거에 참여하는 것이 아니라 지방자치단체의 장 선거나 지방의회의원선거에 참여하는 것을 주 목적으로 하고 해당 지역의 문제에 관하여 정치적 의사형성에 참여하는 것이라 할 수 있다. 지역정당이라는 용어는 헌법재판소도 사용하고 있는데, 정당의 등록요건으로 "5 이상의 시·도당과 각 시·도당 1,000명 이상의 당원"을 요구하는 정당법 규정에 대한 헌법소원심판 사건(헌법재판소 2006. 3. 30. 자 2004헌마246 결정)에서 위 규정은 정당설립의 자유를 침해하지 않는다고 하였는데, 위 결정에서 '전국 정당'이라는 용어와 '지역정당'이라는 용어를 사용하였다. 지역정당은 현재 정당설립을 위하여 전국적 조직을 갖추어야 하는 것과 대비하여 특정 지역을 기반으로 활동하는 정당을 '지역정당'으로 지칭하였다(전학선."지역정당제 도입에 관한 연구". 입법학연구 제19집 제2호, 2022, 109면).

시·도당을 분산하여 두어야 할 뿐만 아니라(제17조), 각 시·도당은 1천인 이상의 법정당원을 확보해야 한다(제18조 제1항). 이렇듯 「정당법」 제3조는 수도에 소재하는 중앙당과 특별시·광역시·도에 각각 소재하는 시·도당을 정당의 성립에 반드시 있어야 할 필수적 상설기관으로 명시하고 있는 바, 지구당을 폐지하고 시·도당을 도입하는 등 수 차례의 법률개정에도 불구하고, 중앙당의 소재지를 수도로 한정하는 규정은 1962년 12월 「정당법」 제정 이래 일관되게 유지되고 있다.

지역단위에서의 정당 간 경쟁이 가능하게 함으로써 지방정치를 활성화 시킬 수 있고, 지방분권이 확대되는 상황에서 정당의 소재지를 수도로 제한하는 것이 적절한지 의문이고, 지역주의는 약화와 함께 세대갈등이나 이념갈등이 선거결과에 영향을 미치는 있는 상황을 고려할 때 「정당법」에서 정당의 설립요건의 완화하여 지역 수준에서의 정당 설립을 허용할 필요가 있다. 그리고 후원금을 모금할 수 있도록 후원회 지정권자에 지역정당를 포함하는 법 개정이 필요하다.

나. 지구당 부활과 그 후원회 허용

현행 정당법하에서는 지역정당뿐만 아니라 지구당도 허용되지 않고 있다.

국가, 광역자치단체, 기초자치단체등 정치공동체 층위에 대응하여 정당의 지방조직을 허용함으로써 정당의 조직형성의 자유를 보장하고, 국민이 생활주변에서 정당을 통해 정치적 의사형성에 효율적으로 참여 할 수 있도록 하기 위해서 당대표의 사당화 방지와 회계의 투명성 확보를 전제로 구·시·군당을 도입할 필요가 있다.[9] 구·시·군당 설립 허용과 더불어 중앙당이 경상보조금의 100분의10 이상을 구·시·군당에 지급하도록 하고, 구·시·군당 소속당원이 납부한 당비는 당헌· 당규가 정하는 비율만큼 자체적으로 사용 할 수 있도록 하거나 후원인이 중앙당 또는 구·시·군당을 지정하여 정치자금을 기부할 수 있도록 정치자금법을 개정할 필요가 있다.

참고 〈지역정당 허용 논의〉

1. 지역정당 허용시 장점과 단점

가. 장점

① 지방의 정치적 대표성을 강화할 수 있고 정당 분권화를 통해 지역문제를 자율적으로 해결할 수 있으며, 지역정당은 전국정당에 비해 지역에 대한 이해도가 높고 주민들의 참여와 숙의를 활성화할 수 있고, 지방선거에서 전국정당의 의석 비율을 줄이고 지역정당의 당선 비율을 높여 지역주민들의 정치적 역량을 높이고 중앙정치에 대한 의존도를 낮출 수 있다.

② 지역정당은 시민들의 자발적인 참여를 촉진하고 사회적 자본을 창출하는 등 민주주의 발전에 기여하는

---

9) 중앙선거관리위원회. 정치관계법 개정의견(2021. 5. 25.).

효과가 있어 중앙과 지방의 합의로 효율적인 정치가 이루어질 수 있고 기존 정당정치에 반영되지 않았던 다양한 의제와 참여를 독려할 수 있으며 여성의 정치참여 활성화 등 사회적 소수자의 이익 대변을 촉진할 수 있다.

③ 지역정당은 영·호남 지역에서 유권자들의 선택지가 제한되는 문제를 완화할 수 있는 등 지역주의 완화에 기여할 수 있고 지역정당 도입으로 지역단위에서 정당 간 견제가 가능해질 수 있다

나. 단점

① 선거 때마다 생겨나는 수많은 선거단체 및 특정 지방의 의사형성만을 중심으로 하는 소규모의 지역정치단체들이 특권만을 노리고 정당으로 무분별하게 편입될 우려가 있으며, 지역적 연고에 지나치게 의존하는 정당정치풍토가 우리의 정치현실에서 자주 문제시되므로 단지 특정지역의 정치적 의사만을 반영하려는 지역정당을 배제하려는 취지가 헌법적 정당성에 어긋나지 않는다고 한 헌법재판소의 결정이 있다(헌법재판소 2006. 3. 30. 자 2004헌마246 결정).

② 유력 정치인이 원소속 정당을 탈당하고 새로운 지역정당을 창당하여 지역에서의 영향력 확대를 위해 지역정당을 활용한다는 비판이 존재했던 일본의 사례와 같이 지역정당이 정치 사당화를 위한 도구로 이용될 수 있다.

③ 해외 지역정당 중 벨기에의 플랑드르 이익당(Flemish Interest), 이탈리아의 북부동맹(Lega), 스코틀랜드 국민당(Scottish National Party), 캐나다 퀘벡당(Parti Québécois) 등은 지역 자치권 강화 또는 지역의 분리독립을 지향하고 이러한 지역정당의 활동은 극단적인 민족주의, 지역 이기주의 혹은 분리주의를 표방하여 중앙정부와 지속적인 마찰을 일으키는 등 지역정당이 지역주의를 강화한다.[10]

2. 국회에서 입법 논의

지역정당에 대한 국회에서의 논의는 제19대국회 이후 지속적으로 제기되었는데, 논의 방향은 주로 중앙당을 수도에 두고, 5개 이상의 시·도당을 두도록 한 정당 구성 규정을 삭제하도록 하는 「정당법」 개정을 통해 지방을 근거로 삼는 정당의 설립을 허용하는 것이었다. 「정당법」 개정을 통한 지역정당 허용 방안은 크게 두 가지 방향에서 진행되었는데, 하나는 지방선거에만 참여하는 것을 전제로 특정 지역을 기반으로 하는 지역정당을 허용하는 방안과 다른 하나는 지역정당의 활동 범위를 지방으로 제한하지 않고 국회의원선거·대통령선거·전국동시지방선거에 모두 후보를 추천할 수 있도록 하는 방안이 있다.[11]

3. 학계 의견

한국정치학회는 2016년 「정당법」 개정의견을 통해 정당 설립 요건을 완화하여 지역 수준에서의 정당설립을 허용할 것을 제안하였다(「정당법 개정에 관한청원」, 2000028). 학회는 현행 「정당법」이 중앙당 소재지를 수도로 규정하여 정당 활동이 수도를 중심으로 이루어지도록 함으로써 지방정치의 약화를 초래하였다고 보았다. 이에 특정 지방을 기반으로 활동하는 지역정당을 통해 지역의 이해관계를 대표할 수 있도록 중앙당

---

10) 행정안전위원회 전문위원 신문근. 정당법 일부개정법률안 검토보고(2023. 5.), 9면.
11) 신문근. 앞의 검토보고. 10면.

의 수도 소재 규정과 5개 이상의 시·도당을 갖도록 한 규정을 삭제할 것을 제안하였다. 다만 대통령선거의 경우 전국 5개 이상 시·도당을 갖춘 정당에 한해 후보 공천을 할 수 있도록 함으로써 지역정당의 활동 범위를 지방선거와 총선으로 제한하였다.

제20대 국회의 개헌특위 자문위원회도 지역정당을 허용하도록 제안하였다. 자문위는 정당의 설립, 조직 및 활동의 자유는 민주정치의 기본 토대로 제한없이 보장되어야 한다고 주장하면서 5개 이상 시·도당을 가져야 정당 설립이 허가되는 현행 「정당법」의 개정을 제안하였다. 또한 전국 정당과 지역정당의 구분 없이 모든 정당이 국회와 지방의회에 진출할 수 있어야 한다고 주장하였다.[12)]

2023. 9. 한국정치학회는 행정안전부의 연구용역을 발주받아 작성한 '지방자치 활성화를 위한 대의제와 주민참여 조화 방안 연구' 보고서에서 "장기적으로 지방선거제도를 지역 주민들과 지방의회가 자율적으로 결정하도록 개선해야 할 것"이라며, "독일과 같이 창당 제한요건을 폐지하는 등 정당설립요건을 완화해 지역정당 설립 또한 활성화해야 한다"고 강조하고 "지역정당의 활성화는 다수제 선거제도보다는 비례대표제에서 가능성이 크다는 점에서 선거제도 변화도 함께 고려해야 한다"면서 "정당의 분권화를 통해 지역 정당조직의 자율성을 제고하고, 지역 주민의 정치적 관심과 참여를 촉진할 방안을 모색해야 할 것"이라고 주장하였다.[13)]

4. 헌법재판소 결정례

가. 헌법재판소 2023. 9. 26. 자 2021헌가23 결정 전국정당조항[정당법 제17조 등]에 대한 합헌 및 기각의견 (법정의견)

전국정당조항은 정당이 특정 지역에 편중되지 않고 전국적인 규모의 구성과 조직을 갖추어 국민의 정치적 의사를 균형 있게 집약·결집하여 국가정책의 결정에 영향을 미칠 수 있도록 함으로써, 헌법 제8조 제2항 후단에 따라 정당에게 부여된 기능인 '국민의 정치적 의사형성에의 참여'를 실현하고자 하는 것이다. 지역적 연고에 지나치게 의존하는 정당정치 풍토가 다른 나라와 달리 우리의 정치현실에서는 특히 문제시되고 있고, 지역정당을 허용할 경우 지역주의를 심화시키고 지역 간 이익갈등이 커지는 부작용을 야기할 수도 있다는 점에서, 정당의 구성과 조직의 요건을 정함에 있어 전국적인 규모를 확보할 필요성이 인정된다. 이러한 정치현실과 우리나라에 현존하는 정당의 수에 비추어 보면, 전국정당조항이 과잉금지원칙에 반하여 정당의 자유를 침해한다고 볼 수 없다(위헌 의견).

  ※ 전국정당조항에 대하여는, 그 이유 구성은 다르지만 재판관 5인이 위헌의견임. 하지만 위헌결정을 위한 심판정족수에는 이르지 못하였으므로 위 조항에 대하여 합헌 및 기각결정을 선고하였음(4:5 합헌).

[전국정당조항에 대한 위헌의견](재판관 3인)

전국정당조항이 '국민의 정치적 의사형성에의 참여'라는 정당의 헌법적 기능과 임무를 실현할 수 있는 최소한의 요건을 정하고 있다고 볼 뚜렷한 근거는 없다. 지역정당의 출현으로 인한 지역주의 심화의 문제는 정

---

12) 이정진. "지역 정당의 허용필요성과 입법과제: 정당정치의 다양성 및 지방정치의 활성화". 이슈와 논점 제1990호, 2022.
13) 연합뉴스(2023. 9. 10). "지방선거제도, 지역에서 결정해야…지역정당 설립 활성화 필요".

당에 대한 규제가 아니라 정치문화적 접근으로 해결하여야 하고, 정보통신기술의 발달로 전국 어디에서든 정치 참여가 가능하고 지방자치가 확대되고 있는 현실에서 모든 정당이 전국 규모의 조직을 갖추고 전체 국민의 의사를 반영하기 위해 정당활동을 수행할 필요는 없다.

거대 양당에 의하여 정치가 이루어지는 현실에서 전국정당조항은 지역정당이나 군소정당, 신생정당이 정치영역에 진입할 수 없도록 높은 장벽을 세우고 있고, 각 지역 현안에 대한 정치적 의사를 적극적으로 반영할 수 있는 정당의 출현을 배제하여 풀뿌리 민주주의를 차단할 위험이 있다.

기성정당과 신생정당을 구별하여 중앙당 및 시·도당의 소재지, 시·도당의 수를 달리 정하는 방안 등 전국정당조항으로 인한 기본권 침해가 최소화될 수 있는 방안을 강구하는 것이 어려워 보이지도 않는다.

따라서 전국정당조항은 과잉금지원칙을 위반하여 정당의 자유를 침해한다.

[전국정당조항에 대한 위헌의견](재판관 2인)

헌법 제8조 제1항의 정당설립의 자유와 헌법 제8조 제4항의 취지를 고려하여 볼 때, 정당의 설립, 조직, 활동에 대한 국가의 간섭이나 침해는 원칙적으로 허용되지 않는다.

'국민의 정치적 의사형성에의 참여'라는 정당의 핵심적 기능을 수행하기 위하여 반드시 전국 규모의 조직이 필요하다고 볼 수 없고, 헌법이 전국 규모의 조직을 요구하는 것도 아니다. 그럼에도 불구하고 전국정당조항은 모든 정당에 대하여 일률적으로 전국 규모의 조직을 요구하여 지역정당이나 군소정당, 신생정당을 배제하고 있다. 이는 헌법 제8조 제1항의 정당의 자유를 부정하는 것이어서 입법목적의 정당성 및 수단의 적합성을 인정하기 어렵다.

설령 입법목적의 정당성 및 수단의 적합성을 인정하더라도, 국민의 정치적 의사형성에 참여하는 데 반드시 전국 규모의 조직이 필요한 것은 아닌 점, 지역정당의 배제는 지방정치를 중앙정치에 종속시켜 지방정치의 활성화를 억지하고, 군소정당 및 신생정당의 배제는 다양한 정치적 이해관계를 반영하는 정당의 출현을 막아 정당 간의 경쟁이나 정치적 다양성, 정치과정의 개방성을 약화시킬 우려가 있다는 점에서도 전국정당조항은 침해의 최소성 및 법익의 균형성을 갖추지 못하였다.

따라서 전국정당조항은 과잉금지원칙을 위반하여 정당의 자유를 침해한다.

  ※ 사안은 '직접행동영등포당', '과천시민정치당', '은평민들레당', '페미니즘당 창당모임'이 헌법소원심판을 청구한 것임.

나. 헌법재판소 2022. 11. 24. 자 2019헌마445 결정[정당법 제3조 등 위헌확인] 기각

〈정당의 시·도당은 1천인 이상의 당원을 가져야 한다고 규정한 정당법 제18조 제1항(이하 '법정당원수 조항'이라 한다)이 과잉금지원칙을 위반하여 각 시·도당창당준비위원회의 대표자인 청구인들의 정당의 자유를 침해하는지 여부〉

우리나라에 현존하는 정당의 수, 각 시·도의 인구 및 유권자수, 인구수 또는 선거인수 대비 당원의 비율, 당원의 자격 등을 종합하여 보면, 시·도당은 1,000명 이상의 당원을 가져야 한다고 규정한 법정당원수 조항이 신생정당의 창당이나 기성정당의 추가적인 시·도당 창당을 현저히 어렵게 하여 시·도당창당준비위원회의 대표자들에게 지나치게 과도한 부담을 지운 것이라고 보기 어렵다. 당원수가 시·도당을 창당하기에 부족한 경우에는 기초자치단체나 국회의원지역구에서 기초조직인 당원협의회를 통해 국민의 정치적 의사형성에 참여하는 활동을 하는 것도 가능하다. 그 밖에 홈페이지, 블로그, 사회관계망 서비스(SNS) 등을 활용하여 시·도당 창당 지연으로 인한 정당활동의 위축을 최소화할 방법도 널리 열려 있다. 각 시·도당창당준비위원회의 대표자들은 법정당원수 조항으로 인해 당원이 1,000명 이상이 될 때까지 시·도당 창당이 지연되는 불이익을 입을 뿐이므로, 이들이 제한받는 사익의 정도가 공익에 비하여 크다고 보기도 어렵다. 따라서 법정당원수 조항은 과잉금지원칙을 위반하여 각 시·도당창당준비위원회의 대표자들의 정당조직의 자유와 정당활동의 자유를 포함한 정당의 자유를 침해하지 아니한다.

> ※ 사안은 녹색당과 녹생당 시·도당창당준비위원회 대표자들이 정당의 중앙당은 수도에 소재하도록 규정한 정당법 제3조 중 "수도에 소재하는" 부분 및 정당의 당원이 될 수 없는 공무원, 사립학교의 교원은 후원회의 회원도 될 수 없다고 규정한 정치자금법 제8조 제1항 단서가 청구인 녹색당의 정당활동의 자유 등을 침해하고, 특별시·광역시·도에 두는 시·도당(이하 '시·도당'이라 한다)은 1,000명 이상의 당원을 가져야 한다고 규정한 정당법 제18조 제1항이 각 시·도당창당준비위원회의 대표자인 그 외 청구인들의 정당설립의 자유, 평등권 등을 침해한다고 주장하며, 2019. 4. 30. 헌법소원심판을 청구한 것임.

다. 헌법재판소 2006. 3. 30. 자 2004헌마246 결정[정당법 제25조 등 위헌확인] 기각

〈정당의 등록요건으로 "5 이상의 시·도당과 각 시·도당 1,000명 이상의 당원"을 요구하는 구 정당법(2004. 3. 12. 법률 제7190호로 개정되고 2005. 8. 4. 법률 제7683호로 전문개정되기 전의 것) 제25조 및 제27조(이하 '이 사건 법률조항'이라 한다)가 청구인의 정당설립의 자유를 침해하여 위헌인지 여부(소극)〉

이 사건 법률조항(정당법 제25조 및 제27조) 등은 "5 이상의 시·도당"과 "각 시·도당 1,000명 이상의 당원"이라는 두 가지 상수(常數)를 정당등록의 기준으로 하고 있는바, 이는 앞에서 본 바와 같이 지역정당 및 군소정당을 배제하려는 취지이며, 이와 같은 규정내용은 특정 지역에만 조직이 형성되는 것을 막고, 5개 이상의 시·도에 각 조직이 구성되고 그 조직 내에 일정 수 이상의 당원이 활동할 것을 요구함으로써 선거단체 및 소규모 지역정치단체들이 무분별하게 정당에 편입되는 것을 억제하기에 적합한 수단이라고 할 것이다. 또한, 이 사건 법률조항은 헌법 제8조 제2항이 규정하고 있는 "국민의 정치적 의사형성에 참여하는 데 필요한 조직" 요건을 구체화함에 있어서 5개 이상의 시·도당 및 각 시·도당마다 1,000명 이상의 당원을 갖추도록 규정하고 있는바, 이와 같이 전국 정당으로서의 기능 및 위상을 충실히 하기 위해서 5개의 시·도당을 구성하는 것이 필요하다고 본 입법자의 판단이 자의적이라고 볼 수 없고, 각 시·도당 내에 1,000명 이상의 당원을 요구하는 것도 우리 나라 전체 및 각 시·도의 인구를 고려해 볼 때, 청구인과 같은 군소정당 또는 신생정당이라 하더라도 과도한 부담이라고 할 수 없다.

따라서 이 사건 법률조항이 비록 정당으로 등록되기에 필요한 요건으로서 5개 이상의 시·도당 및 각 시·도당마다 1,000명 이상의 당원을 갖출 것을 요구하고 있기 때문에 국민의 정당설립의 자유에 어느 정도 제한을 가하는 점이 있는 것은 사실이나, 이러한 제한은 "상당한 기간 또는 계속해서", "상당한 지역에서" 국민의 정치적 의사형성 과정에 참여해야 한다는 헌법상 정당의 개념표지를 구현하기 위한 합리적인 제한이라고 할 것이므로, 그러한 제한은 헌법적으로 정당화된다고 할 것이다.

5. 해외 사례

지역정당은 정당정치가 발달한 다수의 국가에서 발견된다.

〈미국〉

미국의 경우 양당제 국가임에도 각 주별로 다양한 지역정당들이 지역의 이해관계를 대변하고 있다. 2016년 미국대선에서 민주당 경선에 출마했던 버니 샌더스 상원의원은 공식적으로는 무소속이지만 지역정당인 버몬트진보당의 지지를 받고 있다.

〈영국〉

영국은 모든 선거에 참여할 수 있는 등록정당(registered political parties)과 지방선거 참여를 전제로 하는 군소정당(minor parties)을 구분하고 있다. 군소정당은 행정구역의 최소단위에서 실시되는 선거(council elections)에 참여할 수 있으며, 전국단위 정당에게 적용되는 재정구조나 선거운동관리자의 등록과 관련된 규정이 적용되지 않는다. 총선과 지방선거에 모두 출마하는 지역정당과 지방선거에만 참여하는 지역정당이 공존하며, 군소정당으로 출발해서 등록정당으로의 전환도 가능하다.

〈독일〉

독일의 경우 창당을 위한 법적 요건에 제한이 없고, 지구당만으로 정당을 구성할 수 있기 때문에 지역에 기반을 둔 정당의 설립이 가능하다. 또한 정당과 구분되는 정치적 결사를 허용하고 있어서, 지방선거의 경우 정당뿐 아니라 다양한 정치 단체들이 참여할 수 있다. 지역정당은 쓰레기 수거나 하수처리 등 생활정치의 영역에서 발생하는 쟁점들을 주로 다루고 있으며, 전국 정당과의 연계를 통해 활동하기도 한다. 독일의 지역정당들 다수는 지역단위 선거에만 참여 하지만 기사련(Christlich-Soziale Union, CSU)은 지방선거와 연방선거에 모두 참여한다.

〈일본〉

일본은 일정 조건을 갖추어 단체로 등록하면 정당이 아니더라도 선거 참여가 가능하다. 「공직선거법」은 정당을 포함하여 일정 기준을 충족시키는 정치단체가 공직선거에 후보를 추천할 수 있도록 규정하고 있다. 다만 후보자를 추천할 수 있는 공직선거의 종류는 정당이나 정치단체에 소속된 의원 수, 선거에서의 득표율 등에 따라 다르다. 중의원이나 참의원선거의 경우 5인 이상의 중의원의원 혹은 참의원의원이 소속된 단체 혹은 최근 총선에서 2% 이상을 득표한 단체로 참여 기준을 제한하고 있지만 지방선거의 경우 이러한 제한이 없다.

지역정당의 영향력이 강화되는 것은 세계적인 추세이다. 영국의 스코틀랜드 국민당(SNP)은 2011년 이후 스코틀랜드 의회에서 단독 과반의석을 차지하고 있으며, 전국 단위 선거에서도 꾸준히 의석을 확보하고 있다. 일본의 경우 1990년대 이후 지방의회에서 지역정당이 차지하는 비중이 높아지고 있는데, 일본 정부의 분권화 정책이 그 배경이라고 할 수 있다. 지역 정당은 지역의 이슈를 제기하면서 지방선거를 중심으로 세

력을 넓혀가고 있다.[14]

5. 우리나라 지역정당 설립 움직임

직접행동영등포당, 은평민들레당, 과천시민정치당 등이 지역정당 활동을 원천봉쇄하는 정당법 헌법소원심판을 청구하는 등 정당법 및 선거법 개정운동 등 지역정당 설립을 위한 운동을 하고 있다.[15]

그리고 전북지역당 창당추진위원회가 결성돼 활동하고 있다.[16]

▌제19대 국회 이후 지역정당 관련 입법 논의 경과

구분	법률안	대표제안자 (제안일)	주요 내용	처리결과
제19대 국회	정당법 일부개정법률안	이인욱의원 (2013. 6. 27.)	정당의 중앙당의 소재를 수도에 한정하지 않도록 하고, 해당 시·도의 인구, 행정구역, 면적, 지리적 특성, 교통, 그 밖의 조건을 고려하여 각 시·도에 2개의 시·도당을 둘 수 있도록 함	임기만료 폐기
		주승용의원 (2014. 8. 27.)	중앙당이 수도에 소재해야 한다는 규정 삭제	임기만료 폐기
		황주홍의원 (2014. 11. 3.)	1. 중앙당의 수도 소재 규정 삭제 2. 1개 이상 시·도당으로 정당 성립 가능	임기만료 폐기
		원혜영의원 (2015. 3. 20.)	1. 2개 이상의 읍·면·동을 관할 구역으로 하는 자치정당을 성립할 수 있고, 법정당원수의 요건을 갖추어 중앙선거관리위원회에 등록하여야 함 2. 자치정당은 관할 구역 내에 중앙지부를 두어야 하며, 각 읍·면·동 별로 마을 지부를 둘 수 있음 3. 자치정당은 관할구역 안에 주소를 둔 30인 이상의 당원을 가져야 함 4. 자치정당은 「공직선거법」 제47조에 따라 해당 관할구역 내의 지방의회의원 및 지방자치단체의 장의 선거에 후보자를 추천할 수 있음	임기만료 폐기

---

14) 이정진 "지역 정당의 허용필요성과 입법과제: 정당정치의 다양성 및 지방정치의 활성화". 이슈와 논점 제1990호, 2022.

15) 지역정당 네트워크, https://www.localparty.kr/.

16) 한겨레신문(2023. 9. 3.). "지역정당으로 뿌리가 든든한 직접민주주의 만들어요".

구분	법률안	대표제안자 (제안일)	주요 내용	처리결과
제20대 국회	정당법 일부개정법률안	천정배의원 (2017. 11. 29.)	1. 중앙당의 소재지를 수도가 아닌 곳에도 둘 수 있도록 함 2. 법정 시·도당의 수를 5개 이상에서 1개 이상으로 완화함 3. 시·도 또는 자치구·시·군을 활동구역으로 하는 지역정당을 설립할 수 있고, 이 경우 지역정당의 법정당원수는 30명 이상으로 하여 시·도 선거관리위원회에 등록하여야 함	임기만료 폐기
제21대 국회	정당법 일부개정법률안	민형배의원 (2021. 10. 7.)	중앙당 소재지를 수도로 한정하는 규정 삭제	계류 중
		김두관의원 (2022. 3. 24.)	중앙당 소재를 수도로 한정하는 규정을 삭제하고 대한민국이라면 어디서나 중앙당 소재를 둘 수 있도록 함	계류 중
		이상민의원 (2022. 10. 4.)	정당의 설립요건인 중앙당과 5개 시도 당, 1개 시도당의 1천명 이상 당원 확보와 사무소 의무화 등을 폐지	계류 중
		윤호중의원 (2023. 2. 1.)	기존 정당의 설립요건에 더해 지역정당이 설립될 수 있도록 정당의 설립요건을 완화하는 특례 신설	계류 중
		조응천의원 (2023. 3. 16.)	중앙당을 소재지를 수도로 한정하는 규정과 법정 시·도당 수의 의무 보유 기준을 삭제하고 정당의 법정당원수를 시·도당 구별 없이 5천명 이상으로 변경	계류 중

▎참고 〈각국의 지역정당 설립 현황〉[17]

국가명	내　용	근거규정
영국	• 잉글랜드(England) 지역: Halstead Residents' Association Party, Wythall Residents' Association, Wythall Residents' Association • 스코틀랜드(Scotland) 지역: Scottish Conservatives, Scottish Labour, Scottish Greens	정당·선거 및 국민투표법 제22조 내지 제23조

---

17) 중앙선거관리위원회. 각국의 정당·정치자금제도 비교연구(2021), 26면.

국가명	내　용	근거규정
	• 북아일랜드(Northern Ireland) 지역: Green Party Northern Ireland, Traditional Unionist Voice, People Before Profit • 웨일즈(Wales) 지역: Welsh Labour, Welsh Conservatives • 정당 등록방식이 이원화되어 있어 전국단위 정당 외에 소수정당, 즉 지역정당의 경우 별도로 등록함.	
미 국	• 알래스카(Alaska) 지역: Alaskan Independence Party • 캘리포니아(California) 지역: California National Party • 메사추세츠(Messachusetts) 지역: United Independent Party • 주별로 정당 등록을 따로 하고 있어 얼마든지 가능함(주 고유의 선거법 및 주정부에서 정당등록을 받음).	– (주 선거법)
프랑스	• 알자스(Alsace) 지역: Alsace d'abord(ADA), Unser Land • 브르타뉴(Bretagne) 지역: Adsav, Pour la Bretagne!, Parti breton(PB), Union démocratique bretonne(UDB) • 「단체협약에 관한 법」에 따라 사전신고나 허가 없이 자유롭게 설립할 수 있기 때문에 얼마든지 가능함.	단체협약에 관한 법
독 일	• 슐레스비히(Schleswig) 지역: Südschleswigsche Wählerverband • 브레멘(Bremen) 지역: Bürger in Wut • 지역을 기반으로 정치 활동을 하는 지역정당을 둘 수 있음.	정당법 제6조 제4항
일 본	• 홋카이도: アイヌ民族党(아이누 민족당), 新党大地(신당대지) • 교토시: 地域政党 京都党(지역정당 교토당) • 「정치자금규정법」상 '그 외의 정치단체(정당 및 정치자금단체 이외의 정치단체)'로 볼 수 있음.	정치자금규정법 제3조 제1항
캐나다	• 앨버타(Alberta) 지역: Alberta Liberal Party, Alberta New Democratic Party • 주별로 정당 등록을 따로 하고 있어 얼마든지 가능함(주 고유의 선거법 및 선거관리청이 있으며 독립적으로 운영됨).	– (주 선거법)
호 주	• 퀸즐랜드(Queensland) 지역: Civil Liberties & Motorists Party, Legalise Cannabis Qld(Party) • 노턴(Northern) 지역: Ban Fracking Fix Crime Protect Water, Territory Alliance • 특정 주나 준주에서만 활동하는 지역정당을 설립할 수 있음.	연방선거법 제287조 제1항, 제4항의1

제7조(후원회의 등록신청 등) ① 후원회의 대표자는 당해 후원회지정권자의 지정을 받은 날부터 14일 이내에 그 지정서를 첨부하여 관할 선거관리위원회에 등록신청을 하여야 한다.

② 후원회의 등록신청사항은 다음 각 호와 같다.

1. 후원회의 명칭

2. 후원회의 소재지

3. 정관 또는 규약

4. 대표자의 성명·주민등록번호·주소

5. 회인(會印) 및 그 대표자 직인의 인영

6. 중앙선거관리위원회규칙으로 정하는 사항

③ 후원회를 둔 국회의원이 대통령후보자등·대통령선거경선후보자 또는 당대표경선후보자등이 되는 경우 기존의 국회의원후원회를 대통령후보자등·대통령선거경선후보자 또는 당대표경선후보자등의 후원회로 지정할 수 있으며, 후원회를 둔 대통령예비후보자가 대통령선거경선후보자가 되는 경우 기존의 대통령예비후보자후원회를 대통령선거경선후보자후원회로 지정할 수 있다. 이 경우 그 대통령후보자등·대통령선거경선후보자 또는 당대표경선후보자등의 후원회의 대표자는 후원회지정권자의 지정을 받은 날부터 14일 이내에 그 지정서와 회인(會印) 및 그 대표자 직인의 인영을 첨부하여 관할 선거관리위원회에 신고하여야 한다.

④ 제2항의 규정에 의한 등록신청사항 중 제1호 내지 제5호에 규정된 사항 및 제3항의 규정에 의한 회인(會印) 및 그 대표자 직인의 인영에 변경이 생긴 때에는 후원회의 대표자는 14일 이내에 관할 선거관리위원회에 변경등록신청 또는 신고를 하여야 한다.

⑤ 관할 선거관리위원회는 제1항 또는 제4항의 규정에 의한 등록신청을 접수한 날부터 7일 이내에 등록을 수리하고 등록증을 교부하여야 한다.

제51조(과태료) ③ 다음 각 호의 어느 하나에 해당하는 행위를 한 자는 100만원 이하의 과태료에 처한다.

1. 제7조 제1항·제4항, 제19조 제2항·제3항 본문, 제20조 제1항 후단, 제34조 제1항·제3항, 제35조 제1항 또는 제40조 제1항·제2항을 위반하여 신고·보고 또는 신청을 해태한 자

2. 제7조의 규정을 위반하여 후원회의 등록신청 또는 변경등록신청을 허위로 한 자

1. 후원회의 설립과정

후원회가 후원금을 모금하여 이를 당해 지정권자에게 기부할 수 있는 권한을 갖기 위해서는 후원회 활동에 필요한 법정요건을 갖추고 후원회지정권자로부터 지정을 받은 후 관할 선거관리위원회에 등록신청을 하여야 한다.

본 조에서는 후원회의 등록신청에 따른 제반절차를 정하고 있는데, 후원회의 등록(변경등록)신청사항 및 이에 따른 첨부서류를 법정화함으로써 등록(변경등록)과 관련된 형식적 요건

의 구비를 요구하고 있다.

후원회 설립과정

가. 정관작성

후원회 정관이란 후원회의 조직형태, 운영방법 등에 관한 기본적인 사항을 규정한 후원회의 내규 규칙을 말하며, 후원회의 정관은 자유롭게 작성하되 아래 사항(규칙 제9조)을 반드시 포함하여야 한다.

1) 명칭·목적 및 소재지
2) 회원의 가입과 탈퇴 등 신분에 관한 사항
3) 후원금의 모금 및 기부에 관한 사항
4) 대표자·회계책임자의 선임 및 해임에 관한 사항
5) 대표자가 사고가 있을 때의 직무대리에 관한 사항
6) 해산에 관한 사항
7) 정관 또는 규약의 변경에 관한 사항
8) 후원회의 대의기관 또는 그 수임기관에 관한 사항
9) 후원회의 감사기관에 관한 사항
10) 그 밖의 후원회의 운영에 관한 사항

나. 창립총회 개최 및 회의록 작성

후원회 설립준비기구는 창립총회를 개최하여 정관 또는 규약 채택, 임원(대표자 등)을 선출하여야 하며, 회의록에는 해당 내용이 자세히 기록되어야 한다.

다. 지정 신청 및 지정서 교부

창립총회를 마친 후원회 설립준비기구는 후원회 지정권자에게 서면 또는 구두로 후원회 지정을 신청하여야 하며, 후원회의 지정신청을 받은 해당 후원회지정권자가 후원회의 지정신청을 수락하고자 하는 경우에는 후원회 설립준비기구에 대하여 "후원회지정서〈정치자금 사무관리규칙 별지 제3호 서식〉"을 교부한다.

2. 후원회 등록신청

가. 등록신청

지정권자의 지정을 받은 후원회의 대표자는 지정을 받은 날부터 14일 이내에 후원회 지정서를 첨부하여 관할 위원회에 후원회 등록을 신청한다. 이때 등록신청서에 기재된 내용은 후원회 결성회의록상의 내용과 동일하여야 한다

후원회의 등록신청사항은 후원회의 명칭, 후원회의 소재지, 정관 또는 규약, 대표자의 성명·주민등록번호·주소, 회인 및 그 대표자 직인의 인영이며, 구비서류는 정관 또는 규약, 대표자의 취임동의서, 인영서, 후원회지정서, 후원회결성 회의록 사본, 당대표자 직인이 날인된 후보자 등록을 확인할 수 있는 서류, 사무소의 소재지 약도이다(규칙 별지 제4호 서식).

구비서류

1. 후원회 등록신청서 〈규칙 별지 제4호 서식〉

2. 정관 또는 규약

3. 대표자의 취임동의서

　☞ 후원회 대표자를 공동으로 선임할 경우, 후원회 정관 및 결성회의록에 관련 내용이 기재되어 있어야
　　하며 공동 대표자 각각의 취임동의서를 제출하여야 함.

4. 인영서 〈규칙 별지 제4호 서식〉

5. 후원회 지정서 〈규칙 별지 제3호 서식〉

6. 후원회 결성 회의록 사본

7. 사무소의 소재지 약도

정당이 대통령후보자선출을 위한 당내경선을 실시하는 경우 경선후보자로 등록된 자는 예비후보자 등록일 이전에 또는 그 등록여부와 관계없이 경선후보자로 등록된 때부터 후원회등록을 신청할 수 있고,[18] 정당의 당헌·당규에 의하면 중앙당 대표자 선출을 위한 당내경선과 관련하여 후보자등록을 신청한 자가 일정수 이상인 때에는 예비경선을 실시하도록 규정하고 있으므로 예비경선에 후보자로 등록한 자는 「정치자금법」 제6조(후원회지정권자)의 규정에 의하여 후원회를 둘 수 있는 정당의 중앙당대표의 당내경선 후보자로 볼 수 있으므로,[19] 후원회등록신청을 할 수 있다.

후원회 운영에 필요한 범위 안에서 정관에 따라 후원회 공동대표자를 두는 것은 가능할 것이나, 「정치자금법」 제7조에 따라 관할 선거관리위원회에 등록된 자만이 법상 후원회대표자에 해당된다.[20] 국회의원예비후보자후원회의 대표자는 선거에 입후보하는 지정권자의 선거자금 모금을 총괄·지휘하는 지위에 있는 자이므로 선거에서 중립의무가 있는 지방자치단체의 장이 그 후원회의 대표자가 되는 것은 당해 선거결과에 영향을 미치는 행위가 될 것이므로 공직선거법 제9조에 위반될 것이다.[21] 국회의원이 교육감후보자후원회의 대표자가 되는 것에 관하여도 법상 제한규정이 없으나, 정당소속 국회의원이 교육감후보자후원회의 대표자가 되는 것은 지방교육자치에 관한 법률 제46조에 위반된다.[22]

후원회등록신청을 접수한 관할 위원회는 요건을 심사하여 7일 이내에 등록을 수리하고 후원회등록대장에 등재, 등록증교부, 공고 및 시·도위원회에 통지(중앙당후원회에 한함) 등 필요한 사무를 규칙 제6조에 따라 처리한다.

나. 후원회 등록신청 및 수리행위의 법적 성질

1) 후원회 등록신청의 법적 성격

행정법상 '신청'이라 함은 사인이 행정청에 대하여 일정한 조치를 취하여 줄 것을 요구하는 의사표시를 말한다.[23] 신청이 적법하기 위하여는 신청인에게 신청권이 있어야 하며 신청이 법령상 요구되는 구비서류 등의 요건을 갖추어야 한다. 이러한 신청권은 행정청의 응답을 구하는 권리이며 신청된 대로의 처분을 구하는 권리는 아니다.[24] 행정청은 신청을 받았

---

18) 중앙선거관리위원회 2007. 3. 26. 회답.
19) 중앙선거관리위원회 2005. 2. 28. 회답.
20) 중앙선거관리위원회 2010. 5. 7. 회답.
21) 중앙선거관리위원회 2008. 3. 10. 회답.
22) 중앙선거관리위원회 2010. 5. 3. 회답.
23) 박균성. 「행정법강의(제12판)」. 박영사, 2015, 105면.
24) 박균성. 앞의 책. 106면.

을 때에는 다른 법령 등에 특별한 규정이 있는 경우를 제외하고는 그 접수를 보류 또는 거부하거나 부당하게 되돌려 보내서는 아니 되며, 신청을 접수한 경우에는 신청인에게 접수증을 주어야 한다. 다만, 대통령령으로 정하는 경우에는 접수증을 주지 아니할 수 있다(「행정절차법」 제17조 제4항).[25] 행정청은 신청에 구비서류의 미비 등 흠이 있는 경우에는 보완에 필요한 상당한 기간을 정하여 지체없이 신청인에게 보완을 요구하여야 한다(「행정절차법」 제17조 제5항). 보완의 대상은 보완이 가능한 것으로서 형식적 요건에 한정되며, 실질적 요건(내용요건)은 보완의 대상이 아니다. 실질적 요건은 접수 후에 검토할 사항이기 때문이다.[26]

후원회 등록신청은 선거관리위원회에 대하여 등록이라는 수익적 행정행위를 구하는 행정법상 '신청'에 해당한다.

한편, 정당을 창당하고자 하는 창당준비위원회가 정당법상의 요건을 갖추어 정당등록을 신청하면, 선거관리위원회는 정당법상 외의 요건으로 이를 거부할 수 없고 반드시 이를 수리하여야 한다.[27]

2) 등록 반려·거부행위의 항고소송 대상성

국민의 적극적 행위신청에 대하여 행정청이 그 신청에 따른 행위를 하지 않겠다고 거부한 행위가 항고소송의 대상이 되는 행정처분에 해당하는 것이라고 하려면, 그 신청한 행위가 공권력의 행사 또는 이에 준하는 행정작용이어야 하고, 그 거부행위가 신청인의 법률관계에 어떤 변동을 일으키는 것이어야 하며, 그 국민에게 그 행위발동을 요구할 법규상 또는 조리상의 신

---

25) 「행정절차법」 제17조(처분의 신청) ④ 행정청은 신청을 받았을 때에는 다른 법령등에 특별한 규정이 있는 경우를 제외하고는 그 접수를 보류 또는 거부하거나 부당하게 되돌려 보내서는 아니 되며, 신청을 접수한 경우에는 신청인에게 접수증을 주어야 한다. 다만, 대통령령으로 정하는 경우에는 접수증을 주지 아니할 수 있다.
⑤ 행정청은 신청에 구비서류의 미비 등 흠이 있는 경우에는 보완에 필요한 상당한 기간을 정하여 지체 없이 신청인에게 보완을 요구하여야 한다.
⑥ 행정청은 신청인이 제5항에 따른 기간 내에 보완을 하지 아니하였을 때에는 그 이유를 구체적으로 밝혀 접수된 신청을 되돌려 보낼 수 있다.
「행정절차법」 제19조(처리기간의 설정·공표) ① 행정청은 신청인의 편의를 위하여 처분의 처리기간을 종류별로 미리 정하여 공표하여야 한다.
② 행정청은 부득이한 사유로 제1항에 따른 처리기간 내에 처분을 처리하기 곤란한 경우에는 해당 처분의 처리기간의 범위에서 한 번만 그 기간을 연장할 수 있다.
③ 행정청은 제2항에 따라 처리기간을 연장할 때에는 처리기간의 연장 사유와 처리 예정 기한을 지체 없이 신청인에게 통지하여야 한다.
④ 행정청이 정당한 처리기간 내에 처리하지 아니하였을 때에는 신청인은 해당 행정청 또는 그 감독 행정청에 신속한 처리를 요청할 수 있다.
26) 홍정선. 「행정법원론(상)(제31판)」. 박영사, 2023, 437면, 대법원 1996. 10. 25. 선고 95누14244 판결.
27) 헌법재판소 2023. 2. 23. 자 2020헌마275 결정.

청권이 있어야 한다.[28] 행정요건적 공법행위로서 사인의 신청의 경우, 수리나 수리의 거부는 행정행위의 일종으로서 행정상 쟁송의 대상이 된다.[29] 후원회 등록신청은 후원회 등록이라는 수익적 행정처분을 구하는 것으로서 후원회 등록거부는 항고소송의 대상이 된다고 볼 것이다.[30]

한편, 선거관리위원회의 흡수합당신고를 수리하는 행위는 단순한 보충적인 사실행위가 아니라 우월한 공권력 행사자의 지위에서 합당의 유·무효라는 구체적 사실에 관한 법집행으로서 행하는 공권력의 행사로서, 그로 인하여 인수되는 정당과 그 소속 정당원의 지위가 소멸하게 되는 구체적인 권리의무에 직접적인 변동을 초래하는 법적인 행위라고 할 것이므로, 항고소송의 대상이 되는 행정처분에 해당한다.[31]

3. 후원회의 겸임지정 및 신고

후원회를 둔 국회의원이 대통령후보자등·대통령선거경선후보자 또는 당대표경선후보자등이 되는 경우 기존의 국회의원후원회를 대통령후보자등·대통령선거경선후보자 또는 당대표경선후보자등의 후원회로 지정할 수 있으며, 후원회를 둔 대통령예비후보자가 대통령선거경선후보자가 되는 경우 기존의 대통령예비후보자후원회를 대통령선거경선후보자후원회로 지정할 수 있다. 이 경우 그 대통령후보자등·대통령선거경선후보자 또는 당대표경선후보자등의 후원회의 대표자는 후원회지정권자의 지정을 받은 날부터 14일 이내에 그 지정서와 회인(會印) 및 그 대표자 직인의 인영을 첨부하여 관할 선거관리위원회에 신고하여야 한다.

지정권자가 동일인인 후원회를 국회의원이 대통령후보자등·대통령선거경선후보자 또는 당대표경선후보자등이 되는 경우에는 별도로 후원회를 설립하지 않고 기존의 국회의원후원회를 활용하기 위한 규정이다. 이 경우 국회의원후원회가 대통령후보자등의 후원회로 편의상 지정될 뿐이지 각각 지정권자의 신분별, 후원회 별로 회계책임자를 선임하고 예금통장을 개설해야하고 관할 선거관리위원회에 회계보고를 해야 한다.

회계책임자와 관련 정치자금법상 누구든지 2 이상의 회계책임자가 될 수 없으나 후원회를 둔 국회의원이 대통령후보자등후원회·대통령선거경선후보자후원회 또는 당대표경선후보자등후원회를 두는 경우 등 중앙선거관리위원회규칙으로 정하는 경우에는 그러하지 아니하므로, 회계책임자는 겸임할 수 있다.

---

28)　대법원 2003. 4. 11. 선고 2001두9929 판결 등.

29)　홍정선. 앞의 책. 426면.

30)　등록신청반려 내지 등록거부가 항고소송의 대상임은 판례의 일관된 태도이다(대법원 1989. 12. 26. 선고 87누308 판결 등).

31)　서울행정법원 2007. 10. 26. 선고 2007구합31621 판결.

4. 후원회 변경등록신청 및 변경신고

가. 후원회 변경등록신청(신고) 사유

후원회 등록신청사항 중 후원회의 명칭, 후원회의 소재지, 정관 또는 규약, 대표자의 성명·주민등록번호·주소, 회인(會印) 및 그 대표자 직인의 인영과 정치자금법 제7조 제3항의 규정에 의한 회인(會印) 및 그 대표자 직인의 인영에 변경이 생긴 때에는 후원회의 대표자는 14일 이내에 관할 선거관리위원회에 변경등록신청 또는 신고를 하여야 하고 관할 선거관리위원회는 제1항 또는 제4항의 규정에 의한 등록신청을 접수한 날부터 7일 이내에 등록을 수리하고 등록증을 교부하여야 한다.

나. 예비후보자가 후보자가 되는 경우 변경등록신청 필요 여부

후원회를 둔 대통령예비후보자·국회의원예비후보자·지방의회의원예비후보자·지방자치단체장예비후보자가 대통령후보자·국회의원후보자·지방의회의원후보자·지방자치단체장후보자로 등록된 때에는 그 대통령예비후보자후원회·국회의원예비후보자후원회·지방의회의원예비후보자후원회·지방자치단체장예비후보자후원회는 대통령후보자후원회·국회의원후보자후원회·지방의회의원후보자후원회·지방자치단체장후보자후원회로 보기 때문에, 대통령예비후보자후원회·국회의원예비후보자후원회·지방의회의원예비후보자후원회·지방자치단체장예비후보자후원회가 각각 해당 선거의 후보자후원회로 되는 경우 변경등록신청이 필요하지 아니하고 관할 선거관리위원회는 직권으로 사무를 처리하되, 등록증은 다시 교부하지 아니한다(규칙 제11조 제4항).

국회의원선거의 경우 예비후보자가 사퇴와 동시에 다른 선거구에서 예비후보자등록신청을 한 경우에는 「정치자금법」 제7조 제4항에 따라 변경등록을 하여 다른 선거구에 등록한 예비후보자의 후원회로 존속할 수 있다.[32]

5. 처벌

본 조 제1항·제4항의 규정을 위반하여 후원회의 등록신청, 변경등록신청 또는 신고를 해태한 자에 대하여는 100만원 이하의 과태료에 처한다(「정치자금법」 제51조 제3항 제1호).

---

32) 중앙선거관리위원회 2008. 2. 1. 회답.

　　본 조의 규정을 위반하여 후원회의 등록신청 또는 변경등록신청을 허위로 한 자에 대하여
는 100만원 이하의 과태료에 처한다(「정치자금법」 제51조 제3항 제2호).

제8조(후원회의 회원) ① 누구든지 자유의사로 하나 또는 둘 이상의 후원회의 회원이 될 수 있다. 다만, 제
31조(기부의 제한) 제1항의 규정에 의하여 기부를 할 수 없는 자와 「정당법」 제22조(발기인 및 당원의 자
격)의 규정에 의하여 정당의 당원이 될 수 없는 자는 그러하지 아니하다.

② 후원회는 회원명부를 비치하여야 한다.

③ 제2항의 회원명부는 법원이 재판상 요구하는 경우와 제52조(정치자금범죄 조사 등)의 규정에 의하여
관할 선거관리위원회가 회원의 자격과 후원금내역 등 필요한 사항을 확인하는 경우를 제외하고는 이의 열
람을 강요당하지 아니한다.

④ 범죄수사를 위한 회원명부의 조사에는 법관이 발부한 영장이 있어야 한다.

⑤ 누구든지 회원명부에 관하여 직무상 알게 된 사실을 누설하여서는 아니된다.

제46조(각종 제한규정위반죄) 다음 각 호의 어느 하나에 해당하는 자는 3년 이하의 징역 또는 600만원
이하의 벌금에 처한다.

　2. 제8조(후원회의 회원) 제3항의 규정을 위반하여 회원명부의 열람을 강요한 자 또는 같은 조 제5항의
　　규정을 위반하여 회원명부에 관하여 직무상 알게 된 사실을 누설한 자

제48조(감독의무해태죄 등) 다음 각 호의 어느 하나에 해당하는 자는 200만원 이하의 벌금형에 처한다.

　5. 제8조(후원회의 회원) 제2항의 규정을 위반하여 회원명부를 비치하지 아니하거나 허위로 작성한 자

제51조(과태료) ③ 다음 각 호의 어느 하나에 해당하는 행위를 한 자는 100만원 이하의 과태료에 처한다.

　3. 제8조(후원회의 회원) 제1항의 규정을 위반하여 후원회의 회원이 될 수 없는 자를 회원으로 가입하
　　게 하거나 가입한 자

---

1. 의의

　　본 조는 국민의 정치적 자유를 보장하고 특정 후원회의 회원이라는 것이 밝혀짐으로써 당
사자의 정치적인 신념이나 정치자금기부사실이 외부에 알려지게 되어 받게 될 수도 있는 불
이익을 제도적으로 차단하여 원활한 정치자금의 조달을 보장하기 위한 규정이다. 정치자금
의 투명성 보장과 정당법상 요청되는 정치활동 제한이 조화될 수 있도록 기부가 금지되는
법인·단체와 정당가입이 제한되는 자는 후원회의 회원이 될 수 없도록 하고 있다.[33]

---

[33]　중앙선거관리위원회. 정당법·정치자금법 축조해설(2016), 366면.

2. 내용

가. 후원회의 회원 자격

누구든지 자유의사로 하나 또는 둘 이상의 후원회의 회원이 될 수 있다. 정치자금법상 1인이 가입할 수 있는 후원회 수와 후원회의 회원수에 대한 제한이 없으나, 회원은 「정치자금법」 제11조 제5항에 따라 연간 1만원 또는 그에 상당하는 가액 이상의 후원금을 기부하여야 한다. 다만, 「정치자금법」 제31조(기부의 제한) 제1항의 규정에 의하여 기부를 할 수 없는 외국인, 국내·외의 법인 또는 단체와 「정당법」 제22조(발기인 및 당원의 자격)의 규정에 의하여 정당의 당원이 될 수 없는 자는 회원이 될 수 없다.

「정당법」 제22조에 따라 당원이 될 수 없는 제16세 미만인 국민과 외국인, 「공직선거법」 제18조 제1항에 따른 선거권이 없는 사람과 공무원의 신분을 가진 자, 총장이나 학장 외에 교수·부교수·조교수 및 강사를 제외한 사립학교의 교원은 후원회의 회원이 될 수 없다.

그러나 대통령, 국무총리, 국무위원, 국회의원, 지방의회의원, 선거에 의하여 취임하는 지방자치단체의 장, 국회 부의장의 수석비서관·비서관·비서·행정보조요원, 국회 상임위원회·예산결산특별위원회·윤리특별위원회 위원장의 행정보조요원, 국회의원의 보좌관·비서관·비서, 국회 교섭단체대표의원의 행정비서관, 국회 교섭단체의 정책연구위원·행정보조요원과 총장이나 학장, 교수·부교수·조교수 및 강사는 후원회의 회원이 될 수 있다.

16세 학생이 정당의 당원이 되어 당비를 납부하거나 후원회에 후원금을 기부하는 것과 「공직선거법」에 위반되지 않은 방법으로 후원금 모금과 기부를 매개·대행에 이르지 아니한 후원금 기부의 고지·안내를 하는 것은 가능하다.[34]

후원회의 회원이 될 수 없는 것과 비회원으로 후원금을 기부하는 것은 달리 보아야 한다. 당원이 될 수 없는 자가 후원금을 기부할 수 있는지에 대하여는 「정치자금법」상 제한규정이 없고, 공무원·교사 등 당원이 될 수 없는 자가 후원금을 납부하는 행위가 공무원의 정치운동의 금지규정에 위반되는지 여부는 「국가공무원법」 또는 「지방공무원법」 등의 해석에 관한 사항으로 선거관리위원회의 소관사항이 아니다(중앙선거관리위원회 2005. 8. 24. 회답).

즉 현행법은 공무원이나 사립학교 교원의 후원금 기부를 금지하는 규정을 두고 있지 않으나 법제처(2005. 11. 7. 유권해석)는 「국가공무원법 제3조 제3항의 규정에 의한 공무원의 범위에 관한 규정」 제2조에 해당하지 아니하는 공무원의 경우에는 「국가공무원법」 제65조 및 「국가공무원 복무규정」 제27조의 규정에 따라 정치적 목적을 가지고 「정치자금법」 제6조의 규정에 의한 후원회에 후원금을 기부하는 것은 금지된다 하였다.

---

34) 중앙선거관리위원회. 피선거권 및 정당가입 연령 하향에 따른 정치관계법 운용기준(2022. 1. 25.).

법제처 유권해석 2005. 11. 7.

□ 질의요지

공무원이 「정치자금」 제6조의 규정에 의한 후원회에 후원금을 기부할 수 있는지 여부

□ 회답

「국가공무원법 제3조 제3항의 규정에 의한 공무원의 범위에 관한 규정」 제2조에 해당하지 아니하는 공무원의 경우에는 「국가공무원법」 제65조 및 「국가공무원 복무규정」 제27조의 규정에 따라 정치적 목적을 가지고 「정치자금법」 제6조의 규정에 의한 후원회에 후원금을 기부하는 것은 금지된다고 할 것입니다.

〈이유〉

○ 「정치자금법」은 정치자금의 적정한 제공을 보장하면서도 그 투명성을 확보하여 정치자금과 관련한 부정을 방지하기 위한 법률이고, 「국가공무원법」 및 「국가공무원 복무규정」은 국민 전체의 봉사자라는 지위에 있는 공무원에 대한 복무기준 등을 확립하여 민주적이고 능률적인 행정운영을 기하기 위한 법령인 바, 공무원의 정치자금의 기부 가능 여부는 「정치자금법」 외에도 「국가공무원법」 및 「국가공무원 복무규정」도 함께 고려하여야 할 것입니다.

○ 「헌법」 제7조 제2항의 규정에 의하면, 공무원의 신분과 정치적 중립성은 법률이 정하는 바에 의하여 보장되고, 「국가공무원법」 제3조 제3항 및 「제65조」, 「국가공무원법」 제3조 제3항의 규정에 의한 공무원의 범위에 관한 규정」 제2조, 「국가공무원 복무규정」 제27조의 규정에 의하면, 대통령, 국무총리, 국무위원, 처의 장 등의 공무원을 제외한 공무원에 대해서는 명목여하를 불문하고 정치적 목적을 가지고 금전 또는 물질로 특정정당 또는 정치단체를 지지 또는 반대하는 행위 등의 정치적 행위를 금지하고 있는 바, 이는 공무원이 국민 전체에 대한 봉사자이므로 공무원의 정치적 중립의 확보를 통하여 공무원으로 하여금 공익을 추구하고, 행정에 대한 정치의 개입을 방지함으로써 행정의 전문성과 민주성을 제공하며, 정권의 변동에도 불구하고 정책의 계속성과 안정성을 유지하고 사회·경제적 대화의 중재자 내지 조정자로서의 기능을 적극적으로 수행하게 하기 위한 것이라 할 것입니다.

○ 한편, 「정치자금법」 제6조의 규정에 의한 후원회는 정당, 국회의원, 국회의원후보자, 대통령선거경선후보자 등 후원회지정권자에 대한 정치자금의 기부를 목적으로 설립·운영되는 단체(「정치자금법」 제2조)로서, 특정 정당, 특정 정치인 또는 특정 정치인 후보자를 지지하기 위한 정치단체에 해당한다 할 것입니다.

○ 따라서 「국가공무원법 제3조 제3항의 규정에 의한 공무원의 범위에 관한 규정」 제2조의 규정에 의하여 정치적 행위가 허용되는 공무원이 아닌 공무원의 경우에는 「국가공무원 복무규정」 제27조 제1항 및 동조 제2항 제4호의 규정에 의하여 정치적 목적을 가지고 「정치자금법」상의 후원회에 후원금을 기부하는 것은 금지된다 할 것입니다.

나. 후원회의 회원명부

1) 회원명부의 조사와 영장주의

「정치자금법」은 후원회의 회원명부의 기재내용이 각 후원회원의 정치적 의사표현으로 해석될 수 있다는 점을 고려하여 회원명부 열람이 필요한 예외적인 경우를 제외하고는 열람을 허용하지 않고, 열람을 강요하는 행위를 처벌하고 있다.

회원명부는 법원이 재판상 요구하는 경우와 제52조(정치자금범죄 조사 등)의 규정에 의하여 관할 선거관리위원회가 회원의 자격과 후원금내역 등 필요한 사항을 확인하는 경우를 제외하고는 이의 열람을 강요당하지 아니하고, 범죄수사를 위한 회원명부의 조사에는 법관이 발부한 영장이 있어야 한다. 수사기관이 범죄수사의 필요성으로 인해 회원명부를 조사할 경우에는 법관이 발부한 영장이 있어야 한다. 헌법 제12조 제3항은 체포·구속·압수·수색시 적법절차에 따라 법관이 발부한 영장을 제시하여야 한다는 영장주의 원칙을 규정하고 있고, 본 조 제4항은 이를 구체화한 규정이다.

「정당법」상 당원명부와 관련한 영장주의 적용에 있어서 당원명부는 정당이 비치·관리하는 당원명부를 말하는 것이고, 당원명부의 사본제공·열람·확인 등은 당해 정당의 고유권한 사항으로 국회의원 등이 당원명부의 사본이나 파일을 제출받아 보관하는 행위에 대하여는 정당법에서 따로 규정하고 있지 아니하며, 수사기관이 당원명부 사본이나 파일을 열람할 수 있는지 여부 및 수사시 영장이 있어야 하는지 여부에 대하여는 수사기관이 판단할 사항이다.[35] 이는 후원회의 회원명부에도 동일하게 적용될 것이다.

한편 제4항은 범죄수사를 위한 회원명부의 '조사'라 하여 수사기관의 수사에 앞선 선행절차로서의 선거관리위원회의 조사절차시에도 영장이 필요하다는 취지로 이해될 소지도 있으나, 법상 선거관리위원회에 영장에 대한 신청권, 청구권을 인정하는 규정이 없으므로, 제4항은 선거관리위원회의 조사절차[36]에 적용될 여지는 없다고 본다.[37]

2) 회원명부에 관한 지득사실 누설금지

누구든지 회원명부에 관하여 직무상 알게 된 사실을 누설하여서는 아니 된다. 이와 같이 후원회 회원명부의 열람 등에 대하여 엄격하게 제한하는 이유는 특정단체나 기관 또는 특정

---

35) 중앙선거관리위원회. 정당법·정치자금법 축조해설(2016), 369면
36) 제52조(정치자금범죄 조사 등) 제1항·제4항의 규정을 위반하여 선거관리위원회의 조사·자료확인이나 제출요구에 정당한 사유 없이 응하지 아니하거나 허위자료의 제출 또는 장소의 출입을 방해한 자는 1년 이하의 징역 또는 200만원 이하의 벌금에 처한다(제47조 제2항).
37) 앞의 책. 368~369면.

인으로부터 가해질 수 있는 피해를 사전에 차단하여 국민의 정치적 자유를 보장하는 데 그 목적이 있다. 즉, 특정 후원회의 회원이라는 것이 밝혀짐으로써 당사자의 정치적인 신념이나 정치자금기부 사실이 외부에 알려지게 되어 받게 될 수도 있는 불이익을 제도적으로 차단하여 원활한 정치자금의 조달을 보장하기 위한 것이다.

또한, 직무상 적법한 절차에 의해 회원명부에 관하여 사실을 누설하는 행위를 처벌하고 있다.[38]

3) 「정당법」상 당원명부 강제열람 금지와 지득사실 누설죄

후원회 회원명부에 관한 지득사실 누설금지와 유사한 규정이 「정당법」에 있는데, 당원명부의 경우 열람강요와 당원명부에 관하여 지득한 사실을 누설한 행위를 처벌하고 있다.

법원은 "정당을 구성하는 당원의 명단이 공개될 경우, 구성원들이 사상의 공개에 대한 두려움과 공개로 인하여 겪을지도 모르는 위험이나 경제적·사회적 불이익 때문에 그 정당으로부터 탈퇴하게 되거나 아직 당원이 아닌 사람들이 그 정당에 새롭게 가입하는 것을 꺼리게 될 수도 있다. 결과적으로 당원명부의 공개는 정당 활동을 위축시킴으로써 정당의 설립 및 존속, 활동의 자유를 침해할 가능성이 있는 것은 사실이다. 이러한 측면에서 당원명부 비밀보장은 정당의 자유와 불가결한 관계에 있다고 할 수 있다"고 하면서, "정당법 제24조 제3항은 당원명부의 비밀보장이 정당의 자유에서 중요한 의미를 갖고 있음을 고려하여 당원명부의 비공개가 원칙이라는 것을 선언하면서 예외적인 경우에 공개가 허용될 수 있음을 규정한 것으로 보일 뿐, 당원명부를 공개하는 방법의 종류를 '열람'으로 한정하는 취지로 해석할 근거는 없다. 한편, 같은 조 제4항의 취지는 당원명부의 중요성과 그것이 수사기관에 공개되었을 때의 불이익(형사소추의 위험)의 정도에 비추어 범죄수사와의 관련성과 필요성 판단에 대하여 법원의 통제를 받도록 함에 있다. 그리고 위에서 본 바와 같이 제3항이 어떠한 경우에도 당원명부에 대한 접근방법을 열람으로 한정하고 있다고 볼 수는 없는 점, 임의수사든 강제수사든 불문하고 범죄수사를 위한 당원명부의 확보를 위해서는 반드시 법원의 판단을 거치도록 한 것만으로도 이미 당원명부의 비밀보장이 갖는 의미를 충분히 감안한 규정이라고 보이는 점, 무엇보다도 우리 형사소송법이 인신구속과 압수수색, 검증 외에 다른 형태의 강제수사를 위한 영장을 인정하고 있지 않은 점 등을 고려하면 위 규정은 당원명부에 대한 압수수색을 예정하고 있는 조항이라고 봄이 타당하고, 영장에 의한 압수수색의 예외를 규정한 형사소송법 제106조 제1항 단서에 해당한다고 볼 수는 없다"라고 판시하였다.[39]

---

38) 대검찰청. 정치자금법 벌칙해설(제2개정판). 대검찰청, 2022, 252면.
39) 서울중앙지방법원 2013. 1. 31. 선고 2012노3336 판결.

3. 중앙선거관리위원회 행정해석

가. 한국마사회 회장의 후원회장 선임

한국마사회의 회장이 국회의원후원회의 대표자가 되는 것에 관하여는 「정치자금법」상 제한규정이 없음. 이 경우 「한국마사회법」이나 그 밖의 다른 법률 등에 위반되는지 여부에 관하여는 우리위원회의 소관사항이 아님(중앙선거관리위원회 2008. 10. 7. 회답).

나. 한국도로공사 임·직원의 후원회 회원가입

한국도로공사 임·직원은 「정당법」 제6조(발기인 및 당원의 자격)의 규정에 의하여 정당의 발기인 및 당원이 될 수 있으며, 「정치자금에관한법률」 제5조(후원회) 제3항의 규정에 의하여 후원회의 회원이 될 수 있음(중앙선거관리위원회 1996. 3. 2. 회답).

다. 선거관리위원회위원의 후원회 회원가입

각급 선거관리위원회의 위원은 정당에 가입하거나 정치에 관여할 수 없으므로 「정치자금에관한법률」 제3조 제8호의 규정에 의한 후원회의 회원이 될 수 없음(중앙선거관리위원회 1996. 1. 29. 회답).

라. 국립대학 교수 등의 후원회후원금 기부

「정치자금법」 제8조 제1항 및 제11조 제5항의 규정을 고려할 때 후원회의 회원이 될 수 있는 대학의 총장·학장 및 교수 등의 공무원은 후원회에 후원금을 기부할 수 있을 것임(중앙선거관리위원회 2012. 11. 2. 회답).

마. 국회의원후원회의 회원모집 등

① 국회의원후원회가 「정치자금법」 제15조 및 「정치자금사무관리 규칙」 제19조에 정한 방법으로 회원모집을 고지·광고하거나 친교가 있는 자 등을 대상으로 입회를 권유할 수 있으나, 그 외에 인쇄물·시설물 또는 광고 등의 방법으로 회원모집을 고지하거나 정책후원을 위하여 회원을 모집하는 것은 후보자가 되고자 하는 당해 지정권자를 선

전하는 행위가 되므로 같은 법 제45조 및 「공직선거법」 제90조·제93조·제94조 또는 제254조에 위반됨.

② 후원회는 후원금품을 모집하여 지정권자에게 기부할 목적으로 설립된 단체인바, 후원회의 대표자, 회계책임자등 후원회 운영에 필요한 임원을 두는 외에 각 동별 사무장을 두는 등 선거구안의 후원회 회원을 조직화하거나 선거구 밖의 회원이라 하더라도 조직을 광범위하게 구성하는 것은 행위양태에 따라 「공직선거법」 제87조 또는 제89조에 위반됨.

③ 「정치자금법」상 후원회 회원의 수는 제한이 없으나, 회원은 「정치자금법」 제11조 제5항에 따라 연간 1만원 또는 그에 상당하는 가액 이상의 후원금을 기부하여야 함.

④ 후원회가 회원 모집을 위하여 후원회 회원 가입서류를 국회의원후원회 사무실에 비치하고 각 책임사무장이 회원 가입의사가 있는 사람들에게 안내하는 것은 불특정 다수의 선거구민을 대상으로 하지 아니하는 경우에는 가능함. 다만, 회원모집의 기회를 이용하여 정당 또는 공직선거의 후보자·후보자가 되고자 하는 자를 지지·추천하거나 그 밖에 선거운동에 이르는 행위를 하여서는 아니 됨.

⑤ 후원회가 회원으로 가입한 자에게 「공직선거법」 제93조 제3항에 위반되지 아니하는 통상적인 회원증을 발급하거나, 후원회의 대표자, 회계책임자 또는 유급사무직원이 자신들의 명함을 제작·사용할 수 있으나 그 외의 자들이 후원회의 특정 직함으로 명함을 제작·사용하는 것은 후보자가 되고자 하는 그 후원회지정권자를 선전하는 행위가 되어 「공직선거법」 제93조 또는 제254조에 위반됨(중앙선거관리위원회 2007. 5. 28. 회답).

바. 의정활동보고회 개최시 후원회 입회원서 징구

국회의원이 의정보고회 장소에 소속 정당의 입당원서와 자신이 지정권자로 있는 후원회의 가입신청서를 비치하고 정당 또는 후원회에 가입하고자 하는 자가 입당원서 또는 후원회 가입신청서를 제출하는 경우에 이를 받아 당해 시·도당 또는 후원회에 전달할 수 있음(중앙선거관리위원회 2005. 8. 26. 회답).

4. 처벌

본 조 제2항의 규정을 위반하여 회원명부를 비치하지 아니하거나 허위로 작성한 자에 대해서는 200만원 이하의 벌금형에 처한다(「정치자금법」 제48조 제5호).

본 조 제3항의 규정을 위반하여 회원명부의 열람을 강요한 자 또는 제5항의 규정을 위반하여 회원명부에 관하여 직무상 알게 된 사실을 누설한 자에 대해서는 3년 이하의 징역 또는 600만원 이하의 벌금에 처한다(「정치자금법」 제46조 제2호).

본 조 제1항의 규정을 위반하여 후원회의 회원이 될 수 없는 자를 회원으로 가입하게 하거나 가입한 자에 대해서는 100만원 이하의 과태료에 처한다(「정치자금법」 제51조 제3항 제3호).

제9조(후원회의 사무소 등) ① 후원회는 그 사무를 처리하기 위하여 다음 각 호에서 정하는 바에 따라 사무소와 연락소를 설치할 수 있다.

  1. 중앙당후원회

    사무소 1개소와 특별시·광역시·특별자치시·도·특별자치도마다 연락소 각 1개소

  2. 지역구국회의원후원회·지역구국회의원후보자후원회

    서울특별시와 그 지역구에 사무소 또는 연락소 각 1개소. 이 경우 사무소를 둔 지역구 안에는 연락소를 둘 수 없다.

  3. 제1호·제2호 외의 후원회 사무소 1개소

② 후원회의 사무소와 연락소에 두는 유급사무직원의 수는 모두 합하여 2인을 초과할 수 없다. 다만, 중앙당후원회·대통령후보자등후원회·대통령선거경선후보자후원회는 그러하지 아니하다.

③국회의원이 지역에 두는 사무소의 유급사무직원의 수는 5인을 초과할 수 없다. 다만, 하나의 국회의원지역구가 2 이상의 구(자치구가 아닌 구를 포함한다)·시(구가 설치되지 아니한 시를 말한다)·군으로 된 경우 2를 초과하는 구·시·군마다 2인을 추가할 수 있다.

제51조(과태료) 다음 각 호의 어느 하나에 해당하는 행위를 한 자는 300만원 이하의 과태료에 처한다.

  2. 제9조(후원회의 사무소 등) 제2항·제3항의 규정을 위반하여 유급사무직원의 수를 초과하여 둔 자할 수 있다.

---

1. 후원회의 사무소와 연락소 설치 및 유급사무원수

가. 후원회의 사무소와 연락소 설치

모든 후원회는 그 사무를 처리하기 위하여 1개의 사무소를 설치할 수 있다. 중앙당후원회의 사무소는 중앙당의 사무소 소재지에 두는 것으로 한다(정치자금사무관리 규칙 제8조). 지역구국회의원후원회·지역구국회의원후보자후원회는 서울특별시와 그 지역구에 사무소를 설치

할 수 있다. 그 외 후원회의 경우 사무소의 설치장소를 별도로 규정하고 있지 않다.

중앙당후원회가 그 사무소와 연락소가 아닌 별도의 장소에 전화기를 설치하고 사람을 고용하여 후원금 모금을 고지·안내하는 것은 중앙당후원회의 사무소와 연락소 설치 개수를 제한하고 있는「정치자금법」제9조 제1항에 위반될 것이며, 그에 소요되는 경비를 후원금에서 지출하는 때에는 같은 법 제2조 제3항에도 위반될 것이다.[40] 지역구국회의원후원회의 사무소는 서울특별시와 해당 지역구 내에만 두어야 한다.[41]

지역구가 서울인 국회의원후원회가 관할 지역구에 설치된 한 곳의 후원회사무소외에 서울의 타 지역에 후원회사무소를 더 설치할 수 없고, 지역구가 서울인 국회의원후원회가 관할 지역구에 설치된 한 곳의 후원회사무소외에 서울의 타 지역에 후원회사무소의 연락소를 설치할 수 있다.[42]

지역구국회의원후원회는 서울특별시와 그 지역구에 사무소 또는 연락소 각 1개소를 둘수 있으므로 서울특별시에 지역구를 둔 국회의원후원회는 그 사무소를 경기도에 둘 수 없다.[43] 비례대표국회의원의 후원회는 하나의 사무소를 두는 외에 연락소를 둘 수 없으며, 후원회 사무소의 소재지를 변경하고자 하는 경우에는 그 사무소 소재지의 변경이 생긴 때부터 14일 이내에 중앙선거관리위원회에 변경등록을 신청하여야 한다.[44]

서울이 지역구인 국회의원이 경기도 지역으로 공천을 받아 예비후보자로 등록하고 국회의원 후원회 사무실을 공천 받은 지역으로 이전하는 경우,「정치자금법」제9조(후원회의 사무소 등) 제1항 제2호에 따라 지역구국회의원후원회는 서울특별시와 그 지역구에 사무소 또는 연락소 각 1개소를 둘 수 있으므로 서울특별시에 지역구를 둔 국회의원후원회는 그 사무소를 경기도에 둘 수 없다.[45]

나. 유급사무직원

유급사무직원의 정의에 대해서 정치자금법에 규정하고 있지 않아「정당법」제30조(정당의 유급사무직원수 제한) 제3항에서 정의한 "유급사무직원" 개념을 준용할 필요가 있다.

"유급사무직원"이라 함은 상근·비상근을 불문하고 월 15일 이상 정당에 고용되어 근로를 제공하고 임금·봉급·수당·활동비 그 밖에 어떠한 명칭으로든지 그 대가를 제공받는 자를

---

40) 중앙선거관리위원회 2018. 1. 24. 회답.
41) 중앙선거관리위원회 2005. 10. 19. 회답.
42) 중앙선거관리위원회 2006. 9. 27. 회답.
43) 중앙선거관리위원회 2020. 3. 12. 회답.
44) 중앙선거관리위원회 2005. 3. 8. 회답.
45) 중앙선거관리위원회 2020. 3. 12. 회답.

말한다. 이 경우 월 15일 미만의 근로를 제공하고 그 대가를 받은 사람(청소, 이사 등 일시적으로 단순노무를 제공한 일용근로자나 용역업체 직원 등은 제외한다)이 2명 이상인 때에는 그들의 근로일수를 모두 합하여 월 15일 이상 매 30일까지마다 1명을 유급사무직원수에 산입한다(「정당법」 제30조 제3항).

후원회의 사무소와 연락소에 두는 유급사무직원의 수는 모두 합하여 2인을 초과할 수 없으나 중앙당후원회·대통령후보자등후원회·대통령선거경선후보자후원회는 그 수의 제한이 없다.

다. 후원회 사무소 간판

후원회 사무소에는 간판을 달 수 있으나, 후원회의 사무소가 있는 건물이나 그 담장을 벗어난 장소에 설치·게시할 수 없으며, 애드벌룬을 이용하는 방법으로 설치·게시할 수 없고 후보자(후보자가 되려는 사람을 포함한다)를 지지·추천하거나 반대하는 내용을 게재하여서는 아니 된다(「공직선거법」 제145조 제2항, 「공직선거관리규칙」 제66조 제1항·제2항).

2. 후원회의 연락소

중앙당후원회와 지역구국회의원후원회·지역구국회의원후보자후원회는 연락소를 추가로 설치할 수 있으며 중앙당후원회는 특별시·광역시·특별자치시·도·특별자치도마다 연락소 각 1개소를, 지역구국회의원후원회·지역구국회의원후보자후원회는 서울특별시와 그 지역구에 연락소 각 1개소를 둘 수 있으나 사무소를 둔 지역구 안에는 연락소를 둘 수는 없다. 연락소는 독립하여 후원금을 모금할 수 없으며, 후원회를 위한 업무의 연락 또는 후원금의 모금대행 그 밖의 당해 후원회의 활동에 필요한 사무를 보조한다(규칙 제13조).

3. 국회의원이 지역에 두는 사무소와 유급사무원수

가. 국회의원 지역사무소

후원회 사무소와 달리 국회의원의 사무소의 수를 제한하고 있지 않고 지역에 두는 사무소의 유급사무직원의 수만 제한하고 있다. 정치자금법에는 지역이 아닌 국회에 두는 유급사무직원의 수를 제한하는 규정은 없다.

지역구국회의원이 직무 또는 업무수행을 위하여 당해 지역구에 국회의원 사무소를 두는 경우 그 수를 제한하는 법률상의 규정은 없으나, 국회의원 사무소를 설치하여 선거운동에 이르는 행위를 하거나 선거에 관한 정당의 사무를 처리하는 등 그 사무소의 운영양태에 따라서는 「공직선거법」 제61조의2·제89조·제254조 기타 각종 제한·금지규정에 위반된다.[46]

나. 유급사무직원

국회의원이 지역에 두는 사무소의 유급사무직원의 수는 5인을 초과할 수 없다. 다만, 하나의 국회의원지역구가 2 이상의 구(자치구가 아닌 구를 포함한다)·시(구가 설치되지 아니한 시를 말한다)·군으로 된 경우 2를 초과하는 구·시·군마다 2인을 추가할 수 있다.

운전기사가 「국회의원수당 등에 관한 법률」에 따른 보좌직원이거나 국회의원의 의정활동(지역구활동 포함)을 위하여 상시 고용되고 근무하는 것이라면 「정치자금법」 제9조 제3항의 유급사무직원에 해당하지 아니할 것이나, 국회의원 차량 운전 외에 지역사무소 업무도 수행하는 때에는 같은 조항의 유급사무직원에 해당되어 그 수에 포함될 것이다.[47]

국회의원이 자신의 지역구가 아닌 지역에 국회의원사무소를 설치하는 것은 가능하다. 다만, 국회의원이 지역에 두는 사무소의 유급사무직원 수를 제한하는 「정치자금법」 제9조, 당원과 당원이 아닌 자에게 투표권을 부여하여 실시하는 당내경선에서 경선운동을 제한하는 「공직선거법」 제57조의3, 유사기관의 설치를 금지하는 「공직선거법」 제89조 등에 위반되어서는 아니 된다.[48]

국회의원의 의정보조직원인 국회인턴사원(국회에서 인건비를 지급함)이 국회의원의 지역사무소에서 근무하는 경우 「정치자금법」 제9조 제3항에서 정한 유급사무직원의 수를 초과하지 아니하는 범위 안에서 이들을 고용하고 인건비를 정치자금에서 지급할 수 있고, 이들을 국회의원회관 내 의원사무실에 근무하도록 할 경우 「정치자금법」 제9조 제3항에서 정하는 유급사무직원과는 별도로 국회의원의 의정활동을 보조하기 위하여 필요한 제한된 범위 안에서 유급사무직원을 두고 그에 따른 정당한 대가로서의 인건비를 정치자금에서 지출할 수 있다.[49] 유급사무직원의 급여와 관련하여 「정치자금법」상 국회의원의 지역사무소와 후원회의 사무소에 두는 유급사무직원의 급여한도를 제한하는 규정은 없으나 통상의 급여수준을

---

46) 중앙선거관리위원회 2004. 6. 18. 회답.
47) 중앙선거관리위원회 2016. 3. 3. 회답.
48) 중앙선거관리위원회 2010. 3. 31. 회답.
49) 중앙선거관리위원회 2006. 12. 8. 회답.

벗어나 과도하게 제공하거나, 수당·활동비 등 명목여하를 불문하고 선거운동(후보자 선출을 위한 당내경선운동을 포함함)과 관련하여 금품을 제공하는 경우에는 양태에 따라 「공직선거법」 제113조 또는 제114조, 제135조, 제230조, 「정치자금법」 제2조 제3항에 위반된다.[50]

4. 중앙선거관리위원회 행정해석

가. 국회의원사무소 간판에 사진·슬로건 게재

국회의원 사무소의 간판에 국회의원의 직명·성명과 업무에 관한 안내사항을 게재하는 외에 후보자가 되고자 하는 국회의원을 선전하는 구호나 그 사진을 게재하는 것은 후보자가 되고자 하는 자를 선전하는 행위가 되므로 행위시기에 따라 「공직선거법」 제90조 또는 제254조의 규정에 위반됨(중앙선거관리위원회 2005. 10. 25. 회답).

> ※ 국회의원이 지역에 두는 상설사무소에 자신의 사진 및 업무에 관한 안내사항이 게재된 현수막을 게시하는 것은 공직선거법 제254조에 위반되지 아니할 것이나, 선거일 전 120일부터 선거일까지 자신의 사진을 현수막에 게재하는 것은 같은 법 제90조에 위반되는 것으로 중앙선거관리위원회 선례 변경(중앙선거관리위원회 2017. 1. 31. 회답).

나. 후원회 사무소에 국회의원 홍보현수막 게시

「공직선거법」 제145조 및 규칙 제66조에 따르면 「정치자금법」에 의한 후원회의 사무소에는 1개의 간판을 게시할 수 있고, 그 간판에는 후보자(후보자가 되고자 하는 자를 포함함. 이하같음)의 성명·사진 또는 그 성명을 유추할 수 있는 내용을 게재하거나 후보자를 지지·추천하거나 반대하는 내용을 게재할 수 없는 바, 후원회의 사무소에 후보자가 되고자 하는 국회의원을 홍보하는 내용의 현수막을 게시하는 것(2006년 국정감사 우수위원 선정 내용을 국회의원김○○후원회 명의로 함)은 같은 법조에 위반될 것이며, 행위시기에 따라 「공직선거법」 제90조 또는 제254조에도 위반될 것임(중앙선거관리위원회 2007. 1. 4. 회답).

> ※ 2010. 1. 25. 「정치자금법」 제145조 제2항의 개정으로 후원회 사무소 간판 수량 제한이 폐지됨(아래 같음).
> ※ 2010. 1. 25. 공직선거관리규칙 제66조 제2항의 개정으로 '후보자(후보자가 되고자 하는 자를 포함함)의 성명·사진 또는 그 성명을 유추할 수 있는 내용을 게재하거나'라는 내용이 삭제됨(아래 같음).

---

50) 중앙선거관리위원회 2007. 6. 26. 회답.

다. 후원회사무소 간판의 규격 및 사진 게재

 「정치자금법」에 따라 설치한 후원회의 사무소 건물 외벽에 아래 예시와 같이 후원회지정권자의 사진을 포함하여 가로 6m, 세로 7m 규격의 대형 간판을 설치할 수 있는지 여부에 대하여 질의하오니 조속히 답변하여 주시기 바랍니다.

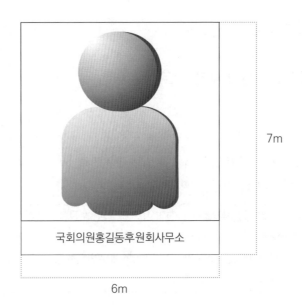

국회의원홍길동후원회사무소

7m

6m

「옥외광고물 등의 관리와 옥외광고산업 진흥에 관한 법률」 등 다른 법률에 위반되는지 여부는 별론으로 하고, 「공직선거법」상 후원회사무소 간판의 규격 및 후원회지정권자의 사진 게재를 제한하고 있지 아니하므로, 후원회사무소 건물 외벽에 귀문과 같은 간판을 게시하는 것만으로는 「공직선거법」에 위반된다고 보기 어려움.

다만, 그 밖에 후보자(후보자가 되고자 하는 자 포함)를 지지·추천·반대하는 내용을 게재하는 경우에는 행위 시기 및 양태에 따라 같은 법 제90조, 제145조 또는 제254조에 위반될 수 있을 것임(중앙선거관리위원회 2023. 12. 11. 회답).

라. 국회의원·후원회 사무소에 작은도서관·북카페 설치·운영

1) 국회의원의 작은도서관 설치·운영에 대하여

국회의원이 「작은도서관 진흥법」 제5조 제1항에 따라 작은도서관을 설치·운영하는 것은 무방할 것임. 다만, 같은 법상의 작은도서관은 도서관자료를 수집·정리·분석·보존하여 공중에게 제공하는 시설인바, 국회의원이 직무 또는 업무를 수행하는 국회의원사무소와는 그 설치 목적 및 기능이 다르므로 국회의원사무소와 분리된 별도의 공간에 설치하여 별도로 운영되어야 할 것임.

2) 국회의원의 북카페 설치·운영에 대하여

국회의원이 민원상담·정책토론 및 입법활동 등 정치활동을 위하여 필요한 범위에서 자신의 사무소를 방문하는 지역주민이 이용할 수 있도록 그 사무소에 북카페를 설치·운영하는 경우에는 「공직선거법」에 위반된다고 보기 어려울 것임.

3) 국회의원이 운영하는 북카페 또는 작은도서관에 도서지원에 대하여

국회의원이 자신의 지역사무소에 답 2와 같이 정치활동의 일환으로 북카페를 운영하는 경우 국회도서관이 그 북카페 운영에 필요한 도서를 지원하는 것은 「정치자금법」 제2조 및 제31조에 위반될 수 있을 것임. 다만, 국회도서관이 「작은도서관진흥법」 제5조 제2항 및 「도서관법」 제9조 제1항에 따라 국회의원이 운영하는 작은도서관에 도서를 지원하는 것은 무방할 것임.

4) 후원회의 작은도서관 또는 북카페 설치·운영에 대하여

국회의원 지역사무소가 의정활동 등 정치활동을 원활히 수행하기 위하여 설치되는 것과는 달리 후원회사무소는 「정치자금법」 제3조에 따라 후원금을 모금·기부하는 사무를 처리하기 위하여 설치되는 것이므로 귀문과 같이 후원회사무소에 작은도서관 또는 북카페를 설치·운영하는 경우에는 후원회의 구성 및 활동목적 범위를 벗어난 행위로서 행위 양태에 따라 「공직선거법」 또는 「정치자금법」의 제 규정에 위반될 수 있음(중앙선거관리위원회 2013. 6. 13. 회답).

5. 처벌

본 조 제2항·제3항의 규정을 위반하여 후원회의 사무소와 연락소, 국회의원이 지역에 두는 사무소의 유급사무직원의 수를 초과하여 둔 자에 대해서는 300만원 이하의 과태료에 처한다(「정치자금법」 제51조 제1항 제2호).

후원회의 사무소가 있는 건물이나 그 담장을 벗어난 장소에 간판 등을 설치·게시 또는 애드벌룬을 이용하는 방법으로 설치·게시하거나, 간판 등에는 후보자(후보자가 되려는 사람을 포함한다)를 지지·추천하거나 반대하는 내용을 게재한 자는 100만원 이하의 과태료에 처한다 (「공직선거법」 제261조 제8항 제4목 사호).

제도 개선 // 지역구국회의원후원회사무소 등 설치지역 제한 완화

현행법상 지역구국회의원후원회는 서울특별시와 그 지역구에 사무소 또는 연락소 각 1개소를 둘 수 있고, 사무소를 둔 지역구 안에는 연락소를 둘 수 없다.
후원회를 둔 지역구국회의원이 다른 지역구에 예비후보자 또는 후보자로 등록한 경우 그 국회의원후원회사무소 또는 연락소를 해당 지역으로 이전하여 설치할 수 있도록 하여 정치자금을 원활하게 조달할 필요가 있다.[51]

제10조(후원금의 모금·기부) ① 후원회는 제7조(후원회의 등록신청 등)의 규정에 의하여 등록을 한 후 후원인(회원과 회원이 아닌 자를 말한다. 이하 같다)으로부터 후원금을 모금하여 이를 당해 후원회지정권자에게 기부한다. 이 경우 후원회가 모금한 후원금 외의 차입금 등 금품은 기부할 수 없다.
② 후원회가 후원금을 모금한 때에는 모금에 직접 소요된 경비를 공제하고 지체 없이 이를 후원회지정권자에게 기부하여야 한다.
③ 후원인이 후원회지정권자에게 직접 후원금을 기부한 경우(후원회지정권자의 정치활동에 소요되는 비용을 부담·지출하거나 금품·시설의 무상대여 또는 채무의 면제·경감의 방법으로 기부하는 경우는 제외한다) 해당 후원회지정권자가 기부받은 날부터 30일(기부받은 날부터 30일이 경과하기 전에 후원회를 둘 수 있는 자격을 상실하는 경우에는 그 자격을 상실한 날) 이내에 기부받은 후원금과 기부자의 인적사항을 자신이 지정한 후원회의 회계책임자에게 전달한 경우에는 해당 후원회가 기부받은 것으로 본다.

제46조(각종 제한규정위반죄) ① 후원회는 제7조(후원회의 등록신청 등)의 규정에 의하여 등록을 한 후 후원인(회원과 회원이 아닌 자를 말한다. 이하 같다)으로부터 후원금을 모금하여 이를 당해 후원회지정권자에게 기부한다. 이 경우 후원회가 모금한 후원금 외의 차입금 등 금품은 기부할 수 없다.

---

51) 중앙선거관리위원회. 정치관계법 개정의견(2021. 5. 25.).

1. 의의

후원회는 정치자금의 기부를 목적으로 설립·운영되는 단체이므로 정치자금 기부를 위한 목적범위 안에서만 활동할 수 있다. 후원회 제도의 본래 취지에 벗어나 차입금 등 형태로 후원회지정권자에게 기부를 할 수 없고, 후원회가 모금에 직접 소요된 경비를 공제하고 지체없이 후원회 지정권자에게 기부하도록 규제하고 있다.

2. 입법연혁

2010. 7. 23. 후원인이 후원회지정권자에게 후원금을 직접 기부한 경우(후원회지정권자의 정치활동에 소요되는 비용을 부담·지출하거나 금품·시설의 무상대여 또는 채무의 면제·경감의 방법으로 기부하는 경우는 제외)에도 후원회지정권자가 기부받은 날부터 30일 이내에 자신이 지정한 후원회의 회계책임자에게 기부받은 후원금과 기부자 인적사항을 전달한 경우에는 해당 후원회가 기부받은 것으로 간주한다는 규정을 신설하였다.

3. 후원금 모금

가. 원칙

후원회는 관할 선거관리위원회에 등록신청을 하여 그 등록이 수리된 날부터 후원금 모금 등의 활동을 할 수 있다. 후원회는 관할 위원회에 등록신청을 하여 그 등록이 수리된 날부터 모금 등의 활동을 할 수 있으므로 등록준비 단계나 등록되기 전에는 그 외형이 갖추어져 있다 하더라도 「정치자금법」에 의한 후원회의 활동을 할 수 없다.

후원회는 관할선거관리위원회에 등록을 한 후부터 후원금품을 모집할 수 있으므로 관할선거관리위원회에 등록하기 전에는 후원회 창립총회 현장에서 후원금품을 모집할 수 없다.[52] 후원회 등록을 하기 전에 후보자후원회 준비위원회를 구성하여 후원회 등록 이후 후원금품을 기부할 자들로부터 후원금 약정서를 받은 후 후원회 등록 직후 모금을 하는 방법으로 후원금을 모금하는 것은 「정치자금법」 제10조·제45조의 규정에 위반된다.[53]

---

52) 중앙선거관리위원회 2004. 11. 8. 회답.
53) 중앙선거관리위원회 2006. 5. 3. 회답.

노동조합,[54] 사회단체,[55] 법제정 추진위원회의,[56] 인터넷 운영업체,[57] 동창회·종교모임 등 각종 단체나 모임[58]은 후원금 모금의 주체가 아니므로 후원금을 모금하거나 이를 대행할 수 없다. 공직선거의 선거운동 또는 선거에 영향을 미치는 행위에 이르지 아니하는 범위 안에서 순수히 후원금의 기부를 안내하는 것이나,[59] 사회단체가 특정 후원회와 무관하게 소액 다수의 깨끗한 정치자금 기부를 촉진하기 위한 목적으로 인터넷홈페이지 등을 이용하여 단순히 소액의 정치자금 기부를 권유하는 내용을 광고할 수 있다.[60]

정당이 다음과 같이 정책제안 플랫폼 인터넷 홈페이지를 구축·운영하고 중앙당후원회가 후원금을 모금하는 것은 「공직선거법」, 「정치자금법」에 위반되지 않는다.[61]

공유정당 플랫폼 운영 절차

☐ 다수의 사람들이 공유정당 플랫폼에 정책을 제안

☐ A(플랫폼 이용자)가 플랫폼 내에서 금전(계좌입금, 휴대폰 결제 등의 방법)으로 중앙당후원회에 후원금을 기부하고 그 금액에 상응하는 포인트 수령

   ※ 후원금은 결제시스템 또는 계좌입금 방식으로 국민의당중앙당후원회의 계좌에 직접 입금됨.

   ※ 1원에 비례하는 포인트 수량은 아직 결정되지 않음.

☐ 제안된 정책 중 A가 지지하는 정책(본인이 제안한 정책 제외)에 원하는 포인트만큼 지급

   ※ 포인트는 재산상 가치가 없으며 위 홈페이지 내에서 위 용도로만 사용 가능하고, 금전으로 다시 전환할 수 없음.

☐ 일정기간 일정포인트가 쌓인 정책은 당 정책으로 개발/일정 포인트에 미달된 정책의 포인트는 당초 정책 지지자에게 반환

나. 예외

1) 제3항 간주 규정

2010. 7. 23. 제3항이 신설되어 후원인이 후원회지정권자에게 직접 후원금을 기부한 경우(후원회지정권자의 정치활동에 소요되는 비용을 부담·지출하거나 금품·시설의 무상대여 또는 채무의 면

---

54) 중앙선거관리위원회 2012. 12. 5. 회답.
55) 중앙선거관리위원회 2008. 1. 8. 회답.
56) 중앙선거관리위원회 2009. 4. 27. 회답.
57) 중앙선거관리위원회 2007. 2. 14. 회답.
58) 중앙선거관리위원회 2004. 12. 1. 회답.
59) 중앙선거관리위원회 2008. 1. 8. 회답.
60) 중앙선거관리위원회 2005. 5. 23. 회답.
61) 중앙선거관리위원회 2020. 9. 21. 회답.

제·경감의 방법으로 기부하는 경우는 제외함)에도 해당 후원회지정권자가 기부받은 날부터 30일(기부받은 날부터 30일이 경과하기 전에 후원회를 둘 수 있는 자격을 상실하는 경우에는 그 자격을 상실한 날) 이내에 기부받은 후원금과 기부자의 인적사항을 자신이 지정한 후원회의 회계책임자에게 전달한 경우에는 해당 후원회가 모금한 것으로 간주된다.

본조 제3항이 신설되기 전에는 정치자금법 제45조 제1항에 따라 정치자금법에 정하지 아니한 방법으로 정치자금을 기부하거나 기부받은 경우 정치자금수수죄로 처벌받으므로 정치자금은 후원회, 당비, 기탁금, 국고보조금 방법으로만 기부받아야만 했다. 후원회지정권자가 후원인으로부터 직접 정치자금을 받아 단기간 내에 후원회 회계책임자에게 전달하더라도 후원회를 통하여 기부하지 않은 경우로 정치자금부정수수죄에 위반되었다. 이렇듯 후원회지정권자가 후원인으로부터 직접 정치자금을 받아 단기간 내에 후원회 회계책임자에게 전달한 경우까지 후원인이 후원회에 직접 입금한 경우와 다르게 취급하여 처벌대상으로 삼은 종전의 조치가 부당하다고 보아, 법을 개정하여 후원회 외에 후원회 지정권자가 직접 후원금을 기부받은 경우에도 30일(기부받은 날부터 30일이 경과하기 전에 후원회를 둘 수 있는 자격을 상실한 경우에는 그 자격을 상실한 날) 이내에 기부받은 후원금과 기부자의 인적사항을 자신이 지정한 후원회의 회계책임자에게 전달한 경우에는 해당 후원회가 기부받은 것으로 본다는 간주 규정을 두었다.

제3항의 규정은 후원금이 궁극적으로는 후원회지정권자에게 귀속한다고 하더라도 그 기부방식에 있어서는 후원회라는 법률상 고도로 정형화된 단체를 매개로 하여 최종 귀속자인 후원회지정권자와 직접 기부받는 자를 분리함으로써, 후원회지정권자에 대한 직접적인 기부를 전면적으로 금지하고자 하는 후원회제도에 있어서 중대한 예외를 이룬다.

2) 제10조 제3항 간주 규정 적용

제10조 제3항 신설로 법의 조달창구가 다소 확대되었다고 볼 수 있으나, 제10조 제3항은 후원회지정권자가 직접 기부금을 받을 수 있는 유일한 예외를 규정하고 있을 뿐만 아니라 그 후원회지정권자가 기부받은 금원에 대한 적법한 처리방법까지 규정하고 있고, 불법적인 자금이라 하더라도 후원회의 회계책임자를 통하여 그 내역을 공개함으로써 투명성을 확보하고자 하는 것이 「정치자금법」의 입법 취지이므로 후원회지정권자는 「정치자금법」 제10조 제3항에 따라서만 직접 기부받은 후원금을 처리하여야 하는 것이므로 엄격하게 적용하여야 할 것이다.

법원은 "가사 피고인의 주장과 같이 후원회지정권자가 직접 후원금을 반환하는 것이 허용된다 하더라도 정치자금법 제10조 제3항은 후원회지정권자가 직접 기부받은 후원금의 유일한 처리절차를 규정하고 있으므로 그 반환의 기간도 제10조 제3항의 기간 내에 하여야 하는 것이고, 피고인의 주장과 같이 정치자금법 제18조에 따라 후원회 회계책임자가 불법 후원금을 반환할 수 있는 기간, 즉 기부받은 후원금이 이 법 또는 다른 법률에 위반되는 청탁 또는 불법의 후원금이라는 사실을 안 날부터 30일 이내로 볼 수는 없다. 정치자금법 제10조 제3항의 기간이 지난 이후에는 후원회 지정권자가 후원금을 적법하게 처리할 수 있는 방법이 없기 때문에 후원회지정권자는 제10조 제3항의 기간, 즉 후원회지정권자가 기부받은 날부터 30일(기부받은 날부터 30일이 경과하기 전에 후원회를 둘 수 있는 자격을 상실하는 경우에는 그 자격을 상실한 날)까지 그 후원금을 후원회 회계책임자에게 전달하거나 직접 기부자에게 반환하여야 한다. 위 기간이 경과한 이후에는 후원회지정권자는 자신이 직접 받은 후원금을 적법하게 처리할 수 있는 방법이 없게 되므로 기부금을 정치자금법 제10조 제3항에 따라 처리하거나 반환하지 않고 위 기간이 지난 이후에도 보유하게 된다면 후원회지정권자는 적법하게 후원금을 처리할 수 있는 방법을 상실하게 되므로 정치자금법에 의하지 않고 정치자금을 수수한 것에 해당된다 할 것이다"라고 판시하였다.[62]

　　전국동시지방선거에 지방자치단체장선거 후보자로 등록하여 후원회지정권자에 해당하는 피고인이 후원인 甲으로부터 정치자금 명목으로 현금 2,000만원이 들어있는 종이가방을 직접 건네받아 「정치자금법」에 정하지 아니한 방법으로 정치자금을 기부받았다는 내용으로 기소된 사안에서, 피고인이 위 돈을 직접 건네받고도 지방자치단체장으로 당선되어 후원회를 둘 수 있는 자격을 상실할 때까지 후원회 회계책임자에게 그 돈을 전달하지 않음으로써 「정치자금법」 제45조 제1항에서 정한 정치자금부정수수죄가 성립한다고 판시한 사례가 있다.[63]

　　한편, 헌법재판소는 무상대여의 방법으로 기부한 경우는 제외하도록 한 「정치자금법」 제10조 제3항 중 금전의 무상대여에 관한 부분에 대하여 "정치인에게 직접 정치자금을 무상대여하는 경우, 유상대여와 달리 이자 지급 약정이나 이자 지급 사실이 존재하지 않으므로 외관상 기부와 구별하기 어렵고, 후원회에 대한 무상대여와 달리 대여원금을 정치인이 직접 사용할 수 있으므로, 후원금에 대한 각종 법적 규제를 우회·잠탈할 가능성이 높아 이를 금지하는 것보다 덜 침해적인 수단을 찾기 어렵다"는 등의 이유로 합헌결정을 하였다.[64]

---

62) 대전고등법원 2019. 7. 26. 선고 2019노40 판결.
63) 대법원 2019. 11. 14. 선고 2019도11892 판결.
64) 헌법재판소 2017. 8. 31. 자 2016헌바45 결정.

4. 후원금의 기부

가. 후원금 외의 차입금 등 금품 기부금지(제1항 후단)

후원회는 모금한 후원금 외의 차입금 등 금품은 기부할 수 없다. 따라서 후원회가 금품모집 안내 등 금품모집을 위하여 직접 소요되는 경비를 조달하기 위하여 금융기관 등으로부터 금전을 차입할 수 있으나 지정권자에게 기부하기 위하여 차입하여서는 아니 되고 모집금품이 부족하여 차입금을 변제할 수 없는 때에는 당해 후원회에서 변제하여야 한다. 후원회를 둔 국회의원이 정치자금을 금융기관 등으로부터 금전을 차입하고 이후 후원회로부터 기부받은 정치자금으로 변제할 수는 있다. 이 경우 후원회로부터 기부받은 정치자금이 부족하여 차입금을 변제할 수 없는 때에는 당해 국회의원이 변제하여야 한다.[65]

또한, 후원회는 후원회는 등록을 한 후 회원으로부터 후원금을 받거나 관할 위원회에 신고한 후 회원이 아닌 자로부터 금품을 모집하여 당해 정당 등에 기부하는 외에 수익사업(예: 서화전, 농산물 판매대행, 바자회 등), 공익사업(예: 국민성금모집시 후원회명의의 참가, 지역자율방범대 등에의 장비기증, 양로원·고아원 등에의 금품제공 또는 제공을 위한 모집활동 등), 캠페인활동(예: 자연보호, 쓰레기분리수거, 교통질서 등) 또는 후원회회원들에 의한 무료진료, 법률상담, 농가의 일손돕기 등 봉사활동,[66] 교양강좌 개최,[67] 후원회 회원을 대상으로 공연티켓 판매,[68] 제작두레 방식의 영화제작 참여를 할 수 없다.[69] 다만, 후원회의 정관 또는 규약이 정하는 바에 의하여 회원만을 대상으로 후원회의 소식지·자료집 발간 및 세미나·강좌 등은 할 수 있다.[70]

나. 모금에 직접 소요된 경비 공제(제2항)

후원회가 후원금을 모금한 때에는 모금에 직접 소요된 경비를 공제하고 지체 없이 이를 후원회지정권자에게 기부하여야 한다.

'모금에 직접 소요된 경비'라 함은 후원회 존립 목적인 후원금의 모금 및 기부에 필요불가결한 활동에 소요된 경비를 의미한다고 할 것인바, 명문으로 '직접 소요된 경비'라 규정하고 있으므로 엄격히 판단하여야 할 것이다. 후원회원 배포 목적의 수첩 제작비,[71] 후원회 유급

---

65) 중앙선거관리위원회 2005. 6. 16. 회답.
66) 중앙선거관리위원회 1994. 4. 30. 회답.
67) 중앙선거관리위원회 1996. 2. 13. 회답.
68) 중앙선거관리위원회 1995. 11. 17. 회답.
69) 중앙선거관리위원회 2013. 8. 21. 회답.
70) 중앙선거관리위원회 1994. 4. 30. 회답.
71) 중앙선거관리위원회 2007. 11. 1. 회답.

사무직원의 축·부의금,[72] 후원회 창립총회 개최장소 대여비[73]는 모금에 직접 소요된 경비에 해당하지 아니한다. 후원회가 후원금의 모금 및 기부내역 등 후원회의 활동상황을 회원에게 알리기 위하여 소식지를 발행하거나 후원회의 회원확보·금품모집방법 논의 등 회원들을 대상으로 후원회의 설립목적범위 안에서 간담회를 개최하거나 회원들이 자발적으로 친목도모를 위한 활동을 할 수 있으나, 이 경우 집회에 의한 모금에 이르거나 친목활동에 소요되는 경비를 후원회가 모집한 금품에서 지출할 수는 없다.[74]

5. 후원회의 지정권자 관련 정치활동

「공직선거법」 제89조 제1항에서 후보자 간 선거운동기구의 형평성을 유지하고, 각종 형태의 선거운동기구가 난립함으로 말미암은 과열경쟁 및 낭비를 방지하기 위하여 공직선거법에서 규정한 선거사무소 또는 선거연락소 및 선거대책기구 외에는 후보자(후보자가 되고자 하는 자를 포함한다)를 위하여 명칭의 여하를 불문하고 이와 유사한 기관·단체·조직 또는 시설을 새로이 설립 또는 설치하거나 기존의 기관·단체·조직 또는 시설을 이용하는 행위를 처벌의 대상으로 삼고 있고, 정당의 중앙당 및 시·도당의 사무소에 설치되는 각 1개의 선거대책기구, 후보자 또는 예비후보자의 선거사무소에 설치되는 1개의 선거대책기구 및 정치자금법에 의한 후원회는 제외하고 있다. 따라서 법에 의한 후원회 이외에 누구든지 후보자 또는 후보자가 되려는 사람을 위하여 선거운동 목적으로 후원회를 설립 또는 설치하거나 이용하는 경우는 '유사기관'에 해당하여 처벌될 수 있다.

후원회는 「공직선거법」 제81조의 규정에 의한 후보자 등 초청 대담·토론회를 개최할 수 없고,[75] 국회의원이 선거구 안에서 정책토론회를 개최할 때 후원회가 그 고지를 위한 신문광고하는 것은 「공직선거법」 제254조에 위반된다.[76] 그러나 선거운동기간 중에 후원회의 명의 또는 그 대표의 명의로 선거운동을 할 수 있다. 이 경우 후원회의 모집금품을 선거운동을 위한 경비로 지출할 수 없다.[77]

---

72)　중앙선거관리위원회 2005. 10. 21. 회답.
73)　중앙선거관리위원회 2010. 3. 23. 회답.
74)　중앙선거관리위원회 2004. 8. 13. 회답.
75)　중앙선거관리위원회 2004. 10. 16. 회답.
76)　중앙선거관리위원회 2007. 2. 8. 회답.
77)　중앙선거관리위원회 2004. 11. 16. 회답.

6. 판례

① 「정치자금법」 제10조 제3항에서 정한 방식으로 후원회 회계책임자에게 전달한 경우

1. 「정치자금법」 제10조 제3항은 후원회지정권자가 후원금과 기부자의 인적사항을 후원회의 회계책임자에게 전달한 경우에는 해당 후원회가 기부받은 것으로 본다고 규정하고 있을 뿐, 그 이상의 추가적인 요건을 정하고 있지는 않다. 따라서 후원회지정권자가 직접 기부받은 후원금을 위와 같은 방식으로 후원회 회계책임자에게 전달한 이상 설령 기부받은 후원금의 액수가 법에 규정된 한도액을 초과하고, 후원금을 전달받은 회계책임자가 이를 후원회 계좌에 입금하지 않거나, 이를 회계처리하여 선거관리위원회에 보고하지 아니하고, 후원자에게 정치자금영수증을 교부하지 않는 등 법이 정한 절차에 따라 후속처리를 하지 않았다고 하더라도, 그러한 사정만으로 「정치자금법」 제10조 제3항의 적용이 배제되는 것이라고 볼 수는 없다. 이 경우 회계책임자가 정치자금을 법이 정한 방식과 절차에 따라 처리할 의무를 위반한 행위에 대하여 후원회지정권자의 공모사실이 인정된다면 그 규정 위반으로 처벌함은 별론으로 하고, 「정치자금법」 제10조 제3항의 조치를 다한 후원회지정권자를 「정치자금법」 제45조 제1항 위반죄로 처벌할 수는 없다. 형벌법규의 해석은 엄격하여야 하고 명문규정의 의미를 피고인에게 불리한 방향으로 임의로 확장해석하거나 유추해석하는 것은 죄형법정주의 원칙에 어긋나는 것이기 때문이다.
2. 「정치자금법」 제10조 제3항은 2010. 7. 23. 법률 개정으로 신설된 규정이기는 하지만, 이는 후원회지정권자가 후원인으로부터 직접 정치자금을 받아 단기간 내에 후원회 회계책임자에게 전달한 경우까지 후원인이 후원회에 직접 입금한 경우와 다르게 취급하여 처벌대상으로 삼은 종전의 조치가 부당하다고 보아 개정한 것으로 이해된다.
   따라서 후원회지정권자의 행위 시점이 위 법률 개정 이전이었다 하더라도, 이는 "범죄 후 법률의 변경에 의하여 그 행위가 범죄를 구성하지 아니한 때"에 해당하므로 신법을 적용해야 한다(대법원 2012. 12. 27. 선고 2012도8421 판결).

7. 헌법재판소 결정

무상대여의 방법으로 기부한 경우는 제외하도록 한 「정치자금법」 제10조 제3항 중 금전의 무상대여에 관한 부분 위헌 여부

1. 정치자금 무상대여의 기부간주

정치자금법은 정치자금을 무상대여하면 이를 기부로 본다고만 하고 그 외 무상대여의 절차나 방법을 별도로 규율하지 않고 있으므로, 결국 정치자금 무상대여는 정치자금 기부에 관한 규정에 따라야 한다. 그러므

로 정치인에게 직접 정치자금을 무상대여하려면, 정치인에게 직접 정치자금을 기부할 때의 형식과 절차상 제한을 준수하여야 한다. 그런데 앞서 본 바와 같이 정치자금법은 특정 정치인에게 정치자금을 기부하려고 하는 경우 원칙적으로 후원회에 후원금을 내는 방법만 허용하고 그 정치인에게 직접 기부할 수 없도록 하고 있으므로, 정치자금을 무상대여하는 경우에도 원칙적으로 정치인에 대해서 직접 할 수는 없다.

다만 정치자금법은 원칙적으로 정치인이 후원회를 거치지 않고 직접 기부금을 받지 못하도록 하면서도 제10조 제3항에서 해당 후원회지정권자, 즉 정치인이 기부받은 날부터 30일 이내에 기부받은 후원금과 기부자의 인적사항을 자신이 지정한 후원회의 회계책임자에게 전달한 경우에는 해당 후원회가 기부받은 것으로 의제하는바, 이는 정치인이 직접 기부금을 받을 수 있는 유일한 예외이다. 그런데 위 규정은 "후원회지정권자의 정치활동에 소요되는 비용을 부담·지출하거나 금품·시설의 무상대여 또는 채무의 면제·경감의 방법으로 기부하는 경우는 제외한다"라고 하여, 금전의 무상대여는 명시적으로 제외하고 있다(이 사건 제외조항). 이와 같이 정치인에 대하여 직접 정치자금을 무상대여하는 것은 금지되지만, 유상대여는 일반적으로 허용된다. 후원회를 거치지 않고 정치인에게 직접 정치자금을 유상대여하면 그 자금은 후보자 고유의 재산이 되는데, 이를 정치자금으로 사용하려면 정치자금법이 정하는 바에 따라 이를 후보자의 '자산' 항목으로 수입하여 회계책임자를 통하여 지출하여야 하고(「정치자금법」 제36조 제3항 참조), 임의로 '후원회 기부금' 항목으로 수입하는 등 혼용할 수 없다.

결론적으로 후원회지정권자 등 정치인에게 직접 정치자금을 무상대여하는 것은 정치자금법에 의하여 허용되지 않는다고 보아야 하며(이 사건 제외조항), 만약 정치인에 대하여 직접 정치자금을 무상대여하면 '이 법에 정하지 아니한 방법으로 정치자금을 기부한 자'에 해당되어 처벌된다(이 사건 처벌조항).

2. 정치활동 내지 정치적 의사표현의 자유 침해 여부

정치자금법은 원칙적으로 정치인이 직접 후원금을 받지 못하도록 하면서도, 정치인이 직접 후원금을 받아 30일 이내에 기부받은 후원금과 기부자의 인적사항을 후원회 회계책임자에게 전달하면 후원회가 기부받은 것으로 의제함으로써 예외적으로 합법화하고 있으나, 심판대상조항은 금전을 무상대여하는 방법으로 기부한 경우는 여기서 제외하고 이를 위반하면 처벌한다. 심판대상조항은 후원금에 대한 엄격한 법적 규제를 부당하게 회피하지 못하도록 하고, 정치자금 적정 제공을 보장함으로써 대의민주주의가 제대로 기능하도록 하려는 것으로서, 목적의 정당성 및 수단의 적합성이 인정된다.

정치인에게 직접 정치자금을 무상대여하는 경우, 유상대여와 달리 이자 지급 약정이나 이자 지급 사실이 존재하지 않으므로 외관상 기부와 구별하기 어렵고, 후원회에 대한 무상대여와 달리 대여원금을 정치인이 직접 사용할 수 있으므로, 후원금에 대한 각종 법적 규제를 우회·잠탈할 가능성이 높아 이를 금지하는 것보다 덜 침해적인 수단을 찾기 어렵다. 정치자금법은 적정한 이자약정을 부가하여 정치자금을 대여하는 것을 금지하지 않고, 정치자금을 기부·수수한 사람이 민법상 친족관계에 있는 경우 처벌하지 않는 예외를 두어 처벌의 범위를 합리적으로 조정하고 있다.

따라서 심판대상조항은 청구인의 정치활동 내지 정치적 의사표현의 자유를 침해하지 않는다(헌법재판소 2017. 8. 31. 자 2016헌바45 결정).

8. 처벌

본 조 제1항 후단의 규정을 위반하여 후원회가 모금한 후원금 외의 차입금 등 금품을 기부한 자에 대해서는 3년 이하의 징역 또는 600만원 이하의 벌금에 처한다(「정치자금법」 제46조 제3호).

제11조(후원인의 기부한도 등) ① 후원인이 후원회에 기부할 수 있는 후원금은 연간 2천만원을 초과할 수 없다.

② 후원인이 하나의 후원회에 연간(대통령후보자등·대통령선거경선후보자·당대표경선후보자등·국회의원후보자등·지방의회의원후보자등 및 지방자치단체장후보자등의 후원회의 경우에는 당해 후원회를 둘 수 있는 기간을 말한다. 이하 같다) 기부할 수 있는 한도액은 다음 각 호와 같다.

  1. 대통령후보자등·대통령선거경선후보자의 후원회에는 각각 1천만원(후원회지정권자가 동일인인 대통령후보자등후원회에는 합하여 1천만원)

  2. 다음 각 목의 후원회에는 각각 500만원

    가. 중앙당후원회(중앙당창당준비위원회후원회가 중앙당후원회로 존속하는 경우에는 합하여 500만원)

    나. 국회의원후원회(후원회지정권자가 동일인인 국회의원후보자등후원회와 국회의원후원회는 합하여 500만원)

    다. 국회의원후보자등후원회(후원회지정권자가 동일인인 경우 합하여 500만원)

    라. 당대표경선후보자등후원회

    마. 지방의회의원후보자등후원회(후원회지정권자가 동일인인 경우 합하여 500만원)

    바. 지방자치단체장후보자등후원회(후원회지정권자가 동일인인 경우 합하여 500만원)

③ 후원인은 1회 10만원 이하, 연간 120만원 이하의 후원금은 이를 익명으로 기부할 수 있다.

④ 후원회의 회계책임자는 제3항의 규정에 의한 익명기부한도액을 초과하거나 타인의 명의 또는 가명으로 후원금을 기부받은 경우 그 초과분 또는 타인의 명의나 가명으로 기부받은 금액은 국고에 귀속시켜야 한다. 이 경우 국고귀속절차에 관하여는 제4조(당비) 제3항 및 제4항의 규정을 준용한다.

⑤ 후원회의 회원은 연간 1만원 또는 그에 상당하는 가액 이상의 후원금을 기부하여야 한다.

⑥ 후원인의 기부방법 그 밖에 필요한 사항은 중앙선거관리위원회규칙으로 정한다.

제45조(정치자금부정수수죄) ② 다음 각 호의 어느 하나에 해당하는 자는 5년 이하의 징역 또는 1천만원 이하의 벌금에 처한다.

  2. 제11조(후원인의 기부한도 등) 제1항의 규정을 위반하여 기부한 자와 제11조 제2항, 제12조(후원회의 모금·기부한도) 제1항·제2항 또는 제13조(연간 모금·기부한도액에 관한 특례) 제1항의 규정을 위반하여 후원금을 받거나 모금 또는 기부를 한 자

제48조(감독의무해태죄 등) 다음 각 호의 어느 하나에 해당하는 자는 200만원 이하의 벌금형에 처한다.

4. 제4조(당비) 제2항·제11조(후원인의 기부한도 등) 제4항·제21조(후원회가 해산한 경우의 잔여재산 처분 등) 제3항 내지 제5항 또는 제58조(후보자의 반환기탁금 및 보전비용의 처리) 제4항의 규정을 위반하여 당비 등을 정당한 사유 없이 국고에 귀속시키지 아니한 자

6. 제11조 제3항의 규정에 의한 익명기부한도액을 위반하여 기부한 자

1. 의의

본 조에서 소액다수의 깨끗한 정치자금 기부의 활성화라는 입법목적 달성과 특정 후원인이 무한정 기부할 경우 정경유착 등의 폐해가 발생하는 것을 방지하고자 특정 후원회의 모금·기부한도 설정과 특정 후원인이 특정 후원회에 연간 기부할 수 있는 한도와 방법 및 특정인이 모든 후원회에 대하여 연간 기부할 있는 후원금의 한도 등을 규정하고 있다.

2. 후원인의 기부

「정치자금법」 제10조 제1항은 "후원인"이라 함은 "회원과 회원이 아닌 자를 말한다. 이하 같다"라고 규정하고 있다. 따라서 후원회의 회원은 물론, 후원회의 회원이 아닌 자도 기부한도를 초과하지 아니하는 범위 안에서 후원회에 금품을 기부할 수 있다. 제5항에 후원회의 회원은 연간 1만원 또는 그에 상당하는 가액 이상의 후원금을 후원회에 납부하여야 한다고 규정하고 있으나, 후원회 회원이 아닌 후원인의 후원금 기부에 대해서는 이와 같은 하한을 규정하고 있지 않다. 사립 초·중·고등학교 직원,[78] 청원경찰,[79] 대한민국 국적을 가진 해외동포[80]는 후원회에 정치자금을 기부하는 것에 대해 법상 제한규정이 없다.

---

78) 중앙선거관리위원회 2006. 11. 28. 회답.

79) 중앙선거관리위원회 2009. 7. 1. 회답.

80) 중앙선거관리위원회 1996. 2. 9. 회답.

3. 후원인의 연간 기부한도

후원인이 후원회에 기부할 수 있는 후원금은 연간 2천만원을 초과할 수 없다. 여기에서 규정된 후원회 회원 등의 납입(기부)한도액은 각각의 후원회에 대한 연간한도액이 아니라, 개인이 수개의 후원회에 대하여 각각 납입(기부)하는 금품의 연간합계액을 말한다.[81] 법원은 "후원인이 연간 후원금 기부한도를 2천만원으로 정하고 있는 정치자금법 제11조 제1항은, 금력을 가진 소수가 막대한 금액의 후원금 기부를 통하여 정치적 영향력을 부당하게 행사함으로써 민주주의의 기초라 할 수 있는 1인1표의 기회균등원리가 심각하게 훼손되는 것을 방지하기 위한 필요최소한도의 규제라고 할 수 있으므로, 국민의 정치활동 내지 정치적 의사표현의 자유를 과도하게 제한 한다고 할 수 없다"라고 판시하였다.[82]

4. 후원인의 하나의 후원회 기부한도

후원인이 하나의 후원회에 연간(대통령후보자등·대통령선거경선후보자·당대표경선후보자등·국회의원후보자등·지방의회의원후보자등 및 지방자치단체장후보자등의 후원회의 경우에는 당해 후원회를 둘 수 있는 기간을 말함) 기부할 수 있는 한도액은 후원회지정권자 신분별로 금액을 달리하고 있다.

구 분	기부한도액
대통령후보자등·대통령선거경선후보자의 후원회	각각 1천만원
중앙당(중앙당창당준비위원회 포함)후원회, 국회의원·국회의원후보자등후원회, 당대표경선후보자등후원회, 지방의회의원후보자등후원회, 지방자치단체장후보자등후원회	각각 500만원

「주」 1. 중앙당창당준비위원회후원회가 중앙당후원회로 존속하는 경우와 후원회지정권자가 동일인인 국회의원후보자등후원회와 국회의원후원회에 기부할 수 있는 금액은 합하여 500만원이고, 대통령후보자등후원회에 기부할 수 있는 금액은 합하여 1천만원임.
　　2. 공직선거가 있는 연도에도 후원인은 평년의 연간 기부한도액의 범위안에서만 기부할 수 있음.

후원인은 대통령후보자등·대통령선거경선후보자의 후원회에는 연간 각각 1천만원을 기부할 수 있으나, 후원회지정권자가 동일인인 대통령후보자등후원회에는 합하여 1천만원을 기부할 수 있다. 만약 후원인은 대통령선거경선후보자 A가 대통령예비후보자를 겸하고 있는 경우에 후원인은 1천만원 범위 내에서 대통령선거경선후보자 후원회에 기부할 수 있고,

---

81) 중앙선거관리위원회 1993. 4. 27. 회답.
82) 서울중앙지방법원 2019. 1. 9. 선고 2018고정1633 판결.

대통령예비후보자의 후원회에도 1천만원 범위 내에서 기부할 수 있다. A가 대통령선거후보자로 등록할 경우에는 대통령예비후보자의 후원회와 대통령선거후보자의 후원회에 합하여 1천만원을 기부할 수 있다.

후원인은 중앙당창당준비위원회후원회에 500만원 범위 내에서 기부할 수 있고, 그 중앙당창당준비위원회가 중앙당후원회로 존속하는 경우에는 합하여 500만원 범위 내에서 기부할 수 있다. 만약 중앙당준비위원회후원회가 중앙당의 후원회로 존속하지 아니하고 다른 중앙당후원회를 설치한 경우에는 후원인은 중앙당후원회에 중앙당준비위원회후원회에 기부한 금액과 상관없이 500만원 범위 내에서 새로이 기부할 수 있다.

후원인은 국회의원후원회에 500만원 범위 내에서 기부할 수 있으나, 국회의원이 국회의원예비후보자, 후보자의 신분을 겸할 때에는 국회의원예비후보자후원회와 국회의원후보자후원회, 국회의원후원회에 합하여 500만원 범위 내에서 기부할 수 있다. 후원회에 납입·기부하는 후원인 개인의 연간 후원금한도는 국회의원예비후보자후원회에 이미 납입·기부한 금액과 당해 국회의원예비후보자가 국회의원으로 당선된 경우 국회의원 후원회에 납입·기부하는 금액을 합하여 연간 500만원 이내이어야 한다.[83]

만약 국회의원이 당대표경선후보자등을 겸할 경우에는 후원인은 당대표경선후보자등후원회에 500만원 범위 내에서 기부할 수 있고, 별도로 국회의원후원회에 500만원 범위 내에서 기부할 수 있다. 후원회에 납입·기부하는 후원인 개인의 연간 후원금한도는 국회의원예비후보자후원회에 이미 납입·기부한 금액과 당해 국회의원예비후보자가 국회의원으로 당선된 경우 국회의원 후원회에 납입·기부하는 금액을 합하여 연간 500만원 이내이어야 한다.[84] 후원인이 후원회에 납입 또는 기부할 수 있는 금액은 평년과 공직선거가 있는 연도의 구분 없이 동일하다. 따라서 후원인이 공직선거가 있는 연도에도 연간 납입 또는 기부한도액의 2배를 후원회에 납입 또는 기부할 수 없다.[85] 후원인이 각각 후원회에 연간 기부할 수 있는 한도액은 준수한다하더라도 기부한 모든 후원회의 기부한금액은 연간합계액이 2천만원을 초과할 수 없다.

5. 후원인의 익명기부한도

후원인이 후원회에 후원금을 기부하는 때에는 원칙적으로 그 성명·생년월일·주소·직업

---

83) 중앙선거관리위원회 2004. 11. 20. 회답.
84) 중앙선거관리위원회 2004. 11. 20. 회답.
85) 중앙선거관리위원회 1992. 8. 10. 회답.

및 전화번호를 후원회에 알려야 하나, 1회 10만원 이하, 연간 120만원 이하의 후원금은 이를 익명으로 기부할 수 있다. 여기서 익명기부라 함은 후원인이 성명 등 인적사항을 밝히지 않고 기부하는 것을 의미한다고 본다. 「정치자금법」 제11조 제3항에는 1회 10만원 이하, 연간 120만원 이하의 후원금을 익명으로 기부할 수 있도록 규정하고 있는바, 10만원 초과의 후원금을 기부하고자 하는 자의 경우 「정치자금법」 제11조 및 규칙 제15조에 따라 후원인의 성명·생년월일·주소·직업 및 전화번호를 후원회에 알려야 하고, 1회 10만원 이하, 연간 120만원 이하 금액을 예금계좌를 통해 기부한 자 중 성명은 예금계좌에 기록되어 있으나 인적사항을 파악할 수 없어 연락을 할 수 없는 경우에도 익명기부로 처리할 수 없다.[86] 그러나 본인 성명을 밝히지 않거나 응원문구 등만을 입력하여 후원금을 계좌로 입금한 경우 「정치자금법」 제11조 제3항에 규정된 익명기부 한도 내에서 익명기부로 처리 가능하다.[87] 익명 기부한도를 초과하거나 타인의 명의 또는 가명으로 후원금을 받은 사실을 인지하지 못하고 기부받은 경우에는 후원금을 받은 사람은 「정치자금법」 및 「공직선거법」에 위반되지 아니하다.[88]

후원회의 회계책임자는 익명기부한도액을 초과하거나 타인의 명의 또는 가명으로 후원금을 기부받은 경우 그 초과분 또는 타인의 명의나 가명으로 기부받은 금액은 국고에 귀속시켜야 한다.

연간 120만원 이하의 후원금은 제1항 및 제3항의 조문체계상 하나의 후원회를 기준으로 하는 것이 아니라 수개의 후원회에 대한 익명 후원금을 모두 합한 금액을 의미한다고 본다. 하나의 후원회에 연간 120만원까지 익명으로 기부할 수 있는 것으로 이해하면 후원인은 연간 기부한도액인 2천만원까지 익명으로 기부할 수 있게 되는 문제점이 발생한다. 이렇듯 후원인의 연간 기부한도액과 개개 후원회에 기부한도액이 규정되어 있고 익명으로 기부할 수 있는 금액도 정해져 있기 때문에 이를 회피하고자 타인의 명의나 가명으로 기부한도액을 초과하여 후원회에 기부하는 사례가 빈번하게 발생하고 있다.

6. 타인의 명의 또는 가명으로 기부받은 불법후원금의 국고귀속

후원회의 회계책임자는 타인의 명의 또는 가명으로 후원금을 기부받은 경우 타인의 명의나 가명으로 기부받은 금액은 국고에 귀속시켜야 한다.

정치자금을 기부할 수 없는 자가 정치자금을 기부할 수 있는 타인의 명의로 후원금을 기

---

86) 중앙선거관리위원회 2006. 9. 29. 회답.
87) 중앙선거관리위원회 2019. 1. 18. 회답.
88) 중앙선거관리위원회 2012. 8. 13. 회답.

부한 경우, 예를 들어 직원의 명의로 법인 또는 법인 관련 자금을 후원금으로 기부한 경우 이를 타인 명의 기부로 보아 「정치자금법」 제11조 제4항에 따라 국고 귀속시켜야 할지, 아니면 불법후원금이므로 「정치자금법」 제18조에 따라 후원인에게 반환하여야 하는지가 문제된다. 이는 「정치자금법」 제45조 제2항 제5호의 기부제한금지 위반죄 이외에 「정치자금법」 제48조 제3호 타인명의기부죄도 성립하는가의 문제와 관련되어 있다.

「정치자금법」 제18조는 타인 명의의 후원금을 포함한 모든 불법후원금의 처리에 관한 통칙으로서 위반행위에 관해 처벌조항을 두고 있지 않은 반면, 「정치자금법」 제11조 제4항은 불법후원금 중 타인 명의의 후원금에 한하여 특별히 규정하면서 위반행위에 대해 별도의 벌칙규정을 두고 있는바, 이 경우 「정치자금법」 제18조를 우선 적용하게 되면 「정치자금법」 제11조 제4항이 사문화되는 결과를 초래하므로, 「정치자금법」 제11조 제4항을 적용하는 것이 타당하다고 판단된다. 현재 실무상으로도 「정치자금법」 제11조 제4항을 적용하고 있다.[89]

한편 후보자후원회가 선거종료로 해산되고 잔여재산도 처분이 완료된 후 타인 명의로 기부된 후원금이 있는 것을 알게 된 경우에는 「정치자금법」 제11조 제4항에 따른 국고귀속의무를 부과할 수 없다.[90]

7. 판례

① 연간 기부한도 한도 초과 기부 및 가족 명의로 정치자금 기부

1. 2016년 범행 [타인 명의 정치자금 기부]

  피고인은 2016. 3. 16.경 피고인이 사용하는 피고인의 아들인 D 명의 새마을금고 계좌(E)에서 '포항시 F 선거구 국회의원 예비후보 G 후원회'의 후원금 계좌인 H 명의 새마을금고 계좌(I)로 D의 명의로 500만원을 송금함으로써 타인인 D 명의로 정치자금을 기부하였음.

2. 2017년 범행 [연간 500만원 한도 초과 기부, 타인 명의 정치자금 기부, 1회 120만원 초과 현금 기부]

  피고인은 2017. 2. 24.경 피고인의 배우자인 J에게 현금 1,000만원을 건네주고, J에게 'J과 사위 K 명의로 각 500만원씩 국회의원 G 후원회에 후원금을 기부할 것'을 지시하여, J으로 하여금 포항시 L빌딩 3층에 있는 '국회의원 G 후원회'의 사무실에서 J·K 명의로 각 현금 500만원을 기부하게 하였음.

  피고인은 2017. 9. 25.경 D 명의 새마을금고 계좌에서 '국회의원 G 후원회' 명의 대구은행 계좌(M)로 J 명의로 500만원을 송금하였는데, 2017. 11. 24.경 '국회의원 G 후원회'에서 동일인 후원 한도 위반을

---

89) 중앙선거관리위원회. 정당법·정치자금법 축조해설(2016), 387면.
90) 중앙선거관리위원회 2010. 11. 16. 회답.

이유로 J 명의 국민은행 계좌(N)로 500만원을 반환하자, 2017. 11. 27.경 D 명의 위 새마을금고 계좌에서 '국회의원 G 후원회' 명의 대구은행 계좌로 D의 명의로 500만원을 송금하였음.

이로써 피고인은 G 국회의원에게 연간 500만원을 초과한 합계 1,500만원의 후원금을 기부하고, 타인인 D·J·K의 명의로 각 정치자금을 기부하였으며, 1회 120만원을 초과한 정치자금을 현금으로 기부하였음 (대구지방법원 포항지원 2021. 4. 6. 선고 2021고단76 판결, 대구지방법원 2022. 3. 18. 선고 2021노 1205 판결).

② 후원금 한도초과 및 타인명의 정치자금 기부

피고인은 학교법인 ○○대학교 총장으로, 2017. 6. 2.경 서울 ▲▲구 □□동 소재 KB국민은행 ▦▦지점에서 같은 대학교 교수겸 총무부장 A를 통해 국회의원 B후원회의 금융계좌로 피고인 명의로 후원금 500만원을 송금하면서 피고인 자녀 3명, 대학교 교직원 3명 등 총 6명 명의를 차용하여 합계 3,000만원의 후원금을 함께 송부하여 피고인은 자신의 명의 및 타인의 명의로 기부한도를 초과하여 후원회에 기부함으로써 정치자금법 제45조 제2항 제2호, 제11조 제1항(후원인의 기부한도초과)·제2항 제2호(하나의 후원회에 연간기부한도초과), 제48조 제3항, 제2조 제5항(타인명의 정치자금기부)을 위반함(대전지방법원 천안지원 2019. 8. 28. 선고 2019고약3372 판결).

③ 후원인이 13차례에 걸쳐 국회의원후원회에 합계 2천4백만원 기부

피고인은 2012. 4. 2.경 자신 명의의 은행계좌를 이용하여 총 13차례에 걸쳐 국회의원후보자후원회 및 국회의원후원회 10곳에 합계 2천4백만원을 기부하여 후원인의 연간 후원금 기부한도인 2천만원에서 400만원 초과하여 기부하여, 피고인이 연간 후원금 기부한도인 2천만원을 4백만원 초과하여 기부함으로써 정치자금법 제45조 제2항 제2호, 제11조 제1항(후원인이 후원회 후원금 기부 연간한도 초과)을 위반함(서울중앙지방법원 2019. 1. 9. 선고 2018고정1633 판결).

8. 처벌

본 조 제1항의 규정을 위반하여 연간 기부할 수 있는 한도액을 초과하여 기부한 자와 제2항의 규정을 위반하여 후원금을 받거나 모금 또는 기부를 한 자는 5년 이하의 징역 또는 1천만원 이하의 벌금에 처한다(「정치자금법」 제45조 제2항 제2호). 이 경우 그 제공된 금품 그 밖에 재산상의 이익은 몰수하며, 이를 몰수할 수 없을 때에는 그 가액을 추징한다(「정치자금법」 제45조 제3항).

본 조 제3항의 규정에 의한 익명기부한도액을 위반하여 기부한 자에 대해서는 200만원 이하의 벌금형에 처한다(「정치자금법」 제48조 제6호).

본 조 제4항의 규정을 위반하여 익명기부한도액을 초과분이나 타인의 명의 또는 가명으로 기부받은 후원금을 정당한 사유 없이 국고에 귀속시키지 아니한 자에 대해서는 200만원 이하의 벌금형에 처한다(「정치자금법」 제48조 제4호).

제12조(후원회의 모금·기부한도) ① 후원회가 연간 모금할 수 있는 한도액(이하 "연간 모금한도액"이라 하고, 전년도 연간 모금한도액을 초과하여 모금한 금액을 포함한다)은 다음 각 호와 같다. 다만, 신용카드·예금계좌·전화 또는 인터넷전자결제시스템 등에 의한 모금으로 부득이하게 연간 모금한도액을 초과하게 된 때에는 연간 모금한도액의 100분의 20의 범위에서 그러하지 아니하되, 그 이후에는 후원금을 모금할 수 없다.

  1. 중앙당후원회는 중앙당창당준비위원회후원회가 모금한 후원금을 합하여 50억원

  2. 삭제

  3. 대통령후보자등후원회·대통령선거경선후보자후원회는 각각 선거비용제한액의 100분의 5에 해당하는 금액(후원회지정권자가 동일인인 대통령후보자등후원회는 합하여 선거비용제한액의 100분의 5에 해당하는 금액)

  4. 국회의원·국회의원후보자등 및 당대표경선후보자등의 후원회는 각각 1억5천만원(후원회지정권자가 동일인인 국회의원후보자등후원회는 합하여 1억5천만원)

  5. 지방의회의원후보자등후원회는 선거비용제한액의 100분의 50에 해당하는 금액(후원회지정권자가 동일인인 지방의회의원후보자등후원회는 합하여 선거비용제한액의 100분의 50에 해당하는 금액)

  6. 지방자치단체장후보자등후원회는 선거비용제한액의 100분의 50에 해당하는 금액(후원회지정권자가 동일인인 지방자치단체장후보자등후원회는 합하여 선거비용제한액의 100분의 50에 해당하는 금액)

② 후원회가 해당 후원회지정권자에게 연간 기부할 수 있는 한도액(이하 "연간 기부한도액"이라 한다)은 제1항의 규정에 의한 연간 모금한도액과 같은 금액으로 한다. 다만, 부득이하게 해당 연도(대통령후보자등·대통령선거경선후보자·당대표경선후보자등·국회의원후보자등·지방의회의원후보자등 및 지방자치단체장후보자등의 후원회는 해당 후원회를 둘 수 있는 기간을 말한다)에 후원회지정권자에게 기부하지 못한 때에는 제40조(회계보고) 제1항에 따른 회계보고[국회의원후원회는 12월 31일 현재의 회계보고를, 후원회가 해산한 때에는 제40조(회계보고) 제2항에 따른 회계보고를 말한다]를 하는 때까지 기부할 수 있다.

③ 후원회가 모금한 후원금이 연간 기부한도액을 초과하는 때에는 다음 연도에 이월하여 기부할 수 있다.

④ 제19조(후원회의 해산 등)의 규정에 의하여 후원회가 해산된 후 후원회지정권자가 같은 종류의 새로운 후원회를 두는 경우 그 새로운 후원회가 모금·기부할 수 있는 후원금은 당해 후원회의 연간 모금·기부한도액에서 종전의 후원회가 모금·기부한 후원금을 공제한 금액으로 한다.

> **제45조(정치자금부정수수죄)** ② 다음 각 호의 어느 하나에 해당하는 자는 5년 이하의 징역 또는 1천만원 이하의 벌금에 처한다.
>
>   2. 제11조(후원인의 기부한도 등) 제1항의 규정을 위반하여 기부한 자와 제11조 제2항, 제12조(후원회의 모금·기부한도) 제1항·제2항 또는 제13조(연간 모금·기부한 도액에 관한 특례) 제1항의 규정을 위반하여 후원금을 받거나 모금 또는 기부를 한 자

1. 의의

후원회의 인적·물적 자원 동원에 따른 모금 능력 차이에 따른 불균형이 발생할 수 있고 이권과 금권선거의 부작용이 초래될 수 있는 점을 고려하여 후원회의 모금·기부한도를 제한하고 있다. 후원회는 회원과 사무소를 기초로 활동한 결과로 모금한 후원금에서 모금에 직접 소요된 경비를 공제한 후 지체 없이 국회의원에게 기부하도록 하는 한편, 후원회의 연간 모금한도액 및 연간 기부한도액을 엄격히 제한하여 이에 위반되는 행위를 형사처벌의 대상으로 삼고 있다.[91]

2. 중앙당후원회 및 국회의원후원회의 후원금 모금 현황(2022년도)

2022. 3. 9. 실시된 제20대 대통령선거의 경우 선거비용제한액은 513억 900만원이었고, 후보자 후원회(예비후보자 후원회 포함)와 당내경선후보자후원회는 각각 선거비용제한액의 100분의 5에 해당하는 금액인 25억 6545만원까지 후원금을 모금할 수 있었다.[92]

2022. 6. 1. 실시된 제8회 전국동시지방선거의 경우 지방의회의원후보자등후원회와 지방자치단체장후보자등후원회는 선거비용제한액의 100분의 50에 해당하는 금액을 모금할 수 있었다. 예컨대 서울시장 선거와 경기도지사 선거의 선거비용제한액이 각각 36억 8938만7000원과 47억 6058만8000원이었고, 서울시장 또는 경기도지사 후보자 후원회(예비후보자 후원회 포함)는 선거비용제한액의 100분의 50에 해당하는 금액인 18억 4469만 3500원,

---

91) 대법원 2010. 7. 15. 선고 2007도7523 판결.

92) 중앙선거관리위원회 보도자료. 제20대 대통령선거 선거비용제한액 513억 9백만원 – 후보자후원회 등은 25억6천5백4십만원까지 모금 가능(2021. 6. 29.). 대통령선거의 선거비용제한액은 5월 31일 현재 전국 총 인구수(51,683,025명)에 950원을 곱한 금액에 통계청장이 고시한 전국소비자물가변동률을 감안한 선거비용제한액 산정비율(4.5%)을 증감하여 산정한다.

23억 8029만 4000원까지 후원금을 모금할 수 있었다.[93]

　2022년도 중앙당후원회와 국회의원후원회의 후원금 모금은 29개의 중앙당후원회가 총 59억 5천1백여만원을, 309개의 국회의원후원회가 총 585억 7천9백여만원을 모금하였다. 중앙당후원회의 모금액은 국민의힘이 17억 6천3백여만원으로 가장 많았으며, 진보당 16억 2천4백여만원, 정의당 8억 8천8백여만원, 우리공화당이 4억 7천6백여만원, 더불어민주당 4억 5천2백여만원 순이었다.

　국회의원후원회의 평균 모금액은 1억 8천9백여만원으로 2021년 평균 모금액인 1억 3천5백여만원에 비해 5천4백여만원이 증가하였다.

　2022년의 경우 제20대 대통령선거와 제8회 전국동시지방선거가 있어 후보자를 추천한 정당의 중앙당후원회와 지역구국회의원후원회는 평년 모금액의 2배까지 모금할 수 있었기 때문이다. 2022년 연간 모금 한도액을 초과하여 후원금을 모금한 국회의원후원회는 총 40개인 것으로 나타났다.

2022년도 중앙당후원회 및 국회의원후원회 후원금 모금현황[94]

Ⅰ. 중앙당후원회

１ 개 요

○ 후원회수: 29개(해산된 후원회 2개 포함)

○ 모금한도액: 후원회별 100억원(공직선거 미참여 정당: 50억원)

○ 총 모금액: 5,951,601,163원

○ 평균 모금액: 205,227,626원

２ 후원금 모금현황

(단위: 원, 2022. 12. 31. 기준)

구 분	더불어민주당	국민의힘	정의당	기본소득당	시대전환	가자평화인권당
총모금액	452,436,119	1,763,679,938	888,621,503	59,141,280	40,634,582	0
구 분	가자환경당	국가혁명당	기독당	노동당	녹색당	대한당
총모금액	1,155,456	25,592,646	50,000	131,347,916	131,230,573	2,940,000
구 분	미래당	민중민주당	새누리당	열린민주당	우리공화당	자유당

---

93)　중앙선거관리위원회 보도자료. 제8회 전국동시지방선거·보궐선거 선거비용제한액 변경공고 – 법 개정에 따른 선거구역 변경, 선거사무관계자 수당 인상 등 가산 반영(2022. 5. 13.). 선거비용제한액이 변경된 이유는 2022년 4월 공직선거법 개정으로 선거사무장, 선거연락소장, 선거사무원의 수당이 인상되면서 이에 연동하여 선거비용제한액을 함께 늘리도록 했기 때문이다.

94)　중앙선거관리위원회 보도자료. 2022년도 중앙당후원회 및 국회의원후원회 후원금 모금내역 공개 – 중앙당후원회 59억 5천1백여만원 모금, 국회의원후원회 585억 7천9백여만원 모금–(2023. 2. 24.).

총모금액	36,396,669	10,045,999	3,890,080	15,170,000	476,905,930	251,794
구 분	**자유민주당**	**자유의새벽당**	**중소자영업당**	**진보당**	**충청의미래당**	**친박신당**
총모금액	218,009,267	1,493,800	0	1,624,172,324	0	430,000
구 분	**한국복지당**	**한나라당**	**한류연합당**	**국민의당***	**열린민주당****	
총모금액	0	0	1,201,001	64,939,265	1,865,021	

Ⅱ. 국회의원후원회

① 개 요

○ 후원회수: 309개(해산된 후원회 10개 포함)

○ 모금한도액

　- 연간 모금한도액: 1억 5천만원

　- 공직선거 참여 정당 소속 지역구 국회의원후원회의 모금한도액: 3억원

○ 총 모금액: 58,579,018,319원

○ 평균 모금액: 189,576,111원

○ 모금한도 초과 후원회: 40개

　※ 초과 모금액은 2023년 모금한도액에 포함

② 후원금 모금현황

가. 소속 정당별

(단위: 원, 2022. 12. 31. 기준)

구 분	더불어민주당*	국민의힘**	정의당
후원회수	172	121	6
총모금액	34,321,737,941	22,110,387,501	949,471,296
평균모금액	199,544,988	182,730,475	158,245,216
구 분	**기본소득당**	**시대전환**	**무소속*****
후원회수	1	1	8
총모금액	154,927,354	151,417,047	891,077,180
평균모금액	154,927,354	151,417,047	111,384,648

나. 연도별

(단위: 원, 2022. 12. 31. 기준)

구 분	2022년	2021년	2020년
총모금액	58,579,018,319	40,713,194,612	53,824,519,287
평균모금액	189,576,111	135,259,783	179,415,064

※ 2020년, 2022년도는 공직선거가 있는 연도로서 평년 모금액(1억 5천만원)의 2배인 3억원까지 모금 가능.

연도별 국회의원후원회 후원금 모금 현황

(단위: 백만원)

연도	후원회(수)	총모금액	평균모금액	비고
2004년	285	40,488	142	
2005년	295	35,216	119	
2006년	301	45,203	150	
2007년	296	41,439	139	
2008년	290	63,404	218	
2009년	296	41,167	139	
2010년	306	47,768	156	
2011년	298	31,039	104	
2012년	298	44,832	150	
2013년	298	38,191	128	
2014년	299	50,456	168	제6회 지선
2015년	291	36,320	124	
2016년	298	53,532	179	제20대 총선
2017년	299	54,097	181	제19대 대선
2018년	298	49,491	166	제7회 지선
2019년	295	35,418	120	
2020년	300	53,824	179	제21대 총선
2021년	301	40,713	135	

| 2022년 | 309 | 58,579 | 189 | 제20대 대선
제8회 지선 |

* (정치자금법 제13조) 대통령선거와 임기만료 국선·지선이 있는 연도에는 평년 모금한도액의 2배 모금 가능(후보자추천 정당의 지역구국회의
원후원회 등).

3. 각국의 기부한도액 및 모금한도액 현황[95]

국가명	기부한도액	모금한도액	근거규정
미 국	• 개인: 연간 $5,000(한화 약 5,875,500원), 선거당 $2,900(한화 약 3,407,790원) 　- 현금 기부는 $100(한화 약 117,510원) 　　까지 가능	-	연방 선거운동법 제30116(a)(1), 제30123조
프랑스	• 개인: 연간 €7,500(한화 약 10,337,925원) 이하 기부 가능	-	정치자금 투명법 제11조 내지 제14조
독 일	• 개인: 제한 없음 　- 현금 기부는 €1,000(한화 약 1,378,100원) 　　까지 가능	-	정당법 제25조 제1항
일 본	• 개인: 연간 ¥20,000,000(한화 약 211,966,000 원) 이하로 기부 가능 • 회사는 자본금에 따라, 노동조합은 조 합원의 규모에 따라, 정치단체 외 기 타단체는 전년도 지출금액에 따라 ¥7,500,000~300,000,000(한화 약 79,764,750~317,979,000원)으로 달라짐.	-	정치자금 규정법 제21조 제3항
스페인	• 개인: 연간 €50,000(한화 약 68,905,000원) 기부 가능	-	정당자금법 제5조
캐나다	• 개인: 연간 $1,650(한화 약 1,536,513원) 이하(2021년 기준) 기부 가능 　- 현금 기부는 $20(한화 약 18,624원)까 　　지 가능	-	선거법 제367조 제1항

---

95) 중앙선거관리위원회. 각국의 정당·정치자금제도 비교연구(2021), 280~281면.

4. 후원회의 연간 모금한도액

가. 연간 모금한도액

후원회가 연간 모금한도액을 초과하여 후원금 모금은 할 수 없으나, 신용카드·예금계좌·전화 또는 인터넷전자결제시스템 등에 의한 모금으로 부득이하게 이를 초과하는 경우에는 다음 연도에 이를 이월하여 기부할 수 있고, 그 이월금은 후원회의 연간모금한도액에 포함된다.

후원회가 연간 모금할 수 있는 한도액은 다음 표와 같다.

▌후원회의 연간 모금·기부한도액

구 분	모금·기부한도액
중앙당후원회	50억원 (중앙당창당준비위원회후원회가 모금한 후원금을 합하여 50억원)
대통령후보자등후원회 대통령선거경선후보자후원회	각각 대통령선거 선거비용제한액의 100분의 5에 해당하는 금액 (후원회지정권자가 동일인인 대통령후보자등후원회는 합하여 선거비용제한액의 100분의 5에 해당하는 금액)
국회의원후원회 국회의원후보자등후원회 당대표경선후보자등후원회	각각 1억 5천만원 (후원회지정권자가 동일인인 국회의원후보자등 후원회는 합하여 1억 5천만원)
지방의회의원후보자등후원회 지방자치단체장후보자등후원회	당해 선거비용제한액의 100분의 50에 해당하는 금액 (후원회지정권자가 동일인인 지방의회의원후보자등후원회 또는 지방자치단체장후보자등후원회는 합하여 선거비용제한액의 100분의 50에 해당하는 금액)

「주」 1. 국회의원후보자가 국회의원으로 당선된 경우 각각 1억 5천만원을 모금·기부할 수 있으므로, 국회의원후보자등후원회가 1억 5천만원을 모금하지 않았다고 하여, 그 차액을 국회의원후원회가 추가로 모금할 수 있는 것이 아님에 유의.

2. 「정치자금법」 제20조 제1항에 따라 합병으로 신설 또는 존속하는 후원회가 모금·기부할 수 있는 후원금은 해당 후원회의 연간 모금·기부한도액에서 신설합당으로 후원회가 합병하는 경우 합병 전에 모금·기부한 금액이 각각 적은 후원회 흡수합당으로 합병하는 경우 존속하는 후원회가 모금·기부한 금액을 공제한 금액으로 함.

중앙선거관리위원회는 규칙 제17조(대통령선거경선후보자후원회의 모금·기부한도액의 산정 등) 제1항의 규정에 의하여 대통령선거경선후보자후원회의 모금·기부한도액을 산정함에 있어 대통령선거경선의 후보자등록신청개시일이 선거비용제한액공고일 전에 해당하는 경우 대통령선거경선후보자후원회의 모금·기부한도액 산정의 기준이 되는 인구수는 가장 최근에 실시한 임기만료에 의한 공직선거의 인구수로 한다. 그리고 중앙선거관리위원회는 규칙 제

17조 제1항에 의하여 산정된 대통령선거경선후보자후원회의 모금·기부한도액을 지체 없이 당해 후원회에 서면으로 통지하여야 한다.

전년도에 국회의원 후원회가 후원금 한도액인 1억 5천만원을 모금하여, 정치자금 계좌로 전년도에 2천만원, 금년에 나머지 1억 3천만원을 입금한 경우, 그 국회의원 후원회가 「정치자금법」 제12조 제1항 본문에 따라 금년에 연간(1. 1. ~ 12. 31.) 모금할 수 있는 한도액은 1억 5천만원이며, 당해 후원회지정권자에게 금년도에 추가 기부할 수 있는 금액은 2천만원이다.[96] 지역구국회의원예비후보자후원회와 지역구국회의원후보자후원회는 합하여 연간 1억 5천만원까지 후원금을 모금할 수 있으며, 국회의원후원회로 변경등록한 경우 추가로 연간 1억 5천만원까지 모금할 수 있다.[97] 후원회가 회계 연도 중에 등록되었다 하더라도 해당 연도 중 모금한도액에는 영향이 없다.[98] 연간 모금한도액을 초과한 이후에는 후원금을 모금할 수 없다. 재선거에 당선된 국회의원후원회는 국회의원의 후원회로 변경등록한 이후부터 연간 1억 5천만원까지 모금할 수 있다.[99] 공직선거가 종료된 후 등록한 후원회의 경우에는 평년의 연간 모금 및 기부한도액의 2배를 모금 및 기부할 수 있는 후원회에 해당하지 않는다.[100] 익명기부한도액 초과분 또는 타인의 명의나 가명으로 기부한 금액을 국고에 귀속시킬 때에는 그 금액은 후원회의 연간 모금한도액에 포함되지 않는다.[101]

나. 후보자후원회의 선거일 후에 후원금 모금·기부

후보자후원회의 후원금 모금은 후원회 등록일부터 선거일까지 후원금 모금이 가능하나, 예금계좌에 의한 후원금 모금의 경우 선거일이 금융기관의 휴무일이므로 다음날 금융기관 운영마감시각 전 계좌폐쇄 전까지 모금 가능(다음날 계좌폐쇄하지 않은 경우에는 선거일 당일까지 인정)하고, 선거일에 임박하여 후원금이 접수되는 등 부득이한 사유로 선거일까지 후원금을 기부하지 못한 때에는 선거일 후에 지체 없이 지정권자에게 기부하고, 지정권자는 당선여부와 상관없이 그 후원금을 당해 선거의 선거비용 등 정치활동에 소요된 경비로 지출하는 것은 무방하며, 이 경우 후원회와 당해 지정권자는 그 수입과 지출내역을 회계보고에 포함하여야 한다.

한편 후원회를 둔 지역구국회의원후보자가 당선된 경우 그 후원회는 국회의원후원회로

---

96) 중앙선거관리위원회 2009. 5. 13. 회답.
97) 중앙선거관리위원회 2006. 6. 7. 회답.
98) 중앙선거관리위원회 1990. 10. 24. 회답.
99) 중앙선거관리위원회 2005. 5. 25. 회답.
100) 중앙선거관리위원회 1997. 1. 13. 회답.
101) 중앙선거관리위원회 2005. 6. 23. 회답.

존속할 수 있으므로 선거일 후부터 국회의원후원회로 변경등록되기 전까지 후원금이 접수되는 경우 그 후원금은 국회의원후원회에 기부된 후원금으로 보아 회계처리하고 국회의원후원회로 변경등록된 이후 당해 지정권자에게 기부한다.[102]

다. 제1항 단서조항 의미

「정치자금법」 제12조 제1항 단서인 부득이하게 연간 모금한도액을 초과하게 된 때의 해당 여부와 관련하여 법원은 "같은 법 제12조 제1항 단서는 '신용카드·예금계좌·전화 또는 인터넷전자결제시스템 등에 의한 모금으로 부득이하게 연간 모금한도액을 초과하게 된 때에는 그러하지 아니하되, 그 이후에는 후원금을 모금할 수 없다'고 규정하고 있는바, 위 단서조항에서 정하는 모금방법은 후원회의 모금의사 내지 행위와는 무관하게 후원인의 일방적인 의사와 행위에 기하여 이루어지는 경우가 있어 그와 같은 방법에 의한 모금으로 연간 모금한도액을 초과하게 되었다는 사실만으로 곧바로 그 한도액 초과에 대해 후원금 모금자에게 형사책임을 지운다면 이는 형사상 자기책임의 원칙에 반하게 되는 점, 만약 위 단서 조항에 정해진 방법에 의한 모금을 하였다는 사실 외에 피고인에게 모금한도액 초과상태의 발생을 막지 못한 데에 별도의 부득이한 사유가 있었음을 증명하도록 요구한다면 이는 피고인에게 후원인들로 하여금 연간 모금한도액이 초과되지 않는 범위에서 기부하도록 하는 별도의 조치를 취할 의무를 부과하는 것이 되어 피고인에게 불리한 확장해석이 되는 점, 그 밖에 위 단서 조항의 문언 내용, 「정치자금법」의 입법 취지 등을 종합하여 보면, 위 단서 조항에 정해진 방법에 의하여 후원금을 모금하는 경우 그 과정에서 일시적으로 연간 모금한도액 초과상태에 이르게 된다 하더라도 그러한 사정만으로 곧바로 구 「정치자금법」 제45조 제2항 제2호 위반죄가 성립하는 것이라고 볼 수는 없고, 다만 그러한 초과사실을 알면서도 계속 모금하거나 그와 동일시할 수 있는 정도의 사정이 있는 경우에 한하여 위 위반죄가 성립한다고 할 것이다"라고 판시하였다.[103] 부득하게 연간 모금한도액을 초과한 것에 해당하는지 여부는 일률적으로 판단할 수 없고 구체적 개별적으로 판단해야 할 것이다.

> **부득이하게 연간 모금한도액을 초과하게 된 때의 해당하지 않은 것으로 본 사례**
>
> 피고인은 국회의원 보좌관과 후원회 회계책임자를 겸하고 있으면서 연간 모금한도액 잔액이 불과 얼마 남지 않았다는 사실을 이미 파악한 상태였고, 당시 해당 지역구 내에서의 공장설립과 관련한 민원을 갖고 있

---

102) 중앙선거관리위원회 2005. 11. 24. 회답.
103) 대법원 2010. 7. 15. 선고 2007도7523 판결.

던 위 회사의 임직원들이 거의 매일 수십명씩 이례적인 방법을 동원해 가며 후원금을 집중적으로 기부하고 있었으므로 조만간 연간 모금한도액을 초과하게 될 것을 충분히 예상할 수 있는 상황이었을 뿐 아니라 실제로 불과 2일 후인 2005. 12. 14.경 위 소외 회사 직원들의 집중적 기부행위로 연간 모금한도액을 상당 부분 초과하게 되었으므로, 늦어도 2005. 12. 14.경에는 연간 모금한도액 초과사실을 알았거나 미필적으로나마 인식 또는 예견하였다고 보아야 할 것이고, 그렇다면 피고인이 적어도 위 2005. 12. 14.경 이후에도 후원금계좌를 폐쇄하거나 후원금 기부를 문의하는 후원자들에게 다음 연도 기부방법을 안내하는 등의 조치를 취하지 아니한 채 후원회 계좌로의 입금이 계속 이루어지도록 한 행위는 연간 모금한도액 초과사실을 알면서도 후원금을 계속 모금한 경우에 해당한다고 할 것이다(대법원 2010. 7. 15. 선고 2007도7523 판결).

부득이하게 연간 모금한도액을 초과하게 된 때의 해당한 것으로 본 사례

 정용기 국회의원은 2016. 8. 9. 실시한 새누리당 전당대회에 최고위원 후보로 출마하였습니다. 이 과정에서 최고위원경선후보자후원회가 모금한 후원금을 우선적으로 집행하여야 함에도 불구하고, 실무담당자의 실수 등으로 국회의원의 정치자금에서 차입한 금액이 선 지출되어 최고위원경선후보자 후원금을 거의 사용하지 못하고 3,800만원의 미집행분이 발생하게 되었습니다. 이 미집행분은 최고위원경선후보자후원회 해산 후인 8. 10. 국회의원후원회 계좌로 이체하게 되었으며, 이로 인하여 국회의원후원회의 모금액이 9. 27.부터 3억원을 초과하게 되었습니다. 그러나, 국회의원후원회로 이체된 최고위원경선후보자 후원금이 국회의원후원회의 연간 모금한도액에 산입되는지는 미처 알지 못하였으며, 만약 산입되지 않았다면 연간 모금한도액인 3억원을 초과하지 않는 상황이었기에 본 의원실에서는 11. 8. 관할 선관위와의 점검을 통해서 비로소 이를 인지하게 되었습니다. 현재 약 1,300만원 정도 연간 모금한도액을 초과하였는바, 이 경우 「정치자금법」 제12조 제1항에 따라 부득이하게 연간 모금한도액을 초과하게 된 경우에 해당하는지 여부를 질의하오니 회신하여 주시기 바랍니다.

※ 11. 8. 후원회 계좌 입금 정지 조치하였으며, 연간 모금한도액을 초과한 후원금은 신용카드·예금계좌·전화 또는 인터넷 전자결제 시스템 등에 의한 모금에 의한 것임.

 귀문의 경우 부득이하게 연간 모금한도액을 초과하게 된 때에 해당할 것이며, 연간 모금한도액을 초과하여 모금한 금액은 다음 연도의 연간 모금한도액에 포함하여야 할 것임(중앙선거관리위원회 2016. 11. 24. 회답).

중앙선거관리위원회는 실무상 "부득이한 사유"에 해당하는 경우[104]를 다음과 같이 보고 있다.

---

104) 중앙선거관리위원회. 정치자금사무편람(2022), 45면.

후원금 모금한도액이 초과한 당일의 다음날 계좌폐쇄까지 입금된 초과 모금액

- 초과된 다음날이 금융기관의 휴무일(공휴일, 토·일요일)인 경우, 휴무일 이후 첫 번째 평일의 계좌폐쇄
까지 입금된 모금액 포함

- 다만, 초과일 다음날(휴무일 이후 첫 번째 평일 포함)까지 계좌폐쇄하지 않은 경우에는 후원금 모금한도
액이 초과한 당일에 입금된 초과 모금액(초과된 다음날이 휴무일이어서 계좌폐쇄 등을 할 수 없어 모금
된 금액 포함)은 인정

○ 모금한도액이 초과한 당일 이전에 후원인이 결제하였으나 정산기일이 소요되어 모금한도액 초과일 후에
수입계좌에 입금된 금액

- 정치후원금센터(토스페이먼츠), 간편결제, 신한카드아름인, 롯데카드포인트, CMS, ARS, 신용카드결제 등

○ 초과기준일 이후 입금된 후원금이라도 후원회의 소명내용 및 증빙자료에 따라 명백히 부득이한 경우는
예외적으로 인정

　　후원회가 부득이하게 연간모금한도액을 초과하게 되어 당해 후원회가 정치자금수입용 예금계좌의 거래를 중지한 상태에서 신용카드 및 인터넷전자결제에 의한 후원금이 기부되어 신용카드사에서 당해 후원회에 후원금을 입금하고자 하는 경우에는 수입용 예금계좌의 거래 중지를 해지하여 신용카드사로부터 당해 연도에 후원금 수입용 예금계좌를 통하여 납입받을 수 있다.[105]

5. 후원회의 연간 기부한도액

　　후원회가 해당 후원회지정권자에게 연간 기부할 수 있는 한도액은 후원회의 연간 모금한도액과 같다. 다만, 2010. 1. 25. 「정치자금법」 제12조 제2항의 개정으로 후원회는 해당 연도말일까지 후원금을 지정권자에게 기부하여야 하나 부득이하게 해당 연도(대통령후보자 등·대통령선거경선후보자·당대표경선후보자등·국회의원후보자등·지방의회의원후보자등 및 지방자치단체장후보자등의 후원회는 해당 후원회를 둘 수 있는 기간을 말한다)에 후원회지정권자에게 기부하지 못한 때에는 제40조(회계보고) 제1항에 따른 회계보고[국회의원후원회는 12월 31일 현재의 회계보고를, 후원회가 해산한 때에는 제40조(회계보고) 제2항에 따른 회계보고를 말한다]를 하는 때까지 기부할 수 있다.

---

105) 중앙선거관리위원회 2005. 12. 19. 회답.

6. 연간 기부한도액을 초과한 후원금의 다음 연도 이월 기부

"후원회가 모금한 후원금이 연간 기부한도액을 초과하는 때에는 다음 연도에 이월하여 기부할 수 있다"는 규정은 후원회가 당해 연도에 징수 또는 모집한 정치자금이 그 후원회가 정치인에게 기부할 수 있는 연간 기부한도액을 초과하는 경우에는 이를 보관하였다가 다음 연도에 이월하여 정치인에게 기부할 수 있다는 내용에 불과할 뿐, 후원회가 당해 연도에 징수 또는 모집한 정치자금을 다음 연도에 징수 또는 모집한 것처럼 사실과 다르게 회계처리 하여도 된다는 근거가 될 수 없다.[106]

전년도에 지정권자에게 기부하지 아니하고 이월된 후원금은 금년도 연간기부한도액의 범위 안에서 당해 지정권자에게 기부할 수 있고,[107] 국회의원후원회가 연간 모금한 금액을 사정에 의하여 후원회 지정권자에게 당해 연도에 기부를 하지 못하고 다음 연도에 이월하였을 경우 익년도 모금액과 전년 이월금액을 합하면 후원회가 후원회 지정권자에게 기부할 수 있는 여유자금이 기부한도액을 초과할 수 있는바, 이러한 경우 연간 기부한도액에 전년도 이월금이 포함된다.[108]

이월 기부한 후원금의 회계처리 방법[109]
- 후원회 지출부에 기부일자를 12. 31.로 입력하고, '지출상세내역'에 실제 지출일자를 기재
  [예: 지정권자에게 기부(1. 10.)]
- 국회의원 정치자금의 경우에는 수입부에 수입일자를 12. 31.로 입력하고, '수입상세내역'에 실제 수입일자를 기재[예: 후원회기부금(1. 10.)]
  - ☞ 재산명세서의 '현금 및 예금' 잔액은 수입·지출보고서(총괄표)의 잔액을 기재하며, 수입·지출보고서(총괄표)의 잔액과 예금통장잔액(12. 31. 기준)과 불부합하게 된 사유서를 첨부

---

7. 후원회지정권자가 같은 종류의 새로운 후원회를 두는 경우

후원회가 해산된 후 후원회지정권자가 같은 종류의 새로운 후원회를 두는 경우 그 새로운 후원회가 모금·기부할 수 있는 후원금은 당해 후원회의 연간 모금·기부한도액에서 종전의

---

106) 서울고등법원 2004. 11. 5. 선고 2004노1609 판결.
107) 중앙선거관리위원회 2009. 3. 23. 회답.
108) 중앙선거관리위원회 2006. 12. 28. 회답.
109) 중앙선거관리위원회. 정치자금사무편람(2022), 48면.

후원회가 모금·기부한 후원금을 공제한 금액으로 한다.

예비후보자의 선거(구) 변경에 따른 후원회 변경등록 시 후원금 모금·기부와 관련하여[110] 같은 종류의 선거에 후원회 변경등록할 경우에는 모금·기부할 수 있는 금액은 변경등록한 후원회의 연간 모금·기부 한도액에서 변경등록 전까지 모금·기부한 금액을 공제한 금액으로 하고 종전 후원회 잔여재산은 국고귀속 불요하다. 종전 후원회 모금액이 새로운 후원회 한도액을 초과하는 경우에는 새로운 후원회는 수입계좌를 폐쇄·모금 중지하고 기부할 수 있는 금액의 범위에서 기부만 가능하다.

다른 종류의 선거에 후원회 신규등록한 경우에는 모금·기부할 수 있는 금액은 신규등록한 후원회의 연간 모금·기부한도액이고 종전 후원회의 잔여재산은 「정치자금법」 제21조 제3항에 따라 국고 귀속한다.

8. 처벌

본 조 제1항 및 제2항의 규정을 위반하여 연간 모금·기부한도액을 초과하여 후원금을 받거나 모금 또는 기부를 한 자는 5년 이하의 징역 또는 1천만원 이하의 벌금에 처한다(「정치자금법」 제45조 제2항 제2호). 이 경우 그 제공된 금품 그 밖에 재산상의 이익은 몰수하며, 이를 몰수할 수 없을 때에는 그 가액을 추징한다(「정치자금법」 제45조 제3항).

제13조(연간 모금·기부한도액에 관한 특례) ① 다음 각 호에 해당하는 후원회는 공직선거가 있는 연도에는 연간 모금·기부한도액의 2배를 모금·기부할 수 있다. 같은 연도에 2 이상의 공직선거가 있는 경우에도 또한 같다.

　1. 대통령선거

　　후보자를 선출한 정당의 중앙당후원회 및 지역구국회의원후원회

　2. 임기만료에 의한 국회의원선거

　　후보자를 추천한 정당의 중앙당후원회 및 지역구에 후보자로 등록한 국회의원후원회

　3. 임기만료에 의한 동시지방선거

　　후보자를 추천한 정당의 중앙당후원회 및 해당 선거구에 후보자를 추천한 정당의 지역구국회의원후원회

---

110) 중앙선거관리위원회. 정치자금사무편람(2022), 51면.

> ※ 동 항의 규정을 위반하여 모금 또는 기부를 한 자 → 5년 이하의 징역 또는 1천만원 이하 벌금(제45조
> 제2항 제2호)
> ② 제1항에서 "공직선거가 있는 연도"라 함은 당해 선거의 선거일이 속하는 연도를 말한다.

> **제45조(정치자금부정수수죄)** ② 다음 각 호의 어느 하나에 해당하는 자는 5년 이하의 징역 또는 1천만원
> 이하의 벌금에 처한다.
> 　2. 제11조(후원인의 기부한도 등) 제1항의 규정을 위반하여 기부한 자와 제11조 제2항, 제12조(후원
> 　　회의 모금·기부한도) 제1항·제2항 또는 제13조(연간 모금·기부한 도액에 관한 특례) 제1항의 규정
> 　　을 위반하여 후원금을 받거나 모금 또는 기부를 한 자
> ③ 제1항 및 제2항의 경우 그 제공된 금품 그 밖에 재산상의 이익은 몰수하며, 이를 몰수할 수 없을 때에
> 는 그 가액을 추징한다.

1. 의의

　본 조는 후원회의 연간 모금·기부한도액에 관한 특례규정으로 공직선거가 있는 연도에는 후원회의 지정권자인 국회의원이 선거와 관련하여 사용하게 될 자금의 소요가 많을 것이므로 후원회가 후원금을 모금하여 지정권자에게 기부할 수 있는 금액을 평년도 한도액의 2배로 확대한 것이다. 대통령선거, 임기만료에 의한 국회의원선거, 임기만료에 의한 동시지방선거가 있는 연도에는 연간 모금·기부한도액의 2배를 모금·기부할 수 있도록 하여 후원회지정권자인 중앙당이나 국회의원이 사용하게 될 자금의 소요가 많을 경우를 고려하였다.

2. 연간 모금·기부한도액의 2배를 모금할 수 있는 후원회

가. 대통령선거

　대통령 후보자를 선출한 정당의 중앙당후원회와 대통령후보자를 선출한 정당의 지역구국회의원후원회는 평년의 연간 모금·기부한도액의 2배를 모금할 수 있다. 따라서 비례대표국회의원후원회, 대통령후보자를 선출하지 아니한 정당 소속의 지역구국회의원후원회, 무소속 국회의원후원회는 이에 해당하지 아니하므로 평년의 연간 모금·기부한도액만을 모금할

수 있다.

대통령후보자 선출이라 함은 당해 정당의 당헌에 따라 대통령후보자를 선출한 것을 의미하며, 중앙선거관리위원회에 대한 대통령후보자 등록을 의미하는 것이 아니다. 정당의 중앙당은 당해 정당의 당헌이 정하는 바에 따라 대통령후보자를 선출한 때에는 그 사실을 지체 없이 중앙선거관리위원회에 통보하여야 한다(규칙 제18조).

연간 모금·기부한도액의 2배를 모금할 수 있는 기간은 대통령후보자를 선출한 때부터 공직선거가 있는 연도의 말일인 12월 31일까지이다. 해당 후원회가 공직선거가 있는 연도 중에 해산한 경우에는 후원회를 둘 수 있는 기간까지 모금할 수 있다. 초선 국회의원의 경우 대통령 선거에서 소속 정당이 후보자를 선출하는 경우 해당 지역구 국회의원후원회는 평년 모금한도액의 2배에 해당하는 3억을 모금하는 것은 가능하다.[111]

나. 임기만료에 의한 국회의원선거

후보자를 추천한 정당의 중앙당후원회와 지역구에 후보자로 등록한 국회의원후원회에 적용된다. 지역구뿐만 아니라 비례대표국회의원 후보자를 추천한 중앙당후원회는 평년의 연간 모금·기부한도액의 2배를 모금할 수 있다. 비례대표국회의원이나 무소속국회의원도 지역구에 후보자로 등록한 경우 해당 국회의원후원회는 평년의 연간 모금·기부한도액의 2배를 모금할 수 있다.

비례대표국회의원이 임기만료에 의한 국회의원선거의 지역구후보자로 등록하는 경우, 그 비례대표국회의원후원회는 연간 모금·기부한도액의 2배에 해당하는 금액을 모금·기부할 수 있고, 이렇게 2배를 모금하는 경우에도 별도의 후원회를 두는 것이 아니므로 비례대표국회의원후원회의 수입계좌를 이용하여 모금하여야 한다.[112] 연간 모금·기부한도액의 2배에 해당하는 금액을 모금할 수 있는 기간은 본선거의 후보자로 등록한 때부터 해당 공직선거가 있는 연도의 말일인 12월 31일까지이다(그 기간 중에 후원회를 둘 수 있는 자격을 상실하는 때에는 그 후원회의 존속기간 중을 말함).[113] 예를 들면 제22대 국회의원선거가 있는 2024년에는 후보자를 추천한 정당의 중앙당후원회는 100억원을, 지역구에 후보자로 등록한 국회의원후원회, 즉 비례 또는 지역구국회의원 후원회는 3억원을 모금·기부할 수 있다.

---

111) 중앙선거관리위원회 2012. 9. 19. 회답.
112) 중앙선거관리위원회 2008. 3. 10. 회답.
113) 중앙선거관리위원회 2008. 3. 10. 회답.

다. 임기만료에 의한 동시지방선거

후보자를 추천한 정당의 중앙당후원회와 해당 선거구에 후보자를 추천한 정당의 지역구 국회의원후원회는 평년의 연간 모금·기부한도액의 2배를 모금할 수 있다. 여기서 후보자 추천은 후보자 등록을 의미하므로 정당 추천 후보자가 해당 선거구에 후보자로 등록한 때부터 특례규정이 적용된다.

무소속 지역구국회의원이 임기만료에 의한 동시지방선거일 이전에 선거구에 후보자를 추천한 정당에 입당한 경우, 선거일의 당적 보유 여부를 기준으로 하여 그 국회의원후원회는 연간 모금·기부 한도액의 2배를 모금할 수 있다.[114] 공직선거가 종료된 후에 등록한 후원회의 경우 평년의 연간 모금·기부한도액의 2배를 모금·기부할 수 있는 후원회에 해당하지 않는다.[115]

연간 모금·기부한도액의 2배를 모금할 수 있는 기간은 소속 정당이 추천 후보자가 해당 선거구에 후보자로 등록한 때부터 공직선거가 있는 연도의 말일인 12월 31일까지이다. 해당 후원회가 공직선거가 있는 연도 중에 해산한 경우에는 후원회를 둘 수 있는 기간까지 모금할 수 있다.

선 거 명	대상후원회	모금·기부한도액
대통령선거	후보자를 선출한 정당의 중앙당후원회	100억원
	후보자를 선출한 정당소속 지역구국회의원후원회	3억원
임기만료에 의한 국회의원선거	후보자를 추천한 정당의 중앙당후원회	100억원
	지역구에 후보자로 등록한 국회의원후원회	3억원
임기만료에 의한 동시지방선거	후보자를 추천한 정당의 중앙당후원회	100억원
	해당 선거구에 후보자를 추천한 정당의 지역구 국회의원 후원회	3억원

「주」 1. 같은 연도에 2개 이상의 공직선거가 있는 경우에도 연간 모금·기부한도액의 2배만 모금·기부할 수 있음.
　　2. 무소속 지역구국회의원이 대통령선거 또는 임기만료에 의한 동시지방선거의 선거기간 중 해당 선거구에 후보자를 추천한 정당에 입당한 경우에도 그 국회의원후원회는 선거일의 당적 보유 여부를 기준으로 하여 특례규정이 적용됨.
　　3. 후보자가 사퇴한 경우 그 때부터 연간 모금한도액에 관한 특례규정이 적용되지 아니함.
　　4. 무소속국회의원후원회 및 비례대표국회의원후원회의 경우 지역구에 후보자로 등록한 경우에 한하여 연간 모금·기부한도액의 2배를 모금·기부할 수 있음.
　　5. "공직선거가 있는 연도"라 함은 당해 선거의 선거일이 속하는 연도를 말함.
　　6. "국회의원후원회"라 함은 해당 선거에서 이미 국회의원의 신분을 가지고 있는 자를 말함(국회의원선거의 경우 해당 선거에서 최초 당선된 국회의원은 해당없음).

---

114) 중앙선거관리위원회 2009. 4. 23. 회답.
115) 중앙선거관리위원회 1997. 1. 13. 회답.

3. 공직선거가 있는 연도

"공직선거가 있는 연도"라 함은 당해 선거의 선거일이 속하는 연도를 말한다. 여기서 당해 선거는 제1항 각 호의 대통령선거, 임기만료에 의한 국회의원선거, 임기만료에 의한 동시지방선거를 지칭한다.

대통령선거의 경우 임기만료에 의한 선거 여부가 명문으로 규정되어 있지 아니하나, 특례규정의 내용상 전국단위의 선거만 해당되고 일부재선거, 천재·지변 등으로 인한 재투표의 경우는 제외되는 것으로 보아야 할 것이다. 대통령 궐위에 의한 선거는 전국단위 선거로 '공직선거가 있는 연도'에 포함된다. "공직선거가 있는 연도"라 함은 대통령선거(일부재선거, 천재·지변 등으로 인한 재투표의 경우를 제외함) 또는 임기만료로 인한 각종 공직선거로서 정당이 후보자를 추천할 수 있는 선거의 선거일이 속하는 연도를 말하며, 재·보궐선거는 여기에 해당되지 않는다고 하였다.[116]

4. 같은 연도에 2 이상의 공직선거가 있는 경우 연간 모금·기부한도액

2022년에 제20대 대통령선거와 제8회 전국동시선거가 있는 경우처럼 같은 연도에 2 이상의 공직선거가 있는 경우에는 평년의 연간 모금·기부한도액의 2배만 모금·기부할 수 있다. 제3회 동시지방선거와 제16대 대통령선거가 있었던 2002년도에도 평년의 연간 모금·기부한도액의 2배만 모금하도록 하였다.

예를 들면 2022년에는 제20대 대통령선거에 후보자를 선출한 정당의 중앙당후원회에 100억원, 지역구국회의원후원회에 3억원을 모금·기부할 수 있고, 제8회 전국동시지방선거에 후보자를 추천한 정당의 중앙당후원회에 100억원, 해당 선거구에 후보자를 추천한 정당의 지역구국회의원후원회에 3억원을 모금·기부할 수 있다. 만약 동일 정당이 제20대 대통령선거에 후보자를 선출하고 동시에 제8회 전국동시지방선거에 후보자를 추천할 경우에는 그 중앙당후원회의 연간모금·기부한도액은 100억원이고 후보자를 추천한 지역구국회의원후원회의 연간모금·기부한도액은 3억원이다.

---

116) 중앙선거관리위원회 1999. 5. 25. 회답.

5. 처벌

본 조 제1항의 규정을 위반하여 공직선거가 있는 연도에 연간 모금·기부한도액의 2배를 초과하여 후원금을 받거나 모금 또는 기부를 한 자는 5년 이하의 징역 또는 1천만원 이하의 벌금에 처한다(「정치자금법」제45조 제2항 제2호). 이 경우 그 제공된 금품 그 밖에 재산상의 이익은 몰수하며, 이를 몰수할 수 없을 때에는 그 가액을 추징한다(「정치자금법」제45조 제3항).

제14조(후원금 모금방법) ① 후원회는 우편·통신(전화, 인터넷전자결제시스템 등을 말한다)에 의한 모금, 중앙선거관리위원회가 제작한 정치자금영수증(이하 "정치자금영수증"이라 한다)과의 교환에 의한 모금 또는 신용카드·예금계좌 등에 의한 모금 그 밖에 이 법과 「정당법」 및 「공직선거법」에 위반되지 아니하는 방법으로 후원금을 모금할 수 있다. 다만, 집회에 의한 방법으로는 후원금을 모금할 수 없다.
② 삭제

제45조(정치자금부정수수죄) ② 다음 각 호의 어느 하나에 해당하는 자는 5년 이하의 징역 또는 1천만원 이하의 벌금에 처한다.
  3. 제14조(후원금 모금방법) 내지 제16조(정치자금영수증과의 교환에 의한 모금) 제1항의 규정을 위반하여 고지·광고하거나 후원금을 모금한 자

1. 의의

후원회는 「정치자금법」제14조(후원금 모금방법)의 규정에 의하여 우편·통신(전화, 인터넷 전자결제 시스템 등을 말함), 정치자금영수증과 교환 및 신용카드·예금계좌 등에 의한 모금 그 밖에 이 법과 「정당법」 및 「공직선거법」에 위반되지 아니하는 방법으로 후원금을 모금할 수 있다. 그러나 집회에 의한 방법으로는 후원금을 모금할 수 없다.

정치자금의 원활한 조달을 위하여 이 법과 정당법 및 공직선거법에 위반되지 아니하는 방법으로 후원금을 모금하는 것은 모두 허용하되, 모금과정에서 부작용이 있었던 집회에 의한 모금은 금지하고 있다.

2. 후원금 방법에 따른 모금 현황

후원금을 후원하는 방식에는 후원자가 현금, ARS, 계좌이체, 자동이체, 신용카드결제 등의 방법으로 후원회에 직접 후원하는 것과 중앙선거관리위원회 정치후원금센터(www.give.go.kr)에서 간편결제, 신용카드결제, 휴대폰 결제, 계좌이체를 하는 방식이 있다.

▌ 최근 5년간 후원회에 직접 후원 현황[117]

(단위: 백만원)

연도	모금 방법	모금액
2018	현금, ARS, 계좌이체, 신용카드, 휴대폰결제	51,409
2019	〃	37,762
2020	〃	57,780
2021	〃	43,852
2022	〃	61,855

※ 중앙당 후원회 및 국회의원후원회 기준, 자료: 중앙선거관리위원회

▌ 최근 5년간 정치후원금센터를 통한 후원 현황

(단위: 백만원)

연도	간편결제 (카카오페이, 페이코, 네이버페이)	신용카드 (신용카드, 신용카드포인트)	계좌이체	휴대폰결제	계
2018	131	1,996	325	8	2,460
2019	92	1,701	227	2	2,022
2020	202	1,886	311	10	2,409
2021	230	1,495	266	15	2,006
2022	365	1,934	370	7	2,676

※ 자료: 중앙선거관리위원회

---

117) 행정안전위원회 전문위원 신문근. 정치자금법 일부개정법률안 검토보고(2023. 5.), 4~5면.

3. 홈페이지, 펀드에 의한 방법으로 후원금 모금

가. 온라인후원회의 후원금 모집

후원금품은 「정치자금법」 제3조(정의) 제8호(현행 제7호)의 규정에 의한 후원회가 그 명의로 모집하여야 하므로 지구당후원회가 그 예금계좌를 통하여 후원금을 모집하면서 "○○○ 온라인후원회 사이버지점" 및 "범네티즌 ○○○ 포인트후원회"라는 명칭을 사용하는 것은 같은 법에 위반됨(중앙선거관리위원회 2002. 4. 27. 회답).

> ※ 2004. 3. 12. 개정으로 지구당후원회 폐지.

나. 후원회홈페이지를 통한 후원금 모금

선거별로 공정하게 지방자치단체장선거의 후보자후원회 사이트를 개설하여 유권자가 특정 후보자 후원회명을 클릭하면 해당 후원회 홈페이지로 이동하여 후보자에 관한 정보를 보고 후원을 원하는 경우에는 홈페이지에서 제공하는 결제수단을 이용하여 후원금을 기부할 수 있게 하고, 후원을 마친 유권자는 후원회 홈페이지에 별도 마련된 응원게시판에 후보자를 응원하는 캐릭터나 아바타 등을 올릴 수 있도록 운영하는 것은 무방함. 다만, 선거운동기간이 아닌 때에는 후보자를 응원하는 캐릭터나 아바타 등에 단순한 응원 내용의 범위를 벗어나 후보자에 대한 지지를 호소하는 등 선거운동이나 선거에 영향을 미치게 하기 위한 내용을 포함하여 게시하여서는 아니 됨(중앙선거관리위원회 2010. 3. 8. 회답).

> ※ 2017. 2. 8. 「공직선거법」 제59조 제3호가 개정되어 선거운동할 수 있는 자는 인터넷홈페이지 또는
> 그 게시판, 대화방 등에 글이나 동영상 등을 게시하거나 전자우편을 전송하는 방법으로 상시 선거운
> 동을 할 수 있음.

다. 모바일 블로그를 이용한 정치자금 모금

「정치자금법」 제7조에 따라 등록된 후원회는 모바일 블로그를 이용하여 소액결제를 하는 방법으로 후원금을 모금할 수 있으며, 이 경우 후원인에게는 후원인이 결제한 금액이 기재된 정치자금영수증을 교부하고 통신사 등에 지급된 수수료는 후원금 모금경비로 처리하여야 함(중앙선거관리위원회 2006. 11. 22. 회답)

라. 크라우드펀딩 사이트 '텀블벅'을 이용한 후원금 모금

중앙당후원회가 텀블벅 홈페이지를 이용하여 직접 후원금을 모금하는 방식이라면 가능함(중앙선거관리위원회 2019. 3. 26. 회답).

※ 후원회가 '텀블벅'을 통하여 현행 크라우드 펀딩 방식으로 후원금 모금 프로젝트를 진행하는 경우 업체가 후원회의 모금을 대행하는 것에 해당하여 법에 위반될 것이나, 사안의 방식은 텀블벅은 모금 고지를 위한 플랫폼 만을 제공하고 후원회가 플랫폼상에서 전자결제를 통해 직접 후원금을 모금하는 것으로 모금 주체는 후원회가 될 것이므로 '텀블벅'이 모금을 대행하는 것으로 볼 수 없을 것임.

4. 우편·통신(전화, 인터넷 전자결제시스템 등을 말함)에 의한 후원금 모금

가. ARS시스템을 이용한 후원금 모금

「정치자금에관한법률」 제8조의 규정에 의하여 등록된 후원회는 같은 법 제6조의5의 규정에 의한 우편·통신에 의한 모금의 일환으로 ARS시스템을 이용하여 기부할 수 있는 금액은 같은 법 제6조의2 규정에 따라 1회 1만원 이상이어야 하고, 후원인의 연간 납입 또는 기부한도액을 초과할 수 없음(중앙선거관리위원회 1998. 4. 23. 회답).

※ 2000. 2. 16. 개정으로 후원인의 1회 1만원 이상 기부하도록 하는 하한액 규정 폐지.

나. 휴대전화 소액결제방식의 후원금 모금

후원회가 휴대전화 소액결제방식으로 후원금을 모금하는 것은 「정치자금법」 제14조에 따라 가능(중앙선거관리위원회 2013. 10. 29. 회답).

다. 후원금납부자에 대한 감사전화의 대행

후원회가 후원금 납입자에 대한 감사의 전화나 정치자금영수증 수령여부의 확인 또는 영수증 우송 등 단순한 역무를 전문업체 등으로 하여금 대행하게 할 수 있음. 이 경우 대행업체가 감사의 전화 등 단순한 역무의 범위를 벗어나 정당 또는 후보자, 후보자가 되고자 하는 자를 지지·선전하여서는 아니 됨(중앙선거관리위원회 2007. 11. 1. 회답).

라. 전화자동응답장치를 운용하는 회사 등을 통한 후원금 모금

「정치자금에관한법률」 제8조(후원회의 등록신청 등)의 규정에 의하여 등록된 후원회가 아닌 단체 또는 기업이 특정후원회의 후원금품에 관한 납입·기부를 안내하거나 후원금품을 모집하여 후원회에 전달하는 등 후원금품모집의 주체가 되는 때에는 같은 법 제30조(벌칙) 제2항 제7호(현행 제45조 제2항 제1호)의 규정에 저촉됨(중앙선거관리위원회 1999. 12. 17. 회답).

5. 신용카드 방법에 의한 모금

가. 신용카드 단말기를 사용한 후원금 모금

후원회의 계획과 경비로 「정치자금법」 제16조에 따라 후원금 모금을 위임받은 사람이 후원회 수입계좌와 연결된 신용카드 단말기를 휴대하여 후원금을 모금하는 것은 후원회가 직접 후원금을 모금하는 행위에 해당하여 「정치자금법」 제14조에 따라 가능함(중앙선거관리위원회 2018. 1. 24. 회답).

나. 신용카드 조회기(단말기)를 이용한 후원금 모금

이동시 가지고 다닐 수 있는 신용카드 체크기(단말기)를 이용하여 정치자금을 모금할 수 있음. 다만, 정당이나 후보자(후보자가 되고자 하는 자를 포함함)를 지지·추천하거나 집회에 의한 모금 등 공선법 또는 「정치자금법」에 위반되는 방법으로 모금하여서는 아니 됨(중앙선거관리위원회 2005. 10. 19. 회답).

다. 신용카드를 이용한 후원금품 모금 및 기부

후원회가 후원금품 모금방법의 하나로 정치자금을 기부할 수 있는 자의 동의하에 신용카드사와 제휴하여 통상적인 카드(국회의원 사진·명칭 등이 게재되는 것은 제외함)를 발급하고 후원인이 사용한 카드사용금액의 일정분을 후원회 예금계좌를 통하여 후원금품으로 기부받을 수 있음(중앙선거관리위원회 2001. 3. 13. 회답).

라. 모바일 애플리케이션의 신용카드 결제기능을 이용한 후원금 모금

스마트폰의 NFC(근거리 무선통신) 기능을 이용하여 선불 및 후불교통카드의 RF(무선주파수) 기능을 통한 신용카드 결제로 후원금을 모금하는 것은 무방할 것임(중앙선거관리위원회 2013. 1. 14. 회답).

마. 신용카드사의 제휴카드 가입 홍보

신용카드사가 제휴카드의 가입 홍보를 위하여 정당의 명칭이나 공직선거후보자(후보자가 되고자 하는 자를 포함함)의 성명·약력 등을 나타내어 선거구민에게 광고 기타 선전하는 때에는 「공선법」 제254조(선거운동기간위반죄)의 규정에 위반됨(중앙선거관리위원회 2002. 6. 3. 회답).

바. 정치인 후원카드 발급

카드 사용금액의 일정 비율에 따라 회사가 고객에게 제공하는 적립금을 그 카드의 소유자(후원금의 기부가 금지되지 아니하는 자를 말함)가 「정치자금법」의 규정에 의한 기부절차에 따라 자신의 명의로 후원회에 후원금을 기부할 수 있으나, 특정 후원회에게만 기부할 수 있는 후원카드를 제작·발급하는 것은 해당 정당 또는 후보자가 되고자 하는 정치인을 홍보·선전하는 행위가 되므로 「정치자금법」 제14조(후원금 모금방법) 및 「공직선거법」 제254조(선거운동기간위반죄)의 규정에 위반됨(중앙선거관리위원회 2005. 9. 15. 회답).

6. 집회에 의한 방법으로 후원금 모금

가. 거리 등에서의 후원금 모금

선거운동기간 전에 대학교 구내 또는 거리 등에서 불특정 다수의 선거구민을 대상으로 후원금 기부를 권유하는 것은 「공직선거법」 제254조에 위반됨(중앙선거관리위원회 2010. 5. 14. 회답).

나. 후원회원 모집을 위한 집회 개최

「정치자금법」 제15조 및 「정치자금사무관리 규칙」 제19조에 따라 회원모집을 고지·광고하거나 친교가 있는 자 등을 대상으로 단순히 입회를 권유하는 것은 가능할 것이나, 그 밖에 회원모집을 위한 집회를 개최하는 것은 지정권자인 당해 예비후보자를 선전하는 행위가 될 것이므로 같은 법 제14조 및 「공직선거법」 제254조에 위반됨(중앙선거관리위원회 2008. 2. 29. 회답).

다. 후원회 총회시 식전행사

후원회의 회원들이 자발적으로 참여하는 간단한 식전 문화행사(풍물놀이, 축가 등)는 가능. 연예인이나 외부단체 등을 초청하여 공연에 이르는 정도의 행사를 개최하는 것은 행위양태에 따라 「공직선거법」 제114조 또는 제115조, 「정치자금법」 제2조 제3항에 위반됨(중앙선거관리위원회 2007. 7. 3. 회답).

7. 처벌

본 조의 규정을 위반하는 방법으로 후원금을 모금한 자에 대해서는 5년 이하의 징역 또는 1천만원 이하의 벌금에 처한다(「정치자금법」 제45조 제2항 제3호). 이 경우 그 제공된 금품 그 밖에 재산상의 이익은 몰수하며, 이를 몰수할 수 없을 때에는 그 가액을 추징한다(「정치자금법」 제45조 제3항).

제15조(후원금 모금 등의 고지·광고) ① 후원회는 회원모집 또는 후원금 모금을 위하여 인쇄물·시설물 등을 이용하여 후원회명, 후원금 모금의 목적, 기부처, 기부방법, 해당 후원회지정권자의 사진·학력(정규 학력과 이에 준하는 외국의 교육과정을 이수한 학력에 한한다)·경력·업적·공약과 그 밖에 홍보에 필요한 사항을 알릴 수 있다. 다만, 다른 정당·후보자(공직선거의 후보자를 말하며, 후보자가 되려는 자를 포함한다)·대통령선거경선후보자 및 당대표경선후보자등에 관한 사항은 포함할 수 없다.
② 후원회는 「신문 등의 진흥에 관한 법률」 제2조(정의)에 따른 신문 및 「잡지 등 정기간행물의 진흥에 관한 법률」 제2조(정의)에 따른 정기간행물을 이용하여 분기별 4회 이내에서 후원금의 모금과 회원의 모집 등을 위하여 제1항의 내용을 광고할 수 있다. 이 경우 후원회를 둘 수 있는 기간이 3월을 초과하지 아니하는 때에는 4회 이내로 한다.
③ 제2항의 규정에 의한 1회 광고의 규격은 다음 각 호의 기준에 의한다.
　1. 신문광고는 길이 17센티미터 너비 18.5센티미터 이내
　2. 제1호 외의 광고는 당해 정기간행물의 2면 이내

④ 제2항의 광고횟수 산정에 있어서 같은 날에 발행되는 하나의 정기간행물을 이용하는 것은 1회로 본다. 이 경우 같은 날에 발행되는 정기간행물이 배달되는 지역에 따라 발행일자가 각각 다르게 기재된 경우에도 그 광고횟수는 1회로 본다.

⑤ 제1항의 규정에 의한 인쇄물·시설물 등에 의한 고지방법 그 밖에 필요한 사항은 중앙선거관리위원회 규칙으로 정한다.

제45조(정치자금부정수수죄) ② 다음 각 호의 어느 하나에 해당하는 자는 5년 이하의 징역 또는 1천만원 이하의 벌금에 처한다.

　　3. 제14조(후원금 모금방법) 내지 제16조(정치자금영수증과의 교환에 의한 모금) 제1항의 규정을 위반하여 고지·광고하거나 후원금을 모금한 자

③ 제1항 및 제2항의 경우 그 제공된 금품 그 밖에 재산상의 이익은 몰수하며, 이를 몰수할 수 없을 때에는 그 가액을 추징한다.

1. 의의

본 조는 원활한 후원금 모금활동을 보장하고, 「공직선거법」의 규정과도 조화될 수 있도록 후원금 모금 고지·광고의 범위를 정하고 있다. 후원회의 회원모집 또는 후원금 모금을 위하여 인쇄물·시설물 등을 이용하여 고지할 수 있는 내용과 방법, 신문·정기간행물의 광고와 관련된 사항을 규정하고 있다. 후원금 모금과 광고는 후원회에게만 허용되고, 고지 방법은 규칙 제19조에서 고지 주체에 따라 방법을 다르게 규정하고 있다.

법상 시설물 등을 이용한 후원금 모금 또는 회원의 모집 등의 고지 방법이 동 규칙에 명시된 방법이 아니더라도 일률적으로 허용되지 않은 것이 아니고, 동 규칙 제19조 제1항 제5호에 따라 누구든지 공직선거법에 위반되지 않는 방법으로 가능하므로 대법원 2016. 8. 26. 선고 2015도11812 전원합의체 판결 이후 사전선거운동 판단 기준[118]에 따라 행위 시기, 구체적인 내용 등을 종합하여 그 허용 여부를 판단하여야 한다.

---

118) 선거가 실시되기 오래 전에 행해져서 선거일과 시간적으로 멀리 떨어진 행위라면 단순히 선거와의 관련성을 추측할 수 있다는 것만으로는 선거인의 관점에서 선거에서 당선을 도모하는 목적의사가 표시된 것으로 인정될 수는 없다(대법원 2016. 8. 26. 선고 2015도11812 전원합의체 판결).

2. 후원금 모금 등의 주체별 고지방법(규칙 제19조)

주 체	고 지 방 법
후원회	가. 전화(컴퓨터를 이용한 자동송신장치를 설치한 전화와 오후 11시부터 다음 날 오전 6시까지 하는 경우를 제외함. 이하 같음) 나. 전자우편 다. 전화자동응답장치 라. 인터넷홈페이지 마. 안내장(지로용지 포함) 발송 바. 분기별 4회 이내의 신문 및 정기간행물을 이용한 광고(「정치자금법」 제15조)
중앙당 (후원회를 둔 중앙당 창당 준비위원회 포함)	가. 전화 나. 전자우편 다. 전화자동응답장치 라. 인터넷홈페이지 마. 정당의 기관지, 당사게시선전물 또는 정강·정책의 광고물·홍보물, 그 밖에 정당이 발행하는 간행물 바. 「공직선거법」 제7장에서 정한 해당 선거의 선거운동방법
중앙당 외의 후원회 지정권자	가. 전화 나. 전자우편 다. 전화자동응답장치 라. 인터넷홈페이지 마. 「공직선거법」 제7장 선거운동에서 정한 당해 선거의 선거운동방법 바. 「공직선거법」 제111조(의정활동 보고) 제1항 본문의 규정에 의한 의정활동 보고 사. 「공직선거법」과 당헌 등에서 정한 당해 당내경선운동방법
후원회 대표자 및 후원회지정권자 등	의례적으로 교부하는 명함
누구든지	「공직선거법」에 위반되지 아니하는 방법으로 행하는 후원금 기부의 고지·안내

※ 후원회대표자 및 후원회지정권자 등: 후원회의 대표자와 회계책임자 및 유급사무직원, 후원회의 지정권자와 그의 회계책임자, 정당의 간부
　(구·시·군단위 책임자 포함)와 유급사무직원, 후원회를 둔 국회의원의 보좌관·비서관·비서

가. 후원회

후원회는 회원모집 또는 후원금 모금을 위하여 인쇄물·시설물 등을 이용하여 후원회명, 후원금 모금의 목적, 기부처, 기부방법, 해당 후원회지정권자의 사진·학력(정규학력과 이에 준하는 외국의 교육과정을 이수한 학력에 한함)·경력·업적·공약과 그 밖에 홍보에 필요한 사항을 알릴 수 있다. 다만, 다른 정당·후보자(공직선거의 후보자를 말하며, 후보자가 되려는 자를 포함함)·대

통령선거경선후보자 및 당대표경선후보자 등에 관한 사항은 포함할 수 없다.

후원회는 전화(컴퓨터를 이용한 자동송신장치를 설치한 전화와 오후 11시부터 다음 날 오전 6시까지 하는 경우를 제외함), 전자우편, 전화자동응답장치, 인터넷홈페이지, 안내장(지로용지를 포함)발송, 광고를 이용하여 회원모집 또는 후원금 모금을 위한 고지를 할 수 있다. 후원회는 「공직선거법」과 법에 위반되지 아니하는 방법으로 선거운동기간 중에 후원회의 명의 또는 그 대표의 명의로 선거운동을 할 수 있고, 후원회 등 선거운동을 할 수 있는 자가 선거운동기간 중에 선거운동의 일환으로 후원금 기부를 권유·안내할 수 있다. 다만, 후원회는 후원회의 모집금품을 선거운동을 위한 경비로 지출할 수는 없다. 후원회의 회원모집은 「정치자금법」 제15조 및 「정치자금사무관리 규칙」 제19조의 규정에 따라야 할 것이므로 후원회로 등록하기 전에 예비회원을 모집할 수는 없다.

후원회의 후원금 고지 등과 관련된 중앙선거관리위원회의 유권해석 사례는 다음과 같다.

1) 후원회홈페이지에서 모금액현황 공개 이벤트

후원회홈페이지에서 이미지화된 가상공간을 상징적으로 분양하는 방식의 모금액현황 공개 이벤트를 하는 것은 무방함(중앙선거관리위원회 2010. 5. 7. 회답).

2) 후원금 결제방법에 대한 문자메시지 발송

① 국회의원후원회가 정치자금을 기부하기로 의사표시한 후원회 회원 또는 회원 아닌 자에게 정치자금 기부의사를 확인하고, 핸드폰으로 결제하는 방법을 알려주는 SMS를 발송하는 것은 무방함.

② 기부의사를 밝힌 국민들이 핸드폰결제에 의한 기부행위를 하는 경우 의사를 밝힌 소정의 기부금액을 기부의사자들로부터 수납하기 이전에 미리 국회의원후원회에 지급하고, 이를 수납하여 국회의원후원회에 대한 선지급금과 상계하여서는 아니될 것이며 후원금 결제시스템을 운영하는 업체는 후원인으로부터 납부된 후원금을 후원회에 지급하여야 할 것임(중앙선거관리위원회 2008. 3. 17. 회답).

3) 후원회사무소 개소식 개최 등

① 후원회 회원, 후원회 관계자 또는 의례적인 범위 안의 내빈에게 초청장, 전자우편, 전화, 문자메시지 등의 방법으로 고지·안내하는 것은 무방할 것임. 다만, 「정치자금법」 제15조 및 「공직선거법」 제93조·제254조에 위반되어서는 아니될 것임.

② 후원회지정권자인 예비후보자를 단순히 소개하는 등 선거운동에 이르지 아니하는 의례적인 영상물을 상영하는 것은 무방할 것임. 다만, 개소식을 명목으로 정치자금 모금을 위한 집회에 이르거나 후보자가 되고자 하는 자인 지정권자의 선거운동에 이를 수 있는 집회를 개최하는 때에는 「정치자금법」 및 「공직선거법」 해당 각 법조에 위반될 것임(중앙선거관리위원회 2012. 2. 10. 회답).

4) 국회의원후원회의 후원회 가입 및 후원금 기부 권유 등

후원회가 「정치자금법」 제15조 및 「정치자금사무관리 규칙」 제19조에 따라 후원금의 모금 또는 회원의 모집을 고지·광고하거나, 후원회 또는 당해 후원회의 지정권자인 국회의원의 보좌진이 친교가 있는 자 등을 대상으로 단순히 회원 가입이나 후원금 기부를 권유하는 것은 무방할 것인 바, 이러한 행위를 하는 때에 자금관리서비스(CMS) 후원가입 신청도 함께 받아 당해 후원회에 전달할 수 있을 것임(중앙선거관리위원회 2011. 7. 26. 회답).

5) 후원회 공동대표제 및 안내장·신문광고의 게재내용 등

① 후원회 운영에 필요한 범위 안에서 정관에 따라 공동대표자를 두는 것은 무방함. 다만, 「정치자금법」 제7조에 따라 관할 선거관리위원회에 등록된 자만이 「정치자금법」상의 대표자에 해당됨.
② 「정치자금법」 제15조 제1항에 의하여 후원금 안내장, 신문광고 등에 후원금 모집광고를 할 경우 관할 선거관리위원회에 등록된 후원회대표자에 한하여 사진·인사말 등을 게재하는 것은 가능함.
③ 「정치자금법」 제15조 제1항에 의한 안내장 봉투나 신문광고에 관할 선거관리위원회에 등록된 후원회대표자에 한하여 후원회의 명칭과 그 대표자의 성명을 함께 게재하는 것은 가능함.
④ 「정치자금법」 제15조 제1항 단서에 따라 다른 공직선거의 후보자(후보자가 되려는 자를 포함함)가 포함되지 않은 지정권자의 활동사진을 게재하는 것은 무방할 것이나, 후원회가 회원모집 또는 후원금 모금을 고지하는 안내장 등에 제3자의 덕담 등을 게재하여서는 아니 됨(중앙선거관리위원회 2010. 5. 7. 회답).

나. 중앙당(후원회를 둔 중앙당 창당준비위원회 포함)

중앙당 후원회는 전화(컴퓨터를 이용한 자동송신장치를 설치한 전화와 오후 11시부터 다음 날 오전

6시까지 하는 경우를 제외함), 전자우편, 전화자동응답장치, 인터넷홈페이지, 정당의 기관지, 당사게시선전물 또는 정강·정책의 광고물·홍보물, 그 밖에 정당이 발행하는 간행물, 「공직선거법」 제7장에서 정한 해당 선거의 선거운동방법으로 후원금의 모금 또는 회원의 모집 등을 고지할 수 있다.

중앙당 후원회의 후원금 고지등과 관련된 중앙선거관리위원회의 유권해석 사례는 다음과 같다.

1) 정당의 정책홍보물에 후원금 납부 약정서 게재

후원회를 둔 중앙당이 선거기간 전에 배부하는 정강·정책홍보물 일부 지면에 중앙당후원회의 안내사항과 후원금 납부 약정서를 절취형태로 게재하는 것은 가능함(중앙선거관리위원회 2017. 12. 18. 회답).

※「공직선거법」제93조·제254조 등 각종 제한·금지 규정에 위반되는 내용이 부가되어서는 아니 됨.

2) 정당의 후원금 모금 홍보 등

 중앙당 후원회의 모금안내 및 후원회 정보를 중앙당 현수막에 게재할 수 있는지 여부

가. 정책홍보 현수막 하단에 내용 삽입하여 제작

최저임금 1만원으로 인상하라
정의당중앙당후원회 모금안내 계좌번호 농협)0000-0000-0000/ 문의전화 070-4444-4444 / 홈페이지 www.000000.com

나. 후원회 내용만으로 제작

정의당 후원가능
정의당중앙당후원회 모금안내 계좌번호 농협)0000-0000-0000/ 문의전화 070-4444-4444 / 홈페이지 www.000000.com

2. 시·도당 현수막에 문 1의 내용을 게재할 수 있는지 여부
3. 홈페이지 또는 SNS에 게시하는 중앙당 제작 영상물에 자막으로 후원계좌 안내 등의 내용을 추가할 수 있는지 여부
4. 중앙당이 제작하는 웹자보에 후원계좌 안내 등의 내용을 추가할 수 있는지 여부
5. 시·도당이 제작하는 웹자보에 후원계좌 안내 등의 내용을 추가할 수 있는지 여부

6. 중앙당이 제작하는 정책홍보물(책자)에 후원계좌 안내 등의 내용을 추가할 수 있는지 여부

7. 중앙당이 제작하는 정책홍보물(정책특보 등 팸플릿, 현장 배포 가능)에 후원계좌 안내 등의 내용을 추가할 수 있는지 여부

8. 중앙당이 게시하는 SNS 글에 후원계좌 안내 등의 내용을 추가할 수 있는지 여부

9. 공중파 방송(텔레비전, 라디오 등)에 정당 후원금 모금 광고 여부

10. 「정치자금법」 제15조 제1항은 후원회가 후원금 모금을 위하여 인쇄물과 시설물을 이용 가능하다고 명시되어 있는바, 후원회 모금안내 및 후원회 정보가 게재된 현수막, 팸플릿, 볼펜, 티셔츠, 입간판을 제작할 수 있는지 여부

11. 후원안내 및 후원회 정보를 담은 현수막을 게시할 수 있는 장소의 범위(예: 후원회 사무실 앞, 후원회 시도당 연락소 앞, 제한없음 등)

12. 후원회가 모금 행사를 개최해서 공개적으로 모금할 수 있는지 여부

1. 문 1·2·6·7에 대하여

후원회를 둔 중앙당은 「정치자금법」 제15조 및 「정치자금사무관리규칙」 제19조에 따라 정당(시·도당을 포함함. 이하 같음)의 기관지, 당사게시선전물, 정강·정책홍보물 그 밖에 정당이 발행하는 간행물을 이용하여 귀문과 같은 내용으로 후원금 모금을 고지할 수 있음. 다만, 「공직선거법」 제90조·제93조·제254조 등 각종 제한·금지 규정에 위반되는 내용이 부가되어서는 아니 될 것임.

2. 문 3·4·5·8에 대하여

후원회를 둔 중앙당이 자당의 인터넷 홈페이지, 전자우편(SNS 포함), 또는 웹자보(시·도당 웹자보를 포함함)를 통하여 후원계좌 등 후원금 모금을 알리는 내용을 게시·전송하는 것은 「공직선거법」 및 「정치자금법」에 위반되지 아니할 것임.

3. 문 9에 대하여

후원금 모금을 위한 광고는 중앙당후원회가 「정치자금법」 제15조 제2항에 따라 신문 및 정기간행물에 할 수 있으므로 텔레비전·라디오 광고를 하는 것은 같은 법 제15조 및 제45조에 위반될 것임. 다만, 「공직선거법」 제70조에 따른 선거운동을 위한 텔레비전·라디오 방송광고에 후원금 모금 관련 내용을 부수적으로 포함하는 것은 제한되지 아니할 것임.

4. 문 10에 대하여

중앙당후원회가 특정 정당이나 후보자를 지지·반대하는 등 선거운동에 이르는 내용 없이 팸플릿 등 인쇄물·현수막·입간판·티셔츠를 배부·게시·설치·착용하는 방법으로 후원계좌 등 후원금 모금을 안내하는 것은 「옥외광고물 등의 관리와 옥외광고산업 진흥에 관한 법률」 등 다른 법률에 위반되는지 여부는 별론으로 하고 「공직선거법」 및 「정치자금법」에 위반되지 아니할 것임. 다만, 선거가 임박한 시기에 「공직선거법」 및 「정치자금법」에서 허용하는 경우

외에 정당의 명칭·홍보사항 등이 포함된 인쇄물·현수막·입간판·티셔츠를 이용하여 후원금 모금을 안내하는 것은 행위 양태에 따라 「공직선거법」 제90조·제93조·제254조, 「정치자금법」 제15조·제45조 등에 위반될 수 있을 것이며, 볼펜·티셔츠를 선거구민에게 제공하는 것은 「공직선거법」 제114조에도 위반될 것임.

5. 문 11에 대하여

「공직선거법」 제145조 및 「공직선거관리규칙」 제66조에 따라 중앙당후원회의 사무소·연락소에 달 수 있는 간판은 해당 사무소·연락소가 있는 건물이나 그 담장을 벗어난 장소에 게시할 수 없음.

6. 문 12에 대하여

「정치자금법」 제10조 및 제14조에 따라 누구든지 집회에 의한 방법으로 후원금을 모금할 수 없음(중앙선거관리위원회 2017. 9. 7. 회답).

3) 정당의 업무용 차량을 이용한 정당의 후원금 모금 홍보

「공직선거관리규칙」 제47조의2 제1호 라목에 따른 정당의 업무용 자동차에 중앙당후원회명 및 후원계좌를 게재하여 운행하는 것은 상시 가능함(중앙선거관리위원회 2020. 3. 17. 회답).

다. 중앙당 외의 후원회지정권자

후원회지정권자는 전화(컴퓨터를 이용한 자동송신장치를 설치한 전화와 오후 11시부터 다음 날 오전 6시까지 하는 경우를 제외함), 전자우편, 전화자동응답장치, 인터넷홈페이지, 「공직선거법」 제7장에서 정한 해당 선거의 선거운동방법, 「공직선거법」 제111조 제1항 본문에 따른 의정활동보고, 공직선거법 제57조의3 또는 해당 정당이 당헌 등에서 정한 당내경선운동방법으로 회원모집 또는 후원금 모금을 위한 고지를 할 수 있다.

중앙당외 후원회 지정권자의 후원회의 후원금 고지 등과 관련된 중앙선거관리위원회의 유권해석 사례는 다음과 같다.

1) 국회의원의 명함에 후원회의 ARS전화번호 게재

국회의원이 자신의 명함을 통상적으로 수교하는 경우 그 명함에 금품모집을 위한 후원회의 ARS전화번호를 게재할 수 있음(중앙선거관리위원회 2000. 12. 19. 회답).

2) 국회의원의 후원금 모금을 위한 명함

후원회의 지정권자인 국회의원이 후원금 모금을 위하여 의례적으로 교부하는 명함에 후원금 모금을 위한 사항을 게재하는 것은 「정치자금법」 제15조 제1항·제5항 및 「정치자금사무관리규칙」 제19조 제1항 제4호에 따른 명함에 해당하여 무방할 것임. 다만, 통상적인 수교방법을 벗어나 불특정 다수의 선거구민에게 교부하는 경우에는 행위시기 및 양태에 따라 「공직선거법」 제93조 또는 제254조에 위반될 것임(중앙선거관리위원회 2015. 8. 5. 회답).

3) 의정활동을 담은 뉴스레터의 일부 지면에 후원금모금 안내사항 게재

의정활동을 담은 뉴스레터를 국회의원의 지인 및 후원회 회원에게 이메일 전송할 때 뉴스레터의 일부 지면에 후원모금 안내사항(후원회 계좌)을 게재하는 것은 「정치자금사무관리 규칙」 제19조 제1항 제3호 다목에 의하여 무방함(중앙선거관리위원회 2009. 6. 4. 회답).

4) 지방의회의원의 의정보고서에 당원모집 및 중앙당후원회 후원 안내 문구 게재

지방의회의원이 의정보고서를 제작·배부하면서 일부 지면에 부수적으로 소속 정당의 당원모집 및 중앙당후원회 후원 안내 문구를 게재하는 것만으로는 「공직선거법」 및 「정치자금법」에 위반되지 않을 것임. 다만 소속 정당이 참여하고자 하는 선거의 선거일 전 180일부터 선거일까지 소속 정당의 당원모집 및 중앙당후원회 후원 안내 문구가 포함된 의정보고서를 제작·배부하는 때에는 행위양태에 따라 「공직선거법」 제93조 및 「정치자금법」 제15조·제45조에 위반될 수 있을 것임.

한편 당원모집 및 중앙당후원회 후원 안내 문구가 의정보고서 내용의 주를 이룬다면 행위양태에 따라 「정치자금법」 제2조 및 제45조에 위반될 수 있을 것임(중앙선거관리위원회 2020. 12. 2. 회답).

> ※ 당원모집 및 후원 안내가 선거운동에 이르지 않더라도 의정보고서는 배부대상·방법이 광범위하고, 배부횟수의 제한도 없어 파급효과가 큰데다, 소속 의원의 수가 많은 정당과 적은 정당 간 홍보기회의 불균형을 심화시킬 수 있으므로 의정보고서에 후원 안내 등을 부수적으로 게재하더라도 선거에 영향을 미치는 행위에 해당할 수 있어 선거일 전 120일부터는 「정치자금법」 제93조 및 「정치자금법」 제15조·제45조에 위반될 수 있을 것임.

5) 후원회지정권자의 수첩 제작·배부

후원회지정권자인 국회의원이 후원회로부터 기부받은 후원금으로 지정권자의 인사말·사

진·경력·후원회의 정치자금 수입계좌번호 및 연락처 등을 게재한 수첩을 제작하여 선거구
민이나 선거구민과 연고가 있는 자가 아닌 후원회의 회원에게 배부할 수 있음(중앙선거관리위
원회 2007. 11. 9. 회답).

6) 출판기념회 초청장에 후원회 계좌번호 게재

공직선거의 후보자가 되려는 국회의원이 사회통념상 의례적인 범위의 인사에게 발송하는
출판기념회 초청장에 단순히 국회의원후원회의 명칭과 계좌번호를 게재하는 것은 무방할
것임. 다만, 다수의 일반 선거구민에게 그 초청장을 발송하는 것은 후보자가 되려는 사람을
선전하는 행위에 해당될 것이므로 「정치자금법」 제15조 및 행위시기에 따라 「공직선거법」
제93조 또는 제254조에 위반될 것임(중앙선거관리위원회 2014. 11. 13. 회답).

> ※ 공직선거법 제254조에 위반되지 아니함. 다만, 선거일 전 120일부터 선거일까지는 공직선거법 제93조
> 및 「정치자금법」 제15조 위반으로 본 운용선례를 유지함(중앙선거관리위원회 2017. 12. 18. 회답).

7) 후원회지정권자의 출판기념회에서 후원회 회원 모집행위 등

후원회 지정권자인 국회의원이 개최하는 출판기념회 현장에서 후원회 회장·사무국장이
아닌 국회의원 보좌진들이 출판기념회 참석자들과 개별적으로 인사를 나누는 기회에 후원
회 가입을 권유하면서 후원회 회원 가입을 희망하는 사람에 한하여 보좌진들이 가지고 있는
CMS 후원가입 신청서를 교부·작성하게 하여 후원회에 넘겨주는 것은 무방할 것임(중앙선거
관리위원회 2014. 7. 25. 회답).

라. 후원회 및 후원회지정권자의 회계책임자 등

후원회의 대표자와 회계책임자 및 유급사무직원, 후원회의 지정권자와 그의 회계책임자,
정당의 간부(구·시·군단위의 책임자를 포함한다)와 유급사무직원, 후원회를 둔 국회의원의 보좌
관·비서관 및 비서가 의례적으로 교부하는 명함에 후원금의 모금 또는 회원의 모집 등의 고
지를 할 수 있다.

후원회의 대표자와 회계책임자 등과 관련된 중앙선거관리위원회의 유권해석 사례는 다음
과 같다.

1) 국회의원후원회 회계책임자 등의 명함에 후원금의 모금 고지

국회의원후원회의 회계책임자 또는 국회의원후보자·예비후보자후원회의 회계책임자가 자신의 명함에 후원금모금을 위한 ARS 번호를 기재하는 것은 「정치자금법」 제15조 및 「정치자금사무관리규칙」 제19조 제1항 제4호에 따라 할 수 있음(중앙선거관리위원회 2007. 4. 5. 회답).

2) 국회의원 보좌관 등의 명함에 후원금 모금 고지를 위한 후원회지정권자 사진 등 게재

후원회를 둔 국회의원의 보좌관·비서관·비서가 의례적으로 교부하는 명함에 후원금 모금을 위하여 후원회지정권자인 국회의원의 사진과 후원금 모금 계좌를 게재하는 것은 「정치자금법」 제15조 제1항·제5항 및 「정치자금사무관리규칙」 제19조 제1항 제4호 다목에 따라 무방할 것임(중앙선거관리위원회 2014. 9. 4. 회답).

마. 기타

누구든지 「공직선거법」에 위반되지 아니하는 방법으로 행하는 후원금 기부의 고지·안내할 수 있다. 관련 중앙선거관리위원회의 유권해석 사례는 다음과 같다.

1) 인터넷홈페이지 등을 이용한 후원금 기부 권유·안내

선거운동을 할 수 있는 자가 인터넷홈페이지나 SNS 등을 이용하여 「공직선거법」 상 허용되는 선거운동의 방법으로 후원금 기부를 권유·안내하는 것은 무방할 것임(중앙선거관리위원회 2012. 1. 31. 회답).

2) 공무원의 소속 단체 홈페이지에 정치자금 기부관련 내용 게재

공직선거의 선거운동 또는 선거에 영향을 미치는 행위에 이르지 아니하는 범위 안에서 순수히 후원금 기부를 안내하는 것은 「정치자금법」에서 제한하고 있지 아니하며, 「경찰공무원법」 등 다른 법률의 규정에 위반되는지 여부는 우리위원회의 소관사항이 아님(중앙선거관리위원회 2009. 1. 21. 회답).

3) 서울지방변호사회의 정치자금 기부 안내

공직선거의 선거운동 또는 선거에 영향을 미치는 행위에 이르지 아니하는 범위 안에서 소속회원에게 법률가 출신의 국회의원후원회에 대한 후원금 기부를 안내할 수 있음(중앙선거관리위원회 2005. 8. 26. 회답).

4) 동창회보 등에 후원회 연락처 등의 게재

동창회보에 단순히 소속 회원인 국회의원의 후원회 연락처와 후원금 기부를 안내하는 내용을 게재할 수 있음. 다만, 동창회보 등에 후원회 금품모집의 고지 목적을 넘어 필요이상으로 자주 게재하거나 당해 국회의원의 성명을 부각시키거나, 사진·학력·경력 등을 게재하는 때에는 후보자가 되고자 하는 자를 선전하는 행위가 되므로 행위시기에 따라 「공직선거법」 제93조(탈법방법에 의한 문서·도화의 배부·게시등 금지) 또는 254조(선거운동기간위반죄)의 규정에 위반됨(중앙선거관리위원회 2004. 11. 10. 회답).

> ※ 단체가 일정한 주기에 따라 발행하는 기관지에 입후보예정자의 경력을 게재하여 배부하는 것은 법 제254조에 위반되지 아니함. 다만 선거일 전 120일부터는 공직선거법 제93조에 위반될 것임(중앙선거관리위원회 2016. 12. 2. 제2차 선례 정비).

3. 안내장(지로용지 포함) 발송

가. 발송주체

후원회는 안내장(지로용지 포함)을 이용하여 후원금 모금 또는 회원 모집 등을 고지·안내할 수 있다.

나. 규격 및 내용

안내장의 규격은 길이 27센티미터 너비 19센티미터 이내에서 1매 이내로 하고, 안내장의 내용은 「정치자금법」 제15조 제1항에서 허용하는 범위에서 게재할 수 있다.

다. 봉투 게재사항

안내장의 봉투에는 발송근거("이 안내장은 정치자금법 제15조의 규정에 의하여 정치자금 모금을 위하여 발송하는 것입니다"라는 문구를 말함)와 발송하는 후원회의 명칭을 게재하여야 한다.

라. 발송통수

안내장의 발송통수는 국회의원후원회, 대통령선거경선후보자 및 당대표경선후보자의 후원회에 대해서는 제한하고 있지 않다. 그러나 후원회를 둔 국회의원이 국회의원선거의 후보자 또는 예비후보자로 등록하는 경우에는 합쳐서 3천통 이내에서 발송할 수 있고, 대통령선거의 후보자로 등록하는 경우에는 선거일까지 국회의원후원회의 명의로는 이를 발송할 수 없다. 대통령후보자등후원회는 시·도별 2만통 이내에서, 지역구국회의원후보자등후원회 및 자치구·시·군의 장후보자후원회는 3천통 이내에서, 시·도지사후보자의 후원회는 2만통 이내에서, 지역구시·도의회의원후보자등후원회는 1천통 이내(후원회 지정권자가 동일인인 지역구시·도의회의원후보자등후원회는 합하여 1천통 이내)에서, 지역구자치구·시·군의회의원후보자등후원회는 5백통 이내(후원회 지정권자가 동일인인 지역구자치구·시·군의회의원후보자등후원회는 합하여 5백통 이내)에 발송할 수 있다.

마. 발송방법

안내장은 우편발송 외에도 당해 후원회의 사무소·지정권자의 사무소에 비치하여 방문객에게 배부하거나 해당 지정권자의 의정활동보고회와 소속정당의 당원집회에서 참석자에게 배부할 수 있다. 발송봉투를 사용하지 아니하고 안내장을 배부하는 경우에는 위의 봉투 게재사항에 준하여 배부근거와 후원회의 명칭을 안내장에 게재하여야 한다.

안내장과 관련된 중앙선거관리위원회의 유권해석 사례는 다음과 같다.

1) 중앙당후원회의 안내장에 소속 국회의원 사진 게재

후원회가 「정치자금법」 제15조에 따라 발송하는 안내장에는 지정권자 외에 공직선거의 후보자(후보자가 되려는 사람을 포함함)·대통령선거경선후보자 및 당대표경선후보자등에 관한 사항을 포함할 수 없는 바, 중앙당후원회의 안내장에 후보자가 되려는 사람인 국회의원의 사진을 게재하는 것은 같은 법 제15조 제1항 및 제45조에 위반될 것임(중앙선거관리위원회 2017. 12. 18. 회답).

2) 국회의원후원회의 후원금 모금 안내장 발송

국회의원후원회가 지역구 주민들에게 후원금 모금을 위한 후원회 안내장을 발송하는 것은 무방할 것임. 다만, 안내장에 다른 정당·후보자(후보자가 되려는 자를 포함함)에 관한 사항을 포함할 수 없으며, 그 외 안내장의 게재사항·규격·발송방법 등에 관하여는 「정치자금법」 제 15조 및 「정치자금사무관리 규칙」 제19조의 규정을 참고하기 바람(중앙선거관리위원회 2010. 3. 18. 회답).

3) 국회의원의 교육감후보자후원회 대표자 겸임 등

국회의원이 교육감후보자후원회의 대표자가 되는 것에 관하여는 「정치자금법」상 제한규 정이 없으나, 후원금 모금 등의 고지를 위한 안내장에 다른 공직선거의 후보자가 되려는 자 인 국회의원의 사진을 게재하는 것은 「정치자금법」 제15조에 위반될 것이며, 정당소속 국 회의원이 교육감후보자후원회의 대표자가 되거나 후원금 등의 고지를 위한 안내장에 자신 의 사진을 게재하는 것은 「지방교육자치에 관한 법률」 제46조에 위반됨(중앙선거관리위원회 2010. 5. 3. 회답)

4) 후원회 안내장에 회원가입 신청서 등 동봉

후원회 안내장을 발송할 때 후원회 회원가입 신청서 및 수신자 부담용 봉투를 동봉하는 것은 무방함(중앙선거관리위원회 2008. 3. 14. 회답).

5) 후원금모금 안내장 제작 및 발송

국회의원후원회가 후원금 모금을 위해 발송하는 안내장을 별도의 발송봉투 없이 안내장 자체(1매)를 반으로 접은 상태로 우편발송하려고 함. 접은 안내장의 안면(접지된 상태에서는 외 부에서 보이지 않음)에는 후원금 모금에 관한 사항을 게재하고 그 겉면에는 발송인(후원회)의 성 명·주소와 지정권자의 사진·캐리커처 등을 게재하고자 하는 경우 「우편법」 등 다른 법률에 위반되는지 여부는 별론으로 하고 「정치자금법」상 무방함. 이 경우 「정치자금사무관리 규 칙」 제19조 제2항 제1호 및 제2호의 규정에 따라 안내장을 펼쳤을 때의 크기는 길이 27센 티미터 너비 19센티미터 이내로 하고, 안내장 겉면에는 발송근거와 발송하는 후원회의 명칭 을 게재하여야 함(중앙선거관리위원회 2009. 9. 24. 회답).

6) 후원회의 후원금 모금 안내장 직접 배부

후원회가 안내장(지로용지를 포함함)을 이용하여 후원금의 모금 또는 회원의 모집 등을 고 지하는 경우에는 「정치자금사무관리 규칙」 제19조 제2항 제5호에서 정하는 방법으로 발 송·배부할 수 있으므로 아파트 단지의 우편함에 그 안내장을 투입하는 방법으로 배부하는 것은 「정치자금법」 제15조 및 제45조에 위반됨(중앙선거관리위원회 2008. 1. 28. 회답).

7) 반송된 안내장을 재발송한 경우 발송통수 산입여부

주소의 불명확함으로 인해 안내장이 반송된 경우 반송분에 대해 주소확인 후 재발송(발송통수 미산입)할 수 있음(중앙선거관리위원회 2005. 6. 15. 회답).

8) 후원금 모금안내장을 의정보고서와 동봉발송시 비용부담 주체 등

국회의원이 의정보고서를 발송하는 때에 당해 국회의원후원회가 「정치자금사무관리 규칙」 제19조(후원금 모금 등의 고지·광고)의 규정에 따라 제작한 후원금 모금 안내장을 동봉하여 선거구민에게 발송할 수 있음. 이 경우 발송용 봉투에는 같은 조 제2항의 규정에 의한 후원금 모금 안내장의 발송근거를 게재하여야 하고, 우편발송비용은 공동부담하거나 발송자인 국회의원이 전액 부담할 수 있음(중앙선거관리위원회 2005. 12. 14. 회답).

9) 지로용지를 이용한 후원금 모금

① 후원회가 후원금 모금을 위하여 지로용지를 발송하는 경우 후원금 모금을 안내·권유하는 안내장을 동봉하지 아니하더라도 「정치자금사무관리 규칙」 제9조(우편·통신에 의한 금품모집의 고지)(현행 제19조)의 규정에 의하여 발송통수에 포함됨.

② 후원회가 「정치자금사무관리 규칙」 제9조(현행 제19조)의 규정에 의한 규격·게재사항 및 발송통수의 범위 안에서 지정권자인 국회의원의 의정보고회에 참석한 선거구민에게 배부하거나 해당 국회의원이 발송하는 의정보고서에 동봉하여 발송할 수 있음(중앙선거관리위원회 2005. 5. 18. 회답).

4. 후원금모금 또는 회원모집 광고

가. 광고주체, 광고매체 및 횟수·규격

후원회는 신문 등의 진흥에 관한 법률 제2조(정의)에 따른 신문(신문과 별개로 정의된 인터넷신문은 제외됨) 및 잡지 등 정기간행물의 진흥에 관한 법률 제2조(정의)에 따른 정기간행물을 이용하여 분기별 4회 이내에서 후원금 모금과 회원의 모집을 위한 광고를 할 수 있다. 1회 광고의 규격은 신문광고의 경우 길이 17센티미터 너비 18.5센티미터 이내로 하고, 신문광고 외의 광고는 당해 정기간행물의 2면 이내로 한다. 광고횟수 산정에 있어서 같은 날에 발행되는 하나의 정기간행물을 이용하는 것은 1회로 본다. 이 경우 같은 날에 발행되는 정기간행물이 배달되는 지역에 따라 발행일자가 각각 다르게 기재된 경우에도 그 광고횟수는 1회로 본다.

나. 광고내용

광고의 내용은 「정치자금법」 제15조 제1항에서 허용하는 범위에서 게재할 수 있다. 규칙 제19조(후원금 모금 등의 고지·광고) 제3항에 따라 회원 모집 및 후원금 모금을 위한 광고에는 광고근거와 후원회의 명칭을 게재하여야 한다.

후원금 모금광고와 관련된 중앙선거관리위원회의 유권해석 사례는 다음과 같다.

1) 국회의원예비후보자후원회의 후원금 모금광고

① 제18대 총선에서 2007. 12. 20. 등록된 후원회는 후원회를 둘 수 있는 기간이 3월을 초과하므로 그 등록일부터 3월의 말일에 해당하는 2008. 3. 19.까지 4회 이내, 3. 20.부터 선거일인 4. 9.까지 4회 이내에서 광고할 수 있으며, 1. 20. 등록된 후원회는 후원회를 둘 수 있는 기간이 3월을 초과하지 아니하므로 등록일부터 선거일인 4. 9.까지 4회 이내에서 광고할 수 있음.

② 국회의원선거의 예비후보자가 후원회를 둘 수 있는 자격을 상실한 때에는 후원회 해산 당시까지의 경비를 공제한 잔여재산과 지정권자가 기부받은 후원금 총액을 국고에 귀속시켜야 할 것이나, 예비후보자가 사퇴와 동시에 다른 선거구에서 예비후보자등록신청을 한 경우에는 후원회를 둘 수 있는 자격을 상실하지 아니한 것으로 보아 「정치자금법」 제7조 제4항에 따라 변경등록을 하여 다른 선거구에 등록한 예비후보자의 후원회로 존속할 수 있을 것임. 이 경우 변경등록 후 후원회에서 발송할 수 있는 안내장의 수는 변경등록 전 후원회에서 발송한 안내장의 수를 합하여 총 3,000통을 초과할 수 없음(중앙선거관리위원회 2008. 2. 1. 회답).

※ 2010. 7. 23. 개정으로 국회의원선거의 예비후보자가 후원회를 둘 수 있는 자격을 상실한 경우에도 그 후원회와 후원회 지정권자는 잔여재산만 국고에 귀속시킴.

2) 소액다수의 후원금 기부참여를 위한 인터넷 광고

사회단체가 특정 후원회와 무관하게 소액다수의 깨끗한 정치자금 기부를 촉진하기 위한 목적으로 인터넷홈페이지 등을 이용하여 단순히 소액의 정치자금 기부를 권유하는 내용을 광고할 수 있으나, 특정 후원회의 후원금품을 모금하기 위하여 인터넷홈페이지 등을 이용하여 광고하거나 후원금품의 모금을 대행하는 것은 「정치자금에관한법률」 제2조(기본원칙) 또는 제6조의5(우편·통신에 의한 모금)(현행 제14조)의 규정에 위반됨(중앙선거관리위원회 2005. 5. 23. 회답).

3) 정기간행물로 등록된 동문회보에 후원금 모금광고

「정치자금법」 제15조 및 「정치자금사무관리 규칙」 제19조에 따라 광고하는 경우에는 무방함(중앙선거관리위원회 2008. 3. 18. 회답).

4) 연간 모금한도액 모금 이후 후원금 모금광고 가능 여부

국회의원후보자후원회가 모금한도액까지 모금한 이후에도 「정치자금법」 제15조 규정에 따라 법정 횟수 이내에서 광고하는 것은 가능할 것임. 다만, 이 경우 연간 모금한도액을 초과하여 기부받아서는 아니될 것임(중앙선거관리위원회 2012. 4. 6. 회답).

> ※ 2016. 1. 15. 「정치자금법」 제12조 제1항 개정으로 후원회는 원칙적으로 연간 모금한도액을 초과하여 모금할 수 없으나, 신용카드·예금계좌·전화 또는 인터넷 전자결제 시스템 등에 의한 모금으로 부득이하게 연간모금한도액의 100분의 20의 범위에서 초과할 수 있으며, 그 이후에는 후원금을 모금할 수 없음.

5. 처벌

본 조의 규정을 위반하여 회원모집 또는 후원금 모금을 고지·광고한 자에 대해서는 5년 이하의 징역 또는 1천만원 이하의 벌금에 처한다(「정치자금법」 제45조 제2항 제3호). 이 경우 그 제공된 금품 그 밖에 재산상의 이익은 몰수하며, 이를 몰수할 수 없을 때에는 그 가액을 추징한다(「정치자금법」 제45조 제3항).

제도 개선 // 후원회의 인터넷언론사 인터넷홈페이지 이용한 후원금 광고 허용

현행법에 따르면 후원회는 분기별 4회 이내에서 신문은 길이 17센티미터 너비 18.5 센티미터 이내, 정기간행물은 2면 이내로 후원금 모금 광고를 할 수 있으나 인터넷 광고를 통하여 후원회 모금 광고를 할 수 없다.

후원회의 인터넷언론사 인터넷홈페이지를 이용한 후원금 모금 광고를 허용하고, 신문 · 정기간행물을 이용한 광고횟수 · 규격 제한을 폐지함으로써 정치자금을 원활하게 조달할 필요가 있다.[119]

제16조(정치자금영수증과의 교환에 의한 모금) ① 후원회 또는 후원회로부터 위임을 받은 자는 정치자금 영수증을 후원금과 교환하는 방법으로 모금을 할 수 있다.

② 제1항의 규정에 의하여 후원회로부터 위임받은 자가 후원금을 모금한 때에는 30일 이내에 그 후원회의 회계책임자에게 정치자금영수증 원부와 후원인의 성명·생년월일·주소·전화번호 및 후원금을 인계하여야 한다.

③ 정치자금영수증과의 교환에 의한 모금의 위임절차와 방법 그 밖에 필요한 사항은 중앙선거관리위원회 규칙으로 정한다.

[정치자금사무관리규칙]

제20조(정치자금영수증과의 교환에 의한 모금) ① 법 제16조(정치자금영수증과의 교환에 의한 모금) 제1항의 규정에 의하여 후원회가 정치자금영수증(정액영수증과 무정액영수증을 말한다. 이하 같다)과의 교환에 의한 후원금 모금을 위임하는 경우에는 별지 제13호 서식에 의하여 수임자의 인적 사항과 정치자금영수증 교부내역을 기재하고, 수임자에게는 별지 제14호 서식에 의한 위임장을 교부하여야 한다.

② 법 제16조 제2항의 규정에 의한 인계는 별지 제15호 서식의 후원금 인계·인수서에 의한다.

③ 후원회의 회계책임자는 제1항 및 제2항의 규정에 의한 서류 등을 비치·관리하여야 한다.

---

119) 중앙선거관리위원회. 정치관계법 개정의견(2021. 5. 25.).

제45조(정치자금부정수수죄) ② 다음 각 호의 어느 하나에 해당하는 자는 5년 이하의 징역 또는 1천만원 이하의 벌금에 처한다.

　3. 제14조(후원금 모금방법) 내지 제16조(정치자금영수증과의 교환에 의한 모금) 제1항의 규정을 위반하여 고지·광고하거나 후원금을 모금한 자

③ 제1항 및 제2항의 경우 그 제공된 금품 그 밖에 재산상의 이익은 몰수하며, 이를 몰수할 수 없을 때에는 그 가액을 추징한다.

제47조(각종 의무규정위반죄) ① 다음 각 호의 어느 하나에 해당하는 자는 2년 이하의 징역 또는 400만원 이하의 벌금에 처한다.

　3. 제16조(정치자금영수증과의 교환에 의한 모금) 제2항의 규정을 위반하여 정당한 사유 없이 정치자금영수증 원부, 기부자의 인적 사항 또는 후원금을 인계하지 아니한 자원부와 후원인의 성명·생년월일·주소·전화번호 및 후원금을 인계하여야 한다.

1. 의의

　본 조 제2항, 제3항의 규정은 2004. 3. 12. 구 정치자금에 관한 법률이 법률 제7191호로 개정되면서 신설되었는데, 그 입법취지는 정치자금의 조달과 수입·지출 과정이 투명하게 드러나도록 하여 음성적 정치자금을 차단하기 위한 것이다.

　후원회로부터 위임을 받은 자가 정치자금영수증(정액영수증과 무정액영수증을 말함)과의 교환에 의한 방법으로 후원인으로부터 정치자금을 모금하여 이를 당해 후원회에 전달하도록 하는 중개인 역할을 제도적으로 허용하여 후원회의 정치자금 조달 및 모금편의를 도모하는 데 있고, 후원금 모금이 있을 때마다 30일 이내에 후원회의 회계책임자에게 인계하도록 하는 것은 정치자금의 유용을 방지하기 위한 것이다.

2. 입법 연혁

　2004. 3. 12. 제14차 개정시 정액영수증을 정치자금영수증으로 개정하고, 후원회로부터 위임받은 자가 기부금품을 모금한 때에는 30일 이내에 회계책임자에게 정치자금영수증원부와 기부자의 성명·주소·주민등록번호·전화번호 및 금품을 인계하여야 한다는 규정과 정치자금영수증과의 교환에 의한 모금의 위임절차와 방법 그 밖에 필요한 사항은 중앙선거관

리위원회규칙으로 정한다는 내용을 신설하였다.

　2005. 8. 4. 제16차 개정시 후원금을 모금한 때에는 위임받은 자가 30일 이내에 후원회의 회계책임자에게 정치자금영수증 원부와 후원인의 성명·생년월일·주소·전화번호 및 후원금을 인계하도록 규정하였다.

3. 후원회가 정치자금영수증과의 교환에 의한 모금을 위임하는 경우

가. 후원회로부터 위임을 받은 자

　후원회로부터 위임을 받은 자의 자격을 제한하는 규정은 없으므로 후원회가 적임자를 스스로 정하여 위임하면 된다. 후원회로부터 위임을 받은 자는 후원회가 관할 선거관리위원회로부터 발급받아 둔 정치자금영수증을 후원금과 직접 교환하는 방법으로만 후원금을 모금할 수 있고, 이 경우 위임은 위임장의 교부를 요하므로 구두나 묵시적 방법에 의한 위임은 허용될 수 없다.[120] 후원금 모금을 위임할 수 있는 자의 수를 제한하는 규정은 없으며, 후원금 모금을 위임받은 자가 정치자금영수증과의 교환에 의한 방법으로 모금한 후원금을 회계책임자에게 인계하기 위하여 자신의 명의로 개설한 예금계좌에 입금하여 보관하는 것도 무방하다.[121] 후원회가 동시에 다수인에게 위임하여 후원금을 모금하게 하는 것은 가능하나, 후원금 모금과정에서 부당하게 타인의 의사를 억압하는 방법으로 후원금 기부를 알선하는 등 정치자금법에 위반되는 행위는 금지된다.[122]

　회사가 급여에서 공제한 후원금을 수임자에게 전달하는 경우, 현금(1회 120만원 초과 기부자건 제외)으로 전달하거나 수임자 명의의 예금계좌에 이체하거나 후원회의 예금계좌로 연결되는 지로로 송금 가능하고, 수임자가 정치자금영수증과의 교환에 의한 방법으로 모금한 후원금을 자신의 예금계좌에 입금하여 보관하였다가 후원회의 예금계좌로 이체 가능하다.[123]

　후원회로부터 위임을 받은 자가 후원금을 모금한 때에는 30일 이내에 그 후원회의 회계책임자에게 정치자금영수증 원부와 후원인의 성명·생년월일·주소·전화번호 및 후원금을 인계하여야 한다.

---

120) 대법원 2007. 11. 30. 선고 2007도5236 판결.
121) 중앙선거관리위원회 2010. 12. 3. 회답.
122) 중앙선거관리위원회 2012. 11. 29. 회답.
123) 중앙선거관리위원회 2018. 11. 5. 회답.

나. 위임모금 절차

〈정치자금영수증 교환에 의한 후원금 모금 절차〉

정치자금영수증 위임 관리기록부 작성 → 위임장 작성·교부(정치자금영수증 교부) → 후원금 모금(정치자금
영수증 교환) → 후원금 및 잔여 정치자금영수증 인계·인수(후원금의 인계·인수서 작성·교부)

　후원회는 "위임관리기록부〈규칙 별지 제13호 서식〉" 기재, "위임장〈규칙 별지 제14호 서식〉" 교부, 후원금 등 인계·인수 및 위임관련 서류를 비치·관리하여야 하며, 후원회로부터 위임받은 자는 후원금을 모금한 때로부터 30일 이내에 그 후원회의 회계책임자에게 정치자금영수증 원부와 후원인의 성명 등 인적사항 및 후원금을 인계하고 "후원금의 인계·인수서〈규칙 별지 제15호 서식〉"를 제출하여야 한다.

　후원회가 정치자금영수증과의 교환에 의한 모금을 위임하는 경우 수임자에게 위임장만 교부하여 후원금을 모금하고 추후 후원회에서 영수증을 일괄발급하는 행위는 불가하다.

다. 위임자의 후원금 모금시 유의사항[124]

① 후원회가 연간 모금할 수 있는 한도액을 준수하고 신용카드·예금계좌·전화 또는 인터넷 전자결제 시스템 등에 의한 모금으로 부득이하게 연간 모금한도액을 초과한 때에는 연간 모금한도액의 100분의 20의 범위에서 초과모금 가능하고 초과한 금액은 다음 연도 모금한도액에 포함된다.

② 개인사업자가 개인의 사업을 영위하기 위해 개설한 개인사업자의 계좌(개인자금)를 통하여 후원한 경우 개인의 자금인 것을 확인한 후 통장에 기부자의 실명을 병기[예: 길동약국(홍길동)]하고 적법한 후원금으로 처리한다.

③ 개인명의와 단체명이 함께 기재[예: 홍길동(○○사업)]된 경우 기부자와 연락하여 개인의 후원금으로 확인된 경우에는 기부 처리한다.

④ 후원인이 후원회 지정권자에게 직접 기부한 경우 30일 이내에 후원회 회계책임자에게 기부자 인적사항과 후원금을 인계하여야 함. 특히 연말에 후원회 지정권자가 받은 기부금을 해를 넘겨 후원회에 인계하는 경우가 있는 바, 기부일자가 당해 연도가 아니므로 당해연도 연말정산에 사용할 수는 없다.

⑤ 후원회가 후원금을 기부받은 때에는 후원금을 기부받은 날로부터 30일까지 정치자금

---

124) 중앙선거관리위원회. 정치자금사무편람(2022), 45~46면.

영수증을 후원인에게 교부하여야 한다.

4. 판례

① 「정치자금법」 제16조 제1항을 위반하여 후원금을 모집

원심이 설시한 사정들에다가 아래에서 보는 바와 같이 정치자금법 제16조의 입법취지 등을 종합적으로 고려하면, 원심의 판단은 정당한 것으로 충분히 수긍이 가고, 거기에 사실을 오인하거나 법리를 오해하여 판결에 영향을 미친 위법은 없다 따라서 피고인들의 이 부분 주장은 이유 없다.

㉮ 현행 정치자금법 제16호 제2항, 제3항의 규정은 2004. 3. 12. 구 정치자금에 관한 법률이 법률 제7191호로 개정되면서 신설되었는데, 그 입법취지는 정치자금의 조달과 수입·지출 과정이 투명하게 드러나도록 하여 음성적 정치자금을 차단하기 위한 것이다.

㉯ 위 조항 신설 전에도 구 정치자금사무관리 규칙 제10조 제2항에서는 "제1항의 규정에 의하여 위임을 받은 자가 금품을 모집하였을 때에는 그 모집금품과 정액 영수증원부를 지체없이 후원회의 회계책임자에게 인계하여야 한다(제2항)"고 규정하고 있었고, 위 법률 조항의 신설과 동시에 수임자가 후원회 회계책임자에게 후원금 등을 인계하는 경우 그때까지 사용하거나 사용하지 않은 정치자금영수증 내역 등이 기재된 '후원금 인수인계서'를 작성하도록 하는 조항이 추가되었다.

㉰ 설사 정치자금법 제16조 제1항에서 규정하고 있는 '정치자금영수증을 후원금과 교환하는 방법'에 있어 '교환'의 사전적 의미가 '동시에' 주고받는 것까지 포함하는 것은 아니라고 하더라도, 수임자는 수임 당시 미리 정치자금영수증을 교부받아 소지하고 있어야 하고, 후원금을 모집한 때로부터 30일 이내에 후원회의 회계책임자에게 모금 내역을 인수인계하여야 하므로, 수임자는 후원금을 모금한 때로부터 30일 전으로서 회계책임자에게 후원금 모금내역을 인계하기 전까지는 정치자금영수증을 교부해야 하는 것으로 해석함이 상당하다. 이는 정치자금법 제17조 제1항에서 후원회로 하여금 후원금을 교부받은 날부터 30일 이내에 정치자금영수증을 후원인에게 교부하도록 하는 의무를 부과한 것과도 균형에 맞는 해석이다 [서울고등법원 2018. 2. 8. 선고 2017노3301(분리)-1 판결, 서울고등법원 2018. 1. 30. 선고 2017노3301(분리) 판결, 대법원 2019. 5. 10. 선고 2018도3209 판결].

② 수임자에 대한 위임의 효력이 당해 회계연도 내에서만 유효한지 여부

정치자금법에는 후원금 모금의 위임기간에 대한 규정이 없고, 위임장 서식(별지 제14호)에도 후원금 모금의 '위임기간'에 관한 문구가 없는 점, 실무상 수임자에 대한 위임의 효력을 당해 회계연도의 종기인 12. 31.까지로 보고 있다고 하더라도 이러한 사정만으로 수임자에 대한 위임의 효력이 당해 회계연도 내에서만 유효하다고 볼 수는 없는 점, 전년도 회계연도에 이루어진 수임자에 대한 위임의 효력이 당해 회계연도에 미치지 않는다고 해석하는 것은 죄형법정주의에 어긋나는 점 등에 비추어 피고인들이 2014년도에 적법한 위

임 없이 후원금을 모금하였다고 인정하기에 부족하다(서울중앙지방법원 2017. 10. 19. 선고 2016고합33 판결)

※ 후원회가 2013년도에는 수임자에게 후원금 모금 위임장을 작성하여 교부하였는데 2014년도에는 새로운 위임장을 작성하지 않은 상태에서 수임자가 후원금을 모금하여, 후원회 회계책임자와 수임자가 공동정범으로 기소된 사안으로 무죄선고됨.

5. 처벌

본 조 제1항의 규정을 위반하여 정치자금영수증과의 교환에 의하지 아니하고 후원금을 모금한 자에 대해서는 5년 이하의 징역 또는 1천만원 이하의 벌금에 처한다(「정치자금법」 제45조 제2항 제3호). 이 경우 그 제공된 금품 그 밖에 재산상의 이익은 몰수하며, 이를 몰수할 수 없을 때에는 그 가액을 추징한다(「정치자금법」 제45조 제3항).

본 조 제2항의 규정을 위반하여 정당한 사유 없이 정치자금영수증 원부, 기부자의 인적 사항 또는 후원금을 인계하지 아니한 자에 대해서는 2년 이하의 징역 또는 400만원 이하의 벌금에 처한다(「정치자금법」 제47조 제1항 제3호).

제17조(정치자금영수증) ① 후원회가 후원금을 기부받은 때에는 후원금을 기부받은 날부터 30일까지 정치자금영수증을 후원인에게 교부하여야 한다.

② 제1항의 규정에 의한 정치자금영수증은 중앙선거관리위원회가 제작하는 정액영수증과 무정액영수증만을 말한다. 이 경우 무정액영수증은 인터넷을 통하여 발행·교부할 수 있도록 전자적 형태로 제작할 수 있되, 위조·변조를 방지할 수 있는 기술적 조치를 하여야 한다.

③ 무정액영수증은 1회 10만원 미만의 후원금이나 10만원을 초과하여 기부한 후원금의 경우라도 10만원 미만에 해당하는 후원금에 한하여 교부할 수 있다. 다만, 제2항 후단에 따라 전자적 형태로 제작한 무정액영수증을 인터넷을 통하여 교부하는 경우에는 그러하지 아니하다.

④ 1회 1만원 이하의 후원금 기부에 대한 정치자금영수증은 해당 연도말일(후원회가 해산되는 경우에는 그 해산일을 말한다) 현재로 일괄 발행·교부할 수 있다.

⑤ 제1항에도 불구하고 다음 각 호의 어느 하나에 해당하는 경우에는 정치자금영수증을 후원인에게 교부하지 아니하고 후원회가 발행하여 원부와 함께 보관할 수 있다.

1. 후원인이 정치자금영수증 수령을 원하지 아니하는 경우

2. 익명기부, 신용카드·예금계좌·전화 또는 인터넷 전자결제 시스템 등에 의한 기부로 후원인의 주소 등 연락처를 알 수 없는 경우

3. 후원인이 연간 1만원 이하의 후원금을 기부한 경우

⑥ 후원회가 정치자금영수증을 발급받고자 하는 때에는 정치자금영수증의 종류와 발급수량 등을 기재한 신청서 및 정치자금영수증 제작비용을 관할 선거관리위원회에 제출·납부하여야 한다.

⑦ 하나의 후원회가 연간 발급받을 수 있는 정액영수증의 액면가액총액은 그 후원회의 연간 모금한도액을 초과할 수 없다. 이 경우 후원회는 연간 모금한도액의 범위안에서 정액영수증을 일시에 발급받을 수 있다.

⑧ 정치자금영수증에는 후원금의 금액, 그 금액에 대하여 세금혜택이 된다는 문언과 일련번호를 표시하되, 규격과 양식 그 밖에 필요한 사항은 중앙선거관리위원회규칙으로 정한다.

⑨ 정액영수증에 표시하는 금액은 1만원·5만원·10만원·50만원·100만원·500만원의 6종으로 하고 기부자에게 교부하는 정치자금영수증에는 후원회명을 기재할 수 없다.

⑩ 후원회는 관할 선거관리위원회로부터 발급받은 정치자금영수증의 매년 12월 31일 현재 매수 등 사용실태를 제40조(회계보고) 제1항에 따른 12월 31일 현재의 회계보고를 하는 때에 관할 선거관리위원회에 보고하여야 하며, 후원회가 해산되는 경우에는 제40조(회계보고)에 따른 회계보고를 하는 때에 사용하지 아니한 정치자금영수증을 관할 선거관리위원회에 반납하여야 한다.

⑪ 후원회는 무정액영수증의 기재금액 및 정액영수증의 액면금액과 상이한 금액을 기부받고 사용할 수 없으며, 사용하지 아니한 정치자금영수증에 대하여 제10항의 규정에 의한 기한 이내에 매수를 보고 또는 반납하지 아니한 경우에는 그 액면금액 총액을 기부받은 것으로 본다.

⑫ 선거관리위원회와 후원회 그 밖에 정치자금영수증의 발급·발행·교부 등에 관계하는 자는 법률에 의한 절차에 의하지 아니하고는 그 후원회에 발급한 정치자금영수증의 일련번호를 공개하거나 이를 다른 국가기관에 고지하여서는 아니된다.

⑬ 후원회는 제34조(회계책임자의 선임신고 등) 제4항에 따라 신고된 정치자금의 수입을 위한 예금계좌에 입금된 후원금에 대한 정치자금영수증 발행을 위하여 해당 금융기관에 입금의뢰인(신용카드·전화 또는 인터넷 전자결제 시스템 등에 의한 입금을 포함한다)의 성명과 연락처를 알려줄 것을 서면으로 요청할 수 있으며, 그 요청을 받은 금융기관은 「금융실명거래 및 비밀보장에 관한 법률」에도 불구하고 지체 없이 그 내용을 알려주어야 한다.

⑭ 제13항에 따른 입금의뢰인의 성명과 연락처를 알려 줄 것을 요청하는 서식과 그 밖에 필요한 사항은 중앙선거관리위원회규칙으로 정한다.

제46조(각종 제한규정위반죄) 다음 각 호의 어느 하나에 해당하는 자는 3년 이하의 징역 또는 600만원 이하의 벌금에 처한다.

　1. 제5조(당비영수증) 제1항·제2항 또는 제17조(정치자금영수증) 제11항의 규정을 위반하여 당비영수증·정치자금영수증의 기재금액 또는 액면금액과 상이한 금액을 기부한 자와 이를 받은 자, 당비영수증·정치자금영수증을 허위로 작성하여 교부하거나 위조·변조하여 이를 사용한 자

4. 제17조 제12항의 규정을 위반하여 법률에 의한 절차에 의하지 아니하고 후원회에 발급한 정치자금
영수증의 일련번호를 공개하거나 이를 다른 국가기관에 고지한 자

제47조(각종 의무규정위반죄) ① 다음 각 호의 어느 하나에 해당하는 자는 2년 이하의 징역 또는 400만
원 이하의 벌금에 처한다.

2. 제5조(당비영수증) 제1항 또는 제17조(정치자금영수증) 제1항·제3항의 규정을 위반하여 당비·후
원금을 납부 또는 기부받은 날부터 30일까지 당비영수증이나 정치자금영수증을 발행 또는 교부하지
아니한 자와 무정액영수증의 사용범위를 위반하여 교부한 자

제51조(과태료) ① 다음 각 호의 어느 하나에 해당하는 행위를 한 자는 300만원 이하의 과태료에 처한다.

1. 제5조(당비영수증) 제1항 또는 제17조(정치자금영수증) 제1항의 규정을 위반하여 당비영수증 또는
정치자금영수증의 발행·교부를 해태한 자

③ 다음 각 호의 어느 하나에 해당하는 행위를 한 자는 100만원 이하의 과태료에 처한다.

4. 제17조 제10항의 규정을 위반하여 정치자금영수증 사용실태를 보고하지 아니하거나 정치자금영수
증을 관할 선거관리위원회에 반납하지 아니한 자

1. 의의

1994. 3. 16. 개정시 신설된 정치자금영수증제도는 후원회가 당해 후원회의 회원 및 회
원이 아닌 자로부터 후원금을 기부받은 사실의 증표로 교부하기 위한 것으로, 정치자금영수
증에는 제작주체인 중앙선거관리위원회만 기재되어 있고 후원금을 받은 후원회는 나타나지
아니한다.

이는 후원인이 특정 후원회에 후원금을 기부한 사실이 밝혀지는 것을 꺼리는 우리의 정치
현실을 고려하여 법에서 후원회명을 기재할 수 없도록 하는 대신 중앙선거관리위원회의 명
칭을 기재하여 공신력이 있는 관급용지형태를 취함으로써 후원회의 후원금모금의 활성화를
도모하려는 것이다.

2. 정치자금영수증 발행·교부

후원회가 후원인으로부터 후원금을 기부받은 때에는 중앙위원회가 제작·배부한 정치자
금영수증을 발행하여 후원금을 기부받은 날부터 30일까지 후원인에게 교부하여야 한다.

가. 무정액영수증

무정액영수증은 1회 10만원 미만의 후원금이나 10만원을 초과한 후원금의 경우라도 10만원 미만에 해당하는 후원금에 한하여 교부할 수 있다. 중앙선거위원회가 전자적 형태로 제작하여 인터넷(정치후원금센터)을 통하여 발행·교부하는 무정액영수증은 10만원 이상의 후원금에 대해서도 교부할 수 있다.

나. 정액영수증

정액영수증은 6종(1만원권, 5만원권, 10만원권, 50만원권, 100만원권, 500만원권)으로 만원단위의 후원금을 기부받은 경우에 사용할 수 있다.

후원회에 대하여 발급하는 정액영수증의 액면가액총액은 당해 후원회의 연간(대통령후보자등후원회·대통령선거경선후보자·당대표경선후보자등·국회의원후보자등·지방의회의원후보자등 및 지방자치단체장후보자등의 후원회는 당해 후원회를 둘 수 있는 기간을 말함) 모금한도액 범위 안에서 발급하며, 「정치자금법」 제12조(후원회의 모금·기부한도) 제4항의 규정에 의한 후원회의 경우에는 당해 후원회가 추가로 모금이 가능한 금액 안에서 발급가능하다.

그러나 후원인이 영수증이 필요 없다며 주소 및 주민등록번호를 알려주지 않는 경우 「정치자금법」 제17조 제5항 제1호에 따라 정치자금영수증을 후원인에게 교부하지 아니하고 후원회가 발행하여 원부와 함께 보관할 수 있고, 「정치자금법」 제17조 제5항 제3호에 따라 후원인이 연간 1만원 이하의 후원금을 기부한 경우에는 정치자금영수증을 후원인에게 교부하지 아니하고 후원회가 발행하여 원부와 함께 보관할 수 있다.[125] 18원의 후원금을 후원회 계좌로 입금한 후 후원회 사무실에 전화하여 정치자금영수증을 우편으로 발송해 줄 것을 요청하였을 경우와 같이 후원인이 연간 1만원 이하의 후원금을 기부한 때에 후원회가 후원금액과 정치자금영수증 교부비용·용도 등을 고려하여 그 후원인에게 정치자금영수증을 교부하지 아니하고 이를 발행하여 원부와 함께 보관하는 것은 법에 위반되지 않는다.[126] 후원인이 휴대폰 또는 신용카드 결제방식에 의하여 후원회에 정치자금을 기부한 경우 당해 후원회에 입금(도달)된 날짜를 기준으로 정치자금영수증을 발행하여 후원인에게 교부하여야 한다.[127] 예금계좌 또는 인터넷전자시스템 등에 의한 모금으로 부득이하게 연간 모금한도액을 초과하여 후원금이 기부된 때에는 후원회는 그 초과하는 후원금에 대하여도 정치자금영수

---

125) 중앙선거관리위원회 2010. 3. 24. 회답.
126) 중앙선거관리위원회 2019. 9. 27. 회답.
127) 중앙선거관리위원회 2004. 12. 15. 회답.

증을 교부하여야 하며, 정치자금영수증상의 「발행연월일」과 「영수연월일」란에는 후원금이 입금된 날을 기재하고 후원금을 기부한 자는 후원회에 후원금이 입금된 날이 속하는 과세연도에 세액공제 또는 소득공제를 받을 수 있다.[128]

3. 정치자금영수증 관련 사무 처리

가. ① 후원인이 정치자금영수증 수령을 원하지 아니하는 경우, ② 익명기부, 신용카드·예금계좌·전화 또는 인터넷 전자결제 시스템 등에 의한 기부로 후원인의 주소 등 연락처를 알 수 없는 경우, ③ 후원인이 연간 1만원 이하의 후원금을 기부한 경우에는 정치자금영수증을 후원인에게 교부하지 아니하고 후원회가 발행하여 원부와 함께 보관할 수 있다.

나. 후원회는 관할 위원회에 신고된 정치자금의 수입을 위한 예금계좌에 입금된 후원금에 대한 정치자금영수증 발행을 위하여 〈규칙 별지 제21호의2 서식〉을 이용하여 해당 금융기관에 입금의뢰인(신용카드·전화 또는 인터넷 전자결제 시스템 등에 의한 입금을 포함)의 성명과 연락처를 알려줄 것을 서면으로 요청할 수 있다.

다. 보관 중인 정치자금영수증에 대하여 교부신청이 있는 때에는 정치자금의 기부금액·시기·방법 등 기부사실의 확인을 통하여 정당한 기부자로 확인된 때에는 지체 없이 보관중인 정치자금영수증을 교부하고 "후원회의 수입·지출부"에 기부자의 인적사항과 영수증 교부상황을 기재하여야 한다.

라. 후원회가 관할 위원회에 정치자금영수증 발급을 신청할 때에는 소정의 제작비용을 수입인지(전자수입인지를 포함. 이하 같음)로 납부하여야 한다.

마. 정치자금영수증의 제작비용은 중앙위원회가 정치자금영수증 제작에 소요되는 비용과 생산자물가지수변동률을 감안하여 정하고 매년 12월 20일까지 공고한 비용으로 한다.

바. 후원회는 관할 위원회로부터 발급받은 정치자금영수증에 대하여 잔여매수 등 사용실태를 매년 12월 31일 현재를 기준으로 하는 회계보고를 하는 때에 관할 위원회에 서면으로 보고하여야 한다. 다만, 정치자금영수증 발급신청을 하지 않은 후원회의 경우에는 정치자금영수증의 사용실태 보고를 하지 아니할 수 있다.

사. 후원회가 해산한 경우에는 후원회의 해산에 따른 회계보고를 하는 때에 사용하지 아니한 정치자금영수증을 관할 위원회에 반납하여야 한다.

아. 후원회가 정치자금영수증의 잔여매수 보고 및 반납기한까지 보고·반납하지 아니한 경우 그 액면금액 총액을 기부받은 것으로 본다.

---

128) 중앙선거관리위원회 2005. 12. 14. 회답.

정 액 영 수 증
(앞 면)

(뒷면)	
주 1. 회계책임자는 금액, 발행연월일, 기부자의 성명·생년월일·주소·직업 및 전화번호를 정확히 기재하여야 합니다. 2. "취급자인"란에는 회계책임자 인장으로 날인을 하고 교부하여야 합니다.	* 이 영수증은 「정치자금법」 제17조에 따라 중앙선거관리위원회(사업자등록번호 : 138-83-01632)가 제작하고, 후원회가 발행한 것입니다. * 이 영수증에 기재된 금액에 대하여는 「조세특례제한법」이 정하는 바에 따라 10만원까지는 그 금액의 110분의 100을, 10만원을 초과한 금액에 대해서는 해당 금액의 100분의 15(해당 금액이 3천만원을 초과하는 경우 그 초과분에 대해서는 100분의 25)에 해당하는 금액을 종합소득산출세액에서 공제하고, 「지방세특례제한법」에 따라 그 공제금액의 100분의 10에 해당하는 금액을 해당 과세연도의 개인지방소득세 산출세액에서 추가로 공제를 받을 수 있습니다(「정치자금법」 제59조). * 정치자금영수증의 발급·발행·교부 등에 관계하는 자가 법률에 의한 절차에 의하지 아니하고 정치자금영수증의 일련번호를 공개 또는 이를 다른 국가기관에 고지하거나 정치자금영수증을 허위로 작성하여 교부하거나 위조·변조하여 사용하는 때에는 처벌을 받습니다.

무 정 액 영 수 증
(앞 면)

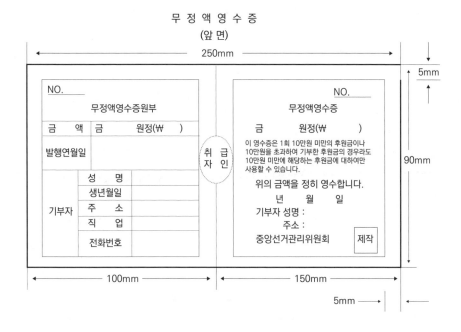

(뒷면)	
주 1. 이 무정액영수증은 1회 10만원 미만의 후원금이나 10만원을 초과하여 기부한 후원금의 경우라도 10만원 미만에 해당하는 후원금에 대하여만 발행할 수 있습니다. 2. 회계책임자는 금액, 발행연월일, 기부자의 성명·생년월일·주소·직업 및 전화번호를 정확히 기재하여야 합니다. 3. "취급자인"란에는 회계책임자인장으로 날인을 하고 교부하여야 합니다.	* 이 영수증은 「정치자금법」 제17조에 따라 중앙선거관리위원회(사업자등록번호: 138-83-01632)가 제작하고, 후원회가 발행한 것입니다. * 이 영수증에 기재된 금액에 대하여는 「조세특례제한법」이 정하는 바에 따라 10만원까지는 그 금액의 110분의 100을, 10만원을 초과한 금액에 대해서는 해당 금액의 100분의 15(해당 금액이 3천만원을 초과하는 경우 그 초과분에 대해서는 100분의 25)에 해당하는 금액을 종합소득산출세액에서 공제하고, 「지방세특례제한법」에 따라 그 공제금액의 100분의 10에 해당하는 금액을 해당 과세연도의 개인지방소득세 산출세액에서 추가로 공제를 받을 수 있습니다(「정치자금법」 제59조). * 정치자금영수증의 발급·발행·교부 등에 관계하는 자가 법률에 의한 절차에 의하지 아니하고 정치자금영수증의 일련번호를 공개 또는 이를 다른 국가기관에 고지하거나 정치자금영수증을 허위로 작성하여 교부하거나 위조·변조하여 사용하는 때에는 처벌을 받습니다.

4. 정치자금영수증의 일련번호 미공개

정치자금영수증의 일련번호는 중앙선거관리위원회가 종류별·액면금액별로 제작순에 의하여 누년으로 부여하고 후원회의 발급신청에 따라 관할 선거관리위원회가 후원회에 발급한다. 정치자금영수증의 발행·교부 등에 관계하는 자는 법률에 의한 절차에 의하지 아니하고는 그 후원회에 발급한 정치자금영수증의 일련번호를 공개하거나 다른 국가기관에 고지할 수 없다. 이와 같이 정치자금영수증의 일련번호 공개 및 고지를 금지하는 것은 후원인의 의사에 반하여 특정 후원인이 특정 후원회에 정치자금을 기부한 사실이 드러나게 됨으로써 야기되는 폐해를 방지하고자 하는 것이다.

「정치자금법」 제2조(기본원칙) 제2항에서 정치자금의 회계는 공개되어야 한다고 규정하고 있으며, 제7조 제8항(현행 제17조 제12항)에서 후원회에 발급한 정액영수증의 일련번호만 공개를 금지하고 있을 뿐 그 외에 후원인의 인적사항에 대한 공개까지 금지한 규정은 없으므로 정치자금의 투명성확보를 위하여 일련번호를 제외하고는 이를 공개할 수 있다고 할 것이나 그 공개가 의무적인 것은 아니다.[129]

5. 판례

① 정치자금영수증을 주지 않고 후원회의 회원 아닌 사람으로부터 정치자금 수수

> 피고인의 국회의원 후원회가 회원 아닌 사람으로부터 모집금품을 교부받아 영수증을 발행하여 준 다음 후원회가 이를 국회의원에게 기부하는 것은 적법한 정치자금의 수수라고 할 것이다. 또한, 국회의원인 피고인이 회원 아닌 사람으로부터 금품을 일단 교부받았다고 하더라도, 그 당시 피고인이 받은 금품을 바로 후원회에 전달하여 후원회의 모집금품으로 접수 처리할 의사로 이를 수수하였고, 그와 같은 처리방법이 금품을 제공한 사람의 의사에 반하지 않는 것이며, 피고인이 받은 금품을 바로 후원회에 전달함으로써 후원회의 회계책임자가 이를 후원회의 모집금품으로 처리하여 적법하게 영수증을 교부할 것으로 믿었고, 또한 그와 같이 믿은 데에 아무런 잘못이 없었다면, 피고인으로서는 그 금품을 단지 후원회의 모집금품으로 전달할 의사로 받았을 뿐인 것으로서 그와 같은 금품수수행위는 법률에 정하지 않은 정치자금 수수행위에 해당한다고 볼 수 없다고 할 것이다. 그리고 그러한 경우 설령 그 이후에 후원회의 회계책임자가 업무를 잘못 처리하여 영수증을 적시에 교부하지 못했다고 하더라도, 피고인에 대하여 법률에 정하지 아니한 방법으로 정치자금을 수수한 죄책을 물을 수는 없다고 보아야 할 것이다(서울고등법원 2006. 4. 7. 선고 2005노1357 판결).

---

129) 중앙선거관리위원회 2003. 9. 22. 회답.

② 영수증교부시기와 불법정치자금수수죄의 성립

> 정치자금이 전액 현금으로 제공되고, 야간에 은밀한 방법으로 수수하였으며, 그 수령자도 정당의 후원회 임원이 아닌 점 등에 비추어 그 수수 시점에 이미 「정치자금에관한법률」에 정해진 방법이 아닌 불법적인 방법으로 제공된 정치자금이었다고 보이고, 설령 그 수수 주체를 후원회로 보더라도 구 「정치자금에관한법률」(2004. 3. 12. 법률 제7191호로 개정되기 전의 것)에는 정치자금영수증의 교부시기가 명시되지 않았으므로 후원회는 정치자금을 받은 때로부터 상당한 시기 이내에 정치자금영수증을 교부할 수 있다 할 것이고, 실제로 그 정치자금이 선거비용으로 소비된 이후에라도 상당한 시기 이내라면 정치자금 영수증을 발급하여 줄 수 있다 할 것인 바, 피고인이 위 정치자금 수수 사실에 대하여 보고를 받은 시점이 그 수수한 때로부터 약 1달 정도 지난 시점이고, 당해 연도도 경과되지 않았으므로 정치자금 영수증을 발급하도록 하는 등 합법적인 절차를 충분히 밟을 수 있었음에도 불구하고, 아무런 절차를 밟지 아니한 이상 같은 법 제30조 제1항에 규정된 '이 법에 정하지 아니한 방법으로 정치자금을 받은 자'에 해당한다(대법원 2005. 7. 25. 선고 2005도748 판결).
>
> ※ 2004. 3. 12., 2005. 8. 4., 2010. 1. 25., 2012. 2. 29. 개정에 따라 정치자금영수증 교부기한 변경.

6. 처벌

본 조 제1항·제3항의 규정을 위반하여 후원금을 기부받은 날부터 30일까지 정치자금영수증을 발행 또는 교부하지 아니한 자와 무정액영수증의 사용범위를 위반하여 교부한 자에 대하여는 2년 이하의 징역 또는 400만원 이하의 벌금에 처한다(「정치자금법」 제47조 제1항 제2호).

본 조 제11항의 규정을 위반하여 정치자금영수증의 기재금액 또는 액면금액과 상이한 금액을 기부한 자와 이를 받은 자, 정치자금영수증을 허위로 작성하여 교부하거나 위조·변조하여 이를 사용한 자에 대하여는 3년 이하의 징역 또는 600만원 이하의 벌금에 처한다(「정치자금법」 제46조 제1호).

본 조 제12항의 규정을 위반하여 법률에 의한 절차에 의하지 아니하고 후원회에 발급한 정치자금영수증의 일련번호를 공개하거나 이를 다른 국가기관에 고지한 자에 대하여는 3년 이하의 징역 또는 600만원 이하의 벌금에 처한다(「정치자금법」 제46조 제4호).

본 조 제1항의 규정을 위반하여 정치자금영수증의 발행·교부를 해태한 자에 대하여는 300만원 이하의 과태료에 처한다(「정치자금법」 제51조 제1항 제1호).

본 조 제10항의 규정을 위반하여 정치자금영수증 사용실태를 보고하지 아니하거나 정치자금영수증을 관할 선거관리위원회에 반납하지 아니한 자에 대하여는 100만원 이하의 과태료에 처한다(「정치자금법」 제51조 제3항 제4호).

제도 개선 // 금융기관의 후원회 후원금 입금의뢰인 정보제공
협조 지체에 대한 제제 근거 마련

현행 정치자금법은 후원회가 신고된 정치자금의 수입을 위한 예금계좌에 입금된 후원금에 대한 정치자금영수증 발행을 위하여 해당 금융기관에 입금의뢰인(신용카드·전화 또는 인터넷 전자결제 시스템 등에 의한 입금을 포함한다)의 성명과 연락처를 알려줄 것을 서면으로 요청할 수 있으며, 그 요청을 받은 금융기관은「금융실명거래 및 비밀보장에 관한 법률」에도 불구하고 지체 없이 그 내용을 알려주어야 한다라고 규정하면서도, 그 요청에 대한 명확한 기한이나 협조 지체에 대한 제제 근거는 마련되어 있지 않다.

그러나 최근 후원금의 기부 방식이 대부분 계좌이체에 의하고 있는 현실에서 정치자금영수증을 후원금 기부일부터 30일 이내로 신속하게 발급하기 위해서는 금융기관의 협조가 필수적인 상황이므로, 그 요청에 대한 명확한 기한이나 협조 지체에 대한 과태료 등 제재 근거는 마련될 필요가 있다.

제18조(불법후원금의 반환) 후원회의 회계책임자는 후원인으로부터 기부받은 후원금이 이 법 또는 다른 법률에 위반되는 청탁 또는 불법의 후원금이라는 사실을 안 날부터 30일 이내에 후원인에게 반환하고, 정치자금영수증을 교부하였을 때에는 이를 회수하여야 한다. 이 경우 후원인의 주소 등 연락처를 알지 못하여 반환할 수 없거나 후원인이 수령을 거절하는 때에는 선거관리위원회를 통하여 이를 국고에 귀속시켜야 한다.

1. 의의

본 조는 2005. 8. 4. 제16차 개정시 신설된 규정으로 후원회의 회계책임자가 후원인으로부터 기부받은 불법 후원금의 처리방법을 규정한 것이다.

2. 내용

가. 반환 의무자

불법후원금의 반환의무자는 후원회의 회계책임자이다.

나. 반환대상

후원인으로부터 기부받은 후원금이 이 법 또는 다른 법률에 위반되는 청탁 또는 불법의 후원금인 경우이다. 청탁은 불법 후원금의 한 유형에 불과하므로, 결국 본 조에 따른 반환대상은 정치자금법에서 정한 절차에 따라 기부된 후원금 중 정치자금법을 포함한 대한민국의 일체의 법률을 위반한 경우이다. 예를 들어 정치자금법에 따라 후원금으로 기부하였으나 대가관계가 인정되어 형법상 뇌물죄에 해당하는 경우도 불법후원금 반환대상에 해당된다.

다. 반환시기

후원금이 불법후원금이라는 사실을 안 날로부터 30일 이내에 반환하여야 한다.

이와 관련하여, 후원회 회계책임자가 후원금을 기부받을 당시부터 불법의 후원금이라는 사실을 알고도 이를 받은 경우에는 본 조 적용의 이익이 없다고 본다. 왜냐하면 당초부터 불법후원금임을 인식하고 수령한 경우 회계책임자는 본 법의 다른 규정에 의해 형사 처벌됨과 동시에 그 후원금은 몰수 또는 추징될 것이기 때문이다. 즉 본 조는 후원회 회계책임자가 불법후원금임을 모르고 수령하였으나 그 후 이를 알게 되었을 때 후원금을 반환할 수 있도록 한 것으로 이해된다.[130]

라. 국고귀속

후원인의 주소 등 연락처를 알지 못하여 반환할 수 없거나, 후원인이 수령을 거절하는 때에는 선거관리위원회를 통하여 이를 국고에 귀속시켜야 한다.

---

130) 중앙선거관리위원회. 정당법·정치자금법 축조해설(2016), 429면.

3. 중앙선거관리위원회 행정해석

후원금은 정치활동을 위하여 소요되는 경비로만 지출되어야 하고 사적 경비나 부정한 용도로 지출하여서는 아니 되는 바, 하자 없이 적법하게 기부받은 후원금을 후원회나 후원회지정권자가 임의로 후원인에게 반환하도록 하는 것은 「정치자금법」 제2조 및 제10조에 위반된다.[131] 이는 후원회가 해산한 경우 그 잔여재산은 「정치자금법」 제21조에서 정하는 바에 따라 처분하여야 함에도 후원회 해산이 예상되는 상황에서 후원금반환을 인정하게 되면 잔여재산처리규정을 형해화시킬 우려가 있고, 후원금반환을 인정하는 유일한 규정인 「정치자금법」 제18조의 불법후원금 반환 규정도 반환할 수 없을 때에는 국고귀속시키고 있는 점에 비추어볼 때, 임의로 이루어지는 후원금반환을 인정하는 것은 후원금의 공적자금성에 부합하지 아니하기 때문이다. 그러나 후원인의 기부행위는 법률행위 일반론에 따라 무효 또는 취소될 수 있으므로 그에 따라 반환하는 것은 가능하다. 따라서 후원인이 기부 당시 자신이 행하는 후원금 기부행위의 의미나 결과·효과 등을 합리적으로 판단할 수 있는 정신적 능력을 갖추지 못한 상태에서 후원금을 기부한 것이라면 후원회 또는 그 후원회지정권자가 해당 후원금을 후원인에게 반환하더라도 정치자금 법에 위반되지 아니하고,[132] 후원인의 의사에 반하여 입금된 후원금을 후원회가 해당 후원인의 요구에 따라 반환할 수 있다.[133]

후원회 지정권자인 비례대표국회의원이 지역구국회의원이 된 경우 비례대표국회의원후원회가 기부받은 후원금이 다른 법률에 위반되는 불법 후원금이라면, 비례대표국회의원후원회와 지역구국회의원후원회는 별도의 후원회가 아니므로 지역구국회의원후원회의 회계책임자가 「정치자금법」 제18조에 따라 불법후원금 반환을 하여야 한다.[134] 정당이 「정치자금법」 제21조에 따라 해산된 후원회로부터 인계받은 후원금 중 일부가 같은 법 또는 다른 법률에 위반되는 청탁 또는 불법의 후원금이라는 사실을 안 때에는 그 후원금을 당해 후원인에게 반환하더라도 「정치자금법」에 위반되지 않는다고 본다.[135]

---

131) 중앙선거관리위원회 2008. 3. 24. 회답.
132) 중앙선거관리위원회 2009. 1. 28. 회답.
133) 중앙선거관리위원회 2010. 2. 2. 회답.
134) 중앙선거관리위원회 2009. 4. 14. 회답.
135) 중앙선거관리위원회 2008. 5. 23. 회답.

제19조(후원회의 해산 등) ① 후원회는 해당 후원회지정권자가 해산, 그 밖의 사유로 소멸하거나 후원회를 둘 수 있는 자격을 상실하거나 후원회의 지정을 철회한 때 또는 정관 등에 정한 해산사유가 발생한 때에는 해산한다. 다만, 후원회를 둔 중앙당창당준비위원회가 정당으로 등록하거나 후원회를 둔 국회의원후보자가 국회의원으로 당선된 경우에는 그 후원회는 대의기관이나 수임기관의 존속결의로써 등록된 중앙당 또는 당선된 국회의원의 후원회로 존속할 수 있으며, 국회의원당선인후원회는 국회의원후원회로, 후원회를 둔 대통령예비후보자·국회의원예비후보자·지방의회의원예비후보자·지방자치단체장예비후보자가 대통령후보자·국회의원후보자·지방의회의원후보자·지방자치단체장후보자로 등록된 때에는 그 대통령예비후보자후원회·국회의원예비후보자후원회·지방의회의원예비후보자후원회·지방자치단체장예비후보자후원회는 대통령후보자후원회·국회의원후보자후원회·지방의회의원후보자후원회·지방자치단체장후보자후원회로 본다.

② 제1항 단서의 경우에 중앙당후원회 및 국회의원후보자후원회의 대표자는 그 존속결의가 있는 날부터 14일 이내에 제7조(후원회의 등록신청 등) 제4항의 규정에 의한 변경등록을 신청하여야 하며, 그 후원회는 종전의 후원회의 권리·의무를 승계한다.

③ 후원회가 해산한 때에는 그 대표자는 14일 이내에 그 사실을 관할 선거관리위원회에 신고하여야 한다. 다만, 다음 각 호의 어느 하나에 해당하는 경우에는 그러하지 아니하다.

   1. 대통령선거경선후보자와 당대표경선후보자등이 경선의 종료로 그 신분이 상실되어 해산되는 경우
   2. 국회의원의 임기만료, 대통령후보자등·국회의원후보자등·지방의회의원후보자등 또는 지방자치단체장후보자등의 신분상실로 인하여 해산되는 경우

④ 후원회가 해산일부터 14일 이내에 제3항 본문의 규정에 의한 해산신고를 하지 아니한 경우에는 관할 선거관리위원회는 그 후원회의 등록을 말소할 수 있다.

제51조(과태료) ③ 다음 각 호의 어느 하나에 해당하는 행위를 한 자는 100만원 이하의 과태료에 처한다.

   1. 제7조 제1항·제4항, 제19조 제2항·제3항 본문, 제20조 제1항 후단, 제34조 제1항·제3항, 제35조 제1항 또는 제40조 제1항·제2항을 위반하여 신고·보고 또는 신청을 해태한 자

④ 후원회가 해산일부터 14일 이내에 제3항 본문의 규정에 의한 해산신고를 하지 아니한 경우에는 관할 선거관리위원회는 그 후원회의 등록을 말소할 수 있다.

1. 의의

본 조는 후원회의 해산사유와 해산신고절차 및 일정기간 안에 해산신고를 하지 아니한 후원회의 등록말소처리, 지정권자의 신분변동과 관련하여 후원회가 존속하기 위해 필요한 절

차 등에 관한 사항을 정한 것이다.

후원회의 해산신고는 해산된 사실을 단순히 알리는 것이므로 후원회가 사실상 해산되는 날 이후부터는 후원회의 해산신고가 없더라도 후원인으로부터 후원금을 모금하는 등의 「정치자금법」상 후원회로서의 활동은 일체할 수 없다.

2. 내용

가. 후원회의 해산

후원회는 해당 후원회지정권자가 해산, 그 밖의 사유로 소멸하거나 후원회를 둘 수 있는 자격을 상실하거나 후원회의 지정을 철회한 때 또는 정관 등에 정한 해산사유가 발생한 때에는 해산한다.

'후원회지정권자의 자격상실'에는 국회의원이 사망, 사직, 퇴직, 제명, 임기만료 등으로 국회의원의 신분을 상실하게 된 경우, 대통령선거예비후보자·국회의원선거예비후보자가 등록무효·사퇴·사망 또는 후보자로 등록하지 아니한 경우, 후보자가 등록무효·사퇴·사망하거나 선거·경선의 종료로 그 신분이 상실되는 경우가 해당할 것이다. 국회의원직 사직원을 국회에 접수하고 시·도지사예비후보자등록을 한 경우 「국회법」 제135조에 따라 국회의원의 사직이 허가되거나 같은 법 제136조에 따라 공직선거후보자로 등록하여 국회의원의 직에서 퇴직된 되는 등 후원회지정권자가 후원회를 둘 수 있는 자격을 상실하여 해당 후원회가 해산된 때에는 「정치자금법」 제21조 제5항에 따라 해산된 후에 기부된 후원금은 지체 없이 후원인에게 반환하되, 회계보고 전까지 반환하지 아니한 때에는 국고에 귀속시켜야 한다.[136]

나. 후원회의 해산신고

후원회의 대표자는 당해 후원회가 해산된 날부터 14일 이내에 관할 선거관리위원회에 신고하여야 한다.

해산일의 산정기준은 ① 중앙당의 등록취소, 자진해산결의, 헌법재판소 해산결정이 있는 날 및 중앙당창당준비위원회가 소멸된 날, ② 국회의원이 사직, 퇴직, 사망 등으로 그 신분을 상실한 날, ③ 대통령선거경선후보자·당대표경선후보자등이 사퇴·사망하거나 등록무효로 그 자격을 상실한 날, ④ 지정권자가 후원회 지정을 철회한 때에는 그 지정을 철회한 날, ⑤

---

136) 중앙선거관리위원회 2010. 5. 3. 회답.

후원회의 정관 등에서 정한 해산사유(법정해산이외의 사유를 말함)의 발생으로 당해 후원회가 해산결의를 한 날, ⑥ 그 밖의 사유로 후원회가 해산한 날이다.

다만, 대통령선거경선후보자와 당대표경선후보자가 경선의 종료로 그 신분이 상실되어 해산되는 경우와 국회의원의 임기만료, 대통령후보자등·국회의원후보자등 또는 지방자치단체장후보자의 신분상실로 인하여 해산되는 경우는 후원회 해산일이 선거 및 경선 종료일로 특정되는 등 해산신고의 필요성이 적어 해산신고 대상에서 제외하고 있다.

후원회 해산신고는 해산된 사실을 단순히 알리는 것이므로 후원회가 해산되는 날 이후부터는 후원회 해산신고가 없더라도 후원인으로부터 후원금을 모금하는 등 정치자금법상 후원회로서의 활동은 일체할 수 없다.

다. 후원회의 등록말소

후원회의 해산신고를 받거나 해산신고 대상이 아닌 후원회가 해산된 때에는 후원회등록대장을 말소하고 그 말소사실을 공고한다. 해산신고대상 후원회가 해산일로부터 14일 이내에 해산신고를 하지 아니하는 경우에는 관할 선거관리위원회가 후원회의 해산사실을 확인한 후 후원회등록대장을 말소하고 그 말소사실을 공고한다.

라. 후원회를 둔 중앙당창당준비위원회가 정당으로 등록하거나 후원회를 둔 국회의원후보자가 국회의원으로 당선되는 경우

후원회를 둔 중앙당창당준비위원회가 정당으로 등록하거나 후원회를 둔 국회의원후보자가 국회의원으로 당선된 경우에는 그 후원회는 대의기관이나 수임기관의 존속결의로써 등록된 중앙당 또는 당선된 국회의원의 후원회로 존속할 수 있다. 국회의원당선인후원회는 국회의원후원회로 본다(정치자금사무관리 규칙). 존속결의는 국회의원후보자후원회가 국회의원당선인후원회로 존속하겠다는 뜻을 밝히는 것이므로 존속하고자 하는 경우에는 후원회로서의 동질성이 유지될 수 있도록 지체 없이 하여야 할 것이며, 「정치자금법」 제3항 및 제4항의 후원회 해산신고 및 말소처리를 고려하여 늦어도 선거종료일 후 14일 이내에는 존속결의가 있어야 할 것으로 본다. 국회의원후보자후원회의 대표자는 그 존속결의가 있은 날부터 14일 이내에 「정치자금법」 제7조 제4항의 규정에 의한 변경등록을 신청하여야 하며, 그 변경신청은 국회의원후원회의 등록신청으로 접수·처리한다.

마. 후원회를 둔 대통령예비후보자·국회의원예비후보자·지방의회의원예비후보자·지방자치단체장예비후보자가 대통령후보자·국회의원후보자·지방의회의원후보자·지방자치단체장후보자로 등록된 경우

후원회를 둔 대통령예비후보자·국회의원예비후보자·지방의회의원예비후보자·지방자치단체장예비후보자가 대통령후보자·국회의원후보자·지방의회의원후보자·지방자치단체장후보자로 등록된 때에는 그 대통령예비후보자후원회·국회의원예비후보자후원회·지방의회의원예비후보자후원회·지방자치단체장예비후보자후원회는 대통령후보자후원회·국회의원후보자후원회·지방의회의원후보자후원회·지방자치단체장후보자후원회로 본다.

3. 처벌

본 조 제2항·제3항 본문의 규정을 위반하여 신고 또는 신청을 해태한 자에 대하여는 100만원 이하의 과태료에 처한다(「정치자금법」 제51조 제3항 제1호).

제20조(후원회의 합병 등) ① 「정당법」 제19조에 따라 정당이 신설합당하거나 흡수합당하는 경우에는 각 후원회의 대의기관이나 수임기관의 합동회의의 합병결의 또는 대의기관이나 수임기관의 존속결의로써 신설 또는 흡수하는 정당의 후원회로 존속할 수 있다. 이 경우 각 후원회는 제7조 제4항에 따른 변경등록신청을 하여야 한다.

② 제1항에 따른 합병으로 신설 또는 존속하는 후원회는 합병 전 후원회의 권리·의무를 승계한다.

③ 제1항에 따라 존속하는 후원회의 모금·기부 한도액, 그 밖에 필요한 사항은 중앙선거관리위원회규칙으로 정한다.

「정치자금사무관리규칙」 제23조(합병·존속하는 후원회의 모금·기부한도) 법 제20조 제1항에 따라 합병으로 신설 또는 존속하는 후원회가 모금·기부할 수 있는 후원금은 해당 후원회의 연간 모금·기부한도액에서 다음 각 호의 후원회가 모금·기부한 금액을 공제한 금액으로 한다.

1. 신설합당으로 후원회가 합병하는 경우 합병 전에 모금·기부한 금액이 각각 적은 후원회
2. 흡수합당으로 합병하는 경우 존속하는 후원회

제51조(과태료) ③ 다음 각 호의 어느 하나에 해당하는 행위를 한 자는 100만원 이하의 과태료에 처한다.
1. 제7조 제1항·제4항, 제19조 제2항·제3항 본문, 제20조 제1항 후단, 제34조 제1항·제3항, 제35조 제1항 또는 제40조 제1항·제2항을 위반하여 신고·보고 또는 신청을 해태한 자

1. 합병으로 신설 또는 존속하는 후원회

가. 존속 절차

정당이 새로운 당명으로 합당(신설합당)하거나 다른 정당에 합당(흡수합당)될 때에는 각 후원회의 대의기관이나 수임기관의 합동회의의 합병결의 또는 대의기관이나 수임기관의 존속결의로써 신설 또는 흡수하는 정당의 후원회로 존속할 수 있다. 이 경우 각 정당 후원회의 대의기관이나 수임기관의 합동회의의 합병결의 또는 대의기관이나 수임기관의 존속결의가 있는 날로부터 14일 이내에 관할선거관리위원회에 변경등록 신청하여야 한다.

합병으로 신설 또는 존속하는 후원회는 합병 전 후원회의 권리·의무를 승계한다.

나. 합병으로 신설 또는 존속하는 후원회가 모금·기부할 수 있는 후원금

연간 모금·기부한도액은 존속하는 후원회가 모금·기부할 수 있는 후원금은 ① 신설합당으로 후원회가 합병하는 경우, 해당 후원회의 연간 모금·기부한도액에서 합병 전에 모금·기부한 금액이 각각 적은 후원회가 모금·기부한 금액을 공제한 금액으로 하고, ② 흡수합당으로 합병하는 경우, 존속하는 후원회가 모금·기부한 금액을 공제한 금액으로 한다.

다. 사례 예시

예를 들면 2023. 1. 1.부터 2023. 8. 1.까지 각 정당의 중앙당후원회별 수입·지출내역(전년도 이월금 및 후원회 재산은 없음)이 다음과 같은 경우에,

구분	모금액	기부액	잔액
甲정당중앙당후원회 (중앙당창당 1996. 1. 1.)	10억원	10억원	0원
乙정당중앙당후원회 (중앙당창당 2015. 1. 1.)	20억원	5억원	15억원

① 甲정당과 乙정당이 2023. 8. 1. 丙정당으로 신설합당되면서 甲정당중앙당후원회와 乙정당중앙당후원회가 丙정당중앙당후원회로 합병될 경우 丙정당중앙당후원회가 연간 모금할 수 있는 후원금은 합병 전 모금액이 적은 甲정당중앙당후원회의 모금액 10억원을 공제한 '40억원'이고, 연간 기부할 수 있는 후원금은 기부액이 적은 합병 전 乙정당중앙당후원회의 기부액 5억원을 공제한 '45억원'이다.

② 乙정당이 甲정당에 2023. 8. 1. 흡수합당되면서 후원회 합병으로 甲정당중앙당후원회가 존속하는 경우 존속하는 甲정당중앙당후원회가 연간 모금할 수 있는 후원금은 합병 전 甲정당중앙당후원회의 모금액 10억원을 공제한 '40억원'이고, 연간 기부할 수 있는 후원금은 합병 전 甲정당중앙당후원회의 기부액 10억원을 공제한 '40억원'이다.

2. 기존 후원회 해산

잔여재산을 회계보고 전까지 해산 당시의 소속정당에 인계하고 해당 후원회 대표자는 14일 이내 해산신고 및 회계보고한다.

3. 처벌

본 조 제1항 후단의 규정을 위반하여 변경등록 신청을 해태하는 자에 대하여는 100만원 이하의 과태료에 처한다(「정치자금법」 제51조 제3항 제1호).

제21조(후원회가 해산한 경우의 잔여재산 처분 등) ① 제19조(후원회의 해산 등)제1항 본문의 규정에 의하여 후원회가 해산된 경우 잔여재산은 다음 각 호에서 정한 바에 따라 제40조(회계보고)의 규정에 의한 회계보고 전까지 처분하여야 한다.

1. 후원회지정권자가 중앙당(중앙당창당준비위원회를 포함한다) 또는 당원인 경우
   해산 당시의 소속 정당에 인계한다. 다만, 후원회를 둔 국회의원이 대통령후보자등후원회·대통령선거경선후보자후원회나 당대표경선후보자등후원회를 둔 경우 또는 후원회를 둔 대통령예비후보자가 대통령선거경선후보자후원회를 둔 경우로서 어느 하나의 후원회가 해산된 경우 그 잔여재산은 해산되지 아니한 후원회에 그 후원회의 연간 모금·기부한도액 범위 안에서 후원금으로 기부할 수 있다.

2. 후원회지정권자가 당원이 아닌 경우와 정당이 해산, 그 밖의 사유로 소멸한 경우
   「공익법인의 설립·운영에 관한 법률」에 의하여 등록된 공익법인(학교법인을 포함하며, 이하 "공익법인"이라 한다) 또는 사회복지시설에 인계한다.

② 후원회지정권자(중앙당은 제외한다)가 후원회를 둘 수 있는 자격을 상실한 경우 후원회로부터 기부받아 사용하고 남은 잔여재산[제36조(회계책임자에 의한 수입·지출) 제5항을 위반하여 지출한 비용을 포함한다]은 제40조의 규정에 의한 회계보고 전까지 제1항 각 호의 규정에 준하여 처분하여야 한다. 이 경우 후원회를 둔 중앙당창당준비위원회가 중앙당으로 존속하지 아니하고 해산된 경우에는 후원회로부터 기부받아 사용하고 남은 잔여재산은 제1항 제2호에 준하여 처분하여야 한다.

③ 제1항 및 제2항에도 불구하고 대통령선거경선후보자·당대표경선후보자등·대통령예비후보자 및 국회의원예비후보자가 후원회를 둘 수 있는 자격을 상실한 때(정당의 공직선거 후보자선출을 위한 당내경선 또는 당대표경선에 참여하여 당선 또는 낙선한 때를 제외한다)에는 그 후원회와 후원회지정권자는 잔여재산을 제40조에 따른 회계보고 전까지 국고에 귀속시켜야 한다.

④ 제1항 및 제2항의 규정에 의하여 잔여재산 또는 후원회로부터 기부받은 후원금을 인계하지 아니한 때에는 이를 국고에 귀속시켜야 한다.

⑤ 후원회가 해산된 후에 기부된 후원금은 지체 없이 후원인에게 이를 반환하되, 제40조의 규정에 의한 회계보고 전까지 반환하지 아니하는 때에는 이를 국고에 귀속시켜야 한다.

⑥ 제3항 내지 제5항의 규정에 의한 국고귀속절차에 관하여는 제4조(당비) 제3항 및 제4항의 규정을 준용한다.

⑦ 후원회가 해산된 경우의 잔여재산 처분절차 그 밖에 필요한 사항은 중앙선거관리위원회규칙으로 정한다.

제48조(감독의무해태죄 등) 다음 각 호의 어느 하나에 해당하는 자는 200만원 이하의 벌금형에 처한다.

4. 제4조(당비) 제2항·제11조(후원인의 기부한도 등) 제4항·제21조(후원회가 해산한 경우의 잔여재산 처분 등) 제3항 내지 제5항 또는 제58조(후보자의 반환기탁금 및 보전비용의 처리) 제4항의 규정을 위반하여 당비 등을 정당한 사유 없이 국고에 귀속시키지 아니한 자.

제51조(과태료) ③ 다음 각 호의 어느 하나에 해당하는 행위를 한 자는 100만원 이하의 과태료에 처한다.

5. 제21조(후원회가 해산한 경우의 잔여재산 처분 등) 제1항·제2항 또는 제58조(후보자의 반환기탁금 및 보전비용의 처리) 제1항의 규정을 위반하여 잔여재산 또는 반환기탁금·보전비용의 인계의무를 해태한 자

1. 의의

후원회의 잔여재산은 후원인이 지정권자의 공적인 정치활동을 원활히 할 수 있도록 기부한 후원금으로 이루어진 것이므로, 이를 공적인 자금으로 보아 정당이나 공익법인·사회복지시설에 인계하도록 하고 이를 이행하지 아니한 잔여재산은 국고에 귀속하도록 하고 있다.

후원회지정권자가 후원회로부터 기부받은 금품 또한 자신의 정치활동에 사용하기 위한 것이므로 당해 국회의원 등이 정치활동을 할 수 없는 사유가 발생된 경우, 즉 후원회를 둘 수 있는 자격을 상실한 경우 그 잔여재산은 자신이 이를 사용할 수 없고 그 목적에 부합하는 정당이나 공익법인 또는 사회복지시설에 인계하도록 함으로써 정치자금이 사적인 용도로 사용되지 못하게 하는 제도적인 장치로서 마련된 것이다.

2. 입법연혁

2005. 8. 4. 제16차 개정시 후원회가 해산된 경우 잔여재산은 회계보고 전까지 처분하되, 후원회지정권자가 정당(중앙당창당준비위원회 포함) 또는 당원인 경우는 해산 당시의 소속 정당에 인계하도록 하고, 후원회지정권자가 당원이 아닌 경우와 정당이 해산 그 밖의 사유로 소멸한 경우는 등록된 공익법인(학교법인 포함) 또는 사회복지시설에 인계하도록 구분하여 규정하는 한편, 후원회지정권자(정당 제외)가 후원회를 둘 수 있는 자격을 상실한 경우에도 후원회로부터 기부받아 사용하고 남은 잔여재산을 같은 방법으로 처분하도록 하였다. 후원회가 해산된 후에 기부된 후원금은 지체 없이 후원인에게 이를 반환하되, 회계보고 전까지 반환하지 아니하는 때에는 이를 국고에 귀속하도록 하였다.

2010. 7. 23. 제23차 개정시 헌법재판소 위헌결정[헌법재판소 2009. 12. 29. 자 2008헌마 141·417·441(병합) 결정]을 반영하여 대통령선거경선후보자·당대표경선후보자·대통령예비후보자 및 국회의원예비후보자가 후원회를 둘 수 있는 자격을 상실한 때(정당의 공직선거 후보자선출을 위한 당내경선 또는 당대표경선에 참여하여 당선 또는 낙선한 때를 제외)에는 그 후원회와 후원회지정권자는 잔여재산을 회계보고 전까지 국고에 귀속시키도록 하였다.

3. 후원회의 잔여재산 처분 등

구 분		잔여재산 처분방법
후원회의 해산	지정권자가 중앙당(중앙당창당준비위원회 포함) 또는 당원인 경우	해산 당시의 소속 정당에 인계
	지정권자가 당원이 아닌 경우와 정당이 해산, 그 밖의 사유로 소멸한 경우 ☞ 후원회를 둔 중앙당창당준비위원회가 중앙당으로 존속하지 아니하고 해산된 경우 후원회로부터 기부받아 사용하고 남은 잔여재산 포함	공익법인(학교법인 포함), 사회복지시설에 인계

대통령선거경선후보자·당대표경선후보자등·대통령예비후보자·국회의원예비후보자·지방의회의원예비후보자 또는 지방자치단체장예비후보자가 후원회를 둘 수 있는 자격을 상실(경선에서 당선·낙선한 경우 제외)	국고귀속
후원회를 둔 국회의원이 대통령후보자등후원회·대통령선거경선후보자후원회 또는 당대표경선후보자등후원회를 둔 경우 또는 후원회를 둔 대통령예비후보자가 대통령선거경선후보자후원회를 둔 경우에 어느 하나의 후원회가 해산된 때	해산되지 아니한 후원회에 그 후원회의 연간 모금·기부 한도액 이내에서 후원금으로 기부

☞ 후원회지정권자(중앙당 제외) 자격상실의 경우 위 후원회 해산의 각 경우에 준하여 처리.

가. 처리기한

제19조(후원회의 해산 등) 제1항 본문의 규정에 의하여 후원회가 해산된 경우 잔여재산은 법 제40조(회계보고)의 규정에 의한 회계보고 전까지 처분하여야 한다.

나. 잔여재산 처분방법

1) 후원회의 잔여재산 처분

(1) 후원회 지정권자가 중앙당(중앙당창당준비위원회를 포함) 또는 당원인 경우

해산 당시의 소속 정당에 인계하고, 후원회를 둔 국회의원이 대통령후보자등후원회·대통령선거경선후보자후원회나 당대표경선후보자등후원회를 둔 경우 또는 후원회를 둔 대통령예비후보자가 대통령선거경선후보자후원회를 둔 경우로서 어느 하나의 후원회가 해산된 경우 그 잔여재산은 해산되지 아니한 후원회에 그 후원회의 연간 모금·기부한도액 범위 안에서 그 잔여재산을 후원금으로 기부할 수 있다.

정당의 당원으로서 후원회를 둔 국회의원이 후원회를 둘 수 있는 자격을 상실한 경우 그 후원회의 잔여재산 및 국회의원이 후원회로부터 기부받아 사용하고 남은 잔여재산은 해산 당시의 소속 정당에 인계하여야 한다.[137] 후원회의 회계책임자가 사무소의 임대료 등 후원회의 운영경비를 지출 또는 공제하지 아니하고 지정권자에게 기부한 경우에는 지정권자의 회계책임자가 이를 지출할 수 있으며, 이 경우 지정권자의 회계보고시 그 내역을 포함하여 보

---

137) 중앙선거관리위원회 2006. 4. 19. 회답.

고하여야 한다.[138]

(2) 후원회 지정권자가 당원이 아닌 경우와 정당이 해산, 그 밖의 사유로 소멸한 경우
「공익법인의 설립·운영에 관한 법률」에 의하여 등록된 공익법인(학교법인을 포함하며, 이하 "공익법인"이라 함) 또는 사회복지시설에 인계한다.

(3) 후원회지정권자인 대통령선거경선후보자·당대표경선후보자등·대통령예비후보자 및 국회의원예비후보자가 후원회를 둘 수 있는 자격을 상실한 때(정당의 공직선거 후보자선출을 위한 당내경선 또는 당대표경선에 참여하여 당선 또는 낙선한 때 제외)
그 후원회는 잔여재산을 「정치자금법」 제40조에 따른 회계보고 전까지 국고에 귀속시켜야 한다.

대통령선거경선후보자·당대표경선후보자등·대통령예비후보자·국회의원예비후보자·지방의회의원예비후보자 또는 지방자치단체장예비후보자가 후원회를 둘 수 있는 자격을 상실한 때(경선에서 당선·낙선한 경우는 제외함)라 함은 이들 주체가 경선에 참여하여 중도 사퇴·사망·등록무효 등의 사유로 경선을 완주하지 못하거나, 대통령예비후보자 및 국회의원예비후보자·지방의회의원예비후보자 또는 지방자치단체장예비후보자가 경선에 참여하지 않고 후보자 등록도 하지 않은 경우를 말한다.

예를 들면, 국회의원이 '(3)'에 해당하는 어느 하나의 후보자로 등록하여 중도사퇴한 경우 그 후보자후원회의 잔여재산과 후보자가 후원회로부터 기부받아 사용하고 남은 잔여재산은 국고귀속 대상이다. 다만, 이들 주체 외의 자(국회의원, 국회의원후보자, 지방의회의원후보자, 지방자치단체장후보자, 대선후보자)가 중도 사퇴하는 경우의 잔여재산은 국고귀속 대상이 아니다.

그런데 후원회를 둔 국회의원이 위 '(3)'에 해당하는 어느 하나의 후보자후원회를 별도로 두지 않고 후보자에서 중도사퇴한 경우 국회의원후원회로부터 기부받아 선거자금으로 사용하고 남은 후보자잔여재산은 그 국회의원이 임기만료 신분상실 전까지 정치활동에 사용 가능하다.

한편, 대통령선거경선후보자·당대표경선후보자등·대통령예비후보자·국회의원예비후보자·지방의회의원예비후보자 또는 지방자치단체장예비후보자가 경선에서 당선·낙선하여 후원회를 둘 수 있는 자격을 상실한 경우에는 후원회로부터 기부받아 사용하고 남은 잔여재산은 위 '(1)' 또는 '(2)'에 준하여 처분한다.

경선후보자가 예비경선에서 탈락한 경우 당내경선에 참여하여 당선되지 아니한 때(낙선한 때)에 해당하므로, 그 후원회의 잔여재산은 「정치자금법」 제21조 제1항에 따라 해산 당시의

---

138) 중앙선거관리위원회 2007. 9. 21. 회답.

소속 정당에 인계하여야 하며, 회계보고는 같은 법 제40조 제1항 제4호에 따라 본경선일 후 30일까지 하여야 한다.[139]

(4) 후원회 해산 후 입금된 후원금의 처리

후원회가 해산된 후에 ARS 등으로 기부된 후원금은 「정치자금법」 제21조 제5항에 따라 지체 없이 후원인에게 반환하여야 하고, 「정치자금법」 제40조의 규정에 의한 회계보고 전까지 반환하지 아니하는 때에는 이를 국고에 귀속시켜야 한다. 다만, 회계보고 후에 ARS 등으로 기부된 후원금은 「정치자금법」 제21조 제5항 후문의 「정치자금법」 제40조의 규정에 의한 회계보고 전까지 반환하지 아니한 때에 해당되지 아니하므로 후원인에게 반환하여야 한다.[140]

회계보고 후에 기부된 후원금은 후원인에게 반환하여야 하나, 이를 반환할 수 없는 경우에는 국고에 귀속시켜야 한다.[141]

2) 후원회지정권자(중앙당은 제외한다)의 잔여재산 처분

(1) 후원회지정권자(중앙당은 제외한다)의 잔여재산 처분

후원회지정권자(중앙당은 제외함)가 후원회를 둘 수 있는 자격을 상실한 경우 후원회로부터 기부받아 사용하고 남은 잔여재산[제36조(회계책임자에 의한 수입·지출) 제5항을 위반하여 지출한 비용을 포함함]은 제40조의 규정에 의한 회계보고 전까지 후원회지정권자가 당원인 경우에는 해산 당시의 소속 정당에 인계하고, 당원이 아닌 경우에는 공익법인(학교법인 포함) 또는 사회복지시설에 인계하여야 한다. 후원회지정권자가 후원회로부터 기부받아 사용하고 남은 잔여재산을 정당 등에 인계하지 아니한 때에는 이를 국고에 귀속시켜야 한다.

관련 중앙선거관리위원회의 행정해석은 다음과 같다.

① 국회의원이 후원회를 둘 수 있는 자격을 상실한 경우에 후원회로부터 기부받은 정치자금으로 구입한 차량은 정당의 당원인 때에는 소속 정당에 인계하고, 당원이 아닌 때에는 「공익법인의 설립·운영에 관한 법률」에 의하여 등록된 공익법인(학교법인 포함) 또는 사회복지시설에 인계하여야 한다. 다만, 국회의원이 차기 국회의원으로 당선된 경우에는 그 차량을 정치활동을 위하여 계속 사용할 수 있다(중앙선거관리위원회 2007. 4. 17. 회답).

② 후원회를 둔 지역구국회의원 및 국회의원예비후보자가 소속정당을 탈당하는 것만으로는 그 후원회는 해산되지 아니한다. 다만, 후원회를 둔 비례대표국회의원이 소속정당의 합당·해산 또는 제명외의 사유로 당적을 이탈·변경함으로써 「공직선거법」 제192

---

139) 중앙선거관리위원회 2007. 9. 10. 회답.
140) 중앙선거관리위원회 2007. 8. 23. 회답.
141) 중앙선거관리위원회 2007. 9. 13. 회답.

조 제4항에 따라 퇴직하는 경우에는 그 후원회는 해산하고 잔여재산은 해산 당시의 소속 정당에 인계하여야 한다(중앙선거관리위원회 2008. 2. 12. 회답).

③ 후원회를 둔 비례대표국회의원이 차기 지역구국회의원선거에 예비후보자로 등록한 경우 후원회로부터 기부받은 후원금을 후원회가 해산되기 전까지 당해 지역구국회의원선거의 선거경비로 지출하는 것은 가능할 것이나, 비례대표국회의원의 탈당하여 후원회를 둘 수 있는 자격을 상실한 때에는 그 잔여재산은 소속 정당에 인계하여야 한다(중앙선거관리위원회 2008. 2. 27. 회답).

④ 후원회로부터 기부받아 사용하고 남은 잔여재산을 정당에 인계할 당시 변호사 선임비용을 지급하지 아니하고 소속 정당에 인계한 것이 중대한 착오에 의한 것이라면 정당이 그 비용을 당사자에게 반환하더라도 「공직선거법」 및 「정치자금법」에 위반되지 아니한다(중앙선거관리위원회 2009. 6. 30. 회답).

(2) 중앙당의 잔여재산 처분

「정당법」 제48조(해산된 경우 등의 잔여재산 처분)에 따라 처분한다.

「정당법」 제48조(해산된 경우 등의 잔여재산 처분) ① 정당이 제44조(등록의 취소) 제1항의 규정에 의하여 등록이 취소되거나 제45조(자진해산)의 규정에 의하여 자진해산한 때에는 그 잔여재산은 당헌이 정하는 바에 따라 처분한다.

② 제1항의 규정에 의하여 처분되지 아니한 정당의 잔여재산 및 헌법재판소의 해산결정에 의하여 해산된 정당의 잔여재산은 국고에 귀속한다.

③ 제2항에 관하여 필요한 사항은 중앙선거관리위원회규칙으로 정한다.

---

(3) 후원회를 둔 중앙당창당준비위원회가 정당으로 등록하지 아니하고 해산된 경우

후원회로부터 기부받아 사용하고 남은 잔여재산은 「공익법인의 설립·운영에 관한 법률」에 의하여 등록된 공익법인(학교법인을 포함하며, 이하 "공익법인"이라 한다) 또는 사회복지시설에 인계한다.

(4) 후원회지정권자인 대통령선거경선후보자·당대표경선후보자·대통령예비후보자 및 국회의원 예비후보자가 후원회를 둘 수 있는 자격을 상실한 경우 잔여재산 처분

정당의 공직선거 후보자 선출을 위한 당내경선 또는 당대표경선에 참여하여 당선 또는 낙선한 때를 제외하고 그 후원회지정권자는 잔여재산을 「정치자금법」 제40조에 따른 회계보고 전까지 국고에 귀속시켜야 한다.

(5) 후원회를 둔 후보자의 잔여재산 처분 등

「정치자금법」제21조 제2항의 규정에 의하여 잔여재산을 처분할 때에 후보자의 자산으로 지출한 비용은 공제할 수 있을 것이나, 이 경우에도 후원회등록 전에 지출원인행위를 한 것에 대하여 지출한 비용은 공제할 수 없다. 다만, 공직선거법 제7장에서 허용하는 선거운동(같은 법 제59조 제3호에 따른 인터넷홈페이지를 이용한 선거운동과 제60조의4에 따른 예비후보자공약집은 제외)을 위한 경우에는 후원회 등록 전에 지출의 원인이 발생한 용도로 지출할 수 있으며, 잔여재산 처분 시 그 비용을 공제할 수 있다. 그리고 당선된 국회의원이 후보자후원회를 국회의원후원회로 존속시키는 경우 후보자후원회의 후원금 잔액은 당선된 국회의원의 정치자금 계좌에 입금하여 정치활동에 사용할 수 있다.[142]

4. 처벌

본 조 제3항 내지 제5항의 규정을 위반하여 후원금 등을 정당한 사유없이 국고에 귀속시키지 아니한 자에 대해서는 200만원 이하의 벌금형에 처한다(「정치자금법」제48조 제4호).

본 조 제1항·제2항의 규정을 위반하여 잔여재산의 인계의무를 해태한 자에 대해서는 100만원 이하의 과태료에 처한다(「정치자금법」제51조 제3항 제5호).

---

142) 중앙선거관리위원회 2009. 12. 1. 회답.

제14장

기탁금

정치자금법 이해

제14장

기탁금

제22조(기탁금의 기탁) ① 기탁금을 기탁하고자 하는 개인(당원이 될 수 없는 공무원과 사립학교 교원을 포함한다)은 각급 선거관리위원회(읍·면·동선거관리위원회를 제외한다)에 기탁하여야 한다.

② 1인이 기탁할 수 있는 기탁금은 1회 1만원 또는 그에 상당하는 가액 이상, 연간 1억원 또는 전년도 소득의 100분의 5 중 다액 이하로 한다.

③ 누구든지 타인의 명의나 가명 또는 그 성명 등 인적 사항을 밝히지 아니하고 기탁금을 기탁할 수 없다. 이 경우 기탁자의 성명 등 인적 사항을 공개하지 아니할 것을 조건으로 기탁할 수 있다.

④ 기탁절차 그 밖에 필요한 사항은 중앙선거관리위원회규칙으로 정한다.

제23조(기탁금의 배분과 지급) ① 중앙선거관리위원회는 기탁금의 모금에 직접 소요된 경비를 공제하고 지급 당시 제27조(보조금의 배분)의 규정에 의한 국고보조금 배분율에 따라 기탁금을 배분·지급한다.

② 중앙선거관리위원회가 기탁금을 배분·지급하는 때에는 1회 300만원을 초과하여 기탁한 자의 성명 등 인적 사항을 공개하여야 한다. 다만, 제22조(기탁금의 기탁) 제3항 후단의 규정에 의하여 이를 공개하지 아니할 것을 조건으로 기탁한 경우에는 그러하지 아니하다.

③ 기탁금의 지급시기 및 절차 그 밖에 필요한 사항은 중앙선거관리위원회규칙으로 정한다.

제24조(기탁금의 국고귀속 등) ① 제22조(기탁금의 기탁) 제2항 및 제3항의 규정을 위반하여 기탁된 기탁금은 국고에 귀속한다.

② 중앙선거관리위원회는 기탁금을 지급받을 정당이 수령을 거절하는 경우에는 그 기탁금은 수령을 거절한 정당을 제외한 나머지 정당에 제23조(기탁금의 배분과 지급) 제1항의 규정에 의하여 배분·지급한다.

③ 제1항의 규정에 의한 국고귀속절차에 관하여는 제4조(당비) 제3항 및 제4항의 규정을 준용한다.

> **제45조(정치자금부정수수죄)** ② 다음 각 호의 어느 하나에 해당하는 자는 5년 이하의 징역 또는 1천만원 이하의 벌금에 처한다.
>   4. 제22조(기탁금의 기탁) 제1항의 규정을 위반하여 선거관리위원회에 기탁하지 아니하고 정치자금을 기부하거나 받은 자
> ③ 제1항 및 제2항의 경우 그 제공된 금품 그 밖에 재산상의 이익은 몰수하며, 이를 몰수할 수 없을 때에는 그 가액을 추징한다.

1. 의의

"기탁금"이란 정치자금을 정당에 기부하고자 하는 개인이 정치자금법의 규정에 의하여 각급 위원회(읍·면·동위원회 제외)에 기탁한 금전이나 유가증권 그 밖의 물건을 말한다.

본 조들은 기탁금의 기탁과 배분·지급에 관한 사항을 정한 것으로 기탁금은 정당에 정치자금을 기탁하고자 하는 개인이 연간 일정 금액 한도 안에서 선거관리위원회에 정치자금을 기탁할 수 있도록 하고, 기탁받은 선거관리위원회가 매분기마다 국고보조금 배분비율에 따라 각 정당에 그 기탁금을 지급하도록 한 제도이다. 이러한 기탁금 제도는 정치자금을 양성화 할 목적으로 정치자금법 제정당시부터 제도화된 것으로 과거에는 특정 정당에 지급하여 줄 것을 조건으로 하는 지정기탁금제도가 있었으나 여당 편중의 문제가 있어 제10차 개정(1997. 11. 14.) 시에 지정기탁금 제도는 폐지되었다.

2. 입법연혁

기탁금 제도는 1965. 2. 9. 정치자금에관한법률 제정 당시부터 채택·시행된 제도로서 당시에는 법인·국가기관 등 정당법 제35조(기부수령의 금지)의 규정에 해당하는 자를 제외하고 누구든지 중앙선거관리위원회에 정치자금을 기탁함으로써 이를 정당에 제공할 수 있고, 정치자금을 기탁하는 자는 인도공고에 그 성명을 밝히지 아니할 것을 조건으로 기탁할 수 있도록 하였다.

1997. 11. 14. 제10차 개정시 정치자금을 기탁하는 자가 국회의석을 가진 정당 또는 배분비율을 정하는 배분규정(지정기탁금제도)이 삭제되었다.

2004. 3. 12. 제14차 개정시에는 정당에 정치자금을 기부하고자 하는 자는 기명으로 선

거관리위원회에 직접 기탁하여야 하고 1인의 연간 기탁한도를 연간 1억원 또는 전년도소득의 100분의 5 중 다액의 금액 또는 그에 상당하는 가액 이하로 정하고 법인 및 단체의 기탁한도를 삭제하였다.

2005. 8. 4. 제16차 개정시에 기탁금을 기탁하고자 하는 개인(당원이 될 수 없는 공무원과 사립학교 교원 포함)은 각급 선거관리위원회(읍·면·동위원회 제외)에 기탁하여야 한다고 하여 당비와 후원금관련 내용의 단서를 삭제하고 1인이 연간 기탁할 수 있는 기탁금은 연간 1억원 또는 전년도 소득의 100분의 5 중 다액 이하로 하였고, 기탁자의 성명 등 인적 사항을 공개하지 아니할 것을 조건으로 기탁할 수 있도록 개정하여 현행에 이르고 있다. 기탁금의 모금에 직접 소요된 경비를 공제하고 지급 당시 국고보조금 배분율에 따라 기탁금을 배분·지급하고, 기탁금을 배분·지급하는 때에는 1회 120만원을 초과하여 기탁한 자의 성명 등 인적 사항을 공개하여야 한다는 규정을 신설하였다.

기탁금을 지급받을 정당이 수령을 거절하는 경우에 그 기탁금은 수령을 거절한 정당을 제외한 나머지 정당에 배분·지급하도록 하고, 기탁금 국고귀속은 당비의 국고귀속절차를 준용하도록 하였다.

2008. 2. 29. 제20차 개정시 1회 300만원을 초과하여 기탁한 자의 성명 등 인적사항을 공개하도록 하였다.

▌기탁금 배분기준의 변화

제·개정시기	내 용
1965. 2. 9.	◦ 기탁 당시 정당의 소속 국회의원 수의 비율에 의하여 배분함. ◦ 기탁자가 국회에 의석을 가진 정당 중에서 2 이상의 특정 정당을 지정하고 배분비율을 정하였을 때에는 그에 따름.
1969. 1. 23.	◦ 기탁 당시 국회에 최다수의석을 가진 정당에 100분의 60을 배분함. ◦ 100분의 40은 다른 정당의 소속 국회의원수 비율에 의하여 배분함. ◦ 기탁자가 국회에 의석을 가진 정당 중에서 2 이상의 특정 정당을 지정하고 배분률을 정하였을 때에는 그에 따름.
1973. 6. 14.	◦ 기탁된 정치자금의 100분의 70은 기탁 당시 국회의석을 가진 정당에 소속 국회의원수의 비율에 따라 배분함. ◦ 100분의 30은 소속 국회의원수의 비율에 따라 교섭단체에 배분함. ◦ 다만, 기탁자가 국회에 의석을 가진 정치단체 중 2 이상을 지정하고 배분비율을 정하였을 때에는 그에 따라야 함.

1980. 12. 31.	○ 기탁 당시(국회가 해산된 경우에는 해산당시) 국회의석을 가진 정당의의석수 비율에 따라 배분함. ○ 기탁자가 국회의석을 가진 정당 또는 배분비율을 정한 때에는 그에 따라야 함. ○ 다만, 지구당만을 지정하거나 지정한 지구당에 대한 배분비율이 기탁금 총액의 100분의 50을 초과하는 때에는 기탁금총액의 100분의 50만을 당해 지구당에 배분하고, 그 잔여분은 당해 정당의 중앙당에 지급함.
1989. 12. 30.	○ 기탁 당시(국회가 해산된 경우에는 해산당시) 국고보조금 배분율에 따라 배분함. ○ 기탁자가 국회의석을 가진 정당 또는 배분비율을 정한 때에는 그에 따라야 함. ○ 다만, 지구당만을 지정하거나 지정한 지구당에 대한 배분비율이 기탁금 총액의 100분의 50을 초과하는 때에는 기탁금총액의 100분의 50만을 당해 지구당에 배분하고, 그 잔여분은 당해 정당의 중앙당에 지급함.
1997. 11. 14.	○ 기탁 당시 국고보조금 배분율에 따라 배분함. ○ 지정기탁금제도를 폐지함.
2005. 8. 4. ~ 현행	○ 기탁금의 모금에 직접 소요된 경비를 공제하고 지급 당시 국고보조금 배분율에 따라 기탁금을 배분함.

3. 현행법상 기탁금의 특성

가. 의제된 공익성을 지닌 정치자금 및 사실상 간접적인 보조금의 성격[1)]

현행법상 기탁금의 가장 큰 특징은 당비나 후원금에 비하여 매우 간접적인 정치 참여에 해당한다는 점이다. 이는 기탁금이 국가기관인 각급 선관위(읍·면·동선관위는 제외)에 기탁되며 국고보조금 배분율에 의하여 배분된다는 점에 기인한다. 이처럼 정당정치에 대한 간접적인 참여에 해당하는 기탁금의 기부는 특정 정당이 아니라 정당(국고보조금 지급대상이 되는 정당) 전체를 대상으로 하기 때문에 기부자 개인의 정치적 선호를 제대로 반영할 수 없다는 문제점이 있다. 또한 기탁금은 선관위를 통해서만 그것도 원칙상 공개적으로 기탁할 수 있기 때문에, 기탁자의 입장에서는 기탁금을 통하여 얻을 수 있는 정치적 효능감이나 정치적 영향력의 행사가능성이 상대적으로 작아서 자발적으로 기탁금을 기부하고자 하는 동기가 크지 않다. 이처럼 기탁금으로 미칠 수 있는 개인적인 정치적 영향력이 매우 작기 때문에 당원이 될 수 없는 공무원과 사립학교 교원의 기탁금 기부가 허용될 수 있다는 역설이 성립하고 있다. 정치자금은 제공(기부) 및 배분(지급)이 제공자의 의사(의도)에 따라 이뤄지느냐의 여부에 따라 다음의 네 가지 유형으로 나눌 수 있다. 다음 〈표〉에서 보듯이, 기탁금은 자발적 기

---

1) 음선필. "정치자금 기탁제도의 합리화 방안". 홍익법학 제16권 제3호(2015), 180~181면.

부를 기대하면서도 기부대상자에 대한 선택권을 인정하지 않는 매우 특이한 유형의 정치자금이다.

▌현행법상 제공자의 자유의사 유무에 따른 정치자금의 유형

제공 배분	제공자 선택허용	제공자 선택불허
자발적	당비, 후원금	기탁금
비자발적	–	국고보조금

이와 같이 기부 여부는 기탁자의 자유의사에 따르지만 그 배분기준이 기탁자의 의도와 관계없이 국고보조금 배분방식에 따르도록 법률로 정해졌다는 점에서 기탁금은 사실상 의제된 공익성을 지닌 정치자금이라 할 것이다.

한편 기탁금은 사실상 간접적인 보조금의 성격을 지니고 있다고 볼 수 있다. 보조금은 정당이나 후보자에게 직접 지급하는 형태와 세금감면 등으로 일정한 이익을 제공하는 간접적인 형태로 나뉜다. 현행법상 기탁금의 기부자에게 일정한 세금감면의 혜택을 부여하기 때문에 그만큼 기탁금은 간접 보조금의 성격을 지니게 된다. 그러한 까닭에 기탁금을 국고보조금에 준하여 취급하는 것은 부분적이나마 나름 일리가 있다고 하겠다

나. 정치·정당발전기금의 성격

헌법재판소는 "현행 기탁금 제도는 기부자가 특정 정당을 지정하거나 기탁금의 배분비율을 지정할 수 있는 지정기탁금제도가 아니라 단지 일정액을 기탁하면 중앙선거관리위원회가 국고보조금의 배분비율에 따라 각 정당에 배분·지급하는 일반기탁금제도로서 정치발전기금 내지 정당발전기금의 성격을 가지며, 기부자가 자신의 정치적 선호에 따라 특정 정당에 재정적 후원을 하는 것과는 전혀 다른 제도이므로, 당비나 기탁금 제도로는 정당 후원회를 대체할 수 있다고 보기 어렵다"라고 결정하였다.[2]

---

2) 헌법재판소 2015. 12. 23. 자 2013헌바168 결정.

4. 기탁금 지급 현황(2022년)[3]

▎2022년도 기탁금 정당별 지급액

(단위: 원)

정 당 명	1~3분기	4분기	합 계
더불어민주당	40,368,400	97,054,050	137,422,450
국민의힘	35,883,480	87,471,190	123,354,670
정의당	5,755,170	13,794,770	19,549,940
국민의당	1,247,050	–	1,247,050
기본소득당	62,660	153,020	215,680
시대전환	61,110	149,230	210,340
민생당	1,701,590	4,053,520	5,755,110
합 계	85,079,460	202,675,780	287,755,240

5. 기탁금의 기탁과 수탁

가. 기탁금의 기탁

개인(당원이 될 수 없는 공무원과 사립학교 교원 포함)이며, 외국인, 국내·외의 법인·단체와 이들 법인·단체와 관련된 자금으로 정치자금을 기탁할 수 없다(「정치자금법」 제31조). 후원회에 후원금 기부[4]시 정치적 중립의무 위반이 문제되는 당원이 될 수 없는 공무원·사립학교 교원도 정치자금을 기탁할 수 있다. 지방자치단체의 부단체장 및 일반직 공무원이 기탁금을 선거관리위원회에 기탁하는 경우 이를 제한하는 법상 규정은 없다.[5]

기탁금을 기탁하고자 하는 자는 별지 제24호 서식의 기탁금기탁서에 의하여 각급 선거관리위원회에 이를 기탁할 수 있다. 이 경우 물건을 기탁하고자 하는 때에는 당해 기탁물건과 함께 그 소유권 이전에 필요한 서류 등을 제출하여야 한다. 기탁금은 기탁자가 특정 정당을 지정하거나 익명 또는 차명으로 기탁할 수는 없으나, 기탁자의 성명 등 인적사항을 공개하

---

3)   중앙선거관리위원회 보도자료. 중앙선관위, 2022년도 4분기 기탁금 2억 2백여만원 정당에 지급(2023. 1. 13.).
4)   「국가공무원 복무규정」 제27조(공무원의 정치자금 기부) 관련 해석에 따르면 공무원이 정치적 목적을 가지고 정치자금법 제6조의 규정에 의한 후원회에 후원금을 기부하는 것은 금지된다.
5)   중앙선거관리위원회 1999. 7. 6. 회답.

지 아니할 것을 조건으로 기탁할 수 있다. 기탁금 기탁서에 의하여 기명으로 기탁자가 기탁하여야 하고, 기탁금액은 1회 1만원 이상이어야 하며, 1억원 또는 전년도소득의 100분의 5 중 다액 이하까지 기탁할 수 있다.

나. 기탁금의 수탁

각급 선거관리위원회는 기탁금을 받은 때에는 별지 제25호 서식의 기탁금수탁증을 기탁자에게 교부하여야 한다. 기탁금을 받은 선거관리위원회는 지체 없이 기탁금을 중앙선거관리위원회가 지정한 예금계좌로 송금하여야 한다. 다만, 예금계좌로 송금할 수 없는 유가증권 그 밖의 물건인 경우에는 중앙선거관리위원회가 정하는 바에 따라 관할 선거관리위원회가 이를 보관·관리할 수 있다. 유가증권 그 밖의 물건으로 기탁된 경우 그 가액의 평가에 관하여는 제15조(후원인의 후원금 기부방법 등) 제2항의 규정을 준용한다.

기탁된 물건이 부패·변질 또는 감량될 우려가 있거나 「정치자금법」 제23조(기탁금의 배분과 지급)의 규정에 의한 배분비율에 따라 분할할 수 없는 경우에는 기탁금을 받은 각급 선거관리위원회는 이를 입찰 또는 경매의 방법에 의하여 공매하여야 한다. 다만, ① 부패·변질 또는 감량되기 쉬운 물건으로서 속히 매각하지 아니하면 그 물건의 가액이 감손될 우려가 있는 때, ② 수의계약에 의하지 아니하면 매각대금이 공매비용을 충당하고, 나머지가 생길 여지가 없는 때, ③ 공매할 물건의 추산가액이 1천만원 미만인 때, ④ 법령으로 소지 또는 매매가 규제된 물건인 때, ⑤ 제1회 공매 후 1년간에 5회 이상 공매하여도 매각되지 아니한 때, ⑥ 공매함이 공익상 적절하지 아니한 때 에는 2인 이상의 견적서를 받아서 수의계약으로 매각할 수 있다.

6. 기탁금의 배분과 지급

가. 기탁금의 모금에 직접 소요된 경비 공제

기탁금 모금에 직접 소요되는 비용이란 각급 선거관리위원회의 모금활동에 필요적으로 발생되는 비용을 의미하며, 다음에 해당하는 비용이 이에 해당할 것이다.

① 유가증권 그 밖의 물건으로 기탁되어 그 가액을 평가해야 하는 경우 발생하는 소요경비, 기탁된 물건이 부패·변질 또는 감량될 우려가 있거나 배분비율에 따라 분할할 수 없어 입찰 또는 경매의 방법으로 공매·매각하는 경우 그 공매·매각에 소요되는 경비

(규칙 제27조 제6항)

② 온라인후원센터를 통한 기탁금 모금에 있어 결제를 대행하는 업체에서 수수료를 공제하는 경우 그 수수료

나. 지급대상

지급대상 정당은 지급 당시의 국고보조금 지급대상이 되는 중앙당이다. 기탁금을 지급받을 정당이 수령을 거절하는 경우에 그 기탁금은 수령을 거절한 정당을 제외한 나머지 정당에 지급 당시 국고보조금 배분율에 따라 배분·지급한다. 또한 기탁금을 지급받을 정당이 해산·등록취소 등으로 기탁금을 수령할 수 없게 된 때에도 그 정당을 제외하고 이를 배분·지급한다(규칙 제28조 제2항).

다. 지급시기

매분기별로 지급하되, 지급 시기는 매분기의 말일부터 14일 이내이다. 한편 경상보조금은 해당 분기에 해당하는 금액을 2월·5월·8월 및 11월의 15일(그 날이 토요일 또는 공휴일인 때에는 그 전일을 말한다)에 각각 지급한다.

라. 배분대상 기탁금 및 배분기준

배분대상인 기탁금은 매분기 말일까지 기탁된 기탁금을 말한다. 이때 기탁된 물건을 공매한 경우 그 물건을 기탁받은 날이 아니라 그 매각대금이 수납된 날이 속하는 분기의 기탁금으로 합산한다(규칙 제28조 제1항).

중앙선거관리위원회는 기탁금을 지급당시의 국고보조금 배분율에 따라 지급대상 정당에 배분한다. 이 경우 중앙선거관리위원회가 기탁금을 배분·지급하는 때에는 1회 300만원을 초과하여 기탁한 자의 성명 등 인적사항을 공개하지만 이를 공개하지 아니할 조건으로 기탁한 경우에는 그러하지 아니한다. 중앙선거관리위원회는 기탁금을 지급받을 정당이 수령을 거절하는 경우에는 그 기탁금을 수령을 거절한 정당을 제외한 나머지 정당에 지급 당시 국고보조금 배분율에 따라 배분·지급한다. 한편, 국고보조금의 경우에는 법문에 명시적으로 "중앙선거관리위원회는 기탁금을 지급받을 정당이 수령을 거절하는 경우에는 그 기탁금은 수령을 거절한 정당을 제외한 나머지 정당에 제23조(기탁금의 배분과 지급) 제1항의 규정에 의

하여 배분·지급한다"라는 규정이 없어 수령을 거절하는 정당이 있는 경우 국고보조금을 다른 정당에 배분하지 않는다.

마. 지급방법

기탁금은 중앙선거관리위원회에 신고된 중앙당의 정치자금 수입용 예금계좌에 입금하는 방법으로 지급하여야 한다. 이 경우 예금계좌가 2 이상인 때에는 당해 정당의 중앙당 대표자가 서면에 의하여 지정하는 계좌에 입금한다(규칙 제28조 제3항).

7. 기탁금의 국고귀속 등

기탁금이 1회 1만원 또는 그에 상당하는 가액 미만, 연간 1억원 또는 전년도 소득의 100분의 5 중 다액 초과이거나, 타인의 명의나 가명 또는 그 성명 등 인적사항을 밝히지 아니한 경우 국고에 귀속한다. 다만, 기탁자의 성명 등 인적사항을 공개하지 아니할 것을 조건으로 기탁한 경우에는 국고귀속을 하지 않는다.

기탁금의 국고귀속 절차에 관하여는 당비의 국고귀속절차[6]를 준용한다.

8. 처벌

「정치자금법」 제22조 제1항의 규정을 위반하여 선거관리위원회에 기탁하지 아니하고 정치자금을 기부하거나 받은 자는 5년 이하의 징역 또는 1천만원 이하의 벌금에 처한다(「정치

---

6) 「정치자금사무관리」 규칙 제3조(국고귀속대상 당비의 처리) ① 정당의 회계책임자는 타인의 명의나 가명으로 납부된 당비(이하 이 조에서 "국고귀속대상 당비"라 한다)가 있음을 안 때에는 그 날부터 10일 이내에 관할 선거관리위원회에 그 내역과 해당 당비를 별지 제1호 서식에 의하여 보고·납부하여야 한다.
　② 관할 선거관리위원회는 제1항의 규정에 의하여 보고된 경우 외에 국고귀속대상 당비가 있음을 확인한 때에는 10일간의 납부기한을 정하여 정당의 회계책임자에게 납부를 명하여야 한다.
　③ 제1항 및 제2항의 규정에 의한 납부기한까지 정당의 회계책임자가 국고귀속대상 당비를 납부하지 아니한 때에는 관할 선거관리위원회는 10일간의 납부기한을 정하여 독촉장을 발부하여야 한다.
　④ 제3항의 규정에 의한 독촉장을 받은 정당의 회계책임자가 지정된 납부기한까지 납부하지 아니한 때에는 관할 선거관리위원회는 지체 없이 관할 세무서장에게 징수를 위탁하여야 한다.
　⑤ 관할 선거관리위원회 또는 관할 세무서장이 징수한 국고귀속대상 당비의 국가에의 납입절차에 관하여는 「국고금관리법 시행규칙」을 준용한다.

자금법」 제45조 제2항 제4호).

　불법정치자금으로 제공된 금품 그 밖에 재산상의 이익은 몰수하며, 이를 몰수할 수 없을 때에는 그 가액을 추징한다(「정치자금법」 제45조 제3항).

제도 개선 // 법인·단체의 선거관리위원회 정치자금 기탁 허용

과거 정경유착의 폐해 등으로 법인·단체의 정치자금 기부를 일체 금지하였으나, 대가성이 전혀 없는 사회공헌적 성격의 정치자금 기부까지 전면 금지하는 것은 정치자금제도의 본질에 부합하지 않는 측면이 있어 선거관리위원회에 기부하는 기탁금에 한하여 허용할 필요가 있다.[7]

---

7)　중앙선거관리위원회. 정치관계법 개정의견(2015. 2. 25.).

제15장

국고보조금

정치자금법 이해

제15장

국고보조금

제25조(보조금의 계상) ① 국가는 정당에 대한 보조금으로 최근 실시한 임기만료에 의한 국회의원선거의 선거권자 총수에 보조금 계상단가를 곱한 금액을 매년 예산에 계상하여야 한다. 이 경우 임기만료에 의한 국회의원선거의 실시로 선거권자 총수에 변경이 있는 때에는 당해 선거가 종료된 이후에 지급되는 보조금은 변경된 선거권자 총수를 기준으로 계상하여야 한다.

② 대통령선거, 임기만료에 의한 국회의원선거 또는 「공직선거법」 제203조(동시선거의 범위와 선거일) 제1항의 규정에 의한 동시지방선거가 있는 연도에는 각 선거(동시지방선거는 하나의 선거로 본다)마다 보조금 계상단가를 추가한 금액을 제1항의 기준에 의하여 예산에 계상하여야 한다.

③ 제1항 및 제2항에 따른 보조금 계상단가는 전년도 보조금 계상단가에 「통계법」 제3조에 따라 통계청장이 매년 고시하는 전전년도와 대비한 전년도 전국소비자물가변동률을 적용하여 산정한 금액을 증감한 금액으로 한다.

④ 중앙선거관리위원회는 제1항의 규정에 의한 보조금(이하 "경상보조금"이라 한다)은 매년 분기별로 균등분할하여 정당에 지급하고, 제2항의 규정에 의한 보조금(이하 "선거보조금"이라 한다)은 당해 선거의 후보자등록마감일 후 2일 이내에 정당에 지급한다.

제26조(공직후보자 여성추천보조금) ① 국가는 임기만료에 의한 지역구국회의원선거, 지역구시·도의회의원선거 및 지역구자치구·시·군의회의원선거에서 여성후보자를 추천하는 정당에 지급하기 위한 보조금(이하 "여성추천보조금"이라 한다)으로 최근 실시한 임기만료에 의한 국회의원선거의 선거권자 총수에 100원을 곱한 금액을 임기만료에 의한 국회의원선거, 시·도의회의원선거 또는 자치구·시·군의회의원선거가 있는 연도의 예산에 계상하여야 한다.

② 여성추천보조금은 제1항에 따른 선거에서 여성후보자를 추천한 정당에 대하여 다음 각 호에 따라 배분·지급한다. 이 경우 지역구시·도의회의원선거와 지역구자치구·시·군의회의원선거에서의 여성추천보조금은 제1항에 따라 해당 연도의 예산에 계상된 여성추천보조금의 100분의 50을 각 선거의 여성추천보조금 총액으로 한다.

1. 여성후보자를 전국지역구총수의 100분의 40 이상 추천한 정당에는 여성추천보조금 총액의 100분의 40을 다음 기준에 따라 배분·지급한다.

    가. 배분대상 여성추천보조금 총액의 100분의 40: 지급 당시 정당별 국회의석수의 비율

    나. 배분대상 여성추천보조금 총액의 100분의 40: 최근 실시한 임기만료에 따른 국회의원선거에서의 득표수의 비율(비례대표전국선거구 및 지역구에서 해당 정당이 득표한 득표수 비율의 평균을 말한다. 이하 "국회의원선거의 득표수 비율"이라 한다)

    다. 배분대상 여성추천보조금 총액의 100분의 20: 각 정당이 추천한 지역구 여성후보자수의 합에 대한 정당별 지역구 여성후보자수의 비율

2. 여성후보자를 전국지역구총수의 100분의 30 이상 100분의 40 미만을 추천한 정당에는 여성추천보조금 총액의 100분의 30을 제1호 각 목의 기준에 따라 배분·지급한다. 이 경우 하나의 정당에 배분되는 여성추천보조금은 제1호에 따라 각 정당에 배분되는 여성추천보조금 중 최소액을 초과할 수 없다.

3. 여성후보자를 전국지역구총수의 100분의 20 이상 100분의 30 미만을 추천한 정당에는 여성추천보조금 총액의 100분의 20을 제1호 각 목의 기준에 따라 배분·지급한다. 이 경우 하나의 정당에 배분되는 여성추천보조금은 제2호에 따라 각 정당에 배분되는 여성추천보조금 중 최소액을 초과할 수 없다.

4. 여성후보자를 전국지역구총수의 100분의 10 이상 100분의 20 미만을 추천한 정당에는 여성추천보조금 총액의 100분의 10을 제1호 각 목의 기준에 따라 배분·지급한다. 이 경우 하나의 정당에 배분되는 여성추천보조금은 제3호에 따라 각 정당에 배분되는 여성추천보조금 중 최소액을 초과할 수 없다.

③ 여성추천보조금은 임기만료에 의한 지역구국회의원선거, 지역구시·도의회의원선거 또는 지역구자치구·시·군의회의원선거의 후보자등록마감일 후 2일 이내에 정당에 지급한다.

제26조의2(공직후보자 장애인추천보조금) ① 국가는 임기만료에 의한 지역구국회의원선거, 지역구시·도의회의원선거 및 지역구자치구·시·군의회의원선거에서 장애인후보자(후보자 중 「장애인복지법」 제32조에 따라 등록된 자를 말한다. 이하 같다)를 추천한 정당에 지급하기 위한 보조금(이하 "장애인추천보조금"이라 한다)으로 최근 실시한 임기만료에 의한 국회의원선거의 선거권자 총수에 20원을 곱한 금액을 임기만료에 의한 국회의원선거, 시·도의회의원선거 또는 자치구·시·군의회의원선거가 있는 연도의 예산에 계상하여야 한다.

② 장애인추천보조금은 제1항에 따른 선거에서 장애인후보자를 추천한 정당에 대하여 다음 각 호에 따라 배분·지급한다. 이 경우 지역구시·도의회의원선거와 지역구자치구·시·군의회의원선거에서의 장애인추천보조금은 제1항에 따라 해당 연도의 예산에 계상된 장애인추천보조금의 100분의 50을 각 선거의 장애인추천보조금 총액으로 한다.

1. 장애인후보자를 전국지역구총수의 100분의 5 이상 추천한 정당에는 장애인추천보조금 총액의 100분의 50을 다음 기준에 따라 배분·지급한다.

    가. 배분대상 장애인추천보조금 총액의 100분의 40: 지급 당시 정당별 국회의석수의 비율

　　나. 배분대상 장애인추천보조금 총액의 100분의 40: 최근 실시한 국회의원선거의 득표수 비율

　　다. 배분대상 장애인추천보조금 총액의 100분의 20: 각 정당이 추천한 지역구 장애인후보자수의 합에 대한 정당별 지역구 장애인후보자수의 비율

　2. 장애인후보자를 전국지역구총수의 100분의 3 이상 100분의 5 미만을 추천한 정당에는 장애인추천보조금 총액의 100분의 30을 제1호 각 목의 기준에 따라 배분·지급한다. 이 경우 하나의 정당에 배분되는 장애인추천보조금은 제1호에 따라 각 정당에 배분되는 장애인추천보조금 중 최소액을 초과할 수 없다.

　3. 장애인후보자를 전국지역구총수의 100분의 1 이상 100분의 3 미만을 추천한 정당에는 장애인추천보조금 총액의 100분의 20을 제1호 각 목의 기준에 따라 배분·지급한다. 이 경우 하나의 정당에 배분되는 장애인추천보조금은 제2호에 따라 각 정당에 배분되는 장애인추천보조금 중 최소액을 초과할 수 없다.

③ 장애인추천보조금은 임기만료에 의한 지역구국회의원선거, 지역구시·도의회의원선거 또는 지역구자치구·시·군의회의원선거의 후보자등록마감일 후 2일 이내에 정당에 지급한다.

제26조의3(공직후보자 청년추천보조금) ① 국가는 임기만료에 의한 지역구국회의원선거, 지역구시·도의회의원선거 및 지역구자치구·시·군의회의원선거에서 청년후보자(39세 이하 후보자를 말한다. 이하 같다)를 추천한 정당에 지급하기 위한 보조금(이하 "청년추천보조금"이라 한다)으로 최근 실시한 임기만료에 의한 국회의원선거의 선거권자 총수에 100원을 곱한 금액을 임기만료에 의한 국회의원선거, 시·도의회의원선거 또는 자치구·시·군의회의원선거가 있는 연도의 예산에 계상하여야 한다.

② 청년추천보조금은 제1항에 따른 선거에서 청년후보자를 추천한 정당에 대하여 다음 각 호에 따라 배분·지급한다. 이 경우 지역구시·도의회의원선거와 지역구자치구·시·군의회의원선거에서의 청년추천보조금은 제1항에 따라 해당 연도의 예산에 계상된 청년추천보조금의 100분의 50을 각 선거의 청년추천보조금 총액으로 한다.

　1. 청년후보자를 전국지역구총수의 100분의 20 이상 추천한 정당에는 청년추천보조금 총액의 100분의 50을 다음 기준에 따라 배분·지급한다.

　　가. 배분대상 청년추천보조금 총액의 100분의 40: 지급 당시 정당별 국회의석수의 비율

　　나. 배분대상 청년추천보조금 총액의 100분의 40: 최근 실시한 국회의원선거의 득표수 비율

　　다. 배분대상 청년추천보조금 총액의 100분의 20: 각 정당이 추천한 지역구 청년후보자수의 합에 대한 정당별 지역구 청년후보자수의 비율

　2. 청년후보자를 전국지역구총수의 100분의 15 이상 100분의 20 미만을 추천한 정당에는 청년추천보조금 총액의 100분의 30을 제1호 각 목의 기준에 따라 배분·지급한다. 이 경우 하나의 정당에 배분되는 청년추천보조금은 제1호에 따라 각 정당에 배분되는 청년추천보조금 중 최소액을 초과할 수 없다.

3. 청년후보자를 전국지역구총수의 100분의 10 이상 100분의 15 미만을 추천한 정당에는 청년추천보
조금 총액의 100분의 20을 제1호 각 목의 기준에 따라 배분·지급한다. 이 경우 하나의 정당에 배분
되는 청년추천보조금은 제2호에 따라 각 정당에 배분되는 청년추천보조금 중 최소액을 초과할 수 없다.
③ 청년추천보조금은 임기만료에 의한 지역구국회의원선거, 지역구시·도의회의원선거 또는 지역구자치
구·시·군의회의원선거의 후보자등록마감일 후 2일 이내에 정당에 지급한다.

제27조(보조금의 배분) ① 경상보조금과 선거보조금은 지급 당시 「국회법」 제33조(교섭단체) 제1항 본문
의 규정에 의하여 동일 정당의 소속의원으로 교섭단체를 구성한 정당에 대하여 그 100분의 50을 정당별
로 균등하게 분할하여 배분·지급한다.
② 보조금 지급 당시 제1항의 규정에 의한 배분·지급대상이 아닌 정당으로서 5석 이상의 의석을 가진 정
당에 대하여는 100분의 5씩을, 의석이 없거나 5석 미만의 의석을 가진 정당 중 다음 각 호의 어느 하나에
해당하는 정당에 대하여는 보조금의 100분의 2씩을 배분·지급한다.
  1. 최근에 실시된 임기만료에 의한 국회의원선거에 참여한 정당의 경우에는 국회의원선거의 득표수 비
     율이 100분의 2 이상인 정당
  2. 최근에 실시된 임기만료에 의한 국회의원선거에 참여한 정당 중 제1호에 해당하지 아니하는 정당으
     로서 의석을 가진 정당의 경우에는 최근에 전국적으로 실시된 후보추천이 허용되는 비례대표시·도
     의회의원선거, 지역구시·도의회의원선거, 시·도지사선거 또는 자치구·시·군의 장선거에서 당해 정
     당이 득표한 득표수 비율이 100분의 0.5 이상인 정당
  3. 최근에 실시된 임기만료에 의한 국회의원선거에 참여하지 아니한 정당의 경우에는 최근에 전국적으
     로 실시된 후보추천이 허용되는 비례대표시·도의회의원선거, 지역구시·도의회의원선거, 시·도지사
     선거 또는 자치구·시·군의 장선거에서 당해 정당이 득표한 득표수 비율이 100분의 2 이상인 정당
③ 제1항 및 제2항의 규정에 의한 배분·지급액을 제외한 잔여분 중 100분의 50은 지급 당시 국회의석을
가진 정당에 그 의석수의 비율에 따라 배분·지급하고, 그 잔여분은 국회의원선거의 득표수 비율에 따라
배분·지급한다.
④ 선거보조금은 당해 선거의 후보자등록마감일 현재 후보자를 추천하지 아니한 정당에 대하여는 이를 배
분·지급하지 아니한다.
⑤ 보조금의 지급시기 및 절차 그 밖에 필요한 사항은 중앙선거관리위원회규칙으로 정한다.

1. 의의

가. 정의

보조금이란 정당의 보호·육성을 위하여 국가가 정당에 지급하는 금전이나 유가증권을 말한다. 헌법(1980. 10. 27. 「헌법」 제9호로 전문개정된 것) 제7조 제3항(정당은 법률이 정하는 바에 의하여 국가의 보호를 받으며, 국가는 법률이 정하는 바에 의하여 정당의 운영에 필요한 자금을 보조할 수 있다)의 규정에 근거하여 1980. 12. 31. 제3차 「정치자금법」 개정시 처음 신설되었다. 보조금에는 선거와 무관하게 매년 정기적으로 지급하는 경상보조금과 선거시에 지급하는 선거보조금, 여성후보자를 추천한 정당에 지급하는 여성추천보조금, 장애인후보자를 추천한 정당에 지급하는 장애인추천보조금, 청년후보자를 추천한 정당에 지급하는 청년추천보조금[1]이 있다.

나. 정당의 기능과 보조금 제도

보조금제도는 정치적 결사로서 국민의 의사를 적극적으로 형성하고 각계각층의 이익을 대변하며, 정부를 비판하고 정책적 대안을 제시할 뿐만 아니라, 국민 일반이 정치나 국가작용에 영향력을 행사하는 매개체의 역할을 수행하는 등 현대의 대의제민주주의에 없어서는 안 될 중요한 공적기능을 수행하고 있는 정당이 역할을 수행하는 데 소요되는 정치자금을 마련함에 있어 정치자금의 기부자인 각종 이익집단으로부터의 부당한 영향력을 배제함으로써 정치부패를 방지하고, 정당간의 자금조달의 격차를 줄여 공평한 경쟁을 유도하며, 선거비용과 정당의 경비지출의 증가추세에 따른 재정압박을 완화하여 정당의 원만한 기능을 보장하고 유능한 후보자의 당선가능성을 높이는 데에 그 입법목적이 있다.[2]

헌법 제8조 제3항은 "정당은 법률이 정하는 바에 의하여 국가의 보호를 받으며, 국가는 법률이 정하는 바에 의하여 정당운영에 필요한 자금을 보조할 수 있다"고 규정하고 있고, 이에 따라 정치자금법에서 정당 운영자금에 대한 국가보조를 규정하고 있다. 그러나 국가보조는 정당의 공적 기능의 중요성을 감안하여 정당의 정치자금 조달을 보완하는 데에 그 의의가 있으므로, 본래 국민의 자발적 정치조직인 정당에 대한 과도한 국가보조는 정당의 국민

---

1) 제21대 국회의원선거에서 전체 유권자의 50% 이상이 40세 미만의 청년 유권자였으나 제21대 국회의원 중 40세 미만은 전체의 4.3%에 불과하여 과소대표되고 있는 실정이다. 이와 함께 오늘날 청년의 취업 및 주거 안정 등에 대한 문제가 점차 심화되고 있어 이를 해결하기 위해 보다 많은 청년들의 의견이 법과 제도에 반영될 필요가 있다. 최근 공직선거법 및 정당법 개정으로 피선거권 연령 및 정당 가입연령이 하향되어 이전보다 많은 청년 및 청소년들의 정치참여가 가능하게 된바, 이에 더불어 공직선거에서 청년후보자를 추천하는 정당에 보조금을 지급하여 청년정치의 활성화를 도모하고자 한다[정치개혁특별위원회. 정치자금법 일부개정안 대안 제안이유(2022. 2.)].

2) 헌법재판소 2006. 7. 27. 자 2004헌마655 결정.

의존성을 떨어뜨리고 정당과 국민을 멀어지게 할 우려가 있다. 이는 국민과 국가를 잇는 중개자로서의 정당의 기능, 즉 공당으로서의 기능을 약화시킴으로써 정당을 국민과 유리된 정치인들만의 단체, 즉 사당으로 전락시킬 위험이 있다. 뿐만 아니라 과도한 국가보조는 국민의 지지를 얻고자 하는 노력이 실패한 정당이 스스로 책임져야 할 위험부담을 국가가 상쇄하는 것으로서 정당간 자유로운 경쟁을 저해할 수 있다.[3]

정치자금 국고보조는 정당을 사적인 기부자의 영향으로부터 독립시켜주고 사적 기부에서 발생하는 많은 부조리의 가능성을 차단하여, 정당 간의 기회균등을 꾀할 수 있는 반면, 국가권력의 관리와 간섭을 받을 위험이 있으며, 보조금 정책에 따라서는 기성정당의 세력판도를 고착화시킬 수 있다. 이와 관련하여, 독일 연방헌법재판소는 국가의 지원은 정당의 자유를 침해하지 않는 부분적 지원이어야 하고, 그 규모는 정당 스스로가 조달한 액수를 초과하여서는 안된다고 하였다.[4]

2. 입법 연혁

1980. 12. 31. 제3차 개정시 예산의 범위 안에서 보조금을 지급하도록 하고 예산 계상에 있어서는 정부결정주의를 채택함으로써 정부가 그 지급규모와 시기를 결정하는 내용의 보조금(경상보조금)제도가 처음 도입되었다. 1989. 12. 30. 제4차 개정시 국고보조금을 매년 예산에 계상하도록 의무화하였고, 계상단가도 법정하였다. 즉, 국회의원총선거의 선거권자 총수에 보조금 산정금액인 400원을 곱한 금액을 예산에 계상하도록 하였다. 1991. 12. 31. 제5차 개정시 선거보조금이 도입되었고, 보조금 산정금액을 600원으로 하였다가, 1994. 3. 16. 제7차 개정시에 보조금 산정금액을 800원으로 상향하였다. 2002. 3. 7. 제13차 개정시 정당의 공직후보자 여성추천을 장려하기 위하여 공직후보자 여성추천보조금을 도입하였다. 2010. 1. 25. 제22차 개정시 정당의 공직후보자 장애인추천을 장려하기 위하여 공직후보자 장애인추천보조금을 도입하여 정치자금 조달의 투명성과 사회적 약자의 정치진출을 지원하고자 하였다. 2016. 1. 15. 제25차 개정시 여성·장애인 추천 선거보조금의 배분에 있어서 보조금제도의 도입취지를 보다 더 잘 구현할 수 있도록 그 배분기준을 조정하여 현행의 정당별 국회의석수 비율, 국회의원선거 득표수 비율과 함께 여성·장애인 추천비율도 반영하도록 하였다. 2022. 2. 22. 제30차 개정시 청년정치의 활성화를 도모하기 위하여 공직선거

---

3) 헌법재판소 2015. 12. 23. 자 2013헌바168 결정.
4) 김하열, 「헌법강의(제5판)」, 박영사, 2023, 108면.

에서 39세 이하의 청년후보자를 추천하는 정당에 보조금 지급제도를 도입하고 정당에 지급되는 경상보조금의 100분의 5 이상을 청년정치발전을 위하여 사용하도록 하였다. 2022. 4. 20. 제31차 개정시 여성 및 장애인의 정치참여 확대를 도모하기 위하여 여성 및 장애인 추천 보조금 배분 대상 정당의 범위를 확대하고 배분방식을 합리적으로 개선하였다. 2023. 12. 20. 국회 본회의 의결을 통해 2022. 6. 1. 제8회 전국동시지방선거 결과 정당 간의 여성 후보 추천 비율의 차이가 상당히 크게 났음에도 불구하고 실제로 지급한 여성추천보조금의 차이는 예상보다 적어, 보다 합리적으로 지급 구간을 정할 필요가 있다는 의견이 제시되어 여성추천보조금의 추천 기준의 구간을 40% 이상, 30~40%, 20~30%, 10~20%의 4개로 하여 배분·지급하게 하였다.

3. 한국의 국고보조금 지급 현황(2022년도)

▌2022년도 경상보조금 지급내역[5]

(단위: 원)

구분	합 계	4분기	3분기	2분기	1분기
합계	46,503,089,140	11,593,654,150	11,636,478,330	11,636,478,330	11,636,478,330
더불어 민주당	22,231,154,650	5,572,285,520	5,572,285,520	5,599,071,660	5,487,511,950
	(47.8%)	(48.06%)	(47.89%)	(48.12%)	(47.16%)
국민의힘	19,806,011,810	5,022,031,390	5,022,093,110	4,993,623,450	4,768,263,860
	(42.6%)	(43.32%)	(43.16%)	(42.91%)	(40.98%)
정의당	3,160,001,900	791,957,470	792,016,450	793,279,100	782,748,880
	(6.8%)	(6.83%)	(6.81%)	(6.82%)	(6.73%)
국민의당	348,507,940				348,507,940
	(0.7%)	–	–	–	(2.99%)
기본 소득당	35,029,480	8,785,720	8,785,720	8,996,160	8,461,880
	(0.1%)	(0.08%)	(0.08%)	(0.08%)	(0.07%)

---

5)   중앙선거관리위원회 보도자료. 중앙선관위, 4분기 경상보조금 115억여 원 6개 정당에 지급, 2022년도 경상보조금 총 465억
      여만원 각 정당에 지급(2022. 11. 15.).

시대전환	34,168,560	8,567,960	8,567,960	8,778,390	8,254,250
	(0.1%)	(0.07%)	(0.07%)	(0.08%)	(0.07%)
민생당	888,214,800	190,026,090	232,729,570	232,729,570	232,729,570
	(1.9%)	(1.64%)	(2.00%)	(2.00%)	(2.00%)

▌제8회 지방선거 선거보조금 등 지급현황[6]

(단위: 원)

구 분	계 (지급비율)	선거보조금 (지급비율)	여성추천 보조금 (광역+기초) (지급비율)	장애인추천 보조금 (광역+기초) (지급비율)	청년추천 보조금 (광역+기초) (지급비율)
계	48,965,596,890	46,545,913,320	1,539,798,640	219,971,230	659,913,700
더불어 민주당	23,757,726,410	22,396,286,630	874,641,480	119,815,520	366,982,780
	48.52%	48.12%	56.8%	54.47%	55.61%
국민의힘	21,032,737,600	19,974,493,810	665,157,160	100,155,710	292,930,920
	42.95%	42.91%	43.2%	45.53%	44.39%
정의당	3,173,116,390	3,173,116,390	–	–	–
	6.48%	6.82%	–	–	–
기본 소득당	35,984,640	35,984,640	–	–	–
	0.07%	0.08%	–	–	–
시대전환	35,113,580	35,113,580	–	–	–
	0.07%	0.08%	–	–	–
민생당	930,918,270	930,918,270	–	–	–
	1.9%	2.00%	–	–	–

---

6) 중앙선거관리위원회 보도자료. 중앙선관위, 제8회 지선 선거보조금 등 총 606억여 원 정당에 지급, 선거보조금, 여성추천보조금, 장애인추천보조금, 청년추천보조금 등 489억6천5백만여 원(2022. 5. 16.).

4. 각국의 보조금 제도

　　보조금제도에 관한 각국의 입법례를 보면, 우리나라와 독일, 일본 등은 정당활동을 위한 보조금을 지급하고 있는 데 반해 미국이나 영국 등은 정당활동에 대한 직접적인 국고보조는 없고 다만 선거비용에 대한 보조나 야당에 대한 보조 등을 하여 줄 뿐이다. 또한 보조금을 배분하는 기준도 의석수나 총득표수, 정당득표율(또는 대정당후보자의 평균 득표수에 대한 소정당 및 신정당후보자의 득표율) 등으로 각 나라마다의 역사 및 정치풍토 내지 정치환경에 따라 다양한 모습을 보이고 있다.[7]

▌각국의 국고보조금 관련 규정 및 현황[8]

국가명	내 용	근거규정
영 국	• 정책개발보조금: 정책개발 및 연구 또는 선거비용 보전에 사용되는 비용으로 하원의회에서 2석 이상을 획득한 정당에 배분되는데, 총액 £2,000,000의 절반은 자격을 갖춘 정당에 고르게 배분, 나머지는 정당의 득표율에 비례해 배분 • 숏머니: 야당의 정책연구 및 의회 업무 수행을 지원하기 위한 비용으로 하원의회에서 2석을 차지하거나 1석 및 총 150,000표 이상을 득표한 야당에 지급됨. • 크랜본머니: 상원의회에서 2명 이상의 의원을 배출한 야당에 지급됨. ※ 2018·2019년 국고보조금: 보수당 £477,000(한화 약 760,452,480원), 노동당 £9,000,000(한화 약 14,345,820,000원)	정당·선거 및 국민투표법 제12조
미 국	– (대통령선거 후보자에 지급되는 선거보조금만 있음)	–
프랑스	• 매년 말 국가예산법안으로 의회에 제출되어 입법되며 내무부 장관이 요건을 충족한 정당 및 정치단체에 배분함. 　– 보조금의 첫 번째 1/2: 정당별 1차 투표 득표수에 €1.59를 곱한 금액 • 최근 하원의회선거에서 후보자를 추천한 정당 및 정치단체 중 최소 50개 선거구에서 후보자별로 1% 이상 득표한 경우 　– 보조금의 두 번째 1/2: 해당 연도 11월 기준 정당별 상원 및 하원의원 수에 따라 첫 번째 보조금을 받은 정당 및 정치단체에 배분 ※ 2020년 국고보조금: €66,080,000(한화 약 91,099,209,600원)	정치자금투명법 제8조 내지 제9조

---

7)　헌법재판소 2006. 7. 27. 자 2004헌마655 결정.
8)　중앙선거관리위원회. 각국의 정당·정치자금제도 비교연구(2021), 291~292면.

국가명	내 용	근거규정
독 일	• 정당법에 따라 정당 활동에 대한 재정 지원으로 선거결과 유효득표수와 정당 수입에 따라 결정되며 보조금 총액에 대한 절대적 상한선과 상대적 상한선이 있음. 　- 최근 유럽의회선거, 연방의회선거 정당명부 투표에서 최소 0.5% 이상 득표한 경우 　- 최근 주 의회선거 정당명부 투표에서 최소 1% 이상 득표한 경우 　- 정당명부 없는 당이 지역선거구에서 최소 10% 이상 득표한 경우	정당법 제18조
독 일	• 배분액 산정 　- 절대적 상한선: 연방하원의장이 매년 5월 31일까지 물가상승분을 더한 보조금 총액을 공표 　- 상대적 상한선: 당비, 기부금, 자체 사업 수입 등 정당별 자체 수입 총액을 초과할 수 없음. • 배분신청액 　- 득표수 기준: 정당 후보자명부의 유효득표수 1표당 €0.83, 400만 표 득표 시 최초 400만 표까지 유효득표수 1표당 €1 　- 정당 수입 기준: 당비 또는 적법하게 받은 기부금 €1당 €0.45 ※ 2020년 국고보조금: €197,482,200(한화 약 272,345,727,198원)	정당법 제18조
일 본	• 정당 활동을 조성하고 건전힌 정치를 지향하기 위해 매년 국고에서 정당교부금을 지급함. 　- 중의원 또는 참의원 의원 5명 이상이 소속된 정당 　- 최근 실시된 중의원 지역구의원선거 또는 비례대표의원선거, 참의원의원선거 또는 비례대표의원선거에서 유효투표총수의 100분의 2 이상 득표한 정치단체 • 의원비율(소속 중의원 및 참의원 의원 수)과 득표비율(총선거 또는 통상선거 득표수) 각각 2분의 1 비율로 계산한 합산액을 지급함. ※ 2021년 예상 지급 국고보조금(국민 1인당 연간 ¥250에 국세조사 결과를 기준으로 계산한 금액): ¥31,773,000,000(한화 약 337,985,287,500원)	정당조성법 제2, 7, 8조

5. 보조금의 배분·지급

가. 배분·지급비율

　경상보조금과 선거보조금은 기본비율, 의석수비율, 득표수비율로 각 정당에 배분·지급한다. 공직후보자 여성추천보조금, 장애인추천보조금 및 청년추천보조금은 의석수비율, 득표수비율, 여성, 장애인 또는 청년후보자 추천비율로 지급대상 정당에 배분·지급한다.

나. 배분 및 지급시기

보조금의 배분기준일은 보조금의 정당별 배분은 원칙적으로 지급 당시를 기준으로 한다.

보조금의 지급시기는 '경상보조금'은 매년 2·5·8·11월의 15일에, 다만 지급일에 해당하는 날이 토요일 또는 공휴일인 때에는 그 전일에 각각 지급하고, '선거보조금·여성추천보조금·장애인추천보조금·청년추천보조금'은 당해 선거의 후보자등록마감일 후 2일 이내에 지급한다.

다. 보조금의 종류별 배분기준

1) 경상·선거보조금

▎보조금 지급 배분정당별 기준

조항	배분 대상 정당		배분 비율
제27조 제1항	교섭단체 구성 정당[9]		100분의 50 균등
제27조 제2항	교섭단체 구성 정당이 아닌 5석 이상 정당		100분의 5
	의석이 없거나 5석 미만 정당	임기만료 국회의원선거 득표수 비율 2% 이상	100분의 2
		임기만료 국회의원선거 득표수 비율이 2% 미만이나 의석 정당 중 비례대표시·도의회의원선거, 지역구시·도의회의원선거, 시·도지사선거 또는 자치구·시·군의 장선거 득표수 비율 0.5% 이상	
		임기만료 국회의원선거에 참여하지 않고 비례대표시·도의원선거, 지역구시·도의원선거, 시·도지사선거 또는 자치구·시·군의 장선거 득표수 비율 2% 이상	
제27조 제3항	의석을 가진 정당 잔여분의 100분의 50×국회의원선거 득표수 비율		잔여분의 100분의 50×국회의석수 비율

---

9)   경상보조금과 선거보조금은 지급 당시 「국회법」 제33조(교섭단체) 제1항 본문의 규정에 의하여 동일 정당의 소속의원으로 교섭단체를 구성한 정당에 대하여 그 100분의 50을 정당별로 균등하게 분할하여 배분·지급한다.
   「국회법」 제33조(교섭단체) ① 국회에 20명 이상의 소속 의원을 가진 정당은 하나의 교섭단체가 된다. 다만, 다른 교섭단체에 속하지 아니하는 20명 이상의 의원으로 따로 교섭단체를 구성할 수 있다.

▌기본비율, 의석수·득표수 비율 기준

구 분	배 분 기 준
기본비율	① 교섭단체를 구성한 정당에 대하여 50/100을 정당별로 균등분할하여 배분·지급 ② 위 ①의 배분·지급대상이 아닌 정당으로서 의석수가 5석 이상 20석 미만인 정당에 5/100씩 배분·지급 ③ 위 ①의 배분·지급대상이 아닌 정당으로서 의석이 없거나 5석 미만인 정당 중 다음에 해당하는 정당에 2/100씩 배분·지급 – 최근에 실시된 임기만료에 의한 국회의원선거에 참여한 정당의 경우에는 국회의원선거의 득표수 비율이 2/100 이상인 정당 – 최근에 실시된 임기만료에 의한 국회의원선거에 참여한 정당 중 국회의원선거에서 2/100 미만을 득표한 정당으로서 의석을 가진 경우에는 최근에 전국적으로 실시된 후보 추천이 허용되는 비례대표시·도의회의원선거, 지역구시·도의회의원선거, 시·도지사선거 또는 자치구·시·군의 장선거에서 당해 정당이 득표한 득표수 비율이 0.5/100 이상인 정당 – 최근에 실시된 임기만료에 의한 국회의원선거에 참여하지 아니한 정당의 경우에는 최근에 전국적으로 실시된 후보추천이 허용되는 비례대표시·도의회의원, 지역구시·도의회의원선거, 시·도지사선거 또는 자치구·시·군의 장선거에서 당해 정당이 득표한 득표수 비율이 2/100 이상인 정당
의석수 비율	• 기본비율을 제외한 잔여분 중 50/100은 지급 당시 국회 의석을 가진 정당에 그 의석수의 비율에 따라 배분·지급
득표수 비율	• 최종 잔여분은 최근에 실시된 임기만료에 의한 국회의원선거의 득표수 비율에 따라 배분·지급

국고보조금 배분·지급에 반영되는 '국회의원선거의 득표수 비율'은 최근 실시한 임기만료에 의한 국회의원선거에서의 득표수의 비율, 즉 비례대표국회의원선거구 및 지역구에서 당해 정당이 득표한 득표수 비율의 평균을 말한다.[10] 즉 제21대 국회의원선거에 참여하여 비례대표선거구에서 2.59%, 지역구에서 0.02%를 득표한 정당은 그 평균 득표수 비율이 1.31%이므로 국회의원선거에서의 득표수의 비율에 따른 보조금 지급대상 정당에 해당하지 아니한다. 「정치자금법」 제27조 제2항 제3호의 '비례대표시·도의회의원선거'는 유효투표총수 및 정당별 득표율은 전국단위로 산정한다.[11]

2) 여성추천보조금

2022. 4. 20. 개정 전 「정치자금법」은 임기만료에 의한 지역구국회의원선거, 지역구지방

---

10) 중앙선거관리위원회 2010. 3. 12. 회답.
11) 중앙선거관리위원회 2002. 5. 10. 회답.

의회의원선거에서 여성후보자를 전국지역구 총수의 100분의 30 이상 추천한 정당과 장애인후보자를 100분의 5 이상 추천한 정당이 있는 경우에는 해당 정당만을 대상으로 보조금을 배분하고 있으므로, 이러한 비율을 넘기지 못하는 정당은 여성과 장애인 후보자를 추천하고자 노력하고도 보조금을 전혀 받지 못하는 경우가 발생할 수 있고, 실질적인 당선의 목적이나 노력 없이 보조금 수령을 목적으로 제도가 악용될 수 있었다. 이에 여성 및 장애인추천 보조금 배분 대상 정당의 범위를 확대하고 배분방식을 합리적으로 개선함으로써 여성 및 장애인후보자들에게 실질적인 지원이 이루어지게 하여 여성 및 장애인의 정치참여 확대를 도모하고자 하였다.[12] 2022. 4. 20. 법개정을 통하여 전국지역구 총수의 100분의 30 이상 추천한 정당과 장애인후보자를 100분의 5 이상 추천한 정당이 없는 경우에도 배부될 수 있도록 개선되었다.

이후 2023. 12. 20. 국회 본회의 의결을 통해 2022. 6. 1. 제8회 전국동시지방선거 결과 정당 간의 여성후보 추천 비율의 차이가 상당히 크게 났음에도 불구하고 실제로 지급한 여성추천보조금의 차이는 예상보다 적어, 보다 합리적으로 지급 구간을 정할 필요가 있다는 의견이 제시되어 여성추천보조금의 추천 기준의 구간을 40% 이상, 30~40%, 20~30%, 10~20%의 4개로 하여 배분·지급하게 하였다.

비례대표국회의원선거에 참여하였으나, 국회의원이 없는 경우라도 정당이 「정치자금법」 제26조 제2항 각 호에 따라 여성후보자를 추천하는 경우에는 지급 당시 최근 실시한 임기만료에 의한 국회의원선거에서의 득표수의 비율에 따라 배분·지급하는 여성추천보조금을 받을 수 있고, 총선 이후에 창당하였으나 국회의원이 소속되어 있는 경우, 정당이 「정치자금법」 제26조 제2항 각 호에 따라 여성후보자를 추천하는 경우 지급 당시 정당별 국회 의석수의 비율에 따라 배분·지급하는 여성추천보조금을 받을 수 있으나, 총선 이후에 창당하였으며 국회의원이 소속되어 있지 않은 경우 여성추천보조금 배분·지급대상이 아니다.[13]

구 분	배 분 기 준
1. 여성후보자를 전국지역구총수의 100분의 40 이상 추천한 정당	• 여성추천보조금 총액의 100분의 40을 다음 기준에 따라 배분·지급 –100분의 40은 지급 당시 정당별 국회의석수의 비율에 따라 배분·지급 –100분의 40은 최근 실시한 임기만료에 따른 국회의원선거에서의 득표수의 비율에 따라 배분·지급 –100분의 20은 각 정당이 추천한 지역구 여성후보자수의 합에 대한 정당별 지역구 여성후보자수의 비율에 따라 배분·지급

12) 정치개혁특별위원회. 정치자금법 일부개정안 대안 제안이유(2022. 4.).

13) 중앙선거관리위원회 2013. 12. 24. 회답.

2. 여성후보자를 전국지역구총수의 100분의 30 이상 100분의 40 미만을 추천한 정당	• 여성추천보조금 총액의 100분의 30을 상기 제1호의 기준에 따라 배분·지급 • 이 경우 하나의 정당에 배분되는 여성추천보조금은 제1호에 따라 각 정당에 배분되는 여성추천보조금 중 최소액을 초과할 수 없음
3. 여성후보자를 전국지역구총수의 100분의 20 이상 100분의 30 미만을 추천한 정당	• 여성추천보조금 총액의 100분의 20을 상기 제1호의 기준에 따라 배분·지급 • 이 경우 하나의 정당에 배분되는 여성추천보조금은 제2호에 따라 각 정당에 배분되는 여성추천보조금 중 최소액을 초과할 수 없음
4. 여성후보자를 전국지역구총수의 100분의 10 이상 100분의 20 미만을 추천한 정당	• 여성추천보조금 총액의 100분의 10을 상기 제1호의 기준에 따라 배분·지급 • 이 경우 하나의 정당에 배분되는 여성추천보조금은 제3호에 따라 각 정당에 배분되는 여성추천보조금 중 최소액을 초과할 수 없음

예를 들면, 여성추천보조금 배분 관련 아래의 사례에서 각 정당이 지급받을 보조금은 다음과 같다.

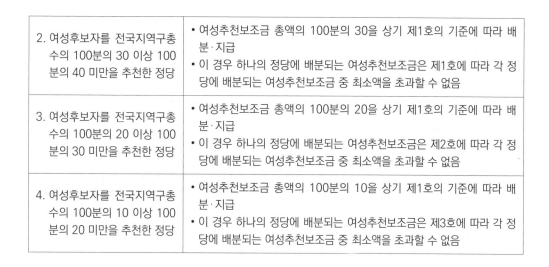

사 례

가. 보조금 지급대상 선거: 제22대 국회의원선거   나. 여성추천보조금 총액: 60억원
다. 정당별 여성후보자 추천비율·국회의석수 등   라. 정당별 배분 기준

정당명	여성후보자 추천비율	여성후보자 수(전국)	국회의석수	제21대 국선시 득표수비율
A	5%	10	100명	30%
B	10%	15	100명	20%
C	15%	15	50명	20%
D	20%	10	50명	30%

D당을 제외하고 여성후보자 추천비율이 20% 이상 30% 미만에 해당하는 정당이 없으므로, 법 제26조 제2항 제3호에 따라 여성추천보조금 총액의 20%(12억원)는 D당에 전부 배분·지급하여야 한다.

- 12억원의 40%(국회의석 비율): 4.8억
- 12억원의 40%(득표수비율): 4.8억
- 12억원의 20%(지역구후보자수비율): 2.4억

　　그리고 법 제26조 제2항 제4호에 따라 여성추천보조금 총액의 10%(6억원)는 B당, C당에
배분·지급한다.

　　- 6억원의 40%(2.4억)를 국회의석수비율에 따라 B(2.4억×2/3), C(2.4억×1/3)에 배분

　　⇨ B(1.6억), C(0.8억)

　　- 6억원의 40%(2.4억)를 득표수비율에 따라 B(2.4억×1/2), C(2.4억×1/2)에 배분

　　⇨ B, C 각각 1.2억

　　- 6억원의 20%(1.2억)을 지역구후보자수비율에 따라 B(1.2억×1/2), C(1.2억×1/2)에 배분

　　⇨ B(0.6억), C(0.6억)

A당은 여성후보자 추천비율이 5%로 배분기준에 해당하지 아니하므로 0원이다.

따라서 각 정당에 A당 0원, B당 3.4억원, C당 2.6억원, D당 12억원이 지급된다.

3) 장애인추천보조금

구 분	배 분 기 준
1. 장애인후보자를 전국지역구총수의 100분의 5 이상 추천한 정당	• 장애인추천보조금 총액의 100분의 50을 다음 기준에 따라 배분·지급 - 100분의 40은 지급 당시 정당별 국회의석수의 비율에 따라 배분·지급 - 100분의 40은 최근 실시한 임기만료에 따른 국회의원선거에서의 득표수의 비율에 따라 배분·지급 - 100분의 20은 각 정당이 추천한 지역구 장애인후보자수의 합에 대한 정당별 지역구 장애인후보자수의 비율에 따라 배분·지급
2. 장애인후보자를 전국지역구총수의 100분의 3 이상 100분의 5 미만을 추천한 정당	• 장애인추천보조금 총액의 100분의 30을 상기 제1호의 기준에 따라 배분·지급 • 이 경우 하나의 정당에 배분되는 장애인추천보조금은 제1호에 따라 각 정당에 배분되는 장애인추천보조금 중 최소액을 초과할 수 없음
3. 장애인후보자를 전국지역구총수의 100분의 1 이상 100분의 3 미만을 추천한 정당	• 장애인추천보조금 총액의 100분의 20을 상기 제1호의 기준에 따라 배분·지급 • 이 경우 하나의 정당에 배분되는 장애인추천보조금은 제2호에 따라 각 정당에 배분되는 장애인추천보조금 중 최소액을 초과할 수 없음

4) 청년추천보조금

구 분	배 분 기 준
1. 청년후보자를 전국지역구총수의 100분의 20 이상 추천한 정당	• 청년추천보조금 총액의 100분의 50을 다음 기준에 따라 배분·지급 – 100분의 40은 지급 당시 정당별 국회의석수의 비율에 따라 배분·지급 – 100분의 40은 최근 실시한 임기만료에 따른 국회의원선거에서의 득표수의 비율에 따라 배분·지급 – 100분의 20은 각 정당이 추천한 지역구 청년후보자수의 합에 대한 정당별 지역구 청년후보자수의 비율에 따라 배분·지급
2. 청년후보자를 전국지역구총수의 100분의 15 이상 100분의 20 미만을 추천한 정당	• 청년추천보조금 총액의 100분의 30을 상기 제1호의 기준에 따라 배분·지급 • 이 경우 하나의 정당에 배분되는 청년추천보조금은 제1호에 따라 각 정당에 배분되는 청년추천보조금 중 최소액을 초과할 수 없음
3. 청년후보자를 전국지역구총수의 100분의 10 이상 100분의 15 미만을 추천한 정당	• 청년추천보조금 총액의 100분의 20을 상기 제1호의 기준에 따라 배분·지급 • 이 경우 하나의 정당에 배분되는 청년추천보조금은 제2호에 따라 각 정당에 배분되는 청년추천보조금 중 최소액을 초과할 수 없음

6. 창당 또는 합당시 배분방법

정당이 자진해산하고 새로이 창당하는 경우에는 선거의 득표수비율에 따른 국고보조금은 배분받을 수 없고, 국회의석수 비율에 따른 국고보조금을 배분받을 수 있으며, 그 금액은 국회에서의 교섭단체 구성여부나 국회의석수 비율에 따라 결정된다.[14] 따라서 이미 등록된 정당과 새로이 창당하는 정당이 있는 경우에는 최근에 실시된 국회의원총선거의 득표수비율에 따른 국고보조금은 이미 등록된 정당의 경우에는 계속 배분받을 수 있으나, 새로이 창당하는 정당의 경우에는 배분받을 수 없고, 각각의 정당이 국회의석수비율에 따른 국고보조금을 배분받을 수 있으며, 그 금액은 국회에서의 교섭단체 구성여부, 국회의석수비율에 따라 결정된다.[15]

A당에 B당이 흡수합당되는 경우, 합당으로 존속하는 A정당이 합당 이후 변경된 의석수와 득표수비율(합당 전 B정당의 득표수비율을 포함함)에 따라 보조금을 배분·지급받게 된다.[16] 교섭단체 구성 정당과 비교섭단체 정당이 합당하는 경우 비교섭단체 정당의 기본비율은 교섭단

---

14) 중앙선거관리위원회 2003. 5. 28. 회답.
15) 중앙선거관리위원회 2003. 5. 28. 회답.
16) 중앙선거관리위원회 2010. 4. 5. 회답.

체 구성 정당의 기본비율에 포함되어 그 기본비율은 교섭단체 구성 정당을 기준으로 적용한다. 보조금을 배분받는 정당과 그렇지 않은 정당이 합당하는 경우 또는 보조금을 배분받지 않는 정당들이 합당하는 경우 합당 이후 보조금 배분에는 변함에 없다.[17] 지급 당시 등록취소된 정당은 경상보조금 및 기탁금을 배분·지급받지 못한다.[18] 선거보조금 배분·지급 대상에 해당하는 정당이 해당 선거의 후보자등록마감일 현재 1명 이상의 후보를 추천하는 경우에는 선거보조금을 배분·지급받을 수 있다.[19]

7. 현행 보조금 배분·지급의 적정여부(헌법재판소 결정)

교섭단체 구성 여부에 따라 보조금을 차별 지급하는 본 조의 규정에 대하여 헌법재판소는 "오늘날 대의제민주주의는 국민의 정치적 의사형성을 위한 매개체로서의 정당의 역할이 증대됨에 따라 정당국가적 민주주의로 변화하여 국회는 국민의 대표인 의원들의 의사에 따라 운영되는 것이 아니라 정당의 구성원인 의원들이 정당을 통하여 그리고 정당 속에서 결합하여 운영되고 있고, 정당의 국회 내에서의 활동도 교섭단체를 중심으로 이루어짐에 따라 국민의 정치적 의사를 형성하여 국가기관의 의사결정에 영향을 미치는 정당의 공적기능을 수행하는 데 국회에 진출한 정당과 진출하지 못한 정당 사이 그리고 국회에 진출하여 교섭단체를 구성한 정당과 이를 구성하지 못한 정당 사이에 상당한 차이가 나타날 수밖에 없다. 그리고 이 사건 법률조항은 교섭단체를 구성할 정도의 다수 정당에 대해서만 보조금을 배분하는 것이 아니라 그에 미치지 못하는 소수정당에게도 일정 범위의 보조금 배분을 인정하여 소수정당의 보호·육성도 도모하고 있고, 교섭단체의 구성여부만을 보조금 배분의 유일한 기준으로 삼은 것이 아니라 정당의 의석수 비율이나 득표수비율도 고려하여 정당에 대한 국민의 지지도도 반영하고 있다. 또한 이 사건 법률조항에 의한 현행의 보조금 배분비율과 의석수비율 또는 득표수비율(비례대표전국선거구 및 지역구에서 당해 정당이 득표한 득표수 비율의 평균)을 비교하면 현행의 보조금 배분비율은 의석수비율보다는 오히려 소수 정당에 유리하고, 득표수비율과는 큰 차이가 나지 않아 결과적으로 교섭단체 구성여부에 따른 차이가 크게 나타나지 않고 있다. 위와 같은 사정들을 종합하여 볼 때, 교섭단체의 구성여부에 따라 보조금의 배분규모에 차이가 있더라도 그러한 차등정도는 각 정당 간의 경쟁상태를 현저하게 변경시

---

17) 중앙선거관리위원회. 정당법·정치자금법 축조해설(2016), 471면.
18) 중앙선거관리위원회 2012. 5. 18. 회답.
19) 중앙선거관리위원회 2010. 4. 5. 회답.

킬 정도로 합리성을 결여한 차별이라고 보기 어렵다"고 결정하였다.[20]

한편, 무소속 입후보자에게 보조금을 지급하지 않는 데 대하여는 헌법재판소는 "정당이나 정당소속 입후보자가 보호를 받고 상대적으로 무소속 입후보자가 불리한 차별을 받게 된다 하더라도 이는 우리 헌법이 정당제 민주주의를 채택하고 정당에 대하여 특별한 보호를 하도록 규정한 것에 기인하는 것이고 이는 합리적인 차별로서 허용되는 것이므로 이를 두고 헌법상 평등원칙에 위배되는 것이라 할 수는 없다"고 결정하였다.[21]

제도 개선 // 국고보조금 배분 방식 개선 등

가. 국고보조금 지급 정당에 대한 선거비용 감액 보전

현행법 제27조 제1항의 보조금 배분대상 정당에 매년 경상보조금을 지급하고, 임기만료 공직선거가 실시되는 연도에는 선거보조금을 지급하고 있고, 후보자(대통령선거의 정당추천후보자와 비례대표국회의원선거 및 비례대표지방의원선거에 있어서는 후보자를 추천한 정당)가 지출한 선거비용을 공고한 선거비용제한액 범위 안에서 선거일 후 보전하고 있다. 이로써 정당에 대한 국고보조금 지급과 정당의 선거비용 보전의 이중 국고지원 문제를 선거비용 감액 보전을 통해 합리적으로 조정할 필요가 있다.[22]

나. 국고보조금 배분 방식 개선

현행 정치자금법에 따르면 경상보조금과 선거보조금은 지급 당시 교섭단체 구성 정당에 100분의 50을 균등하게 분할하여 배분·지급하고, 교섭단체를 구성하지 못한 정당으로서 5석 이상 의석 정당에는 100분의 5씩, 의석이 없거나 5석 미만 의석 정당 중 일정 요건에 해당하는 정당에는 100분의 2씩을 배분·지급한다. 이와 같이 배분·지급한 후 잔여분 중 100분의 50은 국회 의석 정당에 그 의석수 비율에 따라, 그 잔여분은 국회의원선거 득표수 비율에 따라 배분·지급한다.

이로서 교섭단체를 구성한 정당에 유리한 현행 국고보조금 배분방식으로 볼 수 있다. 교섭단체를 구성한 정당에 우선 배분되는 배분방식을 정당의 의석수·득표율이라는 유권자의 지지의사에 상응하는 합리적인 방식으로 개선함으로써 정당 간의 균

---

20) 헌법재판소 2006. 7. 27. 자 2004헌마655 결정.
21) 헌법재판소 1997. 5. 29. 자 96헌마85 결정.
22) 중앙선거관리위원회. 정치관계법 개정의견(2021. 5. 25).

형 있는 발전을 도모할 필요가 있다.

국고보조금은 정당이 획득한 유권자의 지지에 대한 국가의 재정적 보상이라는 취지를 지닌다. 따라서 교섭단체 구성 여부를 정당이 획득한 득표수보다 우선적인 배분 기준으로 삼는 것은 유권자의 의사를 정당하게 평가한 것으로 보기 어렵다. 우리나라 정치자금법 규정과 현행 단순다수제 선거제도하에서 교섭단체 구성 여부를 국고보조금 지급의 우선적 기준으로 정하게 되어, 지역구선거에서 발생하는 수많은 사표(死票)를 국고보조금 배분 지급 산정에 반영하지 못하는 결과가 되었다.[23]

다. 매칭펀드(matching fund) 방식 도입

매칭펀드(matching fund)란 두 주체 간에 일정비율의 공동출자금 형태를 말한다. 특히 지방자치단체의 경우 특정 사업에 있어서 국가가 지원하는 보조금을 의미하기도 한다. 정당의 국고보조금의 경우, 정당이 자체 수입을 조달하는 비율에 상응하게 국가가 국고보조금을 지급하는 '대응적 보조금'의 성격을 지닌다.[24]

현행법의 경상보조금은 교섭단체 구성, 의석수, 득표수 비율 등을 기준으로 배분·지급된다. 정당 재정의 과도한 국고의존을 방지하고 당비수입액과 연동한 경상보조금 지급으로 재정 확충을 위한 정당의 자구노력을 촉구하며, 국고보조금 지급에 당비납부당원 비율을 함께 반영함으로써 진성당원 중심의 정당운영 기반을 조성할 필요가 있다.

라. 국고보조금의 절대적 상한선 설정[25]

독일 정당법은 2019년도(확정연도)에 확정될 2018년도 정당 국고보조금의 절대적 상한선을 정당법 제18조 제2항 제1문에 1억9천만 유로로 법정화하였다. 또한 동법에서 신청연도의 전년도를 기준으로 정당의 전형적인 비용에 대한 물가지수(Preisindex)의 상승분을 0.1% 단위로 절사하여 매년 일정비율로 정당 국고보조금의 절대적 상한선을 상승(절대적 상한선의 연동화)시킬 수 있도록 하였다.

우리나라의 경우에도 정당 국고보조금의 절대적 상한선을 규정할 필요가 있다. 이는 정당에 대한 국고보조금 지급에 대해 국민의 지지와 동의를 얻기 위한 것이다.

중앙선거관리위원회의 개정의견(2021. 5. 25., 2016. 8. 25.)을 참고할 필요가 있다.

---

23) 이부하. "국고보조금 제도의 법적 문제점과 개선방안 -주요 유럽국들의 국고보조금 제도를 비교하며-". 법조 제68권 제5호(통권 제737호)(2019), 456면.

24) 이부하. "국고보조금 제도의 법적 문제점과 개선방안 -주요 유럽국들의 국고보조금 제도를 비교하며-". 법조 제68권 제5호(통권 제737호)(2019), 463면.

25) 이부하. 앞의 책. 461면.

▌ '국고보조금 배분 방식' 선관위의 관련법 개정 의견

일시	제목	핵심	내용
2021. 5. 25.	정치관계법 개정의견	국고보조금 배분방식 개선	교섭단체 구성 정당에 100분의 50을 균등하게 분할하여 배분·지급하는 것을 폐지함(제27조 제1항 삭제). 5석 이상 의석 정당에는 100분의 5씩, 의석이 없거나 5석 미만 의석 정당에는 현행과 같은 방식으로 배분·지급하되(제27조 제2항 유지), 그 잔여분은 국회 의석 정당에 국회의원선거 득표수 비율에 따라 배분·지급하도록 함(제27조 제3항 수정).
2016. 8. 25.	정치관계법 개정의견	국고보조금 배분·지급방식 개선 당비 납부액 및 납부비율에 연동한 국고보조금 지급	교섭단체를 구성한 정당에 100분의 50을 정당별로 균등하게 분할하여 배분·지급하는 방식을 폐지하도록 함(제27조 제1항 삭제). 교섭단체 구성 여부를 불문하고 5석 이상의 정당과 득표수 비율이 일정요건에 해당하는 정당에 대한 국고보조금 배분·지급제도는 현행 기준을 따르되, 그 잔여분은 국회의원선거의 득표수 비율에 따라 배분·지급하도록 함(제27조 제3항 수정). 경상보조금 전체 예산의 계상과 정당별 배분 및 한도액은 현행기준을 유지. 다만, 경상보조금 실제 지급액은 연간 또는 분기별 해당 정당의 당비 수입총액과 일정 금액 이상 당비 납부자수 비율에 연동되도록 함. 당비 연동 국고보조금 산정식 = 당비 수입총액(a) + [당비수입총액(a) × 당비 납부자수 비율(b)] ※ 당비 납부자수 비율(b)은 해당 정당의 전체 당원수 대비 분기별 3만원 또는 연간 12만원 이상 당비를 납부한 당원수를 기준으로 산정(연간 10만원까지는 전액 세액공제)[26] 　다만, 산정된 금액이 정당별 배분 한도액을 초과할 경우에는 정당별 배분 한도액만을 지급하도록 함.

---

[26] 중앙선거관리위원회가 제시한 방식에 의하면, 군소정당은 당원 수입총액이 적기 때문에 제도적으로 국고보조금을 배분 지급받기 어려워 군소정당이나 신생정당을 차별하게 된다(이부하. 앞의 책. 464면).

▎ 중앙선거관리위원회 국고보조금 배분방식(2021. 5. 25. 안) 비교

조항	현 행	개정의견
제27조 제1항	교섭단체 구성 정당 → 100분의 50을 균등하게 배분	폐지
제27조 제2항	교섭단체 구성 정당이 아닌 5석 이상 정당 → 100분의 5씩	5석 이상 정당 → 100분의 5씩
	의석이 없거나 5석 미만 정당 중 1. 임기만료 국회의원선거 득표수 비율 2% 이상 정당 2. 임기만료 국회의원선거 득표수 비율이 2% 미만이나 의석 정당 중 비례대표시·도의회의원선거, 지역구시·도의회의원선거, 시·도지사선거 또는 자치구·시·군의 장선거 득표수 비율 0.5% 이상 정당 3. 임기만료 국회의원선거에 참여하지 않고 비례대표시·도의원선거, 지역구시·도의원선거, 시·도지사선거 또는 자치구·시·군의 장선거 득표수 비율 2% 이상 정당 → 100분의 2씩	현행과 동일
제27조 제3항	의석을 가진 정당 → 잔여분의 100분의 50 × 국회 의석수 비율 → 잔여분의 100분의 50 × 국회의원선거 득표수 비율	의석을 가진 정당 → 잔여분 × 국회의원선거 득표수 비율

▎ 외국 사례

구 분	내 용
독 일	■ 정당이 각종 선거에서 얻은 비례대표명부 유효표의 수, 각 정당에 기부된 당비와 후원금을 기준으로 국고보조금을 산정 ※ 유효투표 1표당 0.70유로, 당비 및 후원금 1유로당 0.38유로 ■ 국고보조금 총액의 절대상한선(연간 1억5천8십만 유로) 및 비례상한선(국고보조금의 규모가 정당이 스스로 획득한 수입의 규모를 넘지 못함)을 정하고 있음(2012년 기준).
일 본	■ 정당조성법에 의거하여 정당교부금 지급 ■ 정당교부금은 의원수 비례 할당금액과 득표수 비례 할당금액의 합계

마. 국고보조금 지출의 투명성 강화

현행법상 국고보조금이 다른 정치자금과 구분되지 않고 함께 섞여 지출되고 있다. 이에 따라 편법지출의 가능성 등 투명성 확보 방안이 미흡하다는 지적이 있어 국고보조금 수입·지출계좌 별도 개설·신설, 국고보조금 지출내역의 인터넷 공개, 회계

주기 확대, 공인회계사의 감사 강화 방법[27] 등을 도입할 필요가 있다.[28]

바. 후보자 사퇴 등의 경우 선거보조금 반환

현행법상 대통령선거, 임기만료에 의한 국회의원선거 또는 동시지방선거가 있는 연도에는 국회의원이 있고 후보자를 등록한 정당은 이틀 이내에 선거보조금을 지급받을 수 있다. 과거 선거일에 임박해 특정 후보들이 사퇴해도 선거보조금을 챙겼던 사례들도 있어 사표 발생과 함께 보조금 남용 지적이 제기되어 왔다. 선거보조금 반환은 정치적 이해관계를 떠나 선거의 신뢰성 확보 및 후보자의 책임성 강화와 선거참여를 전제로 지급하는 선거보조금의 입법취지를 고려하여 후보자 사퇴 등의 경우 선거보조금 반환하는 규정이 필요하다. 구체적으로 대통령선거는 소속 후보자가 사퇴·사망·등록무효된 경우, 그 밖의 선거는 소속 후보자가 모두 사퇴·사망·등록무효된 경우 지급받은 선거보조금을 반환하도록 하거나, 사퇴 또는 등록무효의 경우에는 지급받은 선거보조금 전액을 반환하도록 하고, 사망으로 인한 경우에는 사망 당시까지 사용하고 남은 선거보조금 잔액을 반환하도록 하는 방안을 들 수 있겠다.

> **제27조의2(보조금을 지급받을 권리의 보호)** 이 법에 따라 정당이 보조금을 지급받을 권리는 양도 또는 압류하거나 담보로 제공할 수 없다.

1. 의의

2010. 1. 25. 제22차 개정시 신설된 조항으로 정당이 보조금을 지급받을 권리를 양도 또는 압류하거나 담보로 제공할 수 없도록 하여 그 권리를 보호하기 위한 규정이다.

---

27) 현행 정치자금법 제41조(회계보고의 자체 감사 등) ①에 "정당(정당선거사무소를 제외한다)과 후원회의 회계책임자가 회계보고를 하는 때에는 대의기관(그 수임기관을 포함한다) 또는 예산결산위원회의 심사·의결을 거쳐야 하며, 그 의결서 사본과 자체 감사기관의 감사의견서를 각각 첨부하여야 한다. 다만, 정당의 중앙당과 그 후원회는 해당 정당의 당원이 아닌 자 중에서 공인회계사의 감사의견서를 함께 첨부하여야 한다"고 규정하고 있으나, 이는 회계보고서 전반에 대한 중앙당과 그 후원회의 자체 감사의견서로 한계를 지니고 있다.

28) 중앙선거관리위원회. 정치관계법 개정의견(2015. 2. 25).

2. 내용

정당이 보조금을 지급받을 권리는 '양도' 또는 '압류'하거나 '담보'로 제공할 수 없다.

'양도'는 널리 권리의 귀속주체 변경을 가져오는 일체의 권리이전행위를 의미한다 할 것이고, 권리이전의 대가여부는 묻지 아니한다. '압류'란 금전채권에 관하여 강제집행의 제1단계로서 집행기관이 먼저 채무자의 재산(물건 또는 권리)의 사실상 또는 법률상의 처분을 금지하고 이를 확보하는 강제행위로서 민사집행법, 국세징수법 등에 근거한다. '담보'란 채무자의 채무불이행에 대비하여 채권자에게 채권의 확보를 위하여 제공되는 수단으로서, 채권을 목적으로 하는 담보권의 예로는 채권양도담보권이나 채권질권 등이 있다.[29]

「정치자금법」에 근거하여 국가가 정당에 지급하는 금전이나 유가증권(이하 "정당보조금"이라고 함)은 특정한 목적, 즉 정당을 보호·육성하고 재정상 원조를 하기 위한 목적에서 지급하는 것으로서, 법에서 열거하고 있는 용도 외에 정당보조금을 사용할 수 없고(「정치자금법」 제28조 제1항), 이를 위반한 경우 형사처벌의 대상이 된다(「정치자금법」 제47조 제1항 제4호). 위와 같은 정당보조금의 목적, 용도 외 사용의 금지 및 위반시의 제재조치 등 그 근거 법령의 취지와 규정 등에 비추어 볼 때 정당보조금은 국가와 정당 사이에서만 수수·결제되어야 하는 것으로 봄이 상당하므로, 정당의 국가에 대한 정당보조금지급채권은 그 양도가 금지된 것으로서 강제집행의 대상이 될 수 없다.[30] 정당으로부터 위 보조금을 지급받을 권리를 형식상 양도받았다 하더라도 그 양도는 무효이므로 양수인은 중앙선거관리위원회에 대하여 보조금의 지급을 구할 수 없고, 형식상 위 보조금을 지급받을 권리가 압류되거나 담보가 설정되었다 하더라도 그 압류나 담보권설정은 무효이므로 정당은 중앙선거관리위원회에 보조금의 지급을 청구할 수 있다.[31]

그러나 이미 보조금이 정당의 예금계좌에 입금된 경우에는 그 예금채권에 대하여 더 이상 압류금지의 효력이 미치지 아니하므로, 그 예금은 압류금지채권에 해당하지 아니한다. 다만, 이러한 경우에도 원래의 압류금지의 취지는 참작되어야 할 것이므로 민사집행법 제246조 제2항이 정하는 바에 따라 집행법원이 채무자인 정당의 신청에 의하여 채무자와 채권자의 생활 상황 기타의 사정을 고려하여 압류명령의 전부 또는 일부를 취소할 수 있을 것이다.[32]

---

29) 중앙선거관리위원회. 정당법·정치자금법 축조해설(2016), 475면.
30) 대법원 2009. 1. 28. 선고 2008마1440 판결.
31) 대법원 2008. 4. 24. 선고 2006다33586 판결.
32) 대법원 2008. 12. 12. 선고 2008마1774 판결.

제28조(보조금의 용도제한 등) ① 보조금은 정당의 운영에 소요되는 경비로서 다음 각 호에 해당하는 경비 외에는 사용할 수 없다.

1. 인건비

2. 사무용 비품 및 소모품비

3. 사무소 설치·운영비

4. 공공요금

5. 정책개발비

6. 당원 교육훈련비

7. 조직활동비

8. 선전비

9. 선거관계비용

② 경상보조금을 지급받은 정당은 그 경상보조금 총액의 100분의 30 이상은 정책연구소[「정당법」 제38조(정책연구소의 설치·운영)에 의한 정책연구소를 말한다. 이하 같다]에, 100분의 10 이상은 시·도당에 배분·지급하여야 하며, 100분의 10 이상은 여성정치발전을 위하여, 100분의 5 이상은 청년정치발전을 위하여 사용하여야 한다. 이 경우 여성정치발전을 위한 경상보조금의 구체적인 사용 용도는 다음 각 호와 같다.

1. 여성정책 관련 정책개발비

2. 여성 공직선거 후보자 지원 선거관계경비

3. 여성정치인 발굴 및 교육 관련 경비

4. 양성평등의식 제고 등을 위한 당원 교육 관련 경비

5. 여성 국회의원·지방의회의원 정치활동 지원 관련 경비

6. 그 밖의 여성정치발전에 필요한 활동비, 인건비 등의 경비로서 중앙선거관리위원회규칙으로 정하는 경비

③ 정당은 소속 당원인 공직선거의 후보자·예비후보자에게 보조금을 지원할 수 있으며, 제1항에도 불구하고 여성추천보조금은 여성후보자의, 장애인추천보조금은 장애인후보자의, 청년추천보조금은 청년후보자의 선거경비로 사용하여야 한다.

④ 각급 선거관리위원회(읍·면·동선거관리위원회를 제외한다) 위원·직원은 보조금을 지급받은 정당 및 이의 지출을 받은 자 그 밖에 관계인에 대하여 감독상 또는 이 법의 위반 여부를 확인하기 위하여 필요하다고 인정하는 때에는 보조금 지출에 관하여 조사할 수 있다.

제47조(각종 의무규정위반죄) ① 다음 각 호의 어느 하나에 해당하는 자는 2년 이하의 징역 또는 400만원 이하의 벌금에 처한다.

4. 제28조(보조금의 용도제한 등) 제1항 내지 제3항의 규정을 위반하여 보조금을 사용한 자

② 제28조 제4항·제42조 제7항 또는 제52조(정치자금범죄 조사 등) 제1항·제4항의 규정을 위반하여 선거관리위원회의 조사·자료확인이나 제출요구에 정당한 사유 없이 응하지 아니하거나 허위자료의 제출 또는 장소의 출입을 방해한 자는 1년 이하의 징역 또는 200만원 이하의 벌금에 처한다.

1. 의의

본 조는 보조금이 국가예산인 점을 감안하여 보조금의 용도를 제한하고, 선거관리위원회가 보조금 지출에 관하여 조사할 수 있도록 함으로써 정당이 보조금을 정책개발 등 정당의 본래기능에 사용하도록 강제하기 위한 규정이다.

2. 보조금의 사용용도 제한 등

가. 원칙(제1항, 제3항 후문)

보조금은 정당의 운영에 소요되는 경비로서, ① 인건비, ② 사무용 비품 및 소모품비, ③ 사무소 설치·운영비, ④ 공공요금, ⑤ 정책개발비, ⑥ 당원 교육훈련비, ⑦ 조직활동비, ⑧ 선전비, ⑨ 선거관계비용 외에는 사용할 수 없다.

이때의 보조금이란 제5장에서 규정하고 있는 국고보조금 일체를 의미한다. 제3항의 규정에 의하여 여성추천보조금은 여성후보자의, 장애인추천보조금은 장애인후보자의, 청년추천보조금은 청년후보자의 선거경비로 사용하여야 한다.

이와 관련 중앙선거관리위원회 행정해석 예는 다음과 같다.

1) 보조금 사용(제1항)

(1) 창준위 운영에 소요된 경비를 정당등록 후 국고보조금으로 상환 가능 여부

창당준비위원회의 활동에 소요된 경비는 정당의 운영에 소요되는 경비에 해당되지 아니하므로 국고보조금에서 그 차입금 상환 불가(중앙선거관리위원회 2007. 4. 12. 회답).

(2) 국고보조금으로 증여세 납부

정당(정당의 대표자가 그 업무를 수행한 경우를 포함함)이 「공직선거법」 또는 「정치자금법」에 위반되는 정치자금을 기부받아 유죄의 확정판결을 받은 경우에는 「조세특례제한법」 제76조 제3항에 따라 세무관서로부터 부과받은 해당 정치자금에 대한 증여세 등은 국고보조금으로 지출 불가(중앙선거관리위원회 2010. 11. 29. 회답).

(3) 시·도당과 정책연구소 간의 지원금 지원

「정치자금법」 제28조 제2항에 따른 경상보조금 배분·지급 규정을 위반하지 않는 범위에서 지원 가능(중앙선거관리위원회 2010. 4. 28. 회답).

(4) 선거보조금으로 지난 선거비용관련 채무상환

정당의 재정이 좋지 않은 상황에서 지급받을 예정인 지방선거 관련 선거보조금(여성추천보조금 및 장애인추천보조금은 제외함)의 일부를 지난 선거비용관련 채무상환의 용도로 지출 가능(중앙선거관리위원회 2010. 2. 19. 회답).

(5) 정당의 소속 대통령선거경선후보자 지원 등

① 당내 대통령후보경선 후보자 및 예비후보자로 등록하지 아니한 당내경선 후보자에게 국고보조금외의 정당경비로 지원 가능. 이 경우 그 지급 및 정산 등은 「정치자금사무관리 규칙」 제35조 제4항에 준하여 처리하여야 할 것임.

② 정당이 당해 정당의 당헌·당규에 규정된 의사결정 절차에 따라 후보자들이 정당에 납부한 경선기탁금을 반환하는 것은 가능(중앙선거관리위원회 2012. 8. 17. 회답).

(6) 국고보조금으로 소속 국회의원의 입법활동 등 지원

정당이 자당의 정책개발을 위하여 국고보조금을 소속 국회의원의 입법활동 등을 지원하는 방식으로 사용하는 것은 가능(중앙선거관리위원회 2009. 7. 21. 회답).

(7) 국고보조금에서 아시아정당 국제회의 개최비용 지출 등

정당이 아시아정당 국제회의를 개최함에 있어 그 개최에 소요되는 비용은 정치자금에 해당되므로 개최소요비용을 국고보조금에서 지출 가능(중앙선거관리위원회 2005. 4. 28. 회답).

2) 여성추천보조금 등 사용(제3항 후문)

(1) 여성추천보조금을 비례대표후보자의 선거공보 제작비용으로 사용

제18대 비례대표국회의원후보자 일부를 여성후보자로 등록한 정당이 여성추천보조금을 여성후보자의 선거운동을 위하여 비례대표국회의원후보자의 법정공보 제작비용으로 사용

가능(중앙선거관리위원회 2008. 5. 2. 회답).

(2) 여성추천보조금을 예비후보자의 선거경비로 사용가능 여부

여성추천보조금은 여성후보자의 선거경비로 사용하여야 할 것이므로 예비후보자의 선거경비로 사용 불가(중앙선거관리위원회 2006. 5. 16. 회답).

나. 경상보조금 배분에 관한 특칙(제2항)

경상보조금을 지급받은 정당은 그 경상보조금 총액의 100분의 30 이상은 정책연구소 [「정당법」 제38조(정책연구소의 설치·운영)[33]에 의한 정책연구소를 말함]에, 100분의 10 이상은 시·도당에 배분·지급하여야 하며, 100분의 10 이상은 여성정치발전을 위하여, 100분의 5 이상은 청년정치발전을 위하여 사용하여야 한다. 이 경우 여성정치발전을 위한 경상보조금의 구체적인 사용 용도는 '여성정책 관련 정책개발비', '여성 공직선거 후보자 지원 선거관계 경비', 여성정치인 발굴 및 교육 관련 경비','양성평등의식 제고 등을 위한 당원 교육 관련 경비', '여성 국회의원·지방의회의원 정치활동 지원 관련 경비', '그 밖의 여성정치발전에 필요한 활동비, 인건비 등의 경비로서 중앙선거관리위원회규칙으로 정하는 경비'이다.

이와 관련 중앙선거관리위원회 행정해석 예는 다음과 같다.

1) 경상 보조금 배분·지급

(1) 경상보조금 배분을 위한 당헌 개정

중앙당이 사용하는 100분의 50에 해당하는 경상보조금 중 일부를 시·도당에 더 배분하기 위하여 당헌을 개정하더라도 같은 법에 위반되지 아니함(중앙선거관리위원회 2005. 6. 23. 회답).

(2) 경상보조금의 법정배분비율 초과지급 가능여부

중앙당이 사용하는 100분의 50에 해당하는 보조금 중 일부를 정책연구소, 시·도당 또는 여성정치발전을 위한 용도로 더 배분·지급·사용할지 여부는 당해 정당의 중앙당이 판단할 사항임(중앙선거관리위원회 2005. 5. 23. 회답).

(3) 정책연구소에 국고보조금 배분·지급

① 정책연구소의 설립허가 전에 중앙당이 경상보조금으로 정책연구소의 사무실 보증금과

---

33) 「정당법」 제38조(정책연구소의 설치·운영) ① 「정치자금법」 제27조(보조금의 배분)의 규정에 의한 보조금 배분대상정당(이하 "보조금 배분대상정당"이라 한다)은 정책의 개발·연구활동을 촉진하기 위하여 중앙당에 별도 법인으로 정책연구소(이하 "정책연구소"라 한다)를 설치·운영하여야 한다.

집기구입비 등 소요비용을 지출한 경우 그 금액은 「정치자금법」 제28조의 규정에 따라 정당이 정책연구소에 배분·지급한 것으로 볼 수 있음.

② 경상보조금을 지급받은 정당은 「정치자금법」 제28조의 규정에 따라 분기별 균등하게 지급함이 없이 그 경상보조금 연간 총액의 100분의 30 이상을 정책연구소에 배분·지급하면 됨(중앙선거관리위원회 2006. 8. 2. 회답).

(4) 지급받은 국고보조금의 정책연구소 배분·지급

「정치자금법」 제27조에 따른 보조금 배분대상정당은 「정당법」 제38조에 따라 중앙당에 별도 법인으로 정책연구소를 설치·운영하여야 하며, 정당이 경상보조금을 지급받은 이후 보조금 배분대상정당에 해당하지 않게 되더라도 「정치자금법」 제28조 제2항에 따라 그 경상보조금 총액의 100분의 30 이상을 정책연구소에 배분·지급하여야 할 것임(중앙선거관리위원회 2016. 6. 27. 회답).

2) 경상보조금 지출 가능한 경우

(1) 여성정치발전비로 추천 여성후보자에 대한 선거경비 지원

정당은 소속 정당 추천 여성후보자에게 「정치자금법」 제28조 제2항에 따른 여성정치발전비로 선거경비 지원 가능(중앙선거관리위원회 2017. 4. 7. 회답).

(2) 여성정치발전비를 정당의 여성국 및 여성팀 인건비로 사용

중앙당 여성국 및 시·도당 여성팀 등 여성정치발전에 필요한 활동을 기획·집행하는 부서를 둔 경우 그 유급사무직원 인건비 지급은 여성정치발전을 위하여 경상보조금을 사용하는 것에 해당됨(중앙선거관리위원회 2008. 2. 15. 회답).

(3) 여성정치발전비의 사용용도

정당이 「공직선거법」 제141조에 따른 당원집회의 제한기간이 아닌 때에 당원을 대상으로 여성의 사회적 지위 향상 등 여성정치발전과 관련된 교육을 실시하는 경우 그 교육대상자가 남성이거나 여성이거나를 불문하고 그 교육에 소요되는 경비를 여성정치발전비에서 지출 가능(중앙선거관리위원회 2007. 7. 10. 회답).

(4) 여성정치발전비로 여성단체 주최 행사의 티켓구입비 지출

여성정치발전비로 여성단체가 개최하는 여성관련행사의 티켓 구입 가능(중앙선거관리위원회 2006. 10. 9. 회답).

(5) 여성정치발전비로 여성당원대상 사진전시회 행사 경비지출

여성당원을 대상으로 하는 사진전시회 개최 비용을 여성정치발전비에서 사용 가능(중앙선거관리위원회 2006. 9. 11. 회답).

(6) 중앙당 산하 우리여성리더십센터의 설치·운영에 여성정치발전기금 지출

열린우리당 당헌 제98조 및 당규(중앙조직규정) 제93조에 따르면, 여성정치인의 발굴·육성, 여성인재데이터베이스구축, 여성단체와의 교류협력 등을 위하여 전국여성위원회 아래에 여성정치리더십센터를 두도록 하고 있는 바, 이와 같은 목적에 맞는 활동에 사용하기 위하여 여성정치리더십센터에 여성정치발전기금을 지급하는 것은 여성정치발전을 위하여 경상보조금을 사용한 것으로 볼 수 있음(중앙선거관리위원회 2006. 8. 29. 회답).

(7) 여성정치발전비를 전국여성노동조합 기념대회 후원광고비로 사용

정당이 전국여성노동조합 창립 기념대회 팸플릿에 여성정치발전을 위한 후원광고를 하는 경우에는 그에 소요되는 광고비를 여성정치발전비로 지출 가능(중앙선거관리위원회 2009. 8. 24. 회답).

(8) 해외정당교류사업에 여성정치발전비 사용

정당이 국가 간 정당교류를 통한 여성정치발전 및 교류확대 등의 목적으로 소속 국회의원 및 당직자들을 관련 국가에 출장하게 하는 경우 그 출장목적에 맞는 활동에 사용하기 위한 경비를 국고보조금중 여성정치발전비에서 지출 가능(중앙선거관리위원회 2005. 11. 24. 회답).

(9) 중앙당사 내 어린이집 운영자금의 여성정치발전비용 해당 여부

어린이집의 설립·운영은 여성당직자들의 육아부담을 덜어주어 정치활동을 지원하기 위한 것이므로 그 운영자금은 여성정치발전비용에서 사용 가능(중앙선거관리위원회 2004. 8. 12. 회답).

(10) 여성정치발전비로 여성 유급당직자 등의 위탁교육비 지원

정당이 여성 정치인재 육성 및 전문분야 연구를 통한 정책지원능력 강화를 위하여 자당의 여성 유급사무직원과 교섭단체 정책연구위원에게 해당 전문 교육기관 위탁 교육에 따른 등록금 등의 교육비를 여성정치발전비로 지원 가능(중앙선거관리위원회 2013. 3. 8. 회답).

(11) 여성정치발전비로 여성 국회의원 대상 컴퓨터 제공

정당이 전국여성위원회의 화상회의와 비대면 교육에 사용하기 위한 목적의 컴퓨터를 여성정치발전비(이하 '보조금'이라 함)로 구입하고, 소속 여성 국회의원에게 제공하는 것은 가능. 이 경우 국회의원에게 제공한 컴퓨터는 「정치자금사무관리 규칙」 제40조(회계보고) 제1항의 규정에 따라 정당의 재산명세서에 포함하여 기재·보고하여야 하고, 이후 정당의 등록이 취소되거나 자진해산하는 때에는「정당법」제48조(해산된 경우 등의 잔여재산 처분)의 규정에 따라 처리하여야 할 것임. 한편, 정당의 국회의원에 대한 컴퓨터 제공이 여성정치발전 목적의 범위를 넘어 국회의원 개인의 정치활동을 위하여 보조금으로 지원하는 경우에 이르러서는 아니 될 것임(중앙선거관리위원회 2020. 9. 29. 회답).

(12) 여성정치발전비 다음 연도 이월 사용

여성정치발전비 다음 연도 이월 사용은「정치자금법」제28조 제2항 및 제47조 제1항 제4호에 위반될 수 있음. 다만, 사업계획 변경 등 해당 연도에 지출할 수 없는 부득이한 사정이 있는 경우에 한하여 다음 연도에 이월하여 사용 가능(중앙선거관리위원회 2017. 10. 18. 회답).

3) 경상보조금 지출 가능하지 않는 경우

(1) 정책연구소가 개최하는 정책엑스포 부대행사

「정당법」제38조에 따라 설립된 정책연구소는 정책의 개발·연구 활동을 촉진하기 위하여 설치·운영하는 것이므로, 합창·연주·축가 등을 내용으로 하는 부대행사에 소요되는 경비(해당 사례금을 포함)를「정치자금법」제28조 제2항에 따라 배분·지급받은 경상보조금으로 지출하여서는 아니 될 것임(중앙선거관리위원회 2015. 1. 2. 회답).

(2) 여성정치발전비로 지역아동센터 지급물품 구입

지역사회 아동의 보호·교육, 건전한 놀이와 오락의 제공, 보호자와 지역사회의 연계 등 아동의 건전육성을 위하여 종합적인 아동복지서비스를 제공하는 시설인 지역아동센터에 지급하는 물품 구입에 소요되는 비용은 여성정치발전비에 해당되지 아니함(중앙선거관리위원회 2010. 10. 15. 회답).

(3) 여성정치발전비로 여성 국회의원의 의정활동보고서 제작경비 지원

국회의원이 자신의 의정활동을 선거구민에게 직접 보고하는 행위인 의정활동보고는 정당의 운영을 위한 행위로 볼 수 없어 정당이 여성정치발전비 등 국고보조금으로 소속 국회의원의 의정활동보고서 제작경비 지원 불가(중앙선거관리위원회 2013. 11. 18. 회답).

다. 공직선거 후보자 및 예비후보자 지원(제3항 전문)

정당은 경상보조금 및 선거보조금을 소속 당원인 공직선거의 후보자 및 예비후보자에게 지원할 수 있다.

3. 보조금 지출내역 조사

각급 선거관리위원회(읍·면·동선거관리위원회를 제외함) 위원·직원은 보조금을 지급받은 정당 및 이의 지출을 받은 자 그 밖에 관계인에 대하여 감독상 또는 이 법의 위반 여부를 확인하기 위하여 필요하다고 인정하는 때에는 보조금 지출에 관하여 조사할 수 있다.

보조금의 조사권 발동요건에 있어서는 감독상 필요한 경우까지 포함되므로 「정치자금법」 제52조[34]에 따른 정치자금범죄 조사권의 발동요건보다 완화하고 있다.

4. 처벌

본 조 제1항 내지 제3항의 규정을 위반하여 보조금을 사용한 자는 2년 이하의 징역 또는 400만원 이하의 벌금에 처한다(「정치자금법」 제47조 제1항 제4호).

> **제29조(보조금의 감액)** 중앙선거관리위원회는 다음 각 호의 규정에 따라 당해 금액을 회수하고, 회수가 어려운 때에는 그 이후 당해 정당에 지급할 보조금에서 감액하여 지급할 수 있다.
>
> 1. 보조금을 지급받은 정당(정책연구소 및 정당선거사무소를 포함한다)이 보조금에 관한 회계보고를 허위·누락한 경우에는 허위·누락에 해당하는 금액의 2배에 상당하는 금액
> 2. 제28조(보조금의 용도제한 등) 제1항의 규정에 의한 용도 외의 용도로 사용한 경우에는 그 용도를 위반하여 사용한 보조금의 2배에 상당하는 금액
> 3. 제28조 제2항의 규정에 의한 용도 외의 용도로 사용한 경우에는 용도를 위반한 보조금의 2배에 상당하는 금액
> 4. 제28조 제3항의 규정에 의한 여성추천보조금, 장애인추천보조금 또는 청년추천보조금의 용도 외의 용도로 사용한 경우에는 용도를 위반한 보조금의 2배에 상당하는 금액
> 5. 제40조(회계보고)의 규정을 위반하여 회계보고를 하지 아니한 경우에는 중앙당의 경우 지급한 보조금의 100분의 25에 상당하는 금액, 시·도당의 경우 중앙당으로부터 지원받은 보조금의 2배에 상당하는 금액

---

34) 제52조(정치자금범죄 조사 등) ① 각급 선거관리위원회(읍·면·동선거관리위원회를 제외한다. 이하 이 조에서 같다) 위원·직원은 이 법을 위반한 범죄의 혐의가 있다고 인정되거나 현행범의 신고를 받은 경우에는 그 장소에 출입하여 정당, 후원회, 후원회를 둔 국회의원, 대통령선거경선후보자, 당대표경선후보자등, 공직선거의 후보자·예비후보자, 회계책임자, 정치자금을 기부하거나 받은 자 또는 정치자금에서 지출하는 비용을 지급받거나 받을 권리가 있는 자 그 밖에 관계인에 대하여 질문·조사하거나 관계 서류 그 밖에 조사에 필요한 자료의 제출을 요구할 수 있다.

1. 의의

보조금의 감액규정을 두고 있는 것은 보조금을 지급받은 정당이 보조금에 대한 용도제한 규정을 위반하거나 회계보고를 허위로 하거나 회계보고를 하지 아니하는 등의 사유가 있는 경우 행정적인 제재를 가할 수 있는 장치를 마련하여 보조금의 공적자금으로서의 성격을 확보하기 위한 것이다.

2. 보조금 감액 등 주체·대상

회수 또는 감액의 주체는 중앙선거관리위원회다. 그 대상은 보조금을 지급받은 후 용도제한 규정 등을 위반한 정당이다. 이 경우 위반행위 대상에는 중앙당뿐만 아니라 정책연구소, 시·도당 및 정당선거사무소까지 포함한다.

3. 보조금 감액 등 사유

보조금의 감액사유는 ① 정당(정책연구소 및 정당선거사무소 포함)이 보조금에 관한 회계보고를 허위·누락한 때, ② 보조금을 정당의 운영에 소요되는 경비 외의 용도로 사용한 경우(제28조 제1항의 규정에 의한 용도 외의 용도로 사용), ③ 정책연구소 및 시·도당에 대한 경상보조금의 배분의무 규정을 위반하거나, 여성정치발전비 사용의무 규정을 위반한 경우(제28조 제2항의 규정에 의한 용도 외의 용도로 사용), ④ 여성추천보조금, 장애인추천보조금 또는 청년추천보조금을 용도 외의 용도로 사용한 경우(제28조 제3항의 규정에 의한 용도 외의 용도로 사용), ⑤ 제40조의 규정에 따른 중앙당 또는 시·도당이 회계보고를 하지 않은 경우이다.

한편, 「정당법」 제30조[35]에도 보조금 감액규정이 있다. 「정당법」 제30조 제1항에 규정된 유급사무직원수를 초과한 경우(중앙당에는 100인, 시·도당에는 총 100인)에는 다음 연도에 처음 지급하는 경상보조금에서 당해 정당의 유급사무직원의 연간 평균인건비에 초과한 유급사무

---

35) 「정당법」 제30조(정당의 유급사무직원수 제한) ① 정당에 둘 수 있는 유급사무직원은 중앙당에는 100명을 초과할 수 없으며, 시·도당에는 총 100인 이내에서 각 시·도당별로 중앙당이 정한다.

② 중앙선거관리위원회는 정당이 제1항에 규정된 유급사무직원수를 초과한 경우에는 다음 연도에 「정치자금법」 제25조 제4항에 따라 지급하는 경상보조금에서 당해 정당의 유급사무직원의 연간 평균인건비에 초과한 유급사무직원수를 곱한 금액을 감액한다.

직원수를 곱한 금액을 감액한다.

「정치자금법」에서는 보조금 감액사유가 발생하는 경우 회수를 우선하고 회수가 어려운 때에 감액조치를 취하지만, 정당법에서는 그 사유가 발생하면 곧바로 감액조치를 취하게 된다.

4. 회수 또는 감액조치

보조금에 관한 회계보고를 허위·누락하거나, 회계보고를 하지 않거나, 보조금을 그 용도 외의 용도로 사용한 경우 「정치자금법」 제29조 각 호에 따라 해당 금액을 회수하고, 회수가 어려운 때에는 그 이후 당해 정당에 지급할 보조금에서 감액한다.

'회수가 어려운 때'라 함은 당해 정당에 회수비용을 지급할 예산잔액이 없거나 부족한 때 또는 당해 회계연도를 넘긴 때 등이 해당될 수 있을 것이다.[36)]

한편, 보조금 감액 사유에 해당하는 행위는 「정치자금법」 제46조 제5호나 제47조 제1항 제4호 또는 제49조 제1항의 각 위반죄로 형사처벌될 수 있다. 반면에, 정당법상 규정된 유급사무직원수 제한규정을 위반한 경우에는 감액조치만 할 뿐 그에 따른 처벌조항은 없다.

제도 개선 // 「공직선거법」 제265조의2 제1항 후단에 따른
비용 반환 의무 불이행시 경상보조금에서 회수·감액

현행 「정치자금법」 제29조는 중앙선거관리위원회로 하여금 보조금 회계보고 허위·누락, 보조금 용도제한 위반 및 회계보고 의무 불이행 등의 경우 해당 금액을 회수하도록 하고 회수가 어려운 때에는 당해 정당에 지급할 보조금에서 감액하여 지급할 수 있도록 하고 있다.

대통령선거나 비례대표국회의원 및 비례대표지방의회의원선거는 정당이 후보자를 추천하는 정당선거이므로 「공직선거법」 제265조의2 제1항[37)]에 후단에 따라 대통령

---

36) 중앙선거관리위원회. 정당법·정치자금법 축조해설(2016), 485면.

37) 공직선거법 제265조의2(당선무효된 자 등의 비용반환) ① 제263조부터 제265조까지의 규정에 따라 당선이 무효로 된 사람 (그 기소 후 확정판결 전에 사직한 사람을 포함한다)과 당선되지 아니한 사람으로서 제263조부터 제265조까지에 규정된 자신 또는 선거사무장 등의 죄로 당선무효에 해당하는 형이 확정된 사람은 제57조와 제122조의2에 따라 반환·보전받은 금액을 반환하여야 한다. 이 경우 대통령선거의 정당추천후보자는 그 추천 정당이 반환하며, 비례대표국회의원선거 및 비례대표지방의회의원선거의 경우 후보자의 당선이 모두 무효로 된 때에 그 추천 정당이 반환한다.

선거의 정당추천 후보자나 비례대표국회의원선거 및 비례대표지방의회의원선거의 후보자의 당선이 무효로 된 경우 정당이 기탁금이나 선거보조금을 반환해야 한다. 그런데 정당이 「공직선거법」 제265조의2 제1항 후단에 따른 비용 반환 의무를 이행하지 않는 경우, 해당 정당에 지급하는 경상보조금에서 해당 금액을 회수 또는 감액함으로써 정당의 후보자 추천에 대한 책임성 확보와 그 실효성을 제고할 필요가 있다.

최근 5년간 기탁금 및 선거보전금 미반환 현황을 보면, 당선무효된 개인이 반환하지 않은 금액은 2022년 7월 기준 16억 8,800만원에 이르나, 정당의 미반환액이 전무한 상황도 고려할 필요가 있다.

▌ 최근 5년간 당선무효자 등 기탁금 및 선거보조금 미반환 현황][38]

(2022. 7. 31. 기준/ 단위: 명, 백만원)

연도	국비		지방비		합계	
	인원	금액	인원	금액	인원	금액
2017	5	552	3	1,103	8	1,655
2018	4	279	4	528	8	807
2019	–	–	12	913	12	913
2020	1	134	7	1,554	8	1,688
2021	–	–	2	335	2	335
2022년 7월	1	78	2	54	3	132
합 계	11	1,043	33	4,487	41	5,530

제30조(보조금의 반환) ① 보조금을 지급받은 정당이 해산되거나 등록이 취소된 경우 또는 정책연구소가 해산 또는 소멸하는 때에는 지급받은 보조금을 지체 없이 다음 각 호에서 정한 바에 따라 처리하여야 한다.

1. 정당

   보조금의 지출내역을 중앙선거관리위원회에 보고하고 그 잔액이 있는 때에는 이를 반환한다.

2. 정책연구소

   보조금의 사용잔액을 소속 정당에 인계한다. 이 경우 정당은 새로이 설립하는 정책연구소에 그 잔액을 인계하여야 하며, 정당이 해산 또는 등록이 취소된 경우에는 제1호에 준하여 이를 반환한다.

---

38) 행정안전위원회 전문위원 신문근. 정치자금법 일부개정법률안 검토보고(2022. 11.), 113~114면.

② 중앙선거관리위원회는 제1항의 규정에 의하여 정당이 반환하여야 할 보조금을 반환하지 아니한 때에는 국세체납처분의 예에 의하여 강제징수할 수 있다.

③ 제2항의 규정에 의한 보조금의 징수는 다른 공과금에 우선한다.

④ 보조금 잔액의 반환 그 밖에 필요한 사항은 중앙선거관리위원회규칙으로 정한다.

제47조(각종 의무규정위반죄) ① 다음 각 호의 어느 하나에 해당하는 자는 2년 이하의 징역 또는 400만원 이하의 벌금에 처한다.

　5. 제30조(보조금의 반환) 제1항의 규정을 위반하여 보조금의 잔액을 반환하지 아니한 자

1. 의의

본 조는 보조금이 정당의 보호·육성을 위하여 정당운영에 필요한 자금을 국가가 지급하는 경비이기 때문에 정당이 해산 등 법적 지위를 상실한 때에는 사용하고 남은 보조금을 국가에 다시 반납하도록 하여 보조금의 공공성을 확보하기 위한 것이다. 「정당법」 제48조(해산된 경우 등의 잔여재산 처분)[39]의 특별규정이므로 정당이 해산되거나 등록이 취소된 경우 사용하고 남은 보조금은 당헌에 따라 자율적으로 처분되는 것이 아니라 국가에 반환(헌법재판소에 의하여 해산된 정당이 사용하고 남은 보조금도 포함)하여야 한다.[40]

2. 반환대상

반환대상 보조금은 보조금을 지급받은 정당이 해산되거나 등록이 취소된 경우 또는 정책연구소가 해산 또는 소멸하는 때에 그 보조금 사용 잔액이다. 여기서 보조금 사용 잔액은 입법취지상 보조금 잔여재산을 의미한다고 보아야 한다.[41] 정당이 등록취소되거나 자진해산하

---

39) 「정당법」 제48조(해산된 경우 등의 잔여재산 처분) ① 정당이 제44조(등록의 취소) 제1항의 규정에 의하여 등록이 취소되거나 제45조(자진해산)의 규정에 의하여 자진해산한 때에는 그 잔여재산은 당헌이 정하는 바에 따라 처분한다.
　② 제1항의 규정에 의하여 처분되지 아니한 정당의 잔여재산 및 헌법재판소의 해산결정에 의하여 해산된 정당의 잔여재산은 국고에 귀속한다.

40) 중앙선거관리위원회. 정당법·정치자금법 축조해설(2016), 486~489면.

41) 정당의 해산에 따라 정책연구소가 소멸하는 경우 정책연구소의 잔여재산 중 국고보조금에 해당하는 부분은 정치자금법 제30조에 따라 정당이 중앙선거관리위원회에 반환하여야 한다(중앙선거관리위원회 2008. 7. 18. 회답).

는 경우 「정당법」에 의거 그 잔여재산은 당헌이 정하는 바에 따라 처분한다(「정당법」 제48조 제1항). 본 조는 「정당법」상 잔여재산 처분규정의 특별규정이라고 할 수 있으므로 「정당법」 상의 '잔여재산'이란 반환대상 보조금을 제외한 재산을 의미하는 것으로 보아야 한다.

3. 반환사유

가. 정당이 해산된 경우

「정당법」 제45조(자진해산)에 의하여 정당이 자진해산하는 경우를 말한다. 다만, 「정당법」 에서는 자진해산의 대상에 시·도당도 포함하지만, 본 조에서는 중앙당이 해산하는 경우로 한정하여 해석하여야 할 것으로 판단된다. 또한, 헌법재판소의 결정에 의한 정당해산의 경 우에도 보조금을 반환하여야 한다.

중앙선거관리위원회는 헌법재판소의 통합진보당 해산결정(헌법재판소 2014. 12. 19. 자 2013헌다1 결정)에 따른 후속조치로 ① 헌법재판소로부터 정당해산 결정문 접수 즉시 통합진 보당의 등록 말소, 정책연구소인 진보정책연구원의 설립허가 취소, ② 국고보조금의 잔액에 대해서는 거래은행에 수입 및 지출계좌 압류조치, 「정치자금법」에 따라 2014. 12. 29.까지 정당으로부터 지출내역을 보고받아 국고 귀속조치, ③ 국고보조금 외의 일반잔여재산은 중 앙당 및 해당 시·도당의 소재지 관할법원에 잔여재산처분금지 가처분신청을 하고, 「정치자금 법」에 따라 정당으로부터 잔여재산 내역을 2015. 2. 19.까지 보고받아 국고 귀속조치를 한 바 있다.[42]

나. 정당이 등록취소된 경우

「정당법」 제44조(등록의 취소)에 따라 정당의 등록은 취소되며, 보조금을 지급받은 정당이 등록취소된 경우 보조금 사용 잔액을 반환하여야 한다.[43]

---

[42] 중앙선거관리위원회. 통합진보당 위헌정당 해산결정 관련 브리핑(2014. 12. 19.).

[43] 정당이 임기만료에 의한 국회의원선거에 참여하여 의석을 얻지 못하고 유효투표총수의 100분의 2 이상을 득표하지 못한 때 그 정당의 등록을 취소하도록 규정한 정당법 제44조 제1항 제3호는 헌법에 위반된다고 결정하였다(헌법재판소 2014. 1. 28. 자 2012헌마431, 2012헌가19(병합) 결정).

다. 정책연구소가 해산 또는 소멸하는 경우

정책연구소의 해산과 소멸에 대하여는 별도로 규정하고 있는 바가 없으나 정책연구소는 법인이므로 일반적인 법인의 해산·소멸에 준하여 판단하여야 할 것으로 보이며, 정당이 해산하거나 등록취소되는 경우에는 정책연구소도 소멸하는 것으로 보아야 한다.

4. 반환방법

정당이 보조금을 반환할 때에는 보조금의 지출내역을 중앙선거관리위원회에 보고하고 그 잔액을 반환하여야 한다. 보조금에 대한 지출잔액이 없다 하더라도 그 지출내역을 보고하여야 한다. 보조금의 지출내역 보고 및 보조금 사용 잔액 반환은 지체 없이 하여야 하며, 늦어도 정당의 해산 또는 등록취소에 따른 회계보고 기한까지는 지출내역 보고 및 보조금 사용 잔액을 반환하여야 할 것이다. 정책연구소가 해산 또는 소멸하는 경우에는 보조금의 사용 잔액을 소속 정당에 인계한다. 이 경우 정당은 새로이 설립하는 정책연구소에 그 잔액을 인계하여야 하며, 정당이 해산 또는 등록이 취소되는 경우에는 정당의 반환에 준하여 정당이 이를 반환하게 하여야 할 것이다.

5. 미반환시의 처리절차

정당이 반환하여야 할 보조금을 반환하지 아니한 때에는 중앙선거관리위원회가 강제징수 할 수 있으며, 그 절차는 국세체납처분의 예에 따른다.

6. 처벌

본 조 제1항의 규정을 위반하여 보조금의 잔액을 반환하지 아니한 자는 2년 이하의 징역 또는 400만원 이하의 벌금에 처한다(「정치자금법」 제47조 제1항 제5호).

제16장

양벌규정과 과태료

정치자금법 이해

제16장

양벌규정과 과태료

> **제50조(양벌규정)** 정당·후원회의 회계책임자와 그 회계사무보조자 또는 법인·단체의 임원이나 구성원이 그 업무에 관하여 제45조(정치자금부정수수죄)부터 제48조(감독의무해태죄 등)까지의 어느 하나에 해당하는 위반행위를 한 때에는 행위자를 벌하는 외에 당해 정당이나 후원회 또는 법인·단체가 한 것으로 보아 그 정당이나 후원회 또는 법인·단체에 대하여도 각 해당 조의 벌금형을 과한다. 다만, 해당 정당이나 후원회 또는 법인·단체가 그 위반행위를 방지하기 위하여 해당 업무에 관하여 상당한 주의와 감독을 게을리하지 아니한 경우에는 그러하지 아니하다.

1. 의의

가. 양벌규정 개념

일반적으로 양벌규정은 어떤 범죄가 이루어진 경우에 행위자를 벌할 뿐만 아니라 그 행위자와 일정한 관계가 있는 타인(자연인 또는 법인)에 대해서도 형을 과하도록 정한 규정을 말한다. 이는 행위자를 처벌하는 것만으로는 형벌의 목적을 달성하기 어렵다는 전제에서 비롯한다.[1]

여기에 본 조와 같은 양벌규정은 형벌법규를 위반한 자연인뿐만 아니라 그 자연인과 일정한 관계를 맺고 있는 법인도 함께 처벌한다는 규정이다. 주로 법인의 대표자나 법인 또는 개인의 대리인·사용인 기타 종업원이 그 법인 또는 개인의 업무에 관하여 일정한 위반행위를 한 때에는 그 직접적인 위반행위자를 처벌하는 외에 그 영업주인 법인이나 개인에 대하여도 위반행위자에 적용되는 해당 벌칙에 의하여 처벌하는 규정을 말한다.[2]

---

[1] 법제처. 법제처 법령입안심사기준(2017), 537면.
[2] 조명화·박광민. "양벌규정과 형사책임 – 개정된 양벌규정의 문제점을 중심으로". 법학논총 제23집(2010), 282면.

나. 본 조의 양벌규정

본 조는 정당·후원회의 회계책임자와 그 회계사무보조자 또는 법인·단체의 구성원이 특정한 죄를 범한 경우에 해당 위반행위를 처벌하는 외에 당해 정당·후원회 등에 대하여도 위반행위자의 주의·감독에 대한 책임을 물어 벌금형을 부과하기 위한 규정이다.

2004. 3. 12. 제14차 개정시 신설되었으며, 2010. 1. 25. 제22차 개정시 양벌규정의 적용에 있어 단체가 모든 주의의무를 다하였음을 불문하고 양벌규정이 적용되어 처벌되는 것은 책임주의에 반하여 위헌이라는 헌법재판소의 결정[3]에 따라 법인·단체 등이 해당 업무에 관하여 주의·감독의무를 충실히 이행한 경우에는 양벌규정이 적용되지 않도록 개정하였다.

양벌규정은 「공직선거법」 제260조[4]에도 규정되어 있다. 이러한 양벌규정은 보통 행정법규의 실효성을 확보하기 위하여 규정되고 있다.

2. 자연인 지위로서의 처벌 여부

「정치자금법」 제50조는 정당·후원회의 회계책임자 등 또는 법인·단체의 임원 등을 처벌하는 외에 정당·후원회와 법인·단체를 처벌할 수 있다는 것을 규정하는 것에 불과하므로 자연인으로서의 지위로 회계책임자 등은 처벌대상이 된다.

판례는 "공직선거법 제260조 제1항은 단체의 대표자를 처벌하는 외에 단체를 처벌할 수 있다는 것을 규정하는 것에 불과할 뿐, 단체의 대표자가 한 행위를 자연인으로서 처벌할 수 없다는 것을 규정하고 있지도 않을뿐더러, 검사가 공직선거법 제260조 제1항을 적용하지

---

3) 형벌에 관한 헌법상 원칙, 즉 법치주의와 죄형법정주의로부터 도출되는 책임주의원칙이 준수되어야 한다. 그런데 이 사건 법률조항에 의할 경우 법인이 종업원 등의 위반행위와 관련하여 선임·감독상의 주의의무를 다하여 아무런 잘못이 없는 경우까지도 법인에게 형벌을 부과될 수밖에 없게 되어 법치국가의 원리 및 죄형법정주의로부터 도출되는 책임주의원칙에 반하므로 헌법에 위반된다(헌법재판소 2009. 7. 30. 자 2008헌가16 결정).

4) 「공직선거법」 제260조(양벌규정) ① 정당·회사, 그 밖의 법인·단체(이하 이 조에서 "단체등"이라 한다)의 대표자, 그 대리인·사용인, 그 밖의 종업원과 정당의 간부인 당원이 그 단체등의 업무에 관하여 제230조 제1항부터 제4항까지·제6항부터 제8항까지, 제231조, 제232조 제1항·제2항, 제235조, 제237조 제1항·제5항, 제240조 제1항, 제241조 제1항, 제244조, 제245조 제2항, 제246조 제2항, 제247조 제1항, 제248조 제1항, 제250조부터 제254조까지, 제255조 제1항·제2항·제4항·제5항, 제256조, 제257조 제1항부터 제3항까지, 제258조, 제259조의 어느 하나에 해당하는 위반행위를 하면 그 행위자를 벌하는 외에 그 단체등에도 해당 조문의 벌금형을 과(科)한다. 다만, 단체등이 그 위반행위를 방지하기 위하여 해당 업무에 관하여 상당한 주의와 감독을 게을리하지 아니한 경우에는 그러하지 아니하다.
② 단체등의 대표자, 그 대리인·사용인, 그 밖의 종업원과 정당의 간부인 당원이 그 단체등의 업무에 관하여 제233조, 제234조, 제237조 제3항·제6항, 제242조 제1항·제2항, 제243조 제1항, 제245조 제1항, 제246조 제1항, 제249조 제1항, 제255조 제3항의 어느 하나에 해당하는 위반행위를 하면 그 행위자를 벌하는 외에 그 단체등에도 3천만원 이하의 벌금에 처한다. 다만, 단체등이 그 위반행위를 방지하기 위하여 해당 업무에 관하여 상당한 주의와 감독을 게을리하지 아니한 경우에는 그러하지 아니하다.

않은 채 자연인으로서의 지위의 피고인을 기소하였다고 하여 자의적으로 공소권을 행사하여 피고인에게 실질적인 불이익을 줌으로써 소추재량권을 현저히 일탈하였다고 보이지도 않으므로, 피고인 및 변호인의 이 주장도 이유 없다"라고 판시하였다.[5]

3.「정치자금법」양벌규정의 특이성

법상 양벌규정이 일반 법률의 양벌규정과 다른 점은 정당·후원회의 회계책임자, 회계사무보조자 또는 법인·단체의 임원이나 구성원이 위반행위를 한 때에는 이를 '정당 등의 행위로 본다'는 점이다. 일반 법률의 경우 행위자가 법인 등의 업무에 관하여 위반행위를 한 경우 법인 등을 처벌한다는 규정 체계를 취하면서도, 행위자의 위반행위를 법인 등의 행위로 간주까지 않는다.「공직선거법」의 양벌규정도 일반 법률[6]의 양벌규정과 같은 구조를 취하고 있다.[7]

4. 양벌규정의 적용요건

정당·후원회의 회계책임자와 그 회계사무보조자 또는 법인·단체의 임원이나 구성원이 그 업무에 관하여「정치자금법」제45조부터 제48조까지의 어느 하나에 해당하는 위반행위를 하여야 한다. 즉, 회계책임자 등 직접적인 행위자가 행한 모든 위반행위에 대하여 단체 등이 책임을 지는 것이 아니라 자연인인 행위자의 위반행위자가 정당·후원회 등의 업무와 관련된 경우에 한하여 책임을 지울 수 있다. 양벌규정의 적용을 위해 필요한 업무관련성을 인정하기 위해서는 판례는 "객관적으로 법인의 업무를 위하여 하는 것으로 인정할 수 있는 행위가 있어야 하고, 주관적으로는 피용자 등이 법인의 업무를 위하여 한다는 의사를 가지고 행위함을 요하며, 위 요건을 판단함에 있어서는 법인의 적법한 업무의 범위, 피용자 등의 직책이나 직위, 피용자 등의 범법행위와 법인의 적법한 업무 사이의 관련성, 피용자 등이 행한 범법행위의 동기와 사후처리, 피용자 등의 범법행위에 대한 법인의 인식 여부 또는 관

---

5) 서울중앙지방법원 2011. 2. 18. 선고 2010고합1468 판결.

6) 예를 들면,「근로기준법」제115조(양벌규정) 사업주의 대리인, 사용인, 그 밖의 종업원이 해당 사업의 근로자에 관한 사항에 대하여 제107조, 제109조부터 제111조까지, 제113조 또는 제114조의 위반행위를 하면 그 행위자를 벌하는 외에 그 사업주에게도 해당 조문의 벌금형을 과(科)한다. 다만, 사업주가 그 위반행위를 방지하기 위하여 해당 업무에 관하여 상당한 주의와 감독을 게을리하지 아니한 경우에는 그러하지 아니하다.

7) 대검찰청. 정치자금법 벌칙해설(제2개정판). 대검찰청, 2022, 140면.

여 정도, 피용자 등이 범법행위에 사용한 자금의 출처와 그로 인한 손익의 귀속 여하 등 여러 사정을 심리하여 결정하여야 한다"라고 판시하였다.[8] '업무에 관하여'는 '업무를 수행하는 과정에서'라고 넓게 해석하여 법인 등의 임원이나 구성원이 순수하게 개인적인 목적하에 행한 행위가 아닌 한 그 관련성을 인정하여야 할 것이다.[9]

5. 정당·후원회 등이 범죄의 주체로 규정된 경우의 처벌

법상 범죄의 주체가 자연인이 아니고 정당·후원회 등인 경우에는, 정당 등의 대표자나 기타 구성원이 정당 등의 의사실현 행위로서 각 그 죄에 위반하는 행위를 하게 되면 정당 등에 해당 각조의 벌금형에 처한다. 위와 같은 경우 실제 행위자인 그 대표자나 임원, 구성원 등 자연인을 처벌할 수 있는지와 관련하여 종래 논란이 되어 왔는바, 그 대표자나 기타 구성원 등을 각 그 죄의 주체인 정당 등의 공동정범으로 볼 수는 없으나, 원칙적으로 정당·후원회 등이 범죄의 주체로 규정되어 있고, 처벌조항에 별도로 '… 행위를 한 자'로 포괄적으로 규정하여 실제 행위자인 자연인을 처벌할 수 있도록 한 경우에는 당해 조항 위반으로 처벌할 수 있다고 봄이 상당하다.[10]

한편 「공직선거법」에서는 정당을 기부행위 금지의 주체로 바로 규정하는 금지규정의 형식이 아닌 허용규정의 형식 예컨대 "정당 등은 어떠한 행위를 할 수 있다"라는 일반적인 규정이 있고 "동 조항에 위반한 자는 처벌한다"는 벌칙규정이 있는 경우에는 정당 등의 구성원이 동 벌칙규정에 위반한 행위를 한 경우 그 구성원은 '동 조항에 위반한 자'에 해당하므로 처벌할 수 있다.[11] 따라서 정치자금법에서도 이러한 규정형식을 띠고 있을 때에는 공직선거법의 해석을 준용하는 것이 타당하다.[12]

6. 면책요건

정당·후원회 또는 법인·단체가 그 위반행위를 방지하기 위하여 해당 업무에 관하여 상당

---

8) 대법원 1997. 2. 14. 선고 96도2699 판결.
9) 대검찰청. 공직선거법 벌칙해설(제10개정판). 대검찰청, 2020, 130면.
10) 대검찰청. 공직선거법 벌칙해설(제10개정판). 대검찰청, 2020, 131면.
11) 대검찰청. 앞의 책. 131면.
12) 중앙선거관리위원회. 정당법·정치자금법 축조해설(2016), 633면.

한 주의와 감독을 게을리하지 아니한 경우에는 그러하지 아니하다. 면책규정을 두는 이유는 정당·후원회와 법인·단체가 엄격한 무과실책임은 아니라 하더라도 그 과실의 추정을 강하게 하고, 그 입증책임도 정당·후원회와 법인·단체에게 부과함으로써 양벌규정의 실효를 살리자는 데 그 목적이 있다.[13] 면책규정이 있는 양벌규정에서 사용하고 있는 "상당한 주의와 감독"이라는 문언에 비추어 볼 때 양벌규정에 의한 업무주처벌의 근거를 과실책임에서 찾는 것이 틀린 것은 아니지만, 부작위책임에 있다고 보는 것이 형법상의 행위책임원칙에 비추어 볼 때 보다 타당하다고 할 것이다.[14]

상당한 주의 또는 관리감독 의무를 게을리하였는지의 판단기준과 관련하여 판례는 "형벌의 자기책임원칙에 비추어 보면, 위반행위가 발생한 그 업무와 관련하여 법인이 상당한 주의 또는 관리감독 의무를 게을리한 때에 한하여 구 산업안전보건법(2007. 5. 17. 법률 제8475호로 개정되기 전의 것) 제71조의 양벌규정이 적용된다고 보아야 하며, 구체적인 사안에서 법인이 상당한 주의 또는 관리감독 의무를 게을리하였는지 여부는 당해 위반행위와 관련된 모든 사정, 즉 당해 법률의 입법 취지, 처벌조항 위반으로 예상되는 법익 침해의 정도, 그 위반행위에 관하여 양벌규정을 마련한 취지 등은 물론 위반행위의 구체적인 모습과 그로 인하여 실제 야기된 피해 또는 결과의 정도, 법인의 영업 규모 및 행위자에 대한 감독가능성 또는 구체적인 지휘감독 관계, 법인이 위반행위 방지를 위하여 실제 행한 조치 등을 전체적으로 종합하여 판단하여야 한다"라고 판시하였다.[15]

정당·후원회 또는 법인·단체가 면책되기 위해서는 일반적이고 추상적인 감독만으로는 부족하다. 판례는 "공중위생법 제45조에 의하면, 법인의 대표자나 법인 또는 개인의 대리인, 사용인 기타의 종업원이 그 법인 또는 개인의 업무에 관하여 제42조의 규정에 의한 위반행위를 한 때에는 행위자를 벌하는 외에 그 법인 또는 개인에 대하여도 동조의 벌금형에 처한다. 라고 양벌규정을 하면서 그 단서에 법인 또는 개인의 대리인, 사용인 기타 종업원의 부당행위를 방지하기 위하여 당해 업무에 대하여 상당한 주의와 감독을 한 것이 증명된 때에는 그 법인 또는 개인에 관하여는 예외로 한다 라는 면책규정을 두고 있다. 이는 법인의 경우, 종업원의 위반행위에 대하여 행위자인 종업원을 벌하는 외에 업무주체인 법인도 처벌하고, 이 경우 법인은 엄격한 무과실책임은 아니라 하더라도 그 과실의 추정을 강하게 하고, 그 입증책임도 법인에게 부과함으로써 양벌규정의 실효를 살리자는 데 그 목적이 있다고 할 것인바, 이 사건에서 피고인 법인이 종업원들에게 소론과 같이 윤락행위알선을 하지 않도록

---

13) 대법원 1992. 8. 18. 선고 92도1395 판결.

14) 이주희. "양벌규정의 개선입법에 관한 고찰(양벌규정과 개선입법에 관한 고찰로 표기함)". 한양법학 제20권 제4집(2009), 106면.

15) 대법원 2010. 9. 9. 선고 2008도7834 판결.

교육을 시키고, 입사 시에 그 다짐을 받는 각서를 받는 등 일반적이고 추상적인 감독을 하는 것 만으로는 위 법 제45조 단서의 면책사유에 해당할 수는 없는 것이다. 같은 취지에서 피고인의 면책주장을 받아들이지 아니한 원심의 조치도 수긍이 가고, 이를 위 법 제45조 단서의 해석을 그릇 친 위법이라 탓할 수 없다"라고 판시하였다.[16]

그러나 판례는 면책규정이 있는 양벌규정에 의해 업무주가 면책되기 위해서는 일반적이고 추상적 감독을 하는 것만으로는 부족하다고만 밝히고 있을 뿐, 면책되기 위한 상당한 주의와 감독의 내용에 대해서는 구체적으로 밝히고 있지 않다. 따라서 업무주의 종업원의 위반행위를 방지하기 위한 감독의무의 내용이 무엇인가를 이론적으로 구성해 보면, 종업원 인사관리, 종업원 재교육, 종업원 업무처리에 대한 정기적인 관리감독 등이 대표적인 감독조치가 될 수 있을 것이다. 그런데 최근에는 종업원에 대한 선임감독의무 외에 종업원의 위반행위방지를 위한 조직구성의무가 업무주의 감독의무의 내용으로서 강조되고 있다.[17]

예컨대, 정당·후원회의 회계책임자 등의 위반행위를 방지하기 위한 감독의무의 내용으로는 회계책임자 인사관리, 선거관리위원회가 실시하는 회계책임자의 교육 참여 등 재교육, 정당 및 선거, 후원회 관련 정치자금 회계실무 책자에 대한 교육, 회계책임자 회계장부 기재 등 업무처리에 대한 정기적인 관리감독 등을 들 수 있을 것이다.

제51조(과태료) ① 다음 각 호의 어느 하나에 해당하는 행위를 한 자는 300만원 이하의 과태료에 처한다.

1. 제5조(당비영수증) 제1항 또는 제17조(정치자금영수증) 제1항의 규정을 위반하여 당비영수증 또는 정치자금영수증의 발행·교부를 해태한 자
2. 제9조(후원회의 사무소 등) 제2항·제3항의 규정을 위반하여 유급사무직원의 수를 초과하여 둔 자
3. 「형사소송법」 제211조(현행범인과 준현행범인)에 규정된 현행범인 또는 준현행범인으로서 제52조(정치자금범죄 조사 등) 제5항의 규정에 의한 동행요구에 응하지 아니한 자

② 다음 각 호의 어느 하나에 해당하는 행위를 한 자는 200만원 이하의 과태료에 처한다.

1. 제35조(회계책임자의 변경신고 등) 제2항의 규정을 위반하여 인계·인수를 지체한 자
2. 제38조(정당의 회계처리) 제2항의 규정을 위반하여 지출결의서나 구입·지급품의서에 의하지 아니하고 정치자금을 지출한 자

---

16) 대법원 1992. 8. 18. 선고 92도1395 판결.
17) 이주희. "양벌규정의 개선입법에 관한 고찰(양벌규정과 개선입법에 관한 고찰로 표기함)". 한양법학 제20권 제4집(2009), 107면.

③ 다음 각 호의 어느 하나에 해당하는 행위를 한 자는 100만원 이하의 과태료에 처한다.

1. 제7조 제1항·제4항, 제19조 제2항·제3항 본문, 제20조 제1항 후단, 제34조 제1항·제3항, 제35조 제1항 또는 제40조 제1항·제2항을 위반하여 신고·보고 또는 신청을 해태한 자

2. 제7조의 규정을 위반하여 후원회의 등록신청 또는 변경등록신청을 허위로 한 자

3. 제8조(후원회의 회원) 제1항의 규정을 위반하여 후원회의 회원이 될 수 없는 자를 회원으로 가입하게 하거나 가입한 자

4. 제17조 제10항의 규정을 위반하여 정치자금영수증 사용실태를 보고하지 아니하거나 정치자금영수증을 관할 선거관리위원회에 반납하지 아니한 자

5. 제21조(후원회가 해산한 경우의 잔여재산 처분 등) 제1항·제2항 또는 제58조(후보자의 반환기탁금 및 보전비용의 처리) 제1항의 규정을 위반하여 잔여재산 또는 반환기탁금·보전비용의 인계의무를 해태한 자

6. 제34조 제2항 본문의 규정을 위반하여 회계책임자가 된 자

7. 제37조(회계장부의 비치 및 기재) 제1항 후단의 규정을 위반하여 보조금과 보조금 외의 정치자금, 선거비용과 선거비용 외의 정치자금을 각각 구분하여 경리하지 아니한 자

8. 제40조 제4항 제4호 내지 제6호의 규정을 위반하여 예산결산위원회가 확인·검사한 사실이 명시된 공개자료의 사본, 의결서 사본 또는 감사의견서와 인계·인수서를 첨부하지 아니한 자

9. 제52조(정치자금범죄 조사 등) 제5항의 규정을 위반하여 출석요구에 응하지 아니한 자

④ 이 법의 규정에 의한 과태료는 중앙선거관리위원회규칙이 정하는 바에 의하여 관할 선거관리위원회(읍·면·동선거관리위원회를 제외한다. 이하 이 조에서 "부과권자"라 한다)가 그 위반자에게 부과하며, 납부기한까지 납부하지 아니한 때에는 관할 세무서장에게 위탁하고 관할 세무서장이 국세체납처분의 예에 따라 이를 징수한다. 다만, 과태료 처분대상자가 정당인 경우에는 당해 정당에 배분·지급될 보조금 중에서 공제하고, 후보자[제49조(선거비용관련 위반행위에 대한 벌칙)제3항에 따라 과태료 처분을 받은 선거연락소장과 회계책임자를 포함한다]인 경우에는 「공직선거법」 제57조(기탁금의 반환 등) 및 제122조의2(선거비용의 보전 등)의 규정에 의하여 당해 후보자(대통령선거의 정당추천후보자, 비례대표국회의원선거 및 비례대표지방의회의원선거에 있어서는 그 추천정당을 말한다)에게 반환·지급할 기탁금 또는 선거비용 보전금에서 공제할 수 있다.

규칙 제44조(과태료) ① 법 제51조(과태료의 부과·징수 등) 제4항의 규정에 의하여 관할 선거관리위원회(읍·면·동선거관리위원회를 제외한다. 이하 이 조에서 "부과권자"라 한다)가 과태료를 부과할 때에는 당해 위반행위를 조사·확인한 후 위반사실, 이의제기기한·방법 및 과태료 등을 명시하여 이를 납부할 것과 보조금·공직선거후보자의 기탁금·선거비용보전금에서 공제하는 경우에는 그 뜻을 과태료 처분대상자(보조금·공직선거후보자의 기탁금·선거비용보전금에서 공제하는 때에는 당해 정당 또는 공직선거후보자를 포함한다)에게 통지하여야 한다.

② 법 제49조(선거비용관련 위반행위에 관한 벌칙) 제3항 및 제51조 제1항 내지 제3항의 위반행위에 대한 과태료 부과기준은 별표 2와 같다.

③ 부과권자는 과태료의 처분을 함에 있어서 당해 위반행위의 동기와 그 결과, 위반기간 및 위반정도 등을 고려하여 별표 2의 부과기준금액의 2분의 1의 범위 안에서 이를 경감하거나 가중할 수 있다. 이 경우 1회 부과액은 법 제49조 제3항 및 제51조 제1항 내지 제3항의 규정에 의한 과태료의 상한액을 넘을 수 없다.

④ 법 제51조 제4항에 따라 과태료 처분대상자(법 제51조 제4항 단서에 따른 공제대상자를 포함한다. 이하 이 조에서 같다)가 과태료 처분의 고지를 받은 때에는 그 고지를 받은 날부터 20일 이내에 납부하여야 하며, 부과권자는 「질서위반행위규제법」 제20조 제1항에 따른 이의제기기한까지 납부하지 아니한 때에는 10일간의 납부기한을 지정한 독촉장을 발부하여야 한다.

⑤ 부과권자는 과태료 처분대상자가 제4항 후문의 규정에 의한 독촉기한까지 납부하지 아니한 때에는 지체 없이 관할 세무서장에게 징수를 위탁하여야 한다.

⑥ 삭제

⑦ 부과권자 또는 관할 세무서장이 징수한 과태료의 국가에의 납입절차에 관하여는 「국고금관리법 시행규칙」을 준용한다.

1. 의의

가. 과태료의 법적 성격

과태료는 직접적으로 행정목적이나 사회공익을 침해하는 데까지는 이르지 않고, 다만 간접적으로 행정상의 질서에 장애를 줄 위험이 있는 정도의 단순한 의무해태에 대한 제재이다.[18] 과태료는 형법상의 형벌도 아니므로 과태료에 대하여는 형법총칙이 적용되지 아니하고 그 절차도 형사소송법이 아닌 비송사건절차법 및 민사소송법을 따르거나 준용한다(질서위반행위규제법 제4장). 과태료는 법률에 따르지 아니하고는 어떤 행위도 질서위반행위로 과태료

---

18) 대법원 1969. 7. 29. 선고 69마400 판결.

를 부과하지 아니하고(「질서위반행위규제법」 제6조),[19] 고의 또는 과실이 없는 질서위반행위는 과태료를 부과하지 아니한다(「질서위반행위규제법」 제7조).[20]

행정법상의 질서벌인 과태료의 부과처분과 형사처벌은 그 성질이나 목적을 달리하는 별개의 것이므로 행정법상의 질서벌인 과태료를 납부한 후에 형사처벌을 한다고 하여 이를 일사부재리의 원칙에 반하는 것이라고 할 수는 없다.[21] 과태료는 행정관청의 시정명령위반행위에 대하여 과하는 제재이므로 일단 그 위반행위가 이루어지면 과태료부과대상이 되는 것이고, 그 후에 이를 시정하였다 하여 과태료부과대상에서 당연히 벗어나는 것은 아니다.[22]

나. 본 조 과태료

본 조는 정치자금법에서 정하고 있는 각종 신고나 보고 등의 의주로 행정상 의무를 위반한 행위에 대하여 행정질서벌인 과태료를 부과하는 근거규정이다. 이와 같은 취지에 따라 정치자금법에서도 주로 신고·신청·보고 등 의무의 해태나 정치자금범죄 조사를 위한 동행·출석요구에 대한 불응 등의 경미한 위반행위에 대하여 과태료 부과규정을 두고 있다.

2. 「질서위반행위규제법」과의 관계

「질서위반행위규제법」 제5조는 과태료의 부과·징수, 재판 및 집행 등의 절차에 관한 다른 법률의 규정 중 질서위반행위규제법의 규정에 저촉되는 것은 질서위반행위규제법으로 정하는 바에 따르도록 하여, 서로 규정이 상이한 경우에는 본 조가 적용되지 아니하고, 질서위반행위규제법에 따라 부과·징수된다.

한편, 「공직선거법」 제261조 제11항[23]은 과태료에 대하여 질서위반행위규제법에 대한 특칙을 두고 있다.

---

19) 「질서위반행위규제법」 제6조(질서위반행위 법정주의) 법률에 따르지 아니하고는 어떤 행위도 질서위반행위로 과태료를 부과하지 아니한다.

20) 「질서위반행위규제법」 제7조(고의 또는 과실) 고의 또는 과실이 없는 질서위반행위는 과태료를 부과하지 아니한다.

21) 대법원 1996. 4. 12. 선고 96도158 판결.

22) 대법원 1990. 10. 20. 선고 90마699 판결.

23) 「공직선거법」 제261조(과태료의 부과·징수 등) ⑪ 이 법에 따른 과태료의 부과·징수 등의 절차에 관하여는 「질서위반행위규제법」 제5조에도 불구하고 다음 각 호에서 정하는 바에 따른다.

3. 과태료 부과대상 행위

가. 300만원 이하의 과태료

① 「정치자금법」 제5조(당비영수증) 제1항 또는 제17조(정치자금영수증) 제1항의 규정을 위반하여 당비영수증 또는 정치자금영수증의 발행·교부를 해태하는 행위

② 「정치자금법」 제9조(후원회의 사무소 등) 제2항·제3항의 규정을 위반하여 유급사무직원의 수를 초과하여 두는 행위

③ 「형사소송법」 제211조 (현행범인과 준현행범인)에 규정된 현행범인 또는 준현행범인으로서 「정치자금법」 제52조(정치자금범죄 조사 등) 제5항의 규정에 의한 동행요구에 응하지 아니하는 행위

나. 200만원 이하의 과태료

① 「정치자금법」 제35조(회계책임자의 변경신고 등) 제2항의 규정을 위반하여 인계·인수를 지체하는 행위

② 「정치자금법」 제38조(정당의 회계처리) 제2항의 규정을 위반하여 지출결의서나 구입·지급품의서에 의하지 아니하고 정치자금을 지출하는 행위

다. 100만원 이하의 과태료

① 「정치자금법」 제7조 제1항·제4항, 제19조 제2항·제3항 본문, 제34조(회계책임자의 선임신고 등) 제1항·제3항, 제35조 제1항 또는 제40조(회계보고) 제1항·제2항의 규정을 위반하여 신고·보고 또는 신청을 해태하는 행위

② 「정치자금법」 제7조의 규정을 위반하여 후원회의 등록신청 또는 변경등록신청을 허위로 하는 행위

③ 「정치자금법」 제8조(후원회의 회원) 제1항의 규정을 위반하여 후원회의 회원이 될 수 없는 자를 회원으로 가입하게 하거나 가입하는 행위

④ 「정치자금법」 제17조 제10항의 규정을 위반하여 정치자금영수증 사용실태를 보고하지 아니하거나 정치자금영수증을 관할 선거관리위원회에 반납하지 아니하는 행위

⑤ 「정치자금법」 제21조(후원회가 해산한 경우의 잔여재산 처분 등) 제1항·제2항 또는 제58조(후보자의 반환기탁금 및 보전비용의 처리) 제1항의 규정을 위반하여 잔여재산 또는 반환기

탁금·보전비용의 인계의무를 해태하는 행위

⑥「정치자금법」제34조 제2항 본문의 규정을 위반하여 회계책임자가 되는 행위

⑦「정치자금법」제37조(회계장부의 비치 및 기재) 제1항 후단의 규정을 위반하여 보조금과 보조금 외의 정치자금, 선거비용과 선거비용 외의 정치자금을 각각 구분하여 경리하지 아니하는 행위

⑧「정치자금법」제40조 제4항 제4호 내지 제6호의 규정을 위반하여 예산결산위원회가 확인·검사한 사실이 명시된 공개자료의 사본, 의결서 사본 또는 감사의견서와 인계·인수서를 첨부하지 아니하는 행위

⑨「정치자금법」제52조(정치자금범죄 조사 등) 제5항의 규정을 위반하여 출석요구에 응하지 아니하는 행위

4. 과태료의 부과 및 징수

가. 부과권자

읍·면·동위원회를 제외한 관할 선거관리위원회이다.

나. 사전통지 및 의견제출

과태료를 부과하고자 하는 때에는 미리 당사자에게 통지하고, 10일 이상의 기간을 정하여 의견을 제출할 기회를 주어야 한다. 이 경우 지정된 기일까지 의견 제출이 없는 경우에는 의견이 없는 것으로 본다. 당사자가 제출한 의견에 상당한 이유가 있는 경우에는 과태료를 부과하지 아니하거나 통지한 내용을 변경할 수 있다(「질서위반행위규제법」제16조). 과태료 처분 당사자가 의견제출 기한 이내에 과태료를 자진 납부하는 경우에는 부과될 금액의 100분의 20 범위 이내에서 경감할 수 있다. 당사자가 감경된 과태료를 납부한 경우에는 해당 질서위반행위에 대한 과태료 부과 및 징수절차는 종료한다(「질서위반행위규제법」제18조).

다. 과태료의 부과

관할 선거관리위원회가 과태료를 부과할 때에는 당해 위반행위를 조사·확인한 후 위반사실, 이의제기기한·방법 및 과태료 등을 명시하여 이를 납부할 것과 보조금·공직선거후보자

의 기탁금·선거비용보전금에서 공제하는 경우에는 그 뜻을 과태료 처분대상자(보조금·공직선거후보자의 기탁금·선거비용보전금에서 공제하는 때에는 당해 정당 또는 공직선거후보자를 포함)에게 통지하여야 한다(규칙 제44조 제1항). 즉, 과태료 처분은 대상자 본인에게 통지함이 원칙이며, 동 처분 대상자가 선거연락소장 또는 회계책임자인 경우로서 해당 정당·후보자의 기탁금 또는 보전비용에서 공제하는 때에는 당사자는 물론 당해 정당·후보자에게도 통지하여야 한다.

당사자의 성명과 주소, 과태료 부과의 원인이 되는 사실, 과태료 금액 및 적용법령, 과태료를 부과하는 행정청의 명칭과 주소, 과태료 납부기한, 납부 방법 및 수납 기관, 과태료를 내지 않으면 불이익이 부과될 수 있다는 사실과 그 요건, 이의제기기간과 방법 및 그 밖에 과태료 부과에 관하여 필요한 사항을 모두 적은 서면(당사자가 동의한 경우에는 전자문서를 포함)으로 하여야 한다(질서위반행위규제법 제17조, 질서위반행위규제법 시행령). 따라서 법에 규정된 사항을 기재하지 않고 과태료 납부고지서에 과태료액과 납부기한, 고지기일 및 납부 장소만을 기재하여 통보하였다면 적법한 과태료 처분이라 할 수 없다.[24]

법인의 대표자, 법인 또는 개인의 대리인·사용인 및 그 밖의 종업원이 업무에 관하여 법인 또는 개인에게 부과된 법률상의 의무를 위반한 때에는 법인 또는 그 개인에게 과태료를 부과한다(질서위반행위규제법 제11조).

과태료 처분대상자(「정치자금법」 제51조 제4항 단서에 따른 공제대상자 포함)가 과태료 처분의 고지를 받은 때에는 그 고지를 받은 날부터 20일 이내에 납부하여야 하며, 이의제기 기한인 60일까지 납부하지 아니한 때에는 10일간의 납부기한을 지정한 독촉장을 발부하여야 한다(규칙 제44조 제4항).

부과권자는 과태료 처분대상자가 제4항 후문의 규정에 의한 독촉기한까지 납부하지 아니한 때에는 지체 없이 관할 세무서장에게 징수를 위탁하여야 한다(규칙 제44조 제5항).

위반행위에 대한 과태료 부과기준은 규칙 제44조 제2항에 따른 별표2에 의한다. 과태료는 해당 위반행위의 동기와 그 결과, 위반기간 및 위반정도 등을 고려하여 부과기준금액의 2분의 1 범위 안에서 이를 경감하거나 가중할 수 있으나 이 경우 1회 부과액은 법에 규정된 과태료의 상한액을 넘을 수 없다(규칙 제44조 제3항).

법원이 과태료 재판을 함에 있어서는 행정관청 내부의 부과기준에 기속됨이 없이 관계 법령에서 규정하는 과태료 상한의 범위 내에서 재량으로 액수를 정할 수 있으며, 항고법원이 정한 액수에 대하여 많다고 다투는 것은 적법한 재항고 이유가 될 수 없다.[25]

---

24) 대법원 1992. 11. 13. 선고 92누1285 판결.
25) 대법원 1998. 12. 23. 선고 98마2866 판결.

라. 보조금 등에서 공제

본 조 제4항 단서는 과태료처분대상자가 정당인 경우 당해 정당에 배분·지급될 보조금 중에서 공제하고 후보자(「정치자금법」 제49조 제3항에 따라 과태료처분을 받은 선거연락소장 및 회계책임자 포함함)인 경우에는 공직선거법 제57조 및 제122조의2에 따라 당해 후보자(대통령선거의 정당추천후보자, 비례대표국회의원선거 및 비례대표지방의회의원선거에 있어서는 그 추천정당)에게 반환 지급할 기탁금 또는 선거비용 보전금에서 공제할 수 있다.

한편, 공직선거법 제261조(과태료의 부과·징수 등) 제10항[26]에서 후보자의 기탁금 중에서 공제하여 과태료를 납입하도록 하는 규정이 있다.

예를 들면, 지방자치단체장선거 선거일 후 후보자 甲이 기탁금 500만원, 선거비용 7,500만원을 반환·보전받을 예정일 경우 보기와 같이 과태료를 부과받을 경우에 선거관리위원회가 공제할 수 있는 기탁금과 선거비용보전금에서 공제할 수 있는 최대 금액은 각각 500만원과 50만원이다.

> **보기**
>
> 가. 후보자 甲이 관할 선거여론조사심의위원회 신고내용과 다르게 여론조사를 실시하여 250만원의 과태료 부과
> 나. 후보자 甲이 회계책임자 선임신고를 해태하여 50만원의 과태료 부과
> 다. 후보자 甲의 선거사무장은 선거사무원 2명과 함께 선거운동을 하면서 표지를 달지 아니하여 150만원(각 50만원)의 과태료 부과
> 라. 후보자 甲의 아들 丁이 위법행위 조사를 위한 선거관리위원회의 출석요구에 정당한 사유없이 2회 불응하여 200만원의 과태료 부과

그 이유는 '가', '다', '라'의 경우, 「공직선거법」 관련으로 기탁금에서 각각 250만원, 150만원 공제, 200만원 공제할 수 있고, '나'의 경우는 「정치자금법」 관련으로 기탁금 또는 선거비용보전금에서 50만원 공제할 수 있다. 그런데 반환할 기탁금은 500만원뿐이므로 기탁금에서 공제 가능한 최대금액은 500만원이고, 「정치자금법」 관련 과태료 50만원은 선거비용

---

26) 「공직선거법」 제261조(과태료의 부과·징수 등) ⑩ 과태료는 중앙선거관리위원회규칙으로 정하는 바에 따라 당해 선거관리위원회(선거여론조사심의위원회를 포함한다. 이하 이 조에서 "부과권자"라 한다)가 부과한다. 이 경우 제1항부터 제8항까지에 따른 과태료는 당사자(「질서위반행위규제법」 제2조 제3호에 따른 당사자를 말한다. 이하 이 조에서 같다)가 정당·후보자(예비후보자를 포함한다. 이하 이 조에서 같다) 및 그 가족·선거사무장·선거연락소장·선거사무원·회계책임자·연설원 또는 활동보조인인 때에는 제57조에 따라 해당 후보자의 기탁금 중에서 공제하여 국가 또는 지방자치단체에 납입하고, 그 밖의 자와 제9항에 따른 과태료의 과태료처분대상자에 대하여는 위반자가 납부하도록 하며, 납부기한까지 납부하지 아니한 때에는 관할세무서장에게 위탁하고 관할세무서장이 국세체납처분의 예에 따라 이를 징수하여 국가 또는 지방자치단체에 납입하여야 한다.

보전금에서 추가 공제 가능하다.

마. 이의제기

　과태료 처분에 불복하는 당사자는 과태료 부과 통지를 받은 날부터 60일 이내에 관할 선거관리위원회에 서면으로 이의제기를 할 수 있고, 이의제기가 있는 경우에는 과태료 부과처분은 그 효력을 상실한다(질서위반행위규제법 제20조). 이의신청기간을 도과한 때에는 그 처분은 확정되어 더 이상 다툴 수 없다.[27] 이의제기를 받은 관할 선거관리위원회는 이의제기를 받은 날로부터 14일 이내에 이에 대한 의견 및 증빙서류를 첨부하여 관할법원에 통보하여야 한다(질서위반행위규제법 제21조). 이와 같은 관할 관청의 통고 또는 통지는 법원의 직권발동을 촉구하는 데 지나지 아니하므로 이미 행한 통고 또는 통지를 철회하더라도 법원은 독자적으로 과태료 재판을 진행할 수 있다.[28]

　과태료부과처분의 당부는 최종적으로 질서위반행위규제법에 따른 과태료재판에 의하여 판단되어야 할 것이고, 과태료처분은 행정소송의 대상이 되는 행정처분이라고 볼 수 없다.[29]

바. 과태료의 징수

　당사자가 납부기한까지 과태료를 납부하지 아니한 때에는 납부기한을 경과한 날부터 체납된 과태료에 대하여 100분의 3에 상당하는 가산금을 징수한다. 체납된 과태료를 납부하지 아니한 때에는 납부기한이 경과한 날부터 매 1개월이 경과할 때마다 체납된 과태료의 1천분의 12에 상당하는 가산금(중가산금)을 기존의 가산금에 가산하여 징수한다. 이 경우 중가산금을 가산하여 징수하는 기간은 60개월을 초과하지 못한다. 당사자가 이의제기기한 이내에 이의를 제기하지 아니하고 과태료 및 가산금을 납부하지 아니한 때에는 국세 또는 지방세체납처분의 예에 따라 징수한다.

　과태료의 소멸시효가 완성된 경우, 「민법」 제27조에 따른 실종선고를 받아 징수할 수 없다고 인정되는 경우, 체납자가 「채무자 회생 및 파산에 관한 법률」에 따른 파산선고를 받는 등 재산이 없어 징수할 수 없다고 인정되는 경우에는 과태료결손처분를 할 수 있다. 결손처분을 한 후 압류할 수 있는 다른 재산을 발견하였을 때에는 지체 없이 그 처분을 취소하고 체납처분을 하여야 한다(질서위반행위규제법 제24조의4, 질서위반행위규제법 시행령).

---

27)　대법원 1982. 7. 22. 선고 82마337 판결.
28)　대법원 1998. 12. 23. 선고 98마2866 판결.
29)　대법원 1993. 11. 23. 선고 93누16833 판결.

사. 과태료의 소멸시효 및 제척기간

과태료는 과태료 부과처분이나 법원의 과태료 재판이 확정된 후 5년간 징수하지 아니하거나 집행하지 아니하면 시효로 인하여 소멸하고(질서위반행위규제법 제15조), 과태료위반행위가 종료된 날(다수인이 가담한 경우에는 최종행위가 종료된 날을 말함)부터 5년이 경과한 경우에는 해당 행위에 대해 과태료를 부과할 수 없다(질서위반행위규제법 제19조).

■ 규칙 [별표 2]

과태료부과기준

1. 「정치자금법」 제51조 관련   (단위: 만원)

처분대상	관계법조	법정상한액	부과기준
1. 당비영수증 또는 정치자금 영수증의 발행·교부를 해태하는 행위	○ 법 제51조 제1항 • 제5조 제1항 • 제17조 제1항	300	가. 발행·교부를 해태한 때: 50 나. 발행·교부기한을 경과하는 매 1일마다 가산액: 10
2. 후원회의 사무소·연락소 또는 국회의원의 사무소에 둘 수 있는 유급사무직원의 수를 초과하여 두는 행위	○ 법 제51조 제1항 • 제9조 제2항·제3항	300	가. 유급사무직원의 수를 초과하여 둔 때: 100 나. 시정명령기한을 경과하는 매 1일마다 가산액: 10
3. 현행범인 또는 준현행범인이 선거관리위원회 위원·직원의 정치자금범죄 조사와 관련한 동행요구에 응하지 아니하는 행위	○ 법 제51조 제1항 • 제52조 제5항	300	매회: 300
4. 회계책임자 변경에 따른 인계·인수를 지체하는 행위	○ 법 제51조 제2항 • 제35조 제2항	200	가. 정당한 사유 없이 인계·인수를 하지 아니한 때: 각각 50 나. 이행명령 후 이행기한을 경과하는 매 1일마다 가산액: 각각 20
5. 지출결의서나 구입·지급품의서에 의하지 아니하고 정치자금을 지출하는 행위	○ 법 제51조 제2항 • 제38조 제2항	200	지출결의서나 구입·지급품의서에 의하지 아니한 매 1건마다: 5

6. 신고·보고·신청을 해태하는 행위 　가. 후원회의 등록·변경등록 신청·신고 　나. 후원회의 존속결의에 따른 변경등록신청·해산신고 　다. 후원회의 합병에 따른 변경등록신청 　라. 회계책임자의 선임·겸임 신고 　마. 회계책임자의 변경신고 　바. 정당 등의 회계보고	○ 법 제51조 제3항 • 제7조 제1항·제4항 • 제19조 제2항·제3항 본문 • 제20조 제1항 후단 • 제34조 제1항·제3항 • 제35조 제1항 • 제40조 제1항·제2항	100	가. 신고·보고·신청을 해태한 때: 30 나. 신고·보고·신청기한을 경과하는 매 1일마다 가산액: 10
7. 후원회의 등록신청 또는 변경등록신청을 허위로 하는 행위	○ 법 제51조 제3항 • 제7조	100	매회: 100
8. 후원회의 회원이 될 수 없는 자를 회원으로 가입하게 하거나 가입하는 행위	○ 법 제51조 제3항 • 제8조 제1항	100	가. 후원회 회원이 될 수 없는 자를 회원으로 가입하게 하거나 가입한 때: 각각 50 나. 시정명령 후 시정기한까지 시정하지 아니한 때: 10
9. 정치자금영수증 사용실태를 보고하지 아니하거나 정치자금영수증을 관할 선거관리위원회에 반납하지 아니하는 행위	○ 법 제51조 제3항 • 제17조 제10항	100	가. 보고·반납을 해태한 때: 50 나. 보고·반납기한을 경과하는 매 1일마다 가산액: 10
10. 후원회·후원회지정권자의 잔여재산 또는 후보자의 반환기탁금 및 보전비용의 인계의무를 해태하는 행위	○ 법 제51조 제3항 • 제21조 제1항·제2항 • 제58조 제1항	100	가. 인계의무를 해태한 때: 50 나. 인계의무기한을 경과하는 매 1일마다 가산액: 10
11. 2 이상의 회계책임자를 겸한 경우	○ 법 제51조 제3항 • 제34조 제2항 본문	100	가. 2 이상의 회계책임자가 된 경우: 50 나. 시정명령 후 시정기한까지 시정하지 아닌한 때: 10
12. 보조금과 보조금 외의 정치자금, 선거비용과 선거비용 외의 정치자금을 각각 별도의 계정을 설정하여 구분·경리하지 아니한 행위	○ 법 제51조 제3항 • 제37조 제1항 후단	100	매회: 100

13. 회계보고서에 예산결산 위원회가 확인·검사한 사실이 명시된 공개자료 사본, 의결서 사본 또는 감사의견서와 인계·인수서를 첨부하지 아니한 행위	○법 제51조 제3항 • 제40조 제4항	100	가. 보완명령 후 보완기한까지 보완하지 아니한 때: 50 나. 보완기한을 경과하는 매 1일마다 가산액: 10
14. 정치자금범죄의 조사를 위한 출석요구에 정당한 사유 없이 응하지 아니하는 행위	○법 제51조 제3항 • 제52조 제5항	100	가. 당사자는 매회: 100 나. 그 밖의 관계자는 매회: 50

2. 「정치자금법」 제49조 관련

(단위: 만원)

처분대상	관계법조	법정 상한액	부과기준
1. 선거비용과 관련하여 회계책임자의 선임·변경·겸임 신고를 해태하는 행위	○ 법 제49조 제3항 • 제34조 제1항·제3항 • 제35조 제1항	200	신고기한을 경과하는 매 1일마다: 20
2. 선거비용과 관련하여 회계책임자의 선임·겸임의 신고시에 약정서를 제출하지 아니하는 행위	○ 법 제49조 제3항 • 제34조 제4항	200	가. 보완명령 후 보완기한까지 보완하지 아니한 때: 100 나. 보완기한을 경과하는 매 1일마다 가산액: 20
3. 선거비용과 관련하여 회계책임자의 변경시 인계·인수서를 작성하지 아니하는 행위	○ 법 제49조 제3항 • 제35조 제2항	200	가. 보완명령 후 보완기한까지 보완하지 아니한 때: 100 나. 보완기한을 경과하는 매 1일마다 가산액: 20
4. 회계책임자가 선거비용관련 회계보고를 하는 때에 정당의 대표자 또는 공직선거 후보자와 선거사무장의 연대서명·날인(선거연락소의 경우에는 선거연락소장의 서명·날인)을 받지 아니하는 행위	○ 법 제49조 제3항 • 제40조 제5항	200	가. 보완명령 후 보완기한까지 보완하지 아니한 때: 50 나. 보완기한을 경과하는 매 1일마다 가산액: 10

제17장

정치자금범죄 조사

정치자금법 이해

제17장

정치자금범죄 조사

제52조(정치자금범죄 조사 등) ① 각급 선거관리위원회(읍·면·동선거관리위원회를 제외한다. 이하 이 조에서 같다) 위원·직원은 이 법을 위반한 범죄의 혐의가 있다고 인정되거나 현행범의 신고를 받은 경우에는 그 장소에 출입하여 정당, 후원회, 후원회를 둔 국회의원, 대통령선거경선후보자, 당대표경선후보자등, 공직선거의 후보자·예비후보자, 회계책임자, 정치자금을 기부하거나 받은 자 또는 정치자금에서 지출하는 비용을 지급받거나 받을 권리가 있는 자 그 밖에 관계인에 대하여 질문·조사하거나 관계 서류 그 밖에 조사에 필요한 자료의 제출을 요구할 수 있다.

② 각급 선거관리위원회는 정치자금의 수입과 지출에 관한 조사를 위하여 불가피한 경우에는 다른 법률의 규정에 불구하고 금융기관의 장에게 이 법을 위반하여 정치자금을 주거나 받은 혐의가 있다고 인정되는 상당한 이유가 있는 자의 다음 각 호에 해당하는 금융거래자료의 제출을 요구할 수 있다. 다만, 당해 계좌에 입·출금된 타인의 계좌에 대하여는 그러하지 아니하다. 이 경우 당해 금융기관의 장은 이를 거부할 수 없다.

  1. 계좌개설 내역

  2. 통장원부 사본

  3. 계좌이체의 경우 거래상대방의 인적 사항

  4. 수표에 의한 거래의 경우 당해 수표의 최초 발행기관 및 발행의뢰인의 인적 사항

③ 각급 선거관리위원회 위원·직원은 이 법에 규정된 범죄에 사용된 증거물품으로서 증거인멸의 우려가 있다고 인정되는 경우에는 조사에 필요한 범위 안에서 현장에서 이를 수거할 수 있다. 이 경우 당해 선거관리위원회 위원·직원은 수거한 증거물품을 그 관련된 범죄에 대하여 고발 또는 수사의뢰한 때에는 관계 수사기관에 송부하고 그러하지 아니한 때에는 그 소유·점유·관리하는 자에게 지체 없이 반환하여야 한다.

④ 누구든지 제1항의 규정에 의한 장소의 출입을 방해하여서는 아니 되며, 질문·조사를 받거나 자료의 제출을 요구받은 자는 즉시 이에 따라야 한다.

⑤ 각급 선거관리위원회 위원·직원은 정치자금범죄의 조사와 관련하여 관계자에게 질문·조사하기 위하여 필요하다고 인정되는 때에는 선거관리위원회에 출석할 것을 요구할 수 있고, 범죄혐의에 대하여 명백한 증거가 있는 때에는 동행을 요구할 수 있다. 다만, 공직선거(대통령선거경선후보자·당대표경선후보자등의 당내경선을 포함한다)의 선거기간 중 후보자(대통령선거경선후보자·당대표경선후보자등을 포함한다)에 대하여는 동행 또는 출석을 요구할 수 없다.

⑥ 각급 선거관리위원회 위원·직원이 제1항의 규정에 의한 질문·조사·자료의 제출 요구 또는 장소에 출입하거나 제5항의 규정에 의한 동행 또는 출석을 요구하는 경우에는 관계인에게 그 신분을 표시하는 증표를 제시하고 소속과 성명을 밝히고 그 목적과 이유를 설명하여야 한다.

⑦ 제2항의 규정에 의하여 금융거래의 내용에 대한 정보 또는 자료(이하 "거래정보등"이라 한다)를 알게 된 자는 그 알게 된 거래정보등을 타인에게 제공 또는 누설하거나 그 목적 외의 용도로 이를 이용하여서는 아니된다.

⑧ 제1항 내지 제6항의 규정에 의한 자료제출요구서, 증거자료의 수거 및 증표의 규격 그 밖에 필요한 사항은 중앙선거관리위원회규칙으로 정한다.

제47조(각종 의무규정위반죄) ② 제28조 제4항·제42조 제7항 또는 제52조(정치자금범죄 조사 등) 제1항·제4항의 규정을 위반하여 선거관리위원회의 조사·자료확인이나 제출요구에 정당한 사유 없이 응하지 아니하거나 허위자료의 제출 또는 장소의 출입을 방해한 자는 1년 이하의 징역 또는 200만원 이하의 벌금에 처한다.

제51조(과태료) ① 다음 각 호의 어느 하나에 해당하는 행위를 한 자는 300만원 이하의 과태료에 처한다.

3. 「형사소송법」 제211조(현행범인과 준현행범인)에 규정된 현행범인 또는 준현행범인으로서 제52조(정치자금범죄 조사 등) 제5항의 규정에 의한 동행요구에 응하지 아니한 자

③ 다음 각 호의 어느 하나에 해당하는 행위를 한 자는 100만원 이하의 과태료에 처한다.

9. 제52조(정치자금범죄 조사 등) 제5항의 규정을 위반하여 출석요구에 응하지 아니한 자

1. 의의

정치자금 범죄에 대하여 선거관리위원회 위원·직원의 장소출입 및 질문·조사권, 자료제출 요구권, 출석·동행요구권, 증거물품 수거권, 금융거래자료 제출 요구권을 규정하고 있다. 이는 은밀하게 이루어지는 정치자금 범죄에 효과적으로 대응할 수 있도록 선거관리위원회에 조사권한을 부여함으로써 효율적인 예방 및 단속활동을 보장하기 위함이다.

선거관리워원회의 조사권은 행정조사에 해당하고, 공소제기여부를 전제로 하는 수사기관

의 활동인 수사와는 근본적으로 그 성격을 달리한다.[1] 따라서 정치자금범죄 조사는 행정활동으로 행정목적의 범위 안에서 허용되는 것이므로 수사기관의 수사와는 구별되며, 별도의 규정이 없는 한 강제처분은 허용되지 아니한다.

> – 선거관리위원회의 본질적 기능은 선거의 공정한 관리 등 행정기능이고, 그 효과적인 기능 수행과 집행의 실효성을 확보하기 위한 수단으로서 선거범죄 조사권을 인정하고 있다. 심판대상조항에 의한 자료제출요구는 위와 같은 조사권의 일종으로서 행정조사에 해당하고, 선거범죄 혐의 유무를 명백히 하여 공소의 제기와 유지 여부를 결정하기 위하여 범인을 발견·확보하고 증거를 수집·보전하기 위한 수사기관의 활동인 수사와는 근본적으로 그 성격을 달리한다.
> – 수사기관의 압수·수색영장의 청구를 위한 수사사건 수리 또는 입건, 수사기관의 법원에 대한 압수·수색영장 청구, 법원의 압수·수색영장 발부 절차를 고려할 때 선거범죄와 관련된 단속활동의 신속성과 효율성에 있어 일반 형사절차가 심판대상조항과 동등하거나 유사한 효과가 있다고 단정할 수 없다(헌법재판소 2019. 9. 26. 자 2016헌바381 결정).

그러나 정치자금범죄의 조사에 있어서 수사기관의 임의수사에 준하는 권한이 인정되고 있고, 조사결과에 따라 주의·경고 등 행정적인 조치뿐만 아니라 수사의뢰·고발을 거쳐 사법적인 조치에까지 나아갈 수도 있다. 또한 조사를 거부·방해·기피할 경우 행정질서벌인 과태료를 부과하는 외에 징역이나 벌금과 같은 형벌까지 부과할 수 있도록 하여 그 실효성을 확보하고 있다.

조사권 행사를 할 때는 '비례의 원칙 준수', '선거의 자유와 공정 유지', '인권존중 및 적법절차 준수', '공정성·중립성 확보', '사전예방 우선의 원칙 확립', '중대정치자금범죄 엄정 조치'라는 기본 준칙을 준수하여야 한다.

2. 입법연혁[2]

선거관리위원회의 조사권은 1989년 실시한 동해시 국회의원재선거에서 본격적인 선거범죄 단속을 실시하면서 그 필요성이 꾸준하게 인정되어 오다가, 여야 정치권의 공감대가 형성된 1997년 공직선거법 개정시 처음으로 선거범죄 조사근거를 마련하였다. 이후 지능화되는 선거범죄에 실효성 있게 대처할 수 있도록 점차적으로 개선·보완되었다.

---

[1] 헌법재판소 2019. 9. 26. 자 2016헌바381 결정.
[2] 중앙선거관리위원회. 정당법·정치자금법 축조해설(2016), 647~648면.

2002. 12. 19. 실시된 제16대 대통령선거와 관련된 불법선거자금이 드러나자 불법 정치자금 문제를 더 이상 방치할 수 없다는 국민적 공감대가 형성된 결과 2004. 3. 12. 제14차 개정시 비로소 정치자금 조사권이 선거관리위원회에 부여되었다. 이때 공직선거법에 규정되어 있던 선거비용 관련규정 가운데 회계책임자 선임·신고, 회계서류 작성·제출, 벌칙규정 등과 함께 선거비용 관련 금융거래자료 제출 요구권도 함께 정치자금법에 편입되었다.[3] 선거범죄 조사권이 단계적으로 확대된 것과는 달리 정치자금범죄 조사권은 신설 당시부터 현재와 같이 폭넓은 범위의 권한이 부여되었는데, 이는 선거범죄 조사권을 근간으로 하여 도입하였음은 물론 당시의 불법 정치자금 근절에 대한 국민들의 여망이 적극 반영되었기 때문이다.

3. 각국의 정치자금위반 조사 관련 규정[4]

국가명	조사기관	조사내용 및 방법	근거규정

영국	선거위원회 (Electoral Commission)	• 정당 회계에 대한 관리감독 책임과 위반행위에 대해 조사하고, 처벌할 수 있는 권한이 있음.
		  - 대상기관 및 대상자의 정보 및 문서가 필요한 경우 정보공개통지서(disclosure notice)를 발부하고 공개를 요구할 수 있음.
		  - 제출된 회계보고서가 관련 규정을 위반한 것으로 의심되는 경우 조사대상 기관 및 대상자에게 조사에 필요한 문서 및 정부의 공개와 설명을 요구할 수 있으며 조사통지서(investigatory notice)를 발부할 수 있고, 관련자를 소환조사 할 수 있음.
			정당·선거 및 국민투표법 제146조, 부칙 19B

---

3) 선거비용범죄에 대한 금융거래자료 제출 요구권은 정치자금법에 편입되면서 선거비용뿐만 아니라 선거비용이 아닌 정치자금에 대하여도 행사할 수 있도록 확대되었다.

4) 중앙선거관리위원회. 각국의 정당·정치자금제도 비교연구(2021), 335~336면.

국가명	조사기관	조사내용 및 방법	근거규정

미 국	연방선거위원회
	(Federal Election
	Commission: FEC)
		• 연방선거위원회는 행정적·민사적 조사와 제재권한(과태료 부과)을 보유하며 민사적 제재를 위한 민사소송을 수행할 수 있음.
		• 회계보고서를 제출해야 하는 정치위원회에 대해 회계감사 및 현장조사를 실시할 수 있음.
		  – 형사처벌을 위한 수사권한은 없으나 법무부에 형사처벌을 위한 수사를 요청할 수 있음.
		  – 필요시 민사소송을 위한 증거확보를 위해 자료제출 또는 증인 소환 명령을 법원을 통해 받아낼 수 있음.
			연방선거
			운동법
			제30109조,
			제30111조(b)

프랑스	• 선거운동 회계보고 및 정치자금 국가위원회 (Comission Nationale des comptes de campagne et des financements politiques: CNCCFP) • 헌법재판소 (Conseil Constitutionnel)	• 선거운동 회계보고 및 정치자금 국가위원회가 불법 정치자금에 대한 1차 조사를 담당하나 수사 권한을 갖고 있지는 않음. • 위반사항 발생 시 고발하거나 계좌추적과 같은 수사를 위해서는 헌법재판소나 지방법원 또는 최고행정법원에 소를 제기해야 함.	선거법 제L52-15조
독 일	연방행정청 (Bundesverwaltung des Deutschen Bundestags)	• 회계보고서 부정행위와 불법 기부금 위반 혐의에 대해 부정여부를 평가해 해당 정당에 처벌 통보를 하고, 이의를 제기하면 관할 검찰이 수사해 행정소송을 통해 판결 내림. • 사안이 중대할 경우 기본법 제44조에 따라 연방하원의회에서 조사위원회를 소집할 수 있음.	독일연방하원 조사위원회의 권한에 관한 규정법
일 본	경찰, 검찰	• 선거관리위원회는 선거법 위반 내용이나 불법 정치자금에 대한 조사권한은 없음. • 사안의 중대성에 따라 경미한 사안은 경찰과 검찰이 담당하고, 거물급 정치인에 대한 수사는 특수부에서 담당함.	검찰청법 제6조 형사소송법 제191, 193조

4. 「공직선거법」 선거범죄 조사권과 비교

「공직선거법」 제272조의2의 선거범죄조사는 선거와 관련된 범죄에 조사대상이 한정되는 반면, 정치자금조사는 선거와 관련된 범죄를 포함하여 선거와 관련이 없더라도 정치인의 정치활동에 소요되는 자금의 수입과 지출전반에 걸쳐 조사대상이 된다는 점에서 차이가 있다. 「정치자금법」 제52조 제2항에 의한 금융거래자료의 제출요구는 정치자금법 위반 혐의가 있는 경우 가능하고, 「공직선거법」 위반 혐의가 있는 경우에는 제출요구를 할 수 없다.

반면에 「공직선거법」 제272조의3(통신관련 선거범죄의 조사)[5]에 따라 선거관리위원회 직원은 정보통신망, 전화를 이용한 공직선거법 위반행위의 혐의가 있다고 인정되는 상당한 이유가 있는 때에 인정되는 통신자료 등 열람·제출요구 권한이 인정되는 데 반해 「정치자금법」에서는 통신자료 등 열람·제출요구에 대한 규정이 없다.

▌선거범죄 조사권과 정치자금범죄 조사권 비교

	공직선거법	정치자금법
장소출입권	제272조의2 제1항	제52조 제1항
질문·조사권	제272조의2 제1항	제52조 제1항
자료제출요구권	제272조의2 제1항	제52조 제1항
금융거래자료 제출 요구권	규정 없음	제52조 제2항
증거물품 수거권	제272조의2 제2항	제52조 제3항

---

5) 제272조의3(통신관련 선거범죄의 조사) ① 각급선거관리위원회(읍·면·동선거관리위원회를 제외한다. 이하 이 조에서 같다) 직원은 정보통신망을 이용한 이 법 위반행위의 혐의가 있다고 인정되는 상당한 이유가 있는 때에는 당해 선거관리위원회의 소재지를 관할하는 고등법원(구·시·군선거관리위원회의 경우에는 지방법원을 말한다) 수석판사 또는 이에 상당하는 판사의 승인을 얻어 정보통신서비스제공자에게 당해 정보통신서비스 이용자의 성명(이용자를 식별하기 위한 부호를 포함한다)·주민등록번호·주소(전자우편주소·인터넷 로그기록자료 및 정보통신망에 접속한 정보통신기기의 위치를 확인할 수 있는 자료를 포함한다)·이용기간·이용요금에 대한 자료의 열람이나 제출을 요청할 수 있다.
② 각급선거관리위원회 직원은 전화를 이용한 이 법 위반행위의 혐의가 있다고 인정되는 상당한 이유가 있는 때에는 당해 선거관리위원회의 소재지를 관할하는 고등법원(구·시·군선거관리위원회의 경우에는 지방법원을 말한다) 수석판사 또는 이에 상당하는 판사의 승인을 얻어 정보통신서비스제공자에게 이용자의 성명·주민등록번호·주소·이용기간·이용요금, 송화자 또는 수화자의 전화번호, 설치장소·설치대수에 대한 자료의 열람이나 제출을 요청할 수 있다.
③ 제1항 및 제2항 또는 다른 법률에도 불구하고 다음 각 호의 어느 하나에 해당하는 자료의 열람이나 제출을 요청하는 때에는 제1항 또는 제2항에 따른 승인이 필요하지 아니하다.
  1. 인터넷 홈페이지 게시판·대화방 등에 글이나 동영상 등을 게시하거나 전자우편을 전송한 사람의 성명·주민등록번호·주소 등 인적사항
  2. 문자메시지를 전송한 사람의 성명·주민등록번호·주소 등 인적사항 및 전송통수
④ 제1항부터 제3항까지에 따른 요청을 받은 자는 지체없이 이에 응하여야 한다.

출석 또는 동행 요구권	제272조의2 제4항	제52조 제5항 단서
현장제지권	제272조의2 제5항	규정 없음
진술 거부권 및 변호인 조력권	제272조의2 제7항, 제8항	규정 없음
출입 방해, 자료제출요구 불응, 허위 자료 제출 처벌 조항	제256조 제5항 제12호	제47조 제2항
질문·조사거부 처벌 조항	규정 없음	제47조 제2항
출석 또는 동행요구에 응하지 아니한 때에는 과태료 처분	규칙 제146조의3 제6항	규칙 제45조 제10항 단서
선거기간 중 출석 또는 동행 요구할 수 없는 대상	후보자 (제272조의2 제4항 단서)	공직선거 후보자, 대통령선거경선 후보자, 당대표경선후보자등 (제52조 제5항 단서)
조사·확인 불응, 자료제출 요구 거부 시 독촉장 발부	규정 없음	규칙 제45조 제6항
정보통신망 이용한 선거범죄 조사	제272조의3	규정 없음
경찰공무원 등 행정기관 의장에게 원조 요구	규칙 제146조의3 제2항	규정 없음

5.「개인정보 보호법」과 정치자금범죄 조사권

　　정치자금범죄 조사권을 행사함에 있어「정치자금법」제52조가 개인정보를 취급하고 있는 기관에 보유하고 있는 개인정보를 제공의 법적 근거가 될 수 있는지 문제시된다.

　　「개인정보 보호법」제18조[6] 제2항 제2호는 예외적으로 개인정보의 목적 외 이용과 제3

---

6)　제18조(개인정보의 목적 외 이용·제공 제한) ① 개인정보처리자는 개인정보를 제15조 제1항 및 제39조의3 제1항 및 제2항에 따른 범위를 초과하여 이용하거나 제17조 제1항 및 제3항에 따른 범위를 초과하여 제3자에게 제공하여서는 아니 된다.
　　② 제1항에도 불구하고 개인정보처리자는 다음 각 호의 어느 하나에 해당하는 경우에는 정보주체 또는 제3자의 이익을 부당하게 침해할 우려가 있을 때를 제외하고는 개인정보를 목적 외의 용도로 이용하거나 이를 제3자에게 제공할 수 있다. 다만, 이용자(「정보통신망 이용촉진 및 정보보호 등에 관한 법률」제2조 제1항 제4호에 해당하는 자를 말한다. 이하 같다)의 개인정보를 처리하는 정보통신서비스 제공자(「정보통신망 이용촉진 및 정보보호 등에 관한 법률」제2조 제1항 제3호에 해당하는 자를 말한다. 이하 같다)의 경우 제1호·제2호의 경우로 한정하고, 제5호부터 제9호까지의 경우는 공공기관의 경우로 한정한다.
　　　1. 정보주체로부터 별도의 동의를 받은 경우

자 제공이 가능한 경우를 규정하고 있다.

이와 관련하여 개인정보위원회(2022. 9. 28. 제2022-116-034호 결정)는 「공직선거법」 제272조의2 제1항이 「개인정보보호법」 제18조 제2항 제2호의 '다른 법률에 특별한 규정이 있는 경우'에 해당한다고 하였다. 따라서 동일한 문언 규정을 가지고 있는 정치자금법 제52조 제1항도 '다른 법률에 특별한 규정이 있는 경우'에 해당한 것으로 보아야 할 것이다.

「개인정보보호법」 제18조 제2항 제2호에 따라 제공할 수 있는지 여부

「공직선거법」 제272조의2 제1항이 「개인정보보호법」 제18조 제2항 제2호의 '다른 법률에 특별한 규정이 있는 경우'에 해당하는지

○ 보호법 제18조 제2항 제2호의 '다른 법률에 특별한 규정이 있는 경우'란 법률에서 개인정보의 목적 외 이용·제공을 구체적으로 허용하고 있는 경우를 말하며, 해당 법률에 목적 외 이용·제공되는 개인정보 항목이 구체적으로 열거되어 있지 않더라도 당해 업무의 목적, 성격 등을 고려하였을 때 목적 외 이용·제공 대상에 개인정보가 포함될 것이 합리적으로 예견되는 경우를 포함함(개인정보보호위원회 2018. 7. 23. 제2018-14-133호 결정).

○ 「공직선거법」 제272조의2 제1항은 각급선거관리위원회 위원·직원은 선거범죄에 관하여 그 범죄의 혐의가 있다고 인정되거나, 후보자 등이 제기한 그 범죄의 혐의가 있다는 소명이 이유있다고 인정되는 경우 또는 현행범의 신고를 받은 경우에는 그 장소에 출입하여 관계인에 대하여 질문·조사를 하거나 관련 서류 기타 조사에 필요한 자료의 제출을 요구할 수 있다고 규정하고 있음

○ 위 조항은 선거관리위원회의 선거범죄 조사권인 자료제출요구권을 규정하면서 이때 요구할 수 있는 개인정보 항목을 구체적으로 열거하고 있지는 않으나,

– 같은 조 제3항에서 자료제출을 요구받은 자는 이에 응하여야 하고, 이를 위반한 경우 같은 법 제256조 제5항 제12호에 따라 1년 이하의 징역 또는 200만원 이하의 벌금에 처하도록 정하고 있어 단순한 업무 협조 요청과는 다른 특별한 규정으로,

– 선거관리위원회가 선거범죄를 정확히 조사하고 수사기관에 수사의뢰 또는 고발하기 위해서는 위반행위 및 혐의자를 특정할 수 있는 증거자료 확보와 사실관계 확인이 필수적인 점,

– 「선거관리위원회 개인정보 보호에 관한 규칙」 제5조 제4호에서 「공직선거법」 등의 위반행위 조사 관련 사무 수행을 위해 불가피한 경우 민감정보 및 고유식별정보를 처리할 수 있도록 규정한 점을 고려할 때, 제출하는 자료에 개인정보가 포함될 것이 합리적으로 예견됨

○ 그리고 「공직선거법」 제272조의2 제1항에서 자료제출 요구의 상대방이 되는 '관계인'의 범위와 관련하여 대법원은 당해 혐의사실을 알거나 알고 있을 것으로 보이는 사람과 그 혐의사실과 관련된 자료를 소지한 사람을 모두 포함한다고 판시한 바(대법원 2001. 7. 13. 선고 2001도16 판결),

– 제주특별자치도선거관리위원회가 선거범죄 조사과정에서 혐의가 인정되는 등 상당한 이유가 있어

---

2. 다른 법률에 특별한 규정이 있는 경우

CCTV가 설치된 장소에서 위반행위가 있었는지 확인하고자 본 건 영상정보 제출을 요구하였다면, 이를 소지하고 있는 제주특별자치도(서귀포시)는 '관계인'에 포함된다고 볼 수 있음.

○ 따라서 「공직선거법」 제272조의2 제1항은 본 건 영상정보의 제공을 허용하는 규정으로서 보호법 제18조 제2항 제2호의 '다른 법률에 특별한 규정이 있는 경우'에 해당함(개인정보보호위원회 2022. 9. 28, 제2022-116-034호 결정).

6. 조사권의 종류

조사권의 발동요건은 「정치자금법」을 위반한 범죄의 혐의가 있다고 인정되거나 현행범의 신고를 받은 경우이다. 신고·제보 당시 현행범이면 되므로, 위원·직원이 현장에 도착할 때 이미 범인들이 모두 가버리고 없는 경우에도 그 장소에 출입하여 조사업무를 수행할 수 있다. "현행범인"이란 범죄의 실행 중이거나 실행 직후인 자를 말하고, 현행범인은 누구든지 영장 없이 체포할 수 있다(「형사소송법」 제211조, 제212조).

가. 장소출입권

'장소출입권'이란 선거관리위원회의 위원·직원(읍·면·동위원회는 제외함)이 정치자금범죄를 조사할 목적으로 증거자료를 수집하거나 관계인에게 질문·조사하거나 자료 제출을 요구하기 위하여 위반행위 발생 관련 장소에 출입할 수 있는 권한을 말한다.

장소출입권에 의하여 현행범의 신고를 받거나 범죄의 혐의가 있다고 인정되는 경우 그 장소의 소유·점유 또는 관리자 등인 상대방의 동의 없이도 출입할 수 있다. 장소출입권을 행사하기 위해서는 관련 자료 등에 의하여 객관적으로 정치자금범죄를 범하였다고 의심할 만한 상당한 이유가 있어야 한다.

장소출입권은 형법상 주거침입죄 등의 성립에 있어 정당행위로서 위법성조각사유에 해당하므로 상대방의 동의없이 범죄혐의 장소에 출입할 수 있는 권한이나 이 경우에도 적법절차 및 비례의 원칙 등을 준수하여야 한다. 장소출입 과정에서 사생활과 명예, 주거의 평온을 최대한 보장하고, 특히 매장·사무실 등 사건과 직접적인 관련이 없는 사람들도 함께 거주·사용하는 장소에 출입할 때에는 그 사람들이 불편을 느끼지 않도록 노력하여야 한다.[7]

---

7) 　중앙선거관리위원회. 선거범죄 조사사무편람(2022), 63면.

나. 질문·조사권

'질문·조사권'이라 함은 범죄혐의를 명백히 하기 위하여 관계인에게 질문을 하거나 추궁할 수 있는 권한을 말하는 것으로, 범죄혐의의 조사 및 증거수집 등 선거관리위원회 조사활동의 중심을 이루는 권한이다.

조사 대상자는 2016. 1. 15. 정치자금법 개정시 중앙당 최고집행기관을 선출하기 위한 당내경선 후보자를 대상자로 추가로 포함시켜 정당, 후원회, 후원회를 둔 국회의원, 대통령선거경선후보자, 당대표경선후보자, 공직선거의 후보자·예비후보자, 회계책임자, 정치자금을 기부하거나 받은 자 또는 정치자금에서 지출하는 비용을 지급받거나 받을 권리가 있는 자 그 밖의 관계인이다.

질문·조사의 거부에 관하여 「공직선거법」에서는 질문·조사에 응하지 않은 경우 별도의 처벌 조항이 없으나 「정치자금법」 제47조 제2항은 정당한 사유없이 응하지 아니한 경우 형사처벌하도록 규정하고 있다.

한편, 2013. 8. 13. 법 개정으로 선거범죄의 조사절차에서 변호인의 조력을 받을 권리의 고지의무와 변호인의 조사절차 참여 및 의견진술권이 명시된 「공직선거법」 제272조의2 제8항과는 달리 법에서는 변호인의 조력을 받을 권리와 관련한 법률상 규정이 명시되어 있지 않다.

다. 자료제출 요구권

'자료제출 요구권'이라 함은 범죄혐의 입증과 관련한 자료를 소지한 자에게 그 자료의 제출을 명할 수 있는 권한을 말하는 것으로, 증거수집 및 정치자금범죄 조사의 유용한 수단이다. 제출을 요구할 수 있는 자료는 '그 밖에 조사에 필요한 자료'로 규정하고 있어 요구 범위에 제한이 없다. 자료제출요구는 행정조사의 성격을 가지는 것으로 수사기관의 수사와 근본적으로 그 성격을 달리하며, 청구인에 대하여 직접적으로 어떠한 물리적 강제력을 행사하는 강제처분을 수반하는 것이 아니므로 영장주의의 적용대상이 아니다.[8] 자료제출요구는 그 성질상 대상자의 자발적 협조를 전제로 할 뿐이고 물리적 강제력을 수반하지 아니하고, 피조사자로 하여금 자료제출요구에 응할 의무를 부과하고 허위 자료를 제출한 경우 형사처벌하고 있으나 이는 형벌에 의한 불이익이라는 심리적, 간접적 강제수단을 통하여 진실한 자료를 제출하도록 함으로써 조사권 행사의 실효성을 확보하기 위한 것이다.[9]

---

8) 헌법재판소 2016. 11. 24. 자 2014헌바401 결정.
9) 헌법재판소 2019. 9. 26. 자 2016헌바381 결정.

자료 제출요구 방법과 관련하여, 법원은 "공직선거법 제272조의2 제1항은 위 조항에 정한 일정한 요건에 해당할 경우 '그 장소에 출입하여 관계인에 대하여 질문·조사를 하거나' 또는 '관련서류 기타 조사에 필요한 자료의 제출을 요구할 수 있다'고 해석할 수 있고, 자료 제출을 요구하기 위해 반드시 해당 장소에 출입하여야 하는 것을 요건으로 볼 수는 없으며, 같은 취지로 규칙 제146조의3 제4항도 직접 방문조사 외에 서면답변 또는 자료의 제출요구도 가능한 것으로 규정하고 있는 이상 이 사건과 같이 전화로도 자료제출을 요구할 수 있다고 보아야 할 것이다"라고 판시하였다.[10] 「정치자금법」 제52조 제1항과 규칙 제45조 제3항도 동일한 문언을 규정하고 있어 정치자금 조사에서도 전화로 자료제출 요구가 가능하다고 보아야 한다.

선거관리위원회 위원·직원이 「정치자금법」 제52조(정치자금범죄 조사 등) 제1항의 규정에 의하여 "조사대상자"에 대하여 조사·확인 및 자료제출을 요구함에 있어서 정당한 사유 없이 조사·확인에 응하지 아니하거나 자료의 제출요구에 불응하거나 허위자료의 제출 또는 장소의 출입을 방해하는 때에는 「정치자금법」 제47조(각종 의무규정위반죄) 제2항의 규정에 의하여 처벌받을 수 있음을 알려야 한다.

선거관리위원회 위원·직원은 조사대상자가 정당한 사유 없이 조사·확인에 불응하거나 자료제출의 요구를 거부하는 때에는 독촉장을 발부하여야 한다. 이 경우 독촉장을 받은 날부터 7일 이내에 진술 또는 자료제출을 하지 아니하는 때에는 고발 등 필요한 조치를 하게 된다는 뜻을 알려야 한다. 누구든지 장소의 출입을 방해하여서는 아니 되며, 질문·조사를 받거나 자료의 제출을 요구받은 자는 즉시 이에 따라야 한다.

라. 금융거래자료 제출요구권

1) 주체

각급 선거관리위원회로 구·시·군, 시·도, 중앙선거관리위원회이다. 읍·면·동위원회는 본 조와 관련하여 제1항에서 각급 선거관리위원회 범위에 읍·면·동위원회를 제외하고 있다.

2) 행사요건

① '금융거래자료 제출 요구권'의 행사 요건은 우선 정치자금의 수입과 지출에 관한 조사를 위하여 불가피한 경우에 해당하여야 한다. 정치자금의 수입과 지출에 관한 조사를

---

10) 광주지방법원 해남지원 2007. 1. 10. 선고 2006고합48 판결.

위하여 불가피한 경우는 금융거래자료에 의하지 아니하고는 자금의 흐름 및 출처를 파악할 수 없거나 조사의 착수 및 진행이 불가능한 경우를 의미한다고 보아야 한다.

② 다른 법률의 규정에도 불구하고 법을 위반하여 정치자금을 주거나 받은 혐의가 있다고 인정되는 상당한 이유가 있는 자에 대하여 행사가 가능하다. 개인뿐만 아니라 법인·단체에 대하여도 요구 가능하다. 금융거래자료 제출요구에 대해서는 당해 금융기관의 장은 이를 거부할 수 없다.

③ 해당 계좌에 입·출금된 타인의 계좌에 대하여는 불가하다.

3) 제출요구 대상자료

① 계좌개설 내용, ② 통장원부 사본, ③ 계좌이체의 경우 거래상대방의 인적 사항, ④ 수표에 의한 거래의 경우 당해 수표의 최초 발행기관 및 발행의뢰인의 인적 사항이다.

신용카드에 의한 거래와 관련된 정보 또는 자료는 금융거래에 해당하지 아니하므로 비밀보장대상에 해당하지 않으며(재정경제부 실명(세)46000-45, 1995. 2. 6회신요지), 「정치자금법」 제52조 제1항에 의하여 정치자금범죄의 혐의가 있다고 인정되는 경우 요구할 수 있다. '금융거래자료'는 당해계좌에 입·출금된 타인의 계좌에 대해서는 본 조항을 적용할 수 없다. 따라서 정치자금을 주거나 받은 혐의가 있다고 인정되는 상당한 이유가 있는 자의 당해 계좌에 입·출금된 타인의 계좌 거래내역이 필요한 경우, 타인의 정치자금을 주거나 받은 혐의가 있다고 인정되는 상당한 이유를 기재하여 별도의 금융거래자료 제출요구를 하여야 한다. 금융거래자료의 제출요구는 「금융실명거래 및 비밀보장에 관한 법률」 제4조 제6항에 따른 금융위원회가 정한 표준양식에 의하여야 한다.

4) 비밀보장

금융거래자료 제출요구를 통해 타인의 금융거래정보 등을 알게 된 자는 그 알게 된 거래정보 등을 타인에게 제공 또는 누설하거나 그 목적 외 용도로 이를 이용할 수 없고, 누구든지 거래정보를 알게된 자에게 그 거래정보 등의 제공을 요구하여서도 아니 된다.[11] 금융거

---

11) 금융실명거래 및 비밀보장에 관한 법률 제4조(금융거래의 비밀보장) ④ 제1항 각 호[종전의 금융실명거래에관한법률(대통령긴급재정경제명령 제16호로 폐지되기 전의 것을 말한다) 제5조 제1항 제1호부터 제4호까지 및 금융실명거래및비밀보장에관한긴급재정경제명령(법률 제5493호로 폐지되기 전의 것을 말한다. 이하 같다) 제4조 제1항 각 호를 포함한다]에 따라 거래정보등을 알게 된 자는 그 알게 된 거래정보등을 타인에게 제공 또는 누설하거나 그 목적 외의 용도로 이용하여서는 아니 되며, 누구든지 거래정보등을 알게 된 자에게 그 거래정보등의 제공을 요구하여서는 아니 된다. 다만, 금융위원회 또는 금융감독원장이 제1항 제4호 및 제6호에 따라 알게 된 거래정보등을 외국 금융감독기관에 제공하거나 거래소가 제1항 제7호에 따라 외국거래소 등에 거래정보등을 제공하는 경우에는 그러하지 아니하다.

래정보는 비공개 대상이므로 각급 선거관리위원회 위원과 직원은 「정치자금법」 제63조[12]에 따라 재직 중은 물론 퇴직 후라도 직무상 알게 된 비밀을 누설을 하는 경우에는 같은 법 제 46조에 따라 3년 이하의 징역 또는 600만원 이하의 벌금에 처할 수 있다. 한편, 금융거래자료의 제출요구에 대해서 거부할 경우 이에 대한 처벌 규정은 법상 없다.

마. 증거물품 수거권

'증거물품 수거권'이라 함은 선거관리위원회 위원·직원이 정치자금범죄 현장에서 범죄에 사용된 자료·물건 등 증거물품을 점유하여 보관할 수 있는 권한을 말한다. 증거물품수거권은 타인의 재산권을 침해할 수도 있는 행위이므로, 본 규정은 그 요건으로 ① 범죄 현장에서 수거하여야 하고, ② 정치자금범죄에 사용된 물품이어야 하며, ③ 증거인멸의 우려가 있어야 할 뿐만 아니라, ④ 조사에 필요한 범위 내에서만 행사할 것을 엄격하게 규정하고 있다. 위원·직원은 정치자금범죄에 사용된 증거물품을 수거한 때에는 그 목록 2부를 작성하여 그중 1부를 당해 물품을 소유·점유 또는 관리하는 자에게 교부하고, 나머지 1부는 당해 선거관리위원회에 제출하여야 한다.

바. 출석요구권 및 동행요구권

'출석요구권'이라 함은 정치자금범죄의 조사와 관련하여 관계자에게 질문·조사하기 위하여 필요하다고 인정되는 경우 관계자로 하여금 선거관리위원회로 출석할 것을 요구할 수 있는 권한을 말하며, '동행요구권'은 정치자금범죄 조사와 관련하여 범죄혐의에 대하여 명백한 증거가 있는 경우에 선거관리위원회까지 동행하여 조사받을 것을 요구할 수 있는 권한이다. 다만, 공직선거에 있어서는 후보자와 대통령선거경선후보자, 당대표경선후보자등의 경선운동 및 선거운동 보장 등을 위하여 선거기간 중 후보자, 대통령선거경선후보자, 당대표경선후보자등에 대하여는 출석·동행을 요구할 수 없다.

각급 선거관리위원회 위원·직원이 동행 또는 출석을 요구하는 경우에는 관계인에게 그 신분을 표시하는 증표를 제시하고 소속과 성명을 밝히고 그 목적과 이유를 설명하여야 한다. 동행 요구는 현장에서 이루어지는 특성상 구두로 할 수 있으며, 출석 요구는 서면에 의하여야 한다. 이 경우 「형사소송법」 제211조(현행범인과 준현행범인)에 규정된 현행범인 또는

---

12) 제63조(비밀엄수의 의무) 각급 선거관리위원회 위원과 직원은 재직 중은 물론 퇴직후라도 이 법의 시행과 관련하여 직무상 알게 된 비밀을 누설하여서는 아니된다.

준현행범인에 해당하는 관계자에게 동행요구를 함에 있어서 정당한 사유 없이 동행요구에 응하지 아니한 때에는 「정치자금법」 제51조(과태료의 부과·징수 등) 제1항 제3호에 의하여 과 태료에 처할 수 있음을 알려야 한다. 동행요구에 의하지 아니한 자는 300만원 이하의 과태 료에, 출석요구에 응하지 아니한 자는 100만원 이하의 과태료에 처한다. 다만, 이러한 동행 요구는 상대방의 동의를 그 요건으로 하는 임의동행으로서 동행을 위한 실력행사는 허용되 지 않는다.

사. 현장제지권 허용여부

한편, 「공직선거법」 제272조의2 제5항에서 선거의 자유와 공정을 현저히 해할 우려가 있 는 공직선거법에 위반되는 행위가 눈앞에 행하여지고 있거나, 행하여질 것이 명백하다고 인 정되는 경우에는 그 현장에서 행위의 중단 또는 예방에 필요한 조치를 할 수 있는 이른바 현 장제지권은 「정치자금법」에서 인정하고 있지 않다.

아. 경찰공무원 등에게 원조 요구 미규정

「정치자금법」에는 공직선거관리규칙에 있는 조사업무에 필요하다고 인정되는 때에는 「정치자금법」 제5조(선거사무협조)의 규정에 의하여 경찰공무원·경찰관서의 장이나 행정기관 의 장에게 원조를 요구할 수 있는 규정이 없다.

7. 적법절차 준수 등

가. 적법절차 준수

헌법 제12조 제1항에서 규정하고 있는 적법절차의 원칙은 형사소송절차에 국한되지 아 니하고 모든 국가작용 전반에 대하여 적용된다.[13] 정치자금범죄 조사는 정치자금의 투명성 제고를 위하여 정치자금 수입·지출과 관련한 범죄혐의를 확인하고 증거자료를 수집하는 행 정조사의 일종으로서 정치자금범죄 조사권의 행사에서도 적법절차의 원칙은 마땅히 준수되 어야 한다. 선거관리위원회의 목적, 선거범죄 혐의에 대한 조사 권한, 수사기관에 대한 고발 또는 수사의뢰 시 수사자료를 송부하는 점 등을 종합적으로 고려하면, 비록 선거관리위원회

---

13) 헌법재판소 1992. 12. 24. 자 92헌가8 전원재판부 결정, 헌법재판소 1998. 5. 28. 자 96헌바4 전원재판부 결정 등.

는 독자적인 수사권을 보유한 수사기관은 아니지만, 수사에 준하는 행정조사권한을 보유한 기관으로서 공직선거법에 의한 선거범죄의 조사를 함에 있어 당연히 적법절차를 준수하여야 할 의무가 있다.[14]

선거관리위원회 위원·직원이 제1항의 규정에 의한 질문·조사·자료의 제출 요구 또는 장소에 출입할 때에는 관계인에게 그 신분을 표시하는 증표를 제시하고 소속과 성명을 밝히고 그 목적과 이유를 설명하여야 한다. 법원은 "선거관리위원회 위원·직원이 「공직선거법」 제272조의2 제1항에 근거하여 해당 장소에 적법하게 출입을 하기 위해서는 반드시 같은 조 제6항에서 정하고 있는 실체적·절차적 요건을 모두 갖추어야 한다. 만약 그러한 요건 중 일부라도 갖추지 못한 상태에서는 해당 장소에 적법하게 출입할 권한이 인정되지 않고, 선거관리위원회 위원·직원이 해당 장소에 출입하려는 것을 제지하더라도 선거관리위원회 위원·직원에 대한 출입방해죄가 성립하지 않는다. 한편, 「공직선거법」 제272조의2 제6항에서 정하고 있는 요건 중 하나인 관계인에게 그 신분을 표시하는 증표를 제시할 때 「공직선거관리규칙」 제146조의3 제3항의 양식에 의한 증표 또는 관할 위원회가 발행하는 위원신분증이나 공무원증을 반드시 제시하여야 한다. 설사 관계인이 해당 장소에 출입하고자 하는 선거관리위원회 위원·직원에게 증표제시를 요구하지 않았다거나, 해당 장소에 출입하고자 하는 사람이 선거관리위원회 위원·직원이라는 사실을 이미 알고 있었던 경우에도 마찬가지이다"라고 판시하였다.[15]

선거관리위원회의 직원은 선거범죄의 조사를 위하여 관계인의 진술내용을 녹음하는 경우에도 법원은 "선거관리위원회 위원·직원이 관계인에게 진술이 녹음된다는 사실을 미리 알려 주지 아니한 채 진술을 녹음하였다면, 그와 같은 조사절차에 의하여 수집한 녹음파일 내지 그에 터 잡아 작성된 녹취록은 형사소송법 제308조의2에서 정하는 '적법한 절차에 따르지 아니하고 수집한 증거'에 해당하여 원칙적으로 유죄의 증거로 쓸 수 없다"라고 판시하였다.[16] 규칙 제45조 제9항과 「공직선거관리규칙」 제146조의3 제3항은 같은 내용으로 위의 판결의 취지가 정치자금범죄 조사권 행사에 동일하게 적용될 것이다.

또한 선거관리위원회의 디지털 포렌식관련 조사과정에서 조사대상자가 선거관리위원회 직원에게 휴대전화를 임의제출하였다고 하더라도 휴대전화에 저장된 전자정보 전부를 임의제출하였다고 볼 수 없고, 적법하게 임의제출된 정보의 범위는 조사대상자의 의사에 따라 결정된다고 보아 선거관리위원회 직원의 이 사건 전자정보 수집은 「공직선거법」에 의한 선거범죄 조사를 함에 있어 준수해야 할 적법절차를 위반한 것으로서 위법하다고 한 판례가

---

14) 대전고등법원 2021. 9. 10. 선고 2021노103 판결, 대법원 2021. 12. 30. 선고 2021도13149 판결.
15) 대법원 2008. 11. 13. 선고 2008도6228 판결.
16) 대법원 2014. 10. 15. 선고 2011도3509 판결.

있다.[17]

나. 진술거부권 고지 의무 여부

진술거부권 고지는 피의자의 진술거부권을 실효적으로 보장하여 진술이 강요되는 것을 막기 위해 인정되는 것인데, 이러한 진술거부권 고지에 관한 형사소송법 규정내용 및 진술거부권 고지가 갖는 실질적인 의미를 고려하면 수사기관에 의한 진술거부권 고지 대상이 되는 피의자 지위는 수사기관이 조사대상자에 대한 범죄혐의를 인정하여 수사를 개시하는 행위를 한 때 인정되는 것으로 보아야 한다. 따라서 이러한 피의자 지위에 있지 아니한 자에 대하여는 진술거부권이 고지되지 아니하였더라도 진술의 증거능력을 부정할 것은 아니다.[18]

진술거부권 및 변호인조력권의 고지는 선거범죄 조사에서는 법률상 의무이며, 정치자금범죄의 경우 상당 부분 선거범죄와 결부되어 있거나 경합되어 있는 등 선거범죄와 관련성이 많으므로 선거범죄와 관련있는 정치자금범죄 조사의 경우에는 진술거부권 및 변호인조력권 고지의무를 준수하여야 한다. 순수한 정치자금범죄의 조사에 한정되는 경우에는 법률상 진술거부권 및 변호인조력권 고지의무가 있는 것은 아니나, 헌법상 기본권으로 보장된 점, 정치관계법 상호간에 균형이 필요한 점, 인권존중의 조사문화를 강화하고자 하는 점 등을 고려하여 조사권을 행사함에 있어 「공직선거법」을 준용하여 운영하고 있다.[19]

한편 대법원은 "진술거부권이 보장되는 절차에서 진술거부권을 고지받을 권리가 헌법 제12조 제2항에 의하여 바로 도출된다고 할 수는 없고 이를 인정하기 위해서는 입법적 뒷받침이 필요하다고 하면서, 수사기관의 피의자에 대한 진술거부권 고지를 규정한 형사소송법 제244조의3 제1항이 구 공직선거법상 선거관리위원회 위원·직원의 조사절차에 당연히 유추적용된다고 볼 수도 없다"고 판시하였다.[20] 따라서 법에는 현행 「공직선거법」과 달리 진술거부권 고지에 대한 별도의 규정이 없으므로 선거관리위원회 위원·직원이 정치자금범죄 조사와 관련하여 관계자에게 질문을 하면서 미리 진술거부권을 고지하지 않았다고 하여 단지 그러한 이유만으로 그 조사절차가 위법하다거나 그 과정에서 작성·수집된 선거관리위원회 문답서의 증거능력이 당연히 부정된다고 할 수는 없다.[21]

---

17) 대전고등법원 2021. 9. 10. 선고 2021노103 판결, 대법원 2021. 12. 30. 선고 2021도13149 판결.
18) 대법원 2011. 11. 10. 선고 2011도8125 판결.
19) 중앙선거관리위원회. 선거범죄 조사사무편람(2022), 66면.
20) 대법원 2014. 1. 16. 선고 2013도5441 판결.
21) 이에 대하여 공직선거법 개정전의 종전 법률의 해석상으로도 진술거부권 고지의무가 인정된다는 의견이 있다. 진술거부권을 고지받을 권리는 헌법 제12조 제1항에서 규정한 헌법상 일반원칙인 적법절차의 원칙에서 파생되는 헌법적 권리이므로 형사절차는 물론 국세청의 조세범죄 조사 등 준형사절차에도 보장되어야 한다. 나아가 선거관리위원회의 직원 등이 하는 선거범죄의

다. 조사내용 공표시 유의 사항

조사과정상 불가피하게 제3자에게 조사내용 공표 시 「형법」 제126조(피의사실공표), 제127조(공무상 비밀의 누설) 또는 제307조(명예훼손)에 위반될 수 있다. 내부자의 신고·제보를 이끌어 내기 위하여 사건개요 등 익명 처리된 조사내용의 일부를 언론 또는 사건관계자에게 공표하는 행위, 질문조사 과정에서 피조사자 진술의 허위성 등을 입증하기 위하여 제3의 사건관계자(신고·제보자 제외) 진술을 피조사자에게 고지하는 행위, 수사기관의 압수수색 등 수사협조와 공소유지를 위하여 고발 전에 미리 수사기관에 조사자료를 제공하고 협의하는 행위, 보도자료가 아닌 언론의 취재 및 확인요청에 응하여 위반혐의자 등의 실명과 신분 및 구체적 사건개요 등을 확인해 주는 행위 등에 있어 특히 유의해야 한다.[22]

피조사자에 대한 조사 절차는 형사절차나 준형사절차는 아니라고 하더라도 형사책임으로 이어질 가능성이 많은 행정조사절차이고, 선거관리위원회에서는 선거범죄혐의자와 관련하여 수사기관에 대한 수사의뢰나 고발권이 있고, 이를 상시적으로 행사하는 기관이라는 점에서 조사자는 조사개시 당시에 조사자의 진술결과가 형사절차에서 증거로 사용될 수 있다는 것을 충분히 인식하였다고 할 수 있으므로 조사자의 진술거부권 고지의무도 인정되어야 한다. 따라서 개정 공직선거법에서 선거관리위원회 직원에 대해 진술거부권 고지의무를 인정하였는지 여부와 무관하게 종전 법률의 해석상으로도 진술거부권 고지의무가 인정된다 것이 사견이다. 한국형사소송법학회. 「형사소송법 핵심 판례 130선(제5판)」. 박영사, 2020, 51면.

22) 중앙선거관리위원회. 선거범죄 조사사무편람(2022), 69면.

제18장

정치자금범죄 신고자의
보호 및 포상금 지급

정치자금법 이해

제18장

정치자금범죄 신고자의
보호 및 포상금 지급

제53조(정치자금범죄 신고자의 보호 등) ① 정치자금범죄(제8장에 해당하는 죄를 말한다. 이 장에서 같다)에 관한 신고·진정·고소·고발 등 조사 또는 수사단서의 제공, 진술 또는 증언 그 밖에 자료제출행위 및 범인검거를 위한 제보 또는 검거활동을 한 자(이하 이 조에서 "정치자금범죄 신고자등"이라 한다)가 그와 관련하여 피해를 입거나 입을 우려가 있다고 인정할 만한 상당한 이유가 있는 경우 그 정치자금범죄에 관한 형사절차 및 선거관리위원회의 조사과정에 있어서는 「특정범죄신고자등 보호법」제5조(불이익처우의 금지)·제7조(인적 사항의 기재생략)·제9조(신원관리카드의 열람) 내지 제12조(소송진행의 협의 등) 및 제16조(범죄신고자 등에 대한 형의 감면)의 규정을 준용한다.

② 누구든지 제1항의 규정에 의하여 보호되고 있는 정치자금범죄 신고자등이라는 정을 알면서 그 인적 사항 또는 정치자금 범죄신고자등임을 미루어 알 수 있는 사실을 다른 사람에게 알려 주거나 공개 또는 보도하여서는 아니된다.

규칙 제46조(정치자금범죄 신고자의 보호 등) ① 위원·직원은 정치자금범죄신고와 관련하여 문답서 또는 확인서 그 밖의 서류(이하 "문답서등"이라 한다)를 작성함에 있어서 정치자금범죄에 관한 신고·진술 또는 증언 그 밖의 자료제출행위 등을 한 자(이하 이 조에서 "정치자금범죄신고자등"이라 한다)의 성명·연령·주소 및 직업 등 신원을 알 수 있는 사항(이하 이 조에서 "인적 사항"이라 한다)의 전부 또는 일부를 기재하지 아니할 수 있다.

② 정치자금범죄 신고자등은 문답서등을 작성함에 있어서 위원·직원의 승인을 얻어 인적 사항의 전부 또는 일부를 기재하지 아니할 수 있다.

③ 제1항 또는 제2항의 경우 위원·직원은 문답서등에 기재하지 아니한 인적 사항을 별지 제49호 서식에 의한 정치자금범죄 신고자등 신원관리카드(이하 이 조에서 "신원관리카드"라 한다)에 등재하여야 한다.

④ 각급 선거관리위원회가 수사의뢰 또는 고발을 하는 때에는 조사서류와 별도로 신원관리카드를 봉인하여 조사기록과 함께 관할 경찰관서 또는 관할 검찰청에 이를 제출하여야 한다.

> **제47조(각종 의무규정위반죄)** ① 다음 각 호의 어느 하나에 해당하는 자는 2년 이하의 징역 또는 400만 원 이하의 벌금에 처한다.
> 　13. 제53조(정치자금범죄 신고자의 보호 등) 제2항의 규정을 위반한 자

1. 의의

　본 조는 정치자금범죄에 관한 형사절차 및 선거관리위원회의 조사과정에 있어서 특정범죄신고자 등 보호법의 규정을 준용하여 정치자금범죄 신고자를 보호하기 위한 규정이다.

　정치자금범죄는 그 성질상 정당 또는 후보자 등의 정치활동과 밀접한 관계가 있는 자들 사이에서 은밀하게 이루어지는 경우가 많고, 관련자가 신고를 기피하는 경향이 있으므로 관련자들이 정치자금범죄에 관하여 안심하고 자발적으로 협조를 할 수 있도록 하는 데 그 의의가 있다.

　2004. 3. 12. 제14차 개정시 규정이 신설되었고 그 당시 '정치자금범죄'에 관한 신고라고만 규정하여 그 범위가 불명확하였으나, 2005. 8. 4. 제16차 개정시 '정치자금범죄'를 "제8장에 해당하는 죄를 말한다"라고 규정함으로써 그 대상범죄를 명확히 하였다. 「공직선거법」 제262조의2(선거범죄신고자 등의 보호)[1]에 동일한 규정이 있다.

2. 보호 대상자

　보호 대상자는 '정치자금범죄 신고자등'이다. 정치자금범죄에 관한 신고·진정·고소·고발 등 조사 또는 수사단서의 제공, 진술 또는 증언 그 밖에 자료제출행위 및 범인검거를 위한 제보 또는 검거활동을 한 자를 말한다. 누구든지 본 조에 의해 보호되고 있는 정치자금범죄 신고자등이라는 정을 알면서 그 인적 사항 또는 정치자금범죄 신고자등임을 미루어 알 수 있는 사실을 다른 사람에게 알려 주거나 공개 또는 보도하여서는 아니 된다.

---

1)　「공직선거법」 제262조의2(선거범죄신고자 등의 보호) ① 선거범죄[제16장 벌칙에 규정된 죄(제261조 제9항의 과태료에 해당하는 위법행위를 포함한다)와 「국민투표법」 위반의 죄를 말한다. 이하 같다]에 관한 신고·진정·고소·고발 등 조사 또는 수사단서의 제공, 진술 또는 증언 그 밖의 자료제출행위 및 범인검거를 위한 제보 또는 검거활동을 한 자가 그와 관련하여 피해를 입거나 입을 우려가 있다고 인정할 만한 상당한 이유가 있는 경우 그 선거범죄에 관한 형사절차 및 선거관리위원회의 조사과정에서는 「특정범죄신고자 등 보호법」 제5조·제7조·제9조부터 제12조까지 및 제16조를 준용한다.
　② 누구든지 제1항의 규정에 의하여 보호되고 있는 선거범죄신고자 등이라는 정을 알면서 그 인적사항 또는 선거범죄신고자 등임을 알 수 있는 사실을 다른 사람에게 알려주거나 공개 또는 보도하여서는 아니된다.

본 조에 의하여 보호되고 있는 정치자금범죄 신고자등이라 함은 특정범죄신고자보호법 제7조에 의하여 조서 기타 서류에 정치자금범죄 신고자등의 인적사항의 기재가 생략되고, 신원관리카드에 그 인적사항이 등재된 정치자금범죄 신고자등을 뜻한다.[2] 따라서 정치자금범죄 신고를 접수하여 수사한 경찰이 조서 기타 서류에 인적사항의 기재를 생략하고 정치자금범죄 신고자등 신원관리카드에 등재하는 등의 보호조치를 취하지 아니한 이상 신고자는 본 조의 정치자금범죄 신고자 등에 해당하지 않는다.

3. 보호사유

정치자금범죄 신고자가 정치자금범죄 신고와 관련하여 피해를 입거나 입을 우려가 있다고 인정할 만한 상당한 이유가 있어야 한다. 이 경우 '피해를 입거나 입을 우려가 있다고 인정할 만한 상당한 이유'라 함은 반드시 특정범죄신고자 등 보호법이 규정하는 '보복을 당할 우려가 있는 경우', 즉 범죄신고 등과 관련하여 생명 또는 신체에 대한 위해나 재산 등에 대한 피해를 입거나 입을 우려가 있다고 인정할 만한 충분한 이유가 있는 경우로 제한하여 한정적으로 해석할 것은 아니고, 신고자 등이 혐의사실 용의자나 그 측근과 같은 지역에 거주하면서 조우하는 경우, 같은 지역에 거주하는 지역주민들로부터 신고자 등으로 낙인찍히는 경우 등 널리 일상생활에서 겪게 되는 불편함까지 포함하는 것으로 해석함이 상당하다.[3]

4. 보호의 내용

가. 인적사항 기재 생략 및 공개 금지

1) 위원회 조사 절차(규칙 제46조)

위원·직원은 정치자금범죄신고와 관련하여 문답서 또는 확인서 그 밖의 서류(이하 '문답서 등'이라 함)를 작성함에 있어서 정치자금범죄에 관한 신고·진술 또는 증언 그 밖의 자료제출 행위 등을 한 자(이하 '정치자금범죄 신고자등'이라 함)의 성명·연령·주소 및 직업 등 신원을 알 수 있는 사항(이하 '인적 사항'이라 함)의 전부 또는 일부를 기재하지 아니할 수 있다. 정치자금 범죄 신고자등은 문답서등을 작성함에 있어서 위원·직원의 승인을 얻어 인적사항의 전부

---

2) 대법원 2006. 5. 25. 선고 2005도2049 판결.
3) 대전고등법원 2015. 7. 6. 선고 2005노158 판결, 대법원 2015. 11. 12. 선고 2015도11112 판결.

또는 일부를 기재하지 아니할 수 있다. 위 경우 위원·직원은 문답서등에 기재하지 아니한 인적사항을 별지 제49호 서식에 의한 정치자금범죄 신고자등 신원관리카드(이하 "신원관리카드"라 함)에 등재하여야 한다. 각급 선거관리위원회가 수사의뢰 또는 고발을 하는 때에는 조사서류와 별도로 신원관리카드를 봉인하여 조사기록과 함께 관할 경찰관서 또는 관할 검찰청에 이를 제출하여야 한다.

2) 형사 절차(「특정범죄신고자 등 보호법」 제7조)

검사 또는 사법경찰관은 정치자금범죄 신고 등과 관련하여 조사 기타 서류(이하 '조서 등'이라 함)를 작성함에 있어서 정치자금범죄 신고자 등이나 그 친족 등이 보복을 당할 우려가 있는 경우에는 그 취지를 조서 등에 기재하고 범죄신고자 등의 성명·연령·주소·직업 등 신원을 알 수 있는 사항(이하 '인적사항'이라 함)의 전부 또는 일부를 기재하지 아니할 수 있다. 사법경찰관이 조서 등에 정치자금 범죄 신고자 등의 인적사항의 전부 또는 일부를 기재하지 아니한 경우에는 즉시 검사에게 보고하여야 한다. 검사 또는 사법경찰관은 조서 등에 기재하지 아니한 인적사항을 정치자금범죄 신고자등 신원관리카드에 등재하여야 한다. 조서등에 성명을 기재하지 아니하는 경우에는 범죄신고자등으로 하여금 조서등에 서명은 가명(假名)으로, 간인(間印) 및 날인(捺印)은 무인(拇印)으로 하게 하여야 한다. 이 경우 가명으로 된 서명은 본명(本名)의 서명과 동일한 효력이 있다 정치자금범죄신고자는 진술서 등을 작성함에 있어서 검사 또는 사법경찰관의 승인을 얻어 인적사항의 전부 또는 일부를 기재하지 아니할 수 있다. 정치자금범죄 신고자나 그 법정대리인은 검사 또는 사법경찰관에게 그 취지를 조서 등에 기재하고 범죄신고자 등의 인적사항의 전부 또는 일부를 기재하지 아니하도록 신청할 수 있다. 이 경우 검사 또는 사법경찰관은 특별한 사유가 없으면 그 조치를 하여야 한다. 신원관리카드는 검사가 관리한다.

나. 불이익 처우의 금지(「특정범죄신고자 등 보호법」 제5조)

범죄신고자 등을 고용하고 있는 자(고용주를 위하여 근로자에 관한 업무를 행하는 자를 포함)는 피고용자가 범죄신고 등을 하였다는 이유로 해고 기타 불이익한 처우를 하여서는 아니 된다.

다. 신원관리카드의 열람(「특정범죄신고자 등 보호법」 제9조)

법원은 다른 사건의 재판상 필요한 경우에는 검사에게 신원관리카드의 열람을 요청할 수 있으며, 이 경우 요청을 받은 검사는 정치자금범죄 신고자가 피해를 당할 우려가 있는 경우 외에는 그 열람을 허용하여야 한다. 검사나 사법경찰관이 다른 사건의 수사에 필요한 경우 나 변호인이 피고인의 변호에 필요한 경우 또는 정치자금 범죄 신고자 구조금의 지급에 관 한 심의 등 공무상 필요가 있는 경우에는 그 사유를 소명하고 검사의 허가를 받아 신원관리 카드를 열람할 수 있으나, 정치자금 범죄 신고자등이나 그 친족등이 보복을 당할 우려가 있 는 경우에는 열람을 허가하여서는 아니 된다. 피의자 또는 피고인이나 그 변호인 또는 법정 대리인, 배우자, 직계친족, 형제자매가 피해자와의 합의를 위하여 필요한 경우에는 검사에 게 정치자금범죄 신고자와의 면담을 신청할 수 있다. 면담신청이 있는 경우 검사는 즉시 그 사실을 정치자금범죄 신고자에게 통지하고, 정치자금범죄 신고자가 이를 승낙한 경우에는 검사실 등 적당한 장소에서 정치자금 범죄 신고자나 그 대리인과 면담을 할 수 있도록 조치 할 수 있다. 신원관리카드의 열람을 신청한 변호인과 면담신청을 한 자는 검사의 거부처분 에 대하여 이의신청을 할 수 있다. 이의신청은 그 검사가 소속하는 지방검찰청 검사장(지청의 경우에는 지청장)에게 서면으로 제출하여야 하며, 이의신청을 받은 검사장 또는 지청장은 이의 신청이 이유가 있다고 인정하는 경우에는 신원관리카드의 열람을 허가하거나 정치자금범죄 신고자나 그 대리인과 면담할 수 있도록 조치하여야 한다.

라. 영상물 촬영(「특정범죄신고자 등 보호법」 제10조)

정치자금범죄 신고자에 대하여 형사소송법 제184조(증거보전의 청구와 그 절차) 또는 제221 조의2(증인신문의 청구)에 의한 증인신문을 하는 경우 판사는 직권 또는 검사의 신청에 의하여 그 과정을 비디오테이프 등 영상물로 촬영할 것을 명할 수 있다. 위와 같은 규정에 의하여 촬영한 영상물에 수록된 범죄 신고자의 진술은 이를 증거로 할 수 있다.

마. 증인소환 및 신문의 특례(「특정범죄신고자 등 보호법」 제11조)

조서 등에 인적사항을 기재하지 아니한 정치자금범죄 신고자를 증인으로 소환할 때에는 검사에게 소환장을 송달한다. 재판장 또는 판사는 소환된 증인이 피해를 당할 우려가 있는 경우에는 참여한 법원서기관 또는 서기로 하여금 공판조서에 그 취지를 기재하고 당해 증인 의 인적 사항의 전부 또는 일부를 기재하지 아니하게 할 수 있으며, 이 경우 재판장 또는 판 사는 검사에게 신원관리카드가 작성되지 아니한 증인에 대하여 신원관리카드의 작성 및 관 리를 요청할 수 있다. 재판장 또는 판사는 증인의 인적사항이 신원확인·증인선서·증언 등 증인신문의 모든 과정에서 공개되지 아니하도록 하여야 하며, 이 경우 소환된 증인의 신원확인은 검사가 제시하는 신원관리카드에 의한다. 공판조서에 인적 사항을 기재하지 아니하는 경우 재판장 또는 판사는 정치자금범죄 신고자로 하여금 선서서(宣誓書)에 가명으로 서명·무인하게 하여야 하며, 이 경우 가명으로 된 서명은 본명의 서명과 동일한 효력이 있다. 증인으로 소환받은 정치자금범죄 신고자가 피해를 당할 우려가 있는 경우에는 검사·정치자금범죄 신고자 또는 그 법정대리인은 법원에 피고인이나 방청인을 퇴정시키거나 공개법정 외의 장소에서 증인신문을 할 것을 신청할 수 있다. 재판장은 직권 또는 위 신청이 상당한 이유가 있다고 인정되는 때에는 피고인이나 방청인을 퇴정시키거나 공개법정 외의 장소에서 증인신문 등을 행할 수 있으며, 이 경우 변호인이 없는 때에는 국선변호인을 선임하여야 한다.

바. 소송진행의 협의(「특정범죄신고자 등 보호법」 제12조)

법원은 정치자금범죄 신고자나 그 친족 등이 보복을 당할 우려가 있는 경우에는 검사 및 변호인과 당해 피고인에 대한 공판기일의 지정 기타 소송의 진행에 필요한 사항을 협의할 수 있다. 위 협의는 소송진행에 필요한 최소한에 그쳐야 하며, 판결에 영향을 주어서는 아니 된다.

사. 범죄신고자 등에 대한 형의 감면(「특정범죄신고자 등 보호법」 제16조)

범죄신고등을 함으로써 그와 관련된 자신의 범죄가 발견된 경우 그 범죄신고자등에 대하여 형을 감경 또는 면제할 수 있다.

5. 처벌

본 조 제2항의 규정을 위반하여 보호되고 있는 정치자금범죄 신고자등이라는 정을 알면서 그 인적 사항 또는 정치자금 범죄신고자등임을 미루어 알 수 있는 사실을 다른 사람에게 알려주거나 공개 또는 보도한 자는 2년 이하의 징역 또는 400만원 이하의 벌금에 처한다(「정치자금법」 제47조 제1항 제13호).

제도 개선 // 정치자금법 위반행위 자수자특례 규정 신설

공직선거법상 선거범죄에 대한 자수자 특례 규정과 달리 정치자금범죄에 대한 정치자금법 위반행위 자수자 특례 규정이 없다. 불법정치자금을 제공한 사람으로 하여금 자수를 하도록 유도함으로써 불법정치자금수수행위를 효과적으로 처벌하고 정치자금과 관련한 부정을 방지할 필요가 있다. 「공직선거법」 제262조와 같이 정치자금범죄 중 「정치자금법」 제45조를 위반하여 정치자금을 제공한 사람이 관할선거관리위원회 또는 수사기관에 자수한 때에는 그 형을 필요적으로 감경 또는 면제한 조항 도입이 필요하다.[4]

제54조(정치자금범죄 신고자에 대한 포상금 지급) ① 각급 선거관리위원회(읍·면·동선거관리위원회를 제외한다. 이하 이 조에서 같다) 또는 수사기관은 정치자금범죄에 대하여 선거관리위원회 또는 수사기관이 인지하기 전에 그 범죄행위의 신고를 한 자에 대하여는 중앙선거관리위원회규칙이 정하는 바에 따라 포상금을 지급할 수 있다.

② 각급선거관리위원회 또는 수사기관은 제1항에 따라 포상금을 지급한 후 담합 등 거짓의 방법으로 신고한 사실이 발견된 경우 해당 신고자에게 반환할 금액을 고지하여야 하고, 해당 신고자는 그 고지를 받은 날부터 30일 이내에 해당 선거관리위원회 또는 수사기관에 이를 납부하여야 한다.

③ 각급선거관리위원회 또는 수사기관은 해당 신고자가 제2항의 납부기한까지 반환할 금액을 납부하지 아니한 때에는 해당 신고자의 주소지를 관할하는 세무서장에게 징수를 위탁하고 관할 세무서장이 국세 체납처분의 예에 따라 징수한다.

④ 제2항 또는 제3항에 따라 납부 또는 징수된 금액은 국가에 귀속된다.

1. 의의

본 조는 정치자금범죄 행위를 신고한 자에 대하여 포상금을 지급할 수 있도록 하여 정치자금범죄의 신고를 유도하기 위한 것으로서 정치자금범죄의 예방과 단속의 실효성을 거두기 위한 목적으로 도입되었다.

2004. 3. 12. 제14차 개정시 도입되었으며, 신설 당시에는 포상금 지급대상 정치자금 범

---

4) 중앙선거관리위원회. 정치관계법 개정의견(2021. 5. 25., 2016. 8. 25.).

죄를 현행의 제45조(정치자금부정수수죄)에서 제48조(감독의무해태죄 등)까지로 제한하였으나, 2005. 8. 4. 제16차 개정시 그 신고대상 범죄를 정치자금범죄로 규정하여 과태료 규정 위반 행위에 대한 신고자도 포상금 지급이 가능하도록 확대하였다. 2008. 2. 26. 제20차 개정시 담합 등 사위 신고행위를 방지하기 위하여 포상금 반환규정을 도입하였다.

　「공직선거법」 제262조의3에 선거범죄신고자에 대한 포상금 지급 규정이 있으나. 지급 주체와 지급요건 등에 있어서 수사기관이 포함된 점에서 차이가 있다.

2. 포상금 업무처리 흐름도

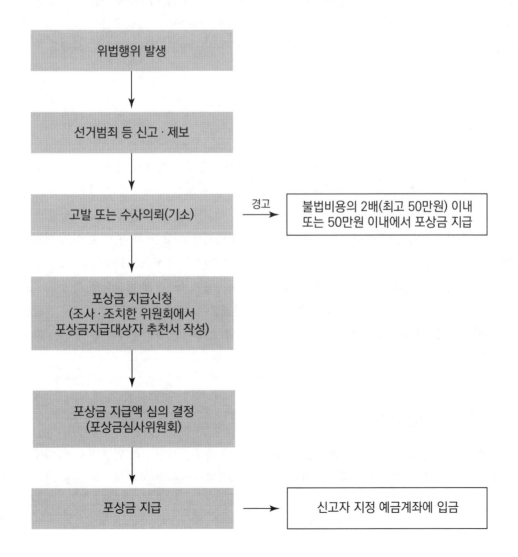

3. 포상금 지급

가. 지급주체

읍·면·동위원회를 제외한 각급 선거관리위원회와 수사기관이 그 지급 주체이다.

나. 지급 대상 범죄

「정치자금법」 제8장 벌칙에 규정된 위반행위이다. 제45조 정치자금부정수수죄부터 제51조 과태료 까지 포괄한다. 선거관리위원회에 신고한 자는 포상금 지급신청서를 서면으로 작성·제출하여 하고, 신고당시 익명으로 제보한 자가 조사·조치 이후 포상금을 지급한 경우에는 본인이 신고를 했다는 객관적인 입증자료를 제출하여야 하고 위원회가 신고사실을 인정할 수 있는 때에는 포상금을 지급할 수 있다.[5]

다. 지급요건

정치자금범죄에 대하여 선거관리위원회 또는 수사기관이 인지하기 전에 그 범죄행위의 신고를 한 자에 대하여 지급한다. 「공직선거법」과 달리 본 조는 수사기관에 신고한 경우 수사기관도 포상금을 지급할 수 있도록 하였는데, 규칙 제47조는 그 지급기준 및 포상절차 등을 해당 수사기관의 장이 정하도록 규정하였다. '범죄행위를 신고한 자'라 함은 범죄 혐의자의 성명·주소, 위반일시·내용·장소 등 범죄사실을 신고하여 조사·조치한 경우 또는 조사중에 있는 사안에 대하여 결정적 단서나 증거자료를 제공함으로써 위법사실을 확인하여 조치할 수 있게 한 경우를 말한다. 단, 금전·물품을 제공받은 자가 신고하는 경우에는 제공받은 금전·물품을 제출하여야 하고 신고·제출의무 등의 절차이행 규정을 위반한 행위는 제외된다.[6]

라. 포상금 지급 제한

일정한 사유가 있는 경우에는 포상금 지급이 제한된다. 즉, ① 단순히 언론 또는 인터넷에 방영·게시된 내용을 신고한 경우, ② 정당(정당의 의사에 따라 정당관계자가 그 명의로 신고한 경우

포함) 또는 해당 선거에서 피신고인과 대립되는 이해관계인이 신고한 경우[피신고인과 대립되는 이해관계인이라 함은 후보자와 공직선거법 제10조 제1항 제3호에서 규정하고 있는 '후보자(후보자가 되고 자 하는 자 포함)의 가족 및 선거사무장, 선거연락소장, 선거사무원, 회계책임자'를 말함], ③ 신고인이 검 찰·경찰에 이미 신고하여 포상금을 지급 받았거나 지급 절차가 진행 중인 경우, ④ 각급 위 원회 또는 수사기관이 이미 인지하고 있는 사안을 신고한 경우, ⑤ 신고자가 위원회(읍·면·동 위원회 포함) 위원·직원인 경우, ⑥ 그 밖에 포상금심사위원회가 신고인에게 포상금을 지급하 는 것이 사회 상규에 비추어 부적절하다고 판단한 경우이다.[7]

마. 포상금 추가 지급

「정치자금법」 제54조 제1항의 규정에 의한 정치자금범죄신고자에 대한 포상은 5억원의 범위 안에서 포상금심사위원회의 의결을 거쳐 각급위원회(읍·면·동위원회를 제외)위원장이 포 상하되, 익명으로 할 수 있다. 다만, 선거사무장 등이 범한 「정치자금법」 제45조 제1항의 정 치자금 부정수수죄에 관한 신고로 인하여 「공직선거법」 제265조에 따라 당선인의 당선무효 에 해당하는 형이 확정된 경우에는 그 신고자에게 추가로 포상할 수 있다.

4. 포상금 환수

공직선거법 제262조의3에서는 담합 등 거짓의 방법으로 신고한 사실이 발견된 경우뿐만 아니라 사법경찰관의 불송치 결정이나 검사의 불기소처분이 있는 경우 및 무죄의 판결이 확 정된 경우에도 이미 지급한 포상금에 대하여 지급결정을 취소하지만, 정치자금법에서는 이 미 지급한 포상금에 대하여 수사기관의 기소 여부나 재판결과에 영향을 받지 아니한다. 그 러나 포상금을 지급한 후 담합 등 거짓의 방법으로 신고한 사실이 발견된 경우에는 각급 선 관위와 수사기관은 해당 신고자에게 반환할 금액을 고지하고 해당 신고자는 고지를 받은 날 부터 30일 이내에 이를 납부하여야 한다. 납부기한까지 반환하지 않을 경우 관할 세무서장 에게 징수를 위탁하고 관할 세무서장이 국세 체납처분의 예에 따라 징수하게 되며, 이렇게 납부·징수된 금액은 국가에 귀속된다.

'담합'이란 서로 의논하여 합의하는 것을 말하며, 본 조에서의 담합은 사위의 방법의 예시 적 표현일 뿐이므로 담합 이외에 각종 사위의 방법으로 신고한 경우에는 반환대상이 된다.

---

7)   중앙선거관리위원회. 선거범죄 조사사무편람(2022), 148면.

제19장

정치자금범죄로 인한
공무담임 등의 제한

정치자금법 이해

제19장

정치자금범죄로 인한
공무담임 등의 제한

제57조(정치자금범죄로 인한 공무담임 등의 제한) ① 제45조(정치자금부정수수죄)에 해당하는 범죄로 인하여 징역형의 선고를 받은 자는 그 집행을 받지 아니하기로 확정된 후 또는 그 형의 집행이 종료되거나 면제된 후 10년간, 금고 이상의 형의 집행유예의 선고를 받은 자는 그 형이 확정된 후 10년간, 100만원 이상의 벌금형(집행유예를 포함한다)의 선고를 받은 자는 그 형이 확정된 후 5년간 「공직선거법」 제266조(선거범죄로 인한 공무담임 등의 제한) 제1항 각 호의 어느 하나에 해당하는 직에 취임하거나 임용될 수 없으며, 이미 취임 또는 임용된 자의 경우에는 그 직에서 퇴직된다.

제266조(선거범죄로 인한 공무담임 등의 제한) ① 다른 법률의 규정에도 불구하고 제230조부터 제234조까지, 제237조부터 제255조까지, 제256조 제1항부터 제3항까지, 제257조부터 제259조까지의 죄(당내경선과 관련한 죄는 제외한다) 또는 「정치자금법」 제49조의 죄를 범함으로 인하여 징역형의 선고를 받은 자는 그 집행을 받지 아니하기로 확정된 후 또는 그 형의 집행이 종료되거나 면제된 후 10년간, 형의 집행유예의 선고를 받은 자는 그 형이 확정된 후 10년간, 100만원이상의 벌금형의 선고를 받은 자는 그 형이 확정된 후 5년간 다음 각 호의 어느 하나에 해당하는 직에 취임하거나 임용될 수 없으며, 이미 취임 또는 임용된 자의 경우에는 그 직에서 퇴직된다.

1. 제53조 제1항 각 호의 어느 하나에 해당하는 직(제53조 제1항 제1호의 경우 「고등교육법」 제14조 제1항·제2항에 따른 교원을, 같은 항 제5호의 경우 각 조합의 조합장 및 상근직원을 포함한다)
2. 제60조(選擧運動을 할 수 없는 者) 제1항 제6호 내지 제8호에 해당하는 직
3. 「공직자윤리법」 제3조 제1항 제12호 또는 제13호에 해당하는 기관·단체의 임·직원
4. 「사립학교법」 제53조(學校의 長의 任免) 또는 같은 법 제53조의2(學校의 長이 아닌 敎員의 任免)의 규정에 의한 교원
5. 방송통신심의위원회의 위원

1. 의의

본 조는 정치자금을 부정수수한 죄로 100만원 이상의 벌금형이 확정될 경우 국회의원 당선자의 지위를 박탈함으로써 불법적인 정치자금 수수를 예방하고, 금권·타락선거를 방지하며, 선거의 공정성과 공직의 청렴성을 확보하기 위한 것이다. 이러한 입법목적은 헌법 제37조 제2항의 공공복리를 위한 것으로서 그 정당성이 인정된다.[1]

본 조는 2004. 3. 12. 제14차 개정시 신설되었다. 개정 「형법」의 시행[2]에 따라 정치자금부정수수죄로 100만원 이상의 벌금형을 선고받은 경우에는 공무담임이 5년간 제한되는 반면 100만원 이상의 벌금형에 대해 집행유예 선고를 받는 경우에는 공무담임이 10년간 제한되어 불합리한 문제가 발생할 수 있다는 지적이 제기되어 공무담임이 10년간 제한되는 사유를 정치자금부정수수죄로 금고 이상의 형의 집행유예의 선고를 받고 그 형이 확정된 경우로 명확히 할 필요가 있었다. 따라서 「형법」 개정에 따른 「정치자금법」상의 처벌 규정 혼란을 바로 잡고자 2023. 8. 8. 제32차 개정시 '형의 집행유예'가 본 조 중 "형의 집행유예"를 "금고 이상의 형의 집행유예"로, "벌금형"을 "벌금형(집행유예를 포함한다)"으로 개정하였다. 그리고 부칙 제2조에 벌금형의 집행유예 선고를 받고 확정된 사람의 공무담임제한에 관한 적용은 이 법 시행 전에 종전의 규정에서 정한 범죄로 100만원 이상의 벌금형의 집행유예 선고를 받고 확정된 사람에 대하여도 적용하도록 하였다. 선거범죄에 인한 공무담임 등의 제한은 「공직선거법」 제266조 제1항에 규정되어 있다.

2. 공무담임 제한 대상 범죄

「정치자금법」 제45조(정치자금부정수수죄)에 해당하는 범죄가 그 대상이다. 이와 별도로 공직선거법 제266조는 정치자금법 제49조의 죄를 범하여 징역형 또는 집행유예의 선고를 받거나 100만원 이상의 벌금형의 선고를 받은 자를 공무담임 제한대상으로 규정하고 있다.

---

[1] 헌법재판소 2008. 1. 17. 자 2006헌마1075 결정.

[2] 「형법」이 개정(2016. 1. 6. 개정, 2018. 1. 7. 시행)됨에 따라 집행유예의 요건이 완화되어 3년 이하의 징역·금고의 형분만 아니라 500만원 이하의 벌금의 형을 선고하는 경우에도 집행을 유예할 수 있게 되었다.

3. 공무담임이 제한되는 기간

징역형의 선고를 받은 자는 그 집행을 받지 아니하기로 확정된 후 또는 그 형의 집행이 종료되거나 면제된 후 10년간, 금고 이상의 형의 집행유예의 선고를 받은 자는 그 형이 확정된 후 10년간, 100만원 이상의 벌금형(집행유예를 포함한다)의 선고를 받은 자는 그 형이 확정된 후 5년간이다. 특히 정치자금범죄 중 제45조, 제49조로 100만원 이상의 벌금이나 징역형(집행유예 포함)을 선고받은 사람은 「공직선거법」 제18조, 제19조에 따라 일정기간 선거권 및 피선거권이 제한되며, 국회의원은 「국회법」 제136조에 따라, 지방의회의원과 지방자치단체의 장은 「지방자치법」 제90조·제112조에 따라 피선거권의 결격의 효과로 당연히 퇴직된다.

4. 공무담임이 제한되는 직

공무담임이 제한되는 직은 「공직선거법」 제266조(선거범죄로 인한 공무담임 등의 제한) 제1항 각 호에 규정되어 있다. 즉, ① 「공직선거법」 제53조 제1항 각 호의 어느 하나에 해당하는 직(제53조 제1항 제1호의 경우 「고등교육법」 제14조 제1항·제2항에 따른 교원을, 같은 항 제5호의 경우 각 조합의 조합장 및 상근직원을 포함한다), ② 「공직선거법」 제60조(선거운동을 할 수 없는 자)제1항 제6호 내지 제8호에 해당하는 직, ③ 「공직자윤리법」 제3조 제1항 제12호 또는 제13호[3]에 해당하는 기관·단체의 임·직원, ④ 「사립학교법」 제53조(學校의 長의 任免) 또는 같은 법 제53조의2(學校의 長이 아닌 敎員의 任免)[4]의 규정에 의한 교원, ⑤ 방송통신심의위원회의 위원이 해당한다.

대한민국재향군인회의 임원은 「공직자윤리법」 제3조 제1항 제12호 또는 제13호에 해당하는 공직유관단체 등의 임·직원을 말하므로 비상근 임원인 시·군·구회 회장은 공무담임이

---

3) 「공직자윤리법」 제3조(등록의무자) ① 다음 각 호의 어느 하나에 해당하는 공직자(이하 "등록의무자"라 한다)는 이 법에서 정하는 바에 따라 재산을 등록하여야 한다.
   12. 제3조의2에 따른 공직유관단체(이하 "공직유관단체"라 한다)의 임원
   13. 그 밖에 국회규칙, 대법원규칙, 헌법재판소규칙, 중앙선거관리위원회규칙 및 대통령령으로 정하는 특정 분야의 공무원과 공직유관단체의 직원
4) 「사립학교법」 제53조(학교의 장의 임용) ① 각급 학교의 장은 해당 학교를 설치·경영하는 학교법인 또는 사립학교경영자가 임용한다.
   「사립학교법」 제53조의2(학교의 장이 아닌 교원의 임용) ① 각급 학교의 교원은 해당 학교법인 또는 사립학교경영자가 임용하되, 다음 각 호의 구분에 따른 방법으로 하여야 한다.

제한되는 직에 해당되지 아니한다.[5] 「공직선거법」 제266조 제1항 제3호에 따라 공무담임이 제한되는 임원은 「공직자윤리법」 및 동 시행령 제3조(등록의무자) 제3항에 따른 상근 임원으로 보아야 할 것이므로 비상근 임원인 대한체육회장은 공무담임이 제한되는 직에 해당하지 아니한다.[6]

5. 공무담임 제한내용

공무담임이 제한되는 직에 취임하거나 임용될 수 없으며, 이미 취임 또는 임용된 자의 경우에는 그 직에서 퇴직된다. 공무담임이 제한되는 사람도 일반사면을 받거나 복권이 된 경우에는 본 조의 각 호의 어느 하나에 해당하는 직에 취임하거나 임용되는 것이 제한되지 아니한다.[7]

6. 타 법률 적용의 배제여부

「공직선거법」은 특정한 범죄를 범한 경우 '다른 법률의 규정에 불구하고' 공무담임이 제한된다고 규정함으로써 타 법률 배제규정을 두었지만 「정치자금법」에서는 이러한 규정을 두고 있지 않다. 따라서 개별법에서 신분보장에 관한 규정을 두고 있는 경우 본 조의 적용과 관련하여 해석에 다툼의 소지가 있을 수도 있다.[8]

7. 헌법재판소 결정

헌법재판소는 "불법적인 정치자금 수수를 예방하고, 금권·타락선거를 방지하고 선거의 공정성과 공직의 청렴성을 확보하기 위한 것이며, 정치자금을 부정수수한 범죄는 공직선거의 공정성을 침해하는 행위로서 공직의 계속수행에 대한 국민적 신임이 유지되기 어려울 정도로 비난가능성이 크고, 법관이 100만원 이상의 벌금형을 양정함에 있어서는 형사처벌뿐

---

5)　중앙선거관리위원회 2007. 8. 22. 회답.
6)　중앙선거관리위원회 2020. 12. 1. 회답.
7)　중앙선거관리위원회 2001. 3. 21. 회답.
8)　중앙선거관리위원회. 정당법·정치자금법 축조해설(2016), 675면.

만 아니라 공직의 계속수행 여부에 대한 합리적 평가를 하게 되며, 기본적으로 선거법이나
정치자금법 위반에 대하여 어떤 신분상 제재를 할 것인지에 대해서는 입법자의 정책적 재량
이 존중되는 것이다. 따라서 심판대상조항은 청구인의 공무담임권이나 평등권을 침해하는
것이라 볼 수 없다"고 하여 국회의원 당선자가 정치자금을 불법수수하여 100만원 이상 벌
금형을 받은 경우 당연퇴직하도록 한「정치자금법」제57조에 대하여 합헌결정하였다.[9] 그
리고 정치자금부정수수죄로 100만원 이상의 벌금형을 선고받아 그 판결이 확정된 사립학교
교원은 그 직에서 퇴직된다고 규정하고 있는「정치자금법」제57조에 대하여 직업의 자유를
침해되지 않는다고 하면서 합헌결정을 하였다.[10]

---

9) 헌법재판소 2008. 1. 17. 자 2006헌마1075 결정.

10) 헌법재판소 2021. 9. 30. 자 2019헌마747 결정.

제20장

후보자의 반환기탁금 및
보전비용의 처리

정치자금법 이해

제20장

후보자의 반환기탁금 및 보전비용의 처리

제58조(후보자의 반환기탁금 및 보전비용의 처리) ① 공직선거의 후보자가 후원회의 후원금 또는 정당의 지원금으로 「공직선거법」 제56조(기탁금)의 규정에 의한 기탁금을 납부하거나 선거비용을 지출하여 같은 법 제57조(기탁금의 반환 등) 또는 제122조의2(선거비용의 보전 등)의 규정에 의하여 반환·보전받은 경우 그 반환·보전비용[자신의 재산(차입금을 포함한다)으로 지출한 비용을 모두 공제한 잔액을 말한다]은 선거비용을 보전받은 날부터 20일 이내(이하 이 조에서 "인계기한"이라 한다)에 정당추천후보자는 소속정당에, 무소속후보자는 공익법인 또는 사회복지시설에 인계하여야 한다.

② 국회의원선거의 당선인은 제1항의 규정에 불구하고 그 반환·보전비용을 자신의 정치자금으로 사용할 수 있으며, 이 경우 제34조(회계책임자의 선임신고 등) 제4항 제1호의 규정에 의한 예금계좌(후원회를 두지 아니한 경우에는 자신의 명의로 개설한 예금계좌를 말한다)에 입금하여 정치자금으로 사용하여야 한다.

③ 후원회를 두지 아니한 국회의원이 자신 명의로 개설한 예금계좌에 입금한 제2항의 자금을 모두 지출한 때에는 중앙선거관리위원회규칙이 정하는 바에 따라 관할 선거관리위원회에 보고하여야 한다.

④ 공직선거의 후보자가 제1항에 따라 인계하여야 하는 반환·보전비용을 그 인계기한 이내에 소속 정당 등에 인계하지 아니한 경우에는 이를 국고에 귀속시켜야 한다. 이 경우 국고귀속절차에 관하여는 제4조(당비) 제3항 및 제4항의 규정을 준용한다.

제48조(감독의무해태죄 등) ① 다음 각 호의 어느 하나에 해당하는 자는 200만원 이하의 벌금형에 처한다.

4. 제4조(당비) 제2항·제11조(후원인의 기부한도 등) 제4항·제21조(후원회가 해산한 경우의 잔여재산 처분 등) 제3항 내지 제5항 또는 제58조(후보자의 반환기탁금 및 보전비용의 처리) 제4항의 규정을 위반하여 당비 등을 정당한 사유 없이 국고에 귀속시키지 아니한 자

1. 의의

본 조의 반환·보전비용은 정치자금법 상 정치활동을 위하여 소요되는 경비로만 지출될 수 있도록 목적과 용도, 지출방법 등이 명백히 구분되어 관리되고 있는 정치자금에 해당한다. 반환·보전비용을 관할 선거관리위원회로부터 수령하였다고 하더라도, 반환·보전비용 처리조항이 후보자 자신의 재산으로 지출한 선거비용 등을 공제할 수 있도록 하기 위해 반환·보전비용 전액을 지급하도록 정하였기 때문에 일시적으로 보유하게 된 것이지, 본 조의 반환·보전비용이 후보자들의 소유가 되거나 후보자들의 관리권한이 미치는 금전이 되는 것은 아니다.[1]

이에 본 조는 공직선거의 후보자가 후원회의 후원금이나 정당의 지원금으로 기탁금을 납부하거나 선거비용으로 지출한 후 공직선거법 규정에 의하여 그 비용을 반환·보전받은 경우 그 반환·보전받은 비용의 처리방법을 규정한 것이다.

2. 주체

공직선거의 후보자이다.

3. 처리대상 비용

후원회의 후원금이나 정당의 지원금으로 기탁금을 납부하거나 선거비용을 지출하여 공직선거법 제57조 또는 제122조의2에 따라 반환·보전 받은 반환기탁금 및 보전비용[자신의 재산(차입금 포함)으로 지출한 비용을 모두 공제한 잔액을 말함]이 그 대상이다. 여기서 '자신의 재산으로 지출한 비용'이란 정치자금법에 따라 회계처리된 것으로서 지출시기에 불구하고 당해 선거에 있어서 반환·보전받은 자 본인의 재산으로 지출한 정치자금으로 선거비용뿐만 아니라 선거비용외 정치자금도 포함한다.[2]

---

[1] 헌법재판소 2018. 7. 26. 자 2016헌마524·537 결정.
[2] 중앙선거관리위원회 2010. 6. 4. 회답.

4. 처리방법

정당추천후보자는 소속 정당에, 무소속후보자는 공익법인 또는 사회복지시설에 인계하여
야 한다. 다만 국회의원선거 후보자로서 당선된 자는 그 반환·보전받은 비용을 자신의 정치
자금으로 사용할 수 있으나, 「정치자금법」 제34조 제4항 제1호에 따른 예금계좌(후원회를 두
지 아니한 경우에는 자신의 명의로 개설한 예금계좌)에 입금하여 사용하여야 하며, 후원회를 두지
아니한 국회의원이 자신 명의로 개설한 예금계좌에 입금한 자금을 모두 지출한 경우에는 관
할 선거관리위원회에 보고하여야 한다. 후원회를 둔 국회의원이 선거에 입후보하여 선거
비용을 보전받은 경우 그 보전받은 비용을 예비후보자 등록 이전에 제작한 의정보고서 작
성경비로 지출할 수 있다.[3] 보전비용을 정당에 인계할 당시 국회의원의 정치활동에 소요
된 경비를 공제하지 아니한 것이 중대한 착오에 의한 것이라면 정당은 그 비용을 당사자
에게 다시 반환할 수 있다.[4]

국회의원선거와 관련하여 예비후보자의 선거사무장이 「공직선거법」 위반으로 유죄의 판
결이 확정된 경우 같은 법 제135조의2 제2항 및 제4항의 규정에 의하여 보전받은 보전비용
액중에서 그 위법행위에 소요된 비용의 2배에 해당하는 금액을 반환하는 경우, 후원회를 둔
국회의원 당선자가 보전비용을 선거관리위원회에 반환시 반환금액을 후원회로부터 기부받
은 정치자금으로 반환하고자 하는 때에는 관할선거관리위원회로부터 받은 보전비용을 자신
의 정치자금으로 수입처리한 경우 그 금액범위 안에서 정치자금으로 반환할 수 있다.[5]

5. 국고귀속

공직선거의 후보자가 인계하여야 하는 기탁금 및 보전비용을 선거비용을 보전받은 날부
터 20일 이내에 소속 정당 등에 인계하지 아니한 경우에는 이를 국고에 귀속시켜야 한다.

정당추천후보자의 소속정당이 등록취소된 경우 선거종료 후 정당추천후보자의 소속 정당
에 인계하여야 할 것이며, 이 경우 회계보고기한 후에 인계되는 반환기탁금 및 보전비용도
「정당법」 제48조 및 「정당사무관리규칙」 제24조에 따라 처분하여야 할 것이다.[6] 소속 정당
에 인계하지 않아 선거관리위원회가 국고귀속 절차를 밟아 국고에 귀속된 경우에는 이를 정

---

3)   중앙선거관리위원회 2008. 5. 21. 회답.
4)   중앙선거관리위원회 2008. 7. 29. 회답.
5)   중앙선거관리위원회 2005. 11. 9. 회답.
6)   중앙선거관리위원회 2012. 4. 23. 회답.

당에 인계하거나 후보자에게 반환할 수 없다.[7]

법원은 헌법소원심판청구를 이유로 선거보전비용을 국고로 귀속하지 아니한 것이 '정당한 사유'에 해당하지 않고, 선거보전비용을 국고로 납부할 의무는 '인계기간까지 소속 정당에 인계하지 아니한 때' 또는 '○○구선관위가 피고인에게 납부를 명한 때'에 이미 발생한 것이며, 체납절차는 피고인의 의무불이행을 강제적으로 이행시키는 절차로 선거보전비용의 국고귀속 의무불이행을 처벌하는 범죄성립요건과 무관하다고 판시하였다.[8]

6. 헌법재판소 결정

헌법재판소는 지역구국회의원선거의 정당추천후보자가 후원회의 후원금으로 납부하거나 지출한 기탁금과 선거비용 중 반환·보전받은 반환·보전비용을 소속정당에 인계하거나 국고에 귀속시키도록 정하고 있는 「정치자금법」 제58조 제1항, 제4항 중 '지역구국회의원선거의 정당추천후보자'와 '후원회의 후원금'에 관한 부분에 대하여 평등권을 침해하지 않는다고 결정하였다.[9]

7. 처벌

본 조 제4항의 규정을 위반하여 반환·보전비용을 정당한 사유 없이 국고에 귀속시키지 아니한 자는 200만원 이하의 벌금형에 처한다(「정치자금법」 제48조 제1항 제4호).

제도 개선 // 반환기탁금 및 보전비용 정치자금 조건부 사용 허용

현행법은 공직선거의 후보자가 후원회의 후원금 또는 정당의 지원금으로 기탁금을 납부하거나 선거비용을 지출한 후 기탁금 및 선거비용을 반환·보전받아 자신의 재산으로 지출한 비용을 모두 공제한 후 잔액이 있는 경우 그 반환·보전비용은 정당

---

7) 중앙선거관리위원회 2010. 3. 17. 회답.

8) 서울동부지방법원 2021. 1. 14. 선고 2020노895 판결(대법원 2021. 4. 15. 선고 2021도1443 판결시 2심판결 유지).

9) 헌법재판소 2018. 7. 26. 자 2016헌마524·537 결정.

추천후보자는 소속 정당에, 무소속후보자는 공익법인 또는 사회복지시설에 인계하여야 한다. 그리고 국회의원선거의 당선인은 기탁금 및 선거비용을 반환받은 후 그 반환·보전비용을 자신의 정치자금으로 사용할 수 있다.

국회의원 당선인뿐만 아니라 다른 공직선거의 당선자와 낙선자도 일상적으로 정치활동을 하고 있는 현실을 고려하여 후원회로부터 기부받은 후원금이나 정당의 지원금을 선거 후에 정치자금으로 사용할 수 있도록 하여 공직후보자 간 형평을 기하고, 정치활동을 하는 자에게 그 활동에 필요한 자금을 투명하게 확보할 필요가 있다.

다만, 대통령·지방자치단체장의 경우 직무상의 중립의무가 있고, 교육감 및 교육감이 되려는 사람은 합법적으로 정치자금을 모금할 수 있는 주체인 그 밖의 정치활동을 하는 자에 해당한다고 볼 수 없다는 헌법재판소결정(헌법재판소 2014. 7. 24. 자 2013헌바169 결정)을 고려하여 대통령선거·지방자치단체장선거의 당선자, 교육감선거의 당선자와 낙선자는 기존대로 소속정당 또는 공익법인등에 인계하도록 하고, 반환·보전받은 비용을 모두 지출한 때에는 관할 선거관리위원회에 회계보고를 하도록 하여 투명성을 확보하는 하는 방안으로 제도 개선을 고려할 만하다.[10]

---

10)　중앙선거관리위원회. 정치관계법 개정의견(2016. 8. 25., 2021. 5. 25.).

제21장

조세 감면

정치자금법 이해

제21장

조세 감면

제59조(조세의 감면) ① 이 법에 의하여 정치자금을 기부한 자 또는 기부받은 자에 대하여는 「조세특례제한법」이 정하는 바에 따라 그 정치자금에 상당하는 금액에 대한 소득세 및 증여세를 면제하되, 개인이 기부한 정치자금은 해당 과세연도의 소득금액에서 10만원까지는 그 기부금액의 110분의 100을, 10만원을 초과한 금액에 대해서는 해당 금액의 100분의 15(해당 금액이 3천만원을 초과하는 경우 그 초과분에 대해서는 100분의 25)에 해당하는 금액을 종합소득산출세액에서 공제하고, 「지방세특례제한법」에 따라 그 공제금액의 100분의 10에 해당하는 금액을 해당 과세연도의 개인지방소득세 산출세액에서 추가로 공제한다. 다만, 제11조(후원인의 기부한도 등) 제3항의 규정에 의한 익명기부, 후원회 또는 소속 정당 등으로부터 기부받거나 지원받은 정치자금을 당비로 납부하거나 후원회에 기부하는 경우에는 그러하지 아니하다.
② 후원회의 명의로 개설된 정치자금 예금계좌에 입금하는 방법으로 1회 10만원, 연간 120만원 이하의 정치자금을 기부한 자는 그 후원회의 명의와 기부자의 성명·생년월일 등 인적 사항, 거래일자·거래금액 등 기부내역이 기재된 금융거래 입금증이나 위조·복사·변조를 방지하기 위한 장치가 된 전자결제영수증 원본을 제1항의 규정에 따른 세액공제를 위한 영수증으로 사용할 수 있다.

1. 의의

본 조는 정치자금의 자발적인 기부와 원활한 조달이 이루어질 수 있도록 정치자금을 기부한 자 또는 기부받은 자에 대하여 면세혜택을 부여하기 위하여 규정되었다.

정치후원금 세액공제 현황(2018년 귀속분)을 보면, 전체 근로소득자 중 정치후원금을 기부한 사람은 26만 80명으로 이들이 기부한 정치후원금은 566억 700만원이었다. 그중 근로소득 상위 1%가 기부한 정치후원금은 136억 7,500만원으로 소득 하위 50% 이하 근로자가 기부한 정치후원금 11억 1,400만원의 12배 이상에 달하는데, 근로소득 상위 1%에서 정치후원금을 기부한 인원은 1만 3,175명으로 소득 하위 50%에 해당하는 정치후원금 기부자 1

만 3,859명과 유사한 규모를 보이고 있는 바, 이는 후원금 기부에 있어서 소득에 따른 양극화가 있었던 것으로 볼 수 있다.[1]

2. 각국의 기부금 등에 대한 세제혜택 규정[2]

국가명	내 용	근거규정
프랑스	• 연간 최대 € 7,500까지 가능하며, 감세는 과세소득의 20% 내에서 납부금액의 66% 수준으로 함. • 기부금의 총액이 과세소득 20%를 초과할 경우 초과액은 차후 5년으로 이월하며 동일조건으로 감세받을 수 있음.	조세법 제200조
독 일	• 기부금의 50%까지를 감면해주는 것을 원칙으로 연간 € 825까지, 부부가 합산 시 € 1,650까지 세금감면. • 소득세법 제34g조 범위를 초과한 경우 세금혜택을 목적으로 소득세법 제10b조 제2항에 따라 연간 € 1,650까지 인정하며, 부부가 함께 세액산정을 하는 경우 연간 총 € 3,300까지 세액공제 가능.	소득세법 제10b조, 제34g조
일 본	• 소득공제와 세액공제 중 보다 유리한 쪽을 선택할 수 있음. – 소득공제: 소득의 40% 한도에서 20%를 공제함. – 세액공제: 기부금 합계액(총 소득금액의 40% 이내)에서 ¥2,000을 뺀 금액의 30%를 특별공제액으로 함.	정치자금규정법 제32조의3 조세특별조치법 제41조의18
호 주	• $1,500까지 소득세에 대한 세금 감면을 받을 수 있음.	소득세법 30DA-243(3)

3. 입법 연혁

정치자금 기부에 대한 면세제도는 정치자금 양성화는 물론 정치자금 기부자의 이중부담을 해소하기 위한 목적으로 1965. 2. 9. 정치자금법 제정시부터 도입되었다.[3] 당시에는 정치자금을 제공한 자의 기부금액에 대하여 면세가 되었으며, 법인도 정치자금을 기부할 수 있었으므로 법인이 기부하는 경우 법인세도 면세되었다. 1980. 12. 31. 제3차 개정시 정치

---

1) 행정안전위원회 전문위원 신문근. 정치자금법 일부개정법률안 검토보고(2022. 11.), 72면.
2) 중앙선거관리위원회. 각국의 정당·정치자금제도 비교연구(2021), 289~290면.
3) 정치자금법에서 면세제도를 규정하기 전에는 정당법에서 정당이 수령하는 기부·찬조 기타의 재산상의 출연에 대한 증여세를 면제하도록 규정하였으나, 1980. 11. 25 법률 제3263호에 의하여 폐지되었다.

자금을 기부한 자뿐만 아니라 기부받은 자도 면세대상에 포함하였으며, 그 면세범위는 조세감면규제법이 정하는 바에 따르도록 하였다. 1992. 11. 11. 제6차 개정시 익명 기부에 대하여는 면세를 배제하였다.

2004. 4. 13. 제14차 개정시 법인·단체의 기부를 금지함에 따라 이를 대체할 수 있는 정치자금 확보방안으로 모색되어 도입된 것이 개인에 의한 소액다수의 기부제도이다. 이에 따라 개인이 기부하는 경우 기부금액의 10만원까지는 세액을 공제하고 10만원 초과금액에 대하여는 소득액에서 공제하도록 하였다. 2005. 8. 4. 제16차 개정시에는 금융거래 입금증이나 전자결제영수증 원본도 면세영수증으로 사용할 수 있도록 간소화하였다.[4]

4. 면세내용

면세범위는 「조세특례제한법」이 정하는 바에 따라 정치자금에 상당하는 금액에 대한 소득세 및 증여세를 면제하되, 개인이 기부한 정치자금은 해당 과세연도의 소득금액에서 10만원까지는 그 기부금액의 110분의 100을, 10만원을 초과한 금액에 대해서는 해당 금액의 100분의 15(해당 금액이 3천만원을 초과하는 경우 그 초과분에 대해서는 100분의 25)에 해당하는 금액을 종합소득산출세액에서 공제하고, 「지방세특례제한법」에 따라 그 공제금액의 100분의 10에 해당하는 금액을 해당 과세연도의 개인지방소득세 산출세액에서 추가로 공제한다.

당원이 정당에 납부한 당비, 후원인이 후원회에 기부한 후원금, 기탁하고자 하는 개인이 선거관리위원회에 기탁한 기탁금은 면세가 된다. 국회의원이 자신의 봉급으로 납부한 당비는 면세대상이 된다.[5]

5. 면세영수증

후원회의 명의로 개설된 정치자금 예금계좌에 입금하는 방법으로 1회 10만원, 연간 120만원 이하의 정치자금을 기부한 자는 그 후원회의 명의와 기부자의 성명·생년월일 등 인적사항, 거래일자·거래금액 등 기부내역이 기재된 금융거래 입금증이나 위조·복사·변조를 방지하기 위한 장치가 된 전자결제영수증 원본을 세액공제를 위한 영수증으로 사용할 수 있

---

4)　　중앙선거관리위원회. 정당법·정치자금법 축조해설(2016), 680~681면.

5)　　중앙선거관리위원회 1997. 2. 18. 회답.

다. 후원회의 명의와 기부자의 성명·생년월일 등 인적 사항, 거래일자·거래금액 등 기부내역이 기재되어 있는 지로영수증은 면세영수증으로 사용할 수 있다.[6]

6. 면세 예외

「정치자금법」 제11조(후원인의 기부한도 등) 제3항의 규정에 의한 익명기부, 후원회 또는 소속 정당 등으로부터 기부받거나 지원받은 정치자금을 당비로 납부하거나 후원회에 기부하는 경우에는 면세 및 공제 대상이 아니다. 「조세특례제한법」 제76조 제1항의 규정에 의한 정치자금 외의 정치자금에 대하여는 「상속세 및 증여세법」 제12조 제4호, 제46조 제3호 및 다른 세법의 규정에도 불구하고 그 기부받은 자가 상속받거나 증여받은 것으로 보아 상속세 또는 증여세를 부과한다.

---

6) 중앙선거관리위원회 2012. 10. 17. 회답.

제22장

피고인의 출정 및
기소·판결 통지 등

정치자금법 이해

제22장

피고인의 출정 및 기소·판결 통지 등

> **제55조(피고인의 출정)** ① 정치자금범죄에 관한 재판에서 피고인이 공시송달에 의하지 아니한 적법한 소환을 받고서도 공판기일에 출석하지 아니한 때에는 다시 기일을 정하여야 한다.
>
> ② 피고인이 정당한 사유 없이 다시 정한 기일 또는 그 후에 열린 공판기일에 출석하지 아니한 때에는 피고인의 출석 없이 공판절차를 진행할 수 있다.
>
> ③ 제2항의 규정에 의하여 공판절차를 진행할 경우에는 출석한 검사 및 변호인의 의견을 들어야 한다.
>
> ④ 법원은 제2항의 규정에 따라 판결을 선고한 때에는 피고인 또는 변호인(변호인이 있는 경우에 한한다)에게 전화 그 밖에 신속한 방법으로 그 사실을 통지하여야 한다.

1. 의의

본 조는 형사소송법상의 일반원칙에 대한 예외규정으로서, 재판 당사자의 불출석에 따라 정치자금범죄에 관한 재판이 지연되는 문제점을 해결하기 위하여 도입된 제도로, 정치자금 재판과 관련한 피고인이 정당한 사유 없이 출석하지 아니한 경우 당사자에게 궐석재판의 불이익을 가해서라도 출석을 사실상 강제하여 정치자금 재판 절차의 신속한 진행을 가능하게 하기 위한 것이다. 본 규정은 제1심은 물론 항소심에도 적용된다.[1]

2004. 3. 12. 제14차 개정시 도입되었다. 피고인이 공판기일 소환장을 받고도 정당한 이유 없이 출석하지 아니하거나, 불체포특권이 있는 국회의원에 대하여는 구인을 위한 구속영장 발부 전에 국회에 체포동의를 요구하여야 하는 등의 이유로 재판이 지연되는 것을 방지하기 위하여 정치자금범에 대한 궐석재판제도가 도입되었다.[2] 「공직선거법」 제270조의2에

---

1) 대검찰청. 정치자금법 벌칙해설(제2개정판). 대검찰청, 2022, 482면.
2) 대검찰청. 앞의 책. 482면.

선거범에 대한 궐석재판제도 내용이 규정되어 있다.

2. 요건

궐석재판의 요건은 ① 피고인에 대하여 공시송달에 의하지 아니한 적법한 소환이 있어야 하며, ② 그 소환에도 불구하고 불출석하여 다시 정한 기일 또는 그 후에 열린 공판기일에 불출석하여야 한다. 즉, 2회의 불출석을 말하며, 반드시 계속하여 2회 이상 불출석할 것을 요하지 아니한다. ③ 이러한 불출석에는 정당한 사유가 없어야 하는바, '정당한 사유'의 유무는 구체적인 상황에 따라 판단할 수밖에 없으나 피고인이 중병이나 공무수행상 불가피하게 공판기일에 출석하지 못할 경우에는 정당한 사유가 있는 것으로 볼 수 있다.[3]

3. 궐석재판의 진행

피고인 없이 공판절차를 진행할 경우에는 출석한 검사 및 변호인의 의견을 들어야 하며, 법원은 피고인 없이 판결을 선고한 때에는 피고인 또는 변호인(변호인이 있는 경우에 한함)에게 전화 기타 신속한 방법으로 그 사실을 통지하여야 한다.

> **제56조(기소·판결에 관한 통지)** ① 정치자금범죄로 정당의 대표자, 국회의원, 지방자치단체의 장, 지방의회의원, 공직선거 후보자·예비후보자, 대통령선거경선후보자·당대표경선후보자등, 후원회의 대표자 또는 그 회계책임자를 기소한 검사는 이를 관할 선거관리위원회에 통지하여야 한다.
> ② 제45조부터 제48조까지 및 제49조 제1항·제2항의 범죄에 대한 확정판결을 행한 재판장은 그 판결서 등본을 관할 선거관리위원회에 송부하여야 한다.

1. 의의

본 조는 정치자금범죄에 대한 재판의 결과는 관련자 등의 당선이나 공무담임 등에 영향을 미칠 수 있으므로 검사가 기소처분을 통지하고, 재판장이 판결서 등본을 송부하도록 하는

---

3) 중앙선거관리위원회. 정당법·정치자금법 축조해설(2016), 669면.

것은 차후 당선무효 등에 대비할 수 있도록 하려는 취지[4]에서 도입된 것이다.

　　본 조는 2004. 3. 12. 제14차 개정시 도입되었다. 2005. 8. 4. 제16차 개정시 검사의 기소통지 대상자를 '공직선거후보자등'에서 '공직선거 후보자·예비후보자, 대통령선거경선후보자·당대표경선후보자'로 세분하여 규정하고, 2012. 2. 29. 제24차 개정시에는 확정 판결서 등본 송부대상 범죄에 제49조 제1항·제2항의 선거비용관련 범죄를 추가하였다. 2005. 8 .4. 공직선거법에 규정된 정치자금관련 규정이 정치자금법에 편입되는 과정에서 반영되지 못했으나, 중앙선거관리위원회가 선거비용관련 범죄도 확정 판결서 등본 송부대상에 포함되도록 하는 개정의견을 2011. 4. 8. 국회에 제출하여 2012. 2. 29. 개정시 입법화된 것이다.[5]

　　「공직선거법」 제267조[6]에 본 조와 유사한 규정이 있다. 「정치자금법」과 「공직선거법」 모두 기소통지 대상자에 있어 후보자를 그 대상으로 규정하고 있는 것에 있어서는 공통점이 있지만, 법에서는 정당의 대표자, 국회의원, 지방자치단체의 장, 지방의회의원, 예비후보자, 대통령선거경선후보자, 당대표경선후보자, 후원회의 대표자 또는 그 회계책임자가 대상이며, 「공직선거법」에서는 당선인, 후보자의 직계존·비속 및 배우자, 선거사무장, 선거사무소의 회계책임자를 그 대상으로 하고 있는 점에 있어서는 구별된다. 그리고 「정치자금법」은 검사나 재판장은 관할 선거관리위원회에 통지·송부하여야 하나, 「공직선거법」은 관할 선거구선거관리위원회에 통지·송부하여야 한다.

2. 기소통지

　　검사가 정당의 대표자, 국회의원, 지방자치단체의 장, 지방의회의원, 공직선거 후보자·예비후보자, 대통령선거경선후보자, 당대표경선후보자, 후원회의 대표자 또는 그 회계책임자를 정치자금범죄로 기소한 때에는 이를 관할 선거관리위원회에 통지하여야 한다.

　　정치자금범죄로 기소한 이상, 정범·공범, 정식기소·약식기소 여부 등은 문제되지 아니한다. 본 조의 회계책임자라 함은 규정의 취지상 후원회를 포함한 기소통지 대상자의 회계책

---

4)　　대검찰청. 정치자금법 벌칙해설(제2개정판). 대검찰청, 2022, 482면.

5)　　중앙선거관리위원회. 정당법·정치자금법 축조해설(2016), 671면.

6)　　「공직선거법」 제267조(기소·판결에 관한 통지) ① 선거에 관한 범죄로 당선인, 후보자, 후보자의 직계존·비속 및 배우자, 선거사무장, 선거사무소의 회계책임자를 기소한 때에는 당해 선거구선거관리위원회에 이를 통지하여야 한다.
　　② 제230조(買收 및 利害誘導罪) 내지 제235조(放送·新聞 등의 不法利用을 위한 買收罪)·제237조(選擧의 自由妨害罪) 내지 제259조(選擧犯罪煽動罪)의 범죄에 대한 확정판결을 행한 재판장은 그 판결서등본을 당해 선거구선거관리위원회에 송부하여야 한다.

임자 전체를 의미한다고 본다.[7]

3. 판결통지

「정치자금법」제45조부터 제48조까지 및 제49조 제1항·제2항의 범죄에 대한 확정판결을 행한 재판장은 그 판결서 등본을 관할 선거관리위원회에 송부하여야 한다. '확정판결'이란 당해 절차에 있어서 판결의 취소 또는 변경을 위한 불복신청을 할 수 없는 상태에 있어서의 판결을 말한다.

> **제60조(정치자금의 기부 등 촉진)** 각급 선거관리위원회(읍·면·동선거관리위원회를 제외한다)는 정치자금의 기부·기탁을 촉진하기 위하여 정치자금의 기부·기탁의 방법·절차 및 필요성 등을 인쇄물·시설물·광고물 등을 이용하여 홍보하여야 한다.

인쇄물·시설물·광고물 등을 이용하여 홍보하여야 한다. 홍보방법에는 제한이 없으며, 이러한 정치자금 기부 촉진 홍보는 선거관리위원회의 의무이다.

> **제61조(정치자금 모금을 위한 방송광고)** ① 「방송법」에 의한 지상파방송사는 깨끗한 정치자금의 기부문화 조성을 위하여 공익광고를 하여야 하며, 그 비용은 당해 방송사가 부담한다.
> ② 제1항의 공익광고를 위하여 「방송광고판매대행 등에 관한 법률」에 따른 한국방송광고진흥공사(이하이 조에서 "한국방송광고진흥공사"라 한다)는 그 부담으로 방송광고물을 제작하여 연 1회 이상 지상파방송사에 제공하여야 한다.
> ③ 한국방송광고진흥공사는 제2항의 규정에 의한 방송광고물을 제작하고자 하는 때에는 그 방송광고의 주제에 관하여 중앙선거관리위원회와 협의하여야 한다.

지상파방송사[8]의 정치자금 기부문화 조성을 위한 공익광고 의무와 동 의무의 실행에 필

---

7) 중앙선거관리위원회. 정당법·정치자금법 축조해설(2016), 671면.
8) '지상파방송사업자'란 지상파방송사업을 하기 위하여 방송법 제9조 제1항의 규정에 의하여 허가를 받은 자를 말한다(방송법 제2조 제3호). 즉, 방송통신위원회의 지상파 방송국 허가를 받은 방송사를 의미한다.
   「방송법」 제9조(허가·승인·등록 등) ① 지상파방송사업을 하고자 하는 자는 방송통신위원회의 허가를 받아야 한다. 이 경우 방송통신위원회는 과학기술정보통신부장관에게 「전파법」에 따른 무선국 개설과 관련된 기술적 심사를 의뢰하고, 과학기술정보통신부장관으로부터 송부 받은 심사 결과를 허가에 반영하여야 한다.
   ※ 2015년 1월 현재 지상파방송사 현황: 한국방송공사, 한국교육방송공사, 문화방송, SBS, OBS, CBS, 평화방송, 불교방송,

요한 한국방송광고공사의 광고물 제작·제공 의무를 규정한 것이다. 이는 지상파방송사와 한국방송광고공사가 정치자금 기부문화 조성이라는 공익적 활동에 일정 부분 참여하도록 당위적 의무를 부과한 것이다.

제62조(「기부금품의 모집 및 사용에 관한 법률」의 적용배제) 이 법에 의하여 정치자금을 기부하거나 받는 경우에는 「기부금품의 모집 및 사용에 관한 법률」의 적용을 받지 아니한다.

「기부금품의 모집 및 사용에 관한 법률」이 정하고 있는 기부금품[9]의 모집절차 및 사용방법 등이 정치자금법과 충돌할 수 있어 이를 미연에 방지하고자 적용배제 조항을 둔 것이다. 「기부금품의 모집 및 사용에 관한 법률」 제3조[10]에서 「정치자금법」에 따른 기부금품의 모집에 대하여는 적용하지 아니한다라고 규정하고 있다.

제63조(비밀엄수의 의무) 각급 선거관리위원회 위원과 직원은 재직 중은 물론 퇴직후라도 이 법의 시행과 관련하여 직무상 알게 된 비밀을 누설하여서는 아니된다.

제46조(각종 제한규정위반죄) 다음 각 호의 어느 하나에 해당하는 자는 3년 이하의 징역 또는 600만원 이하의 벌금에 처한다.
　　7. 제63조(비밀엄수의 의무)의 규정을 위반하여 직무상 비밀을 누설한 자

　　원음방송, 극동방송, 국악방송, 서울시교통방송본부, 도로교통안전공단, 국제방송교류재단(출처 : 방송통신위원회)
9)　「기부금품의 모집 및 사용에 관한 법률」 제2조(정의) 이 법에서 사용하는 용어의 뜻은 다음과 같다.
　　1. "기부금품"이란 환영금품, 축하금품, 찬조금품(贊助金品) 등 명칭이 어떠하든 반대급부 없이 취득하는 금전이나 물품을 말한다. 다만, 다음 각 목의 어느 하나에 해당하는 것은 제외한다.
　　가. 법인, 정당, 사회단체, 종친회(宗親會), 친목단체 등이 정관, 규약 또는 회칙 등에 따라 소속원으로부터 가입금, 일시금, 회비 또는 그 구성원의 공동이익을 위하여 모은 금품
　　나. 사찰, 교회, 향교, 그 밖의 종교단체가 그 고유활동에 필요한 경비에 충당하기 위하여 신도(信徒)로부터 모은 금품
　　다. 국가, 지방자치단체, 법인, 정당, 사회단체 또는 친목단체 등이 소속원이나 제3자에게 기부할 목적으로 그 소속원으로부터 모은 금품
　　라. 학교기성회(學校期成會), 후원회, 장학회 또는 동창회 등이 학교의 설립이나 유지 등에 필요한 경비에 충당하기 위하여 그 구성원으로부터 모은 금품
10)　「기부금품의 모집 및 사용에 관한 법률」 제3조(다른 법률과의 관계) 다음 각 호의 법률에 따른 기부금품의 모집에 대하여는 이 법을 적용하지 아니한다.
　　1. 「정치자금법」

1. 의의

본 조에서는 선거관리위원회의 위원과 직원은 재직 중은 물론 퇴직 후라도 이 법의 시행과 관련하여 직무상 알게 된 비밀을 누설할 수 없도록 하여 정치자금 기부 등과 관련한 비밀을 보호해 줌으로써 정치자금이 원활하게 조달될 수 있도록 제도적으로 보장하고 있다. 공무원법상의 일반적인 의무인 비밀엄수의무를 법에서 별도로 규정하고 있는 것은 정치자금의 조달처에 대하여는 그 비밀보장이 더욱 절실히 요청되기 때문이다. 한편 「형법」상 공무상 비밀누설죄[11]에 대한 일종의 특별 규정이다.

2. 주체

읍·면·동선거관리위원회 위원·직원까지 포함하여 각급 선거관리위원회 위원과 직원이다.

3. 내용

법의 시행과 관련하여 직무상 알게 된 비밀을 누설하는 행위를 할 수 없다. 「국가공무원법」상 직무상 비밀이라 함은 국가 공무의 민주적, 능률적 운영을 확보하여야 한다는 이념에 비추어 볼 때 당해 사실이 일반에 알려질 경우 그러한 행정의 목적을 해할 우려가 있는지 여부를 기준으로 판단하여야 하며, 구체적으로는 행정기관이 비밀이라고 형식적으로 정한 것에 따를 것이 아니라 실질적으로 비밀로서 보호할 가치가 있는지, 즉 그것이 통상의 지식과 경험을 가진 다수인에게 알려지지 아니한 비밀성을 가졌는지 또한 정부나 국민의 이익 또는 행정목적 달성을 위하여 비밀로서 보호할 필요성이 있는지 등이 객관적으로 검토되어야 한다.[12]

'비밀'이라 함은 그 요건 중 하나로서 그것이 외부에 알려지지 않은 사실로서 실질적으로 비밀로서 보호할 가치가 있을 것을 필요로 하고, 한편 위 죄는 비밀 그 자체를 보호하는 것이 아니라 국가정보원직원의 비밀엄수의무의 침해에 의하여 위험하게 되는 이익, 즉 비밀의 누설에 의하여 위협받는 국가의 기능을 보호하기 위한 것이라고 볼 것인데, 그 비밀의 범위

---

11) 「형법」 제127조(공무상 비밀의 누설) 공무원 또는 공무원이었던 자가 법령에 의한 직무상 비밀을 누설한 때에는 2년 이하의 징역이나 금고 또는 5년 이하의 자격정지에 처한다.

12) 「국가공무원법」 제60조(비밀 엄수의 의무) 공무원은 재직 중은 물론 퇴직 후에도 직무상 알게 된 비밀을 엄수(嚴守)하여야 한다(대법원 1996. 10. 11. 선고 94누7171 판결).

는 국민의 표현의 자유 내지 알 권리의 영역을 최대한 넓혀 줄 수 있도록 필요한 최소한도에 한정되어야 할 것이다.[13] 직무상 알게 된 사실을 누설하여야 하므로, 직무와 관련 없이 알게 된 사실에 대하여는 적용되지 아니하며, 직무상의 비밀이라 하더라도 정치자금법의 시행과 관련될 것을 요한다. '누설'이란 비밀을 아직 모르는 다른 사람에게 임의로 알려주는 행위를 의미한다.[14] 그 방법에 제한이 있다고 볼 수 없으므로 구두의 고지, 서면에 의한 통지 등 모든 방법이 가능하다.[15] 공연히 누설할 것을 요하지 않으므로 한 사람에게 알리는 방법도 무방하며, 부작위에 의하여도 누설할 수 있다.

4. 처벌

본 조를 위반하여 직무상 비밀을 누설한 자는 3년 이하의 징역 또는 600만원 이하의 벌금에 처한다(「정치자금법」 제46조 제1항 제7호).

> **제64조(공고)** 관할 선거관리위원회는 제7조(후원회의 등록신청 등)·제19조(후원회의 해산 등) 제3항 본문의 규정에 의한 신고나 등록신청을 받은 때, 제40조(회계보고) 제1항·제2항의 규정에 의한 회계보고를 받은 때, 제19조 제4항의 규정에 의하여 후원회의 등록을 말소한 때, 제23조(기탁금의 배분과 지급)·제27조(보조금의 배분)의 규정에 의한 정치자금을 정당에 지급한 때 또는 제30조(보조금의 반환)의 규정에 의하여 보고를 받거나 보조금을 반환받은 때에는 중앙선거관리위원회규칙이 정하는 바에 따라 그 뜻을 공고하여야 한다.

본 조는 이 법의 시행과 관련하여 일반인에게 공개하여야 할 사항을 공고하도록 함으로써 정치자금의 조달과 사용 등에 대한 적법성과 투명성을 확보하기 위한 것이다. 후원회의 등록 또는 변경등록 신청을 받거나 후원회 해산신고를 받거나 그 등록을 말소한 때, 회계보고를 받은 때, 기탁금과 보조금을 지급한 때 및 보조금 사용내역에 관한 보고를 받거나 보조금을 반환받은 때에는 그 뜻을 공고하여야 한다. 「정치자금법」 및 이 규칙에 따른 각종 공고는 관할 선거관리위원회 또는 상급 선거관리위원회의 인터넷 홈페이지에 게시하는 방법으로 할 수 있다.

---

13) 「국가정보원직원법」 제17조(비밀의 엄수) ① 직원은 재직 중은 물론 퇴직한 후에도 직무상 알게 된 비밀을 누설하여서는 아니 된다(대법원 2003. 11. 28. 선고 2003도5547 판결, 대법원 2006. 6. 16. 선고 2006도1368 판결).

14) 대법원 2021. 12. 30. 선고 2021도11924 판결.

15) 대법원 2008. 4. 24. 선고 2006도8644 판결.

에필로그

「정치자금법」의 본질적인 이해는 우리 사회의 건강한 민주주의를 뒷받침하는 핵심입니다. 이 책을 통해 살펴본 이론과 실제 사례들은 우리가 직면한 과제와 어려움을 명확히 드러내고 있습니다. 정치자금에 대한 폭넓은 시야 확보를 통해 우리의 선택과 노력이 미래세대에 더 나은 정치환경을 전해 줄 것임을 믿습니다. 정치자금에 대한 지식과 지혜는 더 투명하고 공정한 사회를 향해 나아갈 것입니다.

이 책를 통해 살펴본 정치자금의 복잡한 골목에서 13세기 페르시아의 방랑 시인 사드(Saadi Shirazi)의 시 한 구절이 우리에게 간직된 지혜를 상기시켜 줍니다.

그의 말처럼, "세상은 큰 책, 그 속에 우리 각자가 작은 글자일 뿐"입니다. 우리는 각자의 작은 부분에서 나아가야 길을 찾고, 이를 통해 큰 그림을 완성할 수 있습니다.

그는 또한 "아담의 후예(Bani Adam, "Sons of Adam")"라는 시를 통해 차별없고 평등한 인간세상을 갈망했습니다.

"아브라함의 자손은 모두 한 몸이니,

몸의 한 부분이 아프면 다른 곳도 아프다.

만일 그대가 타인의 아픔을 함께 느끼지 못한다면

그대는 인간이라 불릴 자격이 없다"

이 시가 뉴욕의 유엔빌딩 내 걸려 있는 카펫에 새겨 있듯이 1948년의 유엔 인권선언문 정신과 평화공존의 가치를 나타냅니다.

극단화되고 원자화된 인간공동체에서 연민(sympathy)과 공감(empathy), 자비(mercy)와 긍휼(compassion)을 환기시켜줍니다. "네 이웃을 네 몸처럼 사랑하라"는 황금률은 공공영역인 정치의 복원에 있어 필요충분조건입니다.

사드의 시인정신은 우리가 직면한 어려움에도 불구하고 희망을 잃지 않고 나아갈 수 있는 힘을 주었습니다. 「정치자금법」의 미묘한 곡선들 사이에서, 우리는 작은 서로의 글자일 뿐이지만, 이들이 모여 새로운 장을 열어갈 수 있다는 믿음을 안고 새로운 시대를 향해 나아갑니다. 이 책에서 얻은 통찰과 사드의 시인정신은 우리의 정치적 삶의 미래를 밝게 비춰줄 것입니다.

사항색인

판례색인

저자약력

이창술

중앙선거관리위원회 해석과(행정사무관, 2017~2019)
중앙선거관리위원회 정치자금조사과(행정사무관, 2020)
제주도특별자치도선거관리위원회 지도과장(서기관, 2021~2022)
양주시선거관리위원회 사무국장(2023~)
중앙선거관리위원회 5급 공개경쟁시험출제위원 다수 역임
중앙선거관리위원회 선거연수원 사이버 강사, 초빙강사
정치관계법 출강 다수
- 정당의 중앙당 당직자 및 당원협의회, 당원연수 출강 다수
- 국회의원의원 보좌관 대상 출강 다수
- 지방자치단체 공무원, 지방의회의원, 전국 교직원 대상 출강 다수
- 시민단체 대상 출강 다수
- 중앙선거관리위원회 선거연수원 온·오프라인 직무강의 다수

「공직선거법」, 「정치자금법」, 「정당법」 등 정치관계법이 '불신의 제도화'가 아닌 민주주의의 원리인 '불확실성의 제도화'로 정치공간에서 튼실하게 자리매김하고, 통치자와 기득권이 법을 이용하여 권력을 행사·유지하는 수단으로의 기능하는 '법에 의한 지배(Rule by Law)'가 아닌 통치자와 기득권으로부터 국민의 자유와 권리를 보호하고 인권과 민주주의를 담아내는 그릇으로 '법의 지배(Rule of Law)'가 실현되길 바라며 헌법상 부여받은 선거관리의 책무를 수행하고 있습니다.

정치자금법 이해: 이론과 실제 그리고 전망

초판발행	2024년 1월 31일
지은이	이창술
펴낸이	안종만·안상준
편 집	사윤지
기획/마케팅	박부하
표지디자인	이영경
제 작	고철민·조영환
펴낸곳	㈜ **박영사**
	서울특별시 금천구 가산디지털2로 53 210호(가산동, 한라시그마밸리)
	등록 1959.3.11. 제300-1959-1호(倫)
전 화	02)733-6771
f a x	02)736-4818
e-mail	pys@pybook.co.kr
homepage	www.pybook.co.kr
ISBN	979-11-303-4594-9 93360

copyright©이창술, 2024, Printed in Korea

*파본은 구입하신 곳에서 교환해 드립니다. 본서의 무단복제행위를 금합니다.

정 가   39,000원